Jacquetta Hawkes

BILD ATLAS DER FRÜHEN KULTUREN

Unter Mitarbeit von
David Trump

ORBIS

Für Barbara Wykeham,
die mich überzeugte, daß die Leser schon lange eine Geschichtsdarstellung suchen, in der gezeigt wird, »was zu einem bestimmten Zeitpunkt auch an anderen Orten der Welt geschah – sozusagen: wann wo gleichzeitig womit«.

Aus dem Englischen ins Deutsche übertragen von
Dr. Joachim Rehork
unter Mitarbeit von
Erhard und Ursula Bethke, Dr. Stephan Gramley, Hildegard Großkopf, Sigrid Henkel, Horst Kube, Wolfgang Rhiel, Elisabeth Lezius, Barbara Steinberg, Dr. Gerhard Steinborn

Redaktion der deutschen Ausgabe: Erhard Bethke

Titel der englisch-amerikanischen Originalausgabe:
»The Atlas of Early Man«

Printed in Italy by Mondadori, Verona
ISBN 3-570-13507-1

Herausgegeben und gestaltet von Dorling Kindersley Limited, 9 Henrietta Street, London WC 2 E

Erstmals veröffentlicht durch Macmillan London Limited, London und Basingstoke
Associated companies in New York, Dublin, Melbourne, Johannesburg und Delhi
Geplant und hergestellt in Großbritannien

Foto auf der ersten Buchseite: Elfenbeinrelief eines Kriegers in Zeremonialgewand. Aus dem Palast des assyrischen Königs Salmanassar III. in Nimrud. 9. Jh. v. Chr.

Foto auf den Titelseiten: Kopf der Aphrodite, Bronze. Praxiteles. 4. Jh. v. Chr.

Inhalt

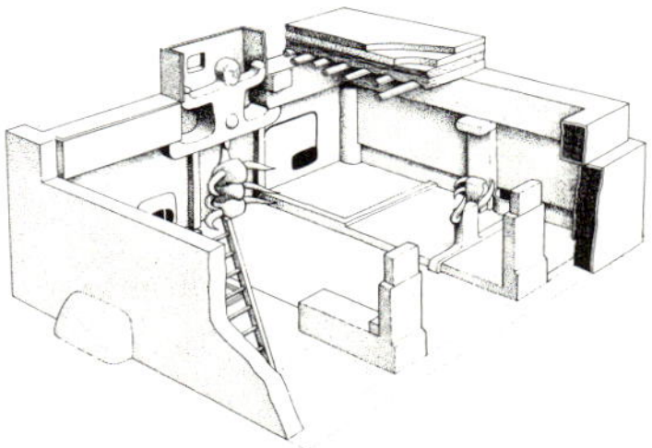

Einführung

Dieses Buch hat einen ganz bestimmten Zweck: Schon seit mehreren Jahrzehnten schreibe ich für die vielen an Vor- und Frühgeschichte interessierten Leser. Erfahrung hat mich dabei gelehrt: Sie alle haben das Gefühl, daß etwas fehlt. Wie oft kam jemand zu mir und sagte: »Das ist ja alles schön und gut, aber können sie mir nicht sagen, was gleichzeitig in anderen Teilen der Welt geschah, welche Ereignisse parallel verlaufen?« – oder so ähnlich. Sinngemäß.

Jeder, der so fragt, hat mein volles Mitgefühl. Selbst wenn es um uns zeitlich nähere, uns vertrautere Epochen geht, fällt es uns schwer genug, aus dem Gedächtnis anzugeben, welche Ereignisse zeitgleich sind. Oder wer brächte es wirklich fertig, in einem Atem beispielsweise Könige, Erfindungen, Staatsmänner, Künstler, Kriege und Architekturstile aufzuzählen, die zeitlich zusammengehören? Wer fühlt sich wirklich behaglich, wenn man ihm ein bestimmtes Datum gibt und ihn herzusagen auffordert, wer alles zum angegebenen Zeitpunkt lebte und was sich gerade damals in Frankreich, der Türkei, in Indien, China, Mexiko und Nordamerika ereignete? Geschichtswerke, die die Historie eines Volkes oder Landes vom Anfang bis zum Ende darstellen, aber doch vor allem auf Dinge eingehen, die nur den Fachmann interessieren, gibt es wie Sand am Meer. Wenige dagegen bewegen sich seitwärts statt, wie üblich, immer nur geradeaus. Wenigen nur geht es darum zu zeigen, was gleichzeitig geschah; fast alle dagegen beten nur brav herunter, was aufeinanderfolgte.

Ich beschloß daher, ein Buch zu schaffen, das auf die Frage »Was geschah wann wo gleichzeitig womit?« antwortet. Zu diesem Zweck unterteilte ich die rund 40 000 Jahre seit dem Auftreten des vollentwickelten *Homo sapiens* bis zum Jahre 500 n Chr. in 8 Zeitabschnitte, und zwar jeweils rund um den Erdball, um sichtbar zu machen, was auf den zahlreichen Gebieten menschlichen Wirkens jeweils geschah und welche berühmten Männer, welche großen Frauen jeweils lebten.

Soweit es das Material erlaubt, habe ich jeden Abschnitt mit einer globalen Übersicht über die Hauptpunkte begonnen, um dann mit einem durchgehenden Geschichtsabriß fortzufahren. Was die Bildwahl angeht, so glaube ich, daß die Wiedergabe der vielen bekannten und weniger bekannten Schätze der Vergangenheit eine Bereicherung des Buches ist: Leser und Betrachter wollen ja z. B. wissen, in welche Zeit die Höhlenmalereien von Lascaux und Altamira gehören, die Pyramiden von Gizeh, Stonehenge, die Nofretete-Büste, Agamemnons Goldmaske, Schang-Bronzen, der Parthenon und das Pantheon sowie nicht zuletzt die Tempelpyramiden Mexikos, um nur ganz nach Belieben einiges herauszugreifen.

In Wort und Bild erhielten jene Stätten Vorrang, die Schauplätze menschlichen Fortschritts und wichtiger Errungenschaften waren, doch auch der Mangel an Veränderungen anderswo wurde vermerkt. So läßt sich ablesen, wie sich die Entwicklung in zuvor rückständigen Gebieten beschleunigte, während andere Länder mit ehedem rascherem Entwicklungstempo zu einer langsameren Weiterentwicklung übergingen.

Bei dem Versuch, mein Vorhaben in die Tat umzusetzen, sah ich mich vor allem zwei Schwierigkeiten gegenüber. Die erste davon machte mir als Autorin zu schaffen: Die Unzulänglichkeit und Schwerfälligkeit des Ausdrucksmittels Sprache! Wieviel Raum erfordert es allein, einen ganz simplen Sachverhalt darzustellen! Unmöglich, mit ein paar knappen Sätzen von Ort zu Ort zu schweifen und so ein umfassendes Bild einer Epoche rund um die Welt zu entwerfen! Um dennoch dieser Absicht möglichst nahezukommen, habe ich bisweilen in einen anderen Textzusammenhang Hinweise auf zeitgenössische Ereignisse oder Persönlichkeiten eingeflochten. Für jeden Abschnitt bringen außerdem die Übersichtstafeln – die Weltkarten ebenso wie die bildlichen Darstellungen von Kunstwerken, Architektur und Technologie – auf einen Blick, was sich zur fraglichen Zeit begab.

Die zweite Schwierigkeit ist völlig anderer Art. Sie beruht auf der momen-

Der jugendliche Pharao Tut-ench-Amun (Tutanchamum) mit seiner Frau (einer Tochter Echnatons). Rückseite eines seiner Thronsessel. Holz belegt mit Goldblech.

tanen Unsicherheit bei dem in der Öffentlichkeit bekanntesten naturwissenschaftlichen Hilfsmittel des Archäologen, der meist summarisch als »C 14-Verfahren« bezeichneten Datierungsmethode, für die ich freilich den Namen »Radiocarbondatierung« vorziehe. Als diese Datierung kurz nach dem Krieg eingeführt wurde, erhoffte man sich von diesem Verfahren, das auf der Analyse des Zerfalls eines radioaktiven Kohlenstoffisotops in organischen Substanzen wie verkohltem Holz und Knochen beruht, ziemlich genaue Daten bis etwa 30 000 Jahre vor der Gegenwart. Und man unternahm allerlei, um die Methode zu verfeinern, die immer genauere Ergebnisse zu liefern versprach. Dann aber kontrollierte man Radiocarbondaten anhand rund 3000 Jahre alter Objekte aus Altägypten, deren Alter aus historischen Quellen bekannt war, und dabei stellte sich heraus: Die Radiocarbonwerte zeigten ein zu niedriges Alter an, und zwar lagen sie um so niedriger, je weiter die Vergangenheit zurückging. Ein altägyptischer Gegenstand aus der Periode um 2500 v. Chr. z. B. wurde durch Radiocarbon in die Zeit um 2100 v. Chr. gewiesen. Offensichtlich war die Zufuhr von Carbon 14 (C 14) nicht konstant. Doch kaum hatte man den Mangel erkannt, war auch schon für Abhilfe gesorgt. Die sinnreiche, wenn auch technisch so einfache Methode, Holz durch Jahresringzählung zu datieren, hatte die Forscher bereits mit einem weit in die Vergangenheit zurückweisenden Datengerüst versehen, nun aber stellte es sich heraus: Mit dem Holz der langlebigen kalifornischen Grannen- oder Borstenkiefer *(pinus aristata)* kam man noch viel weiter. Man konnte die einzelnen Ringe mit dem Radiocarbonverfahren untersuchen und so den Grad der Abweichungen bis etwa 4500 v. Chr. bestimmen. Aufgrund dieser Forschungsarbeiten, die selbstverständlich ein höchst mühsames Unterfangen und keineswegs so einfach waren, wie ich sie hier schildere, war die erforderliche Korrektur der Radiocarbondaten möglich, aber gewisse Unsicherheiten bleiben noch immer.

Seit einigen Jahren hat es sich bei den Archäologen eingebürgert, zwei Daten anzugeben: Eines in Radiocarbonjahren (die immerhin das Altersverhältnis zweier oder mehrerer Objekte aus der Vergangenheit zueinander korrekt anzeigen) und das zweite mit der Borstenkiefer-Korrektur, das dem wirklichen Alter in Sonnenjahren bzw. Jahren unseres Kalenders möglichst nahe kommt. In verschiedenen Ländern und Sprachräumen hat man unterschiedliche Systeme eingeführt, um den Unterschied zwischen beiden Zeitangaben auf den ersten Blick kenntlich zu machen. So verwendet man im Englischen die Abkürzung *b. c.* (klein) und *B. C.* (groß; beides heißt: *before Christ* [= vor Christus]) für unkorrigierte und korrigierte (kalibrierte) Daten, und auch im Deutschen weist man daher kalibrierte (d. h. korrigierte) Daten durch den Zusatz *B. C.* als korrigiert aus, oder man begnügt sich mit den Abkürzungen »unkorr. Dat.« bzw. »korr. Dat.« bei der betreffenden Zeitangabe. Im übrigen fallen bei Daten vor der Zeitmarke 5000 v. Chr. derartige nähere Bestimmungen ganz weg: Daten aus so früher Zeit sind durchweg unkorrigiert. Selbstverständlich ist man sich darüber klar: All dies kann nur ein vorläufiger Notbehelf sein.

Aber wenn auch noch an kleineren Verbesserungen des Verfahrens gearbeitet wird und wenn es vielleicht sogar – weil noch manches im Fluß ist – noch ein gewisses unterschwelliges Unbehagen gibt, was die korrigierten Daten angeht, so meinen wir doch: Man vertraut ihnen heute so allgemein, daß ihre Verwendung auch in diesem Werk, bei dem das chronologische Gerüst eine so wichtige Rolle spielt, gerechtfertigt erscheint.

Als augenfälligste Geschichtsbild-Änderung verdanken wir der Radiocarbondatierung im allgemeinen, insbesondere aber ihrer neuerlichen Korrektur die Erkenntnis: Daten aus Europas Vorgeschichte weisen, mit denen aus dem Alten Orient verglichen, weiter in die Vergangenheit zurück, als bisher angenommen. Allerdings hat man die revolutionären Auswirkungen dieser Entdeckung bisweilen übertrieben. Man versuchte der Öffentlichkeit einzureden, nicht der Westen sei Asien und dem östlichen Mittelmeerraum für Errungenschaften zu Dank verpflichtet, die Fortschritt bedeuteten, sondern sei häufig der Schrittmacher gewesen. Jeder Anhänger dieser Auffassung, der vorliegendes Buch zur Hand nimmt, wird merken, wie

Der große Sphinx von Gizeh

189
ΦΥΛΑΚΟΣ
ΜΑΕΝ

sehr er sich irrt. Die einzige Berichtigung früherer Ansichten, die für die breitere Öffentlichkeit von einigem Interesse sein dürfte, ist wohl, daß die megalithische Grabbauweise, wie es scheint, nicht auf Einflüsse aus dem Mittelmeerraum zurückgeht, sondern in Europa heimisch war. Außerdem könnte die Behauptung zutreffen, daß Maltas Tempel – neben den Bauten von Jericho – die älteste monumentale Steinarchitektur repräsentieren – dies mehrere Jahrhunderte vor der Stufenpyramide und den zu ihrem Komplex gehörenden Bauten beim heutigen Saqqâra in Ägypten. Allerdings sind die maltesischen Tempel verhältnismäßig primitive Bauwerke und von vergleichsweise bescheidenen Ausmaßen.

Die hier anklingende Frage nach kulturellen Veränderungen durch Wanderbewegungen, Handel, Kriegszüge, durch Reisen einzelner bzw. unmittelbare Weitergabe vom einen an den anderen ist der einzige theoretische Punkt, auf dessen Erörterung ich nicht verzichten möchte. So sehr ich es vermeide, auf den nachstehenden Textseiten persönliche Ansichten zum Ausdruck zu bringen – eine Ausnahme gibt es doch: Und zwar bekenne ich, Diffusionistin zu sein, wenn auch mit Maßen: Gewiß, jeder Einzelfall ist für sich zu beurteilen, wie es ihm zukommt, aber dennoch glaube ich, daß Erfindungen im technischen Bereich, stilistische Besonderheiten und bestimmte handwerkliche Fertigungsmethoden eher auf eine der obengenannten Arten von Ort zu Ort weitergegeben als jeweils neu erfunden werden. Ganz allein von mir aus wäre ich kaum auf dieses Problem eingegangen, wenn es nicht in Archäologenkreisen eine starke antidiffusionistische Strömung gäbe. Sie wird, wie ich glaube, von dem Wunsch diktiert, dem eher gleitenden Fluß menschlicher Existenz leichter mit naturwissenschaftlich orientierter Methodik beizukommen. Dabei aber verstößt man gegen offenkundige, historisch belegte Sachverhalte.

Noch ein paar weitere Erläuterungen sind unumgänglich. Zunächst eine Bemerkung zur archäologischen Fachsprache. Zwar habe ich jede gelehrte Terminologie, soweit dies nur irgend möglich war, vermieden. *Paläolithikum* habe ich in der Regel durch »Altsteinzeit« wiedergegeben und *Neolithikum* durch »Jungsteinzeit«. Die Schlußphase der Altsteinzeit, die so zahlreiche Entwicklungen und Fortschritte brachte (das *Ober-* oder *Jungpaläolithikum*), wird bei mir zur »Periode der entwickelten oder fortgeschrittenen Jägerkulturen«, das sich anschließende *Mesolithikum* zur »späten Jägerperiode«. Besonders bei der erstgenannten Bezeichnung erwies es sich als unumgänglich, den Begriff »Kultur« in dem in der Vorgeschichtswissenschaft üblichen, sehr speziellen Sinne einer Gruppierung bestimmter Fertigungsweisen und Verhaltensmuster zu verwenden, die angesichts so weit zurückliegender Vergangenheit unser einziges Hilfsmittel ist, Völker oder Bevölkerungsgruppen voneinander zu unterscheiden.

Da sind auch noch die lästigen Differenzen zwischen jenen, die den Begriff »Mittlerer Osten« bis zum Mittelmeer ausdehnen, so daß für den »Nahen Osten« nur mehr Anatolien (Kleinasien) übrigbleibt, und anderen, die an der älteren Gepflogenheit festhalten, als »Nahen Osten« ganz Klein- und Vorderasien vom Bosporus bis zum Irak zu betrachten. Ich schließe mich dieser zweiten Auffassung an.

Niemand wird, so glaube ich, in Abrede stellen können, daß wir uns mit diesem Buch viel vorgenommen haben. Bei der Ausführung meines Vorhabens wurde ich in äußerst kenntnisreicher Weise von David Trump und den Bildersuchern von Dorling Kindersley unterstützt. Allerdings sind wir uns dessen bewußt, daß sich bei einem so gewaltigen Vorhaben immer wieder Fehler einschleichen. Doch wie dem auch sei: Wenn ich demnächst wieder einmal gefragt werde, was denn eigentlich »gleichzeitig womit« geschehen sei, kann ich den Fragesteller guten Gewissens auf diesen Atlas vergangener Menschheitskulturen hinweisen.

König Arkesilaos von Kyrene überwacht das Abwiegen, Registrieren und Einlagern einer Ware – wahrscheinlich Wolle, für die sein Land berühmt war. Arkesilas-Schale. Um 560 v. Chr.

35000 bis 8000 v. Chr.

LINKS: *Olduwai (Olduvai-, Olduwei-, Oldoway-)Schlucht, Tansania.*

FOLGENDE DOPPELSEITE: *Stier- und Hirschdarstellungen in der »Rotunde« oder »Großen Halle der Stiere«, Höhle von Lascaux (Dordogne), Frankreich.*

Ich beginne meinen Weg durch die Geschichte um 35 000 v. Chr., denn damals setzte sich in nur ein paar Jahrtausenden der Jetztzeitmensch als einzige menschliche Systemrasse durch. Damit dämmerte ein Zeitalter raschen kulturellen Aufschwungs herauf. Exakter wurde die Formgebung von Werkzeugen für Spezialzwecke, zweckdienlicher wurden Jagdwaffen und Fischfanggeräte, Lederkleidung und Behausungen gewährten besseren Schutz gegen Kälte. Noch wesentlicher: Bald schon sollten diese hochentwickelten Jägervölker Kunstwerke von großer Aussagekraft schaffen, die ein breites Spektrum künstlerischer Techniken voraussetzen. Ihr bildnerisches Gestalten, Modellieren, Malen und Zeichnen machte sie uns ganz und gar ebenbürtig. Wir vermögen in ihnen unsere Brüder zu erkennen, verspürten sie ja doch den gleichen Schöpferdrang und besaßen die gleiche Vorstellungskraft, und auch auf dem Weg zu religiöser Symbolik tasteten sie sich voran. 35 000 v. Chr. ist somit für uns das geeignete Anfangsdatum, und sei es auch nur, weil jeder frühere Zeitpunkt für all unsere Rubriken nichts anderes gebracht hätte als einfach Steinwerkzeuge und ein paar fast konturlose Siedlungsplätze. Dennoch sollte ich kurz skizzieren, was sich vorher tat, um einige Fragen zu beantworten, die sehr viel mit dem Sinn und Zweck dieses Buches zu tun haben.

Zunächst gilt es – auf Kosten jener Leser, die die Antwort schon wissen, die Vorstellung auszuräumen, vorgeschichtliche Menschen hätten mit Riesenechsen zu tun gehabt. Trotz aller Aufklärungsversuche sieht man immer wieder behaarte Menschen in noch haarigeren Pelzen dargestellt, die Keulen gegen Dinosaurier schwingen oder sich ducken, um den Schnäbeln von Flugsauriern zu entgehen. Tatsache ist dagegen, daß sich die Reptilien in ihrer ganzen Vielfalt und Formenvielheit während jener unvorstellbar langen Zeiträume entwickelten, die Geologen als Jura und Kreidezeit bezeichnen und die 180 bis 70 Millionen Jahre zurückliegen. Selbst wenn man davon ausgeht, daß es so lange schon Menschen gibt, wie die Gelehrten heute annehmen, kommt man für die ersten Menschen, die Geräte herstellten, auf nicht mehr als 2 Millionen Jahre. Selbst noch sehr äffisch aussehende Vorfahren von uns trafen daher auf keinen Fall mit Riesenechsen zusammen, und sei es auch nur mit Riesenechsen der letzten Generation. In Zeitungen liest man sooft, wieder sei ein fossiler »Mensch« ausgegraben worden, und unsere Ahnenreihe um eine weitere Million Jahre verlängert worden, daß es skeptischen Lesern sehr fragwürdig, wenn nicht gar lächerlich vorkommen muß. Ein Grund für diese offensichtliche Elastizität unserer Ahnenreihe ist die außerordentliche Schwierigkeit, sich auf bestimmte Kriterien des Menschseins festzulegen. Eine der möglichen Definitionen geht von der Kultur aus: Menschen sind jene Wesen, von denen wir wissen, daß sie Werkzeuge herzustellen imstande sind. Problematisch ist hierbei die Einschränkung »von denen wir wissen«, denn viele Werkzeuge der Frühzeit wurden ohne irgendwelche Menschenüberreste gefunden, und andererseits gibt uns niemand Sicherheit, daß fossile Menschenüberreste ohne Werkzeuge nicht doch von Menschen stammen, die Geräte anzufertigen verstanden.

Im allgemeinen zieht man heute körperliche Merkmale als Kriterien vor. Wichtig ist das Hirnvolumen. Tatsächlich gehört zur Entwicklung des Menschen eine ständige Zunahme der »kleinen grauen Zellen« bis zum Status des Jetztzeitmenschen. Andererseits verrät das Gehirnvolumen kaum, welche Menschenart auf der Hauptentwicklungslinie lag und welche auf einem aussterbenden Seitenzweig. Seltsamerweise ist daher ausgerechnet die genaue Verteilung der Zähne und die Beschaffenheit ihrer Schneiden einer der wichtigsten Anhaltspunkte, die erschließen lassen, von welcher fossilen Art wir abstammen.

Selbstverständlich bleibt vieles im Zusammenhang mit dem Auftauchen und der Entwicklung des Menschen unklar, aber dennoch wissen wir heute für unseren Zweck genug. Vor allem läßt sich sagen, daß die Gattung *homo*, der Mensch, erstmals in der von Geologen als *Pleistozän* bezeichneten Erdperiode die Bühne betrat. Das Pleistozän begann wohl vor rund 2 Millionen Jahren und wurde vor etwa 10 000 Jahren vom *Holozän* (der Jetztzeit) abgelöst, als die letzten Eiszeitgletscher zurückwichen.

Bisweilen bezeichnet man das Pleistozän auch als »Eiszeit«, und tatsächlich war es kälter als das vorangehende *Pliozän*. Doch es war nicht immer nur kalt. Die lange Frühphase liegt noch immer im Dunkeln, doch ab etwa 600 000 v. u. Z. gab es auf der Nordhalbkugel vier extreme Kälteperioden mit gewissen örtlichen Abweichungen. Damals bedeckte Eis ein Viertel

der Landmassen. Von den wärmeren Zwischenzeiten dauerte die zweite am längsten, und sie war auch die wärmste. Am härtesten war wohl die letzte Kaltzeit, obwohl es gewisse Schwankungen der Temperatur und Niederschlagsmenge gab. Sie begann vor etwa 70 000 Jahren, und erst nach 8000 v. Chr. hatten sich Eisschollen und Gletscher ungefähr auf ihre jetzige Position zurückgezogen. Die gesamte Periode, von der hier die Rede ist, gehört mithin dem Pleistozän an.

Die Gletschermassen bedeckten nicht nur ungeheure Landflächen, sondern zeitigten auch starke Auswirkungen auf den Rest unseres Planeten. Wahrscheinlich standen sie oft mit starken Regenfällen weiter im Süden, insbesondere in Afrika, im Zusammenhang. Vielerorts lagerte sich außerhalb der Vereisungsgrenzen angewehter feiner Gesteinsstaub in dicken, fruchtbaren Lößschichten ab. Diese garantierten ertragreiche Weideflächen für das Großwild altsteinzeitlicher Jäger und später leicht zu bearbeitendes Ackerland für die ersten Bauern mit ihren primitiven Geräten. Einige der ausgedehntesten Lößgebiete finden sich in China und vom südlichen Rußland (der *Tschernosem* = »schwarze Erde« der Ukraine) bis weit in die Ebenen Nord-Mitteleuropas hinein. Eine weitere nachhaltige Folge der Eiszeit war die Bindung ungeheurer Wassermassen, so daß rings um die Erde der Meeresspiegel sank. Man konnte daher Amerika über eine Landbrücke zwischen Sibirien und Alaska erreichen, Britannien war mit dem Kontinent und Dänemark mit Schweden verbunden. In Südostasien lag das Sundaschelf frei, Java hing mit dem Festland zusammen, und so war es leichter für den Menschen, bis nach Australien vorzudringen. Dies war der veränderliche Hintergrund, vor dem sich die Entwicklung des Frühmenschen vollzog, die Gehirne und kulturelle Fähigkeiten wachsen ließ. Es kann sehr gut sein, daß Veränderungen, die Beweglichkeit und Anpassungsfähigkeit erforderten, sowohl die geistige als auch die körperliche Entwicklung förderten. Das Pleistozän der Geologen fällt mit dem *Paläolithikum,* der Altsteinzeit der Menschheitsgeschichte zusammen.

Vieles wissen wir nicht, was unseren Ursprung angeht, doch zwei wichtige Dinge stehen nunmehr fest: Erstens entstand unsere Art, die Gattung *homo*, vor wohl über 2 Millionen Jahren auf dem afrikanischen Kontinent. Zweitens lebten lange Zeit zwei verschiedene Gruppen Menschenartiger gleichzeitig, ja manchmal sogar nebeneinander. Die eine, als *Australopithecinen* (»Südaffen«) bezeichnete Gruppe besaß relativ kleine Gehirne (etwa 600 cm^3 wie bei großen Affen), starke Überaugenwülste und massive, vorstehende Zähne. Man kennt sie durch die Arbeiten von Raymond Dart und Robert Ardrey recht gut, die sich mit den Überresten einiger ihrer letzten Nachkommen in Südafrika befaßten, desgleichen durch den charakteristischen, gut publizierten Schädelfund, der Mary Leakey in der Olduwai-Schlucht (Tansania) glückte. Wegen der mächtigen Backenzähne hat man diesen Menschen auch als »Nußknackermenschen« bezeichnet. Die zweite, erst in den jüngstvergangenen Jahren von den Leakeys entdeckte Gruppe bildeten – vereinfacht gesagt – die »Intellektuellen« der menschlichen Frühzeit mit viel

LANDBRÜCKEN DER EISZEIT
Die durch die Vergletscherungen der letzten Eiszeit geschaffenen Verhältnisse ermöglichten es den Cromagnon-Menschen, jeden Kontinent zu erreichen. Da das Wasser großenteils im Eis gebunden war, sank der Meeresspiegel, und es bildeten sich größere Landmassen. Die Küstenlinien der Kontinente lagen näher beeinander, und außerdem entstanden Landbrücken. Die Karte zeigt sowohl die größte Ausdehnung der Vergletscherung als auch die größte Kontinentausdehnung vor etwa 18 000 Jahren. Zum Vergleich sind die heutigen Küstenlinien eingetragen.

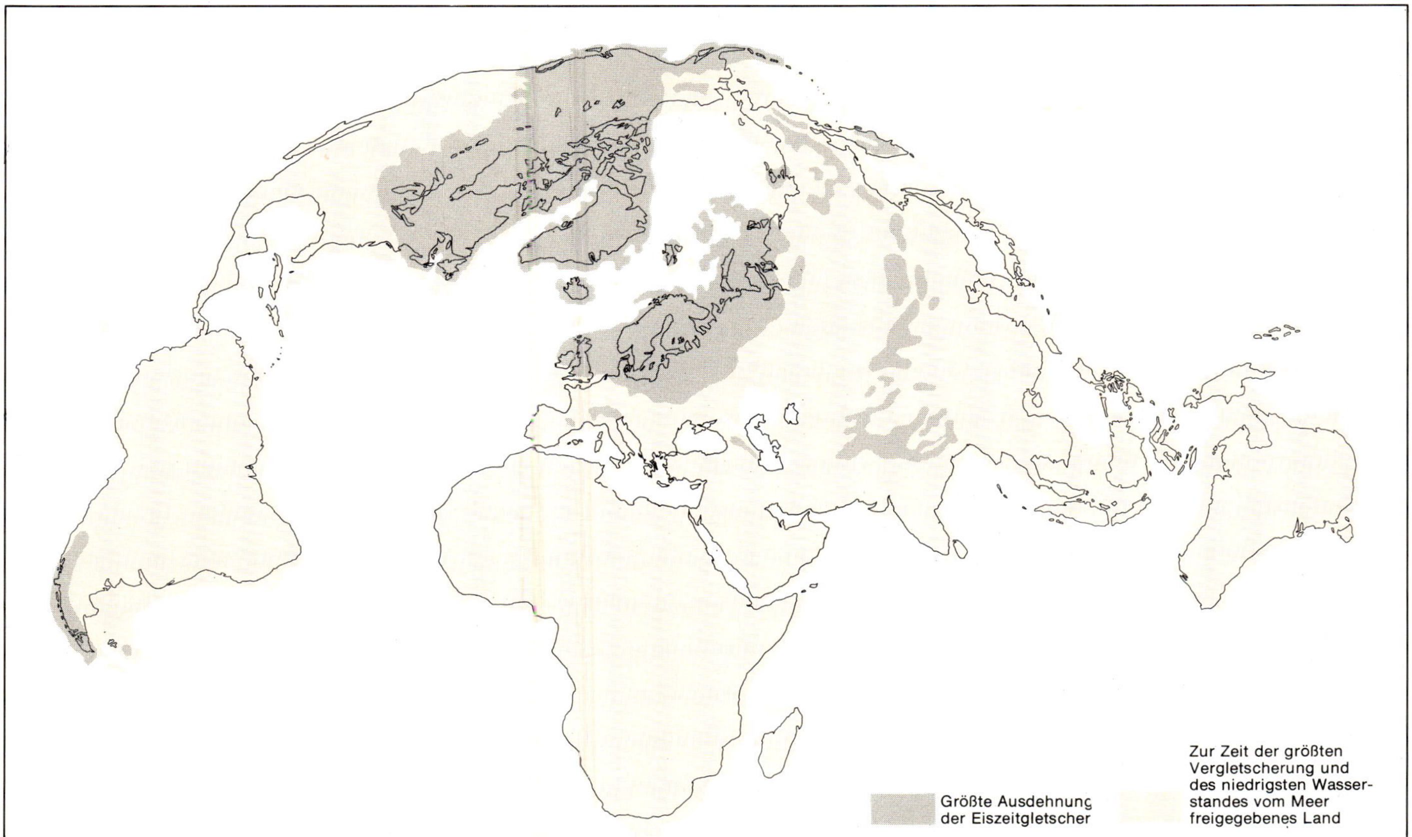

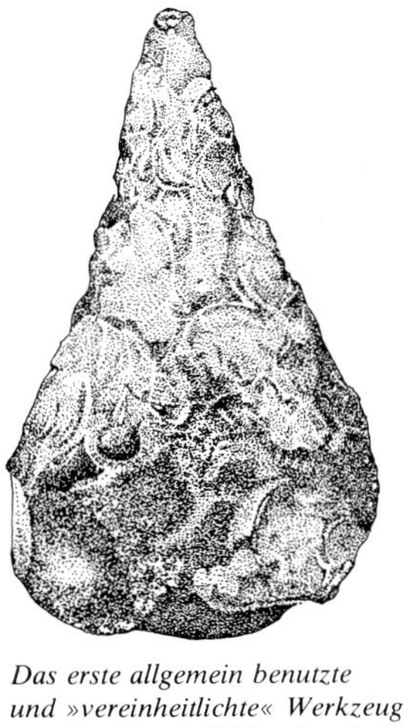

Das erste allgemein benutzte und »vereinheitlichte« Werkzeug war der Faustkeil (?), ein relativ schweres Allzweckgerät.

höheren Brauen und größerem Hirn (ca. 700 cm^3). Sie waren fast sicher die ersten Steingeräteheraufsteller. Ihre Körpergröße war gering, im Durchschnitt nur etwa 120 cm. Diesen Wesen gestand man die Zuordnung zum Genus *homo* bereits zu, und sie sind wohl unsere unmittelbaren Vorfahren. In Anerkennung ihrer Pionierleistungen im Bereich der Werkzeugherstellung nannte man sie *homo habilis* (wörtlich etwa: »geschickter Mensch«). Wissenschaftlich gesehen sind die Vorgänge natürlich erheblich komplizierter. Hier soll nur der Versuch eines möglichst einfachen Überblicks unternommen werden.

Jeder fantasievolle Besucher von Olduvai kann sich diesen Bewohnern vor mehr als anderthalb Millionen Jahren irgendwie nahe fühlen. Wichtiger noch: Dort am Rande der Serengeti erhält man einen Eindruck von der Überfülle von Wild, mochten sich die Arten auch ändern, die in der Altsteinzeit dem Jäger gaben, was er brauchte, und sein Gemüt in Wallung brachten. Unten in der Schlucht dann, eingeschlossen von farbig leuchtenden Felswänden, gibt es Plätze, wo man zusammenhockte. In einem Fall läßt ein Halbring von Steinen an einen Windschirm denken. Knochen von verspeistem Wild und Steinwerkzeuge, noch primitiv, aber geeignet zum Stechen, Schneiden und Kratzen, liegen dort in dicken Schichten. Man kann sich leicht Familiengruppen dieser kleinen Leute vorstellen, wie sie dort saßen und Fleisch, Fische oder Vögel kauten. Konnten sie schon miteinander sprechen? Und diente der »Nußknackermensch«, dessen Schädel an einem dieser Plätze lag, dem *homo habilis* als Nahrung oder in irgendeiner anderen Form? Das sind Fragen, auf die ich gern die Antwort wüßte.

Diese erste Stufe der Menschheitsentwicklung vollzog sich wahrscheinlich in Afrika. Heute wissen wir noch nicht, wann sich der Mensch nach Asien und Europa auszubreiten begann. Fest steht nur, daß er während der ersten »Zwischeneiszeit« vor etwa einer halben Million Jahren im Begriff war, sich überall niederzulassen. Nun erhebt sich erstmals die Frage der Gleichzeitigkeit weltweit. Außerdem gab es Änderungen der Namen und des Status, die man diesen fossilen Menschen zubilligte, und dies bedarf einer Erklärung. Zwei der ältesten Menschenfunde dieser Periode machte man in Java und in den Höhlen von Chou-Kou-Tien nahe bei Peking. Infolgedessen kannte fast jeder Gebildete bis zum Zweiten Weltkrieg den »Javamenschen« und den »Pekingmenschen«. Außerdem gab es einen allerdings weniger faßbaren »Heidelbergmenschen«, von dem man allerdings nur den Unterkiefer besaß. Nach dem Kriege fanden sich noch mehr Fossilien mehr oder weniger der gleichen Art, so daß man eines Tages beschloß, sie unter der Gattungsbezeichnung *Pithecanthropus erectus* (»aufgerichteter Affenmensch«) zusammenzufassen. Noch immer gebraucht man diese Bezeichnung oft. Doch die Entdeckung des *homo habilis* und anderer Faktoren bedeutete eine Berichtigung der systematischen Einordnung. Seither hat man die ganze Schar in den Rang des *homo* erhoben und bezeichnet den Java-, Peking- und Heidelbergmenschen zutreffender als *homo erectus*. Von den Skelettüberresten wissen wir, daß diese Menschen in geeigneten Gebieten der Alten Welt – von China bis nach Deutschland sowie in Nord- und Ostafrika, wo Gerätefunde ein noch breiteres Artenspektrum vermuten lassen – jagten. Die meisten lassen sich in die Zeit vor etwa 500 000 Jahren bis hinein in die 50 000 bis 100 000 Jahre spätere zweite Eiszeit datieren.

Heute hält man es für sehr wahrscheinlich, daß der *homo erectus* vom *homo habilis* abstammte. In der Regel war er wohl größer – etwa 1,50 m –, und sein größeres Gehirn erreichte ein Volumen von 1000 cm^3, doch gab es weit abweichende Varianten. Noch immer besaß er eine niedrige Stirn, massive Überaugenwülste, massive, vorstehende Zähne, aber kein Kinn.

Doch noch wichtiger für unser Buch sind die kulturellen Fortschritte, die mit der körperlichen Entwicklung Hand in Hand gingen. Aus den Höhlen von Cou-Kou-Tien wissen wir: Der *homo erectus* hütete bereits das Feuer, konnte es aber noch nicht entzünden. Außerdem scheint der *homo erectus* in Afrika und Europa, allerdings nicht in Ostasien, der Schöpfer des ältesten Standardwerkzeugs gewesen zu sein: des Faustkeils, eines gewichtigen Allzweckgeräts. Damals noch ein rohes Abschlaggerät, doch später vollendet proportioniert, verband er eine Spitze mit Schneidkanten.

Was den Faustkeil besonders interessant macht, ist, daß er zur Zeit seiner vollendetsten Ausführung im 2. Interglazial praktisch überall verbreitet war: von Südafrika bis Südengland und von England über Südeuropa und den Nahen Osten bis nach Indien. Hier zeichnet sich gewiß erstmals Diffusion (»Weitergabe«, »Verbreitung«) ab, denn ein so charakteristisches Werkzeug wie ein Faustkeil dürfte kaum nur infolge gleichartiger Bedürfnisse an so vielen Punkten unabhängig voneinander neugeschaffen worden sein. Dafür spricht auch, daß es zwischen den Verbreitungsgebieten keine Lücken gibt, wogegen die Form in Ostasien unbekannt war, wo während der gesamten Altsteinzeit Steingeräte stets etwas Primitives, Rückständiges behielten. Natürlich brauchte die Diffusion Zeit. Dennoch ist sie erstaunlich. Hält man doch Menschen dieser Frühstufe meist weder für wanderlustig noch für mitteilsam. Anscheinend hausten die Faustkeil-Hersteller meist an offenen Plätzen an Flüssen und Seen. Obwohl ihre Werkzeuge (sie hatten außer dem Faustkeil noch andere) gewöhnlich in Flußkiesen gefunden wurden, kennt man doch auch Lagerplätze bis hin nach Kenia, Spanien und Ostengland. Sie weisen diese Menschen als bedeutende Jäger aus, die es sogar mit Elefanten aufnahmen. Besonderen Glückszufällen verdanken wir Erhaltung und Entdeckung spärlicher Überreste fortgeschrittenerer Faustkeil-Hersteller aus Europa. Zwei davon – aus Steinheim (bei Stuttgart) und Swanscombe (an der Themsemündung) – zeigen: Vor etwa einer Viertelmillion Jahren gab es vermutlich Abkömmlinge entwickelterer Zweige des *homo erectus,* die dem heutigen Menschen schon sehr viel näher waren. Sie hatten weniger ausgeprägte Überaugenwülste, ihre Zähne standen weniger vor, und ihr Hirnvolumen erreichte die untere Grenze des *homo sapiens*. Ande-

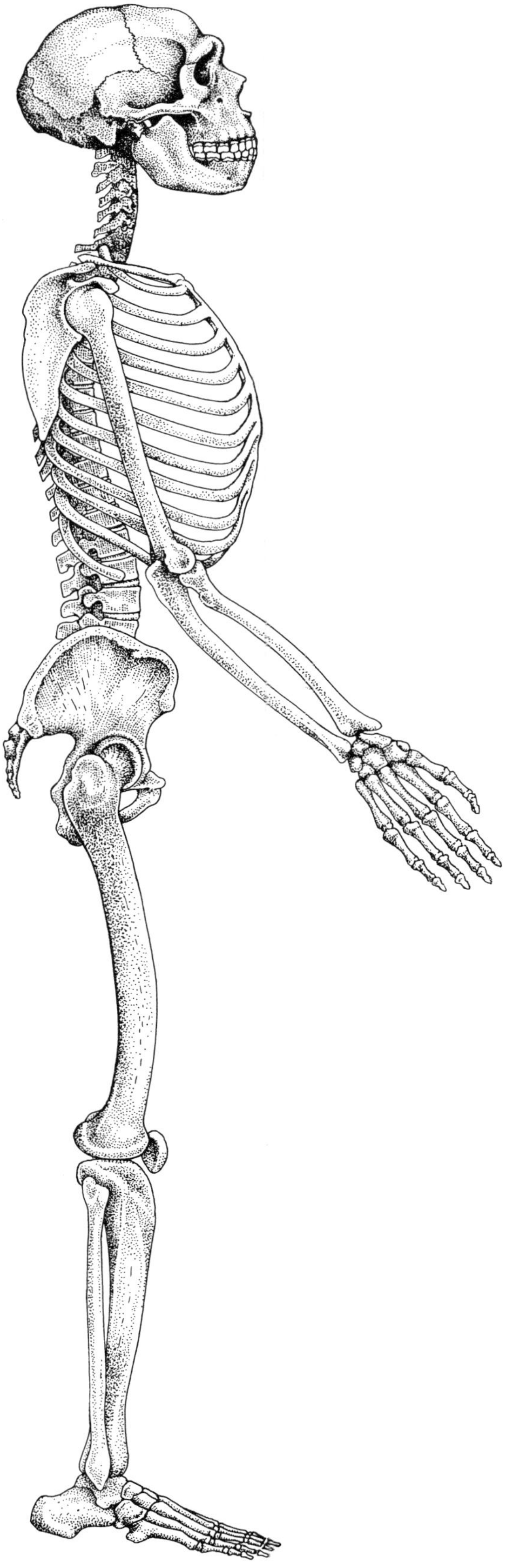

rerseits waren ihre Stirnen noch flach und die Schädeldecken sehr dick.

Gewöhnlich bezeichnet man diese Wesen als *Neanderthaloide,* eine Art »Vorgriff« auf die Neandertal-Gruppe, die während der dritten Zwischenzeit und zu Beginn der letzten Eiszeit überwog. Überreste echter Neandertaler aus der dritten Warmzeit fand man in Deutschland, Osteuropa und Israel. Aus der Phase nach dem Beginn der letzten Eiszeit kamen dann an die 100 Individuen ans Licht. Man entdeckte deren Reste in Europa, Nordafrika, im Nahen Osten und Iran, ja in Usbekistan.

Viele halten den Neandertaler für affenähnlich. Zwar waren seine Gliedmaßen plump und sein Kopf vorgestreckt, doch stapfte er sicher nicht mit krummen Knien einher, und nichts spricht für stärkere Körperbehaarung. Mag sein Gesichtsausdruck noch etwas stumpf, mag sein Schädel flach gewesen sein – sein Gehirn war groß, oft über dem heutigen Durchschnitt. Überraschenderweise hat es sich herausgestellt: Gerade die ältesten Neandertaler sahen am »modernsten« aus. Die Erklärung ist wohl: Westeuropa wurde zu einer Zeit besonders schlechten Klimas zur Heimat besonders robuster Neandertaler, bei denen sich im Kampf mit dem Klima die primitiven Merkmale wie Überaugenwülste und ausgeprägte Kiefer verstärkten. Dieser besonders ausgeprägte Neandertaler-Typ starb dann aus, als der intelligentere, besser aussehende und besser bewaffnete *homo sapiens* die Bühne betrat, ebenso wie die eingeborenen Tasmanier, die primitivsten Menschen der Neuzeit, binnen 75 Jahren ausstarben, nachdem sich Europäer auf ihrer Insel niedergelassen hatten.

Kulturell gesehen, glückten den Neandertalern einige faszinierende Schritte zum vollen Menschentum hin. Ihre Geräte und Waffen, die überall, wo es sie gab, verblüffend gleichförmig waren, blieben kräftig und etwas plump. Die Geräte bestanden aus dicken Abschlägen aus Feuerstein oder anderem Material, waren jedoch säuberlich »gedengelt«. Kratzer gehörten dazu, wohl um Häute zu Fellkleidung zu bearbeiten. Warme Kleidung und körperliche Widerstandskraft ermöglichten es Neandertalern, weiter im Norden zu hausen als die Faustkeilhersteller.

Ihr größter Fortschritt lag jedoch im geistigen Bereich: Zumindest ein paar ihrer Toten setzten

DER NEANDERTALER
Das Skelett des Neandertalers verrät einen kleinen, gedrungen-kräftigen Körperbau. Die Extremitäten sind kurz, und auch die Füße, Hände und Finger dürften klobig gewesen sein. Der Schädel entspricht in der Größe dem eines modernen Menschen, hat aber ein flacheres Scheitelbein und Auswölbungen an den Seiten und am Hinterhaupt. Das bekannteste Charakteristikum ist der kräftige Knochenwulst über den Augen. Der Neandertaler hatte ein fliehendes Kinn und stärkere Backenknochen.

sie feierlich bei. Steinplatten oder Tiergehörne mußten das Grab kennzeichnen, und neben den Leichnam legte man Nahrungsmittel sowie Geräte. Soweit wir wissen, war dies das erstemal, daß man Tote mit solchen Riten bestattete, und es läßt sich kaum bezweifeln: Es muß eine Art von Jenseitsglauben gegeben haben, der vermutlich in einem ausgeprägteren Selbstgefühl des Individuums wurzelte.

Damit sind wir wieder bei unserem Ausgangsdatum 35 000 v. Chr. Damals – mitten in der letzten Eiszeit – hatten die Neandertaler schon die meisten ihrer Jagdgründe verloren. Nur ein kleiner »Überhang« plattköpfiger Neandertaler-Nachkommen scheint sich noch eine Zeit lang in Java und Teilen Afrikas gehalten zu haben. Sie waren erfolgreicheren Vertretern eines moderneren Menschentyps gewichen, die höchst leistungsvolle Jägerkulturen eines eigenen Typs schufen. Vorgeschichtler bezeichnen diese als *Kulturen des Oberen oder Jungpaläolithikums,* doch um nicht durch Fachausdrücke Verwirrung zu stiften, ziehe ich die Bezeichnung »fortgeschrittene Jägerkulturen« vor. Besonders typisch war nun die Produktion schmaler, parallelkantiger »Klingen« aus Feuer- oder anderem Stein, die man zu einer Vielfalt von Geräten weiterverarbeitete. Weiterhin wichtig war die Einführung von Meißeln oder Sticheln mit scharfen Schneiden zur Bearbeitung von Knochen, Geweih und Elfenbein. Mehr und mehr benutzte man diese Stichel nicht nur, um Spezialwerkzeuge anzufertigen, sondern auch um Kunstwerke zu schaffen. Es handelt sich um die ersten komplizierteren Werkzeuge zur Herstellung sekundärer, anderer Werkzeuge. Tatsächlich waren sie die Vorläufer heutiger Werkzeugmaschinen. Wegen der außerordentlichen Bedeutung dieser beiden Neuerungen nennt man die Kulturen der »fortgeschrittenen Jäger« bisweilen auch »Klingen- und Stichel-Industrien«.

Wir müssen diese begabten und dynamischen Vorfahren durch ihre Geräte zu verstehen suchen, denn sie sind vielerorts das einzige, was von ihnen blieb. Noch andere Kenntnisse und Gaben müssen die Menschen besessen haben, die unter den günstigen Klimabedingungen Südwesteuropas hervorragende Kunstwerke zu schaffen verstanden. Wir können sicher sein: Sie sprachen fließend vollkommen ausgeformte Sprachen und verfügten wahrscheinlich über fortschrittlichere Gesellschafts-

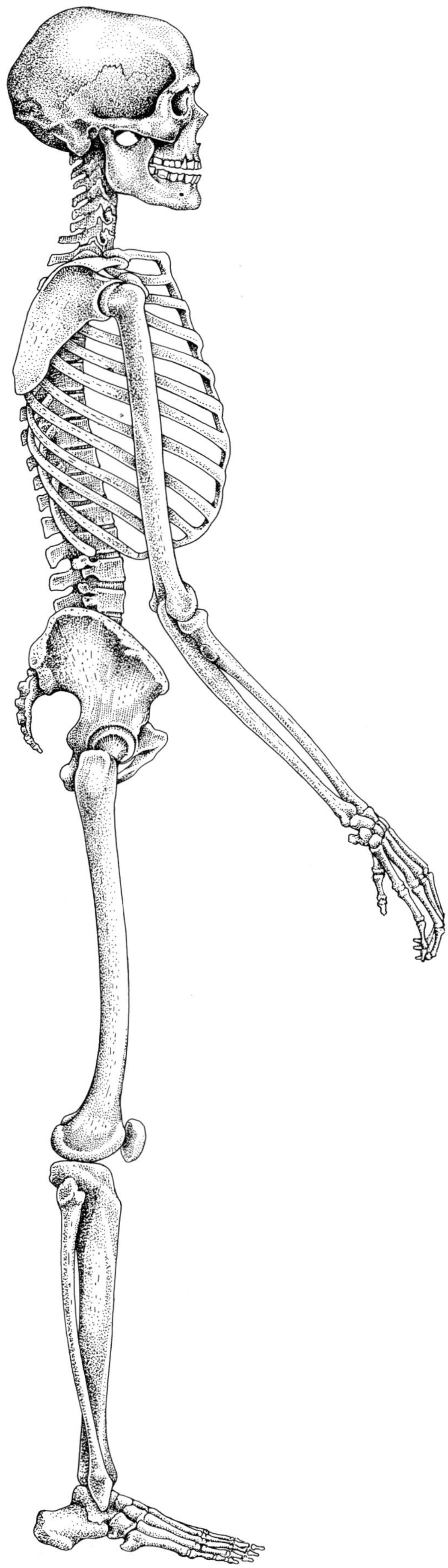

DER CROMAGNON-MENSCH
Das Skelett des Cromagnon-Menschen gehörte zu einem großen, kräftigen Körper und hatte einen großen Schädel. Das breite Gesicht ist gekennzeichnet durch ein ausgeprägtes Kinn, ein eingesatteltes Nasenbein und große Augen. Abgesehen von dem geringfügig längeren Schädel und den auffälligeren Brauenknochen könnte man diesen Typus für einen Menschen unserer Zeit halten.

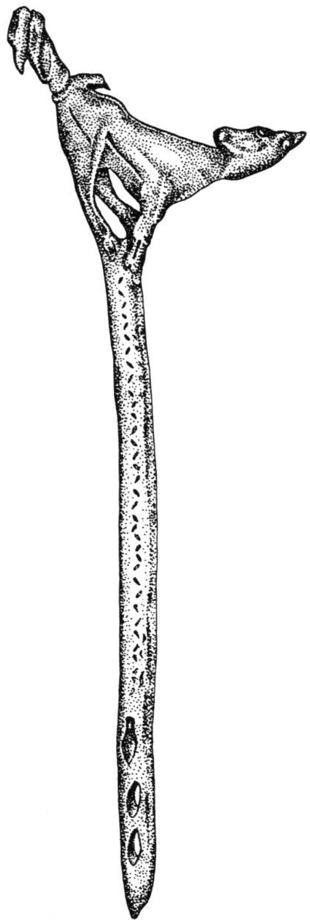

Dieser durchbohrte Stab, möglicherweise eine Speerschleuder, entstand aus der Geweihstange eines Ren. Er ist eine der zahlreichen Schnitzarbeiten, wie sie bei Mas d'Azil, Frankreich, gefunden wurden.

formen als alle ihre Vorgänger. Wir wissen: Sie hatten Tänze und einfache Flöten, und es ist kaum zu bezweifeln: Sie sangen auch und erzählten sich Geschichten.

Wir rechnen diese Jäger der *Cromagnon*-Rasse zu, deren Name auf die Höhle in Frankreich zurückgeht, wo man erstmals Überreste von ihnen fand. Wenn es je einen »edlen Wilden« gab – der Cromagnon-Mensch hatte das Zeug dazu. Er war groß, wohlgebaut, mit voller, weichgerundeter Stirn und einem Langschädel, der ihm ein Gehirnvolumen weit über dem heutigen Durchschnitt ermöglichte. Sein Gesicht war streng, die Nase schmal, das Kinn ausgeprägt. Einen größeren Gegensatz zu den extremeren Formen des Neandertalers, die noch kurz zuvor in so zahlreichen Jagdgründen zu Hause waren, hätte es kaum geben können.

Woher kamen die Cromagnon-Leute und ihre fortgeschrittene Jägertradtion? In Afrika, im Nahen Osten und in Europa gibt es Anhaltspunkte dafür, daß dem *homo sapiens* schon sehr ähnliche Menschen, die vermutlich von den »progressiveren« Zweigen der *Neanderthaloiden* abstammten, schon in der letzten Zwischeneiszeit, also etwa vor 120 000 Jahren, existierten. Sie müssen also lange Zeit gleichzeitig neben den Neandertalern gelebt haben, von denen sie kulturelle Anregungen übernahmen und mit denen sie sich bisweilen vermischten (obwohl das keineswegs feststeht). Und zu Beginn der letzten Eiszeit scheint dann aus dem progressiven Zweig des *homo sapiens* der Menschentyp hervorgegangen zu sein, der schließlich als Cromagnon-Mensch die Bühne der Vorgeschichte betrat. Dieser Mensch jagte in freundlicher Umgebung, ohne daß ihm die Gletscher nördlicherer Breiten etwas anzuhaben vermochten, und dabei entwickelte er sein soziales und kulturelles Leben.

Wo die Wiege dieser Menschen stand, weiß man kaum. Archäologen können kaum mehr sagen als »irgendwo in Südwestasien« oder »irgendwo zwischen der Mittelmeer-Ostküste und den Bergen Innerasiens«. Unter den zahlreichen Anhaltspunkten, die in diese Richtung weisen, sind am bedeutendsten vielleicht die ersten, primitiven Vorläufer der »Klingen- und Stichel-Industrien« in alten Fundzusammenhängen des Nahen Ostens, und darüber hinaus zeigt die Radiokarbondatierung, daß zumindest zwei echte »fortgeschrittene Jägerkulturen« schon vorher in Westasien, der Levante und Mitteleuropa vorkamen, bevor sie – nun vollentwickelt – in Westeuropa auftauchten. Diese Reihenfolge zeigt auch die Tabelle auf Seite 36/37. Es gibt also kaum Zweifel, daß Gruppen von Cromagnon-Menschen mit ihren fortgeschrittenen Traditionen während des ersten Jahrtausends der Periode von 35 000–8000 v. Chr. von Osten nach Westen wanderten.

Diese Erwähnung bestimmter »Gruppen« bedarf der Erklärung. Als moderne Forscher diese altsteinzeitliche Welt in Höhlen Frankreichs und Spaniens zu erschließen begannen, beobachteten sie immer wieder die gleiche Reihenfolge von Gruppen bestimmter Feuersteingeräte in den Abfallschichten auf den Höhlenböden. Man erkannte: In der Klingen- und Stichelindustrie gab es Einschnitte, und man benannte die einzelnen Phasen nach den Höhlen in Frankreich, wo sie am augenfälligsten vertreten waren. Fand man dann anderswo in Europa oder gar in Asien sehr ähnliches Material, übertrug man den betreffenden französischen Namen auch auf dieses. Spätere Wissenschaftler zogen eine Unterteilung in viele, örtlich begrenztere Kulturbereiche vor und stellten die französische Nomenklatur in Frage. Dennoch dürften diese großräumigen Übereinstimmungen auf Völkerbewegungen oder auf Kontakte zwischen Völkern hindeuten. Die Radiokarbondatierung bestärkte dies, denn sie zeigte: die einzelnen Kulturen entsprechen jeweils einzelnen Zeitabschnitten, obwohl es ein paar Überschneidungen gibt, und in einigen Fällen zeichnet sich klar ein Kulturfluß von Ost nach West ab.

Hier ist der Ort, wenigstens über die bedeutenderen dieser fortgeschrittenen Jägerkulturen einiges zu sagen. Die Kulturpioniere, die sich in Asien und Europa ausbreiteten, dem Neandertaler entgegentraten und wahrscheinlich bei ihm Anleihen machten, bleiben so im Schatten, daß über sie nicht mehr zu sagen ist. Erst ihre unmittelbaren Nachkommen, die *Aurignacien*-Leute, waren die ersten dynamischen Neuerer und fast sicher die ersten Künstler. Sie tauchen früh in Afghanistan, im Iran und in der Levante auf und sollen sich über den Balkan und Mitteleuropa nach Westen ausgebreitet haben. Die Pyrenäen allerdings überschritten sie nicht.

Den Aurignacien-Menschen folgten die Träger der *Gravettien*-Kultur. Sie schufen entwickeltere Jagdwaffen und Kunstwerke. Zentren ihrer Kulturtraditionen waren Mittel- und Osteuropa, insbesondere die Lößgebiete Mährens und Südrußlands, wo sie Mammute jagten. Sie scheinen vor allem auf einer Südroute nach Westen gedrungen zu sein, denn sie waren in Griechenland und Italien stark vertreten. Von hier aus kamen sie wohl nach Frankreich sowie als die ersten fortgeschrittenen Jäger nach Spanien und Portugal. Andere Jäger gleicher Kulturstufe und dem Gravettien ähnlicher materieller Kultur drangen etwa gleichzeitig in Britannien ein.

Fast noch bemerkenswerter war der damalige »Drang nach Osten«. Gravettien-Leute erreichten den Süd-Ural, und hier führten sie nicht nur die Klingen- und Stichel-Technologie, sondern auch Malerei ein, die sich stilistisch mit der Malerei ihrer Zeitgenossen im mehr als 4000 km entfernten Dordogne-Gebiet vergleichen läßt. Vermutlich hat diese Gravettien-Durchdringung Asiens mit der späteren Ankunft weiterer fortgeschrittener Jäger zu tun, die am Baikalsee in Sibirien aufgetaucht sind. Diese Leute, die Mammute und anderes Großwild erbeuteten, schufen kleine Schnitzereien und lebten sonst genauso wie ihre weiter westlich wohnenden Vorläufer.

Anscheinend erwuchs aus der dynamischen Gravettien-Tradition die glänzendste, erfolgreichste aller Kulturen der »fortgeschrittenen Jägerstufe«: das *Magdalénien*. Hierbei handelt es sich um eine hauptsächlich zwischen den Alpen und den kantabrischen Bergen Spaniens (wo sich ihre hervorra-

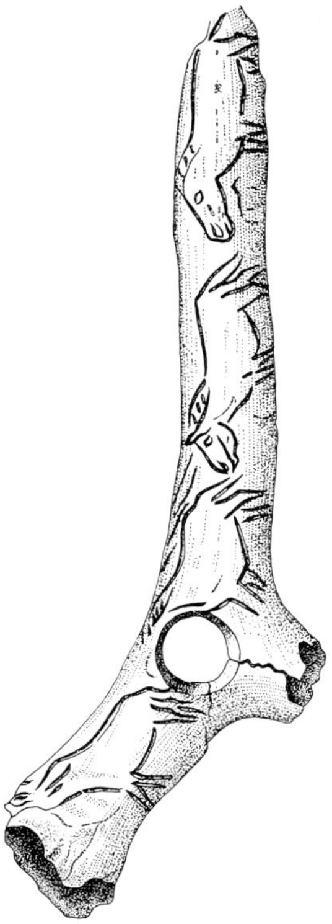

Gravierte oder geschnitzte Lochstäbe wurden von Cromagnon-Menschen aus Geweihen oder Knochen hergestellt. Sie hatten, meist T- oder Y-förmig gestaltet, an der breitesten Stelle eine Lochbohrung und häufig auch reiche Ornamentverzierung. Über ihre Funktion ist nichts bekannt. Sie dienten vielleicht dem Glätten von Riemen und Pfeilen oder rituellen Zwecken.

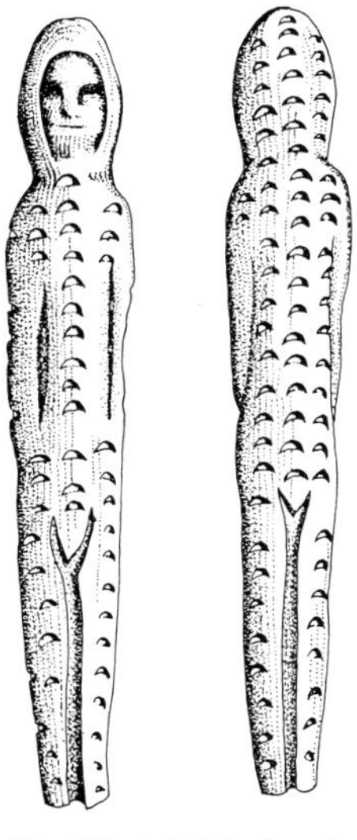

Ein Elfenbeinfigürchen des Gravettien, gefunden bei Buret', Sibirien, das zeigt, wie sich die Jäger gegen die arktische Kälte schützten: durch eine Fellkleidung mit angeschnittener Kapuze, zugeschnitten aus einem einzigen Stück, die Haarseite nach außen gekehrt.

gendsten Kunstwerke fanden) beheimatete Gruppe. Doch die Magdalénier erreichten auch das Gebiet von Valencia und Britannien, im Osten drangen sie bis nach Mähren vor. Als Gerätehersteller bewiesen sie Erfindungsreichtum, doch vor allem bewiesen sie sicheres Gefühl und technisches Können durch ihre Kunst.

Sicher ist dieses plötzliche Erwachen menschlicher Kreativität in dieser Endphase der Altsteinzeit eines der erstaunlichsten Kapitel der Menschheitsgeschichte. Die Neandertaler hatten einen ersten Schritt gewagt, doch den Cromagnon-Leuten gelang ein anmutsvoller Sprung nach vorn. Es gibt hierfür, glaube ich, zwei Erklärungen: eine materielle und eine geistige. Die materielle ist einfach: Die offene Steppe und die Parktundra der Eiszeiten ernährte große Wildherden – Urrinder, Rentiere, Pferde und Mammuts –, denen man Fallen stellen oder die man verfolgen konnte. Man hatte also reichlich Fleisch und infolgedessen viel Freizeit. Und im weniger rauhen Klima Südwesteuropas waren die Voraussetzungen für einen Jägerzeit-Künstler ideal. Was die geistige Erklärung angeht, so liegt es auf der Hand: Nach Hunderttausenden von Jahren, in denen jeder nur tat, was seine Eltern auch schon getan hatten, so daß kultureller Fortschritt nur sehr langsam erfolgte, begann der Cromagnon-Mensch erstmals, in den Kategorien von Problemlösungen zu denken. Aufgrund dieses neuerwachten Gefühls für Herausforderungen erfand er in relativ kurzer Zeit die Speerschleuder, den Riemenschaber, komplizierte Befestigungen für Feuersteinspitzen, Speere und Harpunen mit Widerhaken, die Nadel mit Nadelöhr, die durch Fett genährte Lampe und wohl auch Pfeil und Bogen.

Zeitweilig wohnte man in Höhlenmündungen oder auf Terrassen unmittelbar davor. Dort brannte ständig Feuer. Weiteren Schutz gewährten wohl rohe Geröllsteinmauern oder aufgehängte Häute. Nach unserer Ansicht hauste in jeder Höhle eine Familiengruppe, und in Schluchten, wo es mehrere Bewohnergruppen in Sichtweite voneinander gab, muß es eine Art von Stammeszugehörigkeits-Gefühl gegeben haben. Man kann sich den Anblick vorstellen, wenn in dunkler, frostklirrender Nacht überall wie Lichtpunkte Feuer glommen. Im Lichtkreis wurde gegessen, geschwatzt, Kleidung ausgebessert, oder man erzählte sich Geschichten, während draußen im Dunkeln die wilden Tiere schliefen oder herumschlichen. Gab es keine Höhlen, bauten die Jäger sich Schutzhütten. Die, die wir kennen, müssen von Mammutjägern in Mähren oder Rußland stammen. Sie waren rundlich oder oval mit Herden und eingetieften Böden. Manchmal hatten sie auch niedrige Mauern aus Steinen oder Mammutknochen, darüber eine Art Zeltdach aus Häuten. Ein Lager bestand aus mindestens 6 solcher Hütten, und auch hier nehmen wir an, daß jede Hütte einer Familie gehörte.

Sie zogen sich auch gut an. Wir wissen dies nicht nur durch eine kleine Figur eines in Pelz gekleideten Menschen aus Sibirien, sondern auch eine Malerei in Frankreich zeigt einen Mann in einem hohen Pelzkragen und darunter einem roten Gewand. Auch lassen ihre Knochennadeln vermuten, daß die Kleider der Jäger zugeschnitten und bestickt waren. Vermutlich kamen sie an die heutiger Eskimo heran. Männer – seltener Frauen – liebten es, sich mit Halsketten und Armbändern aus Muscheln, Zähnen sowie »Perlen« aus Elfenbein, Perlmutt und Stein zu schmücken.

Viel derartige Schmuckstücke fanden sich in Gräbern. Was die Neandertaler suchend begannen, intensivierten die fortgeschrittenen Jäger. Noch wünschte man nicht, die Toten von den Lebenden zu trennen. Gräber befanden sich meist im Höhlen- oder Hüttenboden. Meist brachte man die offenkundig bekleideten und geschmückten Leichname in Hockerstellung, und oft bedeckte man sie mit rotem Ocker: Symbol lebensspendenden Blutes! Eine Frau von vierzig Jahren (damals ein hohes Alter!) in einem Grab unter einer Hütte in Mähren war mit Ocker bestreut. Ihr Körper war nach Westen gewandt, und auf ihr lagen die Schulterblätter zweier toter Mammute. All das, was zum Leben und Tod gehörte, bringt uns diese Jäger näher, vor allem aber ihre Kunst verbindet sie mit uns. Doch was soll ich auf einer einzigen Seite zu einem Thema sagen, über das man schon Dutzende von Büchern geschrieben hat? Zuerst sei hervorgehoben: Es war eine zutiefst europäische Kunst, und ich hoffe, man beschuldigt mich nicht des Rassismus, wenn ich an ihr nichts »Wildes« finde, sondern »nur« einen wahrhaft menschlichen, überhöhten Realismus. Historisch betrachtet scheint es, daß die Leute des *Aurignacien* zwar in ihrer asiatischen Heimat keine Kunst hervorbrachten, im Westen aber als erste kleine Tierzeichnungen und Skulpturen schufen, die auch Menschen darstellten. Diese ersten darstellerischen Versuche lassen sich auf 25 000 v. Chr. oder früher datieren. Das *Gravettien* brachte dann gesteigerte Leistungen, besonders im Bereich der Skulptur. Nun entstanden realistische Tierfiguren, doch besonders charakteristisch waren Frauenfigürchen aus Knochen, Elfenbein oder Stein mit enormen Brüsten, Bäuchen, Gesäßen und Schenkeln. Diese kleinen Figürchen entstanden überall im Bereich des Gravettien von Italien und den Pyrenäen bis zum Don. Einige sind einfach grotesk, andere sind schön. Anders als die Tierfiguren entstammen sie dem im Menschen tiefverwurzelten Bereich der Vorstellungen von Mütterlichkeit und Fruchtbarkeit. In diesem Sinn kann man sie als die ersten ausgeprägten religiösen Symbole bezeichnen, ja es ist wohl nicht falsch, sie als Idole zu betrachten. Was sie bedeuteten, kommt gut auf zwei Gravettien-Reliefs in Laussel (Dordogne) heraus. Eine zeigt einen schlanken Jüngling, das andere eine üppige, doch gesichtslose Frau mit einem Stierhorn in der Hand. Der bedeutungs- und gefühlsmäßige Zusammenhang zwischen derartigen Kunstwerken und Muttergottheiten der Jungsteinzeit, ja geschichtlicher Zeit, läßt sich kaum abstreiten.

Skulpturen und Ritzungen erreichten ihren Höhepunkt im *Magdalénien*. Hier waren Meister am Werk, gleich ob sie Reliefs oder Rundplastiken schufen. Einige ihrer besten Arbeiten befinden sich auf ihren Geräten, wo sie ausschließlich der Zier gedient haben müssen.

Die »Venus von Laussel« – eins von zwei zusammengehörigen Kalksteinreliefs –, Symbol der Fruchtbarkeit und Mutterschaft.

Die Höhlenmalereien, durch die vor allem die fortgeschrittene Jägerkultur besonders berühmt wurde, konzentrieren sich weitgehend auf Südwestfrankreich, die französischen Pyrenäen und die kantabrischen Berge Spaniens. Sie genau zu datieren, ist schwierig. Erst kürzlich kam man von der ursprünglichen Ansicht ab, daß es einen Zyklus aus dem Gravettien und aus dem Magdalénien gibt, und heute schreibt man fast alle Malereien dem *Magdalénien* zu. Doch die jüngste Entdekkung einer etwas entlegenen Gruppe von Malereien im *Gravettien*-Gebiet des Süd-Urals scheint zu beweisen, daß frühere Jäger doch schon mit Farben umzugehen wußten. Dennoch steht außer Frage, daß »Magdalénier« die großen Meisterwerke schufen, darunter die herrlichen Heiligtümer von Lascaux und Altamira. Diese Kunst scheint in 5000 Jahren des Wohlstands (von 15 000–10 000 v. Chr.) entstanden zu sein, und die Technik verfeinerte sich bis hin zum polychromen (vielfarbigen) Stil von Altamira.

Die Kultur der fortgeschrittenen Jäger endete mit diesem Kreativitäts-Schub. Erst der Anbruch des Alten Reiches in Ägypten brachte 7000 Jahre später gleichwertige Manifestationen menschlicher Schöpferkraft.

Es gilt nun zu zeigen, wie die fortgeschrittenen Jägerkulturen Eurasiens zeitlich mit der Einwanderung in Amerika und Australien zusammenhängen. So gut wie sicher fanden beide Ereignisse in dieser frühen Periode statt. Schon um 20 000 v. Chr., z. Zt. des späten *Gravettien*, gab es Menschen in Australien. (Nach neueren Forschungen wahrscheinlich schon erheblich früher.) Dies rief allgemeine Überraschung hervor, denn selbst auf dem Höhepunkt der Eiszeit kam man nicht trockenen Fußes von Borneo nach Celebes. Doch woher sie auch kamen – nachdem sie einmal übergesetzt waren, hielten diese Jäger an ihrer steinzeitlichen Kultur fest, bis die Europäer kamen, ja stellenweise noch bis heute. Außerdem bewahren die Ur-Australier körperliche Merkmale wie Langschädel, kräftige Überaugenwülste und oft auch vorstehende Zähne.

Schwieriger und größer ist das Problem der Besiedlung Amerikas, Ich will es so einfach wie möglich darlegen. Nirgendwo in Amerika kamen Überreste von Neandertalern und so weiter zum Vorschein. Von örtlichen Varianten abgesehen, gehören sämtliche Nachkommen der präkolumbischen Völker dem mongoliden Rassenkreis an. Die Blutgruppe B gibt es bei ihnen praktisch nicht, dafür aber mancherorts zu 100 % die Blutgruppe 0: ein überzeugender Hinweis darauf, daß sie von einer relativ kleinen, homogenen Ahnengruppe abstammen, die Amerika zu *einem* bestimmten Zeitpunkt betrat. Man ist allgemein überzeugt, daß diese Pioniere von Sibirien nach Alaska einwanderten, wahrscheinlich, als es zwischen beiden eine Landbrücke gab. Dies war zweimal während der letzten Eiszeit der Fall: zwischen 24 000 und 18 000 sowie von 10 000–8000 v. Chr. Die ersten unumstrittenen Menschen- und Kultur-Überreste stammen aus der Zeit um 10 000, entsprechen also dem *Magdalénien* Europas. Die damaligen Menschen waren Großwildjäger. Wir unterscheiden sie nach den Typen ihrer hervorragend gearbeiteten »Geschoßspitzen« (Clovis-, Sandia- und Folsom-Spitzen). Aus all dem dürfte so gut wie sicher hervorgehen, daß die ersten Einwanderer die Landbrücke entweder am Ende der ersten oder unmittelbar zu Beginn der zweiten Phase ihres Bestehens überschritten. Leider fand man an verschiedenen Punkten Nord- und Südamerikas rohe Abschlagsgeräte, die »älter aussehen« als die Geschoßspitzen-Kulturen. Meist handelt es sich dabei um verstreute Oberflächenfunde, doch hier und da will man auch Feuerstellen und andere Zeichen menschlicher Besiedlung gefunden haben, die gleichalt sein sollen wie das *Aurignacien* der Alten Welt, wenn nicht sogar noch älter. Keine einzige Fundstätte, die älter sein sollte als die »Geschoßspitzenzeit«, hielt sorgfältiger Prüfung stand, doch die Häufung solcher Behauptungen genügte, um selbst ernstzunehmende Gelehrte zu überzeugen, daß die ersten Amerikaner schon um 35 000 v. Chr. eingewandert sein müßten. Diese Großwildjäger der Späteiszeit scheinen sich mit bemerkenswerter Schnelligkeit über den Kontinent ausgebreitet zu haben. Ihr Haupt-»Korridor« führte – nach Durchquerung Alaskas – durch die »High Plains«, dann durch Mittelamerika (in Mexiko wurden wie in Nordamerika getötete Mammute zusammen mit den tödlichen Speerspitzen gefunden), durch die Tropen, und schon um 9000–8000 v. Chr. war die südliche Kaltzone an der Magellanstraße erreicht. Das ist wirklich bemerkenswert, denn nur Neugier, nur der Drang, herauszufinden, was hinter dem Horizont, hinter dem Dickicht, hinter dem Fluß lag, kann eine verhältnismäßig kleine Jägerbevölkerung so vorangetrieben haben. Und sicher ist auch das ein Beweis für die Möglichkeiten kultureller Diffusion und eine Rechtfertigung der Annahme, daß auch in Eurasien die Gruppen fortgeschrittener Jäger tatsächlich so weit verbreitet waren, wie es den Anschein hat.

Die letzten zweitausend Jahre Eiszeit waren das Ende einer Epoche, doch eine neue Zeit kündigte sich bereits an. In großen Teilen Europas schmolz das Eis. Wasser und Wälder nahmen nun einstige Weidegründe ein und zwangen den Abkömmlingen der fortgeschrittenen Jäger weitgehende Veränderungen auf. Der Klimawechsel ermöglichte es einigen auch, mit den Rentieren nach Norden zu ziehen und sich in Dänemark und Norddeutschland neue Jagdgründe zu suchen. Im Mittelmeerraum, in Südeuropa und im Nahen Osten gab es einen weniger extremen Klima-Umschwung; er ermöglichte eine langsame Weiterentwicklung des *Gravettien* und anderer fortgeschrittener Jägertraditionen. Doch trotz solcher regionaler Unterschiede bestehen zwischen der späteiszeitlichen und nacheiszeitlichen Phase unserer Geschichte genügend Zusammenhänge, um von einer geschlossenen, eigenen Kulturperiode zu sprechen. Man nannte sie *Mittlere Steinzeit (Lesolithikum)*, weil sie zwischen der Altsteinzeit (dem Paläolithikum) und der Jungsteinzeit (dem Neolithikum) liegt.

Der innere Zusammenhang besteht hauptsächlich im Wechsel von der Großwildjagd zur Jagd auf viel kleinere Tiere, auf Fischfang, Vogelstellerei und vor allem zum verstärkten Sammeln wildwachsender pflanzlicher Nahrung. Dies hatte Rückwirkungen auf die Herstellung von Geräten und Waffen. Schon im Gravettien hatte man kleine Feuersteinstücke benutzt, um sie irgendwo zu befestigen, doch nun setzte man alles daran, mehr so winzige Feuersteingeräte zu machen, daß man sich über das Können der Gerätehersteller nur wundern kann. Eine bohrende Frage ist es, warum die Menschen annähernd zur gleichen Zeit in vielen Bereichen Eurasiens und Afrikas zu derartigen »Mikrolithen« übergingen. Wie gewöhnlich, bevorzugen einige Gelehrte eine diffusionistische Erklärung, wogegen andere die Antwort in der Annahme finden, daß ähnliche Bedürfnisse an ganz verschiedenen Punkten des Globus unabhängig voneinander den Menschen jeweils eine ganz ähnliche Reaktion abzwangen.

Die mesolithischen oder spät-jägerzeitlichen Kulturen begannen früh im Nahen Osten (einschließlich der Westhänge des Zagros-Massivs). Schon etwa 13 000 v. Chr. waren hier Mikrolithen und Reibsteine für wildwachsendes Getreide im Gebrauch. In der Levante führten derartige Ansätze zu einer voll ausgebildeten spätjägerzeitlichen Kultur, dem *Natoufien (Natufium),* die ein vollendetes Beispiel einer Lebensweise mitten zwischen dem Jäger- und Bauerndasein bietet. Ihre Zeitstellung deckt sich fast genau mit den beiden Jahrtausenden des Eiszeit-Endes (10 000–8000 v. Chr.), d. h. mit dem Untergang des Magdaléniens und der Ausbreitung der »Geschoßspitzen«-Jäger in ganz Amerika.

Die Natufier lebten, wo die wildwachsenden Vorfahren von Weizen und Gerste gediehen, und ihr Bestand an Erntemessern, Handmühlen, Stößeln und Mörsern beweist, daß sie große Mengen Wildgetreide ernteten. Möglicherweise ergänzten sie ihren Speisezettel auch, indem sie Gazellenherden hielten.

Mit dem Nahrungsmittelzuwachs nahm auch die Bevölkerung zu, und nun ging man zu einer eher seßhaften Lebensweise über. Von Natoufien-Dörfern wissen wir, daß sie bis zu 50 Hütten hatten. In gleiche Richtung weisen große Friedhöfe. Doch domestizierte Pflanzen und Tiere gab es noch nicht, auch keine Keramik, keine Weberei, und noch immer spielte die Kleintierjagd für ihre Ernährung die Hauptrolle. Auch die alte Tradition realistischer Tierdarstellungen und persönlichen Schmucks hielt sich noch bei ihnen.

Technologie 35000–8000 v. Chr.

In den Jahrtausenden vor dem Beginn dieses Zeitabschnitts hatten die Menschen eine große Anzahl natürlicher Materialien als Gerät verwendet: Stein, Knochen, Geweihstücke, Muschel und Elfenbein ebenso wie die weniger haltbaren Stoffe Rinde, Pflanzenfasern, Tierhaar und Sehnen. Doch erst von den fortgeschrittenen Jägern wird man sagen können, daß sie den ersten »Werkzeugkasten« entwickelt haben.

Zu ihren Geräten gehörten Messer für die verschiedensten Zwecke, Schaber zum Reinigen von Fellen und Häuten, »Meißel« oder Stichel zur Bearbeitung von Knochen sowie Pfeil- und Lanzenspitzen. Fast in der ganzen Welt wurden diese Werkzeuge geschickt verfertigt, indem Feuersteinklingen, die man zuvor von sorgfältig vorbereiteten Steinen abgeschlagen hatte, »zurechtgedengelt« wurden. Zu den verschiedenen Techniken zählten das Abstumpfen scharfer Kanten zur Vermeidung ungewollter Verletzungen, Ausarbeitung der Schneiden und Glätten der Oberfläche. Überraschenderweise wurde das Abschleifen zuerst in Australien entwickelt, wo sich die ältere Technik des Grobabschlags von Kernstücken bewahrt hatte. Später brachte in den meisten Gebieten der Erde die Entwicklung von Mikrolithen, die mit der Fertigkeit zur Herstellung zusammengesetzter Werkzeuge einherging, eine noch größere Variation und Anwendbarkeit der Geräte.

Zum ersten Mal werden Geweihstangen, Knochen und Elfenbein systematisch von den fortgeschrittenen Jägern bearbeitet. Techniken wie das »Zurechtdengeln«, Abschlagen, Polieren und Durchbohren werden zur Herstellung mannigfacher Waffenspitzen, Ornamente, Ahlen, Harpunen, Knebelbolzen, Speerschleudern, Nadeln und anderer Geräte zur Bearbeitung von Tierhäuten eingesetzt. Gegenstände aus Knochen und Elfenbein werden gelegentlich mit eingeritzten geometrischen Mustern verziert. Erfindungen wie die Speerschleuder und der Bogen (erschlossen aus den Pfeilspitzen) zeigen, daß der Mensch der Frühzeit von einfachen wissenschaftlichen Prinzipien Gebrauch machte, um seine Effizienz als Jäger zu erhöhen. Diese über große Entfernungen wirksamen Waffen gehörten zu den bedeutendsten materiellen Errungenschaften der Zeit.

Das Feuer wurde schon lange vorher benutzt: als Wärmespender, Licht, zum Kochen und als Waffe gegen Tiere. In diesem Zeitabschnitt wurde man sich der Möglichkeit, mit seiner Hilfe bestimmte Materialien umzubilden, bewußt. In der Tschechoslowakei sind Figurinen aus gebranntem Ton entdeckt worden sowie Zeugnisse für den ersten Gebrauch von Kohle als Brennstoff.

Obgleich diese ersten Formen von Technologie sicherlich beschränkt waren, erlaubten sie doch den Gesellschaften, sich zu entwickeln und sich bis zu dem Punkt zu entfalten, wo wenigstens einige von ihnen Meisterwerke der Höhlenkunst hervorbringen konnten.

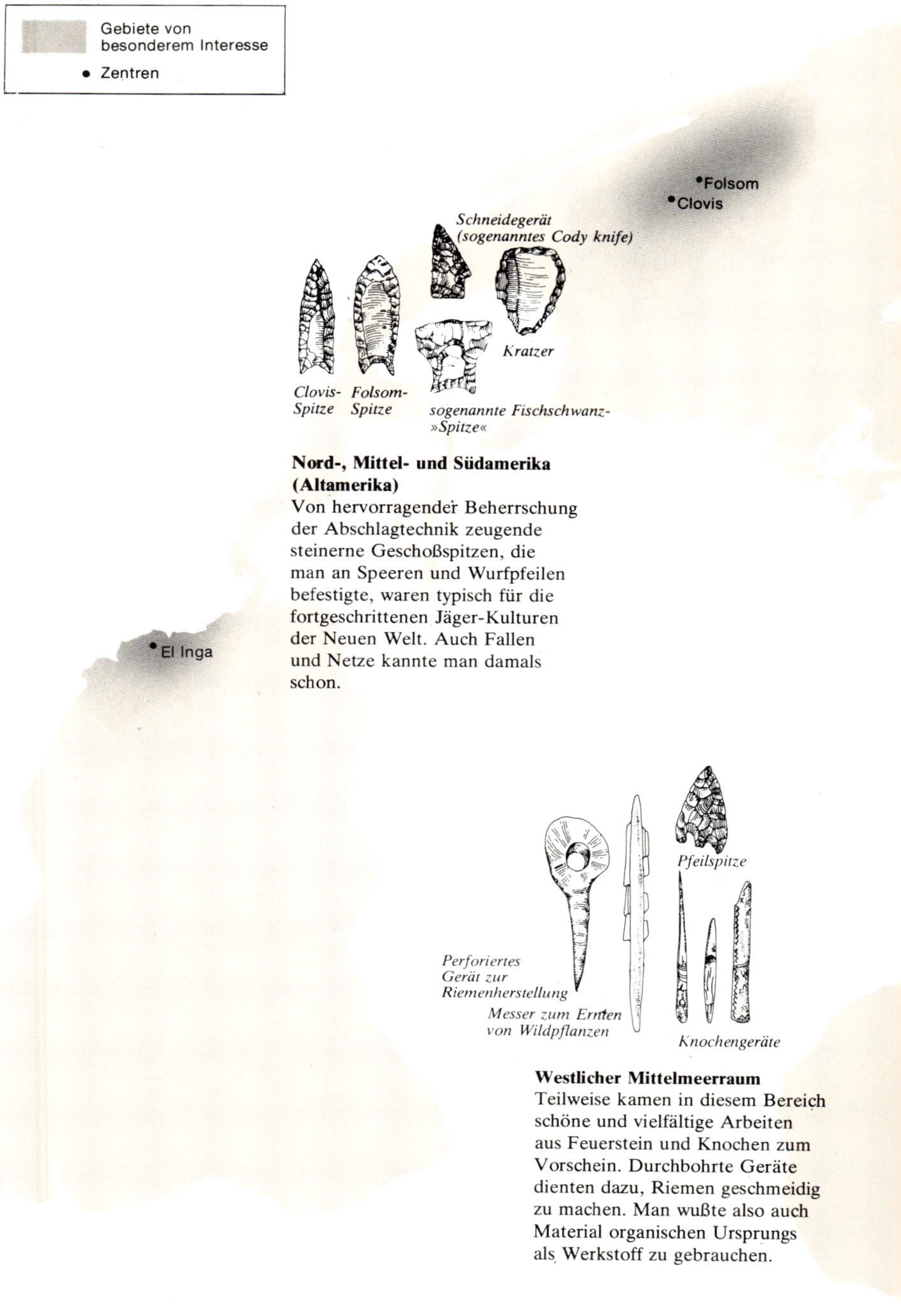

Nord-, Mittel- und Südamerika (Altamerika)
Von hervorragender Beherrschung der Abschlagtechnik zeugende steinerne Geschoßspitzen, die man an Speeren und Wurfpfeilen befestigte, waren typisch für die fortgeschrittenen Jäger-Kulturen der Neuen Welt. Auch Fallen und Netze kannte man damals schon.

Westlicher Mittelmeerraum
Teilweise kamen in diesem Bereich schöne und vielfältige Arbeiten aus Feuerstein und Knochen zum Vorschein. Durchbohrte Geräte dienten dazu, Riemen geschmeidig zu machen. Man wußte also auch Material organischen Ursprungs als Werkstoff zu gebrauchen.

WERKSTOFFE (VERGLEICHENDE ÜBERSICHT)

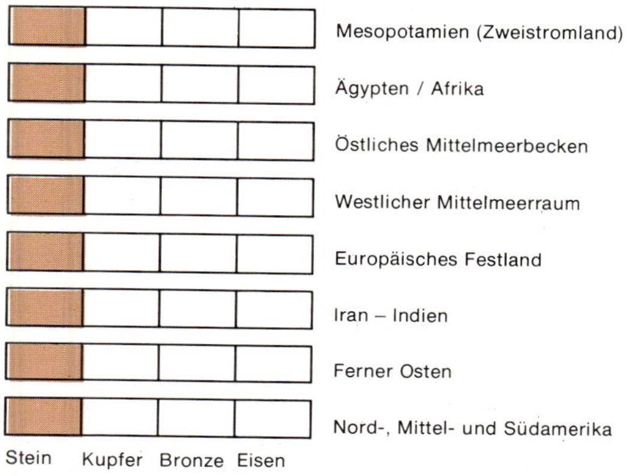

Europäisches Festland (Alteuropa)
Spezialisierte Stein-, Knochen- und Geweihgeräte für Jagd und Fischfang, so etwa die Speerschleuder und die Vogelsteller-Gabel, waren in Mittel- und Osteuropa weit verbreitet. Lampen und Farbpaletten wurden in Frankreich für die Höhlenmalereien benutzt.

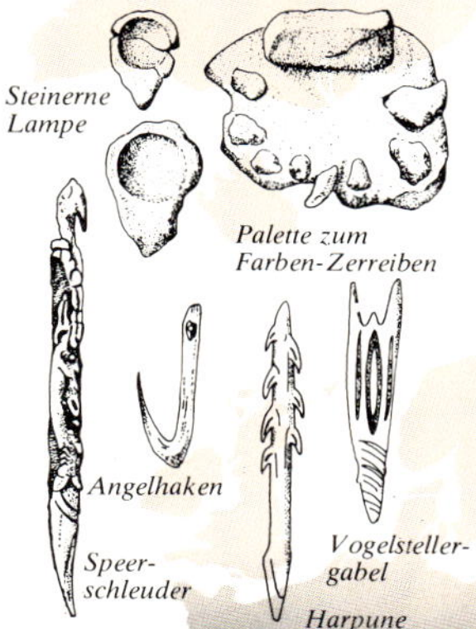

Östliches Mittelmeerbecken
Neben den noch immer überwiegenden Jagdgeräten der damaligen Zeit kamen mehr und mehr Erntemesser und Teile von Sicheln aus Geweih und Feuerstein zum Vorschein, die auf eine intensive Nutzung wildwachsender Getreidearten hindeuten. Auch aus Knochen verstand man mit sehr viel Geschick Werkzeuge und Schmuckstücke anzufertigen.

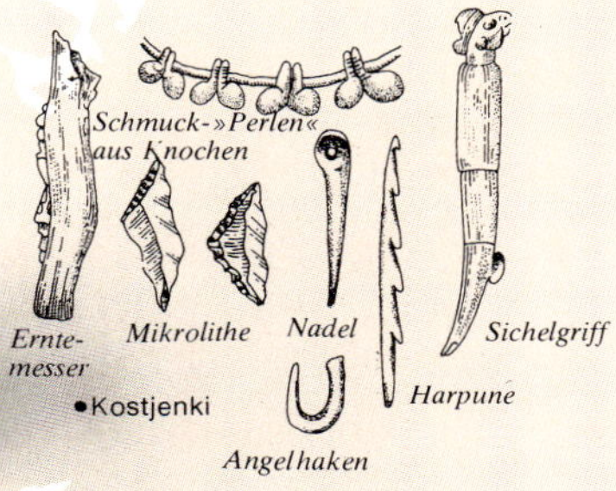

Ferner Osten
Jagd- und Sammlergeräte, in recht grober Abschlagstechnik ausgeführt, bestimmten das Bild der Geräteindustrien im gesamten ferneren Osten Asiens. Noch stärker tritt die Plumpheit dieser Geräte auf den Asien vorgelagerten Inseln bis hin nach Australien in Erscheinung.

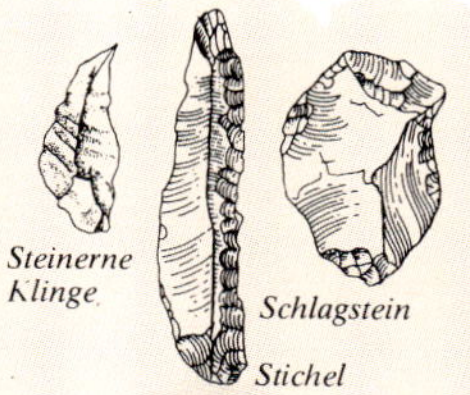

Iran – Indien
Sicheln, Erntemesser und Wetzsteine deuten auf eine Bevölkerung hin, die auf der Stufe der Späten Jägerkultur stand.

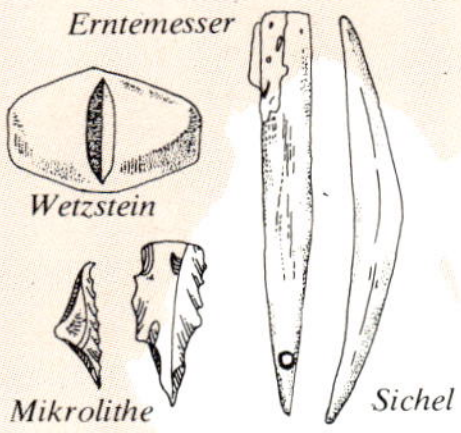

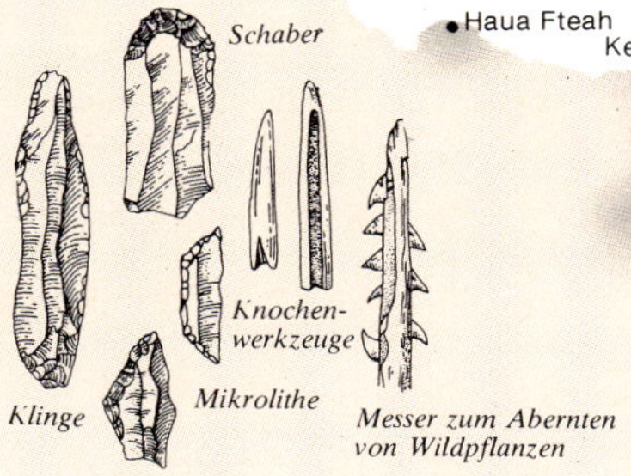

Ägypten / Afrika
Weitverbreitet in diesem gesamten Bereich waren gut gearbeitete und funktionstüchtige Feuersteingeräte, zu denen auch ein gewisser Bestand von Knochenarbeiten hinzukam.

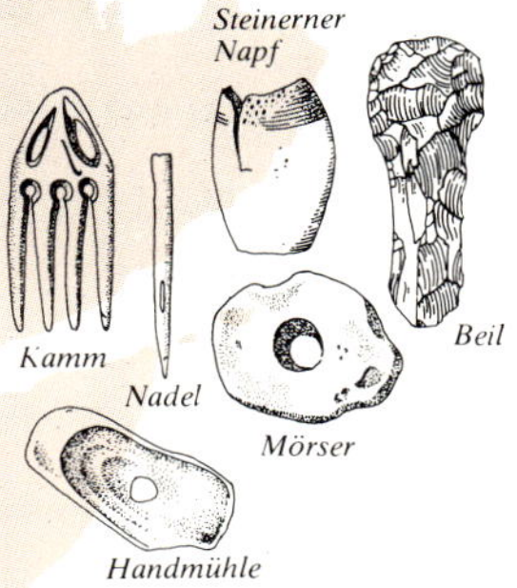

Mesopotamien
Steinerne Handmühlen und Mörser deuten darauf hin, daß man an den Gebirgshängen wilde Getreide-Vorformen erntete. Mit welch großem Können man Knochen als Werkstoff benutzte, bezeugen der Kamm und die durchlöcherte Nadel.

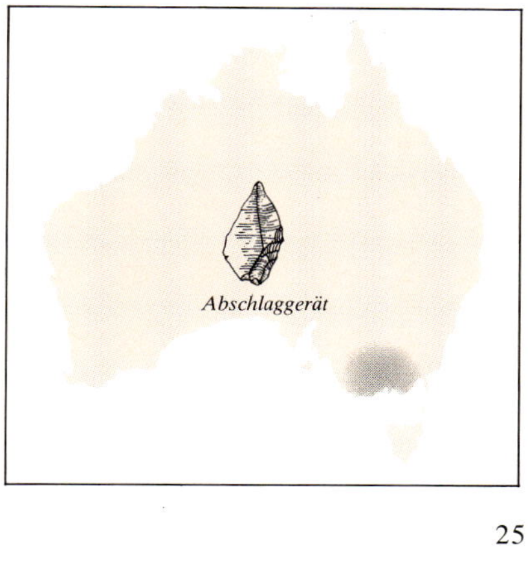

Mesopotamien
Der Kamm von Mureybat zeigt, daß die Völker der fortgeschrittenen Jägervölker geschickt in der Kunst des Knochenschnitzens waren. Der Steinmörser, der zusammen mit verkohltem Getreide, das nicht in diesem Flachland wuchs, gefunden wurde, legt die Vermutung nahe, daß Mureybat um 8000 v. Chr. mit der Erzeugung von Nahrungsmitteln zumindest vertraut war und so den Bewohnern der Überschwemmungsgebiete flußabwärts ein gutes Stück voraus. Diese dagegen befriedigten noch den Großteil ihres Nahrungsmittelbedarfs durch die Jagd.

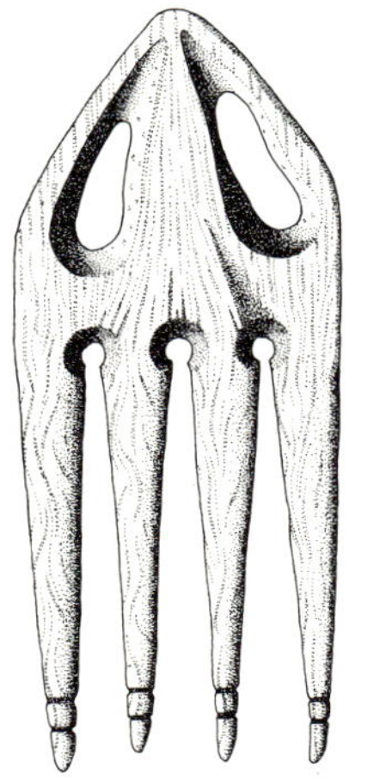
Geschnitzter Knochenkamm

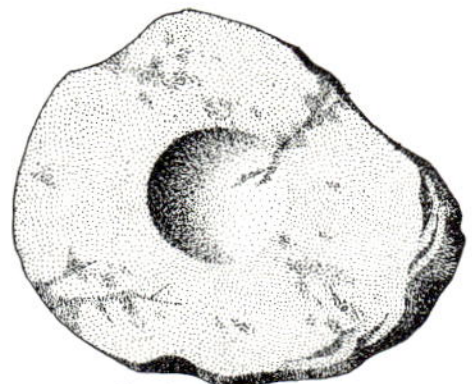
Steinmörser

Ägypten / Afrika
An der Mittelmeerküste fanden sich in zunehmendem Maße kleinere Werkzeuge und Geräte, auch zusammengesetzte wie das Wurfgeschoß. Südlich der Sahara jedoch behauptete sich eine größere Feuerstein-Industrie sehr viel länger, wie die Feuersteinklinge beweist.

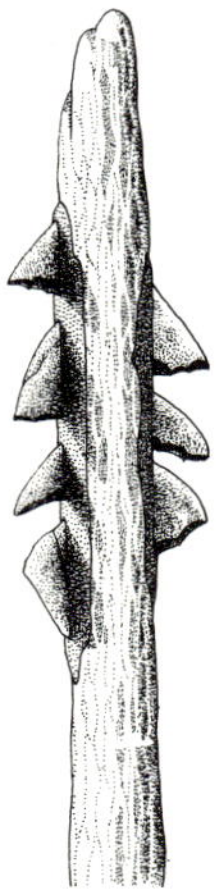
Erntemesser

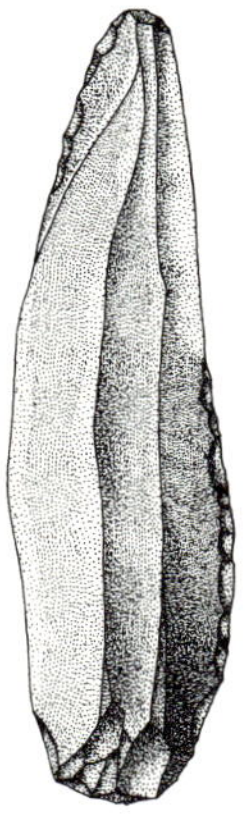
Feuersteinklinge

Östliches Mittelmeerbecken
Die Zeugnisse, die die in dieser Gegend siedelnden Natufier hinterließen, lassen vermuten, daß sie wild wachsendes Getreide verwendeten, wenngleich man davon keine Überreste fand. Sichelklingen wurden normalerweise mit Griffen aus Knochen befestigt. In diese Geräte schnitzte man gelegentlich naturgetreue Abbildungen von Tieren.

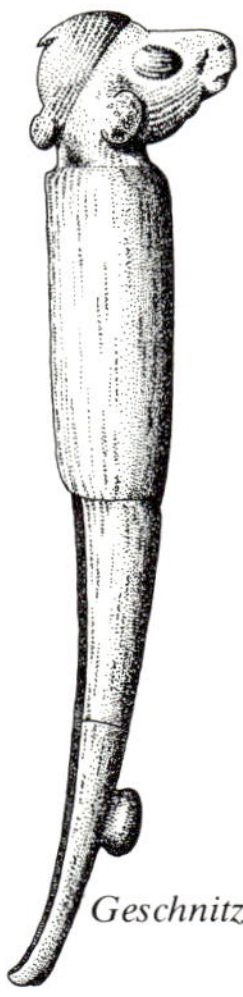
Geschnitzter Sichelgriff

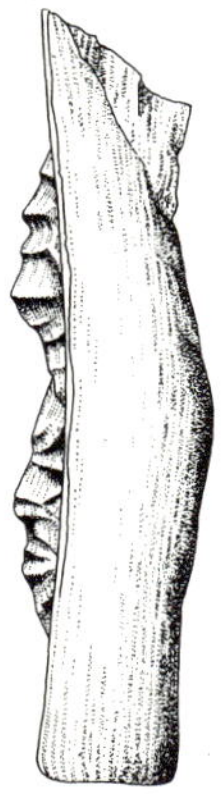
Erntemesser

Westlicher Mittelmeerraum
Wie in vielen anderen Gegenden bekamen auch hier Kombinationswerkzeuge – darunter Klingen aus Feuerstein (Mikrolithen), an Holz oder Knochen befestigt – zunehmend Bedeutung, als die großen Wildherden von Jagdtieren der letzten Eiszeit sich auflösten. Unter diesen Werkzeugen fand sich das Erntemesser, das man zum Ernten des Wildgetreides benutzte. Andere Geräte nahm man zur Jagd kleinerer Tiere. Knochen verwendete man für solche Werkzeuge wie Nadeln und Dolche.

Erntemesser

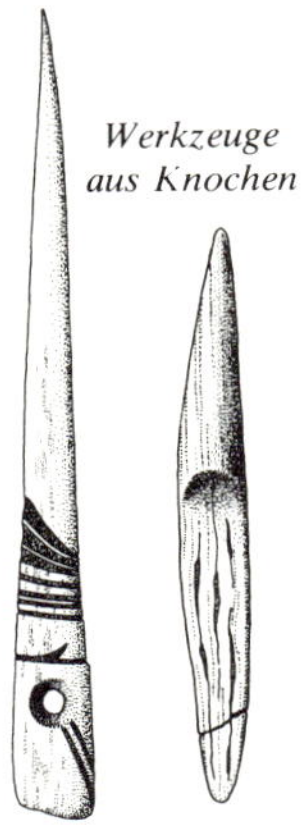
Werkzeuge aus Knochen

Speerschleuder

Europäisches Festland (Alteuropa)
Die Höhlenkunst Frankreichs und Spaniens brachte Fortschritte in der Technologie mit sich, wie die Farbpalette und Steinlampen beweisen. Die Höhlenmalereien selbst wurden möglicherweise als notwendig für die Fruchtbarkeit der Herde und für den Erfolg der Jäger, sie zu erlegen, angesehen. Die Speerschleuder aus Knochen half dabei ohne Zweifel auch. Sie funktionierte nach dem Hebelprinzip und vergrößerte den Wurfbereich des Jägers.

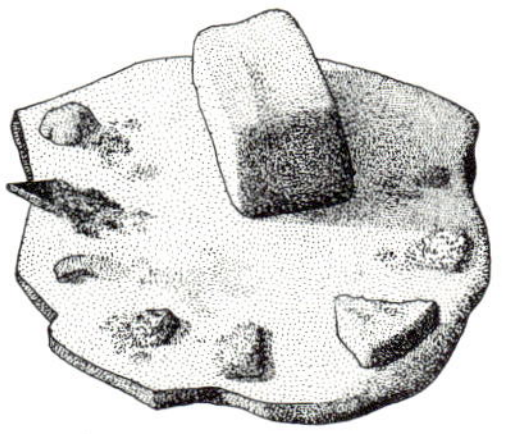
Palette, Mahlstein und Farbsubstanzen

Iran – Indien
Die fortgeschrittenen Jäger im Gebiet des Zagrosgebirges und des Elburs hatten mit ihren westlichen Nachbarn die Technik intensiver Ausbeutung wildvorkommender Pflanzen gemein, wie das Erntemesser und der Wetzstein zeigen.

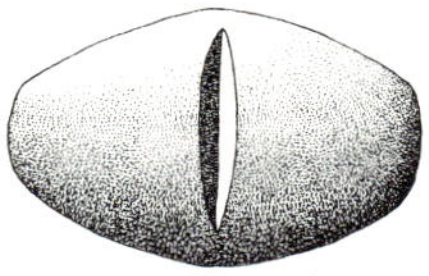
Wetzstein

Erntemesser

Ferner Osten
Eine leistungsfähige Technologie, jedoch ohne Höhepunkte, zeigt sich in der Bearbeitung der Steinklingen. Selbst die größere Bedeutung der Schalentiere als eine der wichtigen Nahrungsmittelquellen bewirkte keine besonderen Fortschritte, wenngleich sie die frühe Entwicklung dauerhafter Siedlungen ermöglichte.

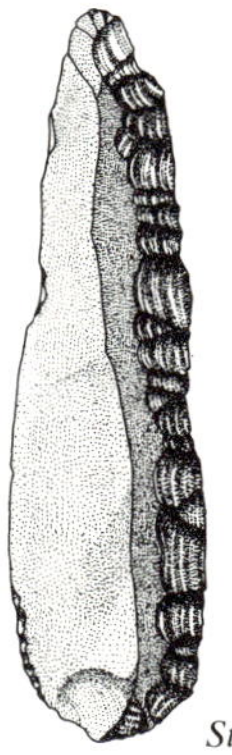
Steinschaber

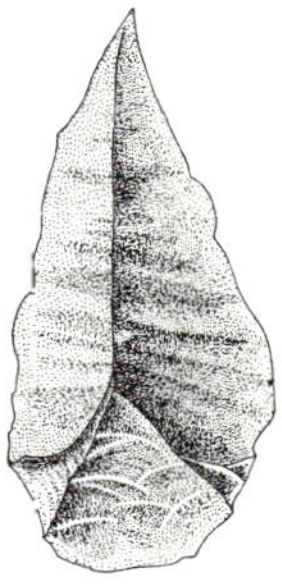
Stichel

Nord-, Mittel- und Südamerika (Altamerika)
Die Jagdausrüstung der frühen Siedler war mit Geschick und Tüchtigkeit gefertigt, wenn auch ohne große Vielfalt. Die in Abschlagtechnik hergestellten Speerspitzen wurden nach der Art ihrer Herstellung eingeordnet, wie die Spitzen von Clovis und Folsom unten.

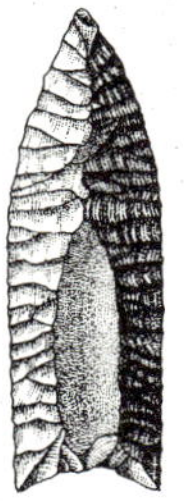
Clovis-Spitze

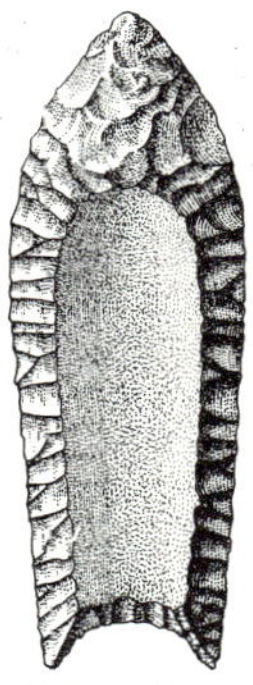
Folsom-Spitze

Feuerstein-Technologie
Verglichen mit den meisten anderen Steinen weist der Feuerstein oder Flint zwei entscheidende Unterschiede auf. Infolge seines mikrokristallinen Aufbaus hat er kein »Korn« und kann daher in jede Richtung springen, wobei der Bruch sehr scharfe Kanten hinterläßt. Diese Eigenschaften entdeckte man sehr früh, was ihn zum bevorzugten Stein für Abschlag-Werkzeuge machte. Schläge mit einem härteren Schlagstein lösten Splitter, die ihrerseits zur Herstellung von Geräten verwendet wurden oder das Kernstück für irgendein gewünschtes Gerät bildeten. In einigen Gebieten erhitzte man den Flint, um seine Neigung zum Abspalten zu verbessern. Für das Nachbearbeiten benutzte man auch Knochen oder eine Steinspitze, um kleine Flintsplitter abzuschlagen, so die endgültige Form zu erzielen und dem Werkzeug die vollendete Oberfläche zu verleihen.

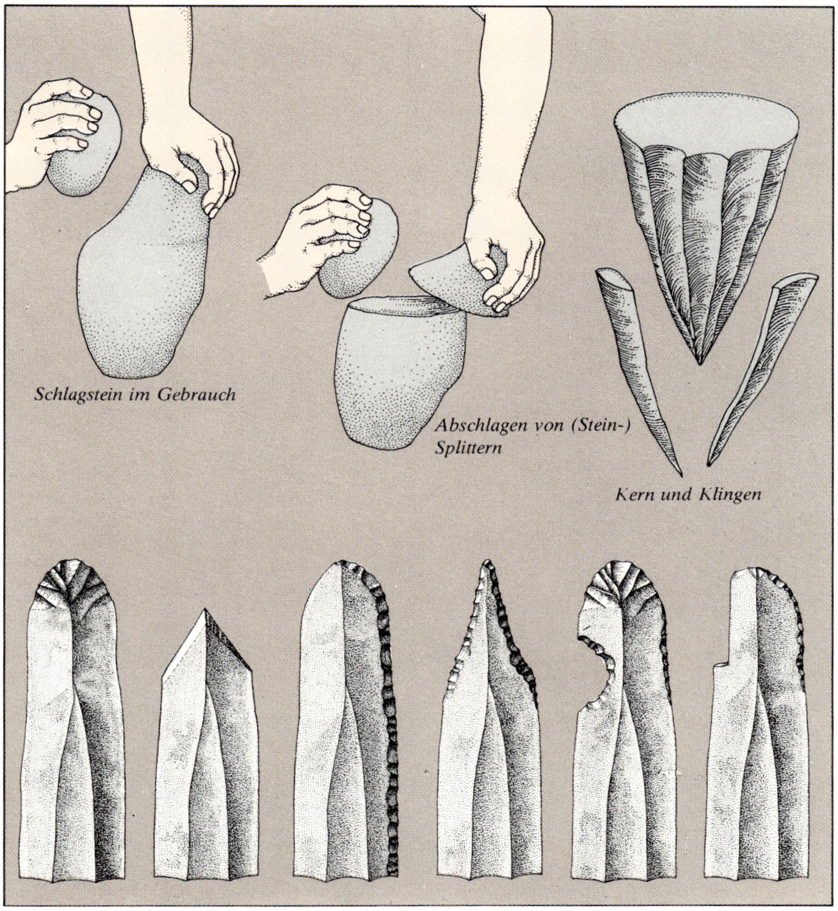

Mikrolithen
Eine spätere Weiterentwicklung bedeutete das Zerteilen der (Stein-)Klingen in kleinere Teile oder Mikrolithen. Man kerbte die Klingen ein und splitterte sie durch Verwinden auf. Diese Mikrolithen konnte man dann in eine einfache, oft geometrische Form bringen. Ihr Hauptvorteil bestand darin, daß sie besser in Knochen- oder Holzgriffen befestigt und einzeln ersetzt werden konnten, wenn sie abgenutzt oder beschädigt waren. Dadurch konnte man Pfeilen und Harpunen vielfältige, mit Widerhaken besetzte Formen geben; Sicheln und Erntemesser erhielten so leicht austauschbare Schneiden.

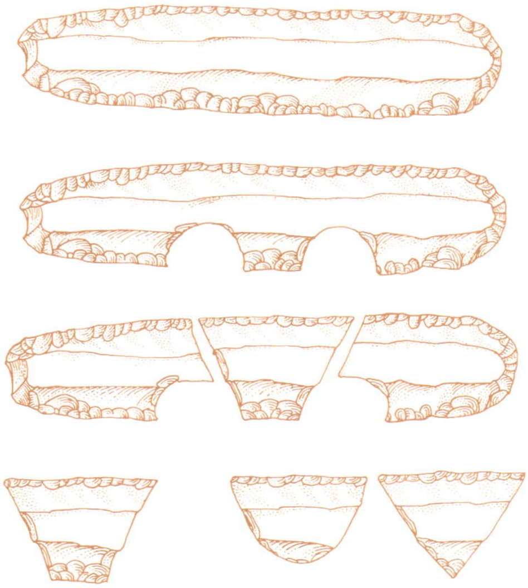

Knochen, Geweihe, Elfenbein
Diese Materialien sind nicht so hart wie Stein, aber elastischer und erfordern verschiedene Bearbeitungstechniken. Zweifellos gehörte zu den frühesten Techniken das Zersplittern der Knochen aus Speiseabfällen. Später benutzte man einen Flintmeißel oder Stichel, um durch Auskehlen und Aushebeln Splitter aus einem Knochen oder Geweih zu lösen. Die Grundtechnik jedoch war das Schleifen. Man rieb den Splitter an einem Block aus Schleifsandstein oder ähnlichem Material hin und her. Nadeln, Harpunen und Hacken entstanden so.

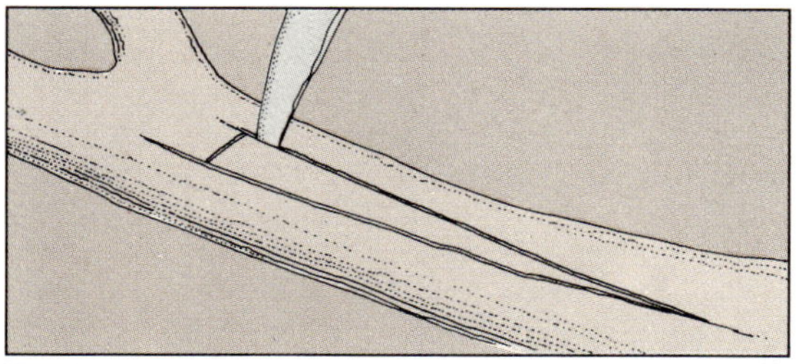

HERSTELLEN EINER NADEL *aus einem Geweihstück. Mit einem Flintmeißel werden zwei Rillen eingeschnitten.*

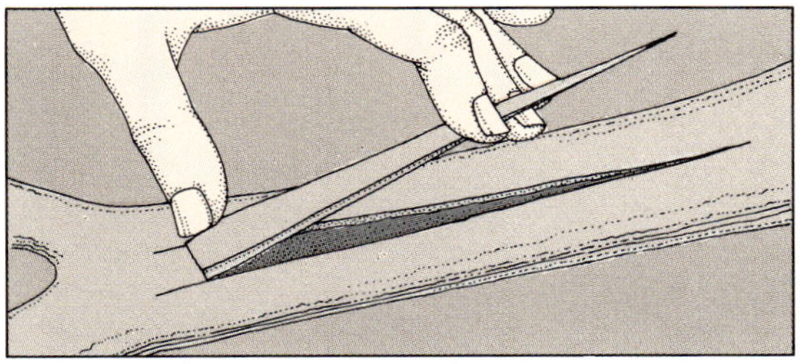

Der so entstandene Span wird hochgebogen bis er an der Basis abbricht und herausgehoben werden kann.

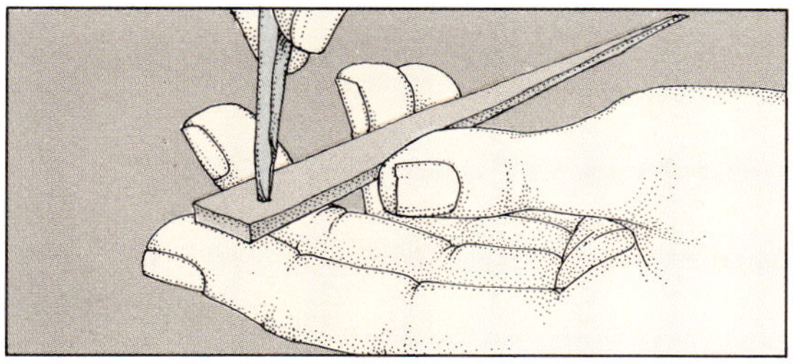

Das Öhr wird durch Hin- und Herdrehen einer feinen Flintspitze gebohrt, wie mit einem modernen Spitzbohrer.

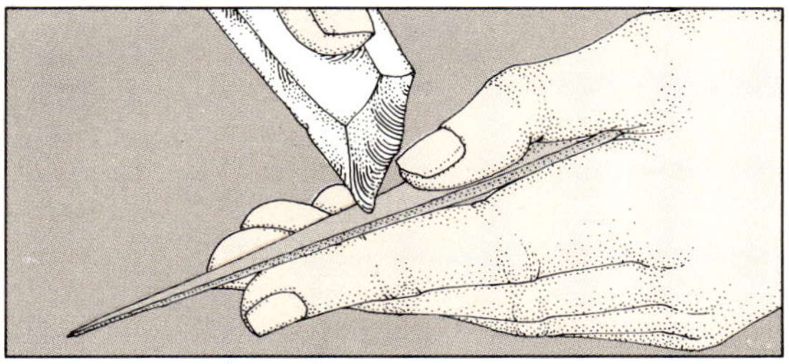

Das Glätten beginnt mit einem Flachschaber aus Flint, um die gröbsten Unebenheiten zu beseitigen.

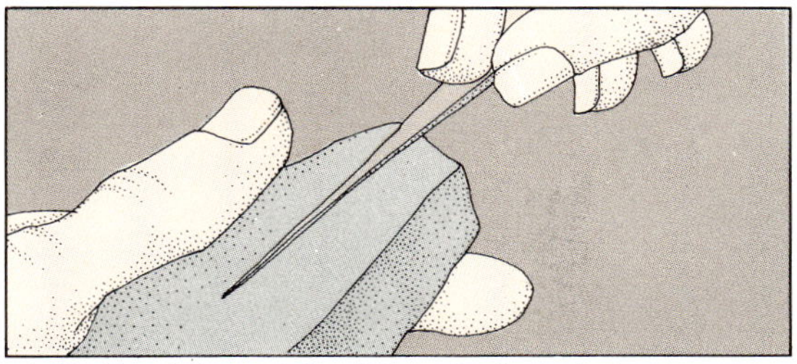

Die Nachbearbeitung wird auf einem Sandsteinblock vorgenommen; man erzielte so einen sanften Glanz und eine scharfe Spitze.

Bauweise 35000–8000 v. Chr.

Das Leben als nomadischer Jäger erlaubte dem Menschen der Frühzeit keine Siedlungen von Dauer. Höchstwahrscheinlich gaben die Menschen sich mit engen Schutzvorrichtungen zufrieden, die sie als Obdach gegen Regen und Sonne aufstellten. Felsdächer mit überhängenden Simsen und Höhlen wurden ausgenutzt, bildeten aber wahrscheinlich nur einen sehr kleinen Anteil der Unterkünfte. Die Beherrschung des Feuers war notwendig, um aus diesen Höhlen Raubtiere zu vertreiben, und in vielen Regionen waren Höhlen selten oder gar nicht vorhanden.

Später wohnten die fortgeschrittenen Jäger weit häufiger in Höhlen. Schutz war notwendig, um unter den harten Bedingungen der letzten Eiszeit überleben zu können, und Höhlen boten dazu ein geeignetes Mittel. Überraschenderweise war deren Benutzung sogar zu dieser Zeit nur jahreszeitlich. Allerdings wissen wir mehr über Höhlenwohnungen als über Hütten der gleichen Zeit, da Höhlen leicht aufzufinden sind. Während ihre Bewohner nur geringfügige bauliche Veränderungen vorgenommen haben (wie z. B. das Hinzufügen von Feuerstellen und Windschirmen), liefern uns Speiseabfälle, zurückgelassene Werkzeuge und Nebenprodukte der Arbeit an Feuersteinen und Knochen, die man auf Höhlenböden gefunden hat, die meisten archäologischen Zeugnisse dieser frühen Periode.

Nur wenige bauliche Zeugnisse der frühzeitlichen Menschen haben überdauert. Doch wurden einige frühe Bauten entdeckt, insbesondere in Osteuropa und Palästina. Die aus Fell und Knochen gefertigten Hütten der Mammutjäger und die aus Zweigen und Schlamm in den milderen Regionen verraten erstaunliches Geschick. Auf ihr Zeugnis gestützt, dürfen wir wahrscheinlich annehmen, daß Hütten in allen Gebieten gebaut wurden.

Es ist jedoch schwierig, diese Bauten als Architektur zu würdigen. Bevor nicht weitere entdeckt und untersucht worden sind, können wir die Bezüge dieser Gebilde zu ihrer »Umwelt« nicht angemessen einschätzen. Waren diese Bauten das Ergebnis einer langen Entwicklung in den Einzelgruppen oder Reaktion auf die augenblicklichen Probleme der Gemeinschaft, des Fundortes und der dort zugänglichen Materialien? Wie auch immer die Antwort ausfällt: diese Hütten waren, mögen ihre Reste auch noch so armselig sein, die eigentlichen Anfänge der Architektur.

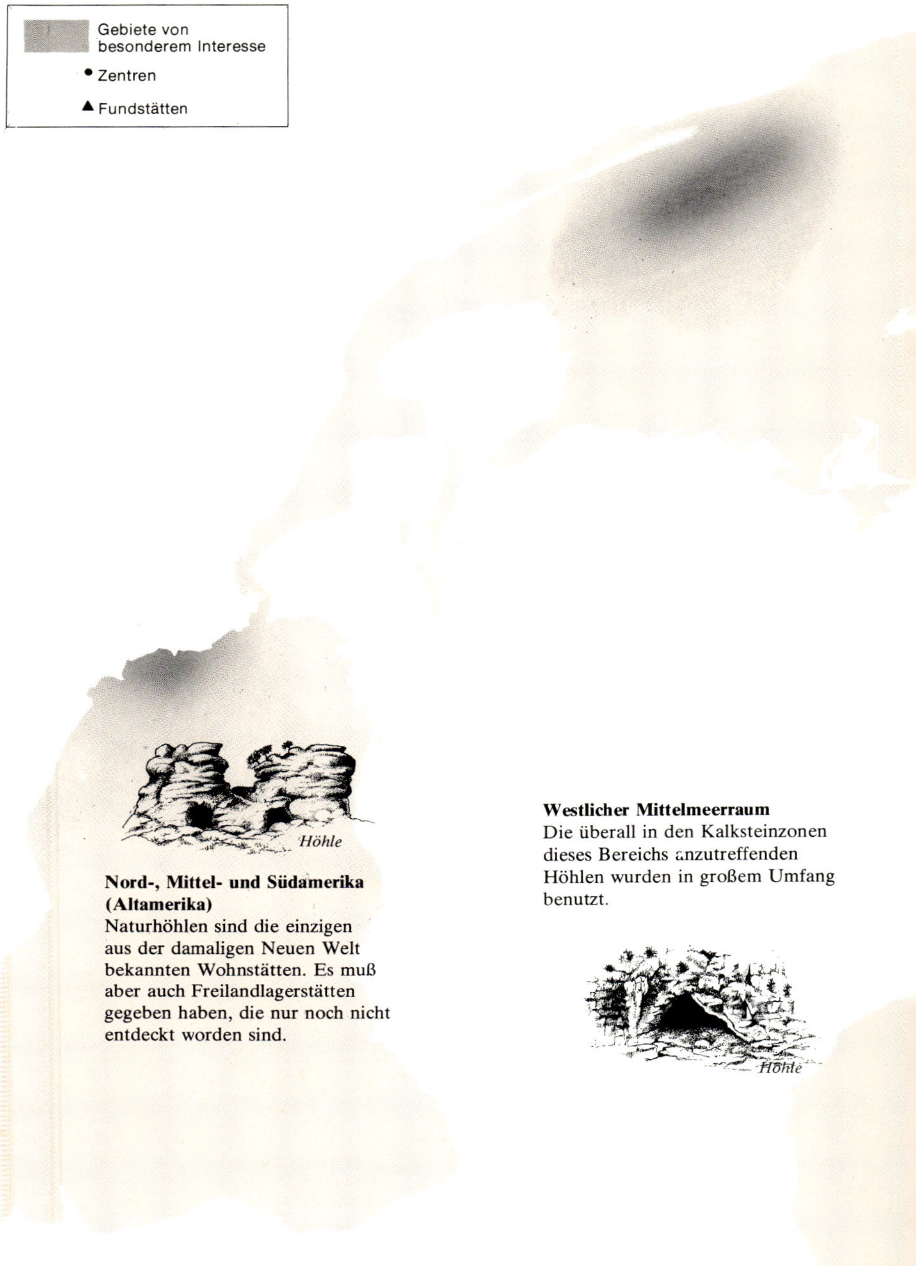

BAUMATERIALIEN (VERGLEICHENDE ÜBERSICHT)

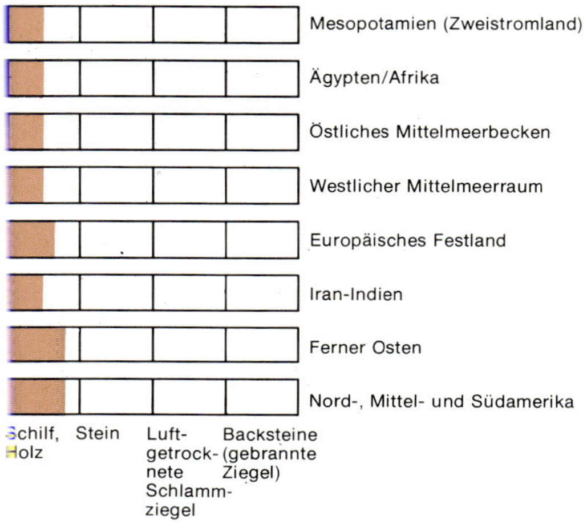

Ferner Osten
Sporadische Beispiele mit großer Sorgfalt errichteter, zeltähnlicher Hütten wurden bis nach Zentralasien gefunden, doch muß es im gesamten dortigen Bereich auch noch andere Wohnstätten gegeben haben, die vermutlich aus anderen Materialien bestanden. Aus Australien kennt man einige Höhlenwohnstätten.

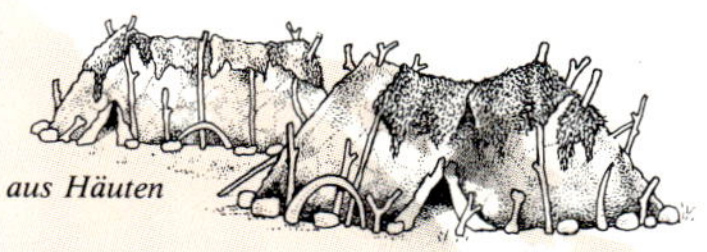
Zelte aus Häuten

Europäisches Festland (Alteuropa)
Einige zeltähnliche Hütten fanden sich in Mittel- und Osteuropa. Derartige Behausungen dürften aber viel weiter verbreitet gewesen sein, als die wenigen ausgegrabenen Beispiele zunächst vermuten lassen. Beweis: auch auf Höhlenmalereien sind bisweilen Hütten dargestellt.

Tierhautzelte, Puschkari

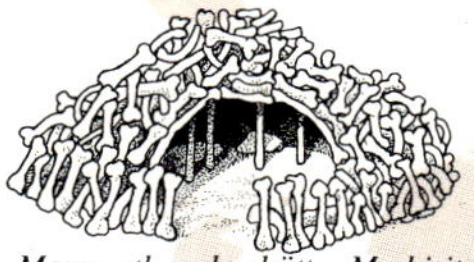
Mammutknochenhütte, Meshiritsch

SIBIRIEN

Östliches Mittelmeerbecken
Naturhöhlen sind hier weit verbreitet, doch kennt man im syropalästinensischen Bereich des *Natoufien (Natufium)* auch Hütten. Ihre Unterpartien bestanden aus kreisförmigen Steinmauern, das Dach bildeten wohl Zweiggeflechte mit Lehmbewurf.

Hütten aus Stein und Lehm

▲ Puschkari
▲ Meshiritsch

Höhle

Iran – Indien
Längs der Zagros-Linie zwischen Iran und Irak kannte man sowohl Wohnhöhlen als auch Hütten. Die letztgenannten bestanden wohl aus Steinen, hatten aber – wie im östlichen Mittelmeerraum – vermutlich ein Dach aus leichter verderblichem Material.

Wohnbauten aus Steinen und Lehm

Höhle

Höhle

Ägypten/Afrika
Hervorragende Wohnhöhlen sind aus den Mittelmeer-Küstengebieten bekannt, während sie südlich der Sahara viel seltener vorkommen. Wohnbauten sind nicht erhalten, eine Hüttenform läßt sich daher nicht erschließen.

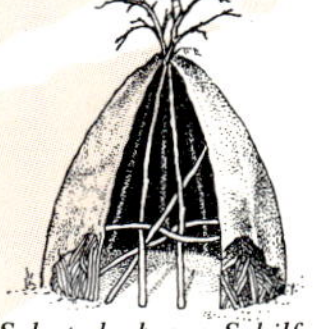
Schutzdach aus Schilf

Mesopotamien
Höhlen gibt es hier in der Ebene nicht, und den spärlich vorhandenen Anhaltspunkten zufolge bestanden die Wohnbauten höchstwahrscheinlich aus leichten Schilfkonstruktionen.

Höhle

Mesopotamien
Man fand nur wenige Spuren von menschlichen Behausungen, aber im unteren Tal gab es möglicherweise leichte Hütten aus Schlamm und Schilf.

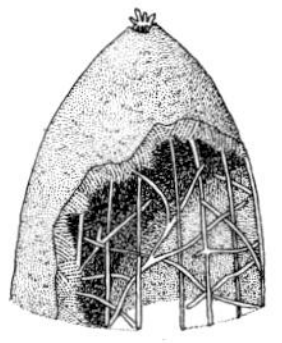

Rundhütte aus Schlamm und Schilf.

Ägypten / Afrika
Für diesen frühen Zeitraum gibt es keine Belege, daß auf dem afrikanischen Kontinent bereits Bauten von Menschenhand errichtet wurden.

Östliches Mittelmeerbecken
Als durch intensive Nahrungssammlung und Viehhaltung die Nahrungsbeschaffung sicherer wurde, begann man, dauerhaftere Behausungen zu errichten. In den Ansiedlungen der Natufier in Palästina, wie z. B. Eynan (Ain Mallaha), wurden Rundhütten 1 Meter tief in den Boden gegraben und außen mit Geröll abgedeckt. Der Fußboden war hin und wieder mit Steinplatten belegt, und die Wände waren mit Gips verputzt.

Hütten der Natufier

Westlicher Mittelmeerraum
Die Menschen wohnten überwiegend in Höhlen, aber wohl auch in selbstgebauten Hütten. Allerdings wurden bis heute noch keine Spuren von derartigen Hütten gefunden, obwohl einige Höhlenmalereien auf ihre Existenz hinweisen.

Europäisches Festland (Alteuropa)
Unter den arktischen Bedingungen dieser Zeit war Holz sehr selten, und so bestanden die bei Ausgrabungen in Mähren und Südrußland entdeckten Hütten überwiegend aus Tierhäuten. Man grub ovale Mulden in den Boden und beschwerte mit großen Knochen und Zähnen (normalerweise vom Mammut) das Dach aus Häuten und Fellen. Eine Feuerstelle in der Mitte war zugleich Kochstelle und Wärmespender. Einige der untersuchten Hütten sind bis zu 30 m lang, und in der Mitte befindet sich eine Reihe von Feuerstellen. Dies läßt vermuten, daß mehrere Einzelfamilien in einer Gemeinschaft unter einem Dach lebten und jede Familie ihre eigene Feuerstelle hatte.

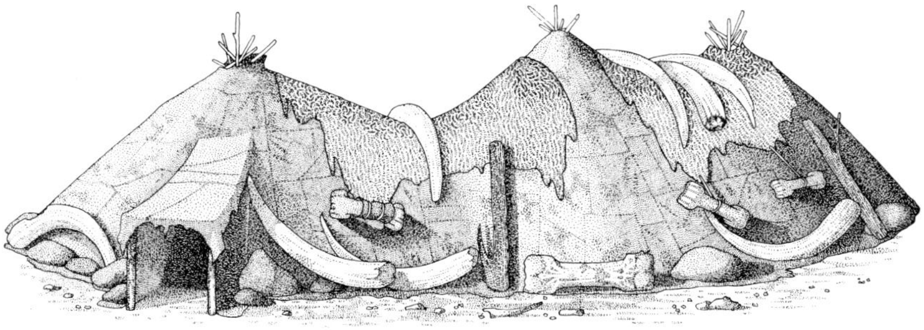

Behausung von Mammutjägern, Puschkari, Rußland

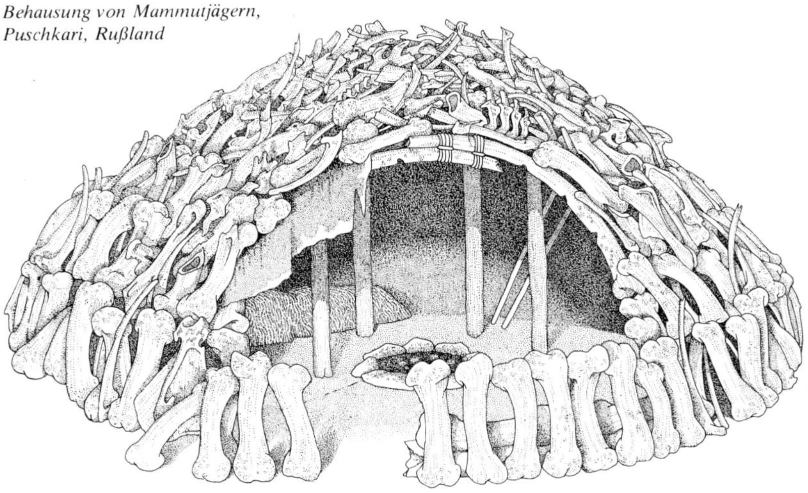

Hütte aus Mammutknochen, Meshiritsch, Rußland

Iran – Indien
Von früheren Hüttenbauten wurden nur sehr wenige Spuren gefunden. Aus der Zeit nach 8000 v. Chr. fand man allerdings in Zawi Chemi ovale oder auch kreisrunde Steinbauten, die mit Zweigen und Lehmbewurf, Schilf oder Matten gedeckt waren. Man vermutet, daß die früheren Hütten ähnlich ausgesehen haben.

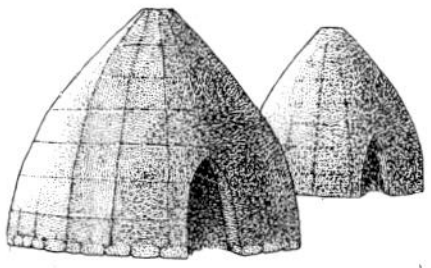

Hütten aus Zweigen mit Lehmbewurf

Ferner Osten
Die einzigen bekannten Behausungen dieser Zeit wurden in Sibirien, insbesondere in Mal'ta und Buret' in der Nähe des Baikalsees entdeckt. Ihre Ähnlichkeit mit den Hütten in Westrußland weist deutlich auf eine gewisse Beeinflussung oder auf weite Verbreitung dieser Bauart hin.

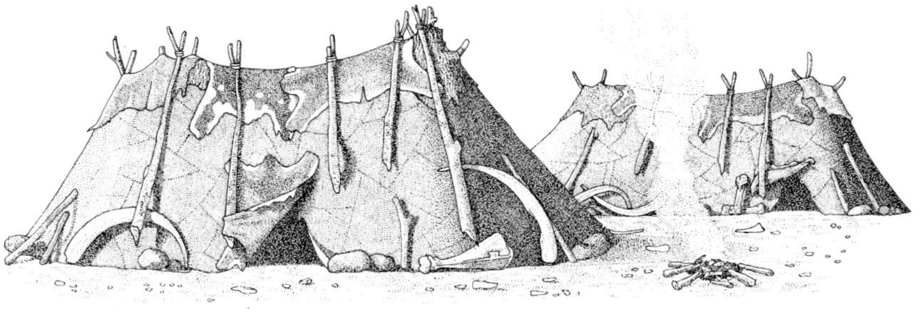

Häuser aus Häuten und Knochen, Sibirien

Nord-, Mittel- und Südamerika (Altamerika)
Es gibt keine Spuren von menschlichen Bauten aus dieser Zeit.

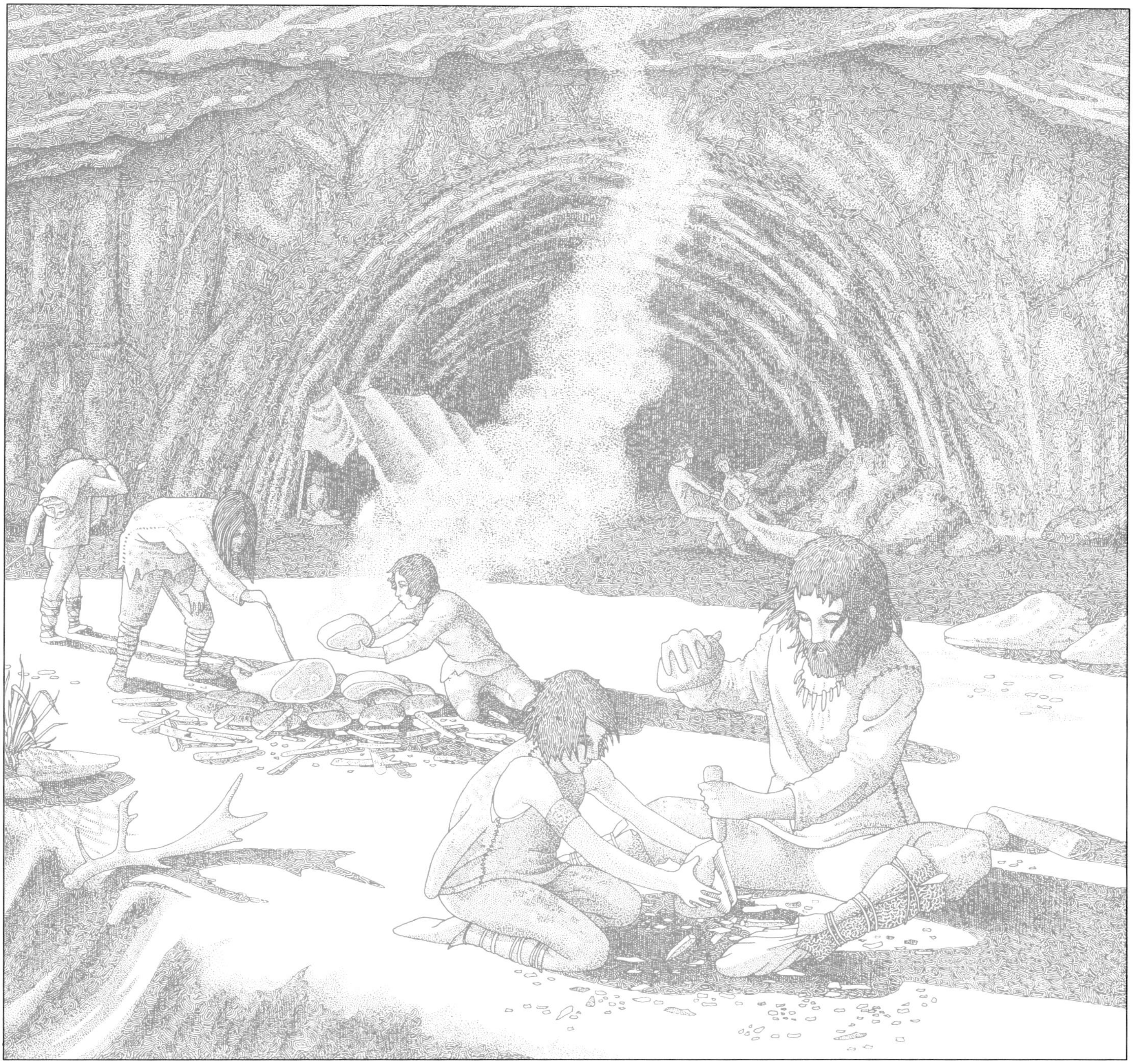

HÖHLENWOHNUNG
Naturhöhlen hatten deutliche Vorzüge für den frühen Menschen. Auf der Außenterrasse vor der Höhle wurden aus Steinen Feuerstellen zum Kochen angelegt. Das Feuer diente gleichzeitig als Schutz gegen Überfälle. Als Schutz gegen rauhe Witterung diente am Eingang manchmal ein einfacher Windschutz aus Ästen und Häuten.

Danger Cave, Utah, USA

Kunst 35000–8000 v. Chr.

Von allen »Ausbrüchen« künstlerischen Geistes, die den Lauf der menschlichen Geschichte belebten, ist dieser erste sicherlich der erstaunlichste. Die fortgeschrittenen Jäger der späten Altsteinzeit entwickelten die darstellende Kunst. Vor ihnen zeigen nur einige frühe Werkzeuge, besonders der Faustkeil, einen gewissen Formsinn, und die Neanderthaler gruben in Steinflächen kreisförmige Vertiefungen. Das war, so weit wir wissen, alles.

Rund zehntausend Jahre nachdem der Jetztzeitmensch (Homo sapiens) an die Stelle der Neanderthaler getreten waren, und sich über die bewohnbaren Regionen Asiens und Afrikas verbreitet hatten, begann er seine Laufbahn als Künstler. Möglicherweise machten die Menschen des Aurignacien in Westeuropa mit einfachen Arbeiten den Anfang, doch das ist sehr zweifelhaft. Die frühesten, mit größerer Sicherheit datierbaren Darstellungen stammen von den Jägern des Gravettien. Die wahrscheinlich ältesten Beispiele, 25 000 v. Chr. oder früher, kommen aus Ost- oder Mitteleuropa.

Die Menschen des Gravettien schufen schon lebensnahe Tierschnitzereien, doch bestand ihre Spezialität in kleinen Frauenfigurinen aus Stein, Elfenbein, Knochen oder Ton. Oft haben diese sehr volle Schenkel, Gesäße, Brüste und Bäuche, während Gesichter, Arme und Füße nur angedeutet sind oder ganz fehlen. Diese »Venus«-Figürchen, wie sie genannt werden, kann man als die frühesten religiösen Symbole von Mutterschaft und Fruchtbarkeit betrachten.

Mit den Jägern des Gravettien verbreitete sich diese Kunst in Westeuropa, doch ihre wahre Blüte erreichte sie in der Folgezeit: bei den Menschen des Magdalénien, hauptsächlich in Südwest-Frankreich, den französischen Pyrenäen und dem spanischen Kantabrien. Diese Menschen waren begabte Bildhauer und Miniaturschnitzer, ihre große Leistung aber bestand in der Entwicklung der Malerei zwischen 15 000 und 10 000 v. Chr. Sie bewahrten zerstoßenes Ocker, Roteisenstein und Mangan in Röhrenknochen und trugen diese Farben feucht mit Pinsel, Lappen oder Blasrohr auf.

Die meisten dieser Malereien wurden in den Tiefen der Höhlen angefertigt, weit entfernt von Herd und Wohnraum. Man hat sie mit Jagdzauber in Verbindung gebracht, sie drückten jedoch zugleich Verehrung für das Wild aus – und machten sicherlich zugleich den Künstlern Spaß.

Gegen Ende des Zeitraums erfolgte der Niedergang dieser Kunst der fortgeschrittenen Jäger. Es entstanden kaum noch neuere Kunstwerke, obgleich sich hier und dort Spuren unter den späten Jägervölkern des Mesolithikums erhielten.

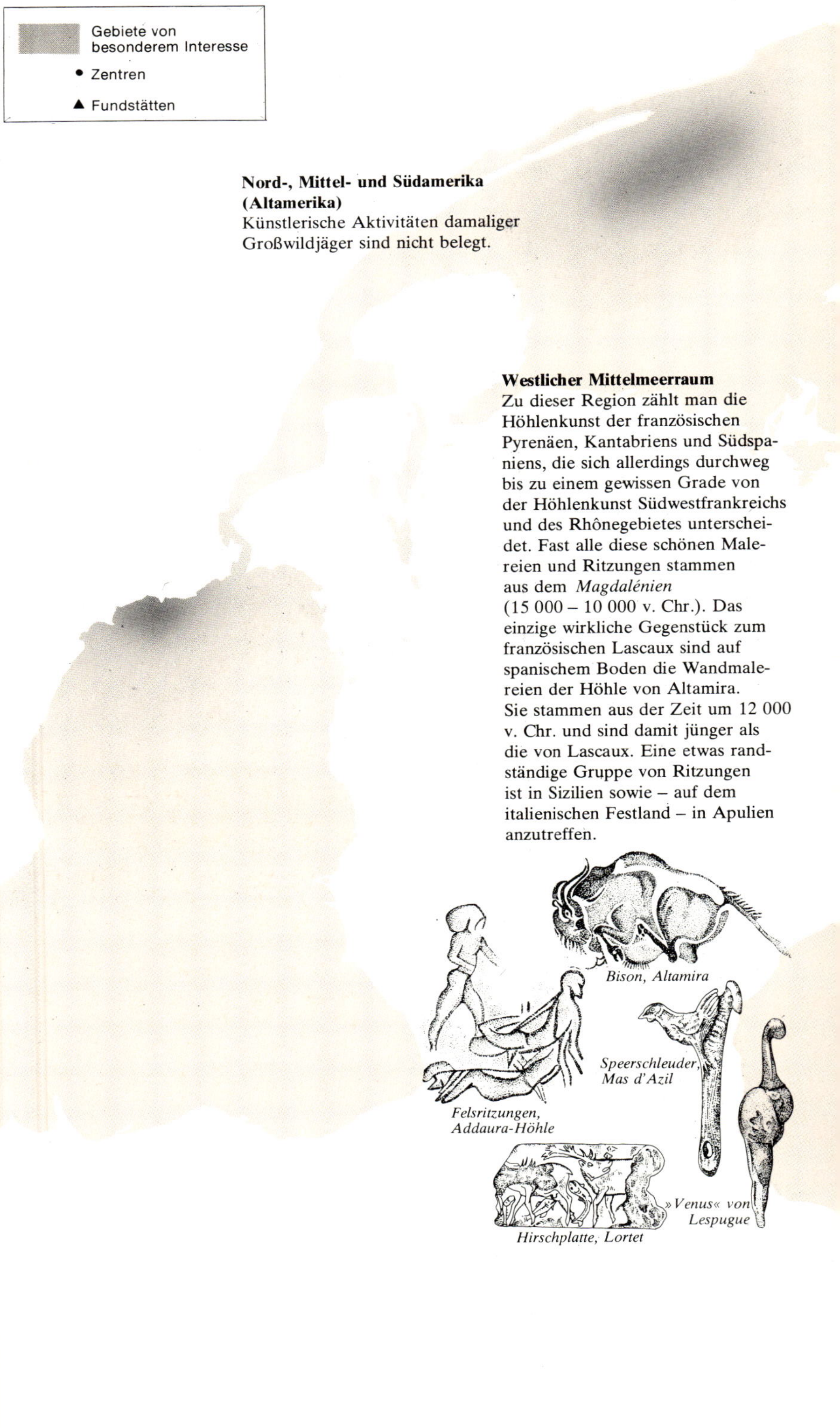

Europäisches Festland (Alteuropa)
Das Dordogne-Gebiet in Frankreich weist *Gravettien*-Skulpturen sowie Ritzungen aus der Zeit nach ca. 20 000 v. Chr. auf, vor allem aber ist es durch seine großartigen Höhlenmalereien und -reliefs sowie durch Ritzungen auf kleinen Gegenständen (sog. »Mobile Kunst«) berühmt. Sie stammen meist aus dem *Magdalénien* (15 000 – 10 000 v. Chr.). Die schönsten Malereien finden sich in Lascaux (Entstehungszeit: kurz nach 15 000 v. Chr.). In Mittel- und Osteuropa einschließlich Südrußland herrschen Frauen- und Tierfiguren aus dem *Gravettien* vor.

Ferner Osten
Die am weitesten im Osten angetroffenen Felsmalereien der damaligen Zeit fanden sich in der Kapova-Höhle im Südural. Im Baikalseegebiet (Sibirien) schufen Träger der *»fortgeschrittenen Jägerkultur«* mit einem dem *Gravettien* entsprechenden Formenbestand schlanke Figürchen (meist Frauendarstellungen) und vogelähnliche Gebilde, die möglicherweise allerdings erst verhältnismäßig spät entstanden.

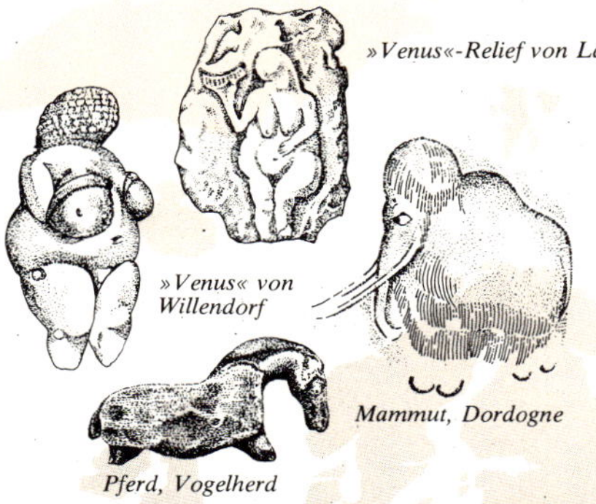

»Venus«-Relief von Laussel

»Venus« von Willendorf

Mammut, Dordogne

Pferd, Vogelherd

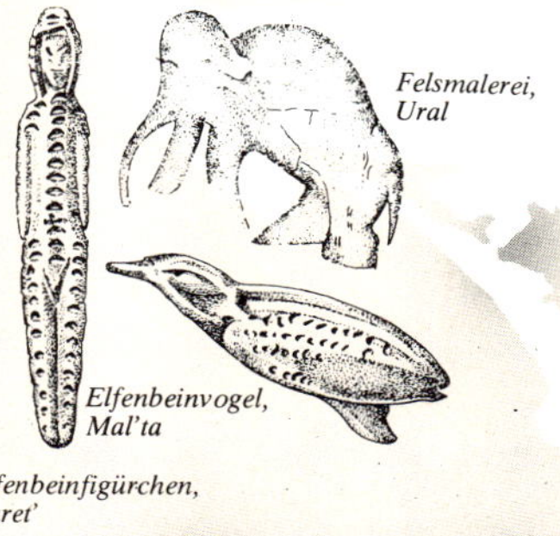

Felsmalerei, Ural

Elfenbeinvogel, Mal'ta

Elfenbeinfigürchen, Buret'

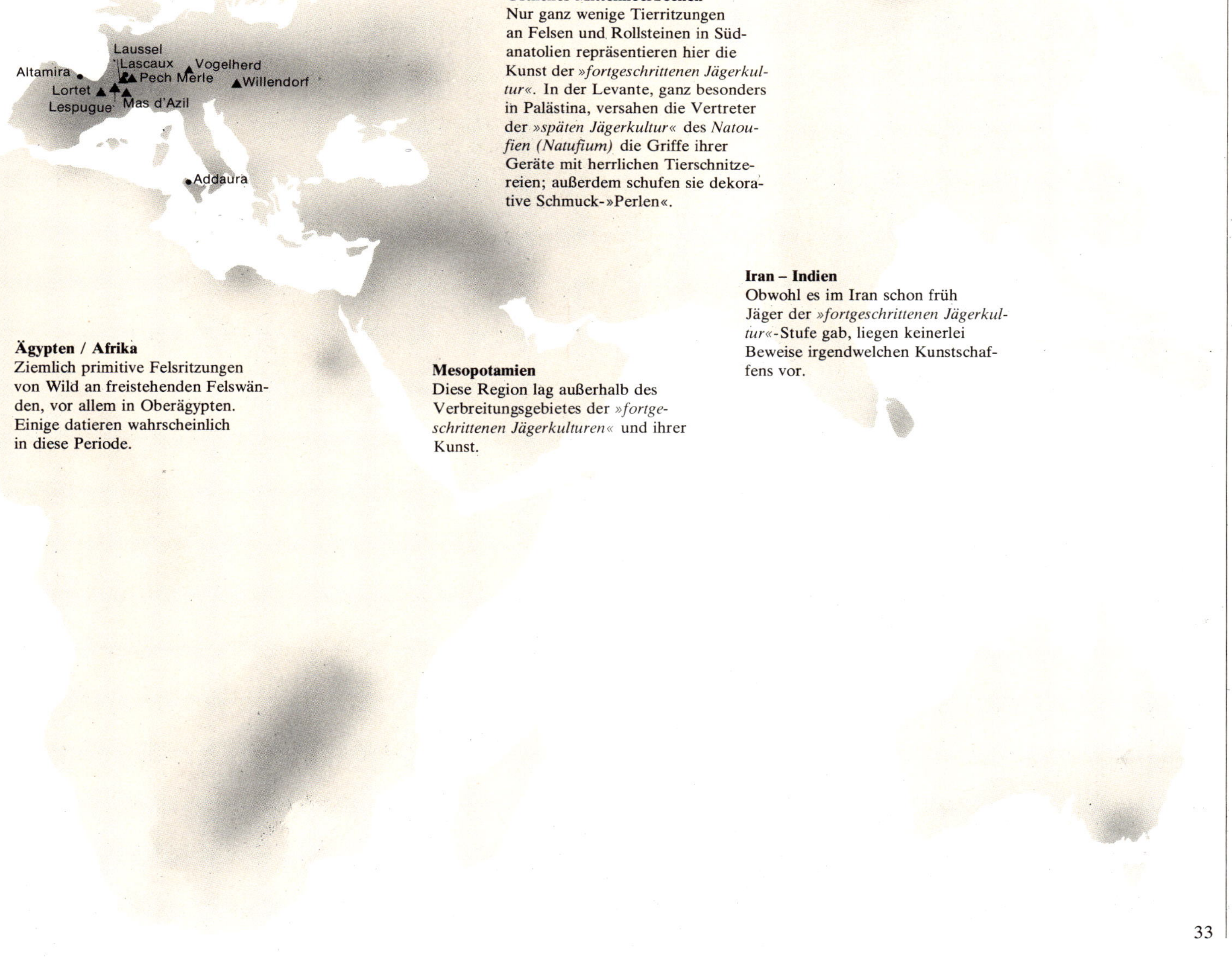

Östliches Mittelmeerbecken
Nur ganz wenige Tierritzungen an Felsen und Rollsteinen in Südanatolien repräsentieren hier die Kunst der *»fortgeschrittenen Jägerkultur«*. In der Levante, ganz besonders in Palästina, versahen die Vertreter der *»späten Jägerkultur«* des *Natoufien (Natufium)* die Griffe ihrer Geräte mit herrlichen Tierschnitzereien; außerdem schufen sie dekorative Schmuck-»Perlen«.

Iran – Indien
Obwohl es im Iran schon früh Jäger der *»fortgeschrittenen Jägerkultur«*-Stufe gab, liegen keinerlei Beweise irgendwelchen Kunstschaffens vor.

Ägypten / Afrika
Ziemlich primitive Felsritzungen von Wild an freistehenden Felswänden, vor allem in Oberägypten. Einige datieren wahrscheinlich in diese Periode.

Mesopotamien
Diese Region lag außerhalb des Verbreitungsgebietes der *»fortgeschrittenen Jägerkulturen«* und ihrer Kunst.

Mesopotamien
Fortgeschrittene Jäger wohnten hier nicht.

Ägypten / Afrika
Außer fragwürdigen, rohen Felsritzungen gibt es in diesem Gebiet keine erkennbare Kunst.

Östliches Mittelmeerbecken
Die späten Jäger der Kultur des Natoufien verzierten die Griffe ihrer Geräte mit Tierschnitzereien, wie man auf Seite 26 sehen kann.

Westlicher Mittelmeerraum
Unter den vielen Höhlen Kantabriens ist die von Altamira die bei weitem schönste: Die Decke ist voll von mehrfarbigen Bison- und anderen Tierzeichnungen, die den Höhepunkt der Kunst der Magdalénien darstellten. In der südfranzösischen Gruppe ist die »Venus von Lespugue« eine der höchststilisierten Figuren des Gravettien. Die Komposition von Hirschen und Salmen auf einem Knochen aus Lortet ist tief eingeschnitten, die Wendung des Kopfes beim Hirsch gut beobachtet.

Farbige Zeichnung eines Hirsches, Altamira, Spanien

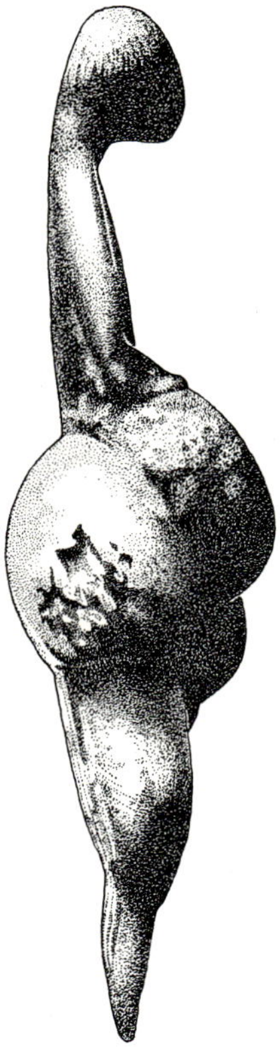

»Venus von Lespugue«, Elfenbeinschnitzerei, Frankreich

Farbige Zeichnung eines stehenden Bison, Altamira, Spanien

Gravierung von Hirschen und Salmen, Lortet, Hoch-Pyrenäen, Frankreich

Europäisches Festland (Alteuropa)
Unter den zahlreichen schönen Reliefschnitzereien auf Höhlenwänden oder Steinen in der Dordogne ist die Frau, die ein Bisonhorn hält, von größtem Interesse. Ein ähnliches Relief stellt einen Knaben dar. Zusammen lassen die beiden Reliefs auf den Beginn eines langlebigen Fruchtbarkeitskultes schließen. Die gelbe Farbe des Pferdes von Lascaux wurde möglicherweise aufgesprüht. Die Pferde von Pech-Merle zeigen ein dekoratives Experiment mit Farbklecksen. Die Umrisse von Händen bekam man durch das Aufblasen von Farbe auf eine an die Höhlenwand gehaltene Hand. Die berühmte »Venus von Willendorf« steht für die bedeutende Gruppe von Figuren des Gravettien aus Zentral- und Osteuropa. Das kraftvolle kleine Pferd und das »Mammut von Vogelherd« bilden gute Beispiele für Tierplastiken des Ost-Gravettien.

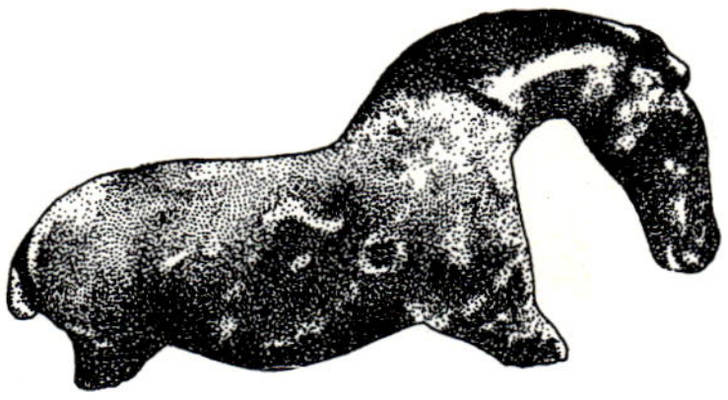

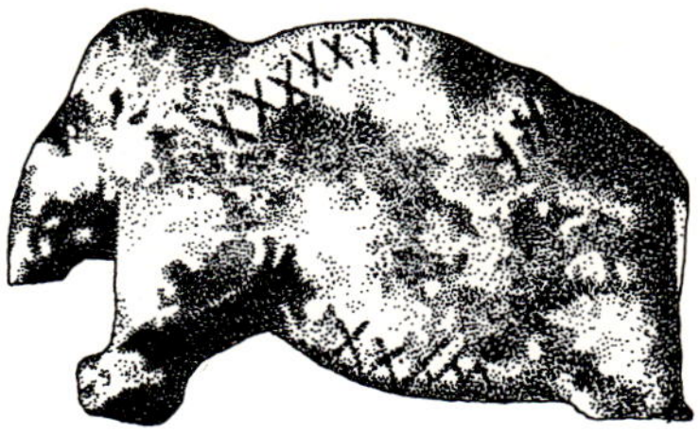

Aus Elfenbein geschnitztes Pferd und Mammut (tatsächliche Größe), Vogelherd, Deutschland

»Venus von Laussel«, Kalkstein, Dordogne, Frankreich

»Venus von Willendorf«, Stein, Österreich

»Gelbes Pferd«, Höhle von Lascaux, Dordogne, Frankreich

Pferdezeichnung mit negativ abgebildeten Händen, Pech-Merle, Frankreich

Iran – Indien
Aus diesem Gebiet liegen keine Funde von Kunstgegenständen vor.

Ferner Osten
Die Höhle von Kapova im Uralgebiet kommt der osteuropäischen Kunst des Gravettien am nächsten, so daß man sie in die Kunst dieses Gebietes mit einbeziehen kann. Die Zeichnungen sind großflächige, rohe, einfarbige Darstellungen von Mammuts, einem Pferd und einem Nashorn.

Mammutzeichnung, Ural, UdSSR

Nord-, Mittel- und Südamerika (Altamerika)
Bisher sind keine Kunstgegenstände aus diesem Gebiet entdeckt worden.

Region	Wirtschaft	Zentren	Ereignisse/Entwicklungen	Persönlichkeiten
Mesopotamien 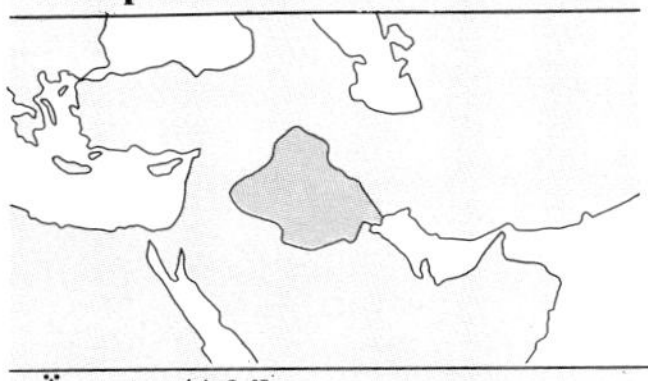	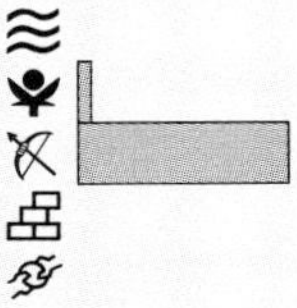	Mureybat	Keine hochentwickelte Jägerkultur. Späte Jägergruppen drangen im Norden und Süden in Randgebiete ein und begannen vielleicht mit der Kultivation wilder Getreideformen.	
Ägypten/Afrika 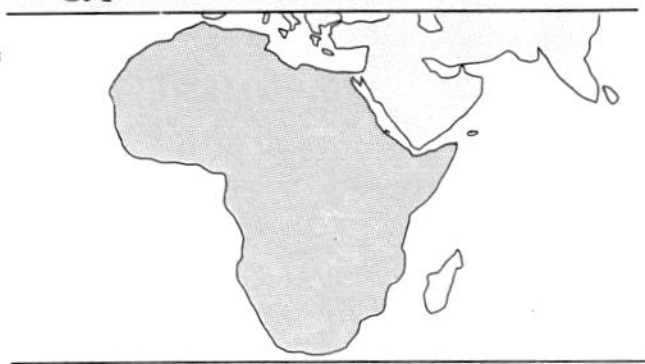	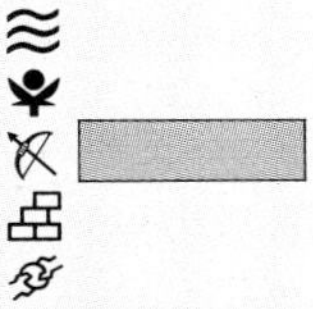	Kom Ombo Kalambo Falls Lupemba Höhle von Bambata	Die Jägerkulturen Ägyptens und Ostafrikas weisen ab 18 000 Elemente höher entwickelter Jägertraditionen auf. In den meisten Gebieten paßten sich Jäger und Sammler den unterschiedlichen Umweltbedingungen an.	
Östliches Mittelmeerbecken 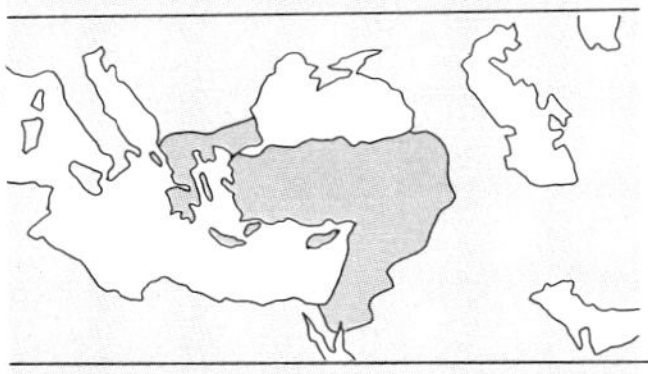	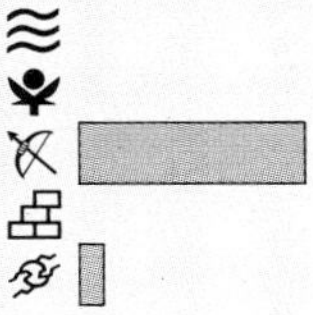	Haua Fteah Kebara Wadi el-Natuf Eynan Belbaşi	Hochentwickelte Jägerkultur um 35 000 an der Nordküste Afrikas, um 32 000 in der Levante. Späte Jäger- und Sammlerkultur im gesamten Bereich etwa 10 000–8 000.	
Westlicher Mittelmeerraum 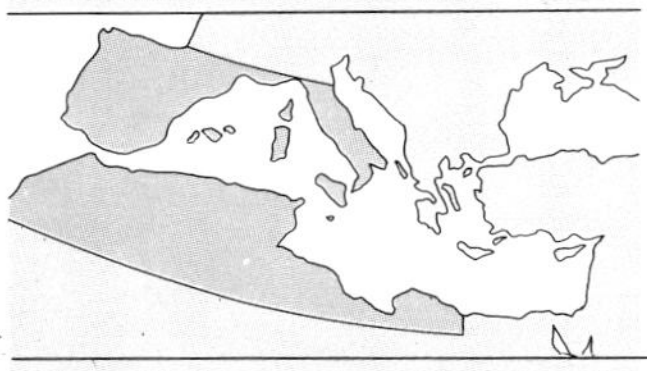	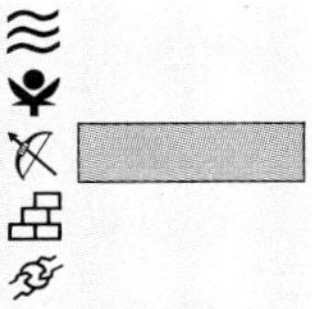	Grimaldi Romanelli Addaura (Palermo) Parpalló Altamira	Hochentwickelte, fortgeschrittene Jägerkultur um 30 000 in Italien und auf der Iberischen Halbinsel. Elemente der fortgeschrittenen Jägerstufe auch längs der nordafrikanischen Küste. Im gesamten Bereich um 8 000 Kultur der späten Jägerstufe.	
Europäisches Festland (Alteuropa) 	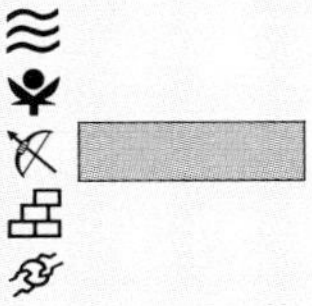	Aurignac La Gravette Solutré La Madeleine Lascaux Kostjenki	Träger der fortgeschrittenen Jäger-Kulturstufe um 33 000 vermutlich aus dem Osten eingetroffen. Verschiedene spätere Gruppen schaffen »wirtschaft-gesunde« und fortschrittliche Kulturen. Um 9000 Vordringen der Jäger nach Westdeutschland und Dänemark.	
Iran/Indien 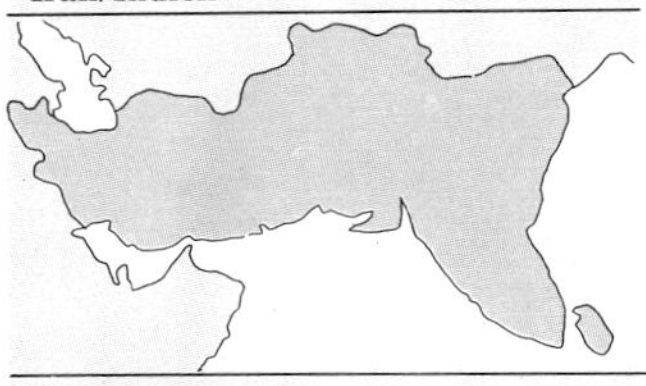	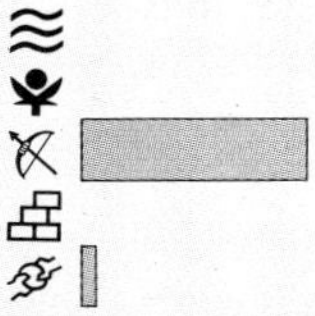	Shanidar Zarzi (Kurdistan) Zawi Chemi Bandara Wela (Ceylon) Ali Kosh	Repräsentanten der fortgeschrittenen Jägerstufe ab ca. 34 000 im südlichen Zagrosgebirge. Beginn der Entwicklung von Kulturen des Spätphasentyps um 15 000. Echte Jägerkultur-Spätstufe im Iran um 10 000, in Indien um 9000.	
Ferner Osten 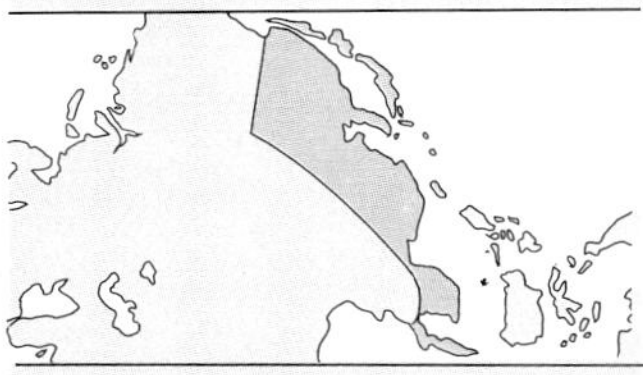	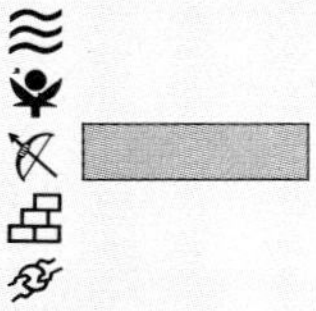	Mal'ta (Baikalsee) [östlichster europ. Kulturraum] Shi-T'ung-Kou Shirataki Chou-Kou-Tien (Obere Höhle)	Menschen der fortgeschrittenen Jäger-Kulturstufe breiten sich um 12 000 nach Sibirien und möglicherweise nach Nordchina aus. Erste Besiedlung Japans um 11 000.	
Nord-, Mittel- und Südamerika (Altamerika) 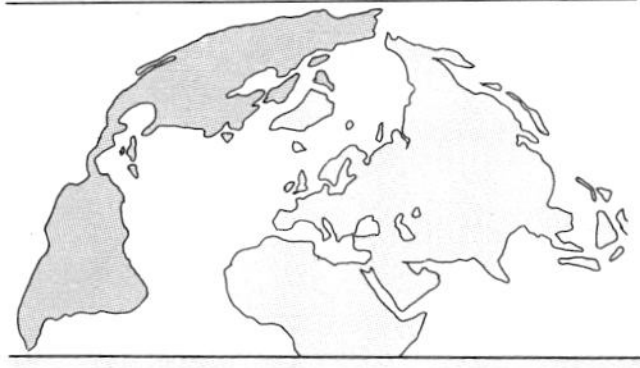	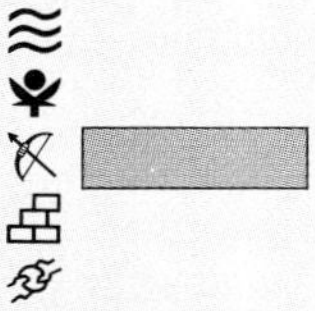	Clovis Folsom El Inga	Vielleicht betraten schon vor 25 000 Menschen den amerikanischen Kontinent. Sichere Anhaltspunkte gibt es indessen erst näher der Zeitmarke 10 000. Die Einwanderer kamen über Alaska aus Sibirien. Sie verbreiteten ihre Großwildjägerkultur. Schon um 9000 waren sie weit nach Südamerika vorgedrungen.	

Die Symbole und Balken in den Feldern der Wirtschaftsspalte geben an, in welchem Verhältnis folgende Faktoren zueinander stehen: Bewässerungsfeldbau ≈ Landwirtschaft, Jagd, Städtische Lebensform, Handel

Religion	Technologie und Erfindungen	Bauweise	Kunst
	Spätes Jäger-Geräteinventar mit Mikrolithen und geschliffenen Steinwerkzeugen. Fischfanggeräte, schwere Hacken und Beile. Feuerstellen (regelrechte »Öfen«), Mörser, Knochennadeln und -kämme.	Rundhütten aus Holz, Rundhüttenballungen aus Stampflehm. Schon vor 8000 rechteckige Häuser?	Sporadisch Figürchen. Etwas spätjägerzeitliche Höhlenkunst am oberen Euphrat?
	Abschlaggeräte und Waffen mit fortgeschrittenen Klingen-Typen im Osten. Ab 10 000 weit verbreitet Geräteinventar der späten Jägertradition.	Einige Höhlenwohnungen, nur vorübergehend benutzte Lagerplätze	Felszeichnungen von Jägern.
Tote mit Beigaben bestattet (Schmuck, Kopfputz, Schmuck-»Perlen« usw. [Spätperiode]).	Gerätebestand der hochentwickelten Jägerstufe mit Klingenindustrie. Um 13 000 Abernten und Zubereitung von Wildgetreide mit Mikrolithen und Reibsteinen. Jäger-Spätstufe und Fischfang. Große Fortschritte. Mörser, Handmühlen, Erntemesser, Schmuck.	Höhlen mit Außenterrassen. Runde oder ovale Hütten mit Herden und gestampften Böden. Seit dem Ende der fortgeschrittenen Jägerstufe und während der Spätzeit Ballungen bis zu 50 solcher Hütten.	Naturalistische kleine, vollplastische Rundskulptur und geschnitzte Werkzeuggriffe. Felszeichnungen in Südostanatolien.
Z. Zt. der fortgeschrittenen Jägerstufe wohl Tierkulte. »Animalismus« (vielleicht auch Jagdzauber) wie sonst in Europa. Bestattungsriten.	Geräteinventar der fortgeschrittenen Jägerstufe und Knochenwerkzeuge. Um 15 000 v. Chr. in Spanien Pfeil und Bogen. Werkzeugbestand der späten Jägerstufe mit Mikrolithen.	Aus der Stufe der fortgeschrittenen Jägerkultur sind bisher nur Wohnhöhlen bekannt. Während der späten Jägerphase auf der Iberischen Halbinsel Windschirme.	Höhlenzeichnungen in Süditalien und Sizilien. Höhlenmalereien und Zeichnungen im Norden der Iberischen Halbinsel. Ritzungen und Malereien auf Tafeln (Platten).
Fruchtbarkeitskult mit »Venus«-Darstellungen. Tierverehrung mit Riten, die auf Totemismus hinweisen. Schamanismus (?), Jagdzauber (?). Bestattungsriten.	Geräteinventar der fortgeschrittenen Jägerstufe mit breitem Spektrum von Knochenwerkzeugen. Harpunen, Speerschleudern, Geräte zum Geschmeidigmachen von Riemen, Lampen, Farb-»Döschen«.	Höhlenwohnungen. Längliche, mit Tierhäuten bedeckte Hütten mit eingetieften Böden, Herde und Stein- oder Mammutknochen-»Mauern« in Osteuropa.	Höhlenmalerei, Ritzzeichnungen und Reliefs. Vollplastische Rundskulpturen und Geräte mit eingeritzten Verzierungen im Süden Mitteleuropas und in Südwestfrankreich. Weibliche Statuetten (»Venus«-Figürchen).
	Für die fortgeschrittene Jägerkultur typischer Gerätebestand mit Klingen. Um 15 000 mikrolithische Werkzeuge reich vertreten. Spätkulturen in Indien mit einigen Mikrolithen aus Halbedelsteinen.	Höhlenwohnungen und wechselnde Lagerplätze. Um 9000 Rundhütten mit steinernen Fundamenten.	In der Spätperiode Höhlenmalereien in Zentralindien.
In Sibirien wahrscheinlich mehr oder weniger gleich wie in Europa.	Abschlaggeräte älterer Tradition mit einigen Einsprengseln von Geräteinventar der fortgeschrittenen Jäger-Kulturstufe. Pelzkleidung mit Beinlingen, Überwurf und Kopfbedeckung.	Längliche, mit Häuten bedeckte Hütten mit eingetieften Böden, Feuerstätten (Herden) sowie Stein- und Mammutknochen-»Mauern« in Sibirien. Hausbauweise in China und Japan unbekannt.	Kleinfiguren, die Menschen und Vögel darstellen. Im Ural (östl. europ. Kulturraum) Höhlenzeichnungen in der Kapova-Höhle (Abbildungen von Tieren).
	Frühe, primitive Abschlagwerkzeuge? Fein »gedengelte« Geschoßspitzen unterschiedlichen Typs um 10 000. Speerschleudern. Knochen nur wenig im Gebrauch. Keine Mikrolithe.	Höhlenwohnungen. Vorübergehend aufgesuchte Lagerplätze.	

8000 bis 5000 v. Chr.

Hauptereignisse dieser Periode waren die Domestikation von Pflanzen und Tieren im Nahen Osten, gefolgt von der Entwicklung bäuerlicher Mischwirtschaft, ihre sich anschließende Ausbreitung nach Westen und die Entwicklung solcher Handwerke wie Töpferei und Spinnerei (für gewebte Textilien), die Folgeerscheinungen seßhafteren Bauernlebens waren. Insgesamt faßt man diese Entwicklung unter dem Begriff »Neolithische Revolution« zusammen. Es war natürlich eine Revolution kleiner Schritte, doch von großer Nachhaltigkeit, denn sie legte den Grund für die Entwicklung der Hochkultur. Tatsächlich deckt sich die Periode, um die es jetzt geht, größtenteils mit der Jungsteinzeit, dem Neolithikum. Noch immer bleiben Stein, Knochen und Holz die einzigen Werkstoffe für Geräte, doch die Schaffung neuer Geräteformen – wie Hacken und Beile – aus geschliffenem Stein ist eine weitere Errungenschaft dieser Zeit.
Meiner Ansicht nach hat diese Periode noch aus einem anderen Grunde ihre Bedeutung. Obwohl es schon in der Zeit davor »progressivere« Zonen gab, wo fortgeschrittene und späte Jäger ihrer Zeit voraus waren, gab es dennoch ausschließlich Jäger und Sammler auf der Welt. Nun aber war es mit dieser Einhelligkeit für immer vorbei. Im 6. Jahrtausend v. Chr. begann man hier und da die Natur zu beherrschen, Dörfer, ja eine Art von Städten mit Feldern und Weiden zu errichten und ehemals wildlebende Tiere und Pflanzen zu verändern. Dennoch blieb der Rest der Menschheit beim Sammeln und Jagen, und seither gab es stets diesen Gegensatz der materiellen Basis, nur daß die technologische Avantgarde immer größere Fortschritte machte, das archaische »Rücklicht« dagegen kaum. Heute haben wir einerseits Überschallflugzeuge, während andererseits eine verschwindende Minderheit noch immer Pfeile mit Steinspitzen benutzt.

Ich habe bereits beschrieben, wie am Ende der Eiszeit späte Jägervölker wie die Natufier zwar noch immer bei ihrer überlieferten Art blieben, sich zu ernähren, aber sich dennoch auf eine neue Wirtschaftsform zubewegten. Echte Landwirtschaft entwickelte sich erst in jenen vorderasiatischen Hochländern, die auf der Karte wie ein riesiger Regenschirm (oder Halbmond, daher: »Fruchtbarer Halbmond«) aussehen: die Levante ist der Griff, und der »Schirm« schwingt sich von Südanatolien rings um das obere Euphrat-Tigris-Tal bis zur Südwestflanke der Zagrosberge.

In diesem Bogen begannen Nachkommen später Jägervölker Wildgetreide, Wildschafe und Wildziegen auszuwählen und zu züchten, bis sich echte domestizierte Formen herausgebildet hatten. Ob man wollte oder nicht – diese Prozesse gestalteten sich höchst kompliziert. So behielt beispielsweise kultiviertes Getreide seine Körner und »säte« sie nicht von selbst aus. Entsprechende Wildpflanzen-Mutationen ließen sich viel leichter sammeln, und einmal abgeerntet, stellten sie unvermeidlicherweise den Löwenanteil des Saatkorns. Darüber hinaus lernten die Landbebauer (das Nahrungssammeln war nach der Tradition Sache der Frauen) bald, Ähren mit mehr und größeren Körnern zu bevorzugen.

Entsprechend wählten die Hirten der Frühzeit, die sich von einer gewissen lockeren Kontrolle über Wildtiere auf echte Viehzucht zubewegten, kleinere, gelehrigere Exemplare zu bevorzugen. Da man die Herden gegen Raubtiere schützte, konnten Mutationen herangezogen werden, die auf freier Wildbahn eingegangen wären. So änderte sich beispielsweise die Gehörngröße, und auch die heute für so viele Haustiere typische buntscheckige Färbung kam auf. Der Hauptgrund für den Beginn der Domestikation in diesem schirmförmigen Gebiet war: Es gab hier die wilden Vorfahren von Weizen, Gerste, Schafen und Ziegen. Ein weiterer Grund: die Völker des Nahen Ostens hatten, wie wir sahen, schon immer an progressiven Kulturtraditionen festgehalten. Hinzu kommen die gute Bewässerung und der fruchtbare Boden der Hochtäler und die Vorteile der topographischen Beschaffenheit, die es ermöglichten, Herden in überschaubaren Grenzen zu halten und zwischen Sommer- und Winterweiden zu wechseln. So begann der Mensch, über die Natur zu herrschen, worin man schließlich einen gottgegebenen Auftrag sah (». . . erfülle die Erde und mache sie dir untertan«)! Innerhalb der »schirmförmigen« Pionierländer verlief die Geschichte der Domestikation keineswegs gleichförmig. Sehr früh zähmte und züchtete man Schafe im Zagros – dies wohl schon vor 8000 v. Chr. Ende des 8. Jahrtausends baute man auch Getreide an, obwohl Jagen und Wildpflanzensammeln noch immer eine große Rolle spielten. Nicht lange, und es gab ortsfeste Dörfer in den Hochlandtälern und am Fuß der Berge, und hier und da hielt man nun auch

Rekonstruktion der Darstellung eines Hirschkopfes aus Çatal Hüyük, Türkei, gefunden in der Mauernische eines Heiligtums (Kultschreins). Solche Tiermalereien hatten rituellen Charakter. Der Hirsch war weniger selbst Gottheit als Attribut eines Gottes.

Schweine. In Anatolien und in der Levante ging man den umgekehrten Weg: Zuerst kultivierte man Weizenarten (Einkorn und Emmer) sowie Gerste, ehe man zur Zähmung von Tieren schritt. Anscheinend gab es hier – wie in Jericho auch – große Bauerngruppen, die ganz auf die Jagd angewiesen blieben, wenn sie Fleisch haben wollten. Tierzucht – nun aber auch mit Rindern – begann in Anatolien erst im späteren 8. Jahrtausend.

Das relativ seßhafte Dasein der Bauern erzeugte neue Bedürfnisse, eröffnete neue Möglichkeiten und hatte revolutionäre Auswirkungen auf das Wohnen, die Wohnungseinrichtung und die Handwerke. Die Bauweise änderte sich je nach den örtlichen Gegebenheiten, doch im allgemeinen sollten die Häuser, die man baute, auch Bestand haben, und man stattete sie mit ortsfesten Reibsteinen, Öfen und zweckdienlichen Vorratsräumen aus. In der südlichen Levante mit ihrer starken *Natoufien*-Tradition waren die ältesten Häuser rund. Doch nach 7000 v. Chr. ging man hier und anderswo zum rechteckigen Grundriß über. Man hielt ihn wohl für geeigneter für Häuserballungen in Dörfern und Städten.

Die Grundrisse und Formen änderten sich von Gegend zu Gegend. Manche Häuser hatten nur einen Wohnraum und eine Vorratskammer, andere mehrere, ja Höfe und Obergeschosse. Nicht selten zeigte sich Besitzerstolz in stark polierten Bodenstampfungen mit Mattenbelag sowie in Wandschmuck (farbige Sockel und einfache, gemalte Muster).

Eine bedeutende handwerkliche Erfindung war gebrannte Keramik. Das älteste unumstrittene Beispiel (um 7000 v. Chr.) stammt aus dem Zagrosgebiet. Es gab durchaus eine Phase ohne Keramik, in der bereits Dörfer mit bequemen, gutausgestatteten Häusern existierten. Und dies gab es immer wieder, während sich die Landwirtschaft ausbreitete. Die alte Ansicht, Landwirtschaft und Töpferei seien stets Hand in Hand gegangen, ist längst widerlegt.

Spinnerei und Weberei – gewöhnlich mit Wolle – war eine weitere wichtige Erfindung des 7. Jahrtausends. Man benutzte Spindeln mit Gewichten, doch wie die Webstühle aussahen, ist nicht bekannt.

Womöglich noch bedeutender war das Aufblühen des Handels. Schon die Jäger der Zeit davor hatten Seemuscheln gegen Schmuck und Obsidian getauscht, den man für »Präzisionsgeräte« brauchte, doch man beschränkte sich bei diesem Tauschhandel auf kleine Mengen und geringe Entfernungen. Nun aber kannten die Händler, die Obsidian aus Zentralanatolien und rings um den Van-See vertrieben, schon ausgedehnte Handelsrouten, und auch besonders gute Feuersteinsorten waren auf dem Markt. In Blüte stand der Handel mit Luxusgütern – so seltenen und beliebten Rohstoffen für Schmuck und andere persönliche Effekten. Weit und breit handelte man mit Türkisen und vielen anderen Halbedelsteinen, nur damit Männer und Frauen ihre ästhetischen Empfindungen pflegen und ihrer Eitelkeit frönen konnten. Wegen des archäologischen Beweismaterials und der überragenden Bedeutung der Landwirtschaft, der Grundlage späterer Hochkulturen, scheint es, als ob ich mich mit einer ökonomischen Geschichtsdeutung begnügte. Doch wie bei den Jägern die Kunst mit ihrer magisch-religiösen Verflechtung als bedeutendste Errungenschaft anzusprechen war, enthüllte sich auch die Menschlichkeit der ältesten Bauern in erster Linie in ihrer religiösen Kunst, ihren Riten und ihren Bildwerken.

Statt religiöse Ausdrucksformen im allgemeinen zu erörtern, ziehe ich es vor, diese anhand der Beispiele Jericho und Çatal Hüyük zu verdeutlichen. Vieles spricht dafür, daß sich diese beiden hochinteressanten Orte mit Recht »älteste Städte der Welt« nennen lassen. Nirgendwo kommt einem der große schöpferische Impuls der »Neolithischen Revolution« in deren ersten Phasen klarer zum Bewußtsein.

Schon vor 8000 v. Chr. hatte sich in Jericho einiges getan. Um 8000 hatte es bereits an die 2000 Einwohner natufischer Herkunft, die das hier ganzjährig fließende Quellwasser auf ihre Getreidefelder und Gemüsebeete leiteten. Offenbar neideten ihnen feindselige Nachbarn oder irgendwelche Nomaden ihre Quelle, denn nach ein paar Jahrhunderten umgaben die unternehmungslustigen Städter ihre Siedlung mit einer massiven, mit Steinen verkleideten Mauer von mindestens 4 m Höhe. Außerdem schufen sie einen 8 m hohen Turm (oder Türme) mit einer gutgemauerten Innentreppe. Die Originalität, Initiative und Energie, die dieses Bauvorhaben erforderte, waren erstaunlich und wohl ohne kraftvolle Führung nicht vorstellbar.

Wenig wissen wir von den religiösen Vorstellungen der Jericho-Leute im 8. Jahrtausend, doch wie ihre Vorfahren im Natoufien begruben sie ihre Toten in oder zwischen ihren Häusern. Weiterhin gab es damals schon Anfänge eines Schädelkultes. Gegen Ende des Jahrtausends lag Jericho eine Zeit lang verlassen, dann wurde es wieder von Leuten bewohnt, die viel bessere Häuser bauten und neben Ziegenhaltung auch Weizen-, Gerste- und Hülsenfrüchte-Anbau betrieben. Noch immer setzte man die Toten, oft in großer Zahl, unter Häusern bei. Viele Tote waren enthauptet. Diese Leichen ohne Kopf sind gewissermaßen die »andere Seite« des seltsamen Schädelkults. Neun Schädel kamen zum Vorschein, bei denen man die fleischigen Gesichtspartien sorgfältig durch getönten Gips ersetzt hatte, während Kauri-Schneckenhaus-Fragmente und Muscheln die Augen bildeten. Die besten dieser Schädel sind so hervorragend modelliert und so lebensecht, daß man sie nicht nur als Kultobjekte, sondern als Kunstwerke zu bezeichnen hat. Das Vorhandensein kopfloser Leichen und die liebevolle Sorgfalt, die man den Schädeln beim Modellieren angedeihen ließ, lassen vermuten, daß es sich nicht um Köpfe getöter Feinde, sondern um Köpfe verstorbener Männer und Frauen aus Jericho selbst handelte und es also wohl Ahnenkult gab.

Auch andere Kulte muß es in Jericho gegeben haben. Die Statuette einer Frau, die in der für Muttergottheiten typischen Haltung mit den Händen ihre Brüste hält, symbolisiert den verbreitesten

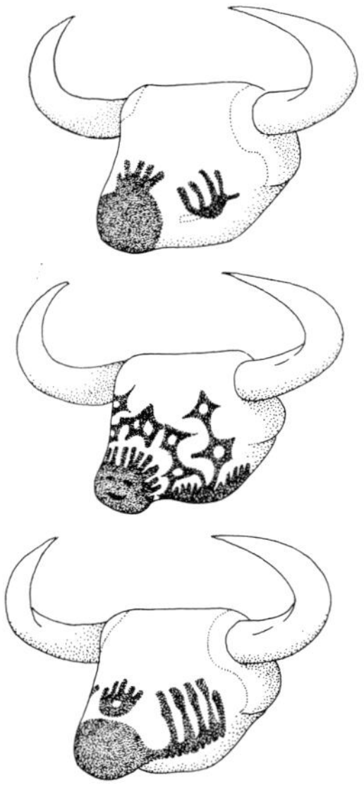

Eine der vielen Stierkopfgruppen, wie sie in den Heiligtümern (Kultschreinen) von Çatal Hüyük gefunden wurden. Sie fand sich unterhalb der großen Gipsstatue einer widdergebärenden Gottheit.

und volkstümlichsten Kult der damaligen Zeit, den wir vor allem in Çatal Hüyük so reich bezeugt finden. Ein kleiner Steinpfeiler in einer Nische eines kleinen Hausheiligtums scheint Vorläufer all der Kultpfeiler gewesen zu sein, die später den Zorn biblischer Propheten erregen sollten.

Die Phase der Geschichte Jerichos endet etwa um 6000 v. Chr., die Geschichte Çatal Hüyüks – einer Siedlung an einem Fluß in der Konya-Ebene – beginnt nach der ältesten Radiocarbon datierten Schicht um 6385 v. Chr. (± 101 Jahre). Dieses Datum bezieht sich auf die älteste datierte Schicht X. Nimmt man wie für Jericho den ältesten, noch nicht datierten stratigrafischen Befund, also die älteste Schicht überhaupt, kommt man auf erheblich höhere Zeiten, und nähert sich der Zahl 8000 v. Chr. wie bei Jericho an.

Um 6250 v. Chr. bedeckte die Stadt Çatal Hüyük schon rund 12 Hektar. Der größte Teil dieser Fläche war dicht mit enggeschachtelten Schlammziegelhäusern bebaut, die man durch Eingänge in den Flachdächern betrat. Auf dem Höhepunkt der Stadtgeschichte gab es vielleicht 1000 Häuser und eine Bevölkerung von etwa 6000 Personen – außerordentlich viel für die damalige Zeit!

Noch eher als Jericho verdient Çatal Hüyük die Bezeichnung »Stadt«, denn den Ausgräbern zufolge »beruhte die Wirtschaft auf einfachem Bewässerungsfeldbau sowie auf Viehzucht, Handel und Industrie«. Die vorhandenen Nahrungsmittel zeigen eine für frühe Landwirtschaft typische, reiche Vielfalt domestizierter und wild vorkommender Arten. Die Städter bauten drei Weizensorten sowie eine Gerstensorte an und zogen (oder sammelten) Erbsen, Pistazien, Mandeln, Holzäpfel, Wacholder und Zürgelbaumfrüchte. Vermutlich verzehrten sie auch zahlreiche Blatt- und Wurzelgemüsesorten sowie weiche Früchte. Ihren Fleisch- und Milchbedarf deckten sie überwiegend durch Herdenvieh (Rinder), doch hielten sie auch Ziegen und jagten Hirsche sowie Wildschweine. Wie es scheint, aßen sie auch Wildgeflügel und dessen Eier, und auch etwas Fischfang gab es wohl. Für gute Laune sorgte man mit Zürgelbaumfrüchten, Wein und Bier.

Zusätzlich zu dieser Fülle örtlicher Nahrungsmittelreserven trugen Handel und Industrie zum Wohlstand der Leute von Çatal Hüyük bei. Von ihrer Stadt aus sahen sie den Vulkankegel des Hasan Dag, und vermutlich schufen sie nicht nur Obsidianarbeiten, sondern trieben und beherrschten auch einen weitgespannten Obsidianhandel. Andererseits führten sie für ihre schönsten Arbeiten Feuerstein aus Syrien ein. Zu den Leuten von Çatal Hüyük gehörten tüchtige Holzschnitzer, Weber und Korbflechter, Steinschleifer und Töpfer. »Perlen« schuf man aus gediegenem Kupfer, und später gab es auch Anfänge der Kupferschmelzerei, obwohl man das Metall nach wie vor nur zum Schmuck verwendete. Ein Teil der Produkte wurde wohl ausgeführt, andererseits führte man sämtliche Rohstoffe von nah und fern ein.

Bemerkenswerter noch als die Größe und die Wirtschaft der Stadt vor 8000 Jahren waren Kunst und Religion. Zwischen den Häusern verteilt gab es eine Anzahl von Kultbauten. Sie glichen ganz und gar den Häusern, unterschieden sich aber durch ihre großartige Ausstattung.

Aus der verblüffenden Vielfalt religiöser Ausdrucksformen kann ich hier nur einige der seltsamsten und eindrucksvollsten herausgreifen. Im Vordergrund stand ein Kult der Fruchtbarkeit von Mensch und Tier, in dessen Mittelpunkt eine »Große Göttin« mit ihren verschiedenen Aspekten stand. Man erblickt sie als Greisin, als Mutter und Mädchen. Ihr männlicher Gefährte ist jung und bärtig, oft aber auch symbolisch als Stier, Widder, Hirsch und Wildeber dargestellt. Außerdem gab es Toten- und Bestattungskulte, Tierkulte und wohl Jagdzauber.

Rundplastische Idole zeigten die Göttin teils äußerst stilisiert, teils äußerst realistisch. Realistische Darstellungen zeigen sie oft mit Leoparden. In einem Fall sitzt sie, geradezu königlich beleibt, als Gebärende mitten zwischen zwei Großkatzen auf einem Thron. Außerdem erblickt man sie auf großen Wandreliefs aus bemaltem Gips. Das ehrfurchtgebietendste stellt sie bei der Geburt eines Widders mit gespreizten Beinen über drei Stierköpfen dar.

Weniger verbreitet, aber noch immer variantenreich sind Statuetten ihres göttlichen Gefährten. Sowohl als Jüngling als auch als Erwachsener reitet er bisweilen auf einem Leoparden oder Stier. Immer und immer wieder drückt sich seine Gegenwart in Doppelreihen ausladender Gehörne im Wandbewurf oder in Stierhornbänken aus, desgleichen in Wandmalereien, die riesige Stiere darstellen.

Am deutlichsten wird der Totenkult aus Wandmalereien ersichtlich, die oft absichtlich lebensvollen Szenen oder Lebenssymbolen gegenübergestellt sind. Besonders erwähnenswert: Darstellungen von Geiern mit weiten Schwingen, deren Hakenschnäbel auf kopflose Leichen einhacken. Noch makaberer sind sorgfältig modellierte Frauenbrüste, in die die Schädel von Aasfressern eingebettet sind – Schädel von Füchsen, Wieseln und Geiern. Für uns eine Barbarei, bringen diese Darstellungen die Einheit von Leben und Tod zum Ausdruck. Aber der Totenkult manifestierte sich in den Kultstätten noch eindeutiger. Denn während man gewöhnliche Sterbliche unter »Gips«-Bänken in den Häusern bestattete, nachdem man die Toten zuvor zum Entfleischen ausgesetzt (oder nachdem Geier das Entfleischen besorgt hatten), fanden sich unter den Heiligtümern viel reichere Bestattungen. Man hatte den Toten nicht nur – wie anderen Toten auch – Perlen und Schmuck mitgegeben, sondern auch Steingefäße, Zeremonialdolche und die außerordentlichen Erzeugnisse aus Çatal Hüyük: runde Obsidianspiegel in säuberlichen Gipsfassungen. Diese Gräber, die einzigen Hinweise auf soziale Unterschiede in der Stadt, deuten auf eine Elite von Priestern oder Schamanen hin. Vielleicht dienten die Spiegel kultischen Zwecken, doch erlauben sie uns, einen Schritt zur stärkeren Bewußtwerdung des eigenen Selbst anzunehmen, den diese frühen Bauern getan haben müssen.

Ich habe Çatal Hüyük so viel Platz eingeräumt

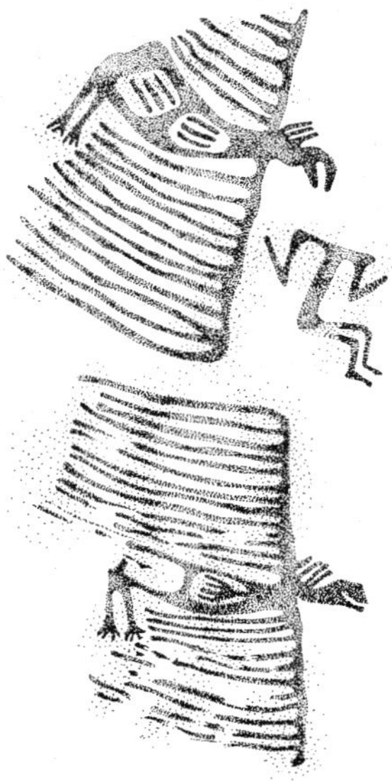

In den frühesten Heiligtümern von Çatal Hüyük finden sich Wandmalereien von riesigen Geiern, die sich auf kopflose Menschen stürzen: Im Rahmen eines Bestattungskultes übergaben die Menschen von Çatal Hüyük die Leichname ihrer Verstorbenen den Geiern und bestatteten später die Gebeine unter Bänken ihrer Wohnungen.

– nicht nur wegen des Reichtums und der Faszination der dortigen Funde, sondern weil es so treffend wie nur möglich die Situation des Menschen zwischen dem Jägerdasein der Urzeit und der Hochkultur zeigt, die gegen 3000 v. Chr. heraufdämmern sollte. Es gab weiterhin die Jagd, es gab Tierdarstellungen und auch die Experimente im Bereich des Kultischen – dies alles weist zurück in die Vergangenheit. Doch die Muttergöttin des Lebens und Todes und ihr Gefährte mit seinem Stierkult – dies waren Vorstellungen, die in den bronzezeitlichen Hochkulturen der Alten Welt Verfeinerung und Blüte erfahren sollten, nicht anders als die Elemente der Landwirtschaft, die Handwerke und das Leben in den von Menschen wimmelnden Städten.

Es gibt massive Hinweise auf eine rapide Bevölkerungszunahme in Çatal Hüyük, die so manchen zum Auswandern und zur Gründung neuer Siedlungen in Anatolien zwang. Auch dies ist exemplarisch für das 7. Jahrtausend v. Chr. Sobald die Wirtschaft und die Kulturen der Jungsteinzeit ausgereift waren, drängten sie über die Pionier-Zentren im »Regenschirm« hinaus. In den meisten betroffenen Ländern tauchen nun ganz plötzlich domestizierte Rinder und Getreidesorten auf, und vielerorts kennt man plötzlich Töpferei und Weberei ohne die geringsten Anzeichen örtlicher Vorstufen. Damit steht außer Frage: Es gab *mit Sicherheit* Wanderungen Landwirtschaft treibender Gruppen – vielleicht infolge einer »Bevölkerungsexplosion«, wie sie sich in Çatal Hüyük ereignet haben dürfte. Andererseits scheinen Einheimische oft durch Handel und nachbarliche Kontakte die neue Lebensform übernommen zu haben. Ihre eigenen Traditionen wirkten dann auf die der Neuankömmlinge zurück, so daß eigenständige, neue Kulturen entstanden.

Hier ist zunächst ein Blick auf diese sekundäre Verbreitung der »Neolithischen Revolution« unerläßlich, bevor ich mich der übrigen Welt zuwende, wo man von dieser Revolution bis 5000 v. Chr. nichts zu spüren bekam und weiterhin von der Jagd und vom Sammeln lebte.

Vor und unmittelbar nach 6000 v. Chr. hatte einfache bäuerliche Mischwirtschaft die fruchtbare Ebene Thessaliens und die Peloponnes im Süden erreicht. Auch Kreta war nun besiedelt, aber vermutlich direkt von Anatolien aus. Kreta verdient besonderes Interesse, dies nicht nur wegen der glanzvollen Zukunft, die ihm bevorstand, sondern weil es deutlich zeigt, wie die Landwirtschaft von unternehmenden Familien bei der Suche nach neuem Wohnraum auf neuem Land verbreitet wurde. Die See zu überqueren, hatte noch die Jäger offenbar überfordert. Die Siedler kamen also in ein jungfräuliches Paradies. Mit sich brachten sie Saatkorn und Jungtiere im Orient domestizierter Arten. Sie hatten Brotweizen, Emmer und Einkorn, sechszeilige Gerste und Linsen, Schafe, Ziegen, Schweine, Rinder und Hunde. Einige der Emigranten bevorzugten Höhlenwohnungen, andere bauten kleine Dörfer. Eine Gruppe suchte einen flachen Hügel über einem Bach in einem geschützten Tal aus, knapp 5 km von der Nordküste entfernt. Dort entstanden in aller Eile Windschirme, dürftige Hütten – das war der Anfang von Knossos! Bis 4000 Jahre später hier der erste minoische Palast entstand, gab es von nun an fast ununterbrochen an dieser Stelle ein Dorf.

Um die Mitte des 6. Jahrtausends waren die Bauern durch die Ebene Thrakiens und durch die Täler nördlich der Ägäis bis Makedonien (heute Bulgarien und Süd-Jugoslawien), Südungarn und Rumänien vorgedrungen. Dort hob sich der Standard des Wohnens und der Landwirtschaft weiter. Alle Gruppen fertigten teilweise reizvoll bemalte Töpferware an, und statt der Fellkleidung der Jäger trug man jetzt Textilien. Obsidian bezog man von Melos aus einem schon von späten Jägervölkern entdeckten Vorkommen, und wohl zum kultischen Gebrauch fertigte man fast überall Frauenfigürchen in den verschiedensten Formen an.

Noch zwei Schritte nach Westen sind zu verzeichnen. Lange vor 5000 entstanden zahlreiche kleine Bauernsiedlungen an der Ostküste Italiens, deren Gründer von Jugoslawien aus über die Adria gekommen waren. Diese westliche Vorhut der Neolithischen Revolution ergänzte ihren Speisenzettel mit »wilder« Nahrung. In einem Dorf an einer Flußmündung verspeiste man große Mengen von Herzmuscheln, und um sie zu öffnen, erfand man mit echtem Pioniergeist einen eigenen Öffner aus Feuerstein. Schließlich tauchte primitive Landwirtschaft an den Küsten Spaniens und Portugals auf. Hier allerdings waren Höhlenwohnungen die Regel, und die Steinwerkzeuge gingen auf die der späten Jägerkultur zurück. Erst in der folgenden Periode (Seite 61) setzte sich im westlichen Mittelmeerraum die jungsteinzeitliche Lebensweise durch.

Von der Ausbreitungs-Westgrenze der Landwirtschaft vor 5000 zurück zur Levante. Gab es dort von Palästina aus auch eine Expansion nach Süden? So mancher mag die vage Vorstellung hegen, die Anfänge der Landwirtschaft seien irgendwann sehr früh im alten Ägypten zu suchen. Dem ist aber nicht so. Das Niltal war von den Hochländern, wo die Revolution begann, weit entfernt, und erst um 5500 – also mindestens zweieinhalbtausend Jahre nach den Anfängen in der Levante – wurde es einbezogen. Diese lange Verzögerung war vermutlich nicht so sehr dem dazwischenliegenden Wüstengebiet zuzuschreiben als den völlig andersartigen Bedingungen und den infolgedessen ganz unterschiedlichen Landbautechniken einerseits im Hochland, andererseits im sumpfigen, sonnendurchgelühten, regenlosen Stromtal. Ähnliche Faktoren verzögerten sogar in noch größerem Stil die Kultivierung Sumers. In Ober- und Unterägypten tauchte der Ackerbau offenkundig nahezu gleichzeitig auf, und fraglos war er asiatischen Ursprungs. Das Klima förderte eher den Bau von Hütten aus Palmen und Matten als von Luftziegelhäusern. Doch das prädynastische Ägypten gehört eigentlich zum nächsten Kapitel, daher soll von ihm hier nicht mehr die Rede sein.

Etwa zur gleichen Zeit, als die ersten Ansiedler an die ungeheure Arbeit gingen, die Ufer des Nils zu roden und zu bewässern, tauchte längs der nordafrikanischen Küste, im Hornfortsatz Afrikas und in Kenia eine Art reiner Hirtenkultur auf der Basis der Rinder- und Schafzucht auf. Ein paar der ältesten Felszeichnungen in der Sahara stammen wohl aus dieser Phase. Bis irgend etwas von der neuen Wirtschaftsform durch die Sahara nach Süden drang, verging noch geraume Zeit.

Bevor ich auf die Expansion der Landwirtschaft nach Osten komme, noch ein Wort über Zypern. Zwischen Levante und Anatolien eingebettet und von der Küste aus sichtbar, wurde die Insel – und dies überrascht nicht – wohl schon vor 6000 v. Chr. besiedelt. Einwanderer, die am besten durch ihre seltsame kleine Stadt Chirokitia bekannt wurden, führten Ackerbau und Viehzucht ein. Ihr Konservativismus zeigt sich im Festhalten an der natufischen Rundhütten-Tradition, desgleichen in ihren Steingeräten und ihrer Bevorzugung von Steingefäßen gegenüber Keramik. Andererseits waren die Häuser schön und gut eingerichtet, die Stadt recht groß und wohlgeplant, die Gefäße von hervorragender Machart. Zypern beweist erstmals: Inselbewohner gingen in ihrer Isolation und Geborgenheit ihren eigenen Weg!

Die historisch bei weitem bedeutendste Entwicklung spielte sich im und am mittleren Euphrat-Tigris-Tal ab. Wie wir sahen, blühten um 7000 v. Chr. Dörfer im Hochland am Rande des Zweistromtales, doch eine Siedlung in der Talebene gab es noch nicht. Nach Entwicklung der Ackerbautechnik begab man sich jedoch auf das fruchtbare Schwemmland der Talsohle herab, besonders im Norden, dem späteren Assyrien, wo noch genügend Regen fiel.

Die ersten Menschen, die mit ihren Herden in dieser Talsenke Dörfer bauten, bevorzugten das relativ karge Steppengebiet der Dschesire zwischen den beiden Strömen. Hier ließen sie sich sogar schon kurz vor 6000 v. Chr. nieder. Diese ersten echten Mesopotamier standen wohl in kultureller Verbindung mit der Levante. Erst vor kurzem ist man ihnen auf die Spur gekommen. Bekannter sind spätere Einwanderer aus der Mitte des Jahrtausends, die wohl vom benachbarten Hochland herabkamen. Hierzu paßt die Tatsache, daß sich die nördliche Gruppe hauptsächlich in den gutbewässerten Vorbergen rings um Quellflüsse niederließ, wie es auch deren Nachbarn im Südosten taten. Noch weiter im Süden, hauptsächlich südlich des Kleinen Zab im mittleren Tigrisgebiet, richtete sich eine dritte Gruppe etwas anders ein. Regenmangel zwang sie zur Feldbewässerung, und damit begann das große Kanalsystem, dem Mesopotamien schließlich um 3000 v. Chr. seine Fruchtbarkeit verdankte.

Diese drei mesopotamischen Gruppen benannte man nach den Fundstätten Tell Halaf, Tell Hassuna und Samarra. Alle drei bauten die nun schon bekannten Getreidesorten an, jagten noch immer und trieben Schaf-, Ziegen- sowie ein wenig Rinderzucht. Alle drei entwickelten das Töpferhandwerk weiter, obwohl sich Samarra anfänglich auf schöne Alabastergefäße spezialisiert hatte. Alle besaßen solide Häuser, allerdings mit einem deutlichen Unterschied: Wie die Leute von Chirokitia blieben die Bewohner des Tell Halaf bei dem älteren Rundhaus-Typ. Alle drei praktizierten den mit der Muttergöttin verbundenen Fruchtbarkeitskult, obwohl die Kultbilder stark differierten, und alle drei bestatteten ihre Toten lieber in Friedhöfen als in Häusern. Die Leute von Samarra gaben den Toten Phallosdarstellungen und Figürchen der Göttin mit ins Grab, dazu »Perlen«, Alabastergefäße und andere Habe. Hier herrschte wohl der größte Wohlstand, während die Hassuna-Leute den hinterwäldlerischsten Eindruck machen. Allerdings wäre es falsch, einer dieser Gruppen eigenen Stil abzusprechen. Die Kleinfiguren lassen auf gefältelte Röcke und große Hüte oder Frisuren schließen, Vasenmaler bevorzugten tanzende Mädchen, die Einführung des Flachses ließ Leinenkleider aufkommen, und die Tell-Halaf-Keramik erreichte geradezu aristokratische Eleganz.

Noch eine historische Anmerkung: Vor 5000 v. Chr. breiteten sich die Tell-Halaf-Leute (wohl gleichfalls nach rapidem Bevölkerungswachstum) westwärts bis zum Mittelmeer aus, bis sie das gesamte Gebiet von Ninive (Mossul) bis Ugarit an der syrischen Küste bewohnten und Anatolien erreichten.

Während im Norden und am Tigris die Bevölkerung zunahm, blieben das Gebiet am unteren Euphrat, das nicht an fruchtbares Bergland, sondern an Wüste grenzte, sowie das künftige Sumer praktisch unbewohnt. Doch obwohl schließlich auch im Süden (Eridu) die Besiedlung unmittelbar vor 5000 v. Chr. begann, gehört die Geschichte dieser Gebiete doch in die kommende Epoche.

Während die Besiedlung der Ebene vor sich ging, entwickelten auch die Bewohner der Zagrosberge ihre Landwirtschaft weiter und übernahmen u. a. Keramik, einschließlich einfacher bemalter Ware. Doch im 6. Jahrtausend verloren sie ihre Position als Vorhut der Neolithischen Revolution. Hochlandtäler mögen für bescheidene landwirtschaftliche Experimente geradezu ideal sein – für Landwirtschaft größeren Stils sind sie dagegen nur hinderlich. Wie auch immer: In Indien jedenfalls war bis um 5000 v. Chr. von der Neolithischen Revolution nichts zu spüren.

Doch im Norden und Osten breitete sich die neue Wirtschaftsform über Gebirge und Hochplateaus hinweg aus. Trotz rauhen Klimas entstanden Dörfer in Transkaukasien zwischen Kaspischem und Schwarzem Meer und auf der iranischen Hochebene. Bis nach Mittelasien reichte dieser Zweig, der in Turkmenien am Südrand der Kara-Wum-Wüste Siedlungen mit Misch-Landwirtschaft entstehen ließ und Ableger bis nach Afghanistan entsandte. Überall dort gab es die üblichen Getreidesorten, Schafe, Ziegen sowie hier und da Rinder. Gleichzeitig wurden auch Töpferei und Weberei übernommen, alles jedoch in bescheidenem Rahmen. So gab es nur kleine Dörfer mit kleinen Häusern und kaum Luxus. Noch immer spielten Jagen und Sammeln bei der Nahrungsbeschaffung eine wichtige Rolle. Aus all diesen Gebieten, deren Kultur – bis auf ein paar örtliche Besonderheiten – recht gleichförmig war, greife ich wegen seiner Bedeutung das nordiranische Plateau zwischen Zagros und Elbrus heraus. Schon vor 6000 v. Chr. gab es hier etwas Landwirtschaft, doch Wohlstand kehrte erst nach der

Gründung von Tepe Sialk ein. Nicht nur, daß Sialk selbst ein relativ großer Ort in günstiger Position für den Handel mit den Bergstämmen war, sondern Sialks Bewohner verarbeiteten als erste das in der Wüste des Ostens häufig vorkommende gediegene Kupfer. Sie benutzten es nicht nur für Schmuck-»Perlen«, sondern für kleine Geräte, für Steck- und Nähnadeln. Mit diesem technologischen Experiment wiesen sie den Weg voran in die sich anschließende Kupferzeit.

Damit habe ich einen Überblick über die Verbreitung von Ackerbau und Viezucht von den ersten Landwirtschaftszentren im Nahen Osten bis hin nach Spanien und Afghanistan sowie von Turkmenistan bis Oberägypten gegeben. Es war ein weitgedehntes Gebiet, und dennoch gab es außerhalb davon noch weit mehr bewohntes Land, wo weiterhin Menschen von den Produkten ihr Dasein fristeten, die ihnen die Natur in ihrer Fülle auf der Jagd, beim Fischfang, bei der Vogelstellerei und beim Pflanzensammeln zu bieten hatte. Ja sogar innerhalb des Landwirtschafts-Verbreitungsgebietes gab es noch Gruppen, die weiterhin bei der Jagd blieben (und vielleicht durch die Geländebeschaffenheit dazu gezwungen waren).

In Europa zeigten sich die Völker der späten Jägerstufe durchaus fähig, sich den vollständigen Umweltveränderungen anzupassen, die das nun wärmere Klima mit sich brachte. Um 8000 v. Chr. breiteten sich Birken- und Kiefernwälder in den einst offenen Jagdgründen, gefolgt von weit dichteren Misch- und Eichenwäldern. Hier hausten nun vor allem Rotwild und Wildrinder. In manchen Gegenden stellte man nun, nachdem Pfeil und Bogen sich durchgesetzt hatten, mehr und mehr Vögeln nach, und auch am Strand sowie auf offenem Wasser suchte man Beute. »Paddelboote« (Einbäume oder Hautboote) scheinen hier zur gleichen Zeit wie am Mittelmeer aufgekommen zu sein. Zwar schuf man noch immer zusammengesetzte Geräte unter Verwendung von Mikrolithen, doch gab es jetzt auch ziemlich schwere Feuersteinbeile zum Baumfällen und zur Holzbearbeitung.

Am klarsten verdeutlicht eine Seerandsiedlung in Yorkshire (Star Carr) das soziale Muster der damaligen Zeit. Es gab hier Wohngruppen von 4 bis 5 Familien mit insgesamt etwa zwei Dutzend Männern, Frauen und Kindern, die unter Schutzdächern auf einer Plattform aus Zweigen und Gebüsch hausten. Sie überwinterten hier nur vom Spätherbst bis zum Vorfrühling, doch kehrten sie zwei Jahrzehnte lang jährlich hierher zurück.

Einen lebendigen Eindruck vom Leben der späten Jäger geben die Felsmalereien des östlichen Spanien. Vor und nach den bescheidenen Anfängen der Landwirtschaft auf der Halbinsel waren hier wohl Künstler am Werk. Im Gegensatz zu ihren altsteinzeitlichen Vorläufern bevorzugten diese Maler Menschendarstellungen, insbesondere Darstellungen Jagender, Kämpfender und Tanzender. Meist tragen die Männer Bogen oder Speer, sie rennen mit ungeheurem Schwung und halten nur inne, um auf einen Steinbock oder einen Eber zu schießen. Die Frauen tanzen, obwohl lange Gewänder ihnen dies erschweren.

In Skandinavien zwangen dichte Wälder die Jäger meist dazu, sich am Strand aufzuhalten. Hier fischten sie nicht nur, sondern sammelten Muscheln, jagten Seehunde, Tümmler und Seevögel. Auch hier gab es Künstler, die im überlieferten naturalistischen Stil Tierzeichnungen in Felsen ritzten oder kleine Stein- und Bernsteinskulpturen schufen. Mancherorts, so in Dänemark, hielt sich diese Lebensweise bis um 3000 v. Chr., ja am Rande der Polargebiete von der Nordsee bis Sibirien blieb sie bis auf den heutigen Tag erhalten. Innerhalb Sibiriens schwankten die Lebensformen von seßhafter Lebensweise mit Fischfang am Amur bis zur Rentierjagd auf der Tundra. Auch in Südostasien (einschließlich Java, Borneo und Sumatra) sowie in Japan blieb man wohl gleichfalls beim Jagen und Sammeln. Abermals muß man sich vorstellen, daß sich das Leben meist am Strand abspielte (riesige Muschelhaufen bezeugen die Vorliebe für Muscheln) – oder in flußnahen Höhlen, wobei die Jagd auf Schweine den Nahrungsbedarf deckte. Man hat für Thailand eine sehr frühe Kultivierung einheimischer Pflanzen wie Bohnen, Wassernüsse und Kürbisse behauptet, doch besteht hierüber noch große Unsicherheit. Andererseits steht außer Frage, daß schon vor 6000 v. Chr. hier Töpferei bekannt war – ein bei Jägern und Fischern ungewöhnliches Handwerk!

Der Anstieg der Weltmeere nach dem Abschmelzen der Eiszeitgletscher schnitt Amerika von Asien ab. Man nimmt an, daß sich von nun an bis zur Ankunft der Europäer Kulturen und Hochkulturen hier praktisch ohne Einfluß von außen entwickelten. Was sich jetzt in Amerika ereignete, unterschied sich zunächst kaum vom zeitgenössischen Geschehen in rückständigeren Teilen der Alten Welt. In den Waldgebieten Ost-Nordamerikas brachte der Anfang der Periode das Ende der Großwildjägertradition, wärmeres Klima führte zu größerer Abhängigkeit vom Sammeln pflanzlicher Nahrung und vom Fischfang. In den zentralen *Plains* dagegen war es leichter, an alten Formen festzuhalten, nur daß jetzt Bisons, nicht mehr Mammute die Haupt-Jagdbeute waren. Im Westen und im Hochland von Mexiko bildete sich die künftige sogenannte »Wüstenkultur« heraus. Obwohl man mit Speerschleudern Hirsche, Bergschafe und andere Tiere jagte, nahmen doch alle Arten von Samen, Nüssen, Beeren und Wurzeln einen großen Teil des Speisezettels ein. Sie wurden gedörrt und dann auf großen, flachen Reibsteinen (später von den Sapniern *metate* genannt und noch heute in Indianerhäusern zu sehen) zerrieben. Die Wüstenbewohner waren weder seßhaft noch Nomaden, sondern sie hatten mehrere regelmäßige Wohnsitze je nach Jahreszeit und saisonbedingten Nahrungsquellen. Oft dienten Höhlen als Behausung. Solch ein Leben voller Einschränkungen erlaubte nur bescheidenen Besitz, doch verstand man, kunstvolle Körbe, Matten und Netze zu flechten. In manchen Gegenden hielt sich die Wüstentradition bis in die Mitte des 19. Jahrhunderts. Nur aus Mexiko sind bisher bescheidene Anzeichen von Nahrungsmittelproduktion aus der damaligen Zeit bekannt. Im Hochtal von Mexiko sowie im Tehuacán-Tal im Süden (beides künftige Hochkultur-Zentren) baute man ein paar Pflanzensorten wie Bohnen, Kürbisse und Pfeffer an, und gegen Ende der Periode zog man eine sehr kleine, primitive Form des Maises, der Amerikas Hauptgetreide werden sollte. Doch die Bedeutung dieser Kulturpflanzen für die Gesamternährung war kaum nennenswert.

Vom damaligen Südamerika wissen wir wenig, doch die Verminderung der Großwildjagd scheint sich ganz ähnlich abgespielt zu haben wie in Nordamerika, nur daß hier Lamas zum Kleinwild zählten. Eine Abweichung gab es doch: Vor 5000 v. Chr. bildeten sich (wie an der asiatischen Pazifikküste auch) an den Küsten Chiles und Perus praktisch seßhafte Siedlungen, deren Bewohnern die See ihr Auskommen sicherte.

Historisch betrachtet, hat man diese ganze Periode (8000–5000 v. Chr.) wohl eher als eine Zeit unserer Welt anzusehen, die mehr versprach als sie hielt. Sie brachte eine Reihe von Erfindungen und Entdeckungen, die sich seither als äußerst nützlich erwiesen. Besonders bemerkenswert war natürlich die Domestikation aller wichtigen Getreidesorten und der Nutztiere, die nicht nur dem Menschen der sich anschließenden Bronzezeit, sondern einem großen Teil der Menschheit bis auf den heutigen Tag dienstbar waren und sind. Und erstmals zerbrach man sich auch den Kopf über schöneres, bequemeres Wohnen. Doch im Geistigen, Kreativen, für den Menschen so Charakteristischen war der Fortschritt nicht so groß. Es gab keine Kunst, die sich an Einfallsreichtum mit der Kunst der Periode zuvor vergleichen ließe, und die seltsamen, etwas plumpen, barbarischen Darstellungen in den Kultstätten von Çatal Hüyük lassen sich auch keineswegs mit den großen religiösen Inspirationen der Kunst und Architektur vergleichen, die später der Beginn der Hochkultur mit sich brachte.

Ein letztes Wort über die Jagd! Sie hatte bisher das Empfinden der Menschen geprägt, doch nun zog sie sich mehr und mehr in Reservate zurück. Aber die Prägung durch so viele Jahrhunderttausende ließ sich nur schwer unterdrücken. Landwirtschaft legte beiden Geschlechtern Lasten auf: Für die Männer zählte jetzt nicht mehr nur der erregende Augenblick, sondern Beharrlichkeit und Verantwortung galten nun, und die Frauen verbrachten wohl unzählbare Stunden am Mühlstein und am Webstuhl. Man sehe sich nur die spanischen Höhlenzeichnungen an, um die Lebensfreude zu spüren, die Jagdglück brachte. In der gesamten Folgezeit blieb die Jagd Privileg der Elite, doch auch Menschen in bescheideneren Verhältnissen übten sie gern aus, wenn sie nur konnten. Auch wir haben diesen Instinkt.

Technologie 8000–5000 v. Chr.

Die Beherrschung der Nahrungsmittelproduktion, wahrscheinlich der wichtigste technologische Fortschritt, den die Menschheit gemacht hat, gehört dieser Zeit an. Dieser Wandel vollzog sich keineswegs plötzlich. Um 8000 v. Chr. scheinen einige Orte des Nahen Ostens wie Jericho, Mureybat, Zawi Chemi und Shanidar schon Herden von Schafen, Ziegen und Gazellen unter Bedingungen gehalten zu haben, die der Zähmung sehr nahekommen. Die Ernte wilden Getreides wurde bereits auf hohem Niveau betrieben. Um 5000 bildeten die gezähmten Tiere, zu denen jetzt auch Kuh und Schwein gehörten, und angebautes Getreide, wie z. B. verschiedene Arten von Weizen, Gerste und Hülsenfrüchte, das Fundament der vom Menschen beeinflußten Natur-Ökonomie von der Adria bis Zentralasien.

Diese Umstellung hatte viele Auswirkungen. Sie verlangte nach neuen und besseren Werkzeugen und führte sehr schnell zu Siedlungen von größerer Dauer, die eine weit reichere und deshalb spezialisiertere materielle Ausstattung zur Folge hatten; sie ermöglichte einen Zuwachs der Bevölkerung und förderte den Handel.

Sehr schnell folgten verschiedene andere Entwicklungen. In Halbwüsten-Regionen außerhalb der Berge war man darauf gekommen, daß die kultivierbare Fläche durch Bewässerung bedeutend vergrößert werden konnte, was wiederum Fortschritte in der sozialen Organisation notwendig machte. Schon erstaunlich früh wurden die Eigenschaften des Kupfers wenigstens gelegentlich erkannt, obgleich es noch lange Zeit brauchte, bis Metall für etwas anderes als Verzierungen oder Schmuck verwendet wurde. Auch das Weben von Textilien kam in diesem Zeitabschnitt auf und führte zu großen Verbesserungen gegenüber der bisher verbreiteten Kleidung aus Häuten und Fellen.

Ein charakteristischer Zug des Neolithikums war die Entwicklung von Mahlsteinen (steinernen Handmühlen) und Töpferei, obgleich beide nicht unbedingt Anzeichen für Nahrungsmittelerzeugung sind. Viele frühe Bauern kannten Mahlsteine kaum und Töpferei gar nicht, andererseits gab es Nahrungsmittelsammler, die nicht nur Reibsteine benutzten, sondern – sofern ihnen ihre Reserven erlaubten, ortsfeste Ansiedlungen zu gründen – sogar Keramik.

Ein weiterer bemerkenswerter Wandel in diesem Zeitraum bestand in der Ausbreitung sehr kleiner Feuersteingeräte oder Mikrolithen. Die Herstellung von Mikrolithen findet sich in dieser Zeit vom Atlantik bis nach Indien, und ihre Verbreitung war wahrscheinlich das Ergebnis der Konzentration auf die Jagd kleiner Tiere.

In dieser Zeit gibt es deutliche Belege für den Gebrauch von Booten, besonders in Europa. Einige Einbäume, die sich im Schlamm erhalten haben, wurden in der Nähe von Perth gefunden, einige Paddel bei Scarborough und in Dänemark.

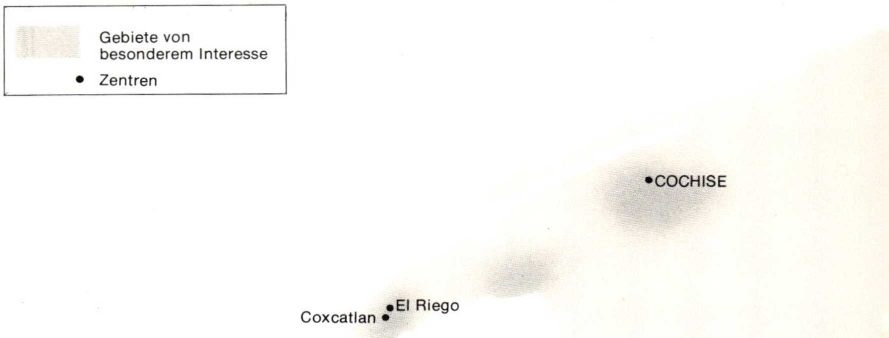

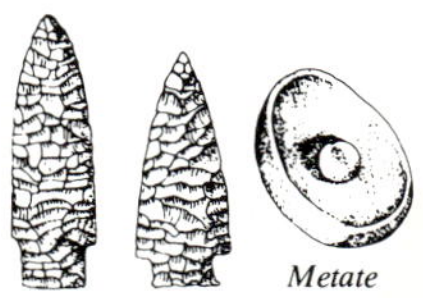

Scottsbluff-Spitzen

Metate

Nord-, Mittel- und Südamerika (Altamerika)
Entwicklung neuer Geschoßspitzen. Unter der Bezeichnung *metate* bekanntgewordene Handmühlen zeigen: wilder Mais war eine der Nahrungsquellen der Bewohner Mexikos geworden.

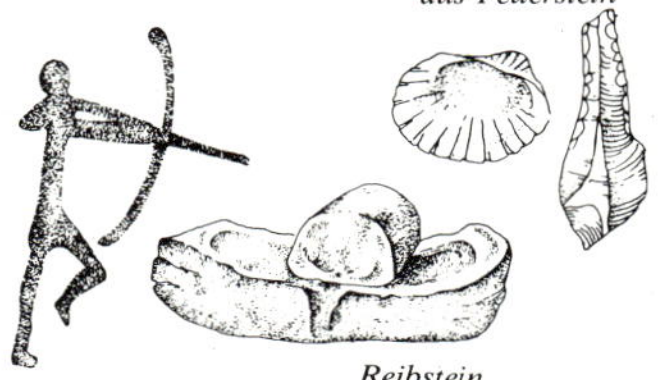

Herzmuschelöffner aus Feuerstein

Jäger mit Pfeil und Bogen

Reibstein

Westlicher Mittelmeerraum
Mit Sicherheit gehörten nun – spanische Felszeichnungen beweisen es – Pfeil und Bogen zur Jagdausrüstung. In Coppa Nevigata kam man darauf, Herzmuscheln, eine wichtige Nahrungsquelle, mit Feuersteinwerkzeugen zu öffnen. Reibsteine deuten auf Getreideanbau rings um das Mittelmeer hin.

WERKSTOFFE (VERGLEICHENDE ÜBERSICHT)

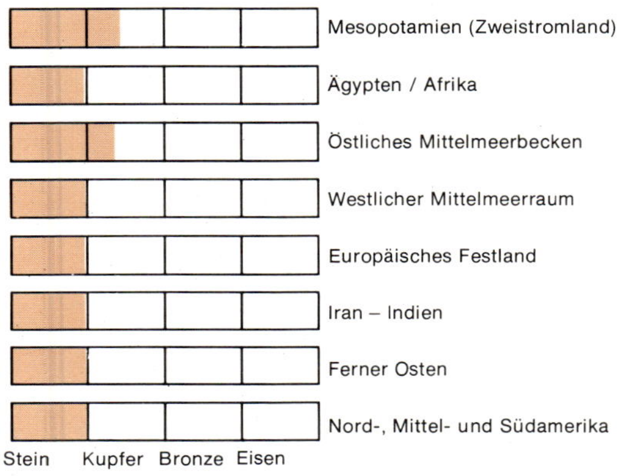

Europäisches Festland (Alteuropa)
Das Waffenarsenal der späten Jäger ist gut belegt durch Bogen, Schaftbeil, Feuersteinmesser, Harpunen mit Widerhaken und Angelhaken.

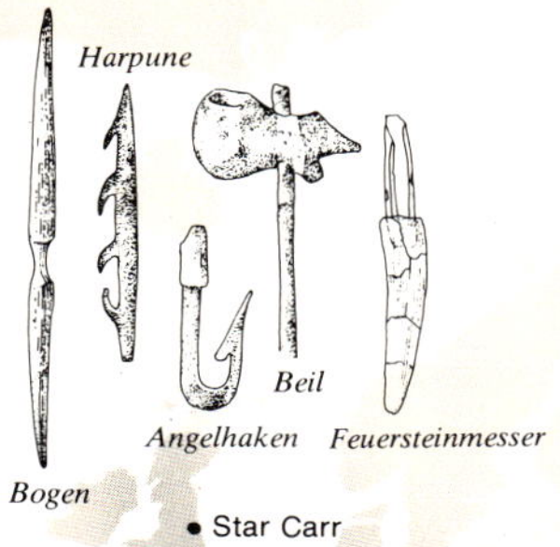

Östliches Mittelmeerbecken
Hier und an vielen anderen Orten verbreitete sich in ortsfesten Siedlungen die Schlammziegelbauweise (Luftziegelbauweise). Vorratsbehälter und Stempel lassen auf ein Wirtschaftswachstum schließen, das nicht nur auf der Landwirtschaft, sondern auf dem immer bedeutender werdenden Obsidianhandel beruhte.

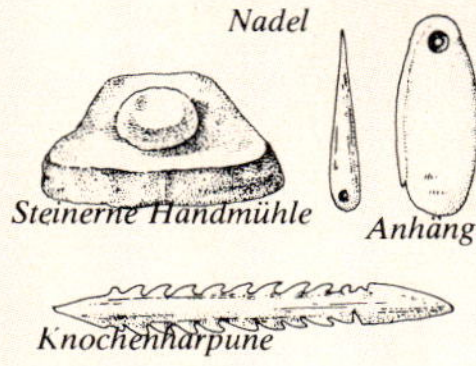

Ägypten / Afrika
Nach Ausweis steinerner Handmühlen dürfte im Niltal die Technik der Nahrungsmittelproduktion bekannt gewesen sein. Im ganzen übrigen Afrika weisen Knochen- und Feuersteingeräte auf die Fortsetzung älterer Traditionen hin.

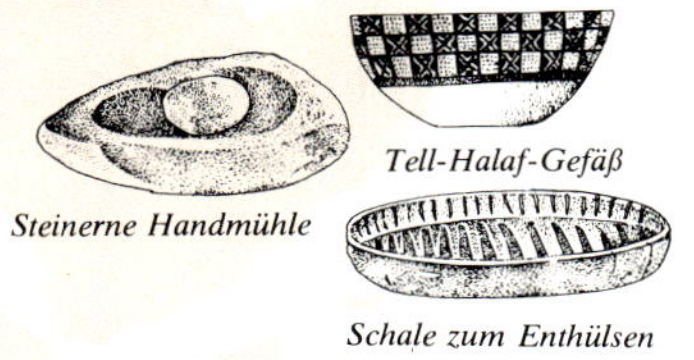

Mesopotamien
Die Nahrungsmittelproduktion wurde zur festen Wirtschaftsgrundlage und begann sich mit der Entwicklung des Bewässerungsfeldbaus in die sehr viel fruchtbareren Schwemmebenen des Südens hinein auszubreiten. Eines der augenfälligsten Ergebnisse war eine frühe Blüte der Keramikproduktion.

Ferner Osten
In China und südlich davon näherte sich das intensiv betriebene Nahrungsmittelsammeln bereits einer voll ausgebildeten Nahrungsmittelproduktion. Ortsfeste Siedlungen, deren Ortsgebundenheit durch die Nutzung von Muscheln ermöglicht wurde, gab es bereits in Japan, doch verraten die noch recht primitiven Steinwerkzeuge wie Beil und Spatel kaum einen gerätetechnischen Fortschritt.

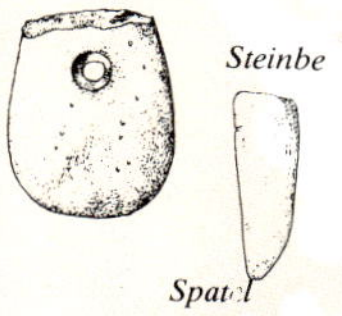

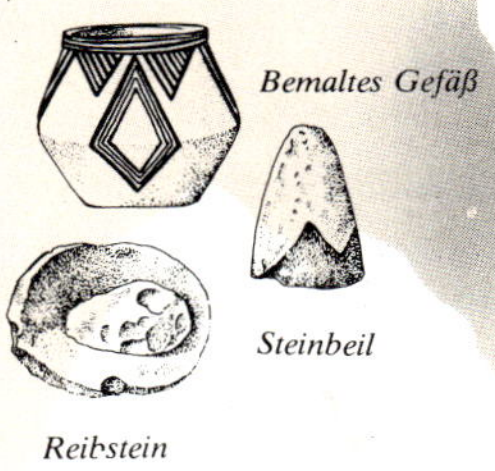

Iran – Indien
Eine vollausgebildete Nahrungsmittelproduktion einschließlich Regenfeldbau und ordentlich gearbeiteter Keramik, d. h. eine Wirtschaftsform, die schließlich voll ortsfeste Dorfsiedlungen entstehen ließ, verbreitete sich östlich und nördlich des Zagros bis nach Turkmenien und zum Kaukasus.

Mesopotamien
Zur Verarbeitung von Korn in eßbare Nahrung entwickelte man verschiedene Geräte. Die flache Schale mit einem geriffelten Boden diente dem Aufbrechen von Getreideähren. Das Korn wurde dann in eine Steinmühle gefüllt, wo es durch mühsame Bearbeitung mit dem Reibstein zu grobem Mehl gemahlt wurde. Dieses knetete man zu einem Teig (wahrscheinlich ohne Hefe), um ein waffel(fladen-)ähnliches Brot herzustellen. Gebacken wurde auf heißen Platten über einem offenen Feuer, oder, wie auf unserer Zeichnung unten in richtigen, meist lehmverschmierten Öfen (teilweise geschlossene Kammern unter oder über der Erde).

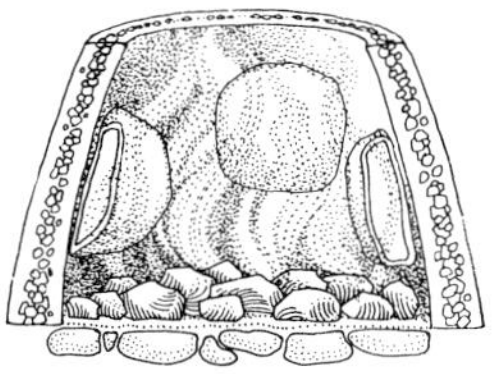

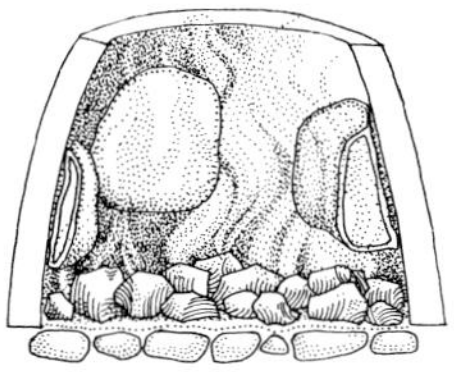

BROTÖFEN: *in der Ofenkammer wurde zunächst ein Feuer angezündet. Erst nach dem Löschen des Feuers wurde das Brot eingefüllt.*

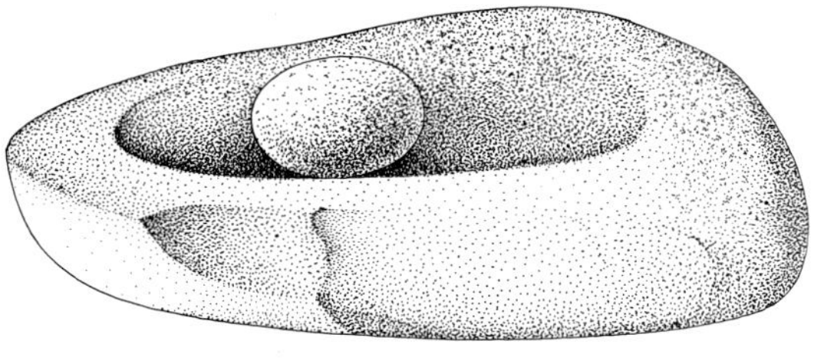

Steinmühle und Reibstein

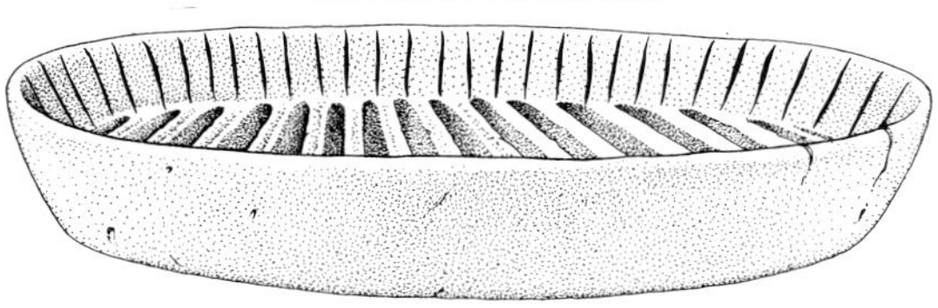

Keramikschale zum Enthülsen

Ägypten / Afrika
Die Qadan-Steinmühle aus Nubien wurde möglicherweise nur für wildwachsende Getreidearten verwandt. Obwohl Aufzeichnungen über Nahrungsproduktion vor allem in der damals besser bewässerten Zentral-Sahara existieren, verharrte der größte Teil des Kontinents bei der Nahrungsbeschaffung auf der Basis der Jagd und des Sammelns unter Verwendung von traditionellem Feuersteingerät.

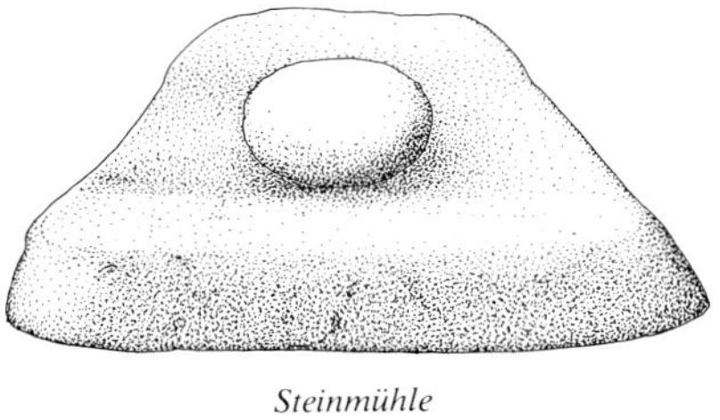

Steinmühle

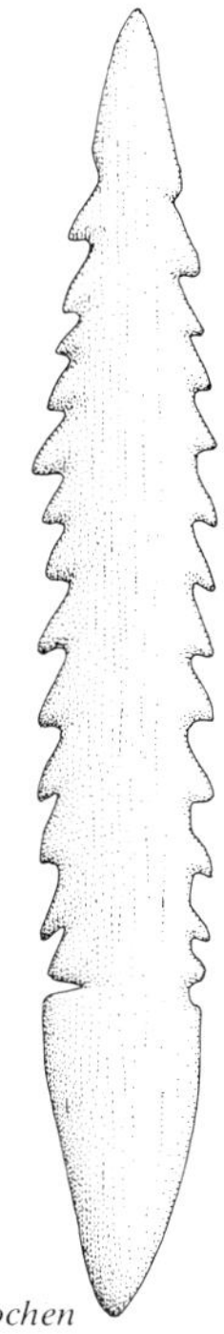

Geschnitzte Harpune aus Knochen

Östliches Mittelmeerbecken
Die Technologie von Çatal Hüyük ist ein hervorragendes Beispiel für die Entwicklungen jener Zeit in diesem Gebiet. In hochentwickelter Handwerkskunst verarbeitete man Feuerstein und Obsidian, die u. a. über die Levante eingeführt wurden und diesem Gebiet Wohlstand brachten. Siegelabdrücke lassen vermuten, daß die Vorstellungen von privatem Eigentum hier weiter entwickelt waren, was in einer Stadt mit einer Fläche von 13 ha und etwa 5000 Einwohnern nicht erstaunlich ist.

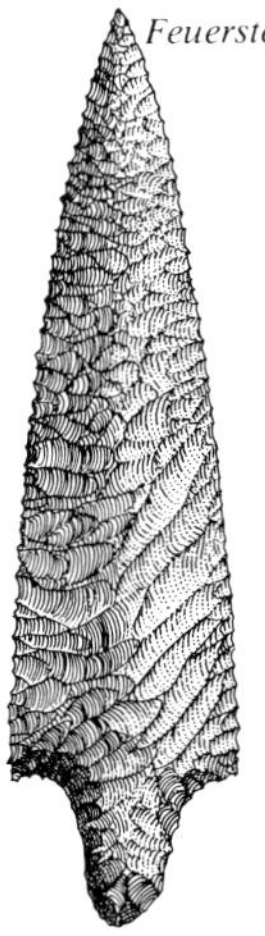

Obsidiandolch

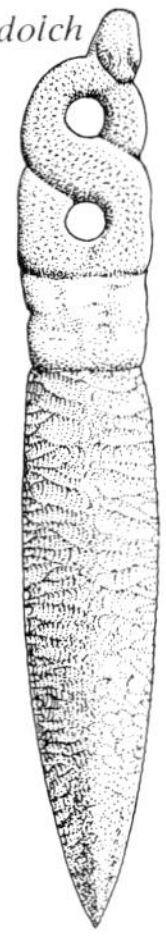

Feuersteindolch

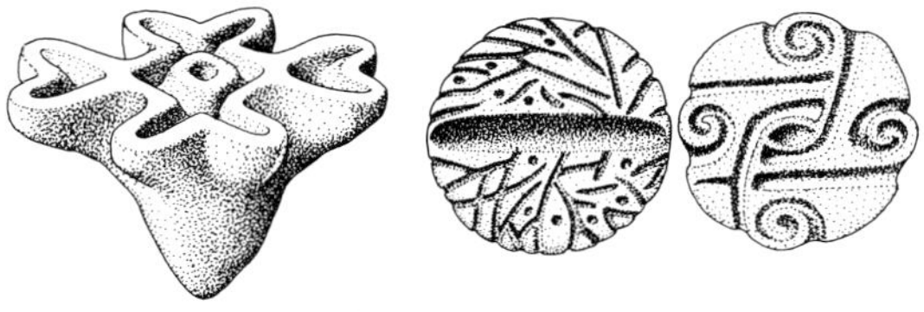

Siegelstempel und -abdrücke aus gebranntem Ton

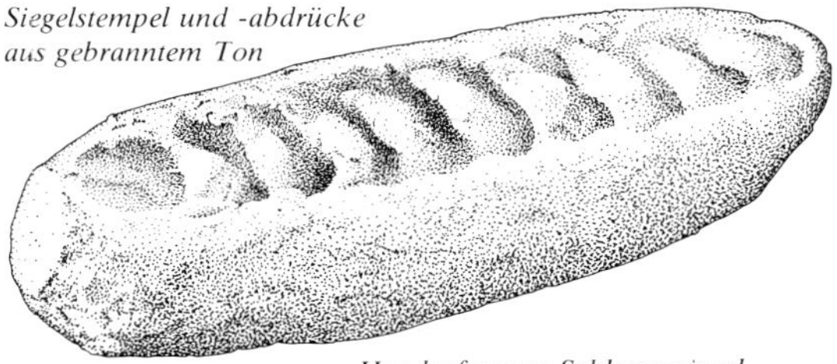

Handgeformter Schlammziegel

Westlicher Mittelmeerraum
Ackerbautechniken gelangten über das Meer an die Mittelmeerküsten. Allerdings gibt es von den damals verwendeten Booten bis heute keine Spuren. Wir wissen, daß in Italien Getreide angebaut wurde und daß zumindest bis in das Gebiet der Provence hinein domestizierte Tiere gehalten wurden.

Arbeiten mit einer Steinmühle

Europäisches Festland (Alteuropa)
Im Norden und Westen entwickelte sich eine ganz neue Wirtschafts- und Lebensform, die sich den nacheiszeitlichen Verhältnissen anpaßte. Es wurden überwiegend kleinere Tiere, Fische und Vögel, gejagt, was zu einer zunehmenden Verwendung von Pfeil und Bogen sowie von Harpunen mit Widerhaken aus Knochen erlegter Tiere führte.

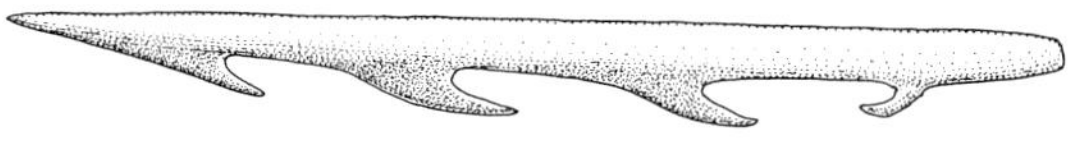

Knochenharpune

Hölzerner Bogenstab

Iran – Indien
Diese Region spielt nun in der Nahrungsmittelproduktion eine wichtige Rolle. Die polierte Steinaxt war ein weitaus wirksameres Werkzeug als ihr rauher Vorgänger.

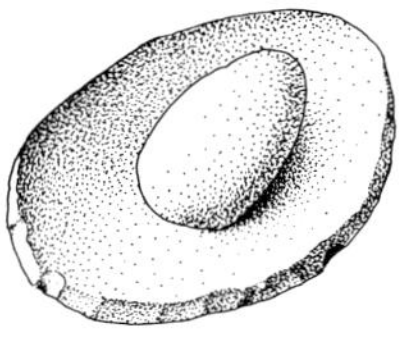

Steinmühle

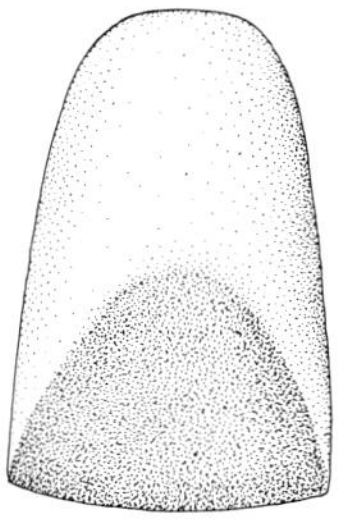

Kopf eines polierten Steinbeils

Ferner Osten
Das polierte Steinbeil war ein wichtiges Gerät, mit dem man dem Dschungel kultivierbare Felder abgewann. In Thailand gab es möglicherweise schon einheimische Nahrungsmittelproduktion.

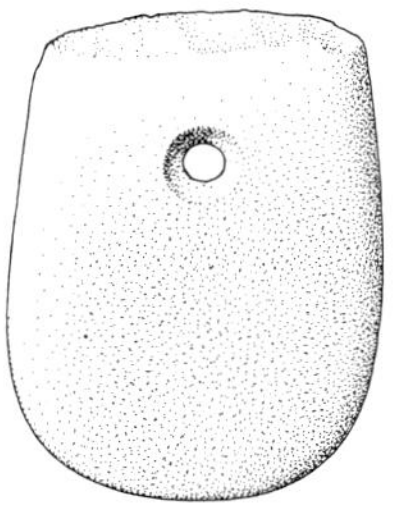

Kopf eines Steinbeils

Nord-, Mittel- und Südamerika (Altamerika)
In den Großen Ebenen wurde die Großwildjagd mit neuartig geformten Speerspitzen wie »Scottsbluff-« und »Edenspitzen« fortgesetzt.

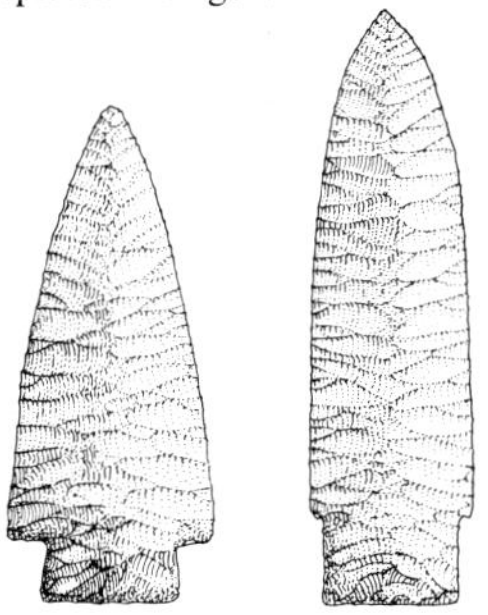

»Scottsbluff-Spitzen«

TIERDOMESTIKATION

Der erste Schritt zur Zähmung war die Konzentration der Jagd auf bestimmte Tierarten an bestimmten Orten. So jagte man z. B. bei Franchthi Rotwild und bei Nahal Oren Gazellen. Als das Wild dann gehütet wurde, entwickelten sich langsam auch Zuchtmethoden. Man sonderte zunächst die männlichen Jungtiere aus und ließ nur so viele zurück, wie zur Erhaltung der Herde notwendig waren. Dies läßt sich aus Nahrungsabfällen (Schafsknochen) feststellen, die in Zawi Chemi gefunden wurden und aus der Zeit vor 8500 v. Chr. stammen. Die regelrechte Domestikation folgte später und führte zur selektiven Zucht von besonderen Arten wie Wildschaf, Wildziege, Auerochse und Wildschwein. In dieser späteren Phase sind deutlich Veränderungen der Tierskelette zu beobachten – insbesondere eine Verkleinerung der Hörner.

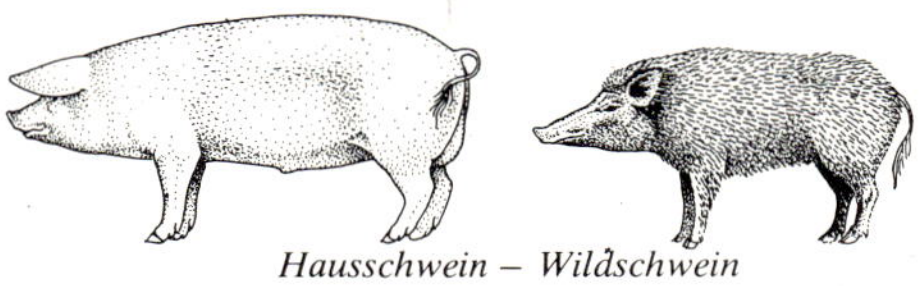

Hausschwein – Wildschwein

Hausziege – Wildziege (Bezoarziege)

Hausschaf – Wildschaf (Urialschaf)

Hauskuh – Auerochs-Bulle

PFLANZEN-DOMESTIKATION

Wilde Gerste, Einkorn und Emmer-Weizen waren die wichtigsten Getreidearten in der frühen Landwirtschaft der Alten Welt. Sie wuchsen nur in dem hügeligen Gürtel von Syrien durch die Südtürkei bis in den Irak wild. Die Nahrungssammler begannen, das Wildgetreide besser zu pflegen und kamen schließlich auf die Idee, den Boden aufzubrechen und das Korn zu säen (älteste Hinweise in Mureybat, Mesopotamien). Durch die Kultivierung wurden Gerste und Weizen verändert und verbessert, und es wurde ein Korn entwickelt, das sich leichter von der Schale löste, und eine Ähre, die während der Reifung nicht aufsprang. Aus Kreuzungen zwischen wildem Weizen und anderen Gräsern ging schließlich der Brotweizen hervor; die sechsreihige Gerste entstand durch Mutation. Ähnliche Entwicklungen gab es z. B. bei Erbse, Hirse, Reis, Mais.

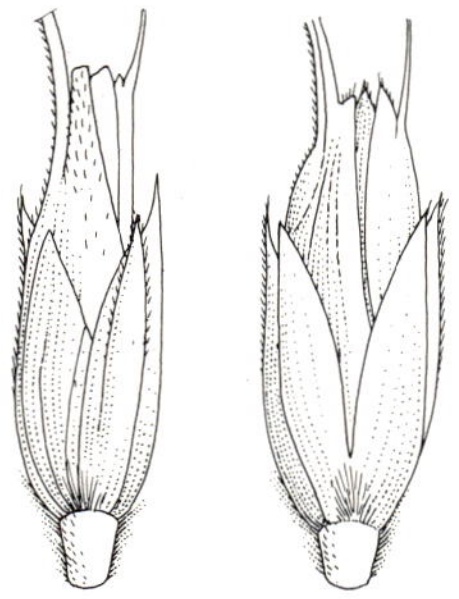

Wilder und gezüchteter Einkorn-Weizen

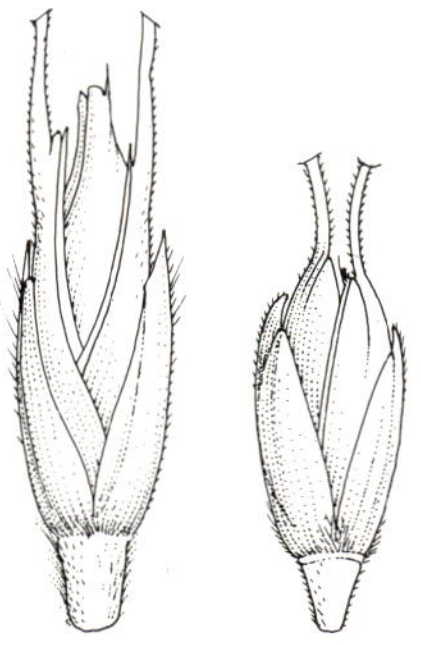

Wilder und gezüchteter Emmer-Weizen

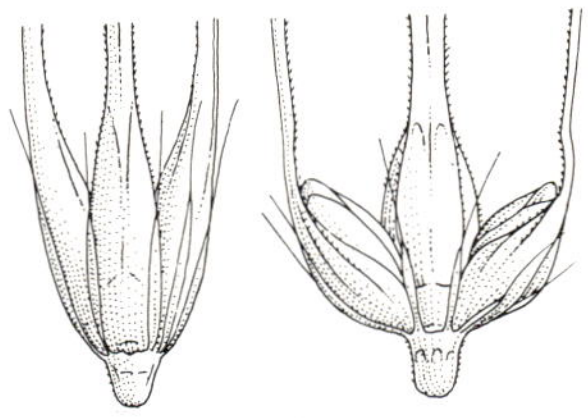

Wilde und gezüchtete Gerste

Bauweise 8000–5000 v. Chr.

Fast nirgendwo gab es in diesem Zeitabschnitt bedeutende Veränderungen. Viele, wenn auch nicht alle Höhlen wurden verlassen, als sich die klimatischen Bedingungen verbesserten, doch gab es kaum Fortschritte in der Konstruktion der Hütten. Erdhäuser waren bei wärmerem Wetter nicht nötig, und vergängliche Holzgebäude überdauerten selten. In ganz Europa, Afrika, dem Fernen Osten und Amerika bestand die Architektur allenfalls in einfachen Hütten aus Zweigen und Stroh sowie aus Schutzdächern.

Doch in den Gebieten, in denen es Domestikation von Tieren und Ackerbau gab – Mesopotamien, Östliches Mittelmeerbecken, Iran–Indien – ist der Fortschritt in der Bauweise augenfälliger. Die Beherrschung der Nahrungsmittelerzeugung machte dauerhafte Wohnbauten notwendig – Ernte und Tiere mußten bewacht werden. Hatten die Menschen einmal das rastlose Jägerleben aufgegeben, konnten sie mehr Zeit darauf verwenden, stabilere und bequemere Häuser zu bauen.

Die Bauten wurden über Steinfundamenten aus Stöcken und Reisig errichtet oder aus Lehmplatten, die man später durch sonnengetrocknete Schlammziegel ersetzte. Diese Ziegel formte man zuerst mit der Hand (wie in Jericho), doch später wurde der Schlamm in Formen gepreßt. Es dauerte auch nicht mehr lange, bis rechteckige Häuser fast überall die runden ersetzten, die die früheren Zelte oder Lager nachgeahmt hatten: Häufig gab es Innenausstattungen, wie z. B. Sitz- oder Schlafbänke, Gestelle zur Vorratslagerung, einen Herd oder Ofen zum Kochen. Oft jedoch wurde unter freiem Himmel gekocht – in Höfen, vielleicht vor allem, um nicht dem Rauch ausgesetzt zu sein und dem Brandrisiko zu entgehen. An einigen Orten, besonders in Çatal Hüyük, wurden abgelegene Räume als Kultschreine verwendet.

Innerhalb des baulichen Grundmusters gab es beträchtliche Abweichungen. In einigen Gebieten wurde ein Gips von hoher Qualität verwendet, um die inneren Schlammziegel zu verkleiden. Die Dächer waren für gewöhnlich flach, doch die Rundhäuser von Chirokitia auf Zypern hatten gut gearbeitete Kraggewölbe. Obergeschosse gab es bereits in Hacilar, und die Flachdächer von Çatal Hüyük dienten wohl der Kommunikation.

Die meisten Siedlungen waren recht klein, doch sind wenigstens zwei bemerkenswerte Ausnahmen bekannt. Çatal Hüyük bedeckte 13 ha, wovon jedoch nur ein Bruchteil ausgegraben wurde. Es dürfte 5000 Einwohner gehabt haben. Die Ausdehnung Jerichos läßt sich präziser mit 4 ha angeben, da es von einer massiven Steinmauer und einem in den Felsen gehauenen Graben umgeben war. Den runden Turm, der hinter der Mauer steht, kann man mit Recht als das älteste bekannte Monumentalbauwerk der Erde bezeichnen.

BAUMATERIALIEN (VERGLEICHENDE ÜBERSICHT)

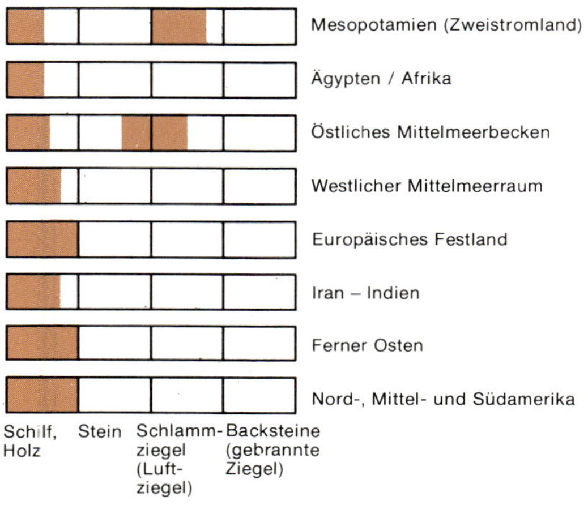

Europäisches Festland (Alteuropa)
Nur wenige Spuren von Bauwerken dieser Zeit sind erhalten, doch fanden sich in Lepenski Vir am Donauufer bedeutendere Überreste aus der Zeitphase der späten Jägerkulturen.

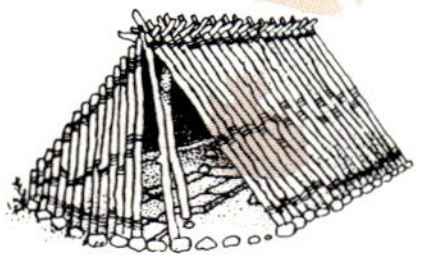

Wohnhütte, Lepenski Vir

Östliches Mittelmeerbecken
Die Beherrschung der Nahrungsmittelproduktion führte im gesamten östlichen Mittelmeerbereich zu ortsfesten Siedlungen sowie an einigen Plätzen zur Errichtung von Bauwerken aus dauerhaftem Material. Auf Rundhäuser folgten Rechteckbauten, die sich für eine Stadtplanung mehr eigneten.

Haus, Hacilar

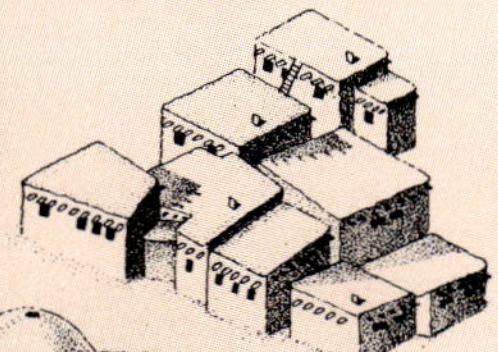

Häusergruppe, Çatal Hüyük

Rundhäuser, Chirokitia

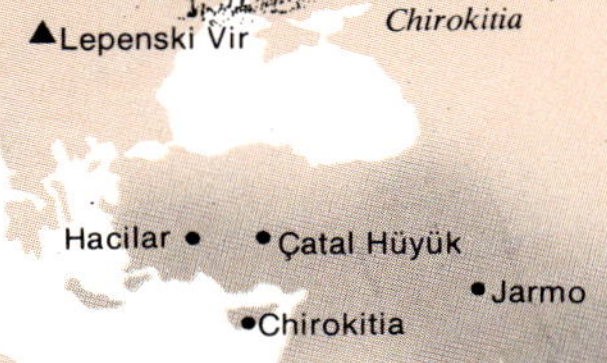

Ferner Osten
Über die Wohnbauten und Wohnsitten dieser frühen Zeit in dieser Region ist wenig bekannt.

Iranisches Haus

Iran – Indien
In einem großen Teil West- und Nordirans sowie in Turkmenien östlich vom Kaspisee (dem »Kaspischen Meer«) entstanden Dörfer aus rechteckigen Schlammziegel(Luftziegel-)Häusern.

Ägyptische Hütten

Ägypten / Afrika
Nur ausgesprochen spärliche Überreste von Bauten sind aus diesem Bereich erhalten. Wahrscheinlich errichtete man hier einfache Hütten aus örtlich vorhandenem Material.

Haus, Jarmo

Mesopotamien (Zweistromland)
Ortsfeste Ansiedlungen erstreckten sich längs der Bergflanken und verteilten sich über die Ebenen im Norden, später auch über die reichen Schwemmebenen des Südens. Frühe Hausbauten in Jarmo bestanden aus Lehm (Pisé) und waren mit Schlammbewurf überzogen.

Mesopotamien
Das gebräuchlichste Baumaterial war der Ziegel aus Schlamm. Man formte angefeuchtete Erde und trocknete sie in der Sonne. Die Ziegel wurden zu Wänden verbaut, wobei man weiteren Schlamm als Mörtel verwendete. Die Häuser von Jarmo dagegen waren aus Ton gebaut, auch Pisee (Stampferde) genannt. Fußböden und Dächer bestanden beide aus schlammbeschichtetem Schilfgras, die Dächer wurden später auch durch Holzgebälk abgestützt. Die kleinen, rechtwinklig angelegten Häuser hatten Vorratsräume, Schlafecken und einen Wohnraum mit Herd. Der von Mauern umgebene Hof spielte offensichtlich eine wichtige Rolle sowohl als Arbeitsplatz als auch mit dem festen Ofen als Kochstelle.

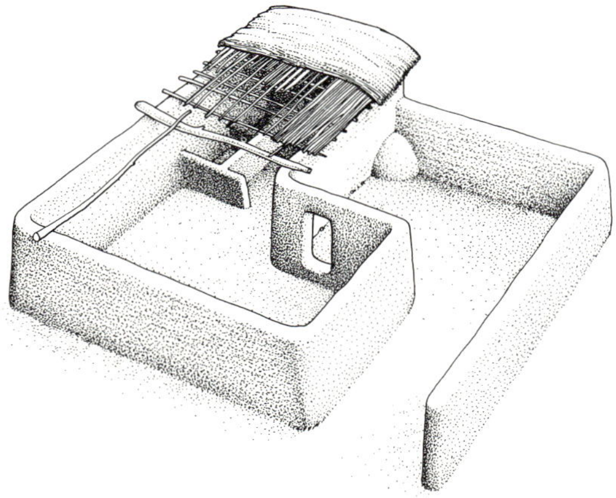
Rechteckiges Haus, Jarmo

Ägypten / Afrika
Ägyptische Zeugnisse aus dieser Zeit sind außerordentlich selten, wahrscheinlich, weil sie tief unter den Ablagerungen des Nil begraben sind. Vereinzelte Spuren leichter Hütten sind wohl nicht typisch.

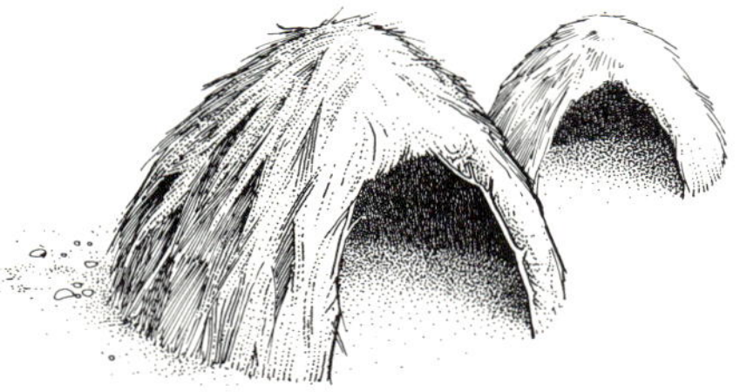
Einfache Hütte aus Schilfgras

Östliches Mittelmeerbecken
Dieses Gebiet, das von vielen Nahrungsmittel erzeugenden Gruppen bevölkert wurde, wies die mannigfaltigste Architektur der Zeit auf.

JERICHO, *um 8000 v. Chr. eine offene Ansiedlung fester Rundhäuser aus Schlammziegeln, war von einer 3 m dicken und mindestens 4 m hohen Verteidigungsmauer aus Stein umgeben. An diese Mauer baute man einen Turm von 10 m Durchmesser und 8,5 m Höhe. Später erhöhte man die Mauer weiter und schlug einen Graben in den Fels davor, der eine Fläche von 4 ha einschloß. Nach einer Periode, in der Jericho verlassen war, wurde es um 7000 v. Chr. wieder besiedelt. Die Stadtmauern wurden nicht erneuert, aber rechtwinklig angelegte Häuser aus Schlammziegeln mit sorgfältig verputzten Wänden und Fußböden breiteten sich in der gesamten Stadt aus.*

Steinturm und Mauern, Jericho, Israel

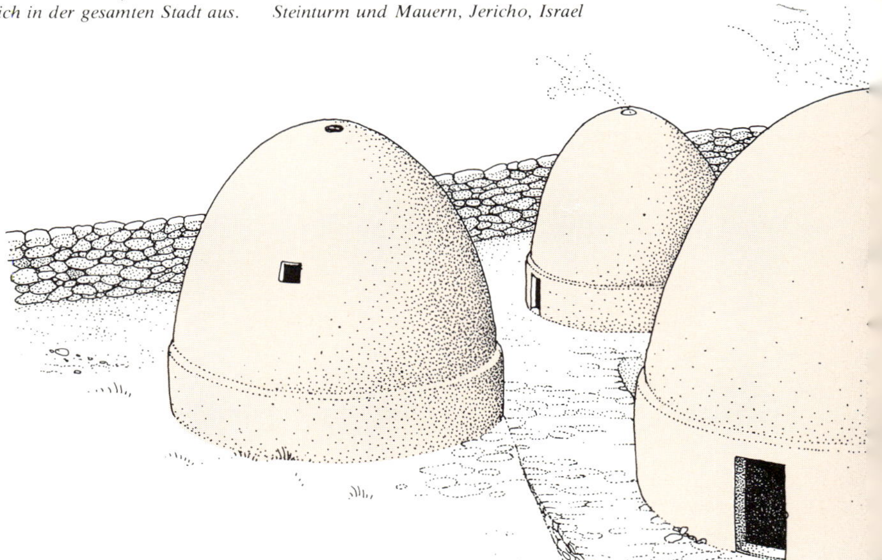

HACILAR. *Die Häuser in Hacilar, im Stil ähnlich denen von Çatal Hüyük, aber größer, waren rechteckig angelegt und aus quadratischen Ziegeln auf Steinfundamenten errichtet. Die zweigeschossigen Gebäude waren als Blöcke Rückwand an Rückwand gebaut. Man betrat sie vom Hof her oder durch eine schmale Gasse.*

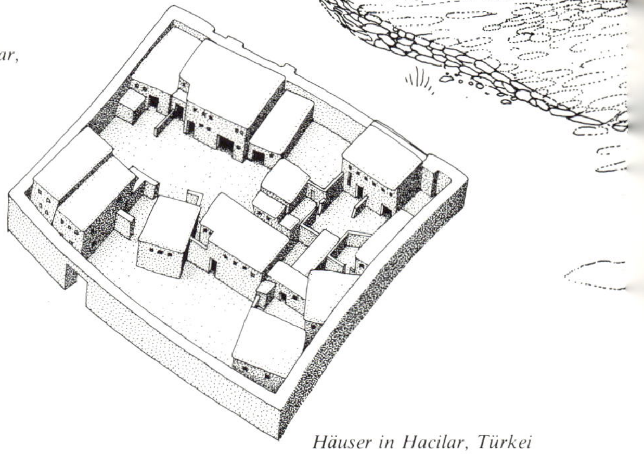
Häuser in Hacilar, Türkei

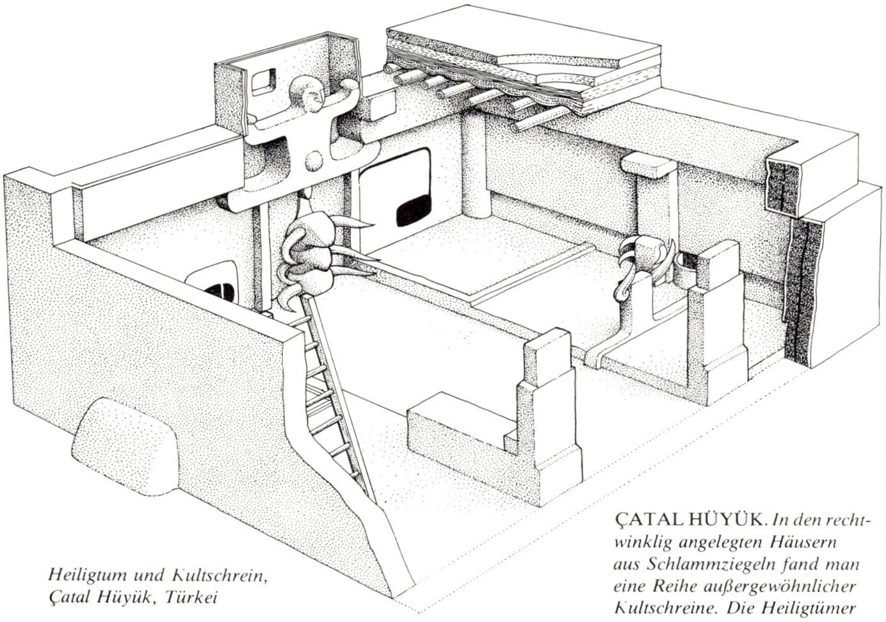

Heiligtum und Kultschrein, Çatal Hüyük, Türkei

ÇATAL HÜYÜK. *In den rechtwinklig angelegten Häusern aus Schlammziegeln fand man eine Reihe außergewöhnlicher Kultschreine. Die Heiligtümer waren mit Wandmalereien und -reliefs, echten oder nachgebildeten Tierköpfen sowie Kultstatuen ausgeschmückt. Die Räume ähnelten vom Grundriß und Aufbau her den Wohnräumen. Sie hatten Herdstellen, Plattformen, Bänke und Heizöfen, waren jedoch kunstvoll geschmückt und häufig geräumiger.*

CHIROKITIA. *Die Rundhäuser hier gehören einer anderen Tradition an. Sie erheben sich über kreisförmigen Fundamenten aus Stein und haben kuppelförmige Dächer aus Schlammziegeln. Es gab Schlafräume auf erhöhter Ebene und hohe Türschwellen, um Regen und Schmutz fernzuhalten.*

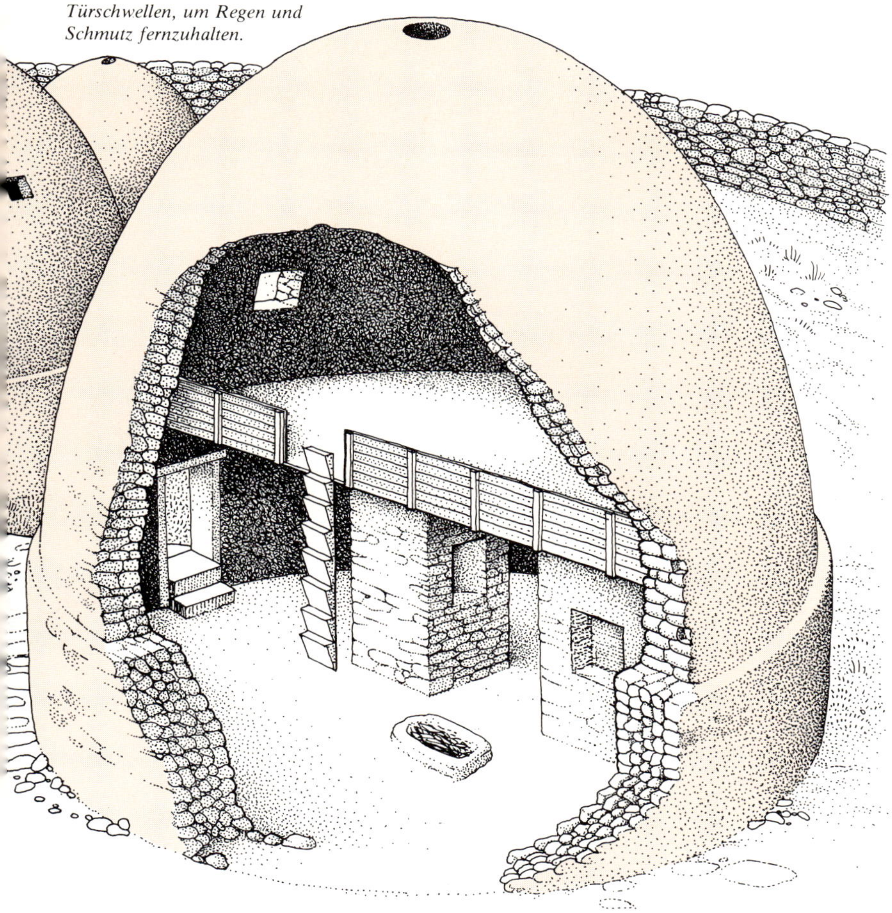

»Bienenkorb-Häuser«, Chirokitia, Zypern

Westlicher Mittelmeerraum
Obwohl Bauern um 5000 v. Chr. begannen, in dieses Gebiet zu ziehen, fand man nur natürliche Wohnhöhlen.

Europäisches Festland (Alteuropa)
Die genauesten Zeugnisse aus diesem Gebiet kommen aus der Gegend von Lepenski Vir, der Donauschlucht am Eisernen Tor. Eine Gemeinschaft von Fischern errichtete auf einer Terrasse an der Donau trapezförmige Holzhäuser in einer Reihe. Man fand einfache Herdstellen sowie Haushaltsgeräte zusammen mit reich und eigenartig bearbeiteten Steinköpfen.

Haus in Lepenski Vir, Jugoslawien

Iran – Indien
Die kleinen, rechtwinklig angelegten Häuser mit Flachdach ähnelten sich im gesamten Gebiet, wenngleich in Ali Kosh Tonplatten für den Häuserbau direkt aus dem Boden herausgeschnitten wurden. Ansonsten verwendete man, wie in Ganj Dareh, die gebräuchlicheren Schlammziegel.

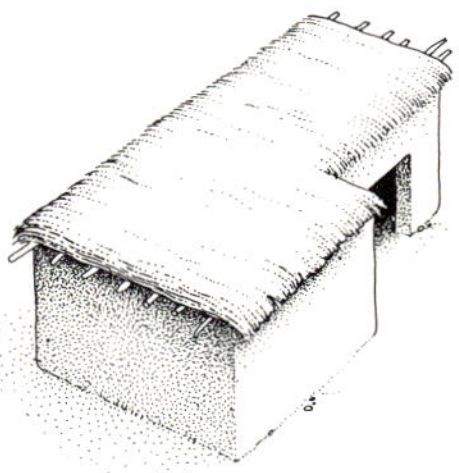

Strohgedecktes Haus aus Schlammziegeln

Ferner Osten
Bis heute hat man keine Reste von Häusern gefunden.

Nord-, Mittel- und Südamerika (Altamerika)
In der Neuen Welt hatte keine architektonische Weiterentwicklung stattgefunden. Über die Art zeitweiliger Zufluchtsorte können wir nur Vermutungen anstellen.

Zelt aus Baumrinde

Kunst 8000–5000 v. Chr.

Durch die Kunst dieser Epoche zieht sich der große Trennungsstrich – gezogen durch die neuen Lebens- und Sehweisen, die aus der zunehmenden Landwirtschaft und, damit verbunden, aus den neuen Fähigkeiten und Besitztümern resultierte.

Auf der einen Seite fuhren hier und dort die überlebenden Jägergesellschaften fort, Tiere und dazugehörige Sujets mit einem gewissen Grad an Realismus darzustellen. Auf der anderen Seite war die Kunst der Völker, die den Ackerbau aufgenommen hatten, in dieser Periode vor allem dekorativ. Wir wissen das aus ihrem Töpferwerk, doch gibt es keinen Zweifel, daß alle Arten vergänglicher Habe, besonders Textilien und Körbe, gewöhnlich mit Farbe und Mustern verziert worden sind.

Zusätzlich zu ihren dekorativen Künsten verwendeten viele dieser Bauernvölker ihre Fertigkeiten in der Töpferkunst, um kleine Modelle herzustellen, meistens weibliche Figürchen, die die Muttergottheit symbolisieren.

Die charakteristischste und lebendigste »Jägerkunst« hielt sich noch in Europa. In Ostspanien malten die späten Jäger auf große, freiliegende Felsflächen, für gewöhnlich in rötlichen Farben, die sich lebhaft von dem grauen Stein abheben. Im Inhalt unterscheidet sich diese mesolithische Kunst von jener der frühen Periode ab: man hat zwar noch nicht verlernt, Tiere oder Menschen einzeln zu malen, zieht jedoch Jagd-, Tanz- und Kriegsszenen vor, in denen es große Mengen von Gestalten gibt, die alle aktiv sind und häufig in großer Eile laufen.

Im Gegensatz dazu bewahrt das andere Hauptzentrum der späten Jägerkunst in Europa – Skandinavien – die vereinzelten Gestalten und die relative Ruhe der Werke der alten Steinzeit. Es finden sich zwei Gruppen: gedrungene kleine Tierskulpturen, zumeist in Dänemark, und die in den Fels geritzten Tierfiguren an den Küsten Norwegens.

Was die Jägerkunst außerhalb Europas betrifft, so ist es wahrscheinlich, daß die früheren Felsritzungen der zentralen Sahara in diesem Zeitraum entstanden, einschließlich der »Großköpfe«, von denen man annimmt, daß sie Gottheiten wiedergeben. Vielleicht gehört auch einiges von der ägyptischen Felskunst hierher.

Die dekorative Kunst bemalter Töpferarbeiten findet sich nur im Nahen Osten, wobei die schönsten Stücke aus Anatolien, Syrien und dem nördlichen Mesopotamien kommen. Die Künstler, die wahrscheinlich sehr oft Frauen gewesen sind, benutzten vor allem geometrische Entwürfe. Stilisierte Tiere und Motive wie die Rosette und das Kreuz kommen bisweilen vor.

Die wichtigsten und faszinierendsten Werke dieses Zeitabschnitts sind die Wandmalereien, Skulpturen und die figürliche Keramik von Çatal Hüyük in Südanatolien.

Nord-, Mittel- und Südamerika (Altamerika)
Aus dieser Zeit liegen keinerlei Beispiele dekorativer oder darstellender Kunst vor.

Bemalter Geröllstein, Mas d'Azil

Wandmalereien, Castellón

Westlicher Mittelmeerraum
Wahrscheinlich stammen die meisten der lebendigen und oft gut komponierten Jagdszenen an ostspanischen Felswänden aus dieser Periode.
Die damalige mesolithische (mittelsteinzeitliche) Jägerbevölkerung, die den älteren Bewohnern der Höhle von Mas d'Azil gefolgt war, bemalte Geröllsteine mit abstrakten Mustern.

Europäisches Festland (Alteuropa)
Tierdarstellungen finden sich auch noch im Europa der späten Jäger-kultur-Phase: Die Elche und anderes Wild darstellenden Umrißgravierungen in Felsen an der norwegischen Küste sind am realistischsten. In Dänemark schufen Jäger und Fischer kleine rundplastische Schnitzereien, und außerdem verzierten sie bisweilen ihre bewegliche Habe mit einfachen geometrischen Schnitzmustern. Einzelne Steinskulpturen entstanden in Jugoslawien. Eine Besonderheit sind die Darstellungen in »Röntgentechnik«, die auch die innere Form der Tiere wiedergeben (Kloftefoss, Norwegen).

Östliches Mittelmeerbecken
Die interessanteste Kunst der Levante schufen die Bewohner Jerichos, die Totenschädel mit den in Gips modellierten Gesichtszügen der Verstorbenen versahen. Sie taten es mit sehr viel Fingerspitzengefühl, und man kann sogar eine gewisse Porträtähnlichkeit nicht ausschließen. Außerdem fertigten sie fast lebensgroße, schematisierte Menschenfiguren aus Ton an. In Anatolien gab es außer den einzigartigen Wandmalereien und Skulpturen von Çatal Hüyük bemalte und figürliche Keramik sowie sinnliche Frauenfigürchen aus Hacilar.

Ferner Osten
Beginn der Keramikproduktion in Japan. Allerdings sind die ältesten Jōmon-Gefäße durchaus keine Kunstwerke.

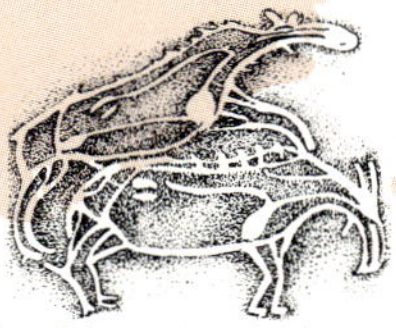
Felsritzung, Kloftefoss

Steinskulptur, Lepenski Vir

Bernstein-Elchkopf, Egemarke

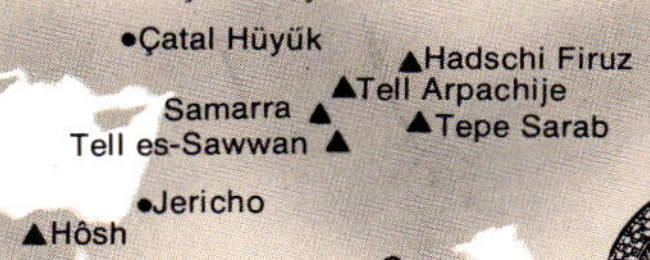

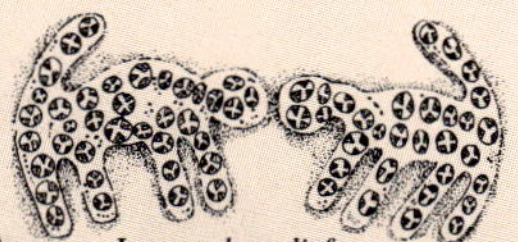
Leopardenrelief, Çatal Hüyük

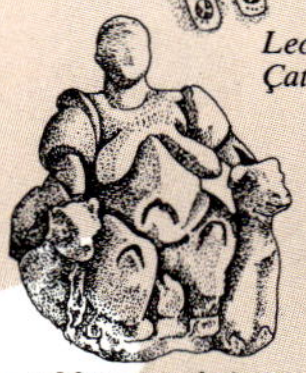
»Muttergottheit«, Çatal Hüyük

Bemaltes Gefäß, Çatal Hüyük

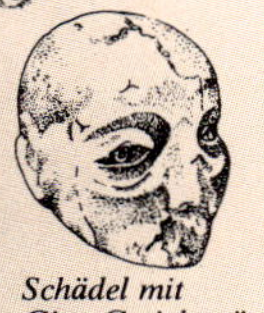
Schädel mit Gips-Gesichtszügen, Jericho

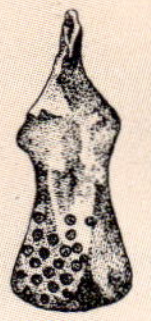
Iranisches Tonfigürchen

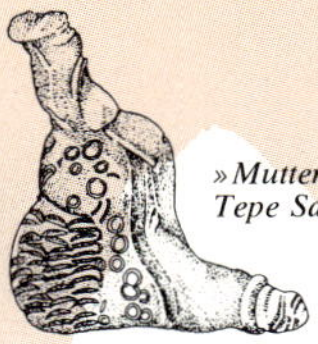
»Muttergottheit«, Tepe Sarab

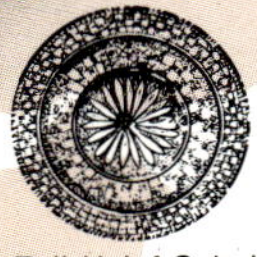
Tell-Halaf-Schale

Tell-es-Sawwan-Statuetten

Schale, Samarra-Ware

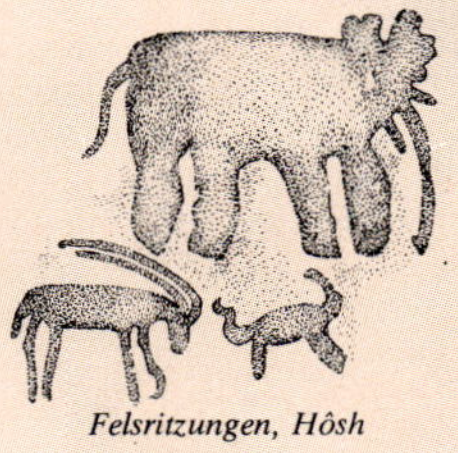
Felsritzungen, Hôsh

Iran – Indien
In der Flanken-Region der Zagroskette schufen frühe Bauernkulturen eine Vielfalt weiblicher Figürchen, außerdem entstand hier bemalte Keramik relativ einfachen Stils.

Ägypten / Afrika
Es ist möglich, daß einige der Wildtiere darstellenden Felsritzungen in den Klippen des Niltals aus dieser Zeit stammen. Wie die meisten solcher Kunstformen lassen sie sich schwer datieren.

Mesopotamien (Zweistromland)
Am vollendetsten sind hier die Arbeiten der Keramikmaler, insbesondere die der Kulturstufen von Tell Hassuna, Samarra und Tell Halaf. Die geometrischen Muster – bisweilen trifft man auch Tierornamente an – sind in Rot, Braun oder Schwarz auf creme-, bzw. lederfarbenem Grund ausgeführt. Die schönste Tell-Halaf-Ware, die z. T. aus der Zeit nach 5000 v. Chr. stammt, kann polychrom – rot, schwarz und weiß – sein. Die Schöpfer solcher Keramik fertigten auch eine Vielfalt kleiner Figuren aus keramischem Material oder Stein an.

Mesopotamien

Die Dorfbewohner von Tell es-Sawwan am Tigris waren aktive Künstler und Handwerker. Sie schnitzten schöngeformte Gefäße, stehende und sitzende Frauenfiguren aus Alabaster, und bemalten Keramikstücke im klassischen Samarra-Stil. Einige der schönsten polychromen (vielfarbigen) Stücke der weitverbreiteten bemalten Tell-Halaf-Keramik kommen aus Tell Arpachije, in der Nähe von Mossul.

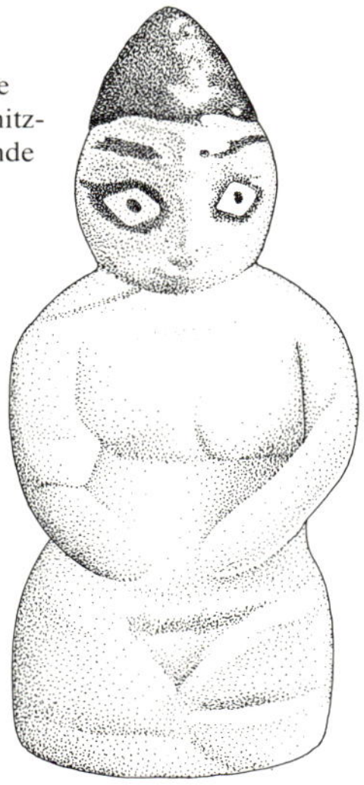

Kleine Alabaster-Statue mit Einlegearbeiten

Samarra-Schale

Mehrfarbige Keramikplatte, Tell-Halaf-Periode, Arpachije

Ägypten

Die späten Jäger waren wahrscheinlich die Urheber der Felszeichnungen von Elefanten, Antilopen, Schafen und vielen anderen wilden Tieren im Oberen Niltal. Diese Zeichnungen sind meist etwas grob, einige zeigen nur Umrisse, andere sind versenkte Reliefs.

Felszeichnungen von Tieren, die als Nahrung dienten, Hôsh

Östliches Mittelmeerbecken

Die zahlreichen Kultschreine zwischen den Häusern von Çatal Hüyük sind die ältesten religiösen Bauten, die vollständig mit Kunstwerken ausgekleidet sind. Die Wandgestaltung besteht sowohl aus Malereien als auch aus Gips-Reliefs. Sie zeigen Jagdszenen und kultische Handlungen, man erkennt z. B. Stiere und Totengeier. Ein Bild der Stadt mit einem tätigen Vulkan im Hintergrund gilt als das älteste bekannte Landschaftsgemälde. Auf einigen Wänden findet man Stierköpfe, in die echte Hörner und Stirnknochen eingearbeitet sind. Andere Gipsreliefs zeigen die Muttergöttin, Reihen von Brüsten und in einem Fall kämpfende Leoparden. Die schönste dieser Darstellungen zeigt die Göttin sitzend zwischen zwei Leoparden, während sie ein Kind zur Welt bringt. Andere Szenen zeigen, wie sie einen Stier oder einen Widder gebiert. Die Vielfalt der Themen, Stilarten und Techniken ist außergewöhnlich.

»Der Jäger«, Wandmalerei, Çatal Hüyük, Türkei

Wandmalerei eines Vulkanausbruchs, Çatal Hüyük, Türkei

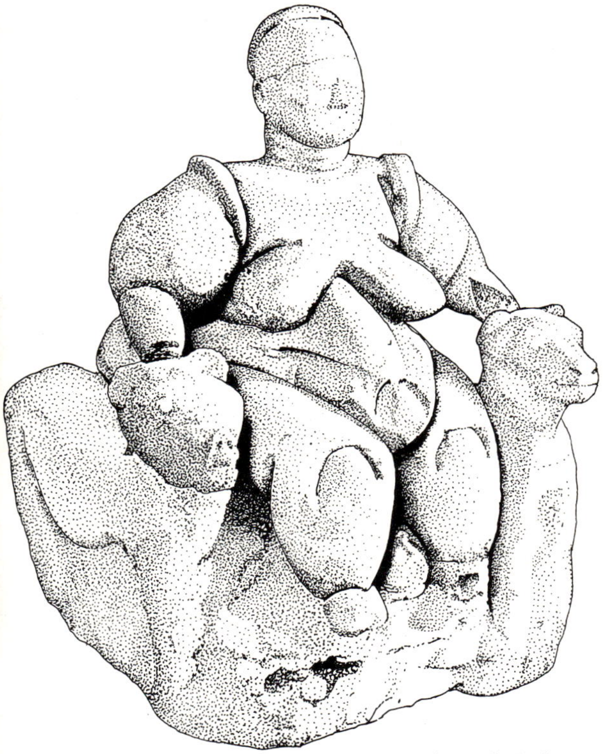

Ton-Figürchen einer gebärenden Göttin, Çatal Hüyük, Türkei

Westlicher Mittelmeerraum
Die Felszeichnungen von Ostspanien zeigen Szenen aus dem Alltagsleben der Jäger und ihrer Frauen. In den vielen Jagdszenen schießen die Männer häufig mit Pfeil und Bogen. Die dargestellten Tiere sind Rotwild ebenso wie Keiler, Steinböcke, wilde Ziegen und Rinder. Vom Stil her hat diese Kunst viel mit den späteren Zeichnungen der Buschmänner in Südafrika gemein.

Felszeichnung einer Jagdszene, Castellón, Spanien

Iran – Indien
Unter den vielen Göttinnen-Figuren aus den frühen Ackerbau-Dörfern an den Hängen des Zagros fallen insbesondere zwei Figürchen aus Tepe Sarab auf. Sie haben riesige Brüste und Schenkel. Die Bewohner dieses Dorfes stellten auch lebendig wirkende Figuren von Keilern her, auf die sie dann einstachen: wahrscheinlich ein Jagdritual.

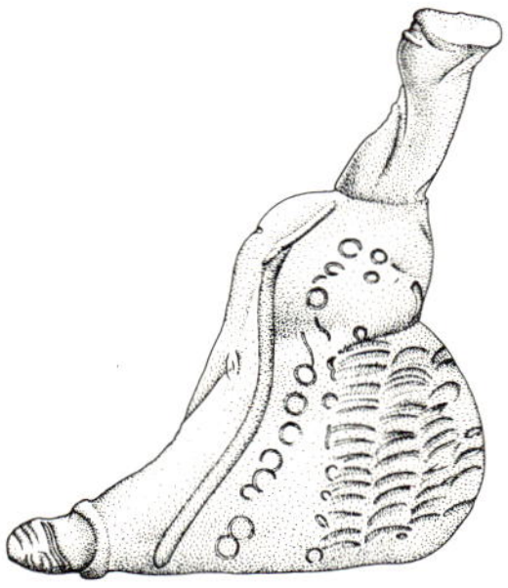

»Muttergöttin«, Ton, Tepe Sarab, Iran

Ferner Osten
Die Japaner begannen mit einfachen Töpferarbeiten; feine plastische Verzierungen wurden allerdings erst nach 5000 v. Chr. entwickelt. Bis jetzt gibt es noch keine Beweise dafür, daß die Chinesen vor dieser Zeit schon Keramikgefäße bemalten.

Nord-, Mittel- und Südamerika (Altamerika)
Aus diesem Zeitraum sind keinerlei Gegenstände bekannt, die man als Kunstwerk einstufen könnte.

Rotwild-Jagdszene, Çatal Hüyük, Türkei

Europäisches Festland (Alteuropa)
Unter den Tieren, die von den Jäger-Fischern des mesolithischen Dänemark in Bernstein geschnitzt wurden, befinden sich ein Vogel, ein Bär und ein Elchkopf. Die Gesellschaft der Fischer von Lepenski Vir an der Donau schnitzte groteske menschliche Gestalten und Köpfe in Stein.

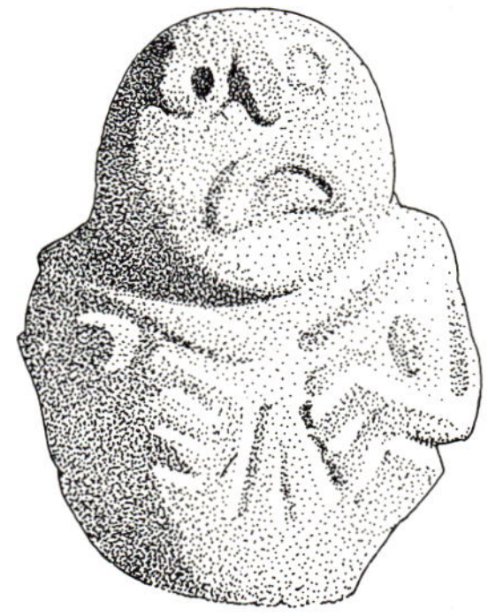

Geschnitzter Kopf, Jugoslawien

In Bernstein geschnitzte Tierfiguren, Dänemark

Region	Wirtschaft	Zentren	Ereignisse / Entwicklungen	Persönlichkeiten
Mesopotamien 	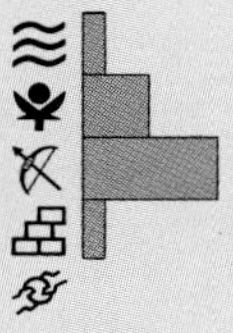	Jarmo Umm Dabagija Tell Halaf Al-Ubaid Eridu	Entwicklung und Ausbreitung früher Landwirtschaftsformen in den nördlichen Vorbergen um 7000–6000. Erste Besiedlung der Ebene Obermesopotamiens um 6000; erste Besiedlung Untermesopotamiens (Sumers) im 6. Jahrtausend.	
Ägypten / Afrika 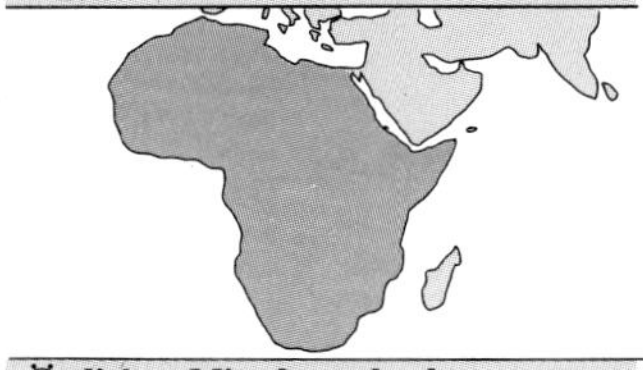	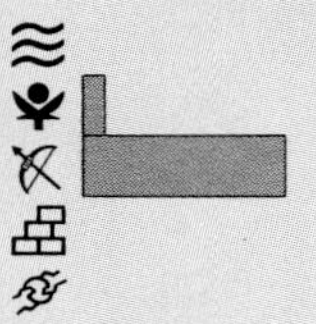	Hammamije Al-Badari	Spärliche Jäger- und Fischerbevölkerung vom Nildelta bis zum 2. Katarakt. Erste Bauern um 5500.	
Östliches Mittelmeerbecken 	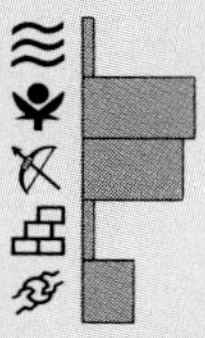	Jericho Hacilar Çatal Hüyük Chirokitia Knossos	Die Levante und Anatolien waren ab 8000 wegweisend, was Misch-Landwirtschaft und (noch sporadisch) städtische Siedlungsform angeht. In Griechenland und auf Kreta siedeln sich Bauern um 6000 an. Obsidianhandel.	
Westlicher Mittelmeerraum 	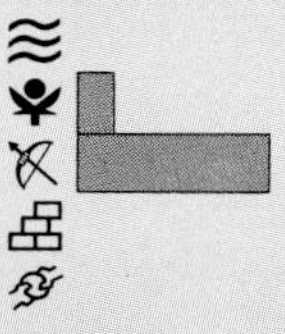	Praia a Mare Castellón Châteauneuf-les-Martigues	Weiterhin Jäger- und Sammlerwirtschaft, bis sich um 6000 die ersten Bauern in Italien, Südfrankreich und auf der Iberischen Halbinsel niederlassen. Im Hinterland bleiben nach wie vor Jägergruppen bestehen.	
Europäisches Festland (Alteuropa) 		Tardenaois Star Carr Mullerup	Ausbreitung der Wälder. Nach wie vor Jäger-Lebensform, doch zur Jagd kommen mehr und mehr Fischfang sowie Vogelstellerei hinzu. Der Meeresspiegel steigt. Um 6000 wird Britannien vom Kontinent getrennt.	
Iran – Indien 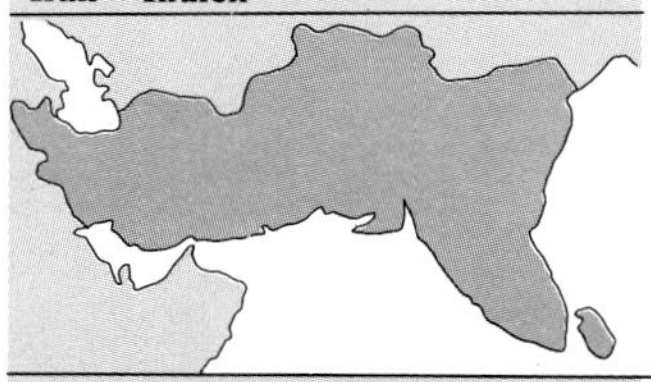	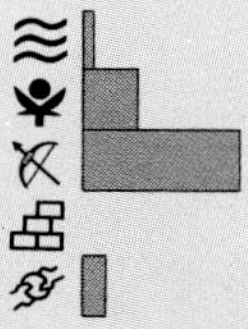	Ali Kosh Tepe Ganj Dareh	Sehr frühe Ausbreitung von Bauern, vorwiegend Schafzüchtern, im Zagrosgebiet. In Indien weiterhin Jäger und Nahrungssammler.	
Ferner Osten 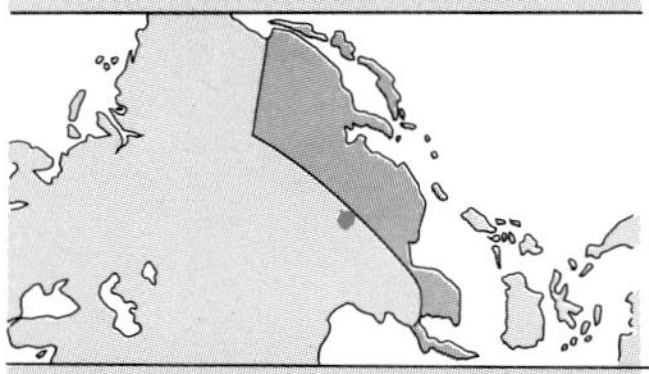		Zahlreiche Stätten, keine besonders herausragend.	Weiterhin Jagd, Fischfang und Sammeln von Nahrung. Küstenbewohner in Japan. Möglicherweise schon vor 5000 etwas Landwirtschaft in Nordchina.	
Nord-, Mittel- und Südamerika (Altamerika) 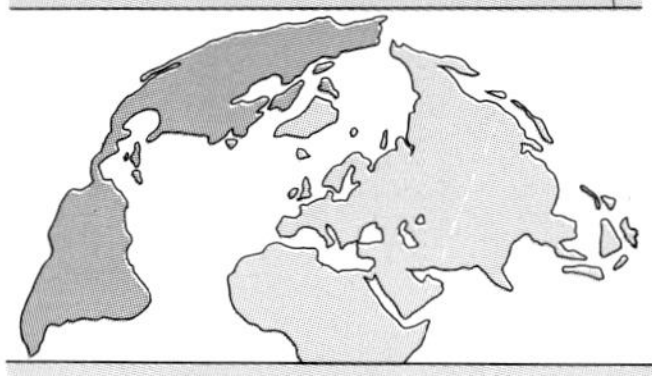		El Riego Coxcatlan Cochise	Außer auf den nordamerikanischen »Plains« stirbt die Großwildjagd aus. An ihre Stelle treten Kleintierjagd und Nahrungsmittelsammeln. Um 6000 Beginn des Pflanzenanbaus in Mexiko.	

Die Symbole und Balken in den Feldern der Wirtschafts-Spalte geben an, in welchem Verhältnis folgende Faktoren zueinander stehen: Bewässerungsfeldbau ≈ Landwirtschaft Jagd Städtische Lebensform Handel

Religion	Technologie und Erfindungen	Bauweise	Kunst
Fruchtbarkeitskulte mit weiblichen Kleinfiguren und Phalloi. Tote erhalten Grabbeigaben. Gelegentl. Rotockerbestattungen.	Domestizierte Schafe und Ziegen, Gerste und Weizen. Bewässerungsfeldbau im späten 6. Jahrtausend. Keramik um 6000. Brennöfen. Luftgetrocknete Schlammziegel, künstliche Schmuckperlen aus Kupfer.	Kleine, rechteckige Häuser aus Stampferde oder Lehmplatten. Luftgetrocknete Schlammziegel nach 5500. Kultschreine.	Bemalte Tonfigürchen.
Unbekannt	Aus altsteinzeitlichen Traditionen abgeleitete Feuersteinwerkzeuge. Grobe Keramik ab 5500.	Dürftige Hütten aus Mattenwerk und Schilf.	Felsritzungen mit Tierdarstellungen?
Schädelkult (Ahnenkult?). Sehr entwickelter Kult der Muttergöttin als »Herrin der Tiere«. Totenkult (»Geierzeremonie« [?] u. and. Riten in Çatal Hüyük).	Kleine Feuerstein- und Obsidian-Werkzeuge, darunter auch Sichelklingen. Geschliffene Steinbeile und -bohrer, Steingefäße. Keramik ab etwa 6500. Textilien, Obsidianspiegel. Künstliche Schmuck-»Perlen« aus Kupfer, Anfänge des Kupferschmelzens.	Steinerne Stadtmauern und Türme (Jericho). Rundhäuser in der Levante (um 8000), von Rechteckhäusern gefolgt. Zweistöckige Stadthäuser. Große Kultschreine.	Gegenständliche Wandmalereien und -reliefs. Steinskulpturen (vollplastisch und in Relief). Keramik-Kleinfiguren. Im 6. Jahrtausend bemalte Tonware.
Weiterhin Jagdkulte und Jagdzauber. Nur spärliche Belege für die Anfänge der Landwirtschaft. Bestattungen mit Grabbeigaben.	Kleine Feuersteingeräte und -waffen, einschließlich Pfeil und Bogen. Keramik nach 6000. Geschliffene Steinwerkzeuge tauchen auf. Handmühlen, Sicheln.	Höhlenwohnungen nach wie vor weitverbreitet.	Felsmalereien und -zeichnungen. Bemalte Kiesel. Impressokeramik.
Weiterhin Jagdkulte? Tote mit Grabbeigaben bestattet. Gelegentlich Rotockerbestattungen.	Kleine Feuersteingeräte und -waffen. Schwere Baumfälleräxte aus Feuersteinabschlägen. Harpunen aus Geweih; Angelhaken, Netze und Fallen. Pfeil und Bogen.	Dürftige Hütten, oft mit eingetieften Böden. Lagerplätze mit vier oder mehr derartigen Behausungen.	Älteste Felsbilder Skandinaviens mit Tierdarstellungen. Rundplastische Tier-Kleinskulpturen in Bernstein und Stein. Frühe geometrische Ritzungen.
Gewisse Anhaltspunkte für einen Muttergöttin- und Tierkult. Durchbohrte Kleinfiguren von Ebern lassen Jagdzauber vermuten.	Weiterhin kleine Feuersteingeräte. Einige geschliffene Steinbeile. Mörser und Handmühlen. Älteste bekannte Keramik 7000. Steinerne Näpfe. Luftgetrocknete Schlammziegel.	Kleine, rechteckige Häuser aus Lehmplatten. Ab 7000 größere Häuser aus luftgetrockneten Schlammziegeln.	Kleine, figürliche Darstellungen von Frauen und Tieren.
Unbekannt	Kleine Steingeräte in China und Japan. Im 6. Jahrtausend Keramik in Japan und Thailand?	Unbekannt	Unbekannt
Unbekannt	»Gedengelte« Feuerstein-Geschoßspitzen. Speerschleuder (*Atlatl*). Mörser und Stößel. Primitive Reibsteine. Korbgeflechte. Textilien aus handgeflochtenem Fasergewebe.	Nur zeitweilig bewohnte Hütten, Zelte.	Unbekannt

5000 bis 3000 v. Chr.

Haupterrungenschaft dieser Periode war fraglos der Beginn menschlicher Hochkultur – gekennzeichnet durch die Kulturtechnik des Lebens und Schreibens. Ein Zusammentreffen gesellschaftlicher, religiöser, technologischer und wirtschaftlicher Fortschritte führte diese »Zivilisation« herbei, die echtes urbanes Leben und verschiedene Formen zentraler Verwaltung entstehen ließ. Obwohl es schon in einigen frühen Zentren von Ackerbau und Viehzucht wirkliche Städte gab, besonders im südiranischen Zagrosgebiet, war doch erst in den letzten zwei bis drei Jahrhunderten des 4. Jahrtausends (und nur in Mesopotamien und Ägypten) der Umschwung »revolutionär« genug, daß man von etwas ganz Neuem sprechen kann. Wie wir sehen werden, war Sumer bahnbrechend, was die Entwicklung von Städten und die Entwicklung der Schrift angeht, doch Ägypten zog mit einem großen Sprung nach, sobald die Gottkönige der 1. Dynastie das Reich geeinigt hatten. Am Ende der Periode hatten die Bewohner beider Stromtäler die Hochkultur-Stufe erreicht, wenn auch unter Ausbildung unterschiedlicher sozialer und politischer Formen. Gemeinsam war beiden freilich die totale Durchdringung der Kultur mit religiösen Lebens- und Weltanschauungen.

Andere historische Ereignisse lagen weitgehend auf Wegen, die schon in der Periode vorher eingeschlagen wurden: Landwirtschaft drang weiter nach West- und Nordeuropa, desgleichen ostwärts bis in Gebiete Indiens und Chinas.

In Europa begannen einige der von der Neolithischen Revolution »eingeholten« Völkerschaften unter Einsatz ihrer zunehmenden Bevölkerung und ihrer sozialen Organisation eine noch ungefüge, aber monumentale Architekturform zu schaffen: *Megalithische Gräber* (»Großstein-Gräber«). Auch zu anderen Zeiten und anderswo stellten schriftlose Gesellschaften alle verfügbaren Energien in den Dienst schöpferischen »Größenwahns« – das eindrucksvollste Beispiel ist die Osterinsel –, doch wurde dies nicht zur Regel. Wenn auf die Radiokarbondaten Verlaß ist, wurden die ersten der Megalithgräber ab 4500 v. Chr. errichtet, als in Sumer die ersten tempelüberragten Städte entstanden und Sumer die Führung in der Alten Welt übernahm. Doch ihren Höhepunkt erreichte die Megalithbauweise erst gegen Ende des 4. Jahrtausends, als der erste Herrscher (und damit der erste Mensch überhaupt), dessen Name überliefert ist, Ägypten einigte, und als auf Malta die ältesten, architektonisch noch primitiven Tempel entstanden.

Der raschen Entwicklung zur Hochkultur hin entsprach der technische Fortschritt. In der Periode zuvor betrafen Erfindungen den »privaten« Bereich und dienten dazu, dem Bauern das Leben zu erleichtern, nun betrafen sie hauptsächlich das Transportwesen, die Kommunikation und die Organisation des Handels sowie Verbesserungen der Produktion für vergleichsweise hohe Bevölkerungszahlen.

In den entwickelteren Gebieten Eurasiens fällt diese Periode etwa mit der *Kupferzeit* zusammen, die man bisweilen auch *Chalkolithikum* (»Kupfersteinzeit«) nennt, um die Tatsache zu unterstreichen, daß weiterhin Stein das Material für viele Geräte blieb. Diese Periode ist nicht sehr klar umrissen, doch ihr Name soll auf die Entwicklung der Metallurgie hinweisen, die eine der technischen Grundlagen der Hochkultur und gleichzeitig ein mächtiger Ansporn für den Handel werden sollte. Schon im letzten Kapitel war wiederholt davon die Rede, daß Bauern in Anatolien und anderen Hochländern winzige Werkzeuge, »Perlen« und andere Kleinigkeiten aus gediegenem Kupfer anfertigten. Außerdem gibt es Beweise dafür, daß man in kleinerem Umfang Metall aus Erz zu gewinnen begann. Im 5. Jahrtausend v. Chr. setzte sich die Metallgewinnung aus Erzen durch, und man goß in offenen Formen Beile und Klingen von einer gewissen Größe. Die Leute, die Mesopotamien besiedelten, besonders die Tell-Halaf-Leute im Norden, brachten schon Kenntnisse der Kupferverarbeitung mit und unterhielten des Erzbedarfs wegen Kontakte mit den Bergländern. Vermutlich hing die Verbesserung der Schmelztechnik mit der Entwicklung besserer Öfen für den Brand feiner, bemalter Keramik zusammen, oder vielleicht lernte man ganz allgemein, Hitze besser zu nutzen. Gegen Ende des Jahrtausends muß es speziell Kupferschmiede gegeben haben, denen ihr Umgang mit Öfen, Tiegeln, Formen und ihre Fähigkeit, aus stumpfen Erzen schimmerndes Metall zu gewinnen, etwas von jenem Nimbus verlieh, der auch später noch Schmiede meist umgab.

Was die beiden großen Stromtal-Kulturen angeht, steht außer Zweifel, daß Mesopotamien bei der Kupferproduktion in Führung lag. Und obwohl

Frauenkopf aus weißem Marmor, Uruk, Mesopotamien. Der Kopf gehörte vielleicht zu einer Figur aus Holz, und die Augen hatten wahrscheinlich farbige Einlagen, ebenso wie der Mund und die Wangen bemalt waren. (Frühsumerisch, um 3200/3000.)

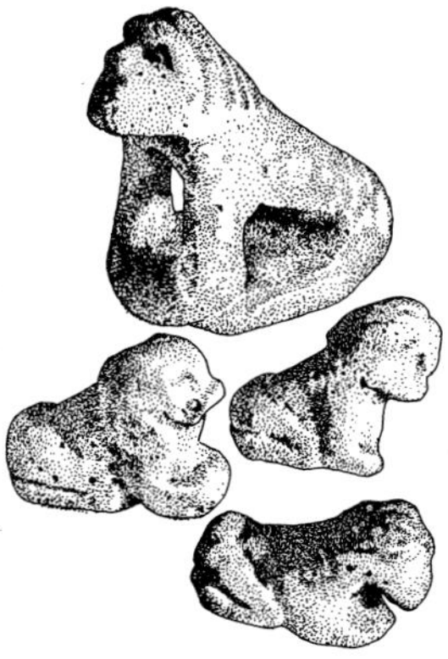

Fayence-Figürchen von kriechenden oder sich niederwerfenden Menschen der frühen 1. Dynastie, Ägypten.

diese schon eine gute Zeit vor 4000 v. Chr. nach und nach in Ägypten eingeführt wurde, sind die Gelehrten sich doch einig, daß die dort angewendeten Techniken aus Asien stammten. Zwar verfügten die Ägypter über reiche Kupfererzvorkommen auf Sinai, doch beuteten sie diese in vordynastischer Zeit kaum aus, sondern blieben lieber bei ihren Feuersteinwerkzeugen. Doch überraschender noch: Die Ägypter waren auch Lehrlinge, was die Kunst der Fayence-Herstellung angeht, die auf der Herstellung einer Blei-Glas-Glasur (später Zinn-Glas-Glasur) beruhte. Es handelt sich dabei um eine mesopotamische Erfindung aus der Zeit um 4500 v. Chr., die erst kurz vor 3000 v. Chr. am Nil bekannt wurde. Dann freilich übernahmen die Ägypter die türkisblaue Glasur mit solcher Begeisterung, daß man von »ägyptischer Fayence« sprechen konnte, aus der in den Museen aller Länder Tausende von »Perlen«, Menschenfigürchen, Flußpferdchen und Skarabäen bestehen.

Zwei miteinander zusammenhängende Erfindungen, die höchstwahrscheinlich dem 4. Jahrtausend entstammen, waren das hölzerne Scheibenrad und die Töpferscheibe. Beide scheinen aus Mesopotamien zu kommen. Um 3400 v. Chr. taucht das Scheibenrad als Bildschrift-Zeichen auf, und auf der Scheibe gefertigte Töpferware stammt etwa aus derselben Zeit.

Und obwohl schon zuvor Boote stark genug waren, Tiere zu befördern, waren es doch Paddelboote. Erst jetzt begann man echte, rudergetriebene, seegängige Schiffe zu bauen und erfand auch ein einfaches, quadratisches Segel. Wahrscheinlich leisteten die Ägypter zusammen mit den Levantinern diesen Beitrag zum Seehandel (insbesondere mit den Bewohnern von Byblos, in deren Händen später ein weitverzweigter Handel mit Zedern- und Pinienholz lag). Die Ägypter hatten ein Motiv, den Wind zu nutzen: der im Niltal vorherrschende starke Nordwind ermöglichte es ihnen, gegen den Strom anzusegeln. Masten für diesen Zweck ließen sich sogar auf einfachen Schilfbooten anbringen.

Die wichtigste zukunftweisende Errungenschaft der Mesopotamier aber war ganz anderer Art, und sie setzte sich Schritt für Schritt durch: Die Schrift. Mitte des 4. Jahrtausends war die Verwaltung der Tempelgüter und ihrer Erträge (in Form von Getreide, Vieh und anderen Naturalien) so kompliziert geworden, daß es einer Art von Buchführung bedurfte. Zuerst benutzte man Bildzeichen der Objekte, um die es ging. Die entscheidende Wende kam, als man begriff: Ein Zeichen konnte einen Laut ausdrücken. Damit begann die Lautschrift. Gleichzeitig benutzte man Ideogramme. So konnte zum Beispiel eine Scheibe nicht nur »Sonne«, sondern gleichzeitig »Zeitraum«, »Tag« bedeuten. Mit der Entwicklung einer Zunft berufsmäßiger Schreiber und Schreiberschulen wurde das aus Laut- und Sinnzeichen kombinierte System auf geradezu erschreckende Weise kompliziert. Das alte, bilderschriftliche Element verschwand fast gänzlich, als man die Zeichen nur noch mit dem Griffel in feuchte Tontäfelchen eindrückte; die Keilschrift entstand. Erst während der nächsten Periode war man schließlich so weit, auf diese Weise auch literarische Werke aufzuzeichnen und die Keilschrift anderen Sprachen anzupassen. Die Zeit davor – die letzten Jahrhunderte des 4. und die ersten des 3. Jahrtausends –, als Schrift zum Medium echter Sprachübermittlung entwickelt wurde, bezeichnet man oft als »protoliterarisches Zeitalter«.

Von besonderem Interesse für uns ist die Stellung, die Ägypten auf dem Wege zur Hochkultur mit Schriftkenntnissen einnahm. Fast zweifellos waren Mesopotamier (unter denen im Süden Sumerer in Führung lagen) die Initiatoren. Vorwiegend in der alt-sumerischen Stadt Uruk (Warka) gefundene Bilderschrift-Tafeln sind gewöhnlich zwei Jahrhunderte älter als irgendein ägyptisches Schriftzeugnis. Als um 3300 v. Chr. die ägyptische Hieroglyphenschrift einsetzte, war sie bereits eine vollentwickelte Kombination aus Laut- und Ideenschrift. Dies setzt eine ältere Entwicklung in Sumer voraus. Wir wissen, daß es in dieser entscheidenden Phase Kontakte zwischen beiden Ländern gab, und höchstwahrscheinlich übernahmen altägyptische Intellektuelle die Kenntnis der Schrift von den Sumerern. Doch die Ägypter machten daraus etwas ganz anderes. Die altägyptische Bezeichnung für »Schrift« lautet wörtlich »Sprache der Götter«, und hierin drückt sich aus, daß ägyptische Hieroglyphen von Anfang an für Inschriften der Gottkönige und nicht wie die Schriftzeichen der Sumerer für Buchhaltungszwecke bestimmt waren.

Eines der bewunderungswürdigsten und bedeutendsten Stücke, das Archäologen je ans Licht brachten, ist eine Schieferpalette aus Hierakonpolis, der alten Hauptstadt des Südens. Auf ihr liest man den Namen des Königs Narmer – den ersten Namen eines Menschen, den wir entziffern können! Wahrscheinlich war Narmer der erste Herrscher der 1. Dynastie. Auch die Namen seiner meisten Nachfolger sind auf Inschriften verzeichnet, dazu ihre wichtigsten Taten, so daß uns plötzlich diese Monarchen näher stehen als ihre Zeitgenossen in Mesopotamien. Bemerkenswerter noch: damals erfanden die Ägypter auch den *Papyrus*. Auf ihm konnte man in einer vereinfachten Kursive mit Pinsel und Tinte schreiben. Damit hatten die Ägypter die Pioniere der Schrift, die Sumerer, überholt. Nur in einem anderen Bereich entwickelte sich noch zwischen 5000 und 3000 v. Chr. Schrift, und das war Elam. Als die Ägypter ihre Hieroglyphen schufen, verfügten die Elamiter über eine seltsame geometrische Schrift eigener Erfindung. Vermutlich war sie unter dem Einfluß der Sumerer, Elams alter Nachbarn und Feinde, entstanden. Später sehen wir, wie ein Land nach dem anderen mehr oder weniger Literatur hervorbringt, bis diese Entwicklung zur Römerzeit Westeuropa erreicht hatte. Doch während der gesamten Bronzezeit von 3000–1000 v. Chr. blieben die unermüdlichen Schreiber der beiden großen Stromtäler die einzigen Literaten, deren Täfelchen, Papyri und Monumentalinschriften unsere einzigen Quellen für Poesie, Erzählungen, Geschichte, Gesetze, Briefe und naturwissenschaftliche Erkenntnisse der damaligen Zeit sind.

Eine weitere Erfindung der damaligen Zeit hing eng mit der des Schreibens, aber auch mit der

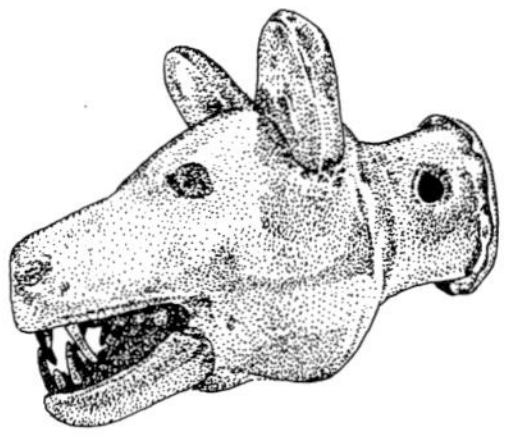

Wolfskopf aus Tepe Gaura, Mesopotamien. Der Kopf besteht aus Elektron, einer bernsteinfarbigen Gold-Silber-Legierung; die Zähne wurden aus Golddraht gefertigt und das Kopfinnere und die Augenhöhlen mit Bitumen (Erdpech) gefüllt. Elektron- und Kupferstiftchen verbinden die einzeln angefertigten Ohren, den Unterkiefer und die Zähne mit dem Kopfstück.

Entwicklung des Handels zusammen: die Herstellung von Siegeln zur Kennzeichnung von Eigentum. Gemusterte Tonstempel gab es schon bei einigen fortschrittlicheren Gruppen früherer Zeit, doch ist nicht sicher, daß sie dem gleichen Zweck dienten. Etwa zur Zeit ihrer ersten Bilderschrift-Experimente begannen die Sumerer auch Tiere oder religiöse Darstellungen in Zylinder aus Lapislazuli oder andere edle Steine zu schneiden. Man konnte sie dann auf Täfelchen abrollen, auf Krugverschlüssen oder tönernen Listen, was dann einzelne oder mehrere Positiv-Abdrücke ergab. Tatsächlich importierten die Ägypter sumerische Siegelzylinder, die in Ägypten weitverbreitet waren, bis sie durch skarabäenförmige Siegelstempel ersetzt wurden, die für Papyri besser geeignet waren.

Immer wieder habe ich auf Zeichen erwachenden menschlichen Selbstbewußtseins hingewiesen. Die rapide Verbreitung der Siegel, die oft bei Inventarlisten Anwendung fanden, zeigen einen neuen Sinn für Eigentum, für Besitz, der sich mit der Hochkultur und dem Ende der Verwandtschaftsgruppen einstellte. Zwischen jenen mehr als 5000 Jahre alten Siegeln und den Petschaften, die an den Uhrketten behäbiger Geschäftsleute des 19. Jahrhunderts baumelten, besteht ein echter innerer, aber auch handwerklicher Zusammenhang.

Ich habe versucht, die Hauptereignisse, aber auch die Haupterrungenschaften zu umreißen, die man in den progressiveren Zentren zwischen 5000 und 3000 v. Chr. machte. Weil die meisten Veränderungen nach 3500 v. Chr. stattfanden, verdient das halbe Jahrtausend danach besondere Aufmerksamkeit. Allerdings muß ich nunmehr zum Anfang zurückkehren und die gesamte Geschichte der Periode skizzieren – dies nicht nur für die Zentren, wo es Fortschritt gab! Tatsächlich lassen sich die Ereignisse dieser beiden Jahrtausende historisch nur schwer deuten. Während sich in der Nordhälfte des Tigris-Euphrat-Tales die *Tell-Halaf-Leute* weitere 500 Jahre ihres Wohlstandes erfreuten, entstanden in der Ebene im Süden rings um Eridu und Ur neue Dörfer. Offenbar hatte man mit der Trockenlegung der Euphratsümpfe und der Anlage von Bewässerungskanälen in kleineren Rahmen schon vor 5000 begonnen. Wenig ist über die hier wohnenden Wegbereiter der ältesten Hochkultur bekannt, außer daß sie den Leuten im oberen Stromtal ganz unähnlich waren, sondern mehr mit deren nördlichen Nachbarn verbunden schienen. Wahrscheinlich kamen sie von dort, vielleicht aus dem iranischen Hochland. Wenn es so war, muß ihnen die Anpassung an die gnadenlose Hitze und die konturlose Weite der Schwemmland-Ebene schwergefallen sein. Zweifellos waren sie Bauern, doch auch Fischfang war für sie von Bedeutung. Diesem Interesse verdanken wir eines der bezeichnendsten Beispiele der Kontinuität zwischen den Dörfern am Anfang der Periode und den Großstädten ihres Endes. Vom ältesten Dorfheiligtum bis zum Haupttempel der historischen Stadt hielt man in Eridu an einer und derselben Kultstätte fest. Fundamente liegen hier im Trümmerhügel über Fundamenten, und zu den Opfergaben in den frühen Kultstätten gehörten Massen von Fischgräten. In historischer Zeit erwies sich dann: Die hier verehrte Gottheit war Enki, der Herr des Süßwassers. Oft stellt man ihn zusammen mit Fischen in Bächen dar, die über seine Schultern herabrieseln.

Gegen 4500 v. Chr. kamen neue Siedler hierher: die sogenannten *el-Obeid-Leute*. Wo sie sich niederließen, sollten schließlich Sumers Großstädte entstehen – einschließlich Ur, wo Woolley ihre Siedlungsspuren unter Flutablagerungen fand. Später breiteten sie sich stromaufwärts aus, verdrängten die Tell-Halaf-Leute und herrschten schließlich als erstes Volk über Gesamtmesopotamien, ja sogar in Syrien sowie in Kilikien (Anatolien) bekam man ihren Einfluß zu spüren. Aus Syrien bezogen sie Holz und aus Iran Kupfer, wovon sie verschwenderisch Gebrauch machten. Außerdem schufen sie ein Seehandelsnetz am Arabischen Golf, und an der Küste Saudiarabiens fand man Niederlassungen von ihnen. Große Mengen von Austernschalen lassen vermuten: die Leute hier suchten nicht nur eßbare Muscheln, sondern offenbar bereits Perlen.

Einen weiteren Traditionsbruch und eine Beschleunigung des kulturellen Fortschritts gab es um 4000 v. Chr. Einige Historiker schreiben diese Veränderungen dem Eintreffen der *Sumerer* auf der Ebene zu, die ihrerseits vielleicht von Norden kamen. Andere nehmen keinen neuen Einwandererzustrom an, sondern betrachten die Sumerer als Mischvolk aus allen prähistorischen Stämmen dieses Gebietes. Tatsächlich läßt die Sprache vermuten, daß damals, als sie Schriftsprache wurde, das sumerische Element eine urtümlichere, vielleicht auf die el-Obeid-Leute zurückgehende Schicht überlagerte. Auch einige semitische Einsprengsel fehlen nicht. Wahrscheinlich gab es damals schon eine Semiten-Infiltration aus den Wüsten im Westen.

Was sich im 4. Jahrtausend in Sumer abspielte, ist einer der bemerkenswertesten Vorgänge der Menschheitsgeschichte. Schon zu Beginn waren alte Siedlungen wie Eridu, Uruk, Ur, Lagasch und Nippur ansehnliche Städte, aber von 3500 v. Chr. an entstanden aus ihnen Metropolen. Unter den Bürgern befanden sich nun zahlreiche spezialisierte Kunsthandwerker – Töpfer, Zimmerleute, Luftziegel-Hersteller, Kupferschmiede und auch hervorragende Bildhauer. Immer mehr Kaufleute importierten Rohstoffe wie Holz, Stein, Kupfererze, aber auch Luxusgüter. Mit seinem rapiden Bevölkerungs- und Handelswachstum, seinem regen geistigen und religiösen Leben wurde Sumer zu einem wichtigen Faktor, dessen Einfluß fast im gesamten Nahen Osten spürbar war. Eine Karawanenstraße längs des Euphrat stellte die Verbindung mit Mari und Brak in Obermesopotamien her, wo man Sumers Tempelarchitektur nachahmte.

Die Städte selbst waren mehr »gewachsen« als planvoll. Winklige Straßen und Gassen mit Schlammziegelbauten umgaben die von prachtvollen Tempeln gekrönten Stadthügel. Die schönsten Tempel kennen wir aus Uruk (dem biblischen Erech). Zu einer riesigen Tempelanlage, die vielleicht schon der Stadtgöttin – der sumerischen Liebesgöttin Inanna – geweiht war, gehörten Pila-

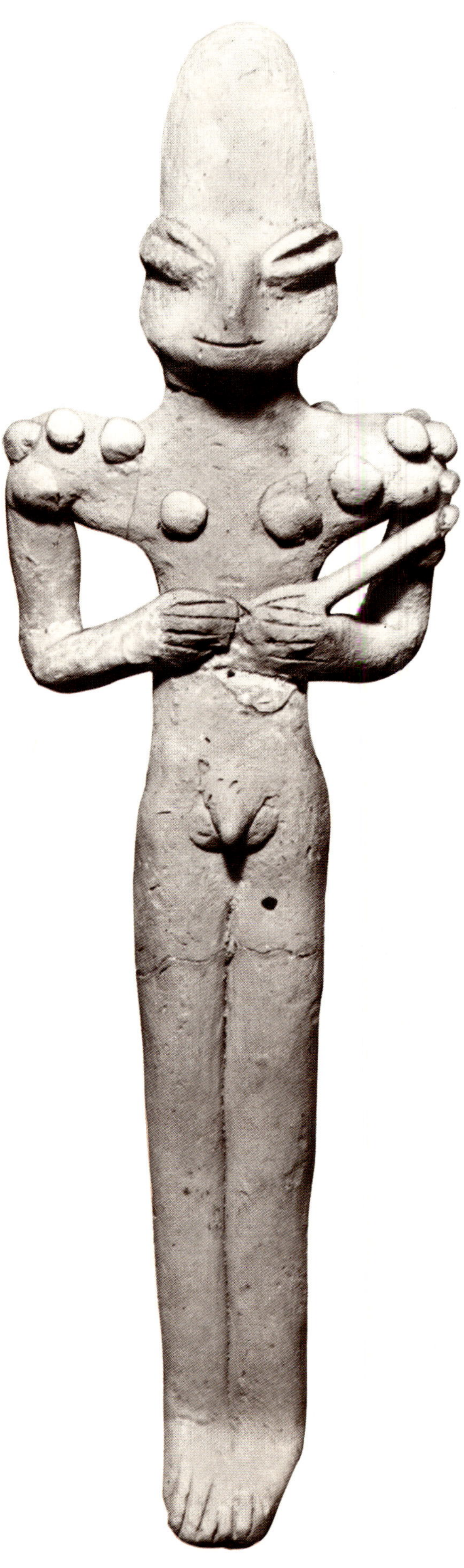

ster und Säulengänge jeder Art. In Stiftmosaik-Technik ausgeführte schwarzweißrote Muster schmückten die Fassade. Einige Tempel – Vorläufer der Zikkurat – erhoben sich auf massiven Plattformen.

Tausende von Bilderschrift-Täfelchen kamen in Uruk zum Vorschein. Außerdem fand man eine schöne, geschnitzte Alabastervase mit Darstellungen nackter Priester, die der Göttin Opfertiere, Früchte, Getreide und Wein brachten. Neben Inanna eine hochgestellte Persönlichkeit mit Schleppenträger. Diese Schriftzeugnisse und Szenen führen uns mitten hinein in die neue Hochkultur, die der zentralistischen Regierungsform so viel verdankte. Es ist nur Zufall, daß man – im Gegensatz zu Altägypten – hier den Beginn der dynastischen Zeit erst ins 3. Jahrtausend verlegt, weil man aus früherer Zeit keine Königsnamen kennt. Doch fraglos entstanden schon während dieser protoliterarischen Phase in Sumer jene Stadtstaaten, deren erste Herrscher mythische Königslisten füllen. Jede Stadt wurde im Namen ihrer männlichen oder weiblichen Schutzgottheit von einer Persönlichkeit mit dem Titel *ensi* (»Großer Mann«) regiert. Ihm wiederum dienten Priester, in deren Händen Kult und Verwaltung der Tempelgüter lagen. Diese Priester-Beamten waren es, die Schriftzeichen benötigten und erfanden.

Jenseits des Tigris entwickelten die *Elamiten* ihre eigene Schrift, und in ihrer Hauptstadt Susa schufen begabte Töpfer eine der schönsten, wenn nicht die schönste Tonware der Welt. Der Osthandel über die Berge hinweg brachte Städten wie Sialk, Hissar und Anau Wohlstand. Kürzlich stellte es sich heraus: Sogar noch in Tepe Jahja im Soghun-Tal, weit im Osten vom Zagros, gab es um 3200 v. Chr. Leute, die die elamische Schrift beherrschten.

Schon lange vorher war vom Iran aus die Landwirtschaft in Nordwestindien eingedrungen, und zwischen den Vorbergen und Bergen Belutschistans, Sinds und Makrans entstanden ortsfeste Dörfer. Es gab also nun Dörfer vom Zab bis ins Industal – kleine Orte, aber von langer Dauer. Manche bestanden noch immer, als in der nächsten Periode die Großstädte der Indus-Kultur aus dem Boden wuchsen. Was man hier an Landwirtschaft trieb, war wohl dem Iran entlehnt, doch auch die Domestikation örtlicher Formen war möglich, denn schon zum Viehbestand dieser frühen Bauern gehörten Zebu-Buckelrinder.

Auch in China gab es nun erstmals voll ausgebildet Ackerbau und Viehzucht, und dies – wenn sich die wenigen Radiokarbondaten bestätigen – schon zu Beginn dieser Periode, also früher als in Indien. Die ersten Bauern bewohnten nur ein sehr begrenztes Gebiet: Das fruchtbare Lößland am Huang Ho und Wei Ho, allerdings breitete sich der Ackerbau dann schon vor 3000 talwärts

Terrakottafigur eines Mannes aus der Al'Ubaid- (Obēd-) Periode, Eridu, Mesopotamien. Die Figur ist mit »Tonknöpfen« dekoriert, und das Gesicht zeigt Reste roter Farbe.

aus. Im Norden, Süden und in Japan dagegen ging das Leben weiter wie bisher. Die Bauern der *Yang Shao-Kultur* standen noch auf einer typisch jungsteinzeitlichen Entwicklungsstufe. Sie hatten kleine, sich selbst versorgende Dörfer und ausschließlich Abschlagsgeräte, zu denen ein paar geschliffene Steinwerkzeuge hinzukamen. Ihre ordentlichen, kräftigen Hütten waren teils rund, teils rechteckig und reetgedeckt mit soliden Pfosten. Böden, Öfen, Behälter und Bänke bestanden aus weißem Ton. Die Bewohner züchteten Hirse und Weizen (noch *keinen* Reis), bevorzugten Schweine, hielten aber auch ein paar Schafe und Rinder. Vor allem besaßen sie viele Hunde, die sie vielleicht – wie die Chinesen heute noch – aßen und die in den Dörfern ziemlich viel Lärm gemacht haben müssen. Ihre einzige künstlerische Leistung bestand in schön bemalter Keramik, darunter wundervollen bauchigen Urnen.

Viele Kenner betrachten heute diese Yang Shao-Kultur als Schöpfung Ortsansässiger, denen es mehr oder weniger an Außenkontakten fehlte. Doch immerhin muß man Weizen und wohl auch Zuchtschafe vom Westen übernommen haben, und die bemalte Keramik ist ohne örtliche Vorstufen. Irgendwie, wenn auch nicht in besonderen Details, erinnert sie an bemalte Keramik Westasiens – besonders aus Turkmenien und Iran. So isoliert Yang Shao auch erscheint – als gemäßigte Diffusionistin halte ich eine solche Kombination von Eigenentwicklung und Übernahme für immerhin denkbar. Bemalte Keramik der hier erwähnten Art taucht von Osteuropa bis China in einem ziemlich scharf abgegrenzten Zeitraum zwischen dem 6. und dem frühen 4. Jahrtausend v. Chr. auf. Ist das nicht zu viel des Zufalls?

Damit sind wir dem Einfluß der aufblühenden Hochkultur Mesopotamiens bis an seine Grenzen nachgegangen und haben darüber hinaus die Verbreitung einfacher Landwirtschaft bis nach Indien und China verfolgt. Nun führt uns unser Weg nach Westen zurück, wo wir gegen Ende unserer Periode die erste Herrscherdynastie aufsteigen sehen, über die historische Aufzeichnungen vorliegen. Wie wir sahen, stand auch das Land am Nil vorübergehend unter dem Einfluß Mesopotamiens, doch wegen der enormen Reichtümer dieses riesigen, außergewöhnlichen Tals hatten die *Ägypter* die Sumerer bald eingeholt, ja überflügelt.

Die Altägypter bezeichneten ihr Land stets als »Königreich beider Länder« und liebten es, in einer reichen Symbolsprache die Einheit des Gegensätzlichen zum Ausdruck zu bringen. Unter-

Bemalter Becher aus Susa, Iran (Persien). Ein Fries langhalsiger Wasservögel schmückt den oberen Rand, während darunter die zum Kreis gebogenen Hörner eines Steinbocks ein mehr dekoratives Element einschließen.

Sog. »Szepter« und »Krone«, beide aus einer Kupfer-Arsen-Bronzelegierung (eine der frühesten Legierungen überhaupt), gehörten zu den Hunderten von lange unentdeckten Gegenständen, die in der »Schatzhöhle« im Nahal Mishmar, Israel, gefunden wurden. Das »Szepter« zieren Köpfe von Steinböcken, die »Krone« grobgeformte Vögel und rollenförmige Gebilde.

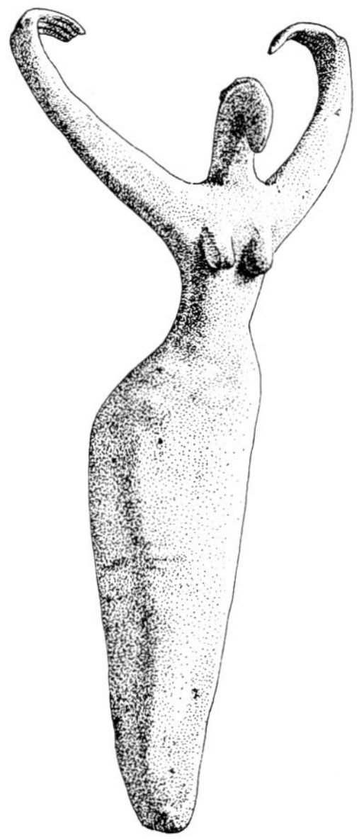

Kleines Figürchen einer Frau aus bemaltem Ton, vielleicht eine Tänzerin. Diese Grabbeigabe wurde in Mammarija gefunden.

ägypten, das Delta, hatte seine Rote Krone, seinen Papyrus, seine Biene und seine Schutzgöttin Uadjet, Oberägypten, diese fast 1000 km Niltal bis zum oberen Nilkatarakt, seine Weiße Krone, sein Schilfrohr und seine Ackerbaugöttin Nechbet. Nun waren erstmals beide Länder unter Herrschern vereinigt, die beide Kronen trugen, und diese Einigung wurde zum immer wiederkehrenden Thema sowohl historischer Aufzeichnungen als auch der Mythologie. Wann immer Pharaonen und Zentralgewalt Schwäche zeigten, drohten beide Länder auseinanderzubrechen, und immer wieder gab es dann Kämpfe, um sie erneut zu einen. Tatsächlich unterschieden sich die Lebensbedingungen Ober- und Unterägyptens in einer ganzen Reihe von Punkten. Im Delta fielen beträchtliche Regenmengen, und im Altertum teilte sich der Nil in eine Vielzahl von Mündungsarmen, die das Land durchschnitten. Bei soviel Wasser gab es Wiesen, Weiden, Gärten, Weinfelder. Doch mehr noch: Unterägypten lag am Mittelmeer. Es war Teil der Mittelmeerwelt. Oberägypten – das waren rund 1000 km fast regenlose, enge Strom-Oase, und den Nil, der alles miteinander verband, säumten nur schmale Schwemmlandstreifen. Alljährlich zwischen Juli und November lagerten Nilüberschwemmungen hier mineralreichen Schlamm aus dem Hochland ab und erneuerten so die Fruchtbarkeit des Bodens. Die Ackerbauern der Frühzeit brauchten nur Samen in den Schlamm zu streuen, um im herrlichen Winter- und Vorfühlingsklima reiche Ernten heranwachsen zu sehen. Ja, zwei Ernten pro Jahr waren keine Seltenheit.

Ich habe bereits darauf hingewiesen: Wie in Sumer begann der Landbau in kleinerem Umfang schon vor 5000 v. Chr. Korn, Vieh und Methoden waren asiatischen Ursprungs. Nur sehr wenig wissen wir von den damaligen Pionieren, aber von 4000 bis 3500 v. Chr. können wir feststellen, wie sich zusammen mit ihrer Kunst und ihrem Handwerk auch ihre Dörfer und Städte entwickeln.

Von dem, was wir anderswo sahen, unterschied sich das Leben dieser früh-vordynastischen Ägypter kaum. Weizen kultivierten sie und Gerste, Schafe hüteten sie, Ziegen, Rinder und im Norden auch Schweine. Außerdem besaßen sie Gänseherden. Sie schätzten den Fischfang und die Vogelstellerei im Schilf, und in den damals noch nicht so ausgedörrten Wadis stellten sie Steinböcken, Gazellen und Hasen nach. Der Nil machte wohl alles ein wenig leichter. Das Leben war friedlicher, beschaulicher als in der grenzenlosen Weite Sumers, und dies trug sicherlich zu einer entspannteren, hoffnungsvolleren und konservativen Weltsicht bei.

Nicht einmal Eleganz fehlte diesen Ägyptern, so bescheiden ihre Behausungen auch waren. Sie webten Leinen, benützten feine Öle zur Körperpflege und zermahlten auf dekorativen Paletten Malachit zu Lidschattenpuder. Ihr Land war in Gaue unterteilt, und fraglos fehlte es den Häuptlingen oder »Gaukönigen« und ihren Frauen, die im Land herrschten, nicht an Würde. Je besser das Land bewässert und je ertragreicher es war, desto rascher wuchsen Bevölkerung und Siedlungen.

Doch wenn man um 3500 v. Chr. als Reisender aus Sumer nach Ägypten gekommen wäre, hätte man Ägypten wohl als vergleichsweise rückständig empfunden. Statt der Städte gab es meist nur Ansammlungen von Hütten, statt monumentaler Tempel nur bescheidene Schreine, mit der Metallurgie war es nicht weit her, und auch spezialisierte Kunsthandwerker waren dünn gesät. Grundlage der gesellschaftlichen Organisation war noch immer der Stamm – und bezeichnend genug: Kein Häuptling konnte sich Schleppe und Schleppenträger leisten!

Nur ein paar Jahrhunderte später war dann alles anders, und Ägypten schickte sich an, Mesopotamien an Glanz, wenn auch nicht an Einfluß, zu übertreffen. Was hatte diesen großen Sprung bewirkt? Alle sind der Auffassung: Es war ein plötzlicher, starker Ansporn, der direkt oder indirekt von der Hochkultur Sumers kam. Er zeigte sich nicht in Siegeln und Schrift, im Stil und in den Motiven der Kunst, sondern beredter noch in der Monumentalarchitektur mit ihren offenkundig sumerischen Zügen. Umstritten ist allerdings, ob diese asiatischen Elemente durch friedliche Infiltration oder von einer »eindringenden dynastischen Rasse« eingeführt wurden, die die Herrschaft über Ägyptens frühere Einwohner an sich riß. Leichenfunden zufolge gab es während dieser spät-prädynastischen Periode einen Zustrom größerer, rundschädligerer Menschen, und es fehlt nicht an als Schlachtdarstellungen deutbaren Kunstwerken.

Gewiß gab es in dieser Ära Zusammenschlüsse von Gauen unter ehrgeizigen Machthabern, bis Ende der Epoche Ober- und Unterägypten als einige, miteinander rivalisierende Königreiche einander gegenüberstanden. Schließlich siegten die Südleute und vereinigten Niltal und -delta unter ihrem Herrscher. Späteren Berichten zufolge hieß der große Einiger *Menes,* doch war dies vielleicht nur der Titel jenes *Narmer,* den die berühmte Narmerpalette auf der einen Seite mit der Weißen, auf der anderen mit der Roten Krone, im übrigen aber als rücksichtslosen Eroberer darstellt. Mit einem Schlag befinden wir uns mitten in der Ära namentlich bekannter Staatsmänner. Als Zugeständnis an beide Reichshälften erbaute Menes-Narmer eine neue Hauptstadt an der Grenze zwischen Niltal und Delta, außerdem scheint es dynastische Heiraten und religiöse Zugeständnisse gegeben zu haben, um die Einheit zu festigen. Ebenso rasch ging der kulturelle Fortschritt. Gold war in Mode, Kupfer verbreitet genug, um für alle Arten von Werkzeugen – einschließlich solchen für Zimmerleute und Tischler – Verwendung zu finden. In den kunstreichen Mastabgräbern von Königen und Königinnen der 1. Dynastie fand man eine Fülle edler Steine und hervorragender Kupfergefäße, man fand Türkise, Lapislazuli und Goldschmuck, Brettspiele aus Elfenbein und genug Wein für alle Ewigkeit.

Teils weil Ägypten trotz allem weniger urban war als Sumer, teils weil es weniger Außenhandel trieb, war Ägyptens Einfluß geringer. Allerdings unterhielten die Ägypter Seehandel mit dem östlichen Mittelmeerraum – einschließlich, wie wir sahen, mit dem *Levantehafen* Byblos. Im allgemeinen aber blieben Syrien und Palästina damals stärker mit dem Norden in Verbindung. Die geographische Lage brachte es mit sich, daß es dort stets eine Mischbevölkerung gab, die Nomadeneinfällen ausgesetzt war. Zu Beginn unserer Periode hausten Bauern und Hirten im Negev am Rande der Sinai-Wüste. In Beerscheba flüchteten sie sich vor der Tageshitze und Nachtkälte in unterirdische Räume und Gänge im Löß.

Dennoch waren diese *Troglodyten* (Höhlenmenschen) alles andere als primitiv. Sie importierten Türkise, Elfenbein und Muscheln für Schmuck, und sie waren tüchtige Kupferschmiede sowie Elfenbeinschnitzer. Ihre Elfenbeinfigürchen dienten wohl einem Fruchtbarkeitskult. Sie gehören zu den bizarrsten, aber auch einzigartigsten Kunstäußerungen ihrer Zeit.

Einen anderen, späteren Lebensstil repräsentieren die *Ghassulier,* die in Palästina weitverbreitet waren. Ihre Siedlungen aus rechteckigen, mit Wandmalereien geschmückten Schlammziegelhäusern auf Steinfundamenten waren der Größe nach schon Städte. Sie scheinen auch öffentliche Hallen und Tempel gehabt zu haben, wenn diese auch, mit den Tempeln Uruks verglichen, von bescheidener Größe waren. In Zeiten irgendwelcher Not wickelte man den Kupferschatz eines dieser so bescheiden aussehenden Tempel in Matten und versteckte ihn in einer Höhle unweit vom Toten Meer (sogenannte »Schatzhöhle« im Nahal Mishmar). Heute sind die wiederaufgefundenen 600 Objekte, darunter eine Krone und viele schöne Szepter, im Jerusalemer Nationalmuseum zu bewundern.

Es blieb nicht aus, daß während der letzten Jahrhunderte des 4. Jahrtausends die Levante vom Reifungsprozeß der Hochkulturen in den großen Flußtälern beeinflußt wurde. Stark war der Einfluß Mesopotamiens in Syrien. Von Norden und Osten her gab es Angriffe – möglicherweise semitischer Völker. Städte begannen aufzublühen. Byblos war wohl die reichste und entwickeltste. Für ihre materiellen Bedürfnisse sorgte der Hafen, für die geistlichen eine Schutzgöttin. Weitere Städte waren Ugarit, Hama und Megiddo, noch immer besiedelt war Jericho, das den Zugang nach Syrien beherrschte. Auch an vielen anderen Punk-

Schminkpalette mit mythologischen Darstellungen und Tieren (Schlangenhalspanther, Hyänenhunde, Steinböcke), aus einem Tempel in Hierakonpolis (oben).

Elfenbeintäfelchen aus Abydos, Ägypten: Ein Pharao der Thinitenzeit streckt einen Feind nieder. Solche Täfelchen können bei der Datierung von Funden helfen, da sie im Bezug zu jahresgenau erfaßbaren Ereignissen einzelner Herrschaften stehen (rechts).

Tonfigur (mit der rechts abgebildeten ein Paar bildend) aus einem Grab in Cernavoda, Rumänien. Beide Figuren wurden in derselben Weise modelliert und mit einem schwarzbraunen Überzug (Engobe) versehen. Beide haben Stummelfüße und schiefe, verkantete Köpfe. Die ziemlich fettleibige Frau sitzt auf dem Boden, die Hände auf das angewinkelte Bein gelegt.

ten, wo Städte entstehen sollten, gab es damals schon Siedlungen. Dennoch hatte die Kultur der Levante damals, aufs Ganze gesehen, etwas Statisches.

Auch in Anatolien gab es in dieser Zwischenphase zwischen den ihrer Zeit so vorausgeeilten Siedlungen Çatal Hüyük und Hacilar und der Bronzezeit mit ihrer Kreativität kaum Unterschiede zu früher. Das Leben der Bauern ging weiter wie bisher, nur nahmen jetzt die Kupferwerkzeuge zu. Viele Gruppen hatten ihre eigene bemalte Keramik, doch im übrigen lagen die Künste danieder. Im Südosten, wo es Kontakte mit Nordmesopotamien und der Levante gab, fanden sich Anzeichen größerer Unternehmungslust. Hier lag die alte Siedlung Mersin mit ihrer bewegten Geschichte. Um 4500 hatten wohl einheimische Anatolier sie stark gegen ihre östlichen Nachbarn befestigt. Die auf Steinfundamenten ruhenden massigen Schlammziegelmauern hatten Fensterschlitze, die den Unterkünften dahinter Licht gaben. Außerdem gab es ein Haus für den Kommandanten. Die Einwohner verfügten über reiche Kupfervorkommen, doch ihre Hauptwaffe war die Schleuder. Bisweilen schreibt man den Mersinern eine kleinere, doch nützliche Erfindung zu: die der Topfhenkel. Um 4350 fiel die alte Zitadelle, und einige Jahrhunderte lang dominierte in der Folge die Macht der Levante und der el-Obeid-Leute Mesopotamiens.

Anderswo gab es an einer Reihe von Punkten Siedlungen, darunter Beycesultan im oberen Mäandertal, die erst im folgenden Jahrtausend wirklich aufblühen sollten. Hier existierte eine ansehnliche Ackerbauernsiedlung, die zusätzlichen Nutzen daraus zog, daß sie eine Furt an der natürlichen Route zwischen Inneranatolien und der Ägäisküste beherrschte. Auch hier waren die Einwohner mit Kupfer wohlversehen. Außerdem gab es hier Schmuckstücke aus Silber und wohl auch Gold.

Auch weiterhin bestanden Verbindungen zwischen Anatolien und Gebieten im Westen, insbesondere aber auf dem Balkan ließ so manche lokale Initiative lebensvolle und erfolgreiche Kulturen entstehen. Daß man auch bisher unbewohnte Inseln besiedelte, macht die Argumente all derer zunichte, die uns einreden möchten, all diese Fortschritte seien »inneren Entwicklungen« und nicht Wanderbewegungen bzw. der Diffusion zuzuschreiben. Tatsächlich erhielten eine Reihe von Inseln der Ägäis – darunter auch die freundlichen Kykladen – während des 5. Jahrtausends erstmals Einwohner, obwohl man auch früher schon nach Melos gefahren war, um dort Obsidian abzubauen. Auch die kleine Festung von Dimini nahe der Küste Thessaliens läßt an eine Invasions-Streitmacht denken. Die Führung lag hier wohl in der Hand einer herrschenden Familie, die in der innersten Umfriedung in einem Haus des Megaron-Typs wohnte. Die Festungsbewohner schufen eine außergewöhnlich reizvolle, mit Spiralen bemalte Keramik, die dann auch von anderen Siedlungen in der Umgebung übernommen wurde. Doch im allgemeinen blieben die Dorfbewohner in Griechenland, auf Kreta und im ägäischen Raum bei ihrer jungsteinzeitlichen Lebensweise. Erst unmittelbar gegen Ende unserer Periode taten sie einen raschen, großen Schritt – den Schritt in die Bronzezeit.

Auf dem Balkan bildeten frühneolithische Bauern, die noch Handelsbeziehungen und andere Kontakte mit Anatolien unterhielten, erfolgreiche, progressive Gruppen, denen wohl die gleiche Dynamik und Risikobereitschaft eigen war wie einem Teil der Anatolier ein Jahrtausend zuvor. Im Süden, in Bulgarien und in großen Teilen Rumäniens bauten sie ihre Schlammziegelhäuser im asiatischen Stil. Weiter nördlich, wo es Holz gab, entstanden Holzhäuser mit Firstbalken und Giebeln, die Wände aber bestanden oft aus Flechtwerk mit Lehmbewurf – eine Bauweise, die in Zentral- und Osteuropa heimisch werden sollte. Viele der betreffenden Dörfer waren bedeutend und dauerhaft genug, um schließlich große Trümmerhügel entstehen zu lassen. Eines der größten: Vinča am Donau-Mittellauf unweit von Belgrad, ein weiteres: Karanovo in Südbulgarien.

Ihre kulturelle Kraft zeigt sich in Technologie und Kunst. Seit 4500 v. Chr. zogen diese so erfolgreich wirtschaftenden Ackerbauern Vorteile aus den überreichen Metallvorkommen und entwickelten eine Kupferindustrie großen Stils. Sie besaßen sogar Material und Können genug, um schwere Beile mit zylindrischen Schaftlöchern zu gießen – wohl die ersten Schaftlochbeile, die es gab. Ihre künstlerische Kraft offenbarte sich in ihrer Keramik. Die asiatische Malerei-Tradition wich strengeren, kraftvolleren Formen, darunter Spiralen und anderen neuartigen Mustern, die der Töpfer in die dunkle Gefäßoberfläche einschnitt. Nordwestlich vom Schwarzen Meer jedoch – in Rumänien und in der Ukraine – zog man sogar noch im 4. Jahrtausend Malerei vor. Hier entstanden einige der verblüffendsten prähistorischen Töpfereierzeugnisse.

Die faszinierendste künstlerische Schöpfung dieser Balkanbewohner aber waren modellierte Tonfiguren. Tiere und Menschen, vor allem Frauen, wurden dargestellt. Fraglos wurzeln diese Figürchen in den alten Kulten der Mutter-Göttin des Mittelmeerraums und Vorderasiens. Manche dieser Darstellungen nehmen sich allerdings schlicht »weltlich« und modern aus. Von der Genialität eines in Ostrumänien wirkenden Künstlers zeugen die hier wiedergegebenen Figuren eines sitzenden Mannes und einer sitzenden Frau. Diese beiden Tonfiguren sind weltberühmt und stammen aus einem Grab (Cernavoda) und hatten ganz sicher religiöse Bedeutung. Zahlreiche schöne, wenn auch stilisierte Kultfiguren schufen die Vinča-Leute, dazu Gefäße in Menschenform. Anderen Gefäßen gaben sie »eulengesichtige« Deckel.

Zwar herrschte auf dem Balkan Wohlstand, doch noch spürbarer wurde die außergewöhnliche Dynamik der damaligen Bauern in ihrer Ausbreitung nach Westen hin. Eines der Völker dieser frühen Zeit entwickelte seine eigene kraftvolle Tradition mit dem Zentrum in Ungarn und den benachbarten Lößgebieten. Seine Lebensweise ähnelte der seiner Nachbarn auf dem Balkan sehr stark, allerdings unterschied es sich wohl in seinen

Die männliche Figur des Paares sitzt auf einem vierbeinigen Schemel (beide aus einem Stück), die Ellbogen auf den Knien aufgestützt. Die Wangenhaut ist von den Händen nach oben geschoben, so daß insgesamt ein nachdenklicher Ausdruck entsteht. Beide Figuren hatten sicher religiöse Bedeutung.

gesellschaftlichen Gepflogenheiten erheblich von ihnen. Man hauste in geräumigen Dörfern aus bis zu 30 m langen, soliden Holzhäusern, die vermutlich eine Großfamilie mit mehreren Eltern- und Kindergruppen beherbergten. Diese Träger der »Donau-Kultur«, wie man sie der Einfachheit halber nennt, breiteten sich längs der zentraleuropäischen Lößgebiete bis nach Nordfrankreich und in die Niederlande aus. In diesem gesamten, riesigen Gebiet waren ihre Landwirtschaft, ihre Art zu wohnen, ihre Sitten, Gebräuche und ihre Keramik so weitgehend identisch, daß selbst der verhärtetste Anti-Diffusionist nicht leugnen kann: hier müssen wir es mit einer ziemlich raschen Ausbreitung eines Bevölkerungselementes zu tun haben. Um ihren Weizen, ihre Gerste und ihre Hülsenfrüchte anzubauen, bedienten sich die »Donau«-Leute wohl des Brandrodungsverfahrens, bei dem sich die Fruchtbarkeit des Bodens rasch erschöpft. Statt jahrelang auf die Erholung des Bodens zu warten, ließen sie sich immer wieder durch Neuland verlocken. Wahrscheinlich erreichten die »Donau«-Leute ihren westlichsten Punkt (unweit der Nordseeküste) schon sehr früh, jedenfalls brachten sie wohl erstmals vollentwickelte Landwirtschaft bis an die Grenzen Westeuropas. Später zersplitterten sie in verschiedene Gruppen, die aber noch jahrhundertelang weiterbestanden. Nicht sehr viel später freilich breitete sich die Landwirtschaft mit dem gleichen Grundbestand an Nutztieren und Getreidearten von den alten Siedlungen an der Mittelmeerküste nach Westen und Nordwesten hin aus. Von hier übernahmen wohl die Jägervölker Dänemarks und Südschwedens erstmals landwirtschaftliche Techniken.

In der Periode zwischen 8000 und 5000 v. Chr. hatte es die erste, spärliche Besiedelung der Küsten Italiens, Südfrankreichs und Ostspaniens gegeben. Nun nahm die Bevölkerung zu, und die Dörfer Süditaliens, Siziliens sowie am Rande der Iberischen Halbinsel wurden zahlreicher, wenn auch im bergigen Hinterland noch immer Jägerstämme an ihrer aufregenderen, unsichereren Lebensweise festhielten. Außerdem wurde nur ein paar Jahrhunderte nach den ersten Donau-Kultur-Dörfern schon die Landwirtschaft nach Norden und Westen getragen. Um 4800 v. Chr. und ein paar Jahrhunderte später kann es bereits wohlorganisierte Gruppen in der Bretagne sowie auf den britischen Inseln gegeben haben.

Diese Ausbreitung der Landwirtschaft von Süden und Südwesten her ist zwar gut durch Radiokarbondaten untermauert, es gibt jedoch Unterschiede gegenüber der Donaukultur und vor allem läßt sich eine ungeheure Vielfalt kultureller Traditionen feststellen. So lebten z. B. die meisten Bewohner Süditaliens in stark befestigten Dörfern oder Gehöften, in Südfrankreich und auf der Iberischen Halbinsel hauste man noch in Höhlen, in der Schweiz und Norditalien aber gab es Seerandsiedlungen mit Pfahlbauten, in Britannien schließlich Ringwälle. Ebenso formenreich waren die Keramik, die Feuersteinarbeiten und die meisten anderen Produkte dieser Völker. Nur hinsichtlich des asiatischen Ursprungs ihrer Hauptnahrungsquellen – Weizen, Gerste, Schafe, Rinder, Schweine – und im gemeinsamen Gebrauch geschliffener Steinwerkzeuge bestand zwischen all diesen Gruppen Übereinstimmung. Außerdem könnte es religiöse, kultische Zusammenhänge gegeben haben. Teils dürfte sich diese Vielfalt damit erklären, daß es in diesem Teil Europas alteingesessene Jägervölker gab, die entscheidenden Anteil an der Schöpfung und Gestaltung neuer Bauernkulturen hatten und eigene Ideen einbrachten.

Obwohl der Handel bescheiden und oft örtlich begrenzt war, blieb er doch bei der Verbreitung hochwertiger Rohstoffe – Obsidian, Feuerstein, harte Ergußgesteine – für den Steinschliff nicht ohne Bedeutung. Hier treffen wir auch die erste westeuropäische »Industrie« im modernen Sinn dieses Wortes an: den Abbau von Feuersteinknollen in den Kreideschichten Englands und Belgiens. Wie es scheint, begann er schon um 4000 v. Chr., obwohl das bekannteste Beispiel, die Minen von Grimes Graves in Ost-Anglia, vielleicht erst in unsere nächste Zeitphase gehört.

Bleiben noch die bekanntesten und außergewöhnlichsten Zeugnisse dieser jungsteinzeitlichen Gruppen: die megalithischen Gräber, Menhire und Steinreihen aus massiven, in der Regel unbehauenen Blöcken. Sie waren weitverbreitet, wo es entsprechende Steine gab, und selbst heute noch gibt es Tausende megalithischer Gräber. Sie alle dienten dem gleichen Zweck: der Kollektivbestattung von Toten, oft mehrere Generationen hindurch. In manchen waren bis zu 100 Tote mit nur bescheidenen Grabbeigaben beigesetzt. Viele der eindrucksvollsten Gräber liegen an der Küste, und man findet sie nicht nur in West-, Nordwest- und Nordeuropa, in Britannien und Irland, sondern sogar auf den weltfernen Hebriden und Orkney-Inseln – für mich ein klares Indiz: Es handelt sich wohl oft um Mausoleen ackerbautreibender Neulandsucher, die sich zu Schiff auf die Landsuche gemacht hatten. Außerdem zweifle ich nicht, daß diese Gräber – trotz aller Varianten vom Dolmen bis zu den ehrfurchtgebietenden Ganggräbern – auf eine gewisse kultische Einheitlichkeit hindeuten. Im Mittelpunkt stand wohl die Vorstellung von der Wiedergeburt durch eine Göttin, deren Symbole man gelegentlich findet. Besonders deutlich machen solch große Ganggräber wie die von Breton Gavr'inis, Hougue Bie in Jersey, die großartige irische Gruppe rings um New Grange sowie Maes Howe auf den fernen Orkneys diese Einheit sichtbar. Außerdem gibt es eine kraftvolle, gemeinsame Symbolik der megalithischen Kunst, die sich besonders in Spiralen-, Bögen- und Schlangenreliefs in der Bretagne und in Irland ausdrückt.

Den Radiokarbondaten zufolge dürften die frühesten Gräber – einige davon in der Bretagne – etwa ab 4500 v. Chr. entstanden sein, als im Orient die Bewohner von Eridu und Uruk begannen, ihre großen Tempel zu bauen. Es handelt sich also um die nach den Bauwerken Alt-Jerichos ältesten bekannten monumentalen Steinbauwerke der Welt. Die meisten allerdings entstanden erst nach 4000 v. Chr., und noch im folgenden Jahrtausend benutzte man sie, wenn man nicht neue erbaute. New Grange entstand erst um 3300

v. Chr., fast gleichzeitig mit den großen, mit Säulen und Kolonnaden geschmückten Tempeln von Uruk.

Etwa ab 3500 v. Chr. kam in Italien und Spanien Kupfer auf. Im kupfererzreichen Südspanien kamen Bauerngruppen zu Wohlstand. Sie wohnten in recht großen Siedlungen, die später befestigt wurden. Eine – Los Millares in Almeria – hat einen Friedhof aus Ganggräbern, von denen die ältesten aus der Zeit vor 3000 v. Chr. stammen dürften. Doch Los Millares und sein Gegenstück in Portugal gehören bereits in die folgende Periode.

In Amerika gab es langsame, aber für die Zukunft nicht unwichtige Fortschritte. In Mexiko, fast genau dort, wo auch die ersten Experimente mit Nahrungsmittelproduktion stattgefunden hatten, verbesserte man die Erträge von Bohnen und Mais erheblich. Man aß jetzt auch gekochte, nicht mehr rohe Speisen. Dennoch machte die Nahrungsmittelproduktion nur einen bescheidenen Anteil der Volksernährung aus – in Teotihuacán hat man ihn z. B. auf ganze 14 Prozent geschätzt. In den andinen Hochlandsbereichen Südamerikas mag es neben Bohnen auch einen gewissen Prozentsatz Puffmais gegeben haben, und man briet auch Meerschweinchen. Außerdem gibt es Hinweise darauf, daß man Lamas als Schlachtvieh hielt.

Erst spät in dieser Periode hielt die Töpferei in Amerika Einzug. Überraschenderweise wurde sie nicht in Mexiko oder Peru, sondern in Küstensiedlungen Ecuadors erfunden.

Fast in ganz Nordamerika blieb man beim Nahrungssammeln und Jagen, doch variierte man die Methoden und verbesserte den Wirkungsgrad. Um 5000 v. Chr. begann man, polierte Steinwerkzeuge zu benutzen, die oft von hervorragender Qualität waren. Die Jäger paßten sich stärker den Bedingungen der östlichen Waldgebiete an, und die Bevölkerung dehnte sich nach Norden aus. Außerdem gab es eine seltsame Sonderentwicklung, die zeigt, wie bereitwillig der Mensch außergewöhnliche Chancen wahrnimmt. Und zwar entdeckten die Jäger und Fischer am Oberen See auf ihrem Gebiet große Mengen gediegenen Kupfers. Sie bauten es ab und stellten durch Kalt- oder Warmhämmern die vielfältigsten Werkzeuge daraus her. So hatte das Gebiet der Großen Seen eine Art »kleine Kupfersteinzeit« im 4. Jahrtausend, obwohl damals auf dem gesamten Kontinent Metall sonst unbekannt war.

In den Hochländern des Südwestens begannen die Nahrungssammler der Cochise-Kultur an der Grenze von Neu Mexiko und Arizona, etwas Mais anzubauen. Mit Sicherheit darf man annehmen, daß sie dies von Bewohnern Mexikos gelernt hatten.

Gut durchgeformte Spiralmuster zeigt der Deck- oder Schlußstein des Ganggrabes von New Grange / Meath, Irland.

Technologie 5000–3000 v. Chr.

In dieser Periode kann die Welt in drei Zonen technologischer Fertigkeiten aufgeteilt werden. Erstens gab es ausgedehnte Gebiete – dazu gehören der größte Teil der amerikanischen Subkontinente, ganz Afrika außer der Sahara sowie ganz Australien – wo die einfachen technologischen Grundlagen der Jagd und der Anbau von Nahrungsmitteln unverändert beibehalten wurden.

Zweitens begannen in drei Regionen – Asien von Nordchina bis Thailand, und zwei kleinen Gebieten in Mexiko und Zentralperu – neue Gruppen den Getreideanbau ebenso zu beherrschen, wie es anderen schon in Südwestasien gelungen war. Sie wählten die jeweils lokal vorhandenen Pflanzen zur Kultivierung: Die Wasserkastanie, sowie Bohnen und Reis in Asien; verschiedene Bohnenarten, Kürbisse und Mais in Amerika. Zu diesen Gebieten sollte man noch den größeren Teil Europas und das Industal hinzuzählen, wo die Nahrungsmittelproduktion von außen eingeführt wurde.

Drittens – und dies ist am interessantesten – gab es Räume in Südosteuropa, Nordafrika und im größten Teil Südwestasiens, wo der Ackerbau schon lange eingeführt worden war. Die frühen Bergdörfer blieben nun technologisch zurück, und wurden in einem erstaunlichen Ausmaß von den neuen Siedlungen in den Ebenen von Sumer und im Niltal überholt. Die Begründung ist einfach – die Kultivation der Ebene forderte ein weit höheres Niveau von sozialer Organisation, handwerklicher Spezialisierung und des Handels, das seinerseits den technologischen Fortschritt anregte.

Dies wird vielleicht am deutlichsten in der Erfindung des Schreibens, einer Fertigkeit, die solange gänzlich unnötig war, bis soziale und ökonomische Komplexität ein wirksames Schriftsystem forderten. Man brauchte nun bessere Transportmöglichkeiten; so wurden mit Rädern ausgestattete Fahrzeuge in Mesopotamien entwickelt und seetüchtige Segelschiffe im östlichen Mittelmeer und wahrscheinlich im Persischen Golf. Die Spezialisierung des Handwerks in den größeren Ansiedlungen regte Fortschritte auf dem Gebiet der Töpferkunst an; der Brennofen des Töpfers sowie das Rad werden beide in diesem Zeitraum entdeckt.

Den bemerkenswertesten Fortschritt, der die weitestreichende Bedeutung für den Handel, die Spezialisierung des Handwerks, die Fertigkeiten in der Holzbearbeitung und für die Wirtschaft im allgemeinen hatte, gab es auf dem Gebiet der Metallurgie. So wurde schon vor 5000 v. Chr. Kupfer sporadisch für Perlen, Nadeln und andere Schmuckstücke verarbeitet. Aber das war nur das Vorspiel zur vollen Nutzung des Metalls, basierend auf der Fähigkeit, in ausreichenden Mengen zu schmelzen und zu gießen, um funktionstüchtige Werkzeuge und Waffen zu produzieren, was anschließend zu Experimenten mit Legierungen und den frühesten Bronzearbeiten führte.

Gebiete von besonderem Interesse
• Zentren

Bat Cave (»Fledermaushöhle«)

OCAMPO

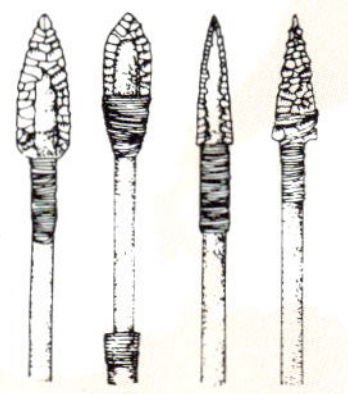

Speerschäfte mit Spitzen

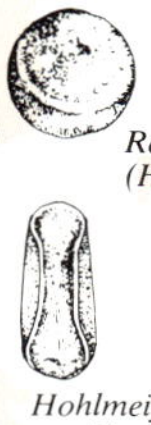

Reibstein (Handmühle)

Hohlmeißel aus Kupfer

Nord-, Mittel- und Südamerika (Altamerika)
Die Jäger entwickelten in dieser Zeit ihre feinen Geschoßspitzen weiter, während die Sammler Geräte wie z. B. eine Art von Reibsteinen oder Handmühlen erfanden. Als man an den Ufern der Großen Seen gediegenes Kupfer entdeckte, das man durch Kalthämmern formen konnte, entwickelte sich eine Produktion von Werkzeugen wie der abgebildete Hohlmeißel.

Fiorano-Keramik

Kelle aus Ton

Bemalte Keramik

Westlicher Mittelmeerraum
Im gesamten Bereich breitet sich eine einfache Ackerbauer-Technologie aus. Die hervorragende Qualität einiger Keramikerzeugnisse (insbesondere im Tavoliere-Gebiet) deutet darauf hin, daß es bereits handwerkliche Spezialisten gegeben haben muß.

WERKSTOFFE (VERGLEICHENDE ÜBERSICHT)

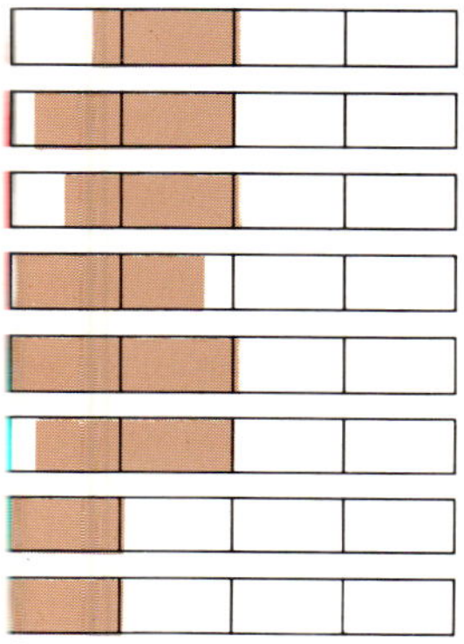

Europäisches Festland (Alteuropa)
In Gebieten ganz unterschiedlichen Landschaftscharakters breitete sich überall zwischen dem Schwarzen Meer und dem Atlantik Landwirtschaft aus. Charakteristische Artefakte waren geschliffene Steinäxte, Querbeile und Sicheln zur Bodenbearbeitung und Feldfruchternte sowie Keramikgefäße zur Aufbewahrung und Zubereitung der Ernteerträge.

Ferner Osten
Grundlage der Siedlungen auf den Inseln Japans blieb die Sammlerwirtschaft. Insbesondere sammelte man hier Muscheln, während sich in Nordchina schon eine frühe Form der Landwirtschaft ausbreitete. In Dörfern, die man ausgrub, fand man Töpferware und Werkzeuge aus geschliffenem Stein

Östliches Mittelmeerbecken
Der wichtigste Beitrag dieses Raumes zum technischen Fortschritt war die Metallver- und -bearbeitung. Man benutzte nun Legierungen aus Kupfer, Silber, Gold und experimentierte mit Bronzen, die sich nach und nach immer besser zur Herstellung von Geräten und Schmuck eigneten.

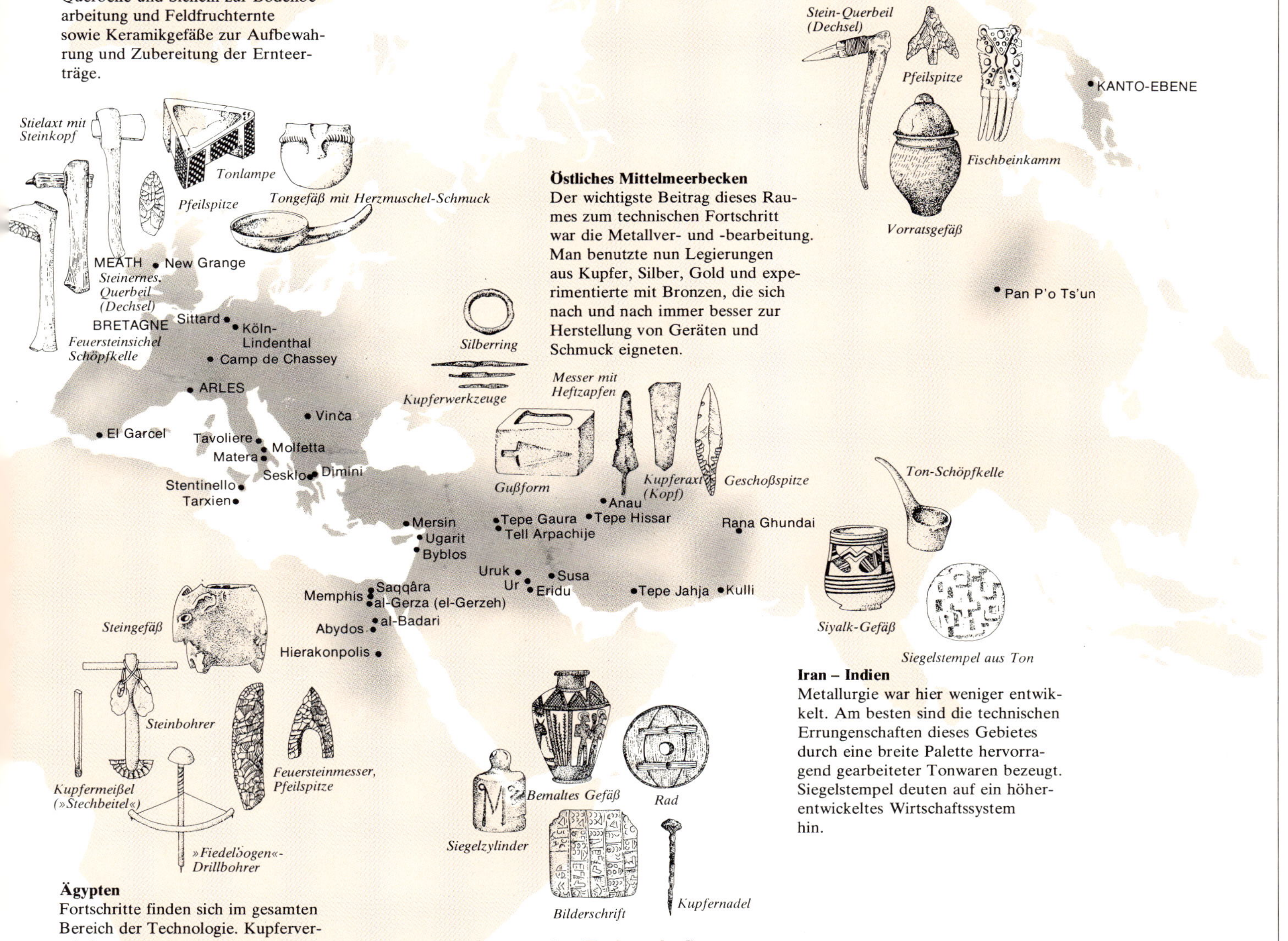

Iran – Indien
Metallurgie war hier weniger entwickelt. Am besten sind die technischen Errungenschaften dieses Gebietes durch eine breite Palette hervorragend gearbeiteter Tonwaren bezeugt. Siegelstempel deuten auf ein höherentwickeltes Wirtschaftssystem hin.

Ägypten
Fortschritte finden sich im gesamten Bereich der Technologie. Kupferverarbeitung, Töpferei, Weberei und Teppichknüpferei blühten, ja sogar die aussterbenden Handwerke der Feuersteinbearbeitung und Steingefäßherstellung empfingen neue Impulse. All dies beruhte auf der wirksamen landwirtschaftlichen Nutzung des Niltals. Zum erstenmal tauchen Hieroglyphen auf.

Mesopotamien (Zweistromland)
Die Ebene der Ströme Euphrat und Tigris begünstigte große Fortschritte der Kupferver- und -bearbeitung sowie die Herstellung ausgezeichneter Töpferware. Außerdem schuf man Siegelzylinder, deren Abdrücke dem Schutz des Eigentums dienten. Die eindrucksvollsten Errungenschaften: Schrift (zunächst als Bilderschrift) und die Erfindung des Rades.

Mesopotamien
Schreiben galt einem ganz speziellen Zweck: der Buchführung der Geschäftsleute. Die frühesten uns bekannten Beispiele datieren aus der Zeit kurz nach 3500 v. Chr. Zahlen gab es wahrscheinlich zuerst, einen Strich für eins, vier Striche für vier, und so weiter. Worte begannen mit Bildzeichen. Viele Begriffe können jedoch nicht in Bildern wiedergegeben werden. So mußten möglicherweise manche Aussagen ähnlich wie ein Bilderrätsel (Rebus) gestaltet werden. Ein Deutzeichnen – ein Symbol, um die Zugehörigkeit des Begriffes zu erklären – konnte hinzugefügt werden. So bedeuteten z. B. ☼ ⚲ »Sonne« und »Sohn«. Schließlich mußte man noch irgendein Lautsystem ersinnen. Obwohl mit der Zeit einige Symbole reine Laute versinnbildlichten, wurden die Bildschriftzeichen nicht ganz aufgegeben. In dieser Zeit trat auch das Rad zum ersten Mal in Erscheinung.

Frühe Keilschrifttafel

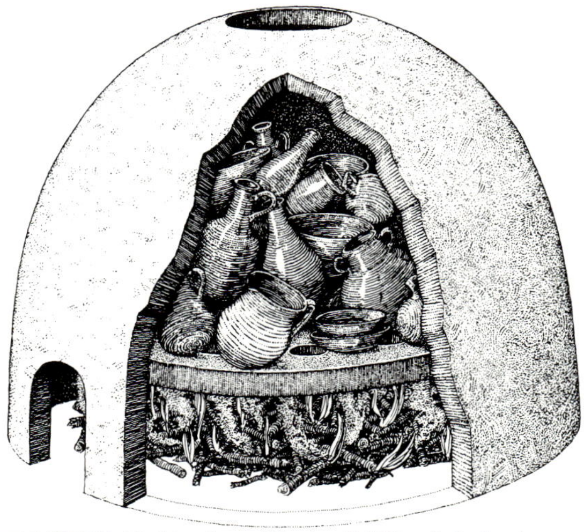
BRENNÖFEN. *Niedrige, kuppelförmige Gebilde mit Bodenplatte und Abzugsöffnung am oberen Ende wurden entwickelt, um zu verhindern, daß die Keramik durch offenes Feuer unbrauchbar wurde.*

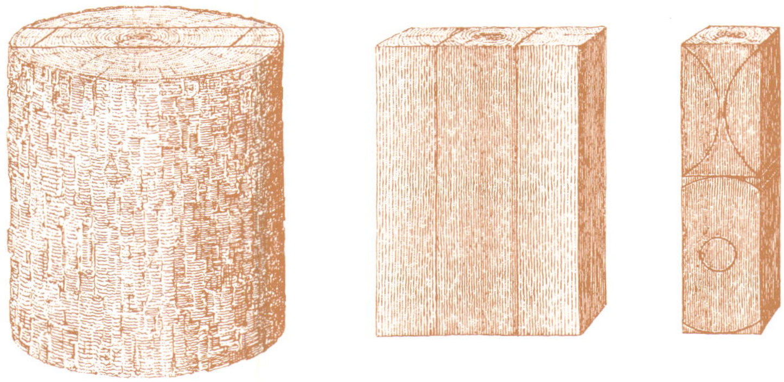

DREITEILIGES RAD. *Die ersten Räder fertigte man aus drei starken Holzsegmenten, die aus einem Brett geschnitten und durch Kreuzstreben verbunden wurden, wobei das Mittelstück am größten war.*

Ägypten
Die Erfindung des Brennofens gestattete, hier wie auch in Mesopotamien, höhere Brenntemperaturen sowie eine bessere Regulierung der Luftzufuhr. Der Töpfer konnte durch Sauerstoffzufuhr gelbe oder rote Ware herstellen oder durch entsprechende Reduzierung graue oder schwarze. Die Entwicklung des Drillbohrers aus dem früheren Bogenbohrer begünstigte eine blühende Industrie feinen Steingutes. Die Gefäße wurden mit Schleifmitteln abgeschmirgelt und mit Sandstein poliert. Auch das Schreiben machte Fortschritte, wahrscheinlich durch mesopotamischen Einfluß.

BRENNÖFEN. *Frühe Brennöfen waren hohe, kaminähnliche Gebilde.*

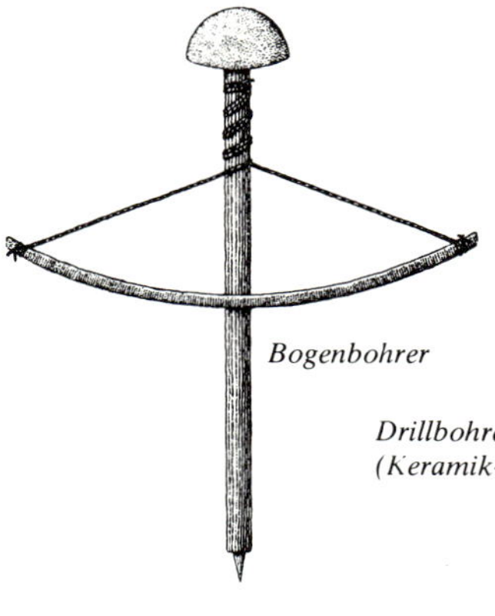
Bogenbohrer

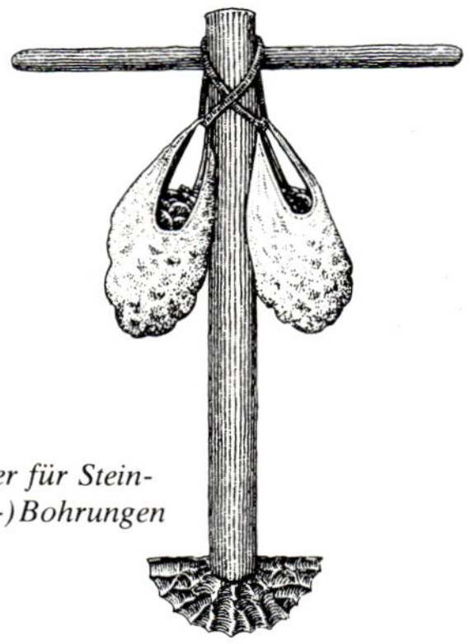
Drillbohrer für Stein-(Keramik-)Bohrungen

HIEROGLYPHEN. *Dieser am Kopf der »Narmer-Tafel« angebrachte »serech« (Rechteck mit symb. Palastdarstellung, am Kopf Namenszeichen) wird »narmer« ausgesprochen. Der Laut für Fisch (Wels) ist »nar«, der für die Keule »mer« (= »Schlagwels«).*

Östliches Mittelmeerbecken
Die Schwierigkeiten bei der Verarbeitung von Kupfer brachten eine Zunahme spezialisierter Handwerker. Das Kupfer mußte zuerst eingeschmolzen und von dem umliegenden Gestein geschieden werden. Man benutzte Blasebälge aus aufgerollten Fellstreifen mit Endstücken aus Keramik, um die Temperatur zu erhöhen. Nachdem das Metall gereinigt und möglicherweise auch legiert worden war, wurde das Kupfer im Tiegel geschmolzen. Dann erhitzte man eine offene, aus Terrakotta modellierte oder eine aus hitzebeständigem Stein geschnitzte Form und füllte sie mit dem flüssigen Metall. Der abgekühlte, erhärtete Gegenstand wurde durch Abschmirgeln geglättet, die Schneide durch Hämmern gehärtet.

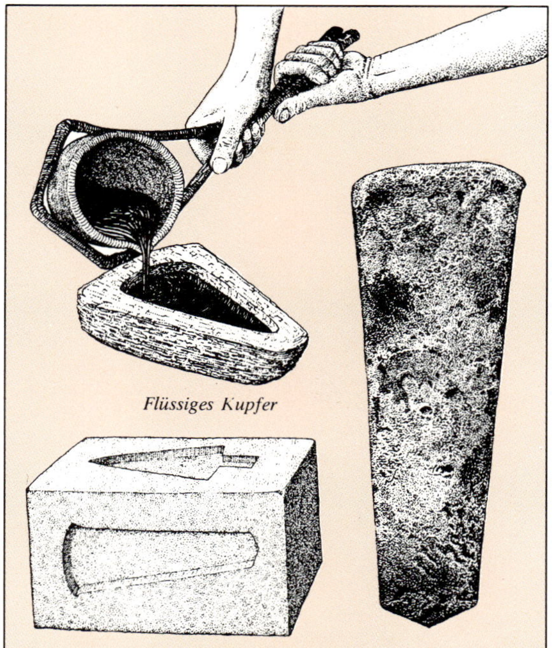

Flüssiges Kupfer

Steinform *Fertiger Kopf eines Kupferbeils*

Westlicher Mittelmeerraum
Keramik wurde aus unterschiedlichen Materialien hergestellt, wenngleich man keine Brennöfen fand. Die Schöpfkelle aus Malta ist dunkel und fleckig, aber sehr hart gebrannt. Sie ist das typische Erzeugnis eines Gelegenheitstöpfers, und man brannte sie in einem offenen Feuer. Die gravierte Schale aus Matera andererseits wurde aus sorgfältig gereinigtem Ton geformt, kräftig bemalt und bei großer Hitze gebrannt.

Rot und lederfarben bemaltes Tongefäß, Matera, Italien

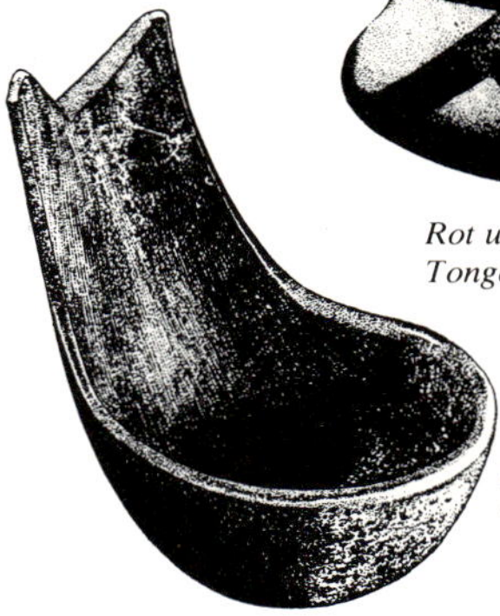

Schöpfkelle mit M-förmigem Griff, Malta

Europäisches Festland (Alteuropa)
Handbemalte und schwach gebrannte Keramik mit den gelegentlich erhaltenen Eindrükken von Weizen- und Gerstenkörnern beweist die Ansiedlung von Bauern, die in diese Gegend gezogen waren. Weitere Hilfe boten die Sichel zum Einbringen der Ernte und das Steinbeil, das man möglicherweise zum Behauen von Holz oder als Hacke verwendete.

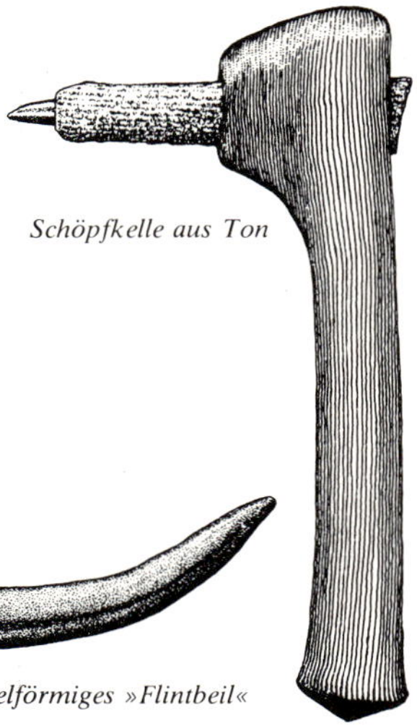

Schöpfkelle aus Ton

Sichelförmiges »Flintbeil«

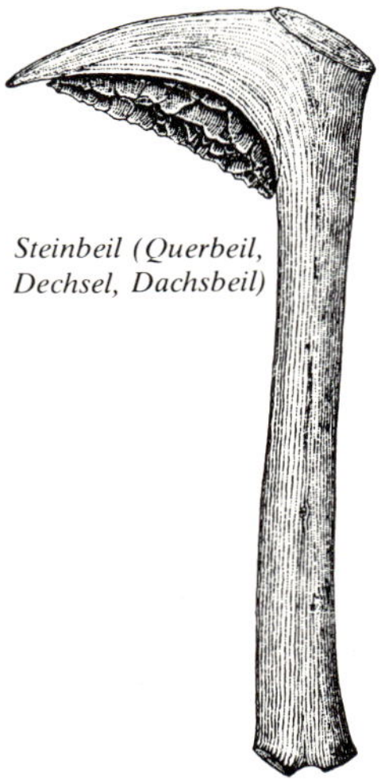

Steinbeil (Querbeil, Dechsel, Dachsbeil)

Iran – Indien
Die weite Verbreitung der bäuerlichen Gemeinschaften brachte Keramik auch in die Hügel oberhalb des Indus. Vom künstlerischen Standpunkt gibt es viel Neues und Interessantes hier, aber technologisch zeigt sich eher die Ausbreitung weiter westlich entwickelter Techniken als ein eigener Fortschritt. Das Siegel macht deutlich, daß sich wirtschaftliche Ideen den verschiedenartigen Gebieten anpaßten.

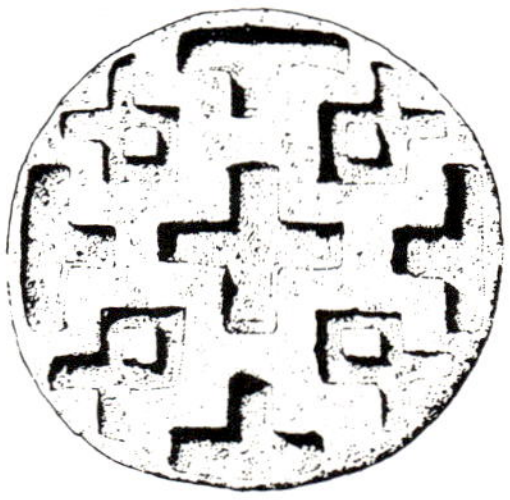

Siegelabdruck in Ton, Quetta-Tal, Indien

Bemalter Topf, Quetta-Tal, Indien

Ferner Osten
Typisch landwirtschaftliche Gegenstände wie den Vorratskrug für Getreide fand man in den Tälern des Gelben Flusses. Das polierte Steinbeil (Querbeil) diente normalerweise Zimmererarbeiten oder als Hacke zum Bearbeiten des Bodens.

Vorratskrug, Pan P'o Ts'un, China

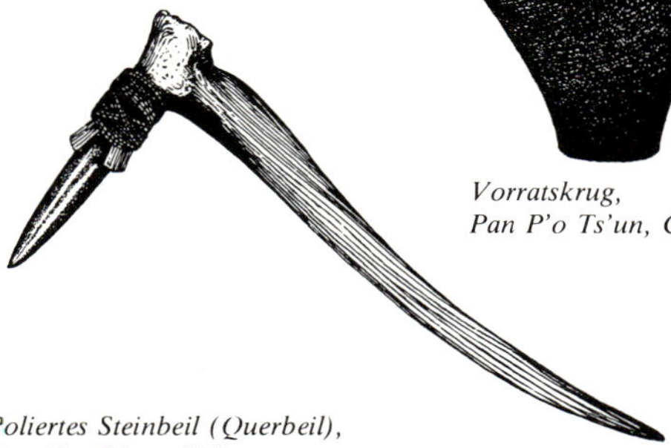

Poliertes Steinbeil (Querbeil), Pan P'o Ts'un, China

Nord-, Mittel- und Südamerika (Altamerika)
Die frühen Nahrungsmittelproduzenten in Amerika haben uns wenig an anschaulichem Material hinterlassen. Während im Gebiet der Großen Seen die Verwendung von Kupfer früh entwickelt war, waren die indianischen Jäger der Great Plains nach wie vor von ihren fein zugeschlagenen, geschäfteten Wurfspitzen (»Speerspitzen«) abhängig.

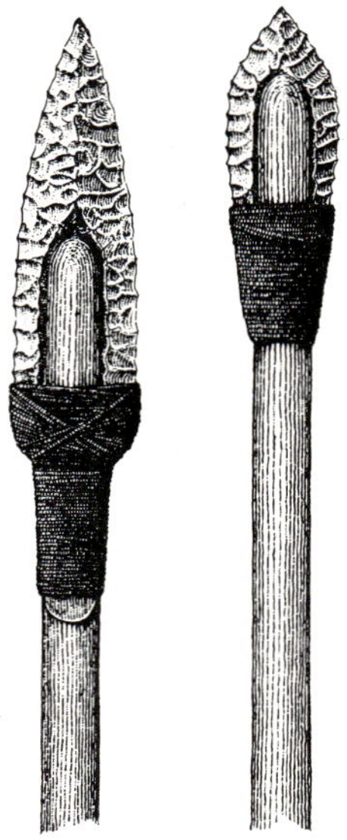

»Speerspitzen«

Bauweise 5000–3000 v. Chr.

So wie der Übergang zur Nahrungsmittelproduktion zur Gründung von festen Ansiedlungen führte, so hatte das Wachsen dieser Dörfer und Städte die Entwicklung groß angelegter Architektur zu Folge. Der Lebensmittelüberschuß in den fruchtbaren Tälern von Tigris-Euphrat und Nil machte Arbeitskraft verfügbar, nachdem man den Grunderfordernissen der Vorratsbeschaffung und Unterbringung Genüge getan hatte. Zudem waren bereits Gemeinschaftsanstrengungen zur Bewältigung öffentlicher Anlagen, z. B. bei wichtigen Bewässerungskanälen und Dämmen zum Schutz vor Überflutungen, geleistet worden.

In Mesopotamien floß diese überschüssige Kraft in den Tempelbau, da man glaubte, daß die Produktivität des Landes wesentlich vom guten Willen der Götter abhinge. Für die Sumerer war ein Tempel so wichtig wie ein Kanal. So bauten die Sumerer Tempel so gut sie nur konnten, um ihre Götter zu besänftigen, aber auch, so darf man vermuten, um ihre eigenen technischen Fertigkeiten zu erproben und zu erweitern, zur Pflege ihres eigenen Bürgerstolzes und vielleicht sogar nur, um die Nachbarschaft zu übertreffen.

In Ägypten herrschten Könige, nicht die Götter. Monumentalarchitektur findet sich deshalb weit häufiger in der Form der für die Ewigkeit angelegten Gräber als in Tempeln. Das Mastaba-Grab erfüllte verschiedene Aufgaben: Es war Grabmal, Lagerraum für die Totenopfer und ein symbolisches Haus, in dem die Seele der Verstorbenen weilte. Später als die Pharaonen selbst als Götter verehrt wurden, nahmen die Tempel und Paläste an Größe und Bedeutung zu.

Es wäre freilich ein Irrtum, wollte man ein ausgedehntes und leistungsfähiges Ackerbausystem als unentbehrliche Voraussetzung für Monumentalbauten ansehen. Jede Gemeinschaft mit überschüssiger Zeit und Arbeitskraft kann sich, hat sie einmal die Grundbedürfnisse befriedigt, dazu entschließen, ihren Überschuß in Bauten zu investieren. Dies trifft in diesem Zeitraum für Malta zu, wo ein isoliertes Volk, das in anderen Bereichen technologisch zurückgeblieben war, Steintempel von erstaunlicher Raffinesse zu errichten begann. Und es trifft für die Atlantikküste von der iberischen Halbinsel bis Skandinavien und Schottland zu, wo Monumentalgräber von beeindruckender Größe entstanden. In beiden Fällen handelt es sich sicher um Gemeinschaftsunternehmen. Diese Gräber und die frühen Tempel Maltas sind ebenso monumental wie die gleichzeitigen Bauten des Nahen Ostens und in ihrem kulturellen Kontext sogar noch erstaunlicher.

Gebiete von besonderem Interesse
● Zentren
▲ Fundstätten

Zelt

Nord-, Mittel- und Südamerika (Altamerika)
Noch immer hausten Jäger und Sammler, ja sogar Völkerschaften mit weiter entwickelter Wirtschaftsform, die bereits teilweise zur Nahrungsmittelproduktion übergegangen waren, in Naturhöhlen und einfachen Hütten.

Ganggrab, Anto do Silval

Westlicher Mittelmeerraum
Von den dürftigen Hütten, die von mehreren in den Felsboden eingeschnittenen Gräben umzogen waren, sind kaum Überreste vorhanden. Die Bevölkerungsgruppen dieses Raumes schufen monumentale Gräber aus riesigen Blöcken.

BAUMATERIALIEN (VERGLEICHENDE ÜBERSICHT)

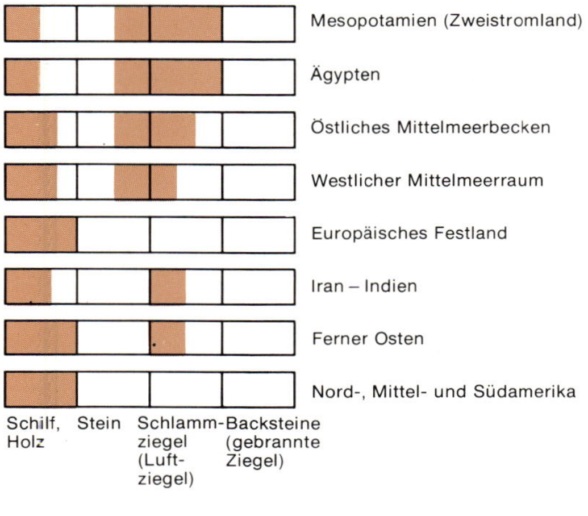

Europäisches Festland (Alteuropa)
Das Langhaus des Donaukultur-Typs, das sich aus der Anordnung der Bodeneintiefungen seiner zerfallenen Wandpfosten rekonstruieren ließ, gewährte mehreren Familien Raum. Gleichfalls »Gemeinschaftsunterkünfte«, wenn auch für Tote, waren die megalithischen Gräber, die noch heute im Atlantik-Küstengebiet stehen.

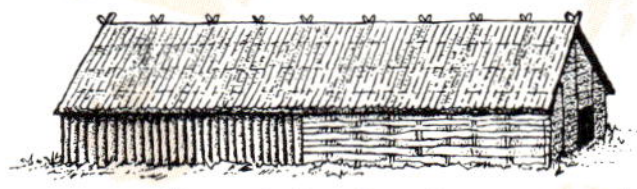

Donaukultur-Langhaus, Köln-Lindenthal

Megalithisches Grab, Essé

Ferner Osten
In dörflichen Siedlungen der damaligen Zeit fanden sich solide, wenn auch noch einfache Bauten aus Holz und Binsen.

Rundhaus, Pan P'o Ts'un

Rechteckhaus, Pan P'o Ts'un

Östliches Mittelmeerbecken
Die ältesten, Metall verarbeitenden Völkerschaften, entwickelten ummauerte Stadtsiedlungen, deren Zentrum oft ein »Palast« einnahm. Diese befestigten Städte spiegeln vielleicht ebenso den Aufstieg einer Aristokratie, wie sie von der Notwendigkeit zeugen, sich gegen Nachbarn verteidigen zu müssen.

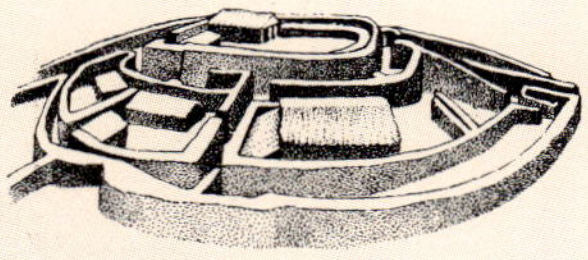

Befestigte Stadtsiedlung, Dimini

▲ Essé
• Köln-Lindenthal
▲ Anto do Silval
• Pan P'o Ts'un
• Dimini
• Tepe Gaura
▲ Tell Hassuna
• Tell Arpachije
• Tepe Hissar
• Saqqâra
• Eridu

Haus, Tepe Hissar

Iran – Indien
Die kleinen Dorfgemeinschaften in diesem Raum entwickelten eine zweckdienliche Wohnhaus-Bauweise und schufen wohnliche Behausungen im Stil ihrer Nachbarn im Westen.

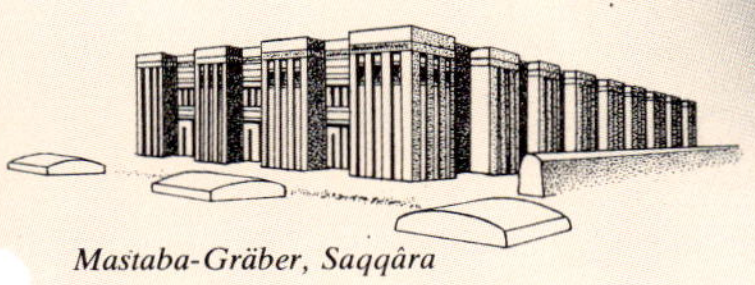

Mastaba-Gräber, Saqqâra

Ägypten
Steinerne Monumentalbauweise fand sich ausschließlich bei Gräbern. Als Ober- und Unterägypten ihrer Einigung zustrebten, wurde ihr Herrscher mächtig genug, um für seine sterblichen Überreste eine mit großem Aufwand errichtete letzte Ruhestätte beanspruchen zu können.

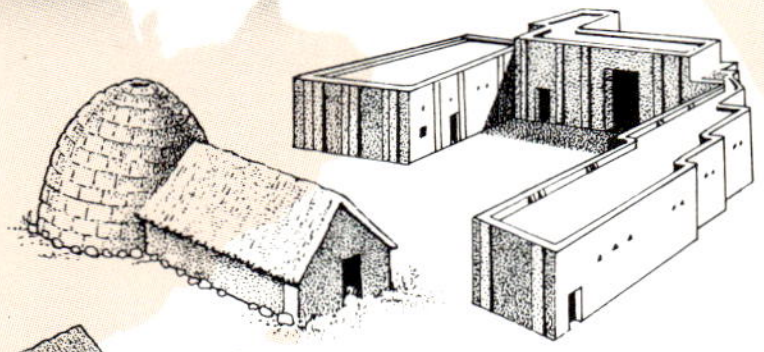

Tholoshaus, Tell Arpachije

Tempel, Tepe Gaura

Haus, Tell Hassuna

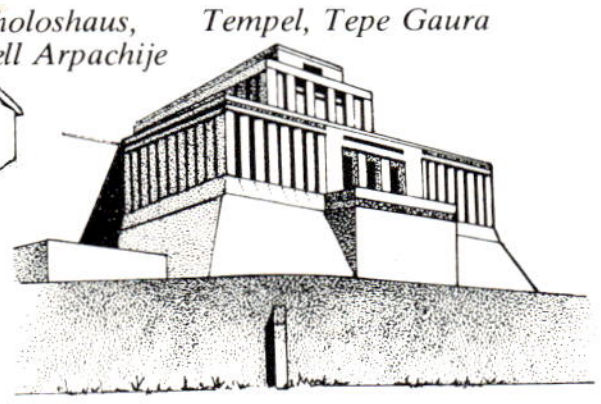

Tempel, Eridu

Mesopotamien (Zweistromland)
Man errichtete nun auch feste, ansehnliche Wohnbauten und kannte mehrere Formen von Wohnhäusern, doch vor allem wandte man allen Kunstsinn und alles bauliche Können für die Tempel der Stadtgötter auf.

Mesopotamien
Mit dem einfachsten Baumaterial – Schlammziegel(Luftziegel) – erzielten die frühen Bewohner dieses Raumes erstaunliche Erfolge. Fortschritte in der Architektur werden am deutlichsten im Tempelbau sichtbar, insbesondere in Sumer; der am besten erforschte Ausgrabungsort ist hier Eridu. Man errichtete den Tempel auf einem künstlichen Hügel, auf dem er die umliegenden bescheideneren weltlichen Gebäude der Stadt überragte. Vielleicht wollte man eine Art Bergersatz in der flachen Ebene schaffen. Vielleicht aber hat man auch den alten Tempel – um ihn nicht durch Abbruch zu entweihen – bei Erweiterungsbauten einfach erneut mit Schlammziegeln umbaut und die neue Anlage auf ihm errichtet. Die Tempel selbst wurden ebenfalls immer größer, die Anlagen immer ausgedehnter und eindrucksvoller. Im »Wohnungsbau« waren nach wie vor die rechtwinkligen und einen Hof umschließenden Gebäude verbreitet. Eine bemerkenswerte Abweichung bildeten die Rundhäuser oder »tholoi« von Arpachije deren Hauptraum von einer Kuppel aus Schlammziegeln überdeckt wurde.

Tempel in Eridu

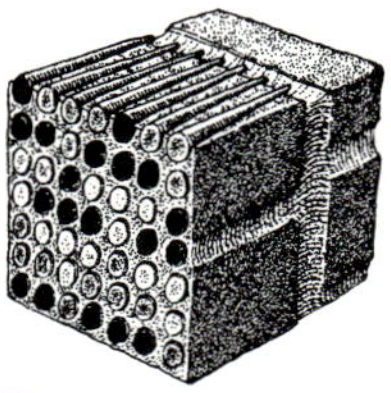

STIFT-MOSAIKE
Fassaden wurden mit in Gipsverputz eingelegten verschiedenfarbigen Steinchen oder Keramikstiften verziert.

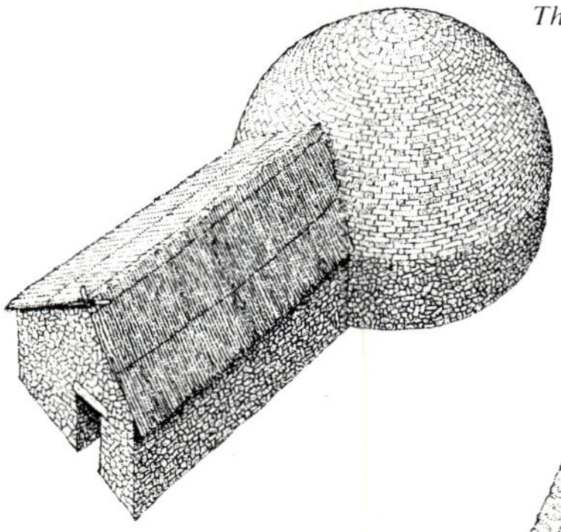

Tholos-Haus in Arpachije

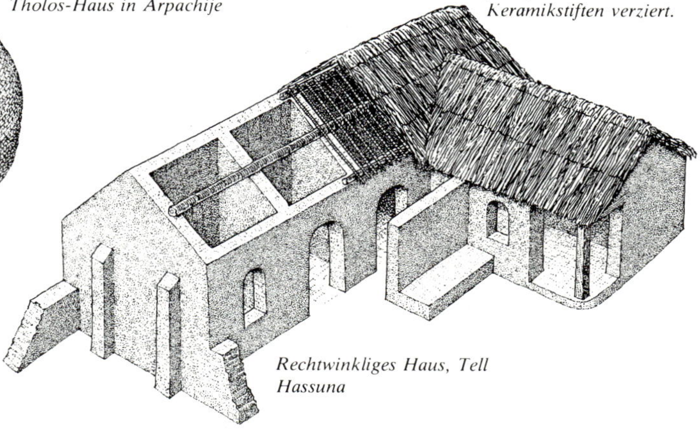

Rechtwinkliges Haus, Tell Hassuna

Ägypten
Die in der Wüste erhaltenen Königsgräber gestatten uns, nicht nur sie, sondern auch die verschwundenen Paläste, nach denen sie gestaltet waren, zu rekonstruieren. Die gängigen Baumaterialien waren Schlammziegel und importiertes Holz. Aus Ziegelmauern, die im Grundriß noch erkennbar sind, geht hervor, daß man einfache Mastaba-Gräber stark vergrößerte und verschönerte, als mächtige Herrscher Reich und Wohlstand vermehrten. Ein Beispiel gibt die Rekonstruktion des Überbaus des Grabs der Königin Merneith in Saqqâra.

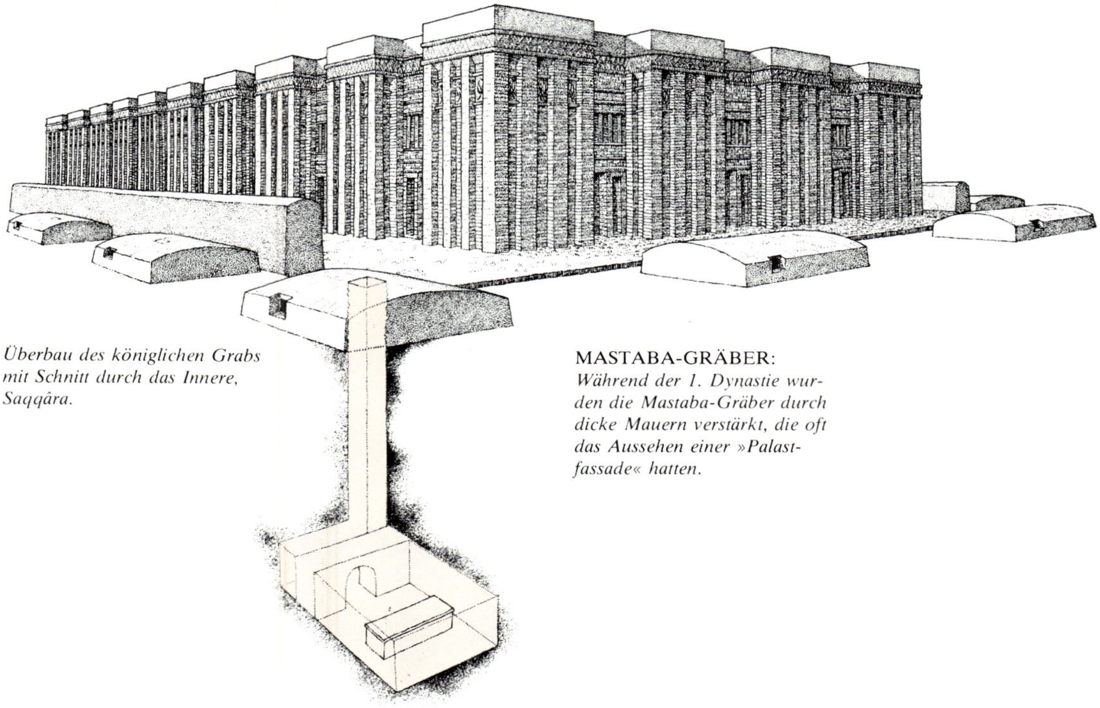

Überbau des königlichen Grabs mit Schnitt durch das Innere, Saqqâra.

MASTABA-GRÄBER:
Während der 1. Dynastie wurden die Mastaba-Gräber durch dicke Mauern verstärkt, die oft das Aussehen einer »Palastfassade« hatten.

Östliches Mittelmeerbecken
Eine der frühesten bekannten Städte Europas ist Dimini. Der alles beherrschende »Megaron«-Palast, eine rechteckige Halle mit Säulenportal, war vermutlich Sitz des Herrschers und zugleich Verwaltungszentrum. Auch fand man mehrere größere Häuser, deren Haupträume man durch eine offene Vorhalle betrat. Die Siedlung war von sechs konzentrischen Mauern aus unbehauenem Kalkstein umzogen, die mit ihren engen Gängen und Pforten Verteidigungszwecken dienten.

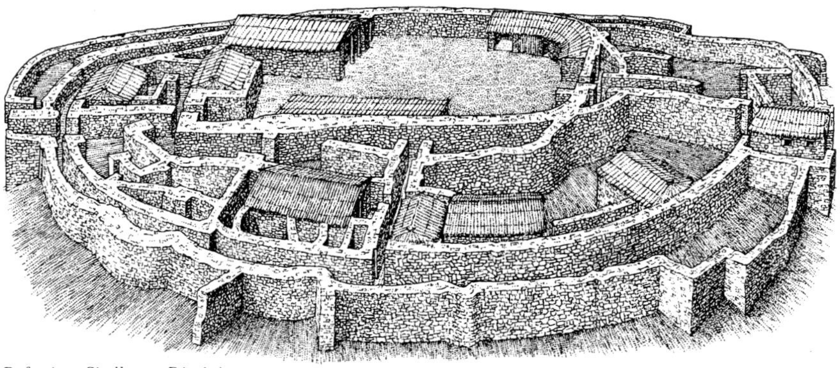

Befestigte Siedlung, Dimini, Griechenland

Westlicher Mittelmeeraum
Monumentale Gemeinschaftsgräber wurden aus riesigen Steinblöcken erbaut. Bei den parallelwandigen Galeriegräbern verwendete man eine Konstruktion aus senkrecht stehenden und waagerecht daraufliegenden Steinen. Dagegen hatten einige Ganggräber Kraggewölbe (falsches Gewölbe).

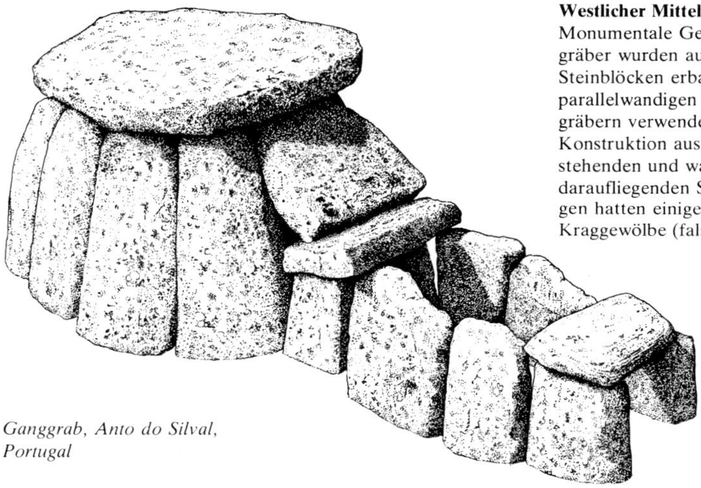

Ganggrab, Anto do Silval, Portugal

Europäisches Festland (Alteuropa)
Die rechteckigen, mit Giebeln versehenen Langhäuser der Donaukultur hatten hölzerne Gerüste und Wände aus hölzernem Gitter- und Flechtwerk, das mit Lehm verputzt war. Das Strohdach wurde von Pfosten gestützt, und in einigen Fällen konnten Feuerstellen festgestellt werden.

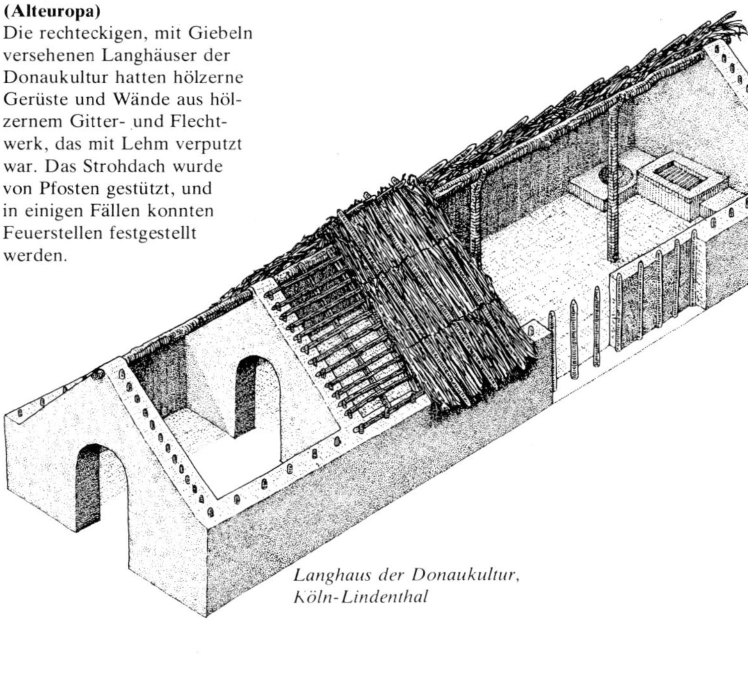

Langhaus der Donaukultur, Köln-Lindenthal

Iran – Indien
Die rechteckigen Schlammziegelhäuser dieser Region ähnelten den Wohngebäuden Mesopotamiens.

Ferner Osten
Ausgrabungen haben einige vollständige Dörfer mit Hütten aus Holz, Putz und Binsen zu Tage gefördert. Wie in Pan P'o Ts'un waren diese Häuser mit zum Teil rechteckigem, zum Teil kreisförmigem Grundriß ziemlich geräumig. Bei einigen reichte das sattel- oder kegelförmige Dach bis auf den Boden, aber da man den Fußboden in die Erde eingetieft hatte, war für die Bewohner genügend Platz zum Stehen vorhanden. Bei anderen erreichte man die notwendige Höhe durch Seitenwände.

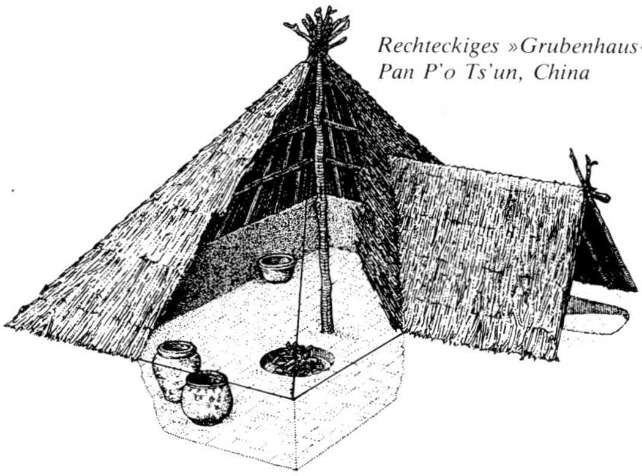

Rechteckiges »Grubenhaus«, Pan P'o Ts'un, China

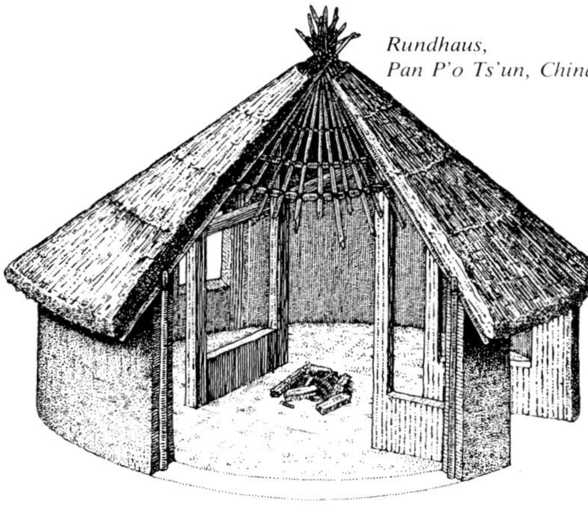

Rundhaus, Pan P'o Ts'un, China

Nord-, Mittel- und Südamerika (Altamerika)
Hier sind keine erwähnenswerten baulichen Fortschritte zu verzeichnen.

Kunst 5000–3000 v. Chr.

In seiner Kunst ebenso wie in allen anderen Aspekten seiner Geschichte, wird dieser Zeitabschnitt beherrscht von dem ersten Aufstieg der sumerischen und ägyptischen Zivilisation.

Vor dieser späten Phase war es zu einigen künstlerischen Neuerungen gekommen, aber es gab auch neue Zentren für alte Kunstformen, besonders im Bereich der bemalten Töpferware und der Figurinen. Vielleicht gehörte zu den interessantesten neuen Erscheinungen die dekorative Steinschnittkunst der megalithischen Grabmäler in Westeuropa. Die besten dieser Arbeiten wurden von den Bauern der Jungsteinzeit in England und Irland geleistet. Sie bestanden aus in Stein eingeschnittenen geometrischen Mustern, meistens im Innern der Gräber, manchmal aber auch auf davor liegenden Felssteinen. Die Muster zeigten am häufigsten Spiralen, konzentrische Kreise oder andere krummlinige Formen, aber sie wiesen auch gradlinige Motive wie Rombus und Triangel auf. In New Grange (Meath, Irland) ist das Relief kräftig und tief eingeschnitten.

Ausgezeichnet bemalte Töpferware wurde nun zunehmend im Westen und Osten der alten Zentren hergestellt. Das auffallendste dieser europäischen Beispiele von Keramikkunst kam aus Griechenland und vom Balkan, während im Fernen Osten die Yang-Shao-Bauern im Norden Chinas ihre wunderschön bemalten Gefäße zu produzieren begannen. Unter der fast universalen Produktion von Figurinen im Nahen Osten und mit Mittelmeerraum kommen einige der besten Stücke wieder aus Griechenland und vom Balkan, während die verzierten Kieselsteine der Beerscheba-Bauern ein gutes Beispiel lokaler Arbeit darstellten.

Die allgemeine Beherrschung der Kupfertechnik brachte einige ornamentale Arbeiten hervor, die sich der Kunst zurechnen lassen. Die kraftvollen plastischen Formen und Tierköpfe auf Szeptern und anderen Kupfergegenständen aus dem Nahal Mishmar, Israel, können als repräsentativ auch für andere Werke dieser Art angesehen werden, die für einen späteren Gebrauch eingeschmolzen wurden.

Die Kunst all dieser Gebiete jedoch muß von geringerer Bedeutung scheinen, wenn man sie mit den großen Schulen der Kunst vergleicht, deren Schöpfungen in Mesopotamien und Ägypten gefunden wurden. Sie waren von immenser Bedeutung, und zwar nicht so sehr wegen der Werke, die vor 3000 v. Chr. entstanden, sondern weil sie charakteristische Stile ausprägten, die die Meisterstücke der sumerischen und ägyptischen Kunst unserer zwei nächsten Zeitabschnitte beeinflussen sollten.

Es ist ein Paradoxon dieser frühen Phase, das sie trotz aller stilistischen Fixierung doch der einzige Zeitabschnitt war, in dem es Wechselwirkungen zwischen den Stilen gab. Einige der Werke der späten vordynastischen Künstler in Ägypten waren zweifellos von denen ihrer sumerischen Zeitgenossen beeinflußt.

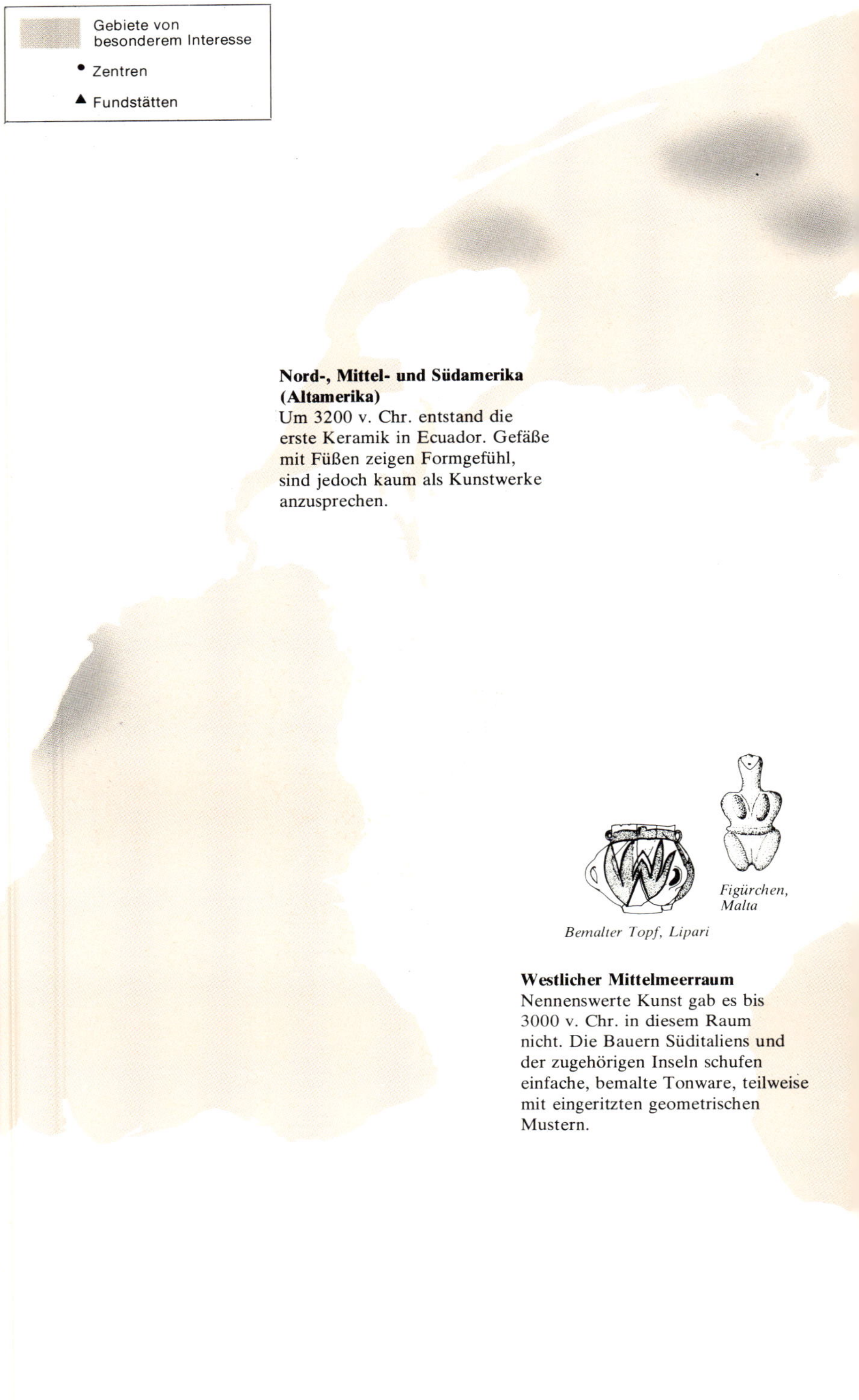

Europäisches Festland (Alteuropa)
Am augenfälligsten sind unter diesen frühen Kunstwerken die vielfältigen und verblüffenden Figürchen sowie die bemalte Töpferware aus dem Balkangebiet. Sehr wahrscheinlich stammt die beste dekorative Kunst der megalithischen Gräber in der Bretagne und auf den britischen Inseln aus den letzten Jahrhunderten unmittelbar vor der Zeitmarke 3000 v. Chr. Bewohner nördlicher Gegenden, die sich von Jagd und Fischfang ernährten, schufen nach wie vor Bernstein-Tierschnitzereien.

Östliches Mittelmeerbecken
Die Levante hat eine Reihe individueller und, wie es scheint, an Ort und Stelle entwickelter Schöpfungen aufzuweisen, so polychrome Wandmalereien in den Häusern von Teleilat el-Ghassul, die Bronzen von En Gedi (Seite 65) sowie seltsame Figürchen aus Beerscheba. In Nordgriechenland entstand nun gute, bemalte Töpferware, so etwa die Dimini-Keramik. Auf Kreta, im ägäischen Raum und in Griechenland modellierte man Figurinen in vielen Formen, manche recht üppig und durchaus frei in der Haltung.

Ferner Osten
Ganz sicher begann man schon recht früh in dieser Periode, in Dörfern wie Pan P'o Ts'un Tongefäße künstlerisch zu bemalen. Die großartigen, mit Spiralen und anderen kurvilinearen Mustern bemalten Yang-Shao-Krüge, die man gewöhnlich Toten mit ins Grab gab, müssen großenteils schon vor 3000 v. Chr. entstanden sein, wenn es wohl auch einige jüngere Exemplare gibt. In Japan stellten nun die Träger der Jōmon-Kultur kunstvoll geformte Töpferware her.

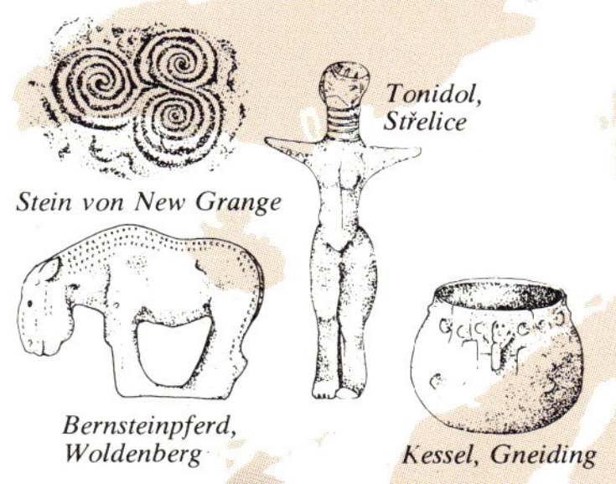
Stein von New Grange
Tonidol, Střelice
Bernsteinpferd, Woldenberg
Kessel, Gneiding

Amphore, Pan P'o Ts'un
Jōmon-Gefäß, Shimojima
Figürchen, Mujinazawa

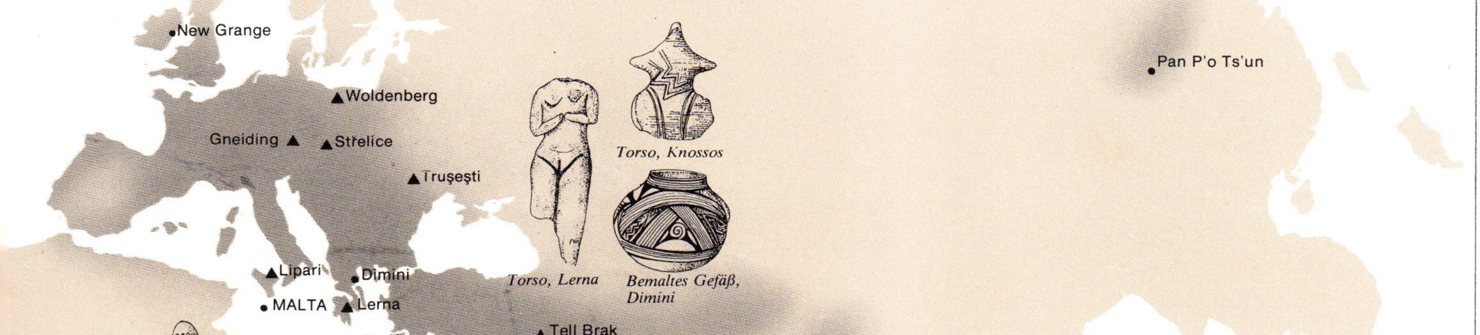

Torso, Knossos
Torso, Lerna
Bemaltes Gefäß, Dimini

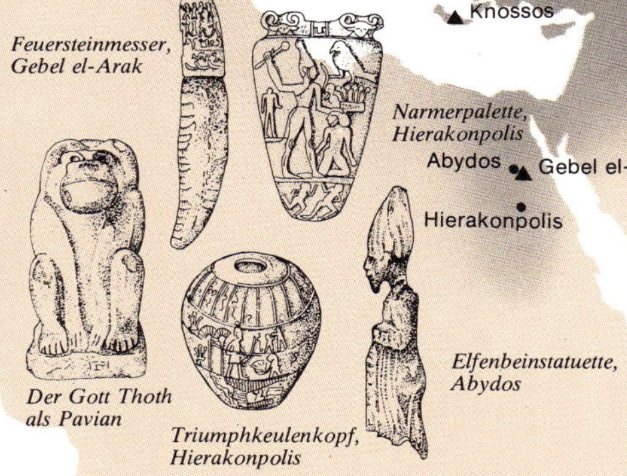
Feuersteinmesser, Gebel el-Arak
Narmerpalette, Hierakonpolis
Der Gott Thoth als Pavian
Triumphkeulenkopf, Hierakonpolis
Elfenbeinstatuette, Abydos

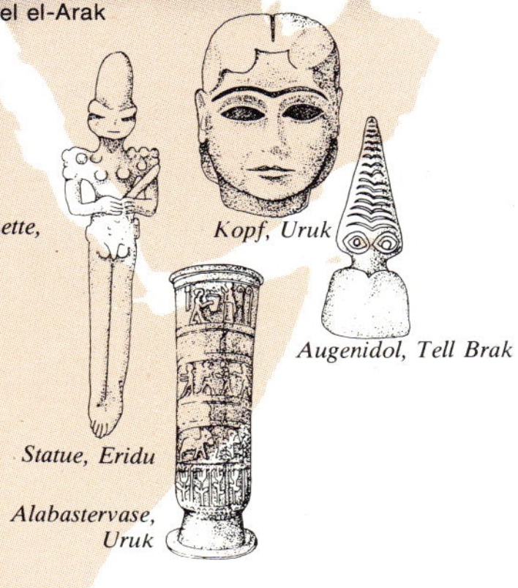
Kopf, Uruk
Augenidol, Tell Brak
Statue, Eridu
Alabastervase, Uruk

»Göttin«, Kandahar
Vase, Susa
Trinkbecher, Tepe Siyalk

Ägypten
Die Künstler der späten vordynastischen und der frühdynastischen Zeit benutzten Knochen, Elfenbein, aber auch Stein als Werkstoffe. Man versah bereits Stelen für Verstorbene mit geschnitzten Reliefs, vor allem aber findet man die Kunstwerke der damaligen Zeit auf Prunkwaffen (königlichen Triumphkeulen) und steinernen Schminkpaletten. In den Darstellungen kommt bereits die einzigartige Vorrangstellung des Pharao zum Ausdruck, doch außerdem schuf man auch Tierstudien von köstlichem Naturalismus. Der Darstellungsstil, ja sogar die Kleidung der auf den Schnitzreliefs Abgebildeten verraten asiatischen Einfluß.

Mesopotamien
Die schönsten Werke sumerischer Kunst aus dieser künstlerischen Pionierzeit Sumers stammen meist aus dem alten Uruk (Südmesopotamien). Mit der Entwicklung der Hochkultur begannen Sumers Künstler einen menschlichen, hierarchischen Steinskulpturenstil zu schaffen – dies gilt ebenso für Reliefs als auch für vollplastische Menschen- und Tierfiguren.

Iran – Indien
Einige der reizvollsten Tongefäße, die in dieser Periode geschaffen wurden, stammen aus dem westiranischen Raum. Die Keramikmaler verwendeten neben Tiermotiven auch geometrische Muster. Ein paar der besten Stücke kommen aus Susa (im alten Elam) und Tepe Siyalk. Auch die in Dorfgemeinschaften zusammengeschlossenen Bauern Indiens begannen jetzt, Keramik herzustellen und kunstvolle, wenn auch recht bizarre Figuren anzufertigen.

Mesopotamien
Unter den Kunstwerken von Uruk befindet sich eine große Standvase aus Alabaster, in die religiöse Szenen eingeschnitten sind. Die »erste Ernte« wird der Göttin geopfert; ein nackter Priester reicht ihr ein Gefäß mit Früchten. Priester, Schafe, Weizen und Palmen nehmen den unteren Vasenteil ein.

Weißer Marmorkopf, Uruk

Alabastervase aus der Dschemdet-Nasr-Zeit, Uruk

Ägypten
Der Elfenbeingriff des Feuersteinmessers von Gebel-el-Arak aus der vordynastischen Zeit zeigt auf einer Seite eine Schlachtszene, auf der anderen einen Mann zwischen einander gegenüberstehenden Löwen. Der Einfluß der Sumerer ist augenscheinlich. Die »Siegestafel des Narmer« (auch Narmerplatte, Schiefer, 62,5 cm lang) veranschaulicht beispielhaft die Einigung Ägyptens unter der I. Dynastie. Sowohl der Stil als auch das dargestellte Thema (der König hält einen Feind und streckt ihn nieder; die gehörnte Göttin Hathor; der Horus-Falke) sind bereits typisch ägyptisch. Die bizarren Tiere auf der Vorderseite zeigen noch asiatischen Einfluß. Auf dem Griff der »Kalksteinkeule des Königs Skorpion« eröffnet der König einen Bewässerungskanal mit einer Hacke, nachdem er seine Feinde vernichtet hat.

»Siegestafel des König Narmer«, Hierakonpolis

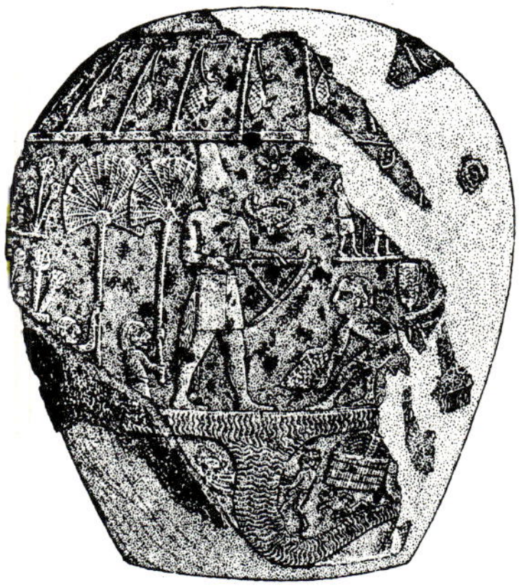

»Keulenkopf des Königs Skorpion«, Kalkstein, Hierakonpolis

Messer aus Flint mit geschnitztem Elfenbeingriff, Gebel-el-Arak

Östliches Mittelmeerbecken
In der späteren Neusteinzeit begannen die Töpfer in Nordgriechenland (Thessalien), die Gefäße (Dimini-Keramik) mit kräftigen Spiral- und Meandermustern zu bemalen, oft schwarz und rot auf hellem Grund. Der Stil ist nach der Festung von Dimini benannt.

Bemalte Tonvase mit Spiralmuster, Dimini, Griechenland

Westlicher Mittelmeerraum
In Süditalien, auf Sizilien und den äolischen Inseln (Lipari), wurde Keramik mehrerer unterschiedlicher Stilrichtungen hergestellt. Manches, wie eine abgeschwächte Ausführung der Dimini-Ware, hatte Spiralmuster, rot gemalte Flammenmuster dagegen waren eine örtliche Variante. Hier ist der westlichste Punkt der Ausbreitung bemalter Keramik.

Bemaltes Gefäß, Lipari

Europäisches Festland (Alteuropa)
Die große Neuerung der Zeit in Westeuropa waren Reliefskulpturen der Megalithgräber. Die Spirale und andere Muster hatten symbolische Bedeutung. Zu den bekanntesten Mustern gehören die am Ganggrab von New Grange. Bernsteinschnitzereien setzten frühere Traditionen fort.

Spiralförmiges Muster auf einem Begrenzungsstein, New Grange, Irland

Bernsteinpferd, Woldenberg, Deutschland

Iran – Indien
Im südlichen Iran, vor allem in Susa, gelang den Vasenmalern eine hervorragende Umsetzung der Tierformen in Bilder. Weiter nördlich im Hochland, wie in Tepe Siyalk, wurden die Tiere teilweise realistischer dargestellt. Die Malerei war in Dunkelbraun oder Schwarz gehalten, auf cremefarbenem Grund.

Bemalter Becher aus der Zeit Siyalks (Sijalks) III., Tepe Siyalk, Iran

Ferner Osten
Die schönsten der großartigen Begräbnisgefäße im Yang-Shao-Stil der chinesischen Dorfbewohner weisen sehr viel Dynamik auf und zeigen ein außerordentliches Gefühl für Bewegung. Die japanischen Töpfer der Jōmon-Kultur dagegen zeigten Interesse für die nachgebildete, plastische Form. Ihre wenigen Figuren wirkten aber noch nicht ausgearbeitet.

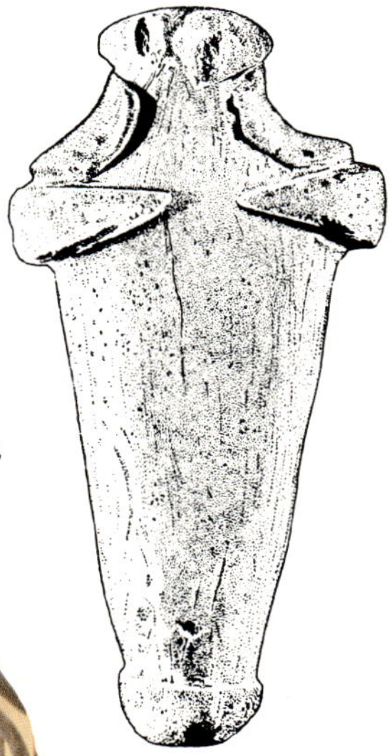

Archaische Jōmon-Keramikfigur, Japan

Urne, China

Nord-, Mittel- und Südamerika (Altamerika)
Die frühe Keramik war eher praktisch als kunstvoll.

Region	Wirtschaft	Zentren	Ereignisse / Entwicklungen	Persönlichkeiten
Mesopotamien 	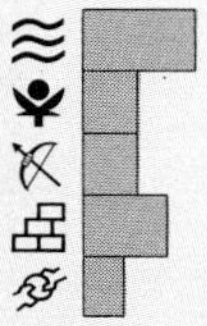	Tell Arpachije Tepe Gaura Eridu Uruk Ur	Talrodung und -bewässerung durch Einwanderer aus dem Iran, die stromaufwärts vordringen und die im Norden ansässige Bauernbevölkerung unterwerfen. Sumer ergreift die Führung. Die Fundamente städtischen Lebens und der sumerischen Hochkultur werden gelegt.	
Ägypten 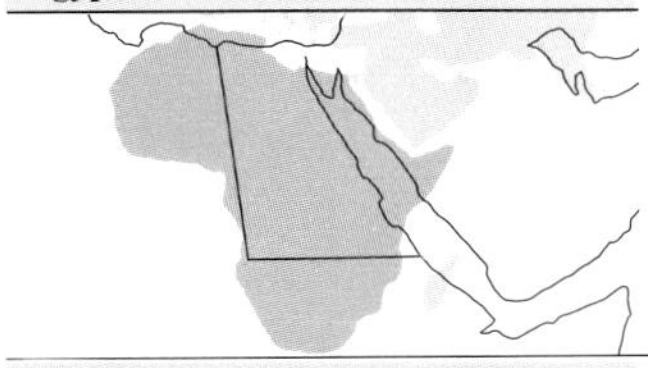	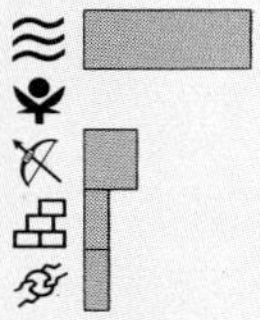	Al-Badari Al-Gerza (el-Gerzeh) Hierakonpolis Memphis-Saqqâra Abydos	Rodung und Feldbewässerung im Niltal und -delta durch verschiedene Bauerngruppen. Vielleicht Invasion einer »dynastischen Rasse«. Herausbildung zweier Königreiche: Ober- u. Unterägypten, Oberägypten gewinnt Machtkampf. Um 3000 Reichseinigung unter Menes. 1. Dynastie.	Menes (= Horus Aha? Narmer?)
Östliches Mittelmeerbecken 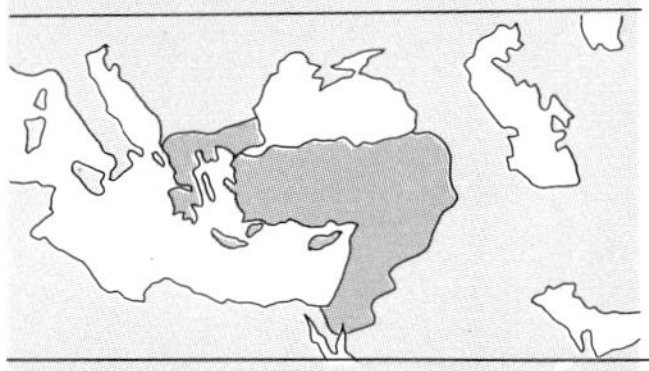	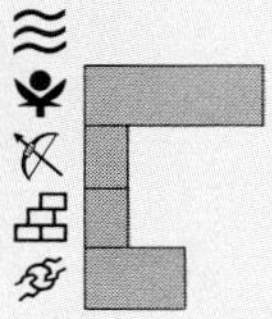	Mersin Ugarit (Râs Schamra) Byblos Dimini Sesklo	Die Levante und Anatolien von Völkern aus Mesopotamien beeinflußt, Verlust der kulturellen Führung. Zypern blüht durch Kupferhandel auf. Städtebildung in Kilikien, Syrien u. im Libanon (4. Jahrtausend).	
Westlicher Mittelmeerraum 	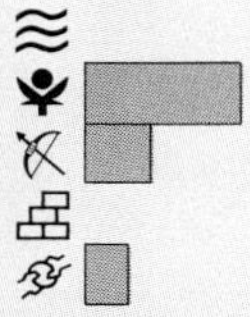	Stentinello Tarxien Gebiet von Arles El Garcel Camp de Chassey Tavoliere	Mischlandwirtschaft mit Dörfern entwickelt sich zunächst in Italien, greift aber dann nach Westen auf die Inseln südlich von Frankreich und der Iberischen Halbinsel über (5000–4000).	
Europäisches Festland (Alteuropa) 	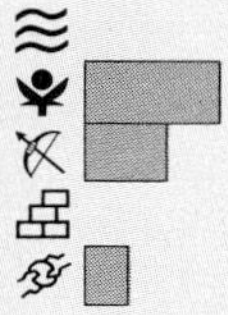	New Grange Südliche Bretagne Meath Sittard (Holland) Köln-Lindenthal Vinča	Mischlandwirtschaft verbreitet sich längs der Atlantikküste sowie entlang bestimmter Überlandrouten (Donaulauf) nach Norden und Westen (um 4000).	
Iran – Indien 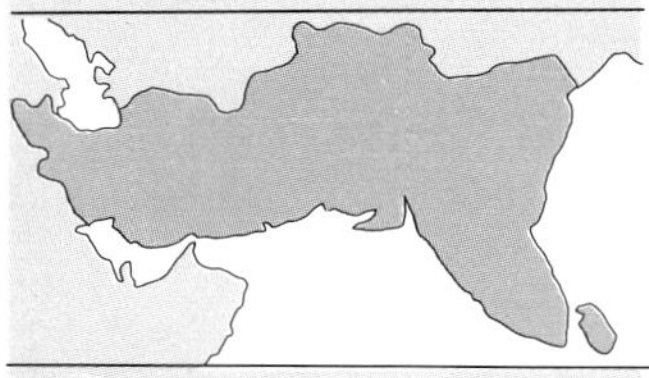	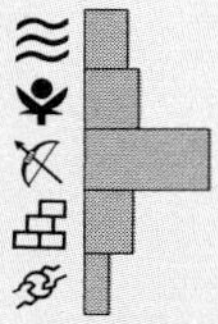	Susa Tepe Hissar Tepe Jahja Anau Rana Ghundai Kulli	Intensivierung der Landwirtschaft im Südiran. Einfluß Mesopotamiens. Dörfer werden zu Städten (5.–4. Jahrtausend). Susa wird Hauptstadt Elams. In NW-Indien entstehen Dörfer.	
Ferner Osten 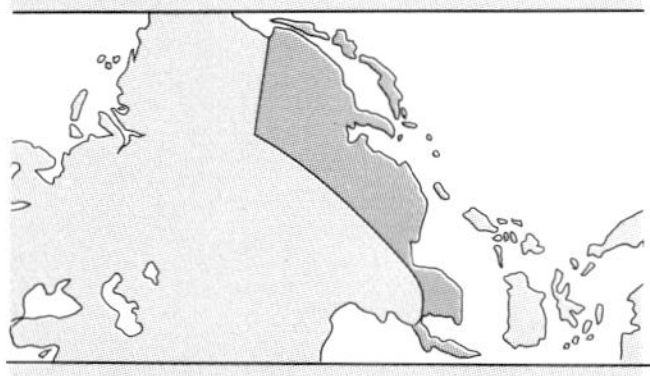	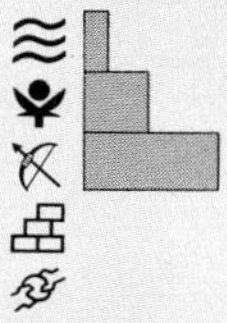	Pan P'o Ts'un Japan: Zahlreiche Muschelhaufen, insbesondere auf der Kanto-Ebene.	Weitere Entwicklung der Landwirtschaft in Nordchina. Größere, seßhaftere Gruppen in Japan betreiben Jagd und Fischfang. Landwirtschaft in Indochina und Thailand weit verbreitet.	
Nord-, Mittel- und Südamerika (Altamerika) 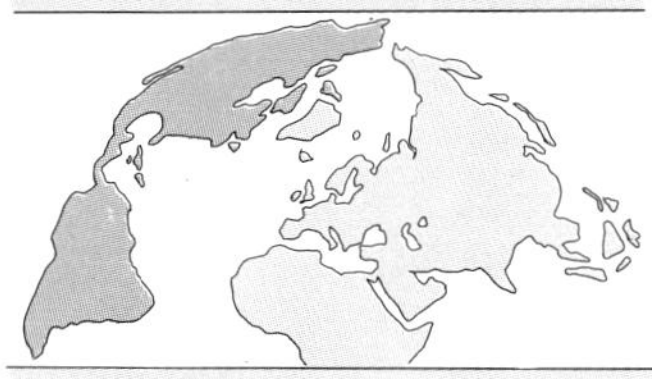	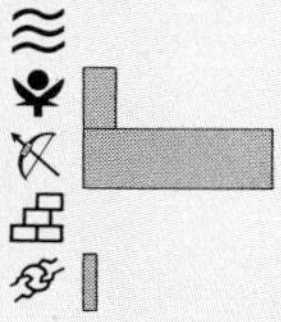	Ocampo Bat Cave (Fledermaushöhle)	Intensives Nahrungs-Sammeln, Jagd und Fischfang. Anbau von Bohnen und primitiven Maisformen in Mittelamerika sowie in Südwest-Nordamerika. Erste Anbauversuche in Peru.	

Die Symbole und Balken in den Feldern der Wirtschafts-Spalte geben an, in welchem Verhältnis folgende Faktoren zueinander stehen: Bewässerungsfeldbau, Landwirtschaft, Jagd, Städtische Lebensform, Handel

Religion	Technologie und Erfindungen	Bauweise	Kunst
Fruchtbarkeitskulte (Muttergöttin und Stier). Stadtgötter als Vorläufer der Götterwelt Sumers tauchen auf.	Kupferschmelze und Kupferguß, Fayence um 4500. Töpferöfen, Räder, Siegel um 4000. Schrift, Backsteine (gebrannte Ziegel) um 3500. Experimente mit Bronze um 3100.	Tempel auf Plattformen; Stiftmosaiken, Stadthäuser von rechteckigem Grundriß, sogenannte Tholos-Häuser.	Bemalte Keramik, Relief- und Rundskulptur. Siegel
Lokale Gaugottheiten bilden ein Pantheon von tiermenschlichen Göttermischwesen: Horus, Seth, Rê, Hathor usw. Vergottung des Pharao.	Frühe prädynastische Kulturen mit Geräten aus Feuerstein und geschliffenem Stein. Keramik ohne Töpferscheibe. Ab 3500 Fortschritte der Leinenweberei, Goldschmiedekunst, Kupfermetallurgie. Töpferscheibe. Feine Holzarbeiten. Drillbohrer für Steingefäße. Hieroglyphen.	Mastaba-Gräber, Paläste. Tempel und Kultschreine.	Frühe prädynastische Tierfigürchen, Paletten und Kämme. Bemalte Keramik und Kleinfiguren. Spätprädynastische und frühdynastische Reliefschnitzerei auf Elfenbeinhandgriffen, Paletten, Keulenköpfen und Grabstelen. Rundplastische Elfenbeinschnitzerei
Fruchtbarkeitskult mit Muttergöttin.	Im 5. Jahrtausend noch Feuerstein- und andere Steingeräte, die auch später in Griechenland und auf dem Balkan im Gebrauch bleiben. Ab 4500 Kupfermetallurgie in Anatolien und der Levante. Seetüchtige Segelschiffe. Älteste Bronze.	Festung (Mersin). Einfache Tempel. Häuser aus luftgetrockneten Schlammziegeln, Giebelhäuser aus Holz. Megaron-»Hallen«. Unterirdische Wohnungen.	Bemalte Töpferware, Keramik- und Elfenbeinfigürchen. Prunkszepter aus Kupfer mit Tierköpfen als Schmuck (Engedi).
Fruchtbarkeits- und Muttergöttin-Kult. Kollektivbestattung. Ahnenkult?	Werkzeuge aus Feuerstein und anderem, geschliffenen Stein. Keramik ohne Töpferscheibe. Trockenmauerwerk und megalithische Bauten. Im späten 4. Jahrtausend Kupferver- und -bearbeitung.	Megalithische Dolmen und Ganggräber. Erste Felsgräber. Älteste Tempel auf Malta. Hütten und Häuser in offenen Dörfern.	Ritzungen auf Megalithen. Keramische Kleinfiguren mit Ritzungen.
Kollektivbestattung. Ahnenkult?	Späteste Mikrolithe. Beile, Knochen- und Geweihgeräte der alten Jäger- und Fischerkulturen. Ab etwa 4000 nach und nach überlagert durch geschliffene Steinbeile und Querbeile (Dechsel), Sicheln und Keramik ohne Töpferscheibe.	Dolmen und Ganggräber. Langhügelgräber. Ringwälle. Langhäuser mit Giebeldach, Holzbauweise.	Skulptierte Megalithe. Kleinfiguren. Tierdarstellungen auf Felsbildern.
Fruchtbarkeits- und Muttergöttin-Kult.	Steingeräte überwiegen noch immer, doch kleine Gegenstände sind bereits aus Kupfer. Im späten 4. Jahrtausend Keramik mit Brennöfen und Töpferscheibe. Vor 3000 Siegel und Schrift.	Staudämme für Feldbewässerungsanlagen. Häuser aus Stampflehm und luftgetrockneten Schlammziegeln. Tempel auf Plattformen. Gelegentlich Säulen.	Bemalte Keramik. Kleinfiguren. Tierformen. Siegelschneiderei.
Wenig Anhaltspunkte. Tote mit Grabbeigaben bestattet.	»Gedengelte« und geschliffene Steinwerkzeuge. In China erste bemalte Keramik. Sehr überladene, plastisch dekorierte Töpferware in Japan.	Dörfer aus widerstandsfähigen Quadrat- und Rundhütten mit eingetieften Böden und Reetdach.	Bemalte und plastisch dekorierte Keramik
Unbekannt	Weiterhin Speerspitzen aus »gedengeltem« Stein. Körbe und Handmühlen dringen nach Nordamerika vor. Verwendung gediegenen Kupfers aus dem Gebiet der Großen Seen (also keine eigentliche Kupfermetallurgie!)	Dürftige Hütten und Zelte in zeitweilig bewohnten Lagern und Dörfern.	Nichts erhalten.

3000 bis 2000 v. Chr.

Ausschnitt aus der »Kriegsseite« der sogen. »Mosaik-Standarte von Ur«. Die andere Seite schildert »Friedensszenen«. Dieses mit Muscheln und Kalksteinplättchen auf Lapislazuli-Grund belegte hölzerne Kästchen ist möglicherweise der Schallkörper einer Lyra gewesen. Man fand die »Standarte« in einem der frühesten Königsgräber von Ur, Mesopotamien.

Erfüllung, aber auch neue Verheißungen kennzeichneten diesen Zeitabschnitt. Wir haben gesehen, wie in den letzten Jahrhunderten des 4. Jahrtausends v. Chr. die Sumerer sich zu einer Hochkultur entwickelten und wie die Ägypter nach schwerfälligem Anfang sie dann schnell einholten. Beiden Kulturen war es nun bestimmt, nebeneinander her zur höchsten Blüte zu gelangen. Die Ergebnisse waren allerdings recht unterschiedlich. – Was sie in diesem Jahrtausend hervorbrachten, ist in mancher Hinsicht vergleichbar mit der Höhe der Bronzezeit. Ungefähr um 2500 v. Chr. war im *Industal* eine dritte mächtige, wenn auch weniger kreative Kultur entstanden. Hätte sich damals ein Kaufmann in Mohenjo-Daro, der planvoll angelegten Hauptstadt am südlichen Indus, auf eine Reise durch das Arabische Meer begeben und bei der ständig wachsenden Niederlassung Bahrein Halt gemacht, dann hätte er Gelegenheit gehabt, landeinwärts in der schönen Stadt Ur Geschäfte abzuwickeln. Vielleicht wäre er dann Zeuge gewesen, wie eine feierliche Prozession dem königlichen Leichenwagen zur Grabstätte folgte, wo die Hofdamen mit ihren prächtigen Harfen und dem goldglitzernden Haar zusammen mit dem übrigen Gefolge darauf warteten, geopfert und mit ihrem toten Herrn begraben zu werden. – Er hätte dann mit einer Karawane den Euphrat hinaufziehen und mit den Semiten in Mari Handel treiben können. Leicht hätte er in dieser Stadt andere Kaufleute gefunden, die ihn mit auf die Reise zur Mittelmeerküste genommen hätten. Wären sie in Byblos aufs Schiff gegangen, so hätten sie kaum mehr als eine Woche gebraucht, um Memphis, die Hauptstadt der Pharaonen, zu erreichen. Selbstverständlich wäre unser Kaufmann dann auch nach Gizeh gereist, um den Sphinx und die Pyramiden mit ihren riesigen polierten Kalksteinflächen und den goldenen Spitzen zu besichtigen. Dieser Anblick hätte für ihn etwas derart Übermenschliches gehabt, daß bei ihm keine Zweifel am göttlichen Wesen der darunter ruhenden Pharaonen gekommen wären. Mesopotamien und Induskultur bedeuten Erfüllung; es war im Mittelmeerraum und besonders in den Ländern um das Ägäische Meer, wo das 3. Jahrtausend v. Chr. zu einer Zeit neuer Verheißungen wurde. Ausgehend von Troja und den küstennahen Inseln, über die Kykladenkultur mit ihren wagemutigen Seefahrern bis hin zum frühen minoischen Kreta traten hier schon erste Anzeichen für eine beginnende europäische Hochkultur auf, die ihrerseits ihre bewunderungswürdige Blütezeit nach 2000 v. Chr. finden sollte.

Auf technologischem Gebiet bestand der größte Fortschritt dieser Zeit in der Erfindung von Legierungsmethoden – wie man durch Mischen von Zinn und Kupfer die härtere, besser zu verarbeitende Bronze herstellen kann. Die Sumerer hatten sich schon damit beschäftigt, gegen Ende der hier zuletzt besprochenen Periode, doch ohne rechten Erfolg. Erst jetzt fand man das richtige Mischungsverhältnis heraus, und sowohl das Schmelzen wie auch das Gießen machte schnellere Fortschritte. In progressiven Gebieten außerhalb der Flußtäler, östlich von Indien und westlich von Griechenland, fällt dieses Jahrtausend grobgerechnet mit der frühen Bronzezeit zusammen. Weiter westlich und nördlich fing die eigentliche Bronzezeit erst ungefähr 2000 v. Chr. an, wobei aber auch Techniken des Chalkolithikums (Kupferzeit) und sogar des Neolithikums (Jungsteinzeit) z. T. weiterhin beibehalten wurden.

Besonders fruchtbar war diese Zeit auf intellektuellem Gebiet: Die Schreiberschulen in Sumer waren vermutlich die ersten, die poetische Literatur einführten und Geisteswissenschaften sowie elementare Mathematik betrieben; Ägypten hingegen hatte die Pyramideninschriften und seine schwer verständliche theologische Literatur. Offenbar waren die Ägypter auch die ersten, die eine praktische Neuerung auf intellektuellem Gebiet hervorbrachten: sie erstellten schon 3000 v. Chr. einen Kalender. Das Volk am Indus erfand eine eigene Schrift, doch sie wurde hauptsächlich auf den schönen Siegeln verwendet und blieb wahrscheinlich recht primitiv.

Wenn die Sumerer in der Literatur führend waren, so waren die Ägypter ihnen überlegen in den bildenden Künsten und der Architektur. Nicht einmal die beachtlichen Zikkurat-Tempel von Sumer reichten an die elegante Monumentalarchitektur aus behauenen Steinen heran oder an die Pyramiden, die zwischen 2700 und 2500 v. Chr. entstanden. Die Tempelarchitektur von Malta, vergleichsweise klein im Maßstab, erlebte vermutlich zur gleichen Zeit ihre höchste Blüte. Die Baukunst am Indus neigte zur Strenge und Funktionalität, und die megalithische Bauweise im westlichen und nördlichen

Europa blieb sich gleich und erfuhr keine neue Inspiration.

Unerreicht in ihrem Können waren die ägyptischen Bildhauer und Maler; das Alte Reich stellt eine der großen Epochen der Kunstgeschichte dar. Die zeitgenössische Bildhauerei in Sumer war kraftvoll, doch oft etwas plump. Im semitischen Nord-Mesopotamien allerdings war sie großartig und brachte so schöne Werke wie z. B. den sog. »Kopf Sargons« hervor. Das war zu einer Zeit, als das Alte Reich (VI. Dynastie) schon Verfallserscheinungen zeigte.

Möglicherweise gab es auch am Indus Bildhauerei. Das Material muß dann aber Holz gewesen sein, das erhalten blieb. Die wenigen erhaltenen kleinen Meisterwerke zeigen ausgefeiltes Können. Einer weiteren Schule dieses 3. Jahrtausends gebührt ein Platz neben denen der drei Stromtalkulturen: derjenigen der Kykladenkultur. Die stilisierten Kultfiguren, meistens die Mutter-Göttin darstellend, und die berühmten Harfen- und Flötenspieler bilden in ihrer sicheren Meisterschaft einen erstaunlichen Kontrast zum Naturalismus der Hochkulturen.

An dieser Stelle muß ich den allgemeineren geschichtlichen Hintergrund skizzieren, und ich beginne diesmal mit Ägypten, wo für die ersten Jahrhunderte die historischen Ereignisse viel genauer belegt sind als in Sumer. Nach der Einung des Reichs und der 1. Dynastie begann ungefähr um 2900 v. Chr. die Zeit der 2. Dynastie. Gewöhnlich werden diese Zeitabschnitte zusammengefaßt und als Frühdynastische Periode oder Thinitenzeit bezeichnet. Während der 2. Dynastie stagnierte der Fortschritt durch neuerliche Kämpfe zwischen Nord und Süd. Erst von der 3. Dynastie, ungefähr um 2700 v. Chr., d. h. von der Anfangszeit des Alten Reiches läßt sich sagen, daß nun die Hochkultur begann. Doch welch ein Aufschwung war das! Innerhalb weniger Jahrhunderte wurde mittels des ganzen Reichtums und der Macht der Pharaonen in der Kunst und der Architektur so Schönes und Außerordentliches geschaffen, daß es neben allem bestehen kann, was die Welt auf diesem Gebiet hervorgebracht hat. Djoser, der zweite Pharao der 3. Dynastie, hatte einen Wesir namens Imhotep: er war der erste große Mann der Geschichte, dessen Name uns nur wegen seiner persönlichen Begabungen überliefert ist und nicht wegen königlicher oder adliger Abstammung. Sein Genius war es, der die Stufenpyramide von Saqqâra ersann und die herrlichen Tempel und Grabstätten, die zu ihr gehören. Hier war plötzlich alles Monumentalarchitektur in Stein mit gediegener Steinmetzarbeit, kannelierten Säulen, eleganten stilisierten Motiven auf Kapitellen und Friesen und mit ausgezeichneten Reliefporträts. Daß Djosers Grab auch die erste uns bekannte lebensgroße Statue enthielt, fügt sich durchaus in diesen Rahmen.

Nachdem Imhoteps Genius den Weg gewiesen hatte, dauerte es kaum noch zwei Jahrhunderte, bis das Alte Reich unter den Pharaonen der 4. Dynastie seinen Höhepunkt erreichte: Unter Snofru, der die erste regelrechte Pyramide erbaute, und den drei folgenden Generationen seines Hauses, Cheops (Khufu), Chephren (Chawefrê) und Mykerinos (Menkaure). Ihre Pyramidengräber in Gizeh gehören zu den berühmtesten Monumenten der Welt.

In mancherlei Hinsicht war die 4. Dynastie der Gipfel des ägyptischen Königtums. Diese Pharaonen waren nicht Diener der Götter, sie waren selbst göttlich, waren unsterbliche Söhne des Sonnengottes Rê. Auf Erden regierten und besteuerten sie ein blühendes Land mittels eines ständig wachsenden Verwaltungssystems, das von Kämmerern, Wesiren und anderen hohen Beamten (hauptsächlich Mitglieder der eigenen Familie) hinabreichte bis zu den geringeren Angestellten, welche die einzelnen Gaue Ägyptens, zu kontrollieren hatten. Im Jenseits war ihnen die ewige Gemeinschaft mit den anderen Göttern gewiß. Ihre Leichname und die Statuen, in denen ihre Geister wohnten, wurden in den Pyramiden bewahrt und in den dazugehörigen Tempeln verehrt. Ägypten war ein theokratisch regierter Staat im wahrsten Sinne des Wortes. Damit einher ging volles Vertrauen in die Rechtmäßigkeit aller Dinge: das zeigt sich in der ruhigen Würde der Statue des Chephren und etwas menschlicher in der des Mykerinos und seiner Gemahlin. Wer wollte daran zweifeln, daß diese vertrauensvolle Haltung sich auch auf die Untertanen erstreckte, die fest daran glaubten, daß ihre göttlichen Herrscher ihnen ein Leben in huldvoller Harmonie mit den Göttern und der Natur verschaffen konnten.

Nach der Regierungszeit des Mykerinos begann jedoch ein schneller Niedergang der 4. Dynastie. Mit der 5. Dynastie (seit ca. 2500 v. Chr.) verlor der Status des Pharaos an Bedeutung. Das hing vielleicht mit der wachsenden Macht der Sonnenpriesterschaft in Heliopolis zusammen. Jedenfalls bauten die Pharaonen dieses Herrscherhauses riesige Tempel für den Gott statt riesiger Grabstätten für sich selbst. Das Königreich jedoch war immer noch reich und einig. Nun begann ein sozialer Prozeß, der im Lauf der Geschichte immer wiederkehren sollte: Einige Privilegien gingen von der kleinen Elite auf die niederen Klassen über. Einst war die Unsterblichkeit nur den Menschen königlichen Blutes vorbehalten gewesen; jetzt konnten Beamte, Priester, Schreiber, Architekten und Ärzte hoffen, sie zu erlangen. Folglich ließen sie nun auch Porträtstatuen für ihre Grabstätten anfertigen.

Die 5. Dynastie ging ungefähr 2340 v. Chr. zu Ende, zu der Zeit, als Sargon der Große sein Reich errang. Mit der 6. Dynastie erhielt die große Ära des Alten Reiches bedrohliche Risse. Gouverneure und Fürsten aus den Provinzen rissen Reichtum und Macht an sich und stellten eine wachsende Gefahr für die Krone dar. Dennoch konnten einige Pharaonen aus diesem Herrscherhaus, insbesondere die beiden Pepis (Phiops), ihre Zentralregierung aufrechterhalten und auswärts Kriege führen und Handel treiben. Dem Pharao Pepi II. war die längste Regierungszeit der Geschichte bestimmt: mehr als 90 Jahre. Als er schließlich starb, wurde der Staat von inneren Spannungen zerrissen. Ägypten wurde damals von Umwälzungen berührt, die so manche alte Ordnung der damaligen Welt über den Haufen werfen sollten. So endete das 3. Jahrtausend v. Chr., das so glanzvoll mit den ersten Hochkulturen begonnen hatte, mit den ersten großen Zusammenbrüchen bedeutender Reiche.

Die ägyptische Kultur, deren Merkmale sich schon unter Menes deutlich abzeichneten, erhielt ihre charakteristische Ausdrucksform im Alten Reich. Ihre Kunst war wunderbar naturalistisch – in einem Ausmaß, das erst in der griechischen Antike wiederkehren sollte. Durch die Entwicklung der Schrift, die es möglich machte, Namen zu überliefern, wurde der Anonymität des prähistorischen Zeitalters ein Ende gesetzt; noch viel deutlicher führen uns die Porträtskulpturen die ägyptischen Menschen jener Zeit in all ihrer ganzen Vielfalt vor Augen. Die Liebe zum Realismus zeigt sich auch in der Hieroglyphenschrift, die in dieser Periode vervollkommnet wurde und dann dreitausend Jahre lang in Gebrauch blieb.

Neben dem, was wir heute die schönen Künste nennen würden, vervollkommneten die ägyptischen Handwerker im Dienste der herrschenden Schicht vieles, was zum zivilisierten Leben gehört: feines Leinen, Schmuck, Kosmetika in ausgesucht schönen Gefäßen, elegante Intarsienmöbel.

Für all diese Handwerkszweige brauchte man den Handel mit Rohmaterialien. Der Holzhandel über Byblos weitete sich stark aus. Man unternahm Reisen am Roten Meer entlang ins Land Punt (wahrscheinlich das heutige Somalia), um Weihrauch zu holen; man trieb Handel mit den Nubiern jenseits der Südgrenze, um sich den Luxus von Elfenbein und Ebenholz zu leisten. Die Ägypter selbst betrieben Kupfer- und Türkisminen auf Sinai. Was den wichtigsten technologischen Fortschritt des Jahrtausends angeht – die Metallurgie –, so hinkten die Ägypter, die in der Frühzeit so schwungvoll mit Kupferarbeiten begonnen hatten, inzwischen in der Bronzeherstellung weit hinter den Sumerern und anderen Völkern her. Der Rohstoffhandel und die Verteidigung des Reiches verwickelten die Pharaonen in auswärtige Beziehungen, die jahrhundertelang etwa die gleiche Struktur hatten. Man hielt die Libyer in der westlichen Wüste mit Scharmützeln und gelegentlichen kleinen Kriegen in Schach; man kontrollierte die nomadisierenden Beduinen im Osten, um die Bergwerke auf Sinai zu schützen; und im Süden, wo die Grenze beim Ersten Katarakt aufrechterhalten wurde, sandte man freundschaftliche Handelsexpeditionen nach Nubien und gelegentliche Strafexpeditionen zu Häuptlingen, die Ärger machten.

Wenn wir uns jetzt *Mesopotamien* zuwenden, so finden wir in der Geschichte der ersten Hälfte des dritten Jahrtausends zahlreiche Lücken und Ungewißheiten. Viele Einzelnamen sind überliefert, doch sind sie von Legenden umrankt, so daß die geschichtliche Wahrheit verschleiert bleibt. *Gilgamesch* zum Beispiel, der Übermensch aus dem berühmten Epos: war er nun wirklich ein König aus Fleisch und Blut, der über Uruk herrschte, als Djoser in Ägypten seine Stufenpyramide erbaute? Vielleicht wird die Archäologie eines Tages beweisen, daß er es war, so wie sie

Terrakotta-Statue des Gilgamesch, des um das ewige Leben ringenden Heros aus dem bedeutendsten Heldenepos des alten Orients. Chorsabad (Dūr Scharrukin), Mesopotamien.

Sargon von Akkad, der das erste bekannte Großreich der Weltgeschichte gründete. Dieses fast lebensgroße Bildnis (Bronzeguß) wurde in Ninive gefunden.

Die berühmte, 2 m hohe Siegesstele des Narâm-sin, eines Enkels von Sargon. Die den tatsächlichen Vorgängen sehr nahekommende Darstellung der rot-gelben Sandsteinstele verherrlicht den Sieg Naram-sins über ein Bergvolk des Zagrosgebirges in einem Paßaufstieg. Fundort: Susa.

schon die reale Existenz einiger anderer halblegendärer Gestalten bewiesen hat.

Eins ist sicher: Inzwischen hatte sich in Sumer eine bestimmte Struktur des Lebens herausgebildet, die auf kleinen Stadtstaaten basierte. Die Könige dieser Stadtstaaten waren Vertreter der Gottheit (es konnte ein Gott oder eine Göttin sein), die als nominelles Staatsoberhaupt galt. In der Frühzeit war der Tempel mit allem zugehörigen Besitz – Land, Arbeiter, Tribut – von primärer wirtschaftlicher Bedeutung, doch mit der Zeit begannen die Könige sich Übergriffe zu leisten, und neben den Tempeln entstanden Paläste, die sich mit ihnen die Herrschaft über die dichtbevölkerten Städte teilten.

Naturgemäß bekämpften die Herrscher dieser Stadtstaaten einander grimmig; meist ging es um Wasserrechte und ähnliches. Bedeutendere, ehrgeizigere und besonders kriegerische Persönlichkeiten unter ihnen schafften es, sich selbst und ihre Nachkommen als Oberherren und Nationalkönige über andere Staaten zu etablieren. Dann wurden sie ihrerseits geschlagen, und eine andere Stadt, beziehungsweise deren Dynastie erlangte die Oberherrschaft. Wegen ihrer politischen Zerstrittenheit mangelte es den Mesopotamiern an der konzentrierten Macht eines großen Nationalstaates, die es z. B. den Pharaonen ermöglichte, ihre gewaltigen Werke zu schaffen. Doch in der eigentlichen Urbanisierung, im technischen Fortschritt und vor allem im ausgedehnten Außenhandel (die Kaufleute waren zum großen Teil Privatunternehmer) blieben sie den Ägyptern überlegen.

Die Historiker datieren die »protoliterarische« Periode ins erste, eventuell noch ins zweite Jahrhundert dieses Jahrtausends und setzen für den Anfang der frühdynastischen Periode etwa die Zeit um 2800 v. Chr. oder etwas früher an.

Es ist nicht möglich, die komplizierte und nur bruchstückhaft bekannte Geschichte der Städte und ihrer Herrscher in der frühdynastischen Zeit zusammenzufassen. Die Oberherrschaft scheint zunächst bei Kisch gelegen zu haben, dann wurde sie vermutlich von der sehr alten Stadt Uruk errungen und später von Ur, Lagasch, Umma und anderen. Nippur, im Herzen der riesigen flachen sumerischen Ebene gelegen und dem großen Gott Enlil geweiht, scheint nicht nach größerer Macht gestrebt zu haben. Es blieb aber lange Zeit heilige Stadt und Studienzentrum.

An welcher Stelle der Geschichte der frühdynastischen Periode würden sich die Herrscher einfügen, die mit solchem Aufwand und Gepränge, mit Hofstaat und kostbaren Schätzen in der königlichen Grabstätte zu Ur beigesetzt sind? Das ist schwierig zu sagen, da die in den Grabmälern hinterlassenen Namen nicht in der Königsliste der Ersten Dynastie erscheinen. Es ist jedoch wahrscheinlich, daß sie einer früheren Zeit angehören, dem Jahrhundert nach 2600 v. Chr., der Zeit der Pyramiden von Gizeh.

Die ganze Zeit über beherrschten die alten sumerischen Städte des Südens das Tal des Euphrat und Tigris, obwohl einzelne ihrer Könige, vor allem in Kisch, semitische Namen trugen. Wie wir wissen, wohnten in prähistorischer Zeit auch

Aus dem Königsfriedhof von Ur stammt auch der handwerklich so vollendete, perückenförmige Helm des Prinzen Meskalamdug. Er wurde aus einem einzigen Elektronblech (Gold-Silber-Legierung) gearbeitet und mit Reliefstrukturen und Ziselierungen versehen. In den Löchern am Maskenrand wurde mit Bändern ein gestepptes Innenfutter befestigt.

Ziegenbock in einem Strauch. Das etwa 50 cm hohe Kunstwerk aus Blattgold, Silber, Lapislazuli, Schildpatt und Kalksteinstückchen über einem Holzkörper wurde in der Großen Gruft des Königsfriedhofes von Ur gefunden.

Semiten im Zweistromland. Nun, während der frühen Jahrhunderte des 3. Jahrtausends, drangen aus den Wüsten westlich des Tals weitere Semiten ein, übernahmen die städtische Lebensweise und rückten friedlich nach Süden und ins alte Sumer vor. Diese Semiten, die die sumerische Kultur angenommen und die Keilschrift für ihre eigene Sprache übernommen hatten, sind uns als *Akkader* bekannt. Die Vermischung dieser beiden Völker und ihrer Traditionen brachte eine sehr aktive Kultur hervor, und es dauerte nicht lange, bis die Semiten die dominierenden Partner wurden.

Ungefähr um 2350 v. Chr. gab es in Umma' einen besonders kriegerischen König, einen Usurpator namens Lugalzaggesi, der, nachdem er die Stadt seines traditionellen Gegners erobert und geplündert hatte, mit Eroberungen fortfuhr und weitere Stadtstaaten unterwarf, so daß er sich schließlich »König des Landes Sumer« nennen konnte. Es erwies sich allerdings später, daß dieser Ummit nur der Wegbereiter eines anderen Eroberer gewesen sein sollte, der größer war als er: *Sargons des Großen*, des ersten Herrschers über Mesopotamien, dessen Name der Weltgeschichte bekannt ist. Sargon war ein Emporkömmling mit unersättlichem militärischem Ehrgeiz. Während einer langen Regierungszeit errang er sich die Oberherrschaft über das ganze Zweistromtal und setzte dann seine Eroberungszüge nach Norden zum Mittelmeerraum hin fort – durch Syrien und die Zedernwälder des Libanon. Er herrschte auch über Elam und unterwarf die Gebiete südlich des arabischen Golfs. So errichtete er das erste bekannte Großreich der Geschichte. Seine Hauptstadt Akkad wurde dadurch zu einer reichen, blühenden Handelsstadt. Obwohl die semitischen Völker, die *Amoriter* der Bibel, die erneut in das Reich einsickerten, Druck und Aufruhr verursachten, hielt das Großreich 150 Jahre, und Sargons Enkel *Naram-sin* (ca. 2260 v. Chr.) konnte es sogar noch vergrößern. Auf einer berühmten Stele ist dargestellt, wie er ein Gebirgsvolk des Zagros unterwirft.

Ein anderes Volk aus diesen Bergen, die *Gutäer* (*Guti*), verursachte allerdings letztlich den Zusammenbruch des semitischen Großreichs und gewann die Herrschaft über das nördliche Sumer. Der alte sumerische Süden jedoch kam wieder zu Wohlstand, indem er von Akkad den Handel im Golfgebiet zurückgewann. Das war um die Zeit des *Gudea von Lagasch*, eines friedliebenden Regenten, der seinen Stolz darein setzte, prächtige Tempel zu bauen. Sein Gesicht mit den kraftvollen, ruhigen Zügen ist uns von mehreren Statuen

Das hölzerne Modell eines Ochsengespanns mit einem einfachen Pflug – eine Grabbeigabe – wurde in einer ägyptischen Grabanlage gefunden. Diese Modelle, ebenso wie die Wandmalereien der Gräber, sollten den Verstorbenen im anderen Leben mit dem Notwendigsten versehen.

her bekannt. – Später, als Lagaschs Macht abnahm, stieg Ur unter der Herrschaft des erfolgreichen Großkönigs *Urnammu* wieder zu beachtlicher Größe auf. Die 3. Dynastie von Ur, die er um 2100 v. Chr. begründete, beherrschte schließlich das ganze Tal. In den Fußstapfen Sargons errichtete diese Dynastie ein zentralisiertes Verwaltungssystem mit Gouverneuren, die über die Stadtstaaten gesetzt waren. Die Könige selbst beanspruchten den Status eines Halbgottes und ließen sich durch Hymnen, Heiligtümer und Opfer feiern.

Die 3. Dynastie hielt den inneren Frieden aufrecht und stützte den Außenhandel, aber gegen Ende des Jahrtausends mußte sie Angriffe der *Hurriter* (*Churriter*) aus den nördlichen Bergen erdulden, auch erneuten Druck von den Amoritern, deren Macht ständig wuchs und die sich nach kurzer Zeit den Norden unterwarfen. Der entscheidende Schlag jedoch wurde von einem König von Elam geführt, der in Sumer einmarschierte und Ur besetzte. Das Klagelied, das anläßlich dieser traurigen Begebenheit geschrieben wurde, bezeichnet deutlich das Ende der großen Zeit von Sumer. Obgleich Ur und viele andere alte Städte überlebten, verlagerte sich die eigentliche Macht unwiderruflich nach Norden und blieb in den Händen der Semiten. Sumerisch wurde vermutlich schon bald nicht mehr gesprochen. Als Schriftsprache in Wissenschaft und Literatur blieb es allerdings noch lange erhalten.

Die Zerstörung von Ur, der Tag, da der König der Stadt und das Bildnis ihres Mondgottes nach Susa gebracht wurden »wie ein Vogel, der sein Nest verlassen hat«, war ein Höhepunkt der tausendjährigen Kriege zwischen Elamitern und Sumerern und ein ausreichender Beweis dafür, daß Elam noch über Kräfte verfügte. Auch viele Städte und Siedlungen im Hochland, wie z. B. Tepe Jahja im südlichen Iran, der ein Bindeglied zwischen Mesopotamien und Indien darstellte, erlebten eine Blütezeit. Der Wohlstand wuchs durch den Handel mit kostbaren Waren wie Lapislazuli (hauptsächlich aus Afghanistan), Seifenstein, Karneol und Zinn.

Während dieser Handel mit Packeseln über die Landrouten vor sich ging, gab es außerdem einen wachsenden Seehandel an den Golfküsten, wo die Kaufleute von Sumer und Akkad Wolle, Häute und Öl gegen Kupfer aus Makran (wahrscheinlich das heutige Oman) und Luxusgüter eintauschten. In der zweiten Hälfte des Jahrtausends entstand ein bedeutender Anlaufhafen in der Nähe der Trinkwasserquellen von Bahrein. Hier eröffneten sich den Händlern Verbindungen nach Sumer und dem Industal.

Die Wurzeln der *Induskultur* sind noch nicht erforscht. Ihre Entstehung muß aber sowohl mit den Siedlungen des Iran als auch mit Einflüssen aus Mesopotamien zusammenhängen. Schon um 2500 v. Chr. hatte sie eine Blütezeit erreicht, ihren Höhepunkt erlebte sie ungefähr zu der Zeit von Sargons Großreich und der 5. Dynastie von Ägypten, doch bereits am Anfang des 2. Jahrtausends war sie im Niedergang begriffen. Deshalb war ihre Gesamtdauer viel kürzer als die der beiden anderen großen Stromtalkulturen, und ihr Einfluß reichte nicht so weit. Ihr Gebiet jedoch war größer als das der beiden anderen, denn während die Hauptstädte in der Flußebene lagen, erstreckte es sich zusätzlich an den Küsten beiderseits des Deltas.

Die Indus-Schrift ist hauptsächlich auf Siegeln erhalten, die wahrscheinlich zur Kennzeichnung von Eigentum benutzt wurden; außerdem taucht sie auf einigen wenigen Kupfertäfelchen und Tonscherben auf. Leider konnten nicht einmal diese kurzen Inschriften entziffert werden, so daß wir uns hier wieder in einem namenlosen, wortlosen Bereich bewegen.

In dem ganzen riesigen Territorium der Induskultur herrschte eine so auffallende Einheitlichkeit in den Produkten, den Gebäuden und der allgemeinen Lebensweise, daß sich der Gedanke aufdrängt, hier habe ein geeinter Staat bestanden, der unter sehr fester Kontrolle der beiden Zwillings-Hauptstädte Mohenjo-Daro und Harappa stand. Diese Städte, auch weniger bedeutende wie Kalibangan und die Hafenstadt Lothal (mit dem geschickt angelegten Dock an der Spitze des Golfs von Kambay) hatten ganz regelmäßige Grundrisse, die sich vom ungeplanten Straßennetz der sumerischen Städte stark unterscheiden. Ein gut funktionierendes Abwässersystem verlief unter den Straßen zwischen den Häuserblöcken, und Brunnen gab es in verschwenderischer Anzahl. Im Gegensatz zum luftgetrockneten Schlammziegel, der in Sumer das Universal-Baumaterial darstellte, waren Backsteine das Kennzeichen der Indus-Architektur. Mittelpunkt der Städte waren stark befestigte »Zitadellen« auf massiven Plattformen, die Schutz vor Überschwemmung boten. Innerhalb der Mauern oder direkt davor befanden sich Werkstätten, große Kornspeicher und Mühlen – ganz offensichtlich zentrale städtische Nahrungsmitteldepots. Große Mengen Korn müssen hier mittels Ochsenkarren vom Lande herangefahren worden sein, um die Städter zu ernähren. Zusammen mit der imponierenden Stadtplanung lassen diese Einrichtungen auf eine stark sozial orientierte Administration schließen. (Manche Vermutungen gehen dahin, daß der ganzen Induskultur ein bronzezeitlicher Totalitarismus zugrunde gelegen habe.) In Mohenjo-Daro gab es ein großartiges stufenumrandetes Bad, das zusammen mit den Gebäuden ringsum vermutlich rituellen Zwecken gedient hat. Tempelgebäude, die mit denen von Sumer oder Ägypten verglichen werden könnten, hat man jedoch nirgends gefunden. Überbleibsel von religiöser Bedeutung sind hauptsächlich weibliche Figürchen, die wahrscheinlich eine Mutter-Göttin darstellen, und ein dreiköpfiger gehörnter Gott, vielleicht ein Vorfahre des Hindu-Gottes Schiwa. Es gibt Hinweise auf einen Stierkult, einen Baumkult und die Verehrung wilder Tiere wie Flußpferd und Elefant. In Kalibangan benutzte man Feueraltäre.

Wie in den anderen Stromtalkulturen basierte die Wirtschaft am Indus auf Weizen- und Gersteanbau mittels Bewässerung. An der Westküste wuchs Reis, Baumwolle baute man für den Handel an. Mehrere Arten von Rindern wurden gezüchtet, darunter das Zebu-Buckelrind, außerdem Büffel und Schweine.

Die Metallurgie der Indus-Leute war konserva-

Ruhige Würde zeichnet dieses edle Steinmonument, die Sitzstatue des Pharaos Chefren, aus. Der Falkengott Horus breitet schützend seine Flügel um das Haupt des Königs. Der heraldische Pflanzenschmuck unterhalb des Throns symbolisiert die Vereinigung von Ober- und Unterägypten.

König Djoser, der zweite Pharao der 3. Dynastie. Diese frühe, lebensgroße Kalksteinstatue stammt aus dem Bezirk der Stufenpyramide von Saqqâra, Ägypten.

tiv, beinah rückständig zu nennen, und merkwürdig stereotyp. Im Handel waren sie jedoch recht unternehmend. Es war schon die Rede davon, daß ihre Kaufleute Überland- und Seehandel mit Sumer und den dazwischenliegenden Ländern trieben. Es scheint, als hätten sie Handelskolonien in Bahrein und in Ur sowie in anderen sumerischen und akkadischen Städten errichtet. Dieser Außenhandel erlebte seine höchste Blüte zur Zeit Sargons und der 3. Dynastie von Ur.

Die bildenden Künste spielten im Leben des Indus-Volkes offenbar längst nicht die gleiche bedeutende Rolle wie bei Sumerern und Ägyptern. Das ist wohl zum großen Teil darauf zurückzuführen, daß hier nicht die gleichen hochorganisierten religiösen Institutionen existierten, deren Mittelpunkt der theokratische Herrscher war; aus diesem Grunde fehlte auch das Patronat für die Künste.

In *China* oder *Japan* sah das 3. Jahrtausend v. Chr. keine besonders auffallenden Entwicklung. Neolithische Dorfgemeinschaften mit einfacher Feldwirtschaft und Herdenhaltung waren und blieben die fortschrittlichsten Formen des Zusammenlebens, und in weiten Teilen des Landes lebten die Menschen weiterhin vom Jagen und Fischen. Eine technische Neuerung gab es mit Gewißheit: Bei den jungsteinzeitlichen Bauerngruppen des Verbreitungsgebietes der Yang-Shao-Kultur kam die Töpferscheibe auf. Man benutzte sie, um streng geformte, oft auch recht elegante Gefäße aus schimmerndem schwarzem Ton herzustellen. Im übrigen unterschieden sich diese Leute von ihren westlichen Nachbarn dadurch, daß sie ihre Dörfer mit Wällen aus gestampfter Erde umgaben.

Für Japan nimmt man an, daß die mittlere Phase der zeitlich sehr ausgedehnten *Jōmon-Kultur* ins dritte Jahrtausend v. Chr. fällt. Die Küstenbewohner lebten zum größten Teil von Muscheln, Austern sowie sonstigen Schalen- und Krustentieren, während die Bergbewohner jagten und Beeren, Nüsse, aber auch Wurzeln sammelten. Der Anbau von Hirse und Gemüse war in seinen Anfängen. Die Töpfer stellten immer größere und immer reicher verzierte Gefäße her; manche davon verwendete man zum Kochen. Es ist gut möglich, daß auch die Bevölkerung damals anwuchs: man weiß, daß es einige Dörfer mit mehr als sechzig Hütten gab.

Im südlichen *Sibirien* zeichneten sich die letzten Jahrhunderte des Jahrtausends durch das Entstehen einer Kultur aus, die Kupfer verarbeitete und als die *Afanasjewo-Kultur* bekannt ist. Über das Leben ihrer Träger kann nicht viel gesagt werden, da man kaum etwas anderes als ihre Grabstätten kennt, von denen sich viele im Becken von Minusinsk und eine kleinere Zahl im Altai-Gebiet finden. Offenbar sind sie Jäger und Herdenhalter gewesen mit Rindern, Schafen und Pferden. Zwar bestand ihr Geräteinventar hauptsächlich noch aus Stein, doch stellten sie Nadeln, Ahlen und Messer aus Kupfer her und verwendeten dieses Metall auch verschwenderischer zusammen mit Gold und Silber für Schmuckstücke. Besondere Sorgfalt ließ man den Toten angedeihen. Anscheinend wurden ganze Familiengruppen zusammen in rechteckigen Gruben bestattet und mit Nahrung, Getränken und

Gänse auf Futtersuche (Ausschnitt), Fragment einer Wandmalerei aus der Mastaba des Nefermaat, Mêdûm, Ägypten

Der Zwerg Seneb (Chef der kgl. Kleiderkammer) und seine Familie. Bemalter Kalkstein. 4. Dynastie, Fundort: Gizeh, Ägypten.

Pharao Mykerinos und seine Gattin in einer sehr persönlich gehaltenen, ihre Zuneigung demonstrierenden Gruppierung. Gizeh.

Kykladen-Idol (»Venus«) aus Marmor. Diese Figuren waren besonders stark stilisiert und hatten als auffallende Merkmale u. a. in die Länge gezogene Köpfe, verschränkte Arme und parallelgestellte Beine.

Besitztümern versehen. Man umschloß die Gräber mit einer runden Steinmauer und bedeckte sie mit einem Erdhügel. Die Afanasjewo-Leute waren wahrscheinlich vom Westen gekommen, denn sie gehörten zur europäischen (kaukasischen) Rasse. Später sollte dieses Gebiet von mongolischen Völkern übernommen werden.

Das *östliche Mittelmeerbecken*, insbesondere die *Levante*, war selbstverständlich stark von den beiden großen Kulturen im Nordosten und Süden beeinflußt. Das Quellgebiet des Tigris und Euphrat reicht hinauf bis ins östliche Anatolien, wo Kupfer und Silber zu holen war, und vom westlichen Euphratbogen aus führten Handelsstraßen nach Kilikien, Syrien und dem Libanon. Sowohl die sumerischen als auch die ägyptischen Herrscher wollten für ihre Tempelbauten libanesisches Holz haben: Gudea von Lagasch beschreibt, wie er »einen Pfad machte zu dem Zedernberg . . . seine Zedern mit großen Äxten schlug« und sie den Euphrat hinabflößte.

Das städtische Leben sowie die Herstellung und Verarbeitung von Bronze, die kurz vor 3000 v. Chr. begonnen hatte, machten jetzt schnelle Fortschritte. Befestigte Städte fanden sich in der ganzen Region, und es ist anzunehmen, daß es sich um Königsresidenzen handelte. Auch in der Levante bildete sich also die Struktur der kleinen Stadtstaaten heraus; im folgenden Jahrtausend sollten sie alle von den Großmächten Ägypten und Mesopotamien überrollt werden. Auch in einigen Teilen von Anatolien gab es Königreiche, vielleicht reicher, aber auch barbarischer in ihrer Lebensweise. Die Königsgräber von Alaça-Hüyük waren mit schöngearbeiteten Waffen, mit Kultgegenständen, Gefäßen und persönlichen Schmuckstücken aus Bronze, Silber und Gold ausgestattet. Der ersten Siedlung in Troja folgte Troja II., erbaut mit starken Wällen und Mauern und einer großen Königshalle. Hier war es, wo Schliemann den berühmten Goldschatz fand, den er Priamos zuschrieb, obwohl er in Wahrheit etwa 1500 Jahre vor dem Trojanischen Krieg in die Grabkammer gelegt worden war.

Das westliche Anatolien trug viel zum Wohlstand der Ägäischen Welt bei. Dieser gründete sich auf den Seehandel, wurde aber vielleicht durch Anbau von Oliven und Wein zu jener Zeit noch erhöht. Ansehnliche Städte erwuchsen auf Lemnos und Lesbos. Die Kykladischen Inseln waren allerdings kaum groß genug, um Städte ernähren zu können, daher lebten die meisten Menschen in Dörfern nahe der Küste. Die kühnen Seeleute und notorischen Piraten aus diesen Dörfern gelangten durch die ganze Ägäis und weit darüber hinaus, sogar bis zu den Balearen. *Kreta*, das zu dieser Zeit die »Frühminoische Periode« erlebte, setzte nach 2500 v. Chr. der Überlegenheit der Kykladenkultur ein Ende. Der kretische Außenhandel weitete sich schnell aus. Zum großen Teil ging er von Häfen an der westlichen Küste der Insel aus. Dort entstanden einige große Herrenhäuser und kleine offene Städte. Die Bronzeverarbeitung und eine bescheidene Urbanisation (am besten repräsentiert von der befestigten Stadt Lerna) erreichten das griechische Festland ein wenig später als die Inseln. Gegen Ende der Periode war jedoch ein rapider Fortschritt zu verzeichnen. Die Metallurgie breitete sich aus, und die Reichen konnten sich sogar Gefäße aus Gold und Silber leisten.

Trotz Handels, königlicher Reichtümer und Kontakte mit den »Großmächten« erreichten die Länder im östlichen Mittelmeerbecken zu jener Zeit keine Hochkultur. Symptomatisch ist, daß es hier vor 2000 v. Chr. keine Schrift gab. Die Beschaffenheit des Territoriums, die Völker und ihre kulturellen Traditionen waren zu unterschiedlich und unzusammenhängend, so daß Verwaltungs- und Regierungssysteme in großem Maßstab sich nicht entwickeln konnten. Darüber hinaus konnte sich auch die Landwirtschaft nicht mit den ausgedehnten, ewig fruchtbaren Bewässerungsfeldersystemen der großen Stromtäler messen.

Während der letzten Jahrhunderte des Jahrtausends gab es Völkerbewegungen ähnlich denen in Ägypten und Mesopotamien. Sie brachten die Region in Aufruhr und hatten stellenweise katastrophale Folgen. In Griechenland und Anatolien waren die Einwanderer wahrscheinlich *Indo-Europäer*, die Vorboten der großen Expansion dieser Völker, die die Geschichte verändern sollte. In der Levante waren die Eindringlinge *semitische* Völker, die von Wüstennomaden abstammten. Zu ihnen gehörten Amoriter (das gleiche Volk, das die 3. Dynastie von Ur zu Fall brachte) und die ersten *Kanaanäer*. Andere Gruppen sickerten in Ägypten ein und trugen zu der Konfusion bei, die mit dem inneren Zusammenbruch des Alten Reiches einherging.

Im *westlichen Mittelmeerraum* dauerte das Chalkolithikum (Kupferzeit) erheblich länger als im Osten. Die Bronzeherstellung verbreitete sich in Italien etwa ab 2500 v. Chr., doch Spanien und Portugal kamen in dieser Periode noch nicht über die Stein- und Kupferverarbeitung hinaus.

Die Völker des westlichen Mittelmeerraums verwandten auch weiterhin die größte Mühe auf den Bau von Gemeinschaftsgräbern und anderen religiösen Bauwerken. In Spanien und Portugal wurden zumindest während der ersten Hälfte des Jahrtausends immer noch eindrucksvolle megalithische Grabstätten errichtet und benutzt. In Los Millares, im Südostzipfel Spaniens, entstand eine große Siedlung, die von starken, turmbewehrten Mauern umschlossen war. Außerhalb der Mauern lag ein Friedhof mit etwa 80 sorgfältig gebauten megalithischen Ganggräbern. Der Ort muß die Hauptfestung eines außerordentlich bedeutenden Fürstentums gewesen sein. An einigen Orten, vor allem in Italien, Sardinien, Südspanien und Portugal, sind Gemeinschafts-Grabkammern in den Felsen geschnitten.

Die bei weitem auffälligste Schöpfung dieser Art entstand in *Malta*. Nach bescheidenen Anfängen in der vorangegangenen Periode entwickelten die Bewohner dieser kleinen Insel einen imponierenden Tempel- und Grab-Tempel-Bau (Hypogaiom) in einem völlig eigenständigen Stil. Sie verwendeten sehr große Steinblöcke, die nicht (wie man es im allgemeinen bei der Megalith-Bauweise kennt) roh belassen, sondern sorgfältig behauen und reich mit Spiralen und anderen religiösen Motiven ver-

Terrakotta-Figürchen einer Frau oder »Mutter-Gottheit«. Mohenjo Daro, Induskultur (heute Pakistan).

ziert wurden. Die Kolossalstatue einer stehenden Frau im Tempel von *Tarxien*, dazu zahlreiche kleinere sitzende und liegende Figuren, die alle ein sehr fülliges weibliches Wesen darstellen, schließen jeden Zweifel daran aus, daß diese Tempel dem alten mediterranen Mutter-Göttinnen-Kult geweiht waren. Die ältesten Tempel entstanden wahrscheinlich einige Jahrhunderte vor Djosers Zeit. So beachtlich sie auch sind, so muß doch betont werden, daß sie im Vergleich zu Imhoteps glanzvollen Schöpfungen winzig und primitiv wirken.

Im mittleren, westlichen und nördlichen Europa gab es während des 3. Jahrtausends in vielen Regionen kaum Veränderungen im Leben der bäuerlichen Gemeinwesen. Die verschiedenen Völker, meist Dorfbewohner, bauten wie zuvor ihren Weizen und ihre Gerste an und hüteten ihre Rinder und Schafe. Obwohl sich vom Balkan und von Osteuropa her die Kupferverarbeitung ausbreitete, verharrte der Westen in einer steinverarbeitenden spätneolithischen Phase der Entwicklung. Überall dort, wo im vorangegangenen Jahrtausend Megalithgräber gebaut worden waren, fuhr man fort, neue zu bauen und die alten zu benutzen.

In Britannien sah die späte Steinzeit eine besondere Form religiöser Zentren: die »Henges«, deren älteste schon in der allerfrühesten Anfangszeit der Periode – wenn nicht noch früher – entstanden. Es handelte sich um einen heiligen Bezirk, der manchmal mit Holz oder aufrechtstehenden Steinen kreisförmig besetzt und von einem Erdwall umschlossen war. *Avebury* in Wiltshire ist ein berühmtes Beispiel. Die Erdwälle waren von unterschiedlicher Stärke. In *Stonehenge* stammt der kleine Wall mit dem Graben, den die meisten Leute kaum bemerken, wenn sie ihn auf dem Weg zu den Steinen überqueren, wahrscheinlich aus der Zeit vor 2500 v. Chr. Stonehenge wollen wir hier nicht behandeln. Es gehört in unser nächstes Kapitel, denn es dauerte noch mindestens fünf Jahrhunderte, bis das Heiligtum vollendet wurde und seine Glanzzeit erlebte.

Gegen Ende des 3. Jahrtausends bewirkten Völkerbewegungen in weiten Teilen Europas tiefgreifende Veränderungen des sozialen und kulturellen Lebens. Wäre das in historischer Zeit geschehen, dann wären uns die Namen und Taten der betreffenden Völker geläufig. Wie die Dinge jedoch liegen, können wir nur farblose archäologische Bezeichnungen wie »Schnurkeramiker«, »Streitaxtleute« usw. benutzen. Unter den kriegerischen Gruppen, die über den Kontinent zogen, waren die Schnurkeramiker die verbreitetsten. Wohin diese auch hingelangten, führten sie die Einzelbestattung unter runden Erdhügeln ein. Obwohl vielleicht noch hin und wieder Megalithgräber benutzt wurden, so baute man doch keine neuen, und die Gemeinschaftsbestattung kam aus der Mode. Diese Einwanderer haben sich wahrscheinlich häufig als »Adelsschicht« über die Einheimischen gelegt und sich mehrere Generationen lang nicht mit ihnen vermischt. Ihnen ist es zum großen Teil zu verdanken, daß die Kupfer- und Bronzeverarbeitung in West- und Nordeuropa eingeführt wurde.

Die beiden *amerikanischen* Teilkontinente erlebten in dieser Periode allmähliche Fortschritte in Richtung auf eine bessere Landbebauung sowie größere und seßhaftere Dorfgemeinschaften. Diese Fortschritte konzentrierten sich immer noch auf die alten, höher entwickelten Zentren in Mexiko, Südamerika und im Südwesten der heutigen Vereinigten Staaten; das Stammesleben in den anderen Gebieten hatte weiterhin die Jagd, das Sammeln und den Fischfang als Existenzgrundlage.

In Mittelamerika stellt dieses Jahrtausend die letzte Phase vor dem entscheidenden Schritt des vorklassischen Zeitalters dar. Das feuchtere Klima und die durch Kreuzung verbesserten Maissorten erbrachten nach 2500 v. Chr. bedeutend höhere Erträge. Mais und Gemüse wurden nun zu Hauptnahrungsmitteln, während sie vorher nur unbedeutende Ergänzungen der erjagten und gesammelten Nahrung waren. Doch immer noch waren die Bauern ohne Töpferei.

In den fruchtbaren Tälern der peruanischen Küstenlandschaft wie in Chicama und Virú bauten die Leute Bohnen und Kürbisse an und sammelten außerdem wildwachsende Pflanzen. Nach 2500 v. Chr. scheinen sie nicht mehr so viel gejagt, dafür aber mehr Fischerei betrieben zu haben. Ihre Behausungen waren vermutlich armselige Hütten, doch hatte manches Dorf wahrscheinlich über tausend Einwohner. Die Leute spannen und webten Textilien aus einheimischer Baumwolle.

Um diese Zeit gab es in Peru noch immer keine Töpferei, obwohl sie doch in Ecuador schon gegen Ende des vorangegangenen Jahrtausends begonnen hatte. Hier brachte sie inzwischen neben vollendet schönen Keramikgefäßen auch fein modellierte Figürchen hervor. Ungefähr um 3000 v. Chr. tauchte die Töpferei in Kolumbien auf, und wie in Ecuador stellte man sowohl Gefäße als auch groteske Figuren (besonders bemerkenswert die Näpfe mit Menschen- oder Tierköpfen) aus Ton her.

Technologie 3000–2000 v. Chr.

Mesopotamien und Ägypten, die vor 3000 v. Chr. einige Schritte nach vorn getan hatten, erzielten nun einen spektakulären Fortschritt. Am auffallendsten war ihre zunehmende Fähigkeit, mit Bronze zu arbeiten. Die Bronzeherstellung resultierte aus einem Prozeß bewußter Forschung – einer noch nie dagewesenen Aktivität, die Experimente mit den unterschiedlichsten Legierungen einschloß. Frühe Artefakte dieser Periode zeigen, daß die Versuche genau in dem Moment gestoppt wurden, als die günstige Mischung von 10 Prozent Zinn auf 90 Prozent Kupfer entdeckt worden war.

Ein Nachteil erschwerte die Bronzeherstellung: Kupfer ist kaum in gediegenem Zustand zu finden, bei Zinn ist dies noch seltener der Fall. Dennoch hielten die Mesopotamier und Ägypter an der Bronzefabrikation fest, und ihre Suche nach Kupfer und Zinn verbreitete die Neuigkeit der kürzlich entdeckten Legierung aus diesen Metallen. Die Nützlichkeit der Bronze als bearbeitungsfähiges Metall führte zur Entwicklung besserer Werkzeuge, mit denen sie bearbeitet werden konnte. Bessere Werkzeuge wieder führten zu besserem Zimmerhandwerk, und damit zu besseren Booten und Fahrzeugen. Ebenso enorme soziale Konsequenzen zeitigten die Verwendung des Metalls als Tauschwert.

Die Verkehrs- und Nachrichtenverbindungen machten in dem Maß rapide Fortschritte wie der Verkehr mit Räderfahrzeugen anwuchs. Um 2000 v. Chr hatte das Rad im Osten das Flußgebiet des Indus erreicht, im Norden die Steppen und im Westen die Nordsee – vielleicht auch noch Regionen darüber hinaus. Obwohl wir wissen, daß es Boote gab, die den Atlantik befuhren, wissen wir doch wenig über sie. Aber in zwei Gebieten, dem Mittelmeer und dem Persischen Golf, gab es mit Sicherheit festgebaute seetüchtige Schiffe, die den Handel zwischen Ägypten und den Levantinern oder zwischen Zypern und Kreta, sowie im Persischen Golf zwischen Sumer, Bahrein und dem Flußgebiet des Indus dienten.

Mit der Zeit entzündete sich der Funke der neuen Kultur im Gebiet des Indus und irgendwann um 2500 v. Chr. im Nahen Osten. Auf vielen Gebieten wie dem Schreiben, der Architektur und der Metallurgie schienen die Völker Ägyptens und Mesopotamiens keine neuen Fortschritte zu machen. Ihre alten Techniken reichten ihnen aus.

In Nordeuropa fuhren die Menschen fort, Steine zu schleifen und zu meißeln, aber sie entwickelten Steinkopien, die Metallwaffen nachahmten, und machten weitere Fortschritte im Feuersteinbergbau. Im Fernen Osten und in Amerika entdeckte man die Vorteile eines Gemeinschaftslebens in Ackerbausiedlungen, wie es sie schon in Südwestasien gab. Das Töpferhandwerk verbreitete sich in weitem Umfang in Mexiko, Kolumbien und Ecuador, und die Einwohner Perus wurden zu Meistern der Baumwoll-Weberei.

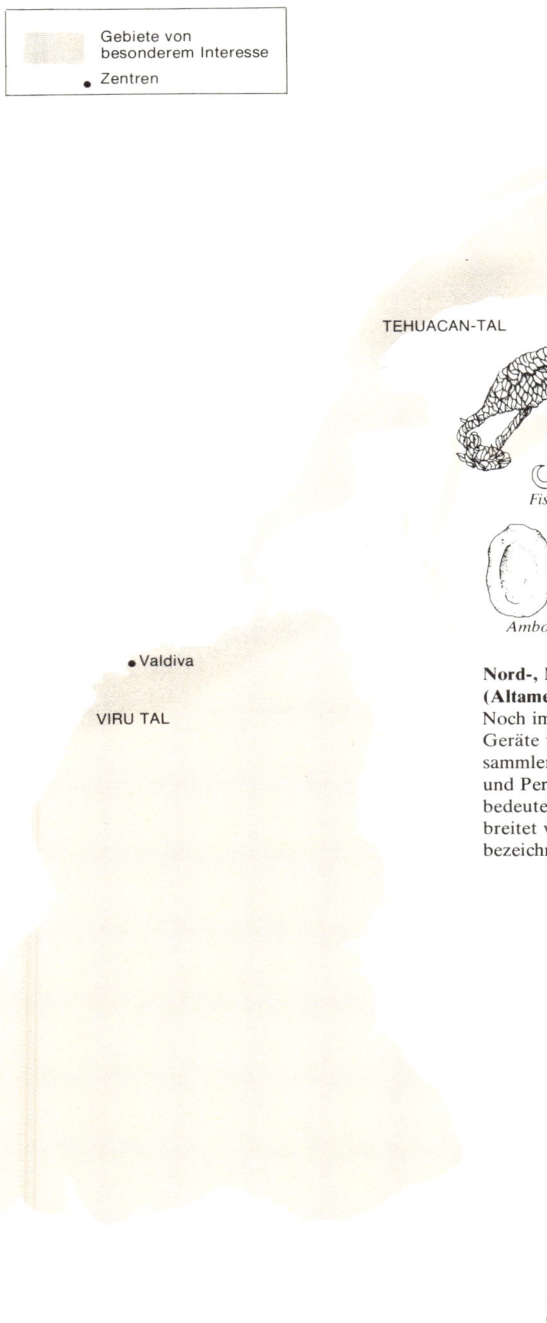

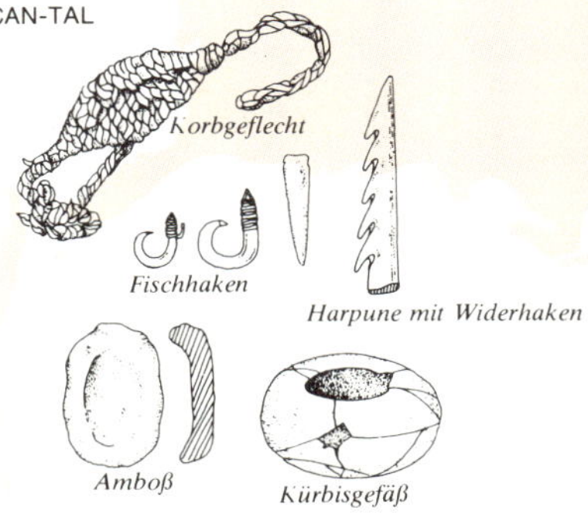

Nord-, Mittel- und Südamerika (Altamerika)
Noch immer herrschen die typischen Geräte von Jägern und Nahrungssammlern vor, obwohl in Mexiko und Peru der Ackerbau eine immer bedeutendere Rolle spielte. Weitverbreitet war ein als *coiled basketry* bezeichneter Korbgeflecht-Typ.

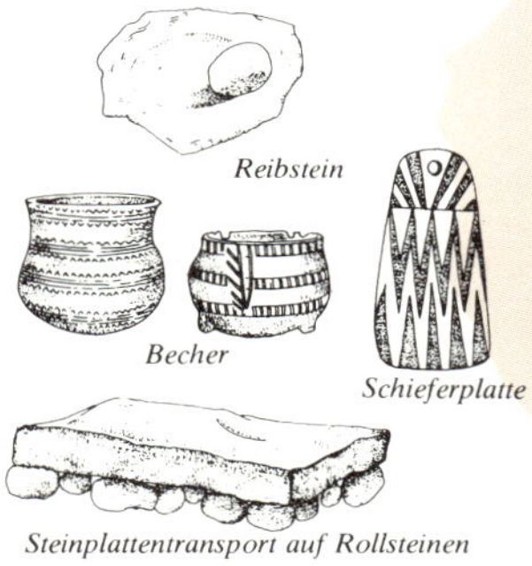

Westlicher Mittelmeerraum
Weit verbreitet waren hier Schieferplatten bzw. Kosmetik-Paletten mit Ritzungen sowie sehr charakteristische Keramikbecher. Der Reibstein (Handmühle) wurde ein unerläßliches Gerät von Leuten, die Ackerbau trieben und die Entdekkung, daß man große Steinblöcke auf Rollsteinen transportieren konnte, ermöglichte ein Bauen in großem Stil.

WERKSTOFFE (VERGLEICHENDE ÜBERSICHT)

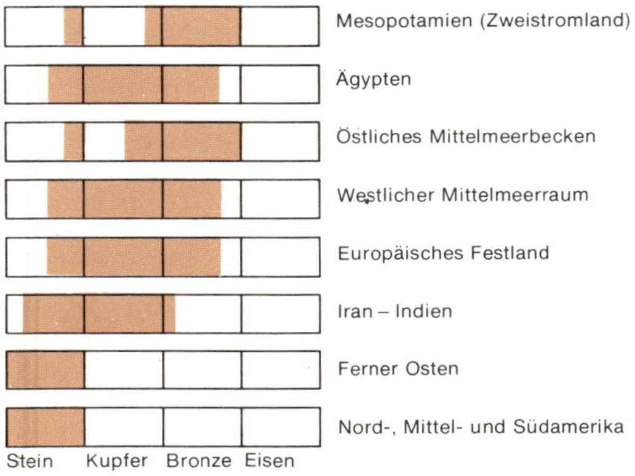

Europäisches Festland (Alteuropa)
Ein hochentwickelter, industriell betriebener Feuerstein-Abbau, bei dem man Hauwerkzeuge und Lampen benutzte, lieferte das Rohmaterial für die Geräte dieser Zeit, so für die geschliffenen Steinwerkzeuge und fein zugeschlagenen Feuersteinarbeiten. Diese ahmen in ihrer Formgebung oft die ersten Kupferwerkzeuge nach.

Östliches Mittelmeerbecken
Reiche Funde aus den Königsgräbern Anatoliens sowie die Schätze Trojas beweisen: Metalltechnologie war in diesem Gebiet außerordentlich gut entwickelt. Verbesserungen des Pfluges sowie Fortschritte im Schiffbau trugen zum wachsenden Wohlstand der Insel Kreta bei.

Ferner Osten
Noch immer waren Stein, Knochen und Holz die wichtigsten Materialien für Geräte und Waffen. Erntemesser spielten eine wichtige Rolle beim Einbringen des Getreides.

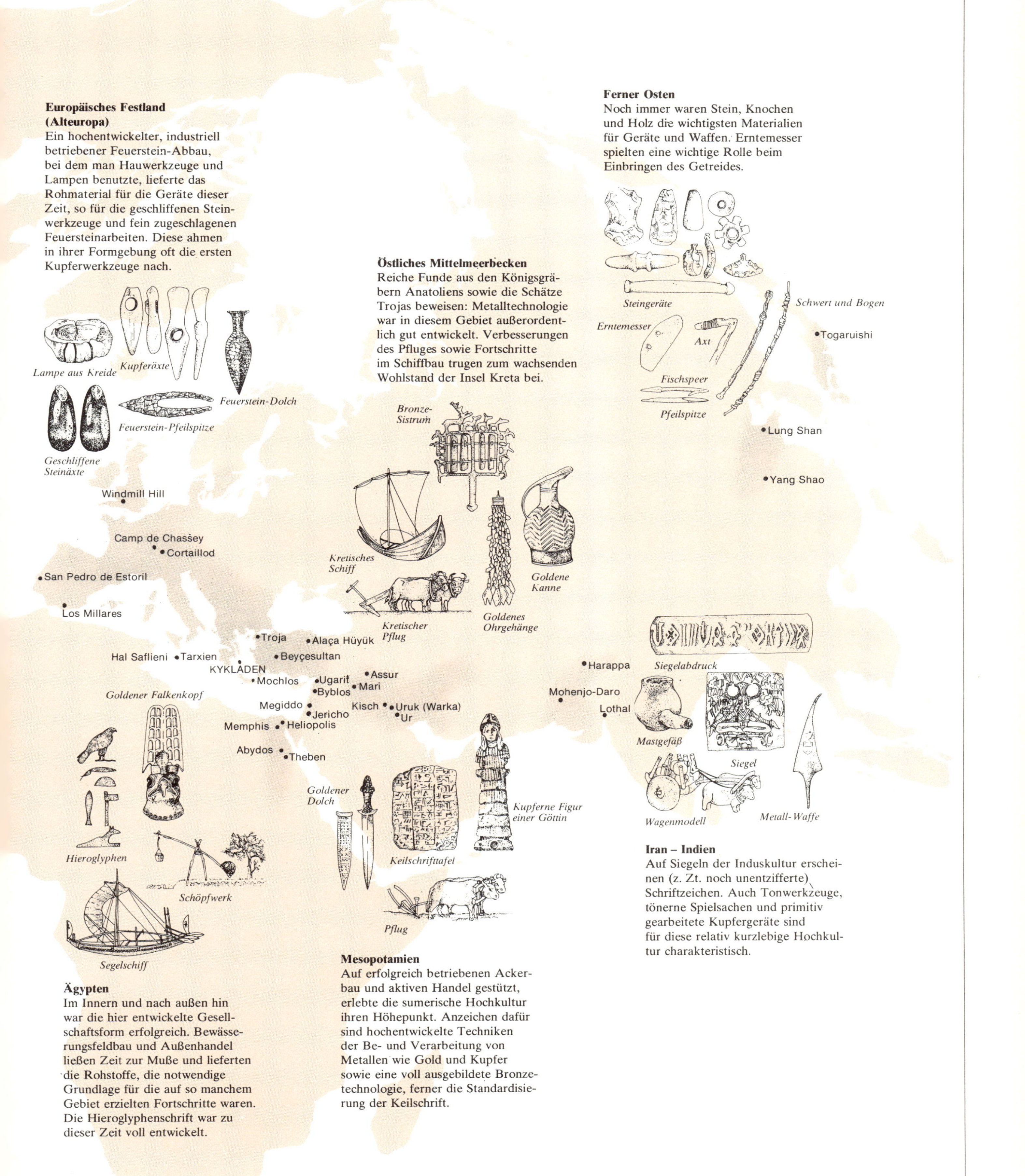

Iran – Indien
Auf Siegeln der Induskultur erscheinen (z. Zt. noch unentzifferte) Schriftzeichen. Auch Tonwerkzeuge, tönerne Spielsachen und primitiv gearbeitete Kupfergeräte sind für diese relativ kurzlebige Hochkultur charakteristisch.

Ägypten
Im Innern und nach außen hin war die hier entwickelte Gesellschaftsform erfolgreich. Bewässerungsfeldbau und Außenhandel ließen Zeit zur Muße und lieferten die Rohstoffe, die notwendige Grundlage für die auf so manchem Gebiet erzielten Fortschritte waren. Die Hieroglyphenschrift war zu dieser Zeit voll entwickelt.

Mesopotamien
Auf erfolgreich betriebenen Ackerbau und aktiven Handel gestützt, erlebte die sumerische Hochkultur ihren Höhepunkt. Anzeichen dafür sind hochentwickelte Techniken der Be- und Verarbeitung von Metallen wie Gold und Kupfer sowie eine voll ausgebildete Bronzetechnologie, ferner die Standardisierung der Keilschrift.

Mesopotamien
Rasche Fortschritte machte besonders die Metallverarbeitung, und zwar beim Bronzeguß, obwohl es dortselbst keine Metallvorkommen gab. Bronze hat einen weit niedrigeren Schmelzpunkt als Kupfer und fließt besser: Der Guß dieser Legierung konnte in vielen speziellen Formen erfolgen, in geschlossener Form oder als »Guß in verlorener Form« (Wachsausschmelzverfahren). Bronze ermöglicht die Herstellung von härteren, schärferen und folglich vielseitigeren Werkzeugen. Bezüglich der Verbreitung und Entwicklung dieser Fertigkeiten spielte Mesopotamien eine große Rolle. Die Notwendigkeit, durch Handel in den Besitz der benötigten Metalle zu gelangen, war ein Grund für die aufstrebende Kultur der Sumerer.

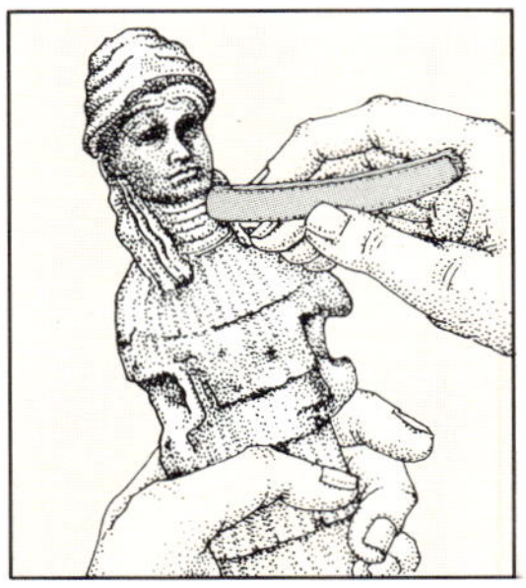
»Verlorene Form«. Das Wachsmodell.

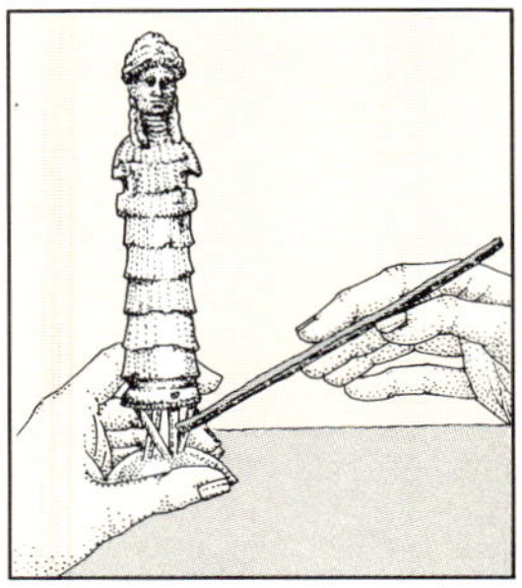
Durch Gußkanäle konnte das Metall einfließen.

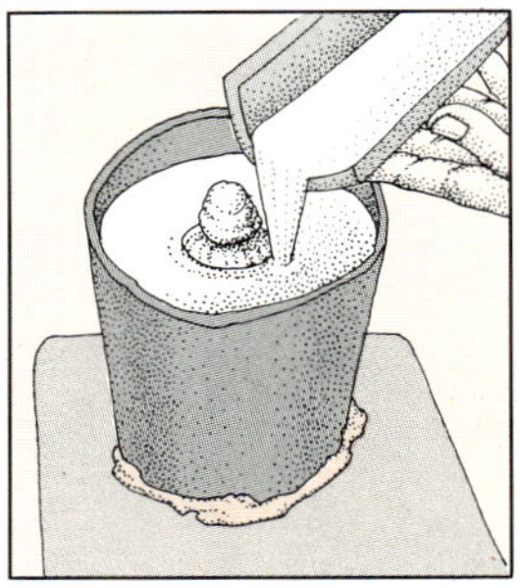
Die Wachsform wurde mit Gips umgossen und gebrannt.

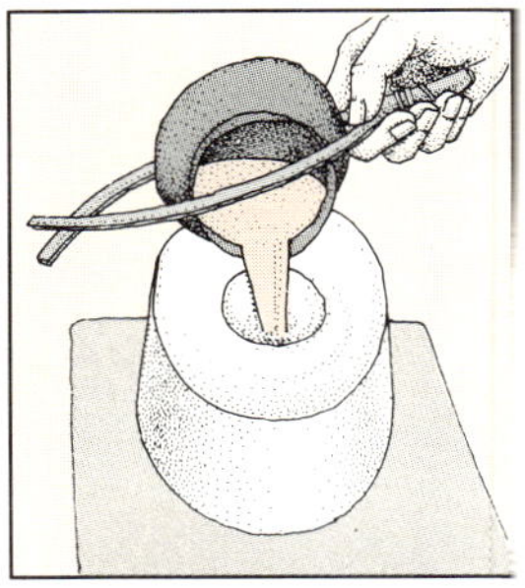
Das einfließende Metall schmolz das Wachs.

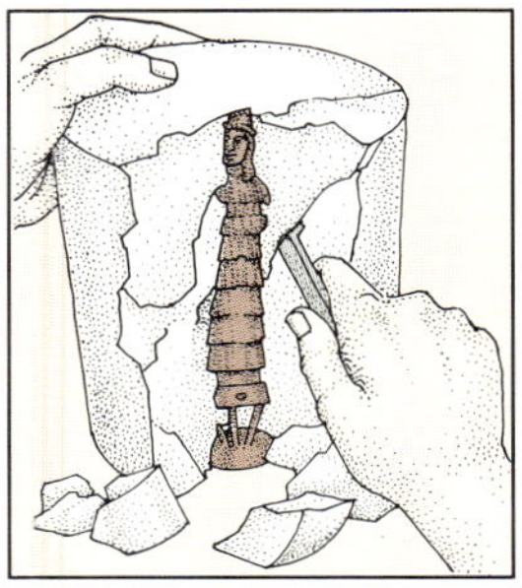
Anschließend wurde der Tonmantel abgeklopft.

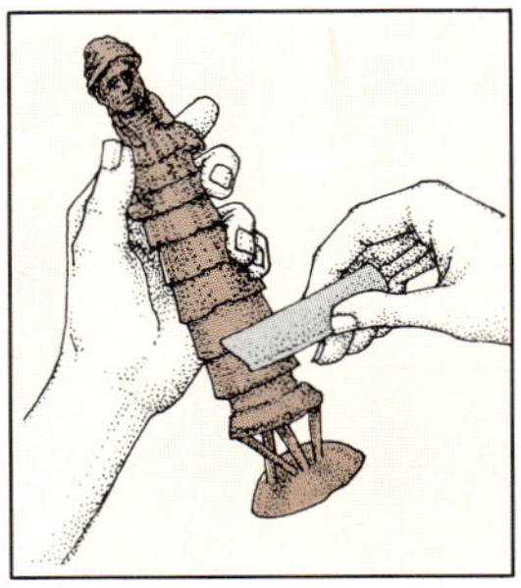
Das Gußstück wurde entgratet und poliert.

Göttin, Bronzeguß, Ur.

Ägypten
Bis zur Blütezeit des Alten Reiches entwickelten sich in Ägypten Kultur und Technik zusammen. Durch stabile Herrschaftsverhältnisse war das Land geeint, und so hatten die Handwerker optimale Arbeitsbedingungen. Zudem konnten durch die Verbesserung der Metallwerkzeuge viele technische Neuerungen erzielt werden. Selbst in der wenig entwickelten Landwirtschaft gab es Geräte wie den Schaduf, eine Vorrichtung, bei der ein mit einem Gegengewicht versehener Hebel einen Wasserbehälter zum Gießen der Saat emporhob. Verbesserte Werkzeuge wie Meißel, Fäustel, Krummbeil und ein Beiltyp ohne Griff ermöglichten den Bau von seetüchtigeren Schiffen, mit denen sie nach Byblos fuhren, um das in Ägypten fehlende und für den Bau von Häusern und Möbeln benötigte Holz zu holen. Hieroglyphen, die ursprünglich als Kommunikationsmittel und zur Aufzeichnung dienten, wurden bald zu künstlerischen und magischen Zwecken verwandt.

Bootsbau (nach einer ägyptischen Wandmalerei)

Schaduf

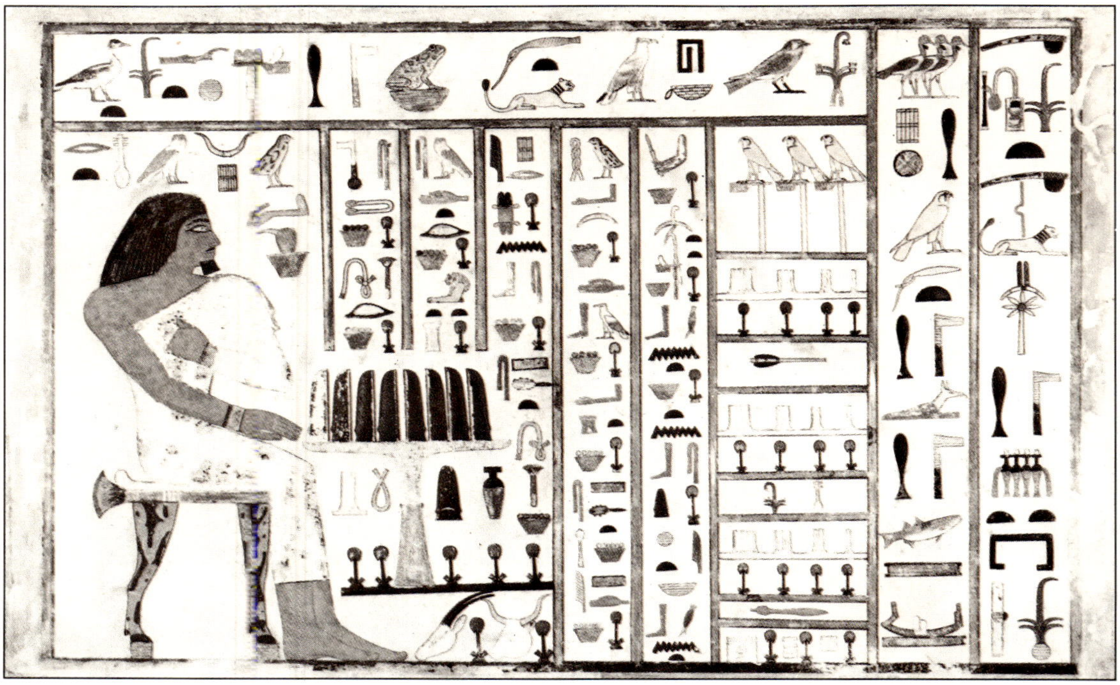
Wandrelief mit Inschriften von Namen, Titeln und Opfergaben des Wepemnofret

Östliches Mittelmeerbecken
Erfahrene Goldschmiede aus Anatolien verarbeiteten Bronze und Gold zu den Schätzen von Alaça Hüyük und Troja. Von ihnen bezog Mesopotamien zweifellos seine Metallieferungen. Beide Regionen haben vermutlich ihre neuen technischen Erkenntnisse in der Metallurgie ausgetauscht; so kannte man Verfahren wie das Schmelzen, Hämmern, Löten, Treiben und Einlegetechniken.

Goldkrug aus Alaça Hüyük, Türkei

Goldanhänger aus dem »Priamosschatz«, Troja

Westlicher Mittelmeerraum
Während das Getreide noch mühsam mit der Hand gemahlen wurde, gab es für andere Verrichtungen bereits einfache mechanische Hilfen wie Keil und Hebel. Die in Malta gefundenen Steinkugeln wurden benutzt, um große Bauelemente zu bewegen. Mit großen Hebeln, die in eigens hierfür ausgesparten Kehlungen an den unteren Kanten angesetzt wurden, rückte man große Steine in die endgültige Position.

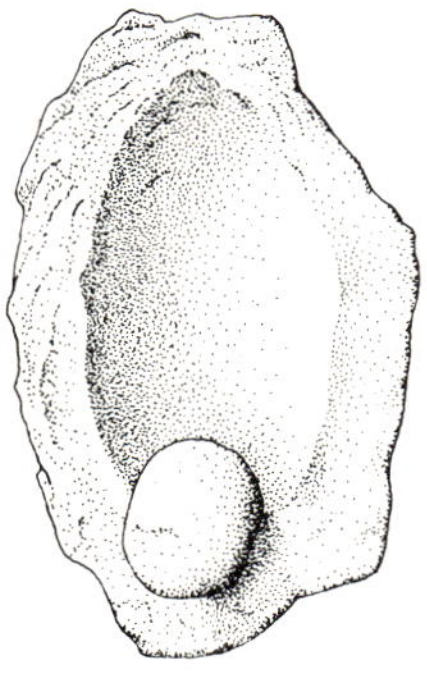

Mahlstein

Transport von großen Steinblöcken

Europäisches Festland (Alteuropa)
Hochwertiger Feuerstein wurde in den Kreideablagerungen von Grimes Graves in Norfolk (England) abgebaut. Strahlenförmig verlaufende Gänge führten zu den 7 Meter unter der Erde gelegenen Feuersteinlagern. Als Pickel dienten Geweihenden, mit denen der Feuerstein gehauen und zu Rohblöcken für Beile verarbeitet wurde. Deren weitere Bearbeitung zu Werkzeugen oder Waffen überließ man den Käufern.

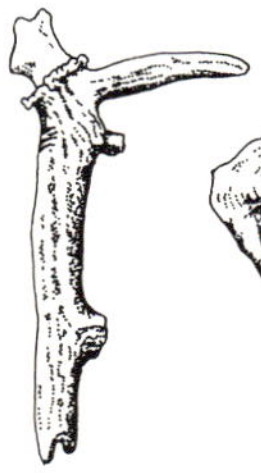

»Geweihpickel«

Kreidelampe

Feuersteindolch

Feuersteingrube bei Grimes Graves, Norfolk, England

Iran – Indien
Die Technologie der Induskultur war nicht besonders ausgebildet, so war z. B. die Metallverarbeitung recht primitiv. Die wunderbaren Siegelsteinschnitzereien hingegen sprechen für hohe Kunstfertigkeit und ein entwickeltes Wirtschaftssystem. Das Modell eines Ochsenkarrens beweist die Kenntnis des Rades.

Geschnitzte Siegelsteine, Mohenjo-Daro, (Induskultur, heute Pakistan)

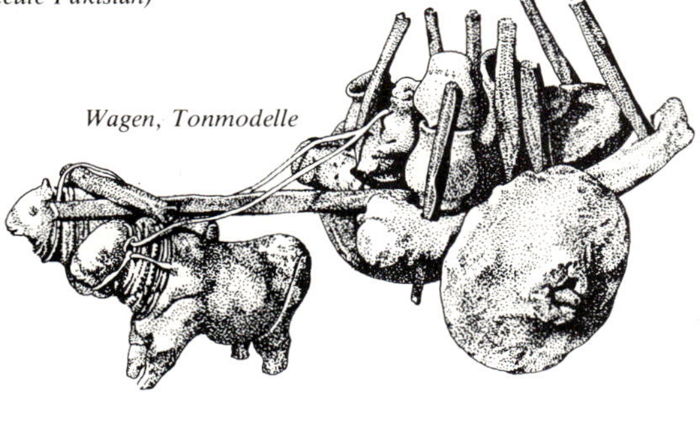

Wagen, Tonmodelle

Ferner Osten
Steinwerkzeuge wie das Erntemesser entsprachen den Bedürfnissen der Sammler und frühen Bauern Japans und Chinas.

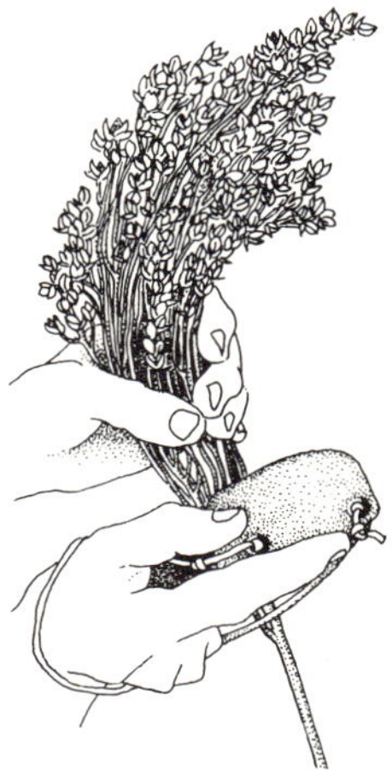

Steinernes Erntemesser

Nord-, Mittel- und Südamerika (Altamerika)
Korbflecht- und Webtechniken waren hier besonders weit verbreitet. Dank des trockenen Klimas hat dieses Material in Mexiko und Peru überdauert.

Frühe Korbflechterei aus Peru

Bauweise 3000–2000 v. Chr.

Die Kulturen, die in dieser Zeit ihre Blüte erlebten, schufen Bauwerke von solcher Bedeutung und Kompliziertheit, wie sie die weniger entwickelten Gesellschaften der früheren Jahrtausende nicht zu errichten vermochten. In Mesopotamien wuchsen die Tempelanlagen der vordynastischen Zeit zu gewaltigen Monumenten, die nicht nur die Städte, für die sie bestimmt waren, sondern die ganze Talsohle beherrschten. Es wurde sogar behauptet, daß die Zikkurats, die mehrstufigen Tempelplattformen, die die Heiligtümer trugen, ganz einfach nur künstliche Berge darstellen sollten. Obwohl ihr Entwurf hohe Kunstfertigkeit zeigt, waren sie in technischer Hinsicht sehr einfach gebaut: sie bestanden aus einem Kern von Schlammziegeln, eingeschlossen in eine wetterfeste Hülle aus gebrannten Ziegeln, die mit Erdpech zusammengefügt waren. Die Heiligtümer auf ihren Gipfeln haben nicht überlebt, aber schließlich wurden die Grundrisse der großen Tempel, die mit ihnen verbunden waren, entdeckt, ebenso wie die der Paläste, die ihnen folgten. Beide zeigen die gleichmäßigen Fortschritte baulicher Fertigkeit in bezug auf umfassendere Pläne, höhere Ziegelmauern und größere Spannweite des Dachgebälks. Technische Meisterschaft ist auch in weniger auffälligen Bauwerken sichtbar, und zwar in den Gräbern. Auf dem Königsfriedhof in Ur werden schon der Bogen und das Gewölbe genutzt, obwohl es noch 2000 Jahre dauern sollte, bevor man ihre Vorteile voll erkennen und einsetzen konnte.

Auf der anderen Seite dienten in Ägypten großangelegte Bauten, die fast Tempeln gleichkamen, als Gräber. Das Grundmuster, oder spezieller die Geometrie der Pyramiden ist erstaunlich. Ein großartiges Organisationstalent wirkt in ihren Konstruktionen. Aber die technischen Fertigkeiten, die man anwendete, waren im Vergleich zu den Bögen in den Gräbern von Ur eher primitiv.

Ebenso sind die Tempel Maltas, obgleich von imponierender Größe und Raffinesse, sowie die Fortsetzung megalithischer Grabarchitektur in Iberien und Westeuropa bei aller Großartigkeit eine bauliche Sackgasse.

Die Indus-Kultur ist schwierig einzuschätzen, da die wiederentdeckten Zeugnisse spärlich sind. Ihre städtischen Bauten scheinen weniger Ehrgeiz, dafür aber mehr Sachverstand zu zeigen. Die Mauern von Harappa, die Kornkammern und das »Große Bad« von Mohenjo-Daro sowie das mit Ziegeln eingefaßte Dock bei Lothal sind funktionale Bauten. Was uns an den baulichen Schöpfungen des Indusgebietes mit seiner nüchternen Architektur, seiner modern wirkenden, gitterförmigen Stadtplanung, ja sogar mit seinem leistungsfähigen öffentlichen Kanalisationssystem beeindruckt, ist mehr die Zweckmäßigkeit dieser Anlagen als ihre Schönheit und Größe.

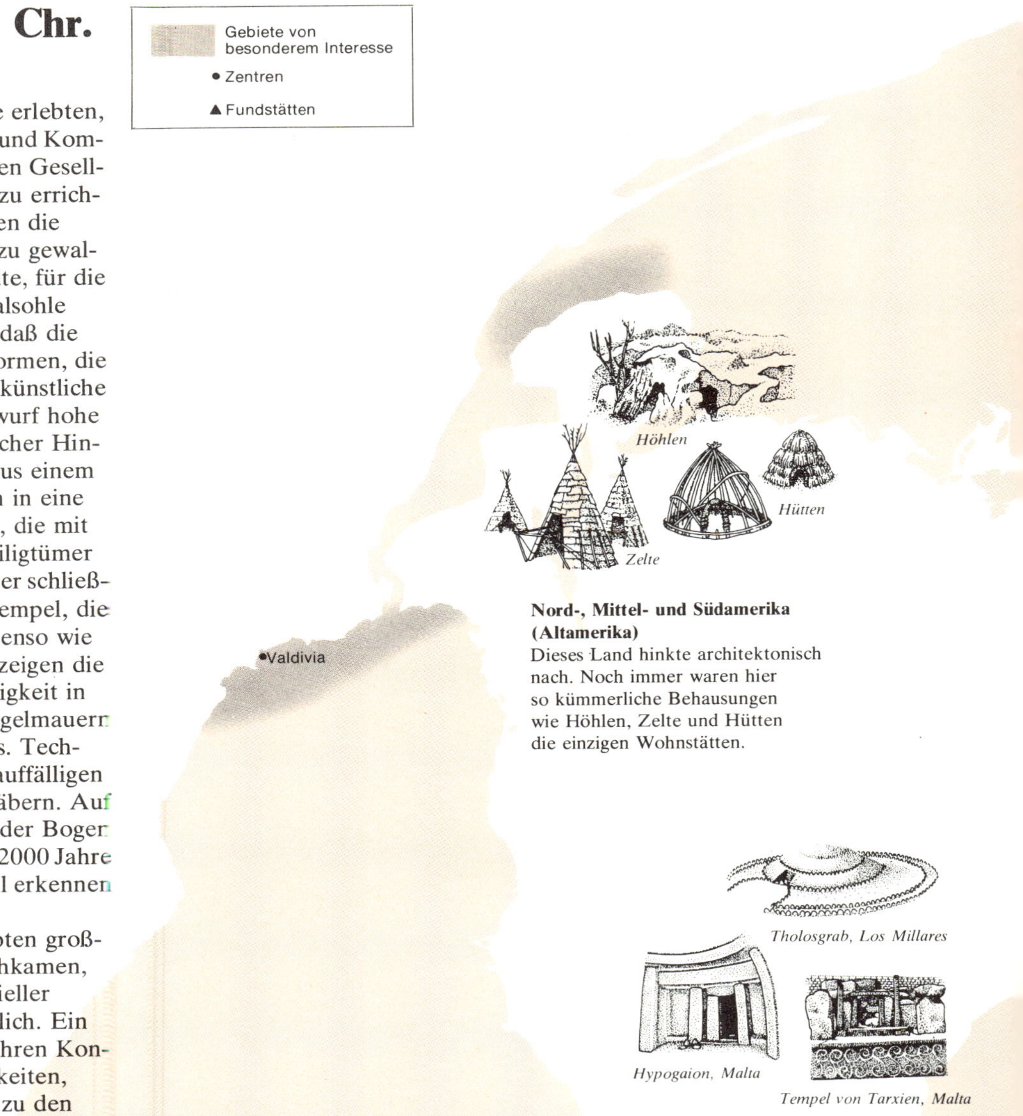

Nord-, Mittel- und Südamerika (Altamerika)
Dieses Land hinkte architektonisch nach. Noch immer waren hier so kümmerliche Behausungen wie Höhlen, Zelte und Hütten die einzigen Wohnstätten.

Westlicher Mittelmeerraum
Die Tempel auf Malta sowie die Tholosgräber der Iberischen Halbinsel repräsentieren die entwickeltsten Architekturformen der damaligen Zeit in diesem Raum. Oft kann man zwischen Tempel und Grab kaum unterscheiden, und beide sind entweder in den gewachsenen Naturfels geschnitten oder aus Steinblöcken über Bodenniveau errichtet.

BAUMATERIALIEN (VERGLEICHENDE ÜBERSICHT)

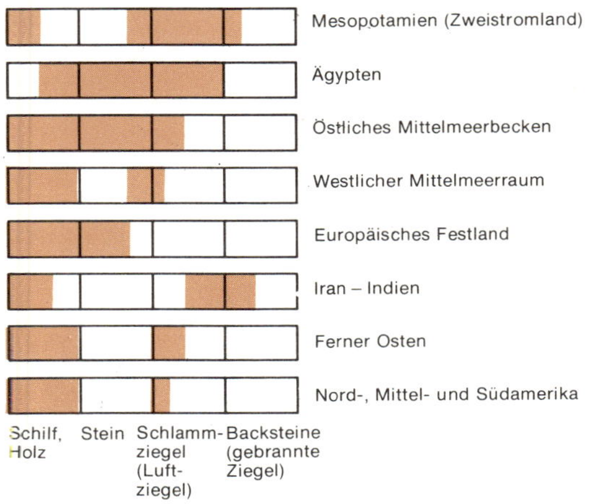

Europäisches Festland (Alteuropa)
Die Behausungen waren einfach. Pfosten, Flechtwerk und Binsen sind das übliche Baumaterial. Doch zeigt die Verwendung großer Steinblöcke bei den megalithischen Gräbern Westeuropas, daß man bei Bedarf auch anspruchsvoller bauen konnte.

Langdolmen, Sonderholm

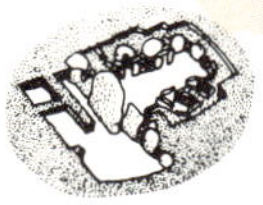

Kammergrab, West-Kennet

Haus, Donaukultur

Ferner Osten
Die Architektur dieser Region beschränkte sich auf Haustypen mit einfacher Holzrahmenbauweise und stroh- bzw. reetgedeckten Dächern. Beispiele dafür lieferten Fundstätten der Jōmon-Kultur in Japan sowie der Yang Shao-Kultur in China.

Jōmon-Wohnstätte

Haus, Pan P'o Ts'un

Rechteckhaus, Pan P'o Ts'un

Östliches Mittelmeerbecken
Überall gab es nun ummauerte Städte wie Troja. In Alaça Hüyük waren die Gräber verstorbener Könige und ihrer Angehörigen Schatzkammern voller Kostbarkeiten.

Grab, Alaça Hüyük

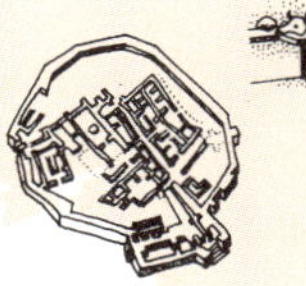

Troja II

▲Sonderholm
▲West Kennet
Pan P'o Ts'un ▲
os Millares •
•Troja
• Alaça Hüyük
Hal Saflieni •Tarxien
▲ Chafadsche
•Mohenjo Daro
Saqqâra ▲ Gizeh
• Ur

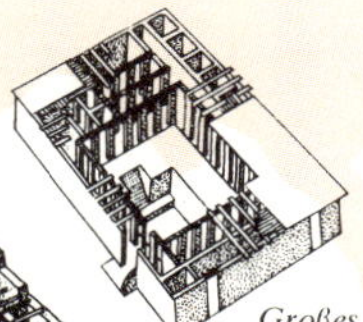

Großes Bad, Mohenjo-Daro

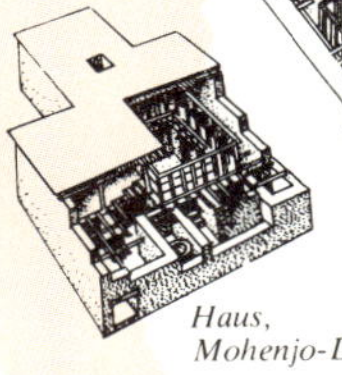

Haus, Mohenjo-Daro

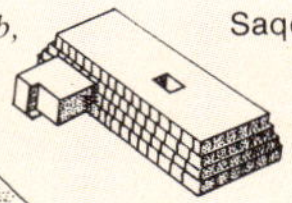

Mastaba-Grab, Gizeh

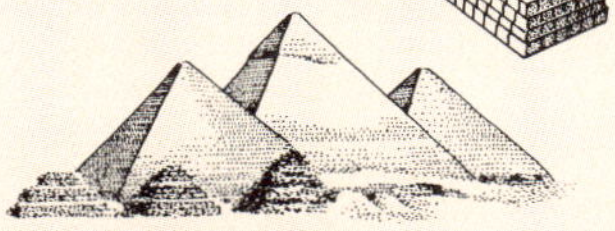

Große Pyramiden, Gizeh

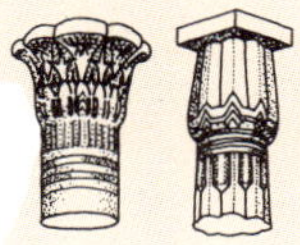

Papyrus- u. Dattelpalmensäule

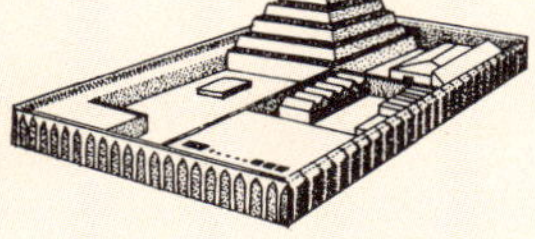

Stufenpyramide, Saqqâra

Iran – Indien
Die öffentlichen Bauten in Harappa und Mohenjo-Daro richteten sich wohl mehr nach funktionalen als nach ästhetischen Gesichtspunkten, sie hatten eher zweckmäßig zu sein, anstatt zu repräsentieren.
Die Kanalisation der Häuser sowie die öffentlichen Badeanlagen zeigen ein zuvor nie dagewesenes System sanitärer Anlagen.

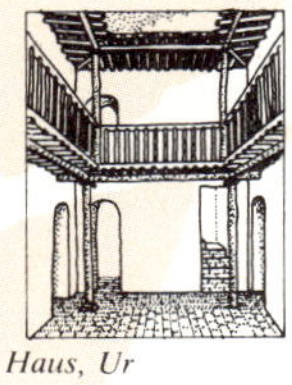

Haus, Ur

Ziegelgewölbe

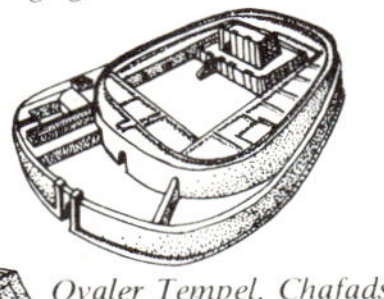

Ovaler Tempel, Chafadsche

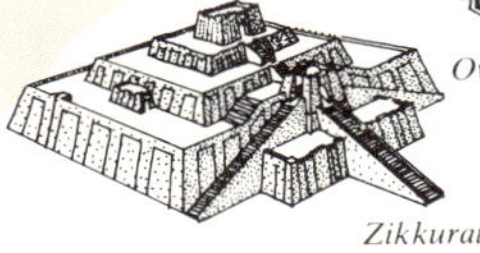

Zikkurat, Ur

Ägypten
Blatt- und Knospensäulen zeigen, daß Eleganz für die Baumeister des Alten Reiches ebenso selbstverständlich war wie die Planung mit eindrucksvollen Massen von Mauerwerk. Am eindringlichsten demonstriert das die Entwicklung der Pyramiden von Mastabagräbern über die Stufenpyramide hin zu den großen Pyramiden von Gizeh.

Mesopotamien
Von der Monumentalarchitektur dieses Gebiets zeugen Zikkurats und Tempel. – Das abgebildete Ziegelgewölbe fand sich in einem Grab des königlichen Friedhofs von Ur. Auf einen hohen Wohn- und Lebensstandard weist insbesondere das städtische Wohnhaus von Ur hin.

Mesopotamien
Die Tempelanlagen wurden immer gewaltiger und komplexer, wobei ihr Hauptmerkmal nun der Stufenturm – die Zikkurat – war: riesige, feste Mauern aus Schlammziegeln, umgeben von einer wetterfesten Schicht gebrannter, in Bitumen eingesetzter Ziegelsteine. Man brachte Entwässerungslöcher in der Außenschicht an, um ein Aufbrechen während der Regenperiode zu verhindern. Die Tempel oder Schreine auf der obersten Stufe sind nicht erhalten. Die Zikkurat-Hügel aber, vor allem der in Ur, sind zugänglich und sowohl vom Aufbau wie vom Ästhetischen her überzeugende Konstruktionen. Die bescheideneren Grabkammern weisen dagegen durch die Verwendung von Bögen die größeren technischen Neuerungen auf. Einige große Tempelanlagen, eingefügt in ovale Umfriedungen wie die in Chafadsche, waren ebenso angelegt wie die Zikkurats. Auf drei aufsteigenden Terrassen befanden sich ein Tempel, ein Altar, Wohnräume, Werkstätten, Vorratsräume.

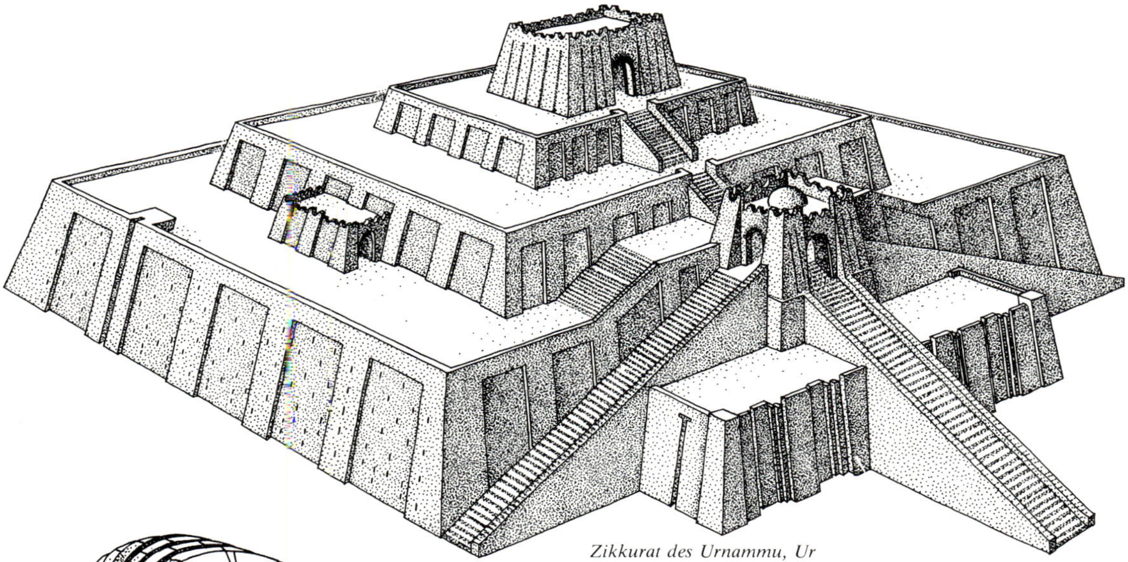

Zikkurat des Urnammu, Ur

Grabgewölbe mit Bogen aus Ziegelstein, Ur

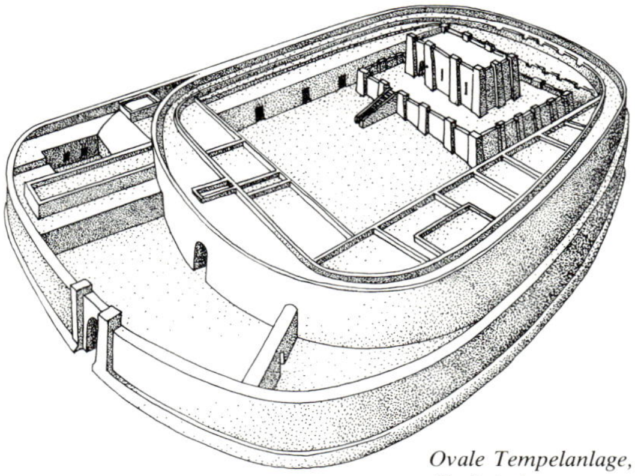

Ovale Tempelanlage, Chafadsche

Ägypten
Die vielleicht berühmtesten Baudenkmäler der Welt, die Pyramiden, waren vergrößerte Ausgaben der bescheidenen Mastaba-Gräber, die aus Schlammziegeln bestanden. Die Ausmaße des Mauerwerks waren zum Teil symbolisch, zum Teil hatten sie Schutzfunktionen. Ihr Bau erforderte bemerkenswerte Kenntnisse des Vermessungswesens – was allein schon aufgrund ihrer Größe verständlich ist. Die große Pyramide des Cheops unterschied sich von den anderen durch ihre Größe und die Ausführung im Innern. Sie hatte drei voneinander unabhängige Kammern, wohingegen die Chephren-Pyramide eine Kammer mit zwei Zugängen besaß. Das Grab des Mykerinos hatte eine Kammer und einen Zugang.

Die großen Pyramiden von Gizeh: Mykerinos-, Chephren-, Cheops-Pyramide

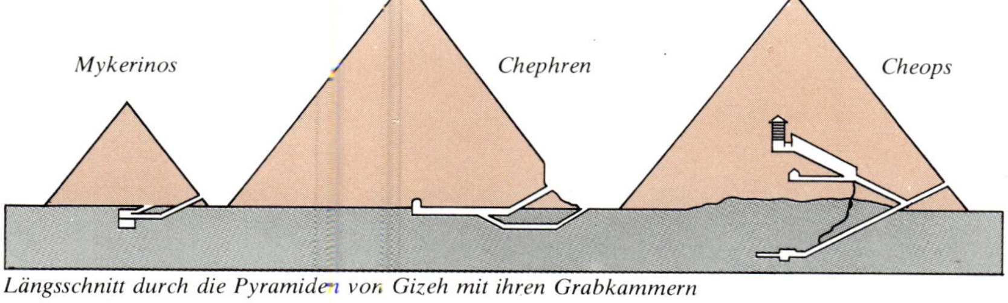

Längsschnitt durch die Pyramiden von Gizeh mit ihren Grabkammern

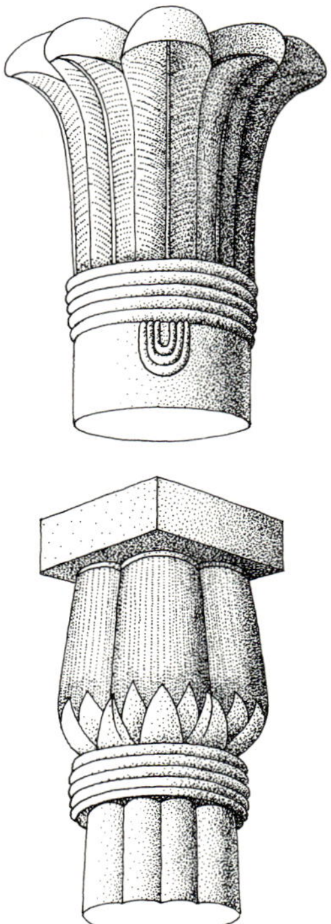

Die Tempelkapitelle hatten häufig Naturformen, z. B. Stamm- und Blattformen von Papyrus und Dattelpalme

Östliches Mittelmeerbecken
Troja war bereits eine Stadt, lange bevor die Argiver – bei Homer Bezeichnung der Griechen – vor seinen Mauern erschienen. Dargestellt ist hier die zweite der neun Städte, die an diesem strategischen Ort aufeinander folgten. Diese Stadt aus dem Jahre 2500 v. Chr. hatte ausgedehnte Stadtmauern, verschiedene Tore und ein großes »Megaron« (Spannweite des Daches 9,2 m).

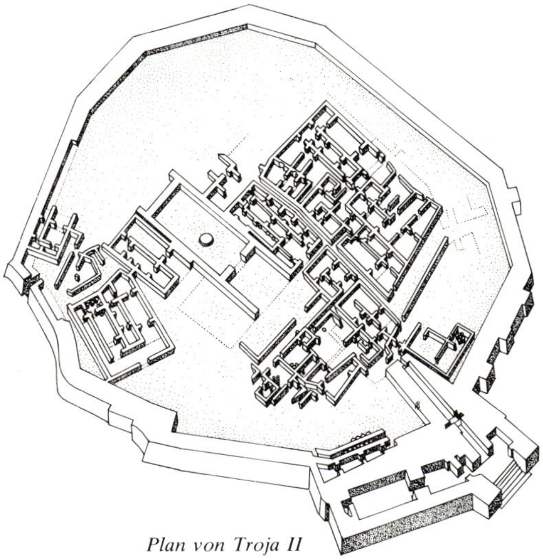

Plan von Troja II

Westlicher Mittelmeerraum
Tarxien ist die größte der maltesischen Tempelanlagen; sie wird zur frühesten Monumentalarchitektur der Welt gerechnet. Von den Kalksteinblöcken, die beim Bau des Tempels Verwendung fanden, waren bestimmte Blöcke mit Reliefmustern wie der laufenden Spirale verziert oder vollkommen mit Kerben bedeckt. Weiter westlich, in Spanien, bestanden die kreisförmigen Tholos-Gräber von Los Millares einerseits aus einem Eingangstrakt, der durch Torsteine – den Sippen gewidmet – in Abschnitte unterteilt war, und andererseits aus einer runden von Orthostaten (Pfeilersteinen) umstandenen Zentralkammer, die von vorkragenden Steinen (falsches Gewölbe) überwölbt wurde. Manchmal fanden sich im Inneren mit farbigem Gips überzogene Wände.

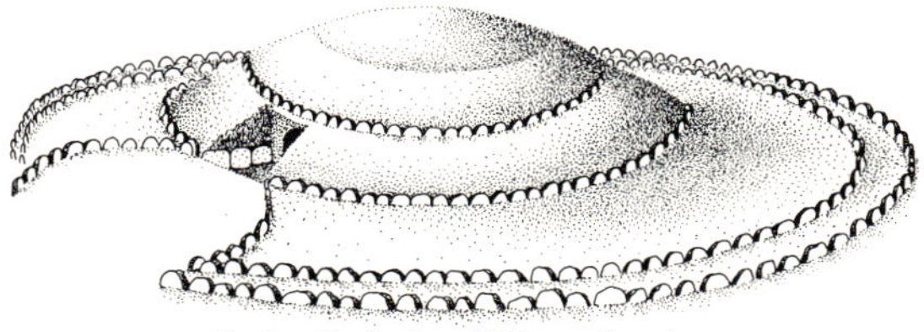

Tholos-Grab, Los Millares, Spanien

Tempel von Tarxien, Malta

Europäisches Festland (Alteuropa)
Die riesigen megalithischen Kammergräber erforderten große gemeinsame Anstrengungen, um Steinquader von bis zu 100 Tonnen Gewicht in ihre Lage zu bringen. Einige dieser Kammern enthielten mit abstrakten Mustern geschmückte Einfassungssteine. Die Grabkammer von West Kennet war bedeckt von einem 106 m langen Hügel.

»Langhügelgrab«, West Kennet, Wiltshire, England

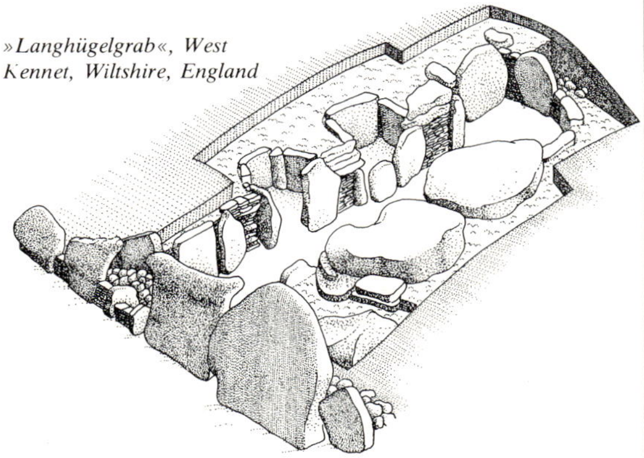

Iran – Indien
Die Induskultur gebrauchte in viel größerem Umfang gebrannte Ziegel. Sie fanden sowohl für Privathäuser als auch für Gemeindebauten Verwendung, z. B. für Getreidespeicher und das »Große Bad«, das wahrscheinlich zeremoniellen Waschungen diente.

»Großes Bad«, Mohenjo-Daro, Pakistan

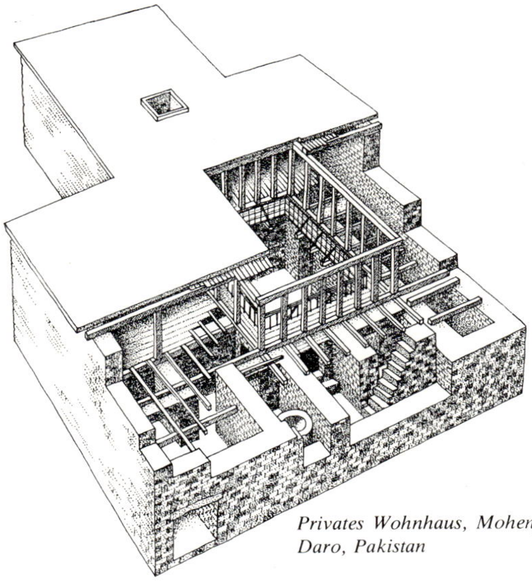

Privates Wohnhaus, Mohenjo-Daro, Pakistan

Ferner Osten
Obgleich Dörfer und Häuser im Huang Ho-Tal und entlang der japanischen Küste immer größer wurden, blieb die Architektur während der gesamten Zeit auf einem einfachen Stand. Beim Bauen begnügte man sich weitgehend mit Holz und Stroh; hin und wieder stampfte man die Erde zum Fundament.

Rundes Wohnhaus des Jōmon-Typs, Japan

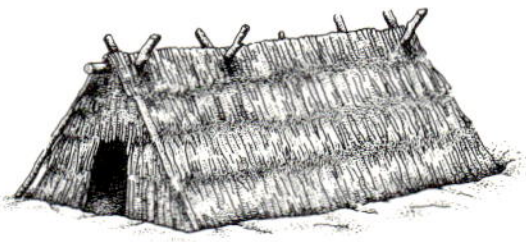

Rechtwinklig angelegtes Jōmon-Haus, Japan

Nord-, Mittel- und Südamerika (Altamerika)
Für die Neue Welt kann man noch kaum von Architektur sprechen; sie steckte zu dieser Zeit noch in den allerersten Anfängen. Die bis in neuere Zeit gebauten Hütten aus zusammengebundenen Ruten geben eine ungefähre Vorstellung der Techniken, die zur Verfügung standen.

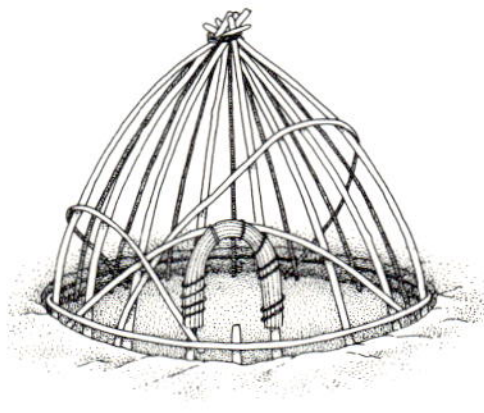

Gerüst des Chilca-Hauses, Peru

Kunst 3000–2000 v. Chr.

Die Sumerer in den Städten des Südens schufen jene Kunstformen der Hochkultur, die schließlich länger Bestand hatten als sie selbst. Königsstelen wie die des Naram-sin (Seite 90) sind beeindrukkend. Schätze aus den berühmten Königsgräbern von Ur, datiert von ca. 2500–2000 v. Chr. (und deshalb zeitgleich mit einigen Kunstformen des Alten Reichs in Ägypten), geben uns eine Vorstellung vom Glanz königlicher Besitztümer: geschnitzte und mit Einlegearbeit verzierte Harfen und Lyren, Miniaturmeisterwerke wie Ziegen aus Gold und Lapilazuli sowie schöne goldene Geräte und persönlicher Schmuck. Vielleicht aber wurden die schönsten Kunstwerke von den Semiten im Norden produziert, die die sumerische Kultur aufnahmen, sie aber freier und vitaler machten. Die beste Skulptur dieser Schule kommt aus dem Ischtar-Tempel in Mari. Der Bronzekopf des Sargon von Akkad (Seite 90) ist ein anderes wertvolles Stück.

Die meisten Menschen würden zugeben, daß in den bildenden Künsten die Ägypter, speziell in dieser Periode, die Sumerer überflügelten. Die beste Porträtskulptur des Pyramidenzeitalters hat überzeugende Kraft und zeigt Ansätze eines individuellen Charakters. Die Ägypter waren auch Meister szenischer Darstellung, sei es in Flachrelieftechnik oder Wandmalereien. Seit der Zeit des »Alten Reichs« zeigen sie naturalistisch und mit manchmal hoher Sensibilität das Alltagsleben des Hofes und des Staates. Die Kunst des »Mittleren Reichs« neigt zu größerer Nüchternheit, seine Königsbilder haben die Überzeugungskraft des Alten Reichs verloren und weisen Zeichen eines inneren Konflikts auf. Gerade in dieser Zeit wird es Brauch, Toten Gruppen holzgeschnitzter Soldaten, Bauern und Künstler aller Art mit ins Grab zu geben, kleine Kunstwerke voller Leben und Anmut. Die ägyptische Vorliebe für Natur und Realismus scheint auch in den Hieroglyphen auf, die ihrerseits Kunstwerke von ganz eigener Art sind.

Die andere Region, in der die Kunst blühte, waren die Gebiete um die Ägäis, insbesondere aber die Kykladen und Kreta. Hier treffen wir auf eine Kunst von Bauern und seefahrenden Händlern, alles »kleinkariert« und ohne königliche Größe. Und dennoch zeigen viele der Statuetten – meist aus weißem Marmor geschaffen – eine raffinierte Stilisierung, die selbst noch den heutigen Betrachter sehr anspricht. Die Kunst, die mit der einmaligen Tempelarchitektur von Malta verbunden war, bestand vor allem aus steinernen Figuren der fast immer sehr fetten – stehenden, sitzenden oder liegenden – Gottheit. Der Tempel von Tarxien war mit Spiralmustern in Relieftechnik geschmückt.

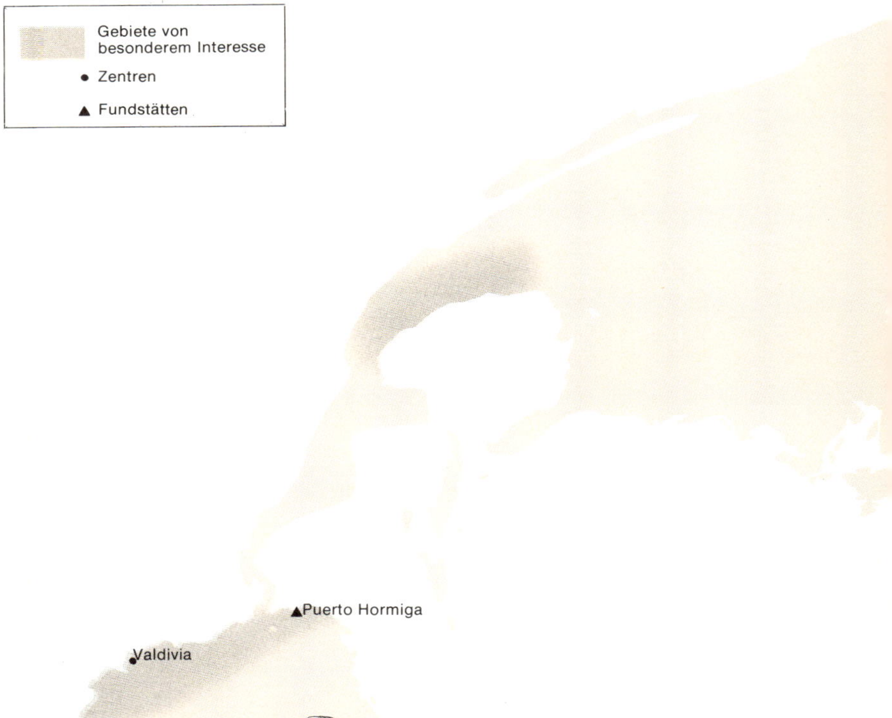

Nord-, Mittel- und Südamerika (Altamerika)
Die ersten amerikanischen Töpfer, von denen wir wissen, schufen in Ekuador seltsame kleine Frauenfigürchen mit riesigem Kopfputz. In Kolumbien begann die eigentliche Töpferkunst mit grotesken Menschen- und Tierköpfen, die man den Rändern von keramischen Gefäßen, insbesondere von Näpfen auf Füßen, anmodellierte.

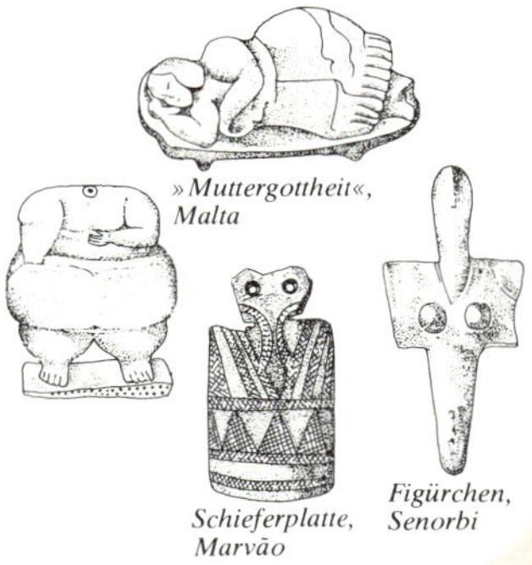

Westlicher Mittelmeerraum
Herausragende Arbeiten dieser Periode findet man auf der kleinen Insel Malta. Es handelt sich hauptsächlich um Figuren einer »Göttin« (eines dieser Bildwerke ist sehr großformatig) sowie um dekorative Reliefs in den Tempeln. Die Ganggräber Spaniens und Portugals erbrachten zahlreiche Platten, in die religiöse Symbole graviert waren. Abstrakte Menschenfiguren fertigte man auf Sardinien an.

Europäisches Festland (Alteuropa)
Einfache Tongefäße entstanden in Skandinavien und Britannien, kunstvollere Formen dagegen auf dem Balkan. Weiterhin aus Stein waren Tier- und Frauenfigürchen.

Östliches Mittelmeerbecken
Reich ausgestattete Fürstengräber in Alaça Hüyük enthielten Bronzefigürchen von Hirschen und Stieren, die einst Standarten zierten. Kein Zweifel: die betreffenden Kunstwerke stehen nur stellvertretend für viele andere ihresgleichen, die es damals gegeben haben muß. Die Künstler des ägäischen Raumes – insbesondere auf den Kykladen und auf Kreta – schufen nun ihre schönsten Statuetten (oft aus weißem Marmor) und gestalteten auch kunstvolle Tonware.

Ferner Osten
Als sich erstmals Landwirtschaft in Nordostchina ausbreitete, entstand hier die Lung-Shan-Kultur. Charakteristisch für sie sind bemerkenswerte Keramikformen. Gewöhnlich handelt es sich dabei um eine feine, schwarze Tonware. In Japan brachte nunmehr die Jōmon-Keramik außerordentlich überladene plastische Dekorformen hervor, außerdem modellierte man Figurinen von ähnlich fantastischem Aussehen.

Tonkanne, Shantung

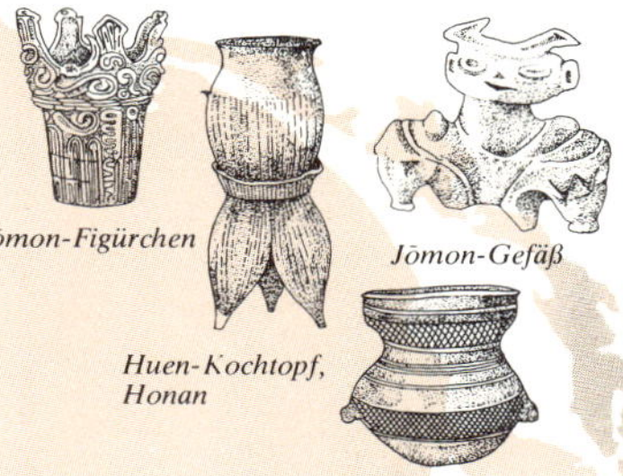

Jōmon-Figürchen
Jōmon-Gefäß
Huen-Kochtopf, Honan
Gefäß, Lan-chou

Becher, Avebury
Elchkopf, Alunda
Idol, Vadastra
Kreidegöttin, Grimes Graves
Keramik aus Skarpsalling, Dänemark

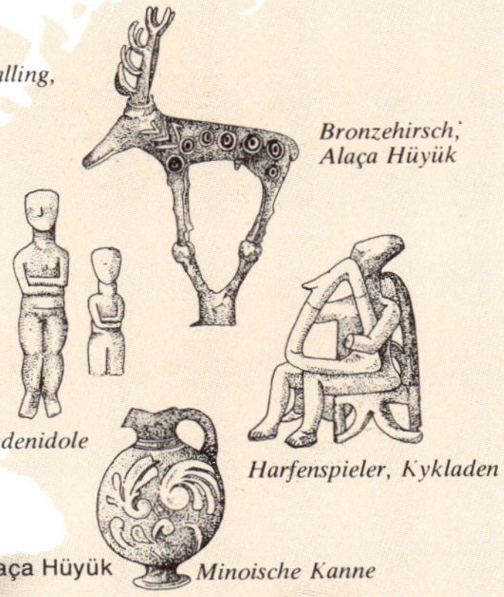

Bronzehirsch, Alaça Hüyük
Kykladenidole
Harfenspieler, Kykladen
Minoische Kanne

Schreiber, Saqqâra
Flachrelief, Saqqâra
Statue, Saqqâra
Sänfte der Königin Hetepheres I., Gizeh

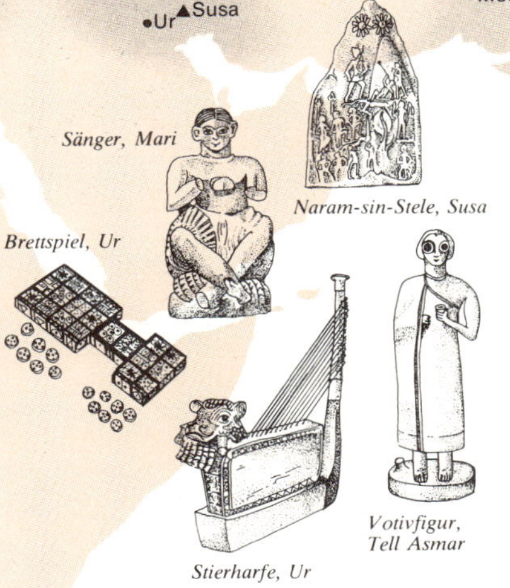

Sänger, Mari
Naram-sin-Stele, Susa
Brettspiel, Ur
Votivfigur, Tell Asmar
Stierharfe, Ur

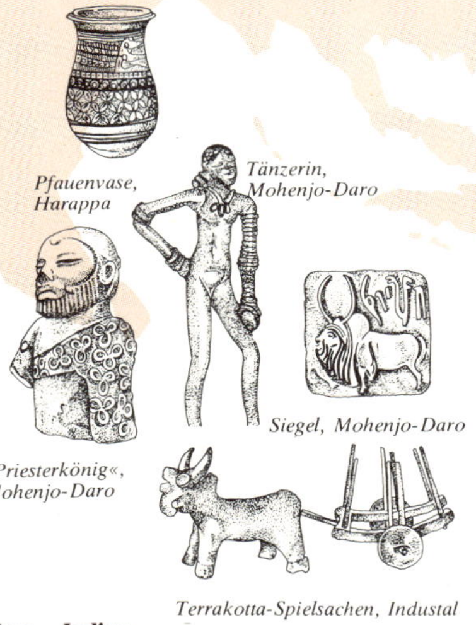

Pfauenvase, Harappa
Tänzerin, Mohenjo-Daro
»Priesterkönig«, Mohenjo-Daro
Siegel, Mohenjo-Daro
Terrakotta-Spielsachen, Industal

Ägypten
Die Bildhauer des Alten Reiches, deren Wirkungsstätte meist in Memphis lag, schufen monumentale Königsstatuen, lebensnahe und sehr humane Porträtbildwerke und Flachreliefs mit feinempfundenen, detailfreudigen Darstellungen. Während der »Ersten Zwischenzeit« ging das künstlerische Schaffen zurück, lebte jedoch im Mittleren Reich wieder auf – nun in neuen Zentren wie Theben und Orten Oberägyptens. Schmuck und Gebrauchsgegenstände waren von erlesener Formgebung.

Mesopotamien
Grabbeigaben aus den Königsgräbern von Ur vermitteln einen Begriff von dem aufwendigen und kunstvollen Dekor, mit dem die an Goldzierat und Halbedelsteinen so reichen Besitztümer der Oberschicht so verschwenderisch ausgestattet waren. Aus den Städten des Südens stammen Königsstelen mit Reliefs, einige der besten Skulpturen dagegen kommen aus dem Norden (Mari).

Iran – Indien
Ein paar Statuetten von hervorragender Arbeit sowie kleine Köpfe aus Stein oder Bronze, Figürchen von raffinierter Schlichtheit und sehr schöne Specksteinsiegel mit Darstellungen von Gottheiten und Tieren bilden das künstlerische Repertoire der Induskultur. Von geradezu begnadetem Künstlertum zeugt die bemalte Keramik, die gewöhnlich schwarz oder leuchtend rot ist. Die Darstellungen zeigen bisweilen Vogel- und andere Tiermotive, manchmal auch Motive pflanzlicher Art.

Mesopotamien

Die Harfen vom Königsfriedhof in Ur hatten mit Mosaikmustern und mythologischen Themen verzierte Klangkörper sowie vergoldete und mit Lapislazuli eingelegte Stier- oder Kalbsköpfe aus Holz. Hier zwei Stilformen der frühdynastischen Kunst des Nordens: der Sänger Uransche und die Weihestatue aus dem Abu-Tempel von Tell Asmar.

Frauenstatue aus Tell Asmar

Statuette des Sängers Uransche aus Mari

Goldener Stierkopf einer Harfe aus Ur

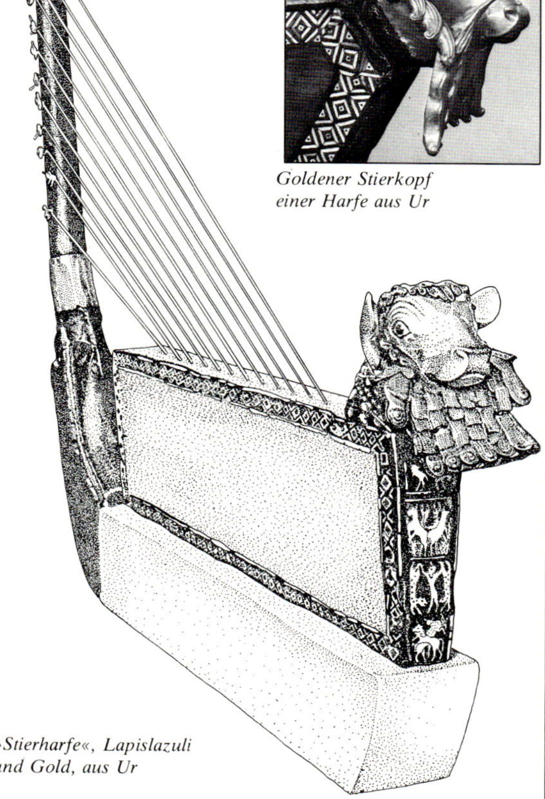

»Stierharfe«, Lapislazuli und Gold, aus Ur

Ägypten

Trotz der strengen Haltung beweist die Kalksteinstatue eines sitzenden Schreibers (frühe 5. Dynastie) Individualität und Natürlichkeit des Bildhauers. Der auf den Knien seiner Mutter sitzende Pepi II. ist als Miniaturausgabe eines erwachsenen Pharaos dargestellt. Im Detail fein beobachtet ist die Szene vom Grab des Ti, in der ein Kuhhirte ein Kalb durch eine Furt trägt.

Wandrelief eines Kuhhirten mit Kalb, Grab des Ti in Saqqâra

Alabasterstatue des Königs Pepi II. und seine Mutter, Saqqâra (?)

Sitzender Schreiber, bemalter Kalkstein, Saqqâra

Östliches Mittelmeerbecken

Hübsch aber sehr abstrakt sind die für die Kykladen typischen Statuetten. Einige Arbeiten sind realistischer, so das Meisterwerk des sitzenden Harfenspielers von Keros aus reinem weißen Marmor. Ein Pendant, ebenfalls aus Keros, ist ein Doppelflötenspieler. Beiden gemein ist der merkwürdig abgeflachte, zurückgeneigte Kopf, der etwa nach 2800 v. Chr. in Mode kam.

Marmorfigur eines Mannes mit Harfe, Keros, Kykladen

Westlicher Mittelmeerraum
Die Tonfigur der auf dem Ruhebett liegenden Göttin ist die ungewöhnlichste aller auf Malta gefundenen Frauenfigürchen. Ihr Kopf ist kahl, jedoch bedeckt ein fransenbesetzter Rock ihre mächtigen Hüften. In Portugal gravierte Schmuckplatten aus Schiefer wurden als Grabbeigaben verwendet. Obwohl geometrisch in der Form, stellen sie doch weibliche Figuren dar und sind den weiblichen Idolen von Los Millares ähnlich.

Schmuckplatte aus Marvão, Portugal

»Schlafende Dame«, Hal Saflieni, Malta

Europäisches Festland (Alteuropa)
Die Keramiken der Becher-Kultur sind durch feine Verzierungen gekennzeichnet, die oft mit den Kanten von Muscheln oder mit einem spiralförmig um das Gefäß gelegten Band eingedrückt wurden. Die meisten Gefäße bestanden aus feinem gemagerten Ton und hatten einen glatten Überzug. Die beleibte Fruchtbarkeitsgöttin mit ihren mächtigen Brüsten und Schenkeln wurde ziemlich grob aus Kalkstein gehauen.

Becher, England

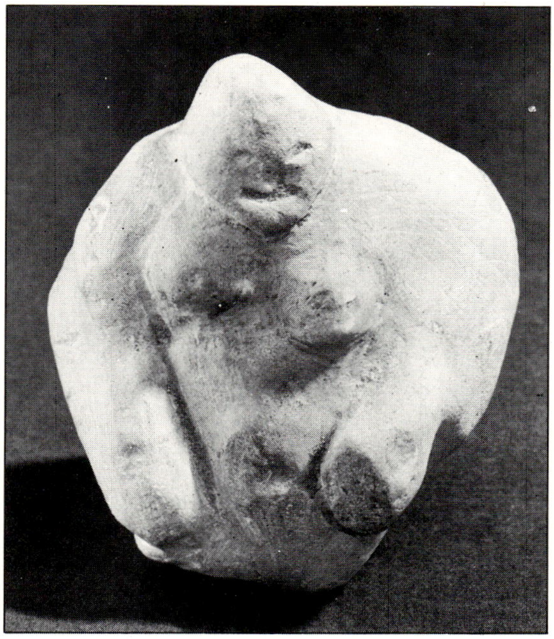

Kalkfigur einer Göttin aus Grimes Graves, Norfolk, England

Iran – Indien
Die beiden wertvollsten und bekanntesten Miniaturskulpturen der Induskultur sind das tanzende Mädchen aus Bronze und die Porträtbüste eines »Priesterkönigs«, beide aus Mohenjo-Daro. Der geschmeidig-fließenden Bewegung des Mädchens steht die hochmütig-starre Haltung des Mannes gegenüber. Die Dreipaßmuster auf seinem Gewand haben vermutlich religiöse Bedeutung.

Bronzestatuette eines tanzenden Mädchens aus Mohenjo-Daro, Pakistan

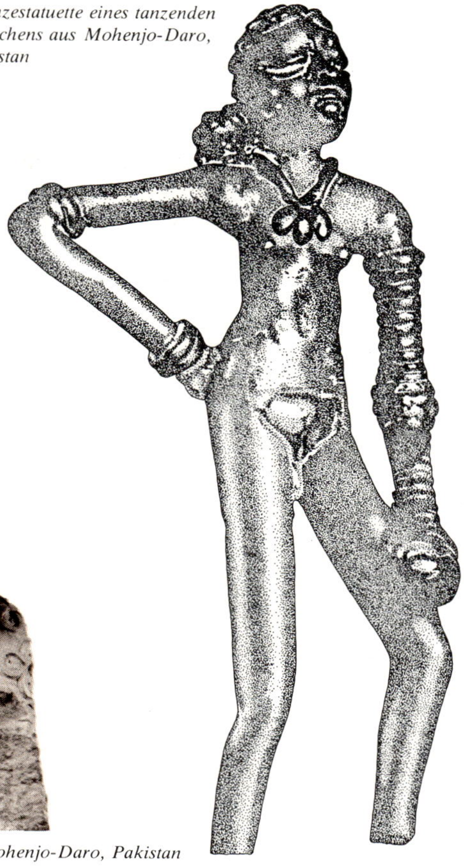

Steatitfigur eines »Priesterkönigs«, Mohenjo-Daro, Pakistan

Ferner Osten
Die feine Lungshan-Keramik der späten Jungsteinzeit wird durch verschiedenartige – in der Verarbeitung dem Metallkunsthandwerk nachempfundene – dreibeinige Gefäße vertreten. Die Figürchen der mittleren Periode der Jōmon-Kultur sind schon etwas phantasievoller.

Dreibeiniger Krug, Wei-Fang, China

Tonfigürchen mit Haarschleife, mittlere Jōmon-Zeit, Japan

Nord-, Mittel und Südamerika (Altamerika)
Die groteske Tierfigur wurde um 3000 v. Chr. auf dem Rand einer großen Schale modelliert. Eine von demselben Muschelhaufen stammende Figur wird als »eine der ältesten anthropomorphen Darstellungen der Kunst der amerikanischen Urbevölkerung«, bezeichnet.

Tonfigürchen aus Puerto Hormiga, Kolumbien

Region	Wirtschaft	Zentren	Ereignisse / Entwicklungen	Persönlichkeiten
Mesopotamien 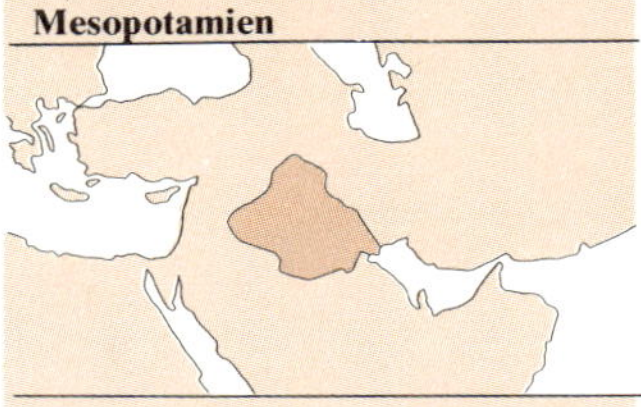	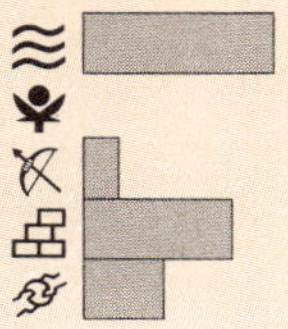	Uruk (Warka) Kisch Ur und andere sumerische Städte. Im Norden Mari und Assur.	Herausbildung von Stadtstaaten und Dynastien. Reich Sargons von Akkad um 2350. Fall Urs 2003.	Gilgamesch 2700? Sargon von Akkad Gudea von Lagasch Ur-Nammu von Ur
Ägypten 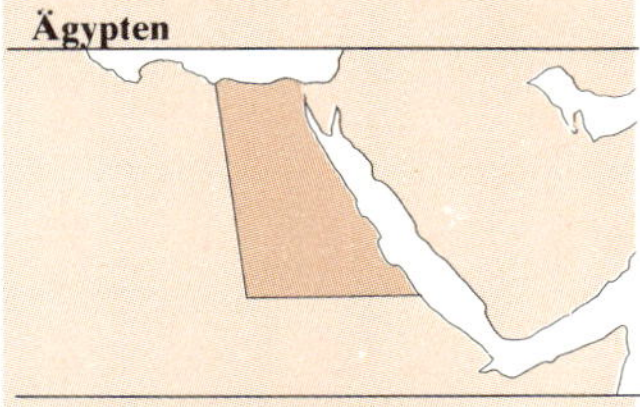	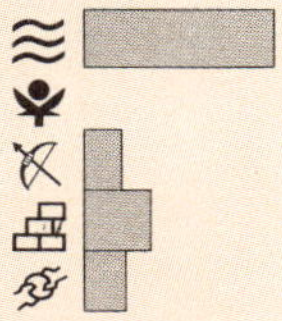	Memphis Heliopolis Abydos Theben (nach 2040)	Thinitenzeit (Dynastien I–II), gefolgt vom Alten Reich (zwischen 2700 und 2600 bis kurz vor 2100). Auf eine Zeit der Wirren und Machtkämpfe folgt um 2000 das Mittlere Reich.	Imhotep Cheops Pepi I. und II. Metuhotep
Östliches Mittelmeerbecken 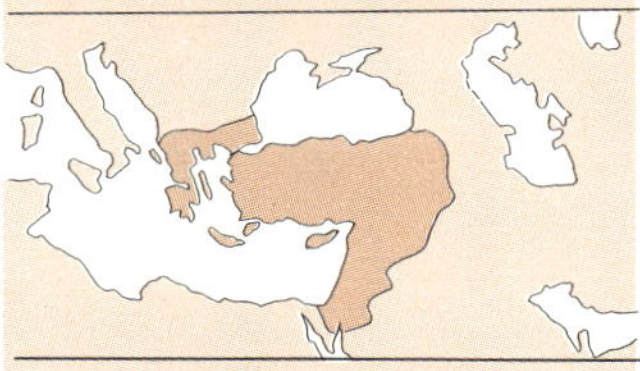	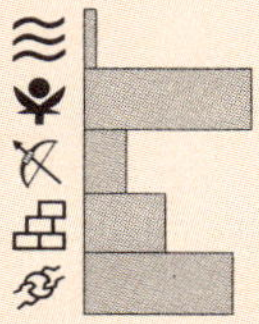	Jericho, Megiddo, Byblos, Ugarit, Alaça Hüyük, Beyçesultan, Troja, Kykladen, Mochlos.	Entstehung von Städten und Kleinstaaten in Palästina und Syrien. Seehandel bis zur Ägäis einschließlich. Amoriter dringen um 2200 in die Levante ein. Um 2200 fällt Troja II. Indo-Europäer in Anatolien.	
Westlicher Mittelmeerraum 	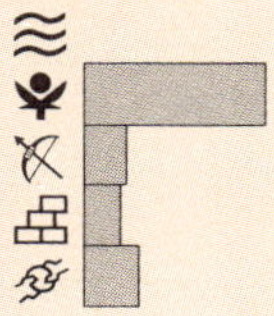	Hal Saflieni Tarxien Los Millares San Pedro de Estoril	Große und kleine Dörfer, teilweise befestigt. Kupferhandel bringt Einfluß des östlichen Mittelmeergebiets auf die Iberische Halbinsel. Niedergang von Siedlungen vor 2000.	
Europäisches Festland (Alteuropa) 	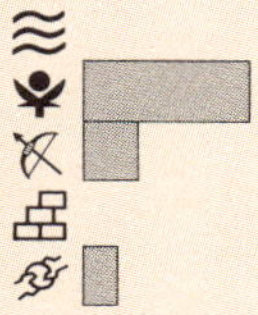	Camp de Chassey Cortaillod Windmill Hill New Grange	Im gesamten Bereich weitere Ausbreitung der Landwirtschaft. Weitere Entwicklung megalithischer Gräber und deren Vordringen bis nach Skandinavien.	
Iran – Indien 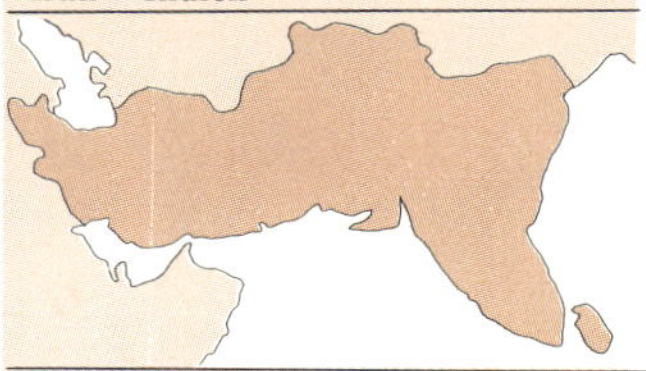	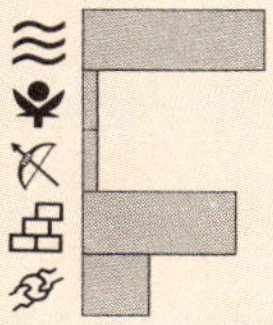	Harappa Mohenjo-Daro Lothal	Voll ausgebildete Indus-Hochkultur mit Städten und Häfen (ab 2500).	Unbekannt (Schrift noch nicht entziffert).
Ferner Osten 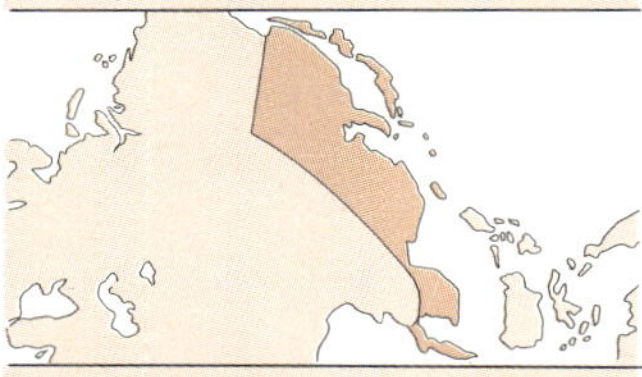	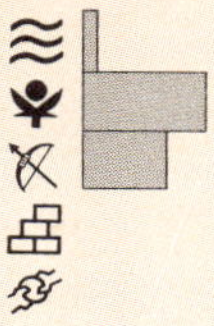	Spätere Yang Shao-Kultur Lung Shan Togaruishi	Landwirtschaft breitet sich nach Ost- und Nordost-China aus. In Südchina weiterhin Jagd, Fischfang und Sammeln von Nahrungsmitteln.	
Nord-, Mittel- und Südamerika (Altamerika) 	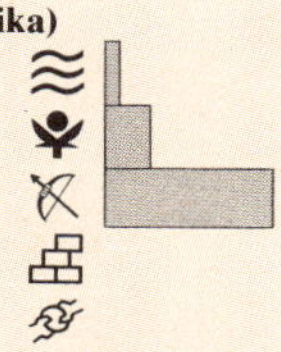	Tehuacán-Tal Virú-Tal Valdivia	Im größten Teil des Kontinents Jäger und Sammler. In Mexiko und Peru Anfänge der Landwirtschaft und Seßhaftigkeit. Erster Maisanbau in Mexiko.	

Die Symbole und Balken in den Feldern der Wirtschafts-Spalte geben an, in welchem Verhältnis folgende Faktoren zueinander stehen: Bewässerungsfeldbau ≈ Landwirtschaft, Jagd, Städtische Lebensform, Handel

Religion	Technologie und Erfindungen	Bauweise	Kunst und Literatur
Sumerisches Pantheon voll ausgebildet. Zahlreiche verschwenderisch ausgestattete Tempel und Zikrurat-»Berge« für die jeweiligen Stadt-Schutzgottheiten.	Kupfer- und Goldarbeiten, um 2600 gefolgt von voller Bronze-Metallurgie mit Guß in verlorener Form (Wachsausschmelzverfahren). Keilschrift. Streitwagen.	Zikkurats und Tempel, Palmenwedelsäulen mit Stift- und Muschelmosaiken. Später Paläste, ummauerte Städte. Königsgräber von Ur um 2500.	Figürliche Darstellungen aus Stein und Bronze. Basreliefs, Einlegearbeiten mit Muscheln, Lapislazuli und anderen Materialien. Siegelzylinder.
Natonales Pantheon voll ausgebildet. Schwinden der Pharao-Vergottung durch Sonnenkult. Adlige suchen durch Bestattungsriten Unsterblichkeit.	Kupfer und Goldarbeiten. Ab etwa 2700 massive Bauwerke aus Steinmauerwerk. Seetüchtige Schiffe. Hieroglyphenschrift. Kalender.	Mastabagräber. Stufenpyramide und Tempel um 2600, um 2500 Pyramiden und Sphinx. Kannelierte Steinsäulen, skulpierte steinerne Palmensäulen, gedrungene Obelisken.	Porträtskulptur in Stein und Holz. Wandmalereien und bemalte Reliefs. Schönschrift. Pyramidentexte.
Eine breite Palette lokaler Kulte, einschließlich Fruchtbarkeits- und Muttergöttin-Kult.	Verarbeitung von Kupfer, Gold und Silber führt zur Frühbronzezeit. Seetüchtige Schiffe. In Anatolien beginnt man Eisen zu verwenden.	Städte mit Stadtmauern, Kultschreine. Große Megaron-Hallen in Troja und Griechenland.	Menschen- und Tierfigürchen aus Metall, Stein und Terrakotta, insbesondere sogenannte »Kykladenidole«. Feine Steingefäße. Kretische Siegelschneiderei.
Tempel auf Malta: Tieropfer, Weissagung, Trankspenden. Muttergöttin (Fruchtbarkeitsaspekt, chthonischer Charakter). Kollektivbestattung verbreitet.	Noch immer herrschen Steingeräte vor, doch verwendet man zunehmend daneben Kupferwerkzeuge, so besonders auf der Iberischen Halbinsel.	Tempel und Hypogäen auf Malta. Festungen mit Mauern und Bastionen. Megalithische Gräber und Felsgräber. »Falsches Gewölbe« (Kraggewölbe).	Kleinfiguren, insbesondere Muttergottheits-Darstellungen. Spiraldarstellungen und andere große Reliefs in den Tempeln von Malta. Tafeln mit Ritzzeichnungen.
Kollektivbestattung deutet zumindest auf eine gewisse Achtung der Verstorbenen hin, doch verfiel die Sitte gegen Ende der Periode.	Noch immer Steingeräte. Der Schliff von Stein und Feuerstein wurde vervollkommnet. Feuerstein-»Bergbau«.	Megalithische Dolmen, Ganggräber und Galeriegräber. Seerandsiedlungen und solide Dorfhäuser aus Holz oder Stein.	Abstrakte und geometrische Ritzungen auf Megalithgräbern in Irland, der Bretagne und Spanien.
Viele Kleindarstellungen von Frauen und wohl Kultszenen, insbesondere auf Siegeln, die häufig Stiere zeigen. Großes Bad für rituelle Waschungen (Mohenjo-Daro), Feueraltäre (Kalibangan).	Kupfer- und (spärliche) Bronzemetallurgie. Daneben weiterhin Steinwerkzeuge. Zweirädrige Ochsenkarren.	Tempel mit Reinigungsbad, Stadtstraßen und Häuser in Gitter-, bzw. Schachbrettmuster. Getreidemagazine mit Belüftung. Hafenanlagen. Die meisten Bauwerke aus glatten, gebrannten Ziegeln (Backsteinen).	Kleine rundplastische Bildwerke aus Stein oder Bronze. Terrakotta-Kleinfiguren von Tieren und Gottheiten. Specksteinsiegel. Bemalte Keramik.
Unbekannt.	»Gedengelte« oder geschliffene Stein- und Feuersteingeräte. Ab etwa 2500 Töpferscheibe in China.	Dörfer aus solide gebauten Hütten.	Feine Töpferware. Kleinfiguren.
Unbekannt.	Keramik in Kolumbien und Ekuador. In Mexiko erste Töpferware um 2300. In Peru und Chile Anbau und Verarbeitung von Baumwolle.	Ortsfeste Hütten in Dorfverbänden (Mexiko nach 2500). Bienenkorbähnliche Hütten im peruanischen Küstenland.	Groteske Keramikgebilde in Kolumbien ab 3000. Ab 2300 Figürchen in Ekuador.

2000 bis 1000 v. Chr.

Die Welt der Bronzezeit erfuhr mit dem Eintritt in das zweite Jahrtausend eine durchgreifende Wandlung, da in den vorangegangenen Jahrhunderten Barbaren und semitische Nomaden eingedrungen waren. Diese Einfälle sollten weiter andauern, und die weitere Ausdehnung der indo-europäischen (indo-germanischen) Völker war von größter Bedeutung für die Zukunft. Vieles geschah jedoch im Verborgenen, da es sich in Ländern zutrug, in denen es keine Geschichtsschreibung gab. In diesem Jahrtausend ereignete sich auch der Aufstieg und der Niedergang der Hethiter und Hurriter, und die ersten, sprunghaften Erfolge der Assyrer setzten ein.

Ein herausragendes Ereignis war die erste Entwicklung einer Hochkultur in Europa – der *Minoer* in Kreta. Ihre Paläste und die amtlichen Inschriften auf ihren Tontafeln zeigen, wie viel sie dem Orient verdankten. Doch der Stil und Geist des minoischen Lebens und Kunstschaffens waren ganz anders als der Pomp der Ausdrucksformen in den Kulturen der großen Stromtäler.

Während in Mesopotamien und Ägypten die in den zurückliegenden dreitausend Jahren geschaffenen kulturellen Ausdrucksformen erhalten blieben – und in vielen Fällen den Höhepunkt ihrer Bedeutung und ihres Einflusses erreichten – stehen wir mit dem Eintritt in dieses zweite vorchristliche Jahrtausend am Beginn der abendländischen Kultur. Seite an Seite mit dem Höhepunkt und Niedergang der Bronzezeit erfolgte der erste Aufstieg von *Griechen* und *Hebräern*.

Bedeutungsvoll für die Zukunft waren außerdem – nach der langanhaltenden Jungsteinzeit in Nordchina – das Einsetzen der Bronzekultur unter der *Schang-Dynastie* und die ersten Hinweise auf das Vorhandensein von Zeremonalzentren und monumentaler Skulptur bei den *Olmeken* von Mexiko.

Wie es sich von einem Zeitalter großer Machtrivalitäten erwarten läßt, gehörte zu den wichtigsten technischen Neuerungen des zweiten Jahrtausends die Entwicklung von Kriegsgerät. Hierzu zählte der leichte Streitwagen mit seinen Speichenrädern, von dem aus schnell bewegliche Krieger Pfeile schießen und Speere schleudern konnten. Im zusammengefaßten Angriff konnten die Wagenlenker offene Feldschlachten wie bei Megiddo und Lagasch entscheidend beeinflussen. Hinzu kam die Verwendung des kleineren Kompositbogens mit verstärkter Schußkraft. Eine weitere neue Waffe von noch größerer Bedeutung war das Schwert, das vermutlich in Mitteleuropa erfunden und seit dem 16. Jahrhundert v. Chr. allgemein verwendet wurde.

Die herausragendste technische Erfindung dieser Periode war zweifellos die Herstellung von Carbonyleisen. Die Hethiter waren es, die als erste um die Mitte des Jahrtausends diese schwierige Technik vervollkommneten. Sie bewahrten sie als militärisches Geheimnis, und erst nach ihrem Niedergang am Ende des dreizehnten Jahrhunderts scheinen die Schmiede der Hethiter anderswo tätig geworden zu sein. Das neue, reichlicher vorhandene Metall wurde dann im Orient und im östlichen Mittelmeerraum allgemein verwendet. In Ägypten war es vor 1000 v. Chr. noch kaum in Gebrauch, und es dauerte noch mehrere weitere Jahrhunderte, bis das Schmiedehandwerk Westeuropa erreichte.

Während das Eisen die wichtigste materielle Entdeckung darstellte, kennzeichnete die Alphabetschrift den intellektuellen Fortschritt. Vermutlich im 17. Jahrhundert v. Chr. übernahmen die Hethiter die Keilschrift für ihre indo-europäische Sprache, während die Minoer in der Zeit der »Alten Paläste« zunächst eine Bilderschrift verwendeten und dann während der Zeit der »Neuen Paläste« zur Verwendung der besser lesbaren Schrift »Linear A« übergingen. Das Frühgriechisch der Mykener wurde seit dem 15. Jahrhundert sowohl auf dem Festland als auch auf Kreta in »Linear B« geschrieben. Etwa um die gleiche Zeit verwendeten die chinesischen Schang eine Schrift, die als Vorläuferin der historischen Form gilt.

Wie die mesopotamischen und ägyptischen Schriftformen des dritten Jahrtausends waren diese Schriften nur teilweise phonetisch, wobei die Laute auf Silben mit einer Vielzahl von Bestimmungszeichen beruhten. Sie waren sehr schwierig zu schreiben und unzulänglich. Es gehörte ein genialer Geist dazu, ein System zu ersinnen, das auf einem Zeichen für jeden Laut beruhte – und wahrscheinlich auch Mut gegenüber den überkommenen Interessen der Schreiber. Denn wie es das Eisen war, das dem einfachen Mann gute Werkzeuge in die Hand gab, so war es das Alphabet, das nun auch den der alten Schrift Unkundigen das Schreiben ermöglichte.

Es scheint, daß die Erfindung von den semitischen Völkern in Palästina

Ausschnitt aus einem Kalksteinrelief: Zuschauer bei einem Fest. Grab des Wesirs Ramose, 18. Dynastie, Theben, Ägypten.

»Diskus von Phaistos« mit kretischen Bilderschrift-Zeichen – eingeprägt in die Tonoberfläche.

Fayencefigürchen der sogen. »Schlangengöttin« (rekonstr. v. Evans). Minoische Hoftracht. Knossos, Kreta.

Phönikische Elfenbein-Plakette (mittelsyrisch) mit weibl. Gottheit, flankiert von Ziegen. Ugarit.

Spätminoische Karaffe im sogen. »Palaststil«. Knossos, Kreta.

und Syrien herrührte, dem Land, in dem sowohl Hieroglyphen als auch mesopotamische Keilschrift bekannt waren. Sie könnten aus der Zeit des 18. bis 17. Jahrhunderts stammen, und eine Anzahl von Formen sind aus der Zeit um 1500 v. Chr. bekannt. Das älteste Exemplar einer vollständigen ABC-Tafel stammt aus Ugarit um 1400 v. Chr. Um 1100 entstand eine frühe hebräische Alphabetschrift, und es war von weitreichender Bedeutung, daß die phönikische Form im historischen Byblos verwendet wurde. Diese sollte nach 1000 v. Chr. von den Phönikern im ganzen Mittelmeerraum verbreitet werden und durch die Griechen den Anstoß zur Entwicklung aller abendländischen Alphabetschriften geben.

In den Künsten, der Gelehrsamkeit und der Wissenschaft gibt es in diesem zweiten Jahrtausend so viele Entwicklungen, daß eine Zusammenfassung kaum versucht werden kann und eine Würdigung auf den Seiten 124–135 erfolgt. Nur einzelne Punkte sollen hier hervorgehoben werden. Man vermutet, daß in Mesopotamien das Sumerische als lebende Sprache um 2000 v. Chr. ausgestorben war, doch auf den Akademien wurden noch immer sumerische Werke kopiert und geschaffen, während die akkadische Literatur Altbabyloniens entstand. Sumerische Erzählungen über Gilgamesch waren sicher schon viel früher verbreitet, doch die ersten tatsächlich geschriebenen Texte gehören zur Frühzeit der besprochenen Periode wie auch das große akkadische Gilgameschepos, sicherlich das älteste große Werk der Dichtkunst. Es wurde so volkstümlich, daß spätere Versionen aus der hethitischen Hauptstadt Hattusa, aus Ugarit und Megiddo bekannt sind. Etwa um die gleiche Zeit erreichte die ägyptische Literatur des Mittleren Reiches einen Höhepunkt mit solchen Werken wie der »Geschichte vom beredt Bauern« und dem »Sinuheroman«, die man die erste Novelle genannt hat. Die Hethiter hatten besondere königliche Annalen und einige Märchen und Legenden, doch im allgemeinen wurde ihre Literatur von Babylonien beherrscht.

Auch das altbabylonische Zeitalter zeichnete sich durch Wissenschaft und Gelehrsamkeit aus, mit Mathematikern in ihrem praktischen Verständnis für Arithmetik, Algebra und Geometrie an der Spitze. Es ist zweifelhaft, ob die Ägypter ihnen in einem naturwissenschaftlichen Zweig gleichkamen, mit Ausnahme der Medizin, wo ihnen ihre Vorliebe für das Einbalsamieren von Leichen besondere Kenntnisse verschaffte.

Andererseits waren die Ägypter in der Architektur und den Künsten den Babyloniern überlegen. Fast alle Gebäude, Obelisken, die monumentale Skulptur und die großartigen Grabreliefs in Luxor und Karnak, Abydos und Abu Simbel, zu denen die Touristen hinströmen, wurden unter den Pharaonen zwischen dem 15. und dem späten 13. Jahrhundert geschaffen, wobei die Kunst von Amarna einen erstaunlichen Bruch in der traditionellen Reihenfolge darstellt.

In Kreta bestand die Kunst in der »Zeit der Alten Paläste« vornehmlich aus großartig bemalten Tonwaren und verhältnismäßig einfachen Figurinen. Mit der »Zeit der Neuen Paläste« nach 1700 v. Chr. kam jedoch der Durchbruch: Mit Wandmalereien, Fayencen, Stein- und Elfenbeinskulpturen und feineren Tonwaren wurde die minoische Kultur zur schönsten Ausformung der Welt der Bronzezeit.

In den ersten Jahrhunderten nach dem Jahre 2000 v. Chr. bahnten sich mehrere bedeutsame Entwicklungen an. Unter Königen, die in Assur am Tigris residierten, erhob sich *Assyrien* zu einer aufsteigenden Macht, wurde aber zeitweilig wieder von der rivalisierenden Macht *Babylons* unterdrückt. In dieser Stadt, nahe dem heutigen Bagdad, herrschte eine Dynastie eingedrungener Amoriter, die im 18. Jahrhundert Hammurapi hervorbrachte, eine der wirklich großen Gestalten der alten Geschichte. Dieses zweite semitische Reich war zwar nicht von langer Dauer; es hatte jedoch große Auswirkungen, denn nach dieser Zeit wurde das alte Sumer und Akkad zu *Babylonien*.

Die Wohlhabenheit der Assyrer des 17. Jahrhunderts erweist sich in ihren Handelskolonien im nördlichen Anatolien, und hier treten auch – wie aus Handelsunterlagen hervorgeht – die *Hethiter* zum ersten Mal in die Geschichte ein. Sie waren ein indo-europäisches Volk, das aus dem Norden gekommen war, und durch Vermischung mit den einheimischen Hatti entstand ihre schwere, armenoide Charakteristik – die aus der hethitischen Kunst hervorgeht. Etwa um 1750 – um die Zeit, als Hammurapi starb – gründeten die Hethiter ein starkes Reich, das von der befestigten Hauptstadt Hattusa aus regiert wurde und sich bis nach Syrien erstreckte.

Einige Jahrzehnte vor dem Jahr 2000 vereinigte Menthuhotep *Ägypten* aufs neue – nach dem Zusammenbruch, der auf den Tod Pepis II. gefolgt war –, und das »Mittlere Reich«, das er gründete (Dynastien 11 und 12) wurde als Ägyptens zweites Goldenes Zeitalter bezeichnet. Als thebanischer Fürst verlegte Menthuhotep seinen Sitz in diese Stadt, und so begann der Aufstieg Thebens und seines Gottes Amun zu ihrer künftigen Bedeutung. Etwa im Jahre 1786, als Hammurapi erst am Beginn seiner Eroberungen stand, brach jedoch die Herrschaft der Pharaonen ein weiteres Mal zusammen. Das Reich zerfiel. Eindringlinge, die *Hyksos*, nahmen Unterägypten in Besitz und regierten es von Avaris aus.

Ein weiterer Zusammenbruch ist für diese Zeit zu verzeichnen. Im 18. Jahrhundert war die *Induskultur* im Niedergang begriffen, wahrscheinlich verursacht durch schwere Überschwemmungen der Städte und Verwüstungen in der ganzen Umgebung. Den endgültigen Vernichtungsschlag haben vielleicht eindringende indo-europäische Völker geführt.

Um 2000 erholte sich die *Levante* von den Folgen des Eindringens der Amoriter, die das städtische Leben teilweise vernichtet hatten. Während die Amoriter weiterhin das Bergland und das Gebiet östlich des Jordan beherrschten, vermischten sie sich in den Ebenen mit der einheimischen Be-

Wandmalerei: Blauer Vogel zwischen Rosen, Lilien und anderen Blumen. Knossos, Kreta.

Kalksteinsarkophag mit Steinschnittornamenten und Bemalung (religiöse Szenen). Hagia Triada, Kreta.

Hammurapi, Herrscher von Babylon, eine der wahrhaft bedeutenden Persönlichkeiten der Alten Geschichte.

Hammurapis Gesetze sind in einer bei Susa gefundenen 223 cm hohen Basaltstele verewigt (Kodex Hammurapi). Der obere Teil zeigt den König (stehend) vor dem babylonischen Sonnengott, der durch die Attribute Ring und Stab als einer der obersten Götter ausgewiesen wird. Der Epilog spricht ihn als Richter des Himmels und der Erde an und erfleht seinen Schutz für die Gesetze des Königs.

völkerung, und es entstand die *kanaanäische* Kultur mit ihren Stadtstaaten und wohlhabenden Handelszentren wie Ugarit und Hazor. (Eine solche Bevölkerungsstruktur sollten die Israeliten vorfinden, als sie zu einem viel späteren Zeitpunkt den Südteil des Landes den Kanaanäern entrissen.) Etwa im 17. Jahrhundert zogen die *Hurriter*, nunmehr unter indo-europäischen Anführern, nach Syrien, wo sie die Herrschaft in den Kleinstaaten antraten.

Ich glaube, man kann ohne Verlust an Objektivität behaupten, daß sich der vielversprechendste aller Anfänge des 20. Jahrhunderts v. Chr. in *Kreta* zugetragen hat. Archäologisch handelt es sich hier um die mittelminoische Phase bzw. die Periode der »Alten Paläste«. Ohne von den mehr bäuerlichen Traditionen des vorangegangenen Jahrtausends scharf abzuweichen, übernahmen königliche Familien die Herrschaft auf der Insel. Sie bauten Paläste in Knossos, Phaistos, Mallia, und, etwas später, in Zakro, und machten diese nicht nur zu Zentren der Verwaltung und des religiösen Lebens, sondern auch zu Handels- und Kunstmittelpunkten. Verwaltungsanordnungen wurden auf Tontafeln niedergelegt – in der ersten Schrift, die es jemals in Europa gab. Könige und Königinnen herrschten im Namen der Göttin, die oberste Gottheit blieb. Die Minoer schufen die zivilisierte Form eines Kultes, den wir auf barbarischer Stufe in Çatal Hüyük (Seite 41) vorgefunden haben, und in etwas weiterentwickelter Form in der zuvor besprochenen Periode auf Malta.

Etwa um 1700 v. Chr. zerstörte ein Erdbeben die alten Paläste und Siedlungen. Doch die Bevölkerung baute sie schöner als zuvor wieder auf, mit reichhaltigerer Architektur, umgeben von höfischem Leben. Dies war die Zeit, in der die berühmten Fayence-Figürchen der Schlangengöttin entstanden.

Während dieser Jahrhunderte blieb das festländische *Griechenland* noch in einem verhältnismäßig barbarischen Zustand, isoliert von der zivilisierten Welt. Dies beruhte vermutlich auf der Tatsache, daß indo-europäische Stämme von Norden her eingedrungen waren. Sie erreichten den Süden um 1900 und zerstörten Lerna. Unvermittelt begann im 16. Jahrhundert ein bedeutsamer Umschwung: Er brachte Wohlhabenheit, Kulturblüte und geordnete Verhältnisse für die kleinen Fürstentümern – von denen Mykenai das größte war und blieb. Dies zeigen die berühmten Schachtgräber von Mykenai, in denen Männer und Frauen der königlichen Familie bestattet wurden: mit kostbaren goldenen Masken, Brustplatten, Schmuckstücken, Gefäßen und Bronze-Zierwaffen. Die bärtige Gesichtsmaske, die einst Agamemnon zugeschrieben worden war, obwohl sie einen unbekannten Fürsten darstellt, der vierhundert Jahre vor dem Trojanischen Krieg gelebt hatte, scheint dennoch die Vorstellung von einem indo-europäischen Kriegshelden zu verkörpern. In diesen Grabstätten gab es viele Gegenstände minoischer Handwerkskunst, und im darauffolgenden Jahrhundert übernahmen die Mykener – wie alle Festlandgriechen nun genannt werden können (Homers »Achäer« ist eine andere Version), fast alles, was mit Kunst und Religion zu tun hatte, von den Kretern.

Eine Frage von besonderem Interesse ist, wie das minoische Kreta von seinen kulturellen Schülern, den Mykenern, unterworfen werden konnte. Ein gewaltiger Vulkanausbruch, der die Insel Thera (Santorin) in die Luft schleuderte und eine minoische Stadt auf Thera unter sich begrub, scheint eine gewisse Rolle beim Fall von Kreta gespielt zu haben. Von den vielen umstrittenen Darstellungen bevorzuge ich die einfachste, die besagt, daß die endgültige Explosion um 1500 v. Chr. stattgefunden hat (kurz vor der Herrschaftszeit der Königin Hatschepsut), und daß der Aschenregen zwar Schäden auf Kreta hervorgerufen haben mag, doch der eigentliche Vernichtungsschlag in der Zerstörung der kretischen Handels- und Kriegsflotte bestand. Um 1450 (also zur Zeit Tuthmosis' III.) besetzten die Mykener die Insel der nunmehr geschwächten und verarmten Minoer; sie brannten die Paläste nieder und setzten einen ihrer Fürsten zum Herrscher ein, der die Insel vom Palast von Knossos aus regierte. Bald darauf entwickelte sich der mykenische Handel im östlichen Mittelmeerraum; es wurden Kolonien auf Rhodos und Zypern gegründet, Handelsniederlassungen in Ägypten und an der Levante, besonders in Ugarit und Byblos. Die Mykener segelten auch nach Westen in die noch prähistorische Welt des westlichen Mittelmeers. Sie trieben Handel mit Italien und Sizilien, gerade als Stonehenge seine endgültige Form erhielt, führte sie ihr Metallbedarf dazu, ihre Kontakte bis nach Britannien auszudehnen.

Das Jahr 2000 markiert im westlichen Mittelmeergebiet und in vielen Teilen Europas den Beginn der *Frühbronzezeit:* Bronze ersetzte nun bei kleinen Werkzeugen und Waffen das Kupfer, obwohl für schwere Werkzeuge noch immer Stein und Flint verwendet wurden, auch für solche feingearbeiteten Gegenstände wie die Feuerstein-Pfeilspitzen der Bogenschützen. Über Europa hinweg, nördlich der Alpen, gab es weitere Züge kriegerischer Völker (sicherlich indo-europäischer Stämme), die sich im vorangegangenen Jahrtausend nach Westen ausgedehnt hatten. Sie spielten eine bedeutsame Rolle bei der Verbreitung der Verwendung von Bronze und Gold. Sie hinterließen auch bemerkenswerte Monumente, wie die Rundhügel oder Hügelgräber, in denen sie ihre Toten mit Waffen und Schmuck begruben. Sie und ihre Nachkommen spielten ihre Rolle bei der Entwicklung von Stonehenge; die Geschichte dieses einzigartigen Monuments wird jedoch später behandelt.

Während die Kultur der frühen Bronzezeit sich in den benachbarten Gebieten ausbreitete, verblieb Nordeuropa wegen seiner Entlegenheit und Erzarmut noch in jungsteinzeitlichen Verhältnissen. Um die Mitte des Jahrtausends gelangte die Metallurgie jedoch plötzlich auch dorthin.

Wegen der vielfältigen historischen Fakten der besprochenen Periode mußte ich meine Beschreibung in zwei Teile gliedern. Es gibt starke Unterschiede zwischen den »Anfängen« der Assyrer, Babylonier, Hethiter und dem Minoischen Reich sowie Europas früher Bronzezeit und den Entwicklungen, die sich nach etwa 1600 v. Chr. vollzogen. Der Orient und das Mittelmeergebiet wurden in steigendem Maße eine Welt rivalisierender Großmächte unter der Vorherrschaft mehr oder weniger ehrgeiziger Könige und gut ausgerüsteter Heere. Mit der Machtpolitik und den Feldzügen einher ging der Lauf der Diplomatie mit dem Austausch von Gesandtschaften, Tributzahlungen, Geschenken und königlichen Bräuten.

Eine großartige neue Erfindung vereinheitlichte dieses Bild einer militaristischen Welt. Die indoeuropäischen Völker hatten schon immer mit Pferden und Wagen zu tun gehabt: Jetzt wurde der plumpe, auf massiven Rädern fahrende Wagen in Kriegszeiten durch den leichten *Streitwagen* ersetzt, der auf zwei Speichrädern fuhr. Wahrscheinlich wurde er von den Hurritern in Syrien erfunden, und die anderen Mächte übernahmen ihn sehr schnell. Im 16. Jahrhundert war der Streitwagen bei der indo-europäischen Aristokratie der Hurriter, Hethiter, der mykenischen Griechen und der Kassiten von Babylonien verbreitet; die Ägypter übernahmen ihn von den Hyksos (unter denen es Hurriter gab), und die vordringenden Arier verbreiteten ihn nach Osten bis nach Indien. Vielleicht etwas später erreichte er unter der Schang-Dynastie sogar China. Wie die Kavallerie späterer Zeiten war auch das Streitwagenfahren eine kostspielige Kampfart und den Edelleuten vorbehalten.

Im Jahre 1595 unternahm Mursilis I., einer der frühen Könige des »Alten Reiches« der Hethiter, einen plötzlichen Feldzug an den Euphrat. Er nahm Babylon ein und setzte der amoritischen Linie Hammurapis ein Ende. Der Fall dieser berühmten Stadt erschütterte die antike Welt, und wenn auch die Hethiter den Thron nicht halten konnten, so nahmen ihn statt dessen die Kassiten ein, die wie die Hurriter ein Gebirgsvolk aus dem iranischen Norden waren und indo-europäische Herrscher hatten. Vier Jahrhunderte lang wurde Babylonien von einer kassitischen Dynastie regiert.

Nunmehr war das Stadium erreicht, das die zweite Hälfte der besprochenen Periode kennzeichnete, nämlich den Machtkampf zwischen Babyloniern, Assyrern, Hurritern, Hethitern und Ägyptern, ein Kampf, bei dem es vornehmlich um den Besitz der nördlichen *Levante* (besonders Syrien) ging, ein Gebiet, das die wichtigen Handelswege zwischen Ost und West, Nord und Süd beherrschte. Diese Ereignisse sind so verwickelt und für die meisten von uns so ermüdend, daß ich mich entschlossen habe, die Darstellung durch Synchronisation mit der Geschichte Ägyptens zu beleben.

Als die Hethiter Babylon einnahmen, beherrschten die Hyksos noch immer *Unterägypten* bis oberhalb von Memphis, und sie standen im Bund mit den Fürsten von Kusch – ägyptisierten Nubiern, deren Reich sich vom ersten Katarakt bei Assuan aus nach Süden ausdehnte. Zwischen den beiden Gebieten herrschten thebanische Fürsten, die den Hyksos in erniedrigender Weise unterworfen waren. Um 1600 v. Chr. bemühten sich die Thebaner, »Ägypten zu befreien und die Asiaten zu verjagen«, und nach blutigen Feldzügen gelang es ih-

König Tuthmosis III., manchmal der Napoleon des alten Ägypten genannt. Die aus Theben stammende Statue aus weißem Marmor zeigt ihn beim Opfer.

Die Malerei eines Papyrus-Totenbuches zeigt Anhai im Totengericht, Anhai wird von Horus geführt, ihre Seele von Anubis gewogen. Thot (Gott der Schreiber) verzeichnet das Ergebnis.

Ausschnitt aus dem Fragment einer Stuckmalerei im Grab des Bildhauers Neb-Amun mit Musikantinnen und Tänzerinnen. 18. Dynastie, Theben.

Die Memnon-Kolosse von Luxor, zwei Sitzstatuen des Pharaos Amenophis III., sind das einzige, das von seinem großartigen Grabtempel übrigblieb.

nen, die Hyksos nach Kanaan zurückzutreiben. Der Sieger, Ahmose, wurde der erste Pharao des Neuen Reiches. Während der ganzen Zeit seiner machtvollen Dynastie, der 18. (ca. 1550–1304), blieb Theben die Hauptstadt, und ihr Gott Amun, verbunden mit dem Sonnengott Rê von Heliopolis, wurde König der Götter und hatte seinen größten Tempel in Karnak. Ägypten entwickelte sich zu einer imperialen Macht, entschlossen, die levantinischen Staaten zu beherrschen, aus denen die verhaßten Hyksos gekommen waren, aber auch das Land Kusch im Süden. Tuthmosis I. (um 1528–1510), der erste Pharao, der später in einem Felsengrab im Tal der Könige begraben werden sollte, erzielte Siege nach beiden Richtungen. Im Norden war er so erfolgreich, daß er die aufstrebende hurritische Macht der *Mitanni* in Syrien und im nördlichen Mesopotamien schlug und den Euphrat überschritt. Diese frühen Pharaonen der 18. Dynastie regierten etwa um die gleiche Zeit wie die Fürsten von Mykenai, die in Schachtgräbern bestattet wurden. Bald nach dem Tode Tuthmosis' I. begann vermutlich die Periode der Schang in China, und Skandinavien trat verspätet in die Bronzezeit ein.

Königin Hatschepsut, die Tochter Tuthmosis I., war die erste große, regierende Königin der Geschichte. Als ihr Halbbruder und Gatte starb, übernahm sie selbst die Herrschaft. Trotz ihrer sehr weiblichen Gesichtszüge ließ sie sich oft in der Kleidung und mit den Symbolen eines männlichen Pharao darstellen. Reliefs in ihrem schön gestalteten Tempelgrab in Westtheben (Deir el-Bahari) enthalten lebhafte Szenen von der Expedition, die sie wegen der Beschaffung von Myrrhe, Gold, Affen und Elfenbein nach Punt (Somaliland) entsandt hatte. Zeitgenössische Malereien im Grab ihres Wesirs zeigen eine Reihe minoischer Gesandter, die Gefäße zweifellos kretischen Ursprungs tragen. Minoer erscheinen wiederum auf Malereien aus der Zeit des Hatschepsut-Nachfolgers, und einer von ihnen trägt ein stierköpfiges Symbol, vergleichbar mit den berühmten Beispielen von Knossos und Zakro.

Dieser Nachfolger war Tuthmosis III., den man manchmal auch den Napoleon Ägyptens nennt. Er führte viele Feldzüge gegen die aufrührerischen Staaten der Levante und gegen die Mitanni, die jetzt ein starkes hurritisches Reich gegründet hatten. Einen seiner entscheidenden Siege errang er bei der alten Stadt Megiddo; später besiegte er die Mitanni und eiferte seinem Großvater nach, indem er den Euphrat überschritt. An seine Feldzüge erinnern Inschriften auf Stelen und an den imposanten Bauwerken, die er dem Tempelkomplex in Karnak hinzufügte. In anschaulichen Einzelheiten wurden die Kämpfe bei Megiddo beschrieben – der älteste bekannte Schlachtbericht der Geschichte.

Tuthmosis III. bewirkte, daß die unterworfenen Staaten in Asien und Nubien fast ein Jahrhundert lang tributpflichtig blieben. Babylonische, assyrische und hethitische Könige sandten Versöhnungsgeschenke. Reichtümer flossen Theben zu. Während der langen Zeit seiner Regierung (1490–1436) wurde Knossos von den mykenischen Griechen besetzt, und man kann vermuten, daß um diese Zeit auch der Bau von Stonehenge beendet wurde.

Der imperiale Luxus Thebens erreichte seinen Höhepunkt unter der Herrschaft von Amenophis III., einem vergnügungssüchtigen, kultiviertem König, der ganz anders geartet war als sein napoleonischer Großvater. Er verschönerte Theben weiterhin durch den Tempel, der das heutige Luxor beherrscht. Sein begabter Architekt, Amenhotep, der Sohn des Hapu, baute außerdem für ihn den großen Grabtempel auf dem Westufer, von dem nichts erhalten geblieben ist außer den Königsstatuen, die unter dem Namen »Memnonskolosse« berühmt wurden.

In dieser Herrschaftszeit, etwa um 1380 v. Chr., wurde der ehrgeizige Schuppiluliüma König der Hethiter; er bemühte sich, die Mitanni zu schlagen, die jetzt mit den Ägyptern gegen ihn verbündet waren.

Sohn und Nachfolger Amenophis' III. war der umstrittenste aller Pharaonen, der »abtrünnige« Echnaton, ein Genie und Schwärmer, der sich bemühte, die Vielzahl der ägyptischen Gottheiten durch einen monotheistischen Glauben an Aton, die sichtbare Sonne, abzulösen. Er wirkte auf künstlerischem Gebiet ebenso umwälzend wie in der Religion, und er schrieb vermutlich selbst den »Sonnengesang«, der, über spätere kanaanäische Umarbeitungen, die Anregung zum Psalm 104 gegeben hat.

Um 1370 verließ er Theben zusammen mit seiner Gemahlin Nofretete, um seine neue Residenz zu beziehen, die heilige Stadt, die er bei El-Amarna hatte erbauen lassen, und um hier inmitten von Gärten und großen Tempeln Aton zu huldigen. Die Kunst von Amarna mit ihrer Liebe zur Natur zeigt minoische Wesenszüge, die möglicherweise durch kretische Flüchtlinge eingeflossen sind. Die Bürger von El-Amarna kauften wohlriechende Öle in feinen Flakons von den Mykenern, die jetzt den Handel im östlichen Mittelmeerraum beherrschten.

Das »Traumleben« von El-Amarna dauerte nur etwa fünfzehn Jahre an. Die konservativen Kräfte ergriffen erneut die Macht. Neuer Herrscher in Theben wurde der Kindkönig Tut-enchamun. Amun-Rê, Osiris, und alle alten Götter und Tempel wurden wiedereingesetzt.

Einer der bedeutsamsten Funde in El-Amarna waren die Palastarchive Echnatons und seines Vaters. Diese Tontafeln, die in Akkadisch, der damaligen internationalen Diplomatensprache, beschriftet waren, vermitteln einen Einblick in die Machtpolitik der damaligen Zeit. Es handelt sich in der Mehrzahl um Briefe an die beiden Pharaonen von ihren »Bruder«-Monarchen aus Babylonien, Assyrien und von den Herrschern der Mitanni und Hethiter, und von ihren »Dienern«, den Fürsten der Vasallenstaaten, wie Byblos, Tyros und Sidon.

Keiner der beiden Pharaonen hatte viel zur Aufrechterhaltung der Macht in Asien beigetragen, und die Hethiter bedrohten den ägyptischen Einfluß. Gegen Ende der Herrschaftszeit Echnatons wurde der König der Mitanni ermordet, und etwa

Stuckmalerei aus dem Grab des Neb-Amun, Theben: Klagende Witwen vor Mumien. Der rechten Mumie wird Wasser angeboten.

Wandmalerei aus Tell el-Amarna: Zwei Töchter des Pharaos Echnaton und der Nofretete.

Mit Jagd- und Kampfszenen bemalte Holztruhe, die den Pharao Tut-ench-Amun in einem Streitwagen (Mitte) zeigt. Aus dem Grab des Pharao im Tal der Könige.

Hatschepsut, die erste bedeutende Herrscherin in der Geschichte, wird oft mit den Herrschaftsattributen männlicher Pharaonen dargestellt.

Echnaton und Nofretete in der Geste der Verehrung unter der Atonscheibe, umfangen von den lebensspendenden Strahlen der Gottheit.

um die Zeit von Tut-ench-amuns frühzeitigem Tod schlug Schuppiluliuma die Mitanni und nahm ganz Syrien ein.

Der letzte Pharao der 18. Dynastie war Haremhab, ein früherer Statthalter und General, der sich bemühte, das Andenken an Echnaton zu zerstören.

Die 19. Dynastie bemühte sich, die ägyptische Herrschaft über Palästina und Syrien wiederherzustellen. Sethos I. (dessen Grabtempel in Abydos steht) und sein Sohn, der berühmte Ramses II., führten mehr oder weniger erfolgreiche Feldzüge um Syrien gegen die Hethiter und die mit ihnen verbündeten Fürsten. Im Jahre 1286 erreichten die Kämpfe ihren Höhepunkt in der Schlacht bei Kadesch am Fluß Orontes. Ramses II. selbst kämpfte tapfer und verhinderte eine ägyptische Niederlage. Er ließ später die Schlacht in mehreren Tempelinschriften – auch in Abu Simbel – als einen großen Sieg beschreiben; auch die Hethiter behaupteten von sich, bei Qadesch gesiegt zu haben, wie Inschriften in Hattusa zeigen. Tatsächlich war der Ausgang der Schlacht unentschieden, und nach einigen Jahren schlossen die beiden Mächte einen »ewigen« Vertrag ab, der die beiderseitigen Einflußsphären etwa bei Byblos trennte.

Ramses II. richtete den Glanz und die Herrlichkeit der Pharaonen in seinem Reich wieder auf. Berühmt sind die riesigen Bauwerke mit den Kolossalstatuen des Herrschers. Die bekanntesten davon sind die ausgebaute Säulenhalle in Karnak, das Ramesseum in Westtheben und die nubischen Tempel in Abu Simbel. Ramses baute auch eine neue Hauptstadt im östlichen Delta, Pi-Ramses. Man vermutet, daß Ramses II. der Pharao der Unterdrückung im Buch Exodus gewesen ist und daß die den Hebräern aufgezwungene Arbeit die Erbauung dieser Hauptstadt war. Moses, der sein Volk die Verehrung Jahwes lehrte, eines Gottes, der auf dem Berg Sinai erschien, führte es vermutlich um 1250 v. Chr. in die Wüste.

Um diese Zeit war *Hazor*, nördlich von Galiläa, noch eine blühende kanaanäische Stadt; neben anderen Luxuswaren führte sie Öl von den Mykenern ein – wie es die Bürger von El-Amarna ein Jahrhundert zuvor getan hatten. Die Ölkannen beweisen, daß Hazor um 1250 niederbrannte, und es besteht kaum ein Zweifel, daß dies bei der Einnahme durch Josua geschah, die in der Bibel (Josua 2) erwähnt wird, als die Israeliten die nördliche Grenze ihres Siedlungsgebietes in Kanaan erreichten. Die Kanaanäer des Kustengebietes lassen sich von nun an als *Phöniker* bezeichnen. Unter der Leitung von *Tyros* begründeten sie ihre Wohlhabenheit auf dem Holzhandel, der Farbe der Purpurschnecken und der Metallbearbeitung.

Um diese Zeit müssen die *Mykener*, obwohl noch immer auf dem Höhepunkt ihrer Macht, einer äußeren Bedrohung ausgesetzt gewesen sein, die sie veranlaßte, ihre Burgen auszubauen – wie sich an den starken Mauern, dem Löwentor und unterirdischen Zisternen in Mykenai erkennen läßt. Diese Bedrohung hat sie vielleicht auch in den Trojanischen Krieg vor dem Ende des Jahrhunderts hineingeführt.

Ein neues Zeitalter der Gewalttätigkeit und der Stammeswanderungen zeichnete sich nun ab. Als Ramses um 1224 v. Chr. starb, schien Ägypten gesichert zu sein, doch schon unter der Herrschaft seines Sohnes wurde das Land von Westen aus durch libysche Volkselemente, verbündet mit Flüchtlingsscharen aus Übersee, angegriffen. Dieser Einfall, verursacht durch Hungersnot, war ein Teil einer Völkerwanderung von den Inseln und Küsten des Mittelmeers, die vielleicht auf das Eindringen anderer Völker aus dem Norden zurückging. Ganze Familien verließen möglicherweise ihr Land auf Schiffen, weshalb diese Menschen auch »Seevölker« genannt wurden.

Der erste Angriff wurde zurückgeschlagen, doch zu Beginn des zwölften Jahrhunderts war der ganze östliche Mittelmeerraum in Aufruhr. Aufstände und Einfälle (besonders der Phrygier aus Thrakien) in Anatolien vernichteten schließlich den verzweifelten hethitischen Widerstand, und eine Horde von »Seevölkern« bewegte sich nach Süden – durch Syrien. An Land zogen die Krieger in Ochsenkarren voran, während gleichzeitig auf See eine Flotte die Horden beförderte. Ägypten wurde jetzt von Ramses III. regiert, dem letzten seiner großen militärischen Pharaonen, der schon einen zweiten Angriff aus den libyschen Wüsten abgewehrt hatte. Etwa um 1170 schlug er die Landstreitkräfte in Kanaan. Die Schiffe der »Seevölker« konnten bis zum Nildelta vordringen, wo sie in einer Seeschlacht vernichtet wurden, die in dem großen, festungsähnlichen Tempel (Medinet Habu) in Westtheben dargestellt wurde, der noch immer fast vollständig erhalten ist.

Die Zerstörung der Ordnung, die die Hethiter in Syrien errichtet hatten, führte zum Zusammenbruch der Handelsrouten, von denen die Wohlhabenheit des Gebietes abhing. Die mykenische Palastkultur zerfiel, die Kunst wurde plebejisch und provinziell, und viele Menschen verließen ihr Heimatland, um in Übersee zu siedeln, während weitere barbarische Volkselemente eindrangen.

Der gleiche Zusammenbruch des Handels und der Herrschaft ergriff auch das nördliche Mesopotamien, wo die *Assyrer* in ihrem langen Machtkampf mit Babylon eine Zeitlang die Unterlegenen waren. Doch um 1115 v. Chr., als Tiglat Pileser den Thron bestieg, zeichnete sich bereits ab, daß Assyrien das machtvollste Reich unserer nächsten Periode werden sollte. Die Situation hier und in Syrien komplizierte sich durch das Vordringen eines weiteren semitischen Volkes aus den syrischen Wüsten, der Aramäer, nachdem zuvor schon Akkader und Amoriter eingedrungen waren.

Ägypten erlebte inzwischen nach dem Sieg über die »Seevölker« nur eine zeitweilige Ruhepause. Nach Ramses III. verfiel die 20. Dynastie, und ihr Ende im Jahre 1075 bezeichnet man gleichzeitig als das Ende des »Neuen Reiches« und des eigentlichen pharaonischen Zeitalters. Obwohl die »Seevölker« zurückgeschlagen waren, konnte sich ein Teil von ihnen an der Levante festsetzen. Die *Philister* besetzten die südliche Küstenebene Palästinas (das Land, dem sie später ihren Namen gaben) und entrissen das Gebiet den Kanaanäern und den Israeliten, die kurz zuvor nach hier vorge-

Ramses II. kämpfte mit großer Tapferkeit und viel Geschick und verhinderte u. a. eine Niederlage Ägyptens in der Schlacht von Qadesch.

Das »Löwentor« von Mykenai in Griechenland, berühmt durch den 5 m breiten Türsturz und das Löwenpaar im Entlastungsdreieck, liegt außerhalb des von Schliemann ausgegrabenen Rings von Schachtgräbern.

drungen waren. Die Archäologie bestärkt die Ansicht, daß ein starker Stamm der Philister aus dem Gebiet der Ägäis gekommen ist. Der verstärkte Druck, den die Philister in den letzten Jahrzehnten des zweiten Jahrtausends ausübten, veranlaßte Saul, trotz der Katastrophe am Berg Gilboa die Leitung des Widerstands zu übernehmen. Dies bereitete schließlich den Weg für David und Salomon und zum vereinigten Königreich unserer nächsten Periode. Während der Glanz Ägyptens dahinschwand, wuchs der einzigartige Genius des jüdischen Volkes.

Ich will nun versuchen, auch auf einige jener Gebiete einzugehen, die um diese Zeit noch im Dämmer der Vorgeschichte lagen. Trotz ihrer Kontakte mit höheren Kulturen gab es keine tiefgreifenden Veränderungen im Leben der Völker des westlichen Mittelmeergebietes. Besonders auf den Inseln entstanden mancherorts Gedenkstätten, die noch heute erhalten sind. Felsengräber gab es bei Anghelu Ruju, doch noch bemerkenswerter waren die Hunderte von Gräbern in Castelluciobei Syrakus; manche von ihnen hatten eingemeißelte Symbole an den Eingängen. Die massiven »naveta«-Gräber von Menorca wurden zu Beginn dieser Periode errichtet, doch die wohlbekannten Verteidigungstürme, die »talayots« auf dieser Insel und auf Mallorca erst am Ende dieser Zeit. Andere vergleichbare Türme scheinen aus früheren Zeiten zu stammen, wie die sardinischen »Nuraghew« und die korsischen »torre«, offenbar Verteidigungsstellungen kleinerer Stammesanführer.

Die *mittlere Bronzezeit* (ab 1450) war in *Norditalien* eine gedeihliche Periode wegen seiner Metallvorkommen und seines engen Kontakts mit den fortschrittlichen Bronzeherstellern Mitteleuropas. In Spanien und Portugal war dies dagegen eine Zeitspanne der Stagnation, obwohl es im Südosten (Almeria) halbstädtische Gemeinden gab, die mit dem östlichen Mittelmeergebiet Handel trieben – wie aus den kostbaren Grabbeigaben ersichtlich ist, die sich auf dem Friedhof der Bergfestung El Argar befinden.

In Westeuropa herrschte noch immer die *Kriegeraristokratie*, die Hügelgräber errichtete, besonders reichhaltig in der Bretagne und in Wessex. Wir haben gesehen, daß diese Menschen beim Aufbau der britischen Henge-Monumente im vorangegangenen Jahrtausend (Seite 97) eine Rolle gespielt hatten, und ihre Nachkommen sollten nunmehr einen einzigartigen Tempel errichten – *Stonehenge*.

Bald nach 2000 v. Chr. machten sich die Menschen der *Becherkultur* an das außerordentliche Unternehmen, die gewaltigen Sandsteinblöcke aus Südwales zu transportieren. Zweifellos wurde diese Aufgabe, das Heranschaffen, Formen und Aufstellen der Blöcke von Stonehenge, von Stammesanführern organisiert, die zusammen mit ihren Frauen in Rundhügeln in der Umgebung bestattet wurden. Der Reichtum dieser herrschenden Schicht war ihr Viehbestand; aber auch mit Irland und Mitteleuropa wurde Handel getrieben. Man meinte früher, die engsten Beziehungen hätten mit den Mykenern, den Abnehmern ihrer Erze, bestanden. Eine Zeitlang schienen Radiokarbon-Daten darauf hinzudeuten, daß die Fertigstellung von Stonehenge auf eine Zeit zurückgeht, die vor der Bestattung der ersten mykenischen Fürsten in ihren Schachtgräbern lag. Jetzt ist man dagegen der Auffassung, daß die fertige Anlage, wie sie noch heute erkennbar ist, um 1500–1400 v. Chr. entstanden ist, um die Zeit der frühmykenischen Periode. Zusammenfassend lassen sich folgende Zeitgleichungen für die lange Geschichte von Stonehenge aufstellen: (1) Die ursprüngliche Einfriedung aus der Jungsteinzeit = Die Stufenpyramide des Djoser, oder, falls dies etwas zu früh ist, der königliche Friedhof von Ur und die Pyramiden von Gizeh; (2) Die Becherkultur-Phase mit Sandstein-Kreis = Das »Mittlere Reich« Ägyptens und der erste Aufstieg Babylons; (3) Der endgültige Ausbau durch Stammesführer von Wessex = Die Schachtgräber von Mykenai, oder der Höhepunkt des ägyptischen »Neuen Reiches« unter Königin Hatschepsut und Tuthmosis III.

Am Ende des 15. Jahrhunderts traten Britannien und ganz Westeuropa in die mittlere Phase ihrer Bronzezeit ein (entsprechend der späten Bronzezeit des östlichen Mittelmeergebiets); die Förderung von Kupfer und Zinn war besser organisiert, und die Gußtechniken kamen an den Stand heran, der schon tausend Jahre zuvor in Sumer erreicht war. Besonders die Waffentechnik entwickelte sich; es gab jetzt bereits lange Stoßwaffen.

Etwa um die gleiche Zeit traten die Völker der *nordeuropäischen Ebene* und *Skandinaviens* schließlich in ihre *frühe Bronzezeit* ein. Die Schmiede erlernten die Methoden aus Mitteleuropa und fertigten besonders schöne Waffen und persönlichen Schmuck an, häufig mit spiralförmigen Verzierungen. In den späteren Jahrhunderten des 2. Jahrtausends wurden in Dänemark Gruppen großer, runder Hügelgräber angelegt, und unter manchen von ihnen fand man Eichensärge, in denen sich wollene Kleidungsstücke und Kopfhauben erhalten hatten. Wertvolle Bronzekunstwerke wurden als Votivgaben für die Götter gegossen, darunter der berühmte Sonnenwagen von Trundholm.

Gegen Ende der besprochenen Periode, als die »Seevölker« in den Orient einfielen, gab es viele Stammeswanderungen in Europa. Das Ergebnis dieser Wanderungen, die viele Veränderungen nach sich zogen, soll im nächsten Kapitel behandelt werden.

Der verzögerte, aber glänzende Beginn der *nordeuropäischen Bronzezeit* erfolgte fast gleichzeitig mit dem plötzlichen Eintritt *Chinas in seine erste Bronzezeit*. Schon dann erfüllt unser Buch seinen Zweck, wenn es die hartnäckige Meinung zerstört, die chinesische Kultur sei die älteste der Welt. Jungsteinzeitliche Traditionen hielten sich tatsächlich bis etwa 1500 v. Chr. Im »Buch der Urkunden« aus dem achten Jahrhundert ist zwar von einer langen Reihe von Schang-Königen die Rede; man hielt sie jedoch für legendär, bis zwei ihrer Hauptstädte entdeckt wurden. Die ältere befand sich im zentralen Honan, doch um etwa 1400 v. Chr. wurde die Hauptstadt nach Norden verlegt, nach Groß-Schang bei Anyang. Hier stan-

Diese Spitze eines Zeremonialspeers der Schang-Zeit hat ein Jadeblatt und eine mit Türkiseinlagen verzierte Schafthülse.

den die Häuser und Tempel der machtvollen Dynastie, die Menschen und Tiere als Gründungsopfer darbrachte. An einer Stelle war eine ganze Kompanie Soldaten, zusammen mit fünf Wagenlenkern, den Fahrzeugen und Pferden, geopfert und beerdigt worden. Insgesamt 852 Menschenopfer hat man nachgewiesen – im Vergleich hierzu erscheinen die Opferungen, die tausend Jahre zuvor an den königlichen Gräbern von Ur stattgefunden hatten, gering. In vielen der Gräber befanden sich schöne Gegenstände aus Jade und Bronzegußgefäße von besonderer Formschönheit. Ihre Formen und Motive sollten weiterhin bis zur Han-Periode in Gebrauch bleiben.

Eine seltsame Sitte bei den Schang-Königen war die Wahrsagerei (Orakel) durch das Erhitzen von Ochsenknochen und Schildkrötenpanzern. Man versuchte hierdurch, die Lösungen von Problemen zu erfahren, von Militärtaktik angefangen bis zum Wetter und zu Zahnschmerzen der Könige. Oftmals wurden die Fragen und Antworten auf die Knochen geschrieben, und dies sind, zusammen mit einigen Zeichen auf Bronzen, die ältesten bekannten chinesischen Schriftdokumente. Sie stammen aus der gleichen Zeit wie die »Linear B«-Tontafeln der Mykener.

Im Jahre 1027 v. Chr. fand die Schang-Dynastie ihr Ende durch die offenbar aus Westen vordringenden Heere der Chou. Die neue Dynastie hielt sich fast acht Jahrhunderte lang. Unter ihr wirkten viele der größten Denker Chinas.

In *Mittel- und Südamerika* zeichnete sich im zweiten Jahrtausend der Beginn von Kulturen ab, die später einen hohen Zivilisationsstand erreichen sollten, weshalb man diese Zeit als die *Frühe vorklassische Periode* bezeichnet. Die bedeutsamsten Entwicklungen spielten sich in Südamerika ab. Die Töpfereikunst scheint sich von den frühesten Zentren in Kolumbien und Ecuador südwärts in die Hochländer von Peru ausgebreitet zu haben. Funde gibt es aus der Zeit um 1800 v. Chr. bei Kotosh in einer Siedlung, die weit bemerkenswerter wegen ihrer Tempelbauten ist, die schon aus Stein errichtet waren und auf einer Plattform standen.

In der Küstenebene wurden Mais, Erdnüsse und vermutlich Maniok angebaut, was die Nahrungsmittelversorgung sicherstellte. Die Dörfer wuchsen, und Bauern und Fischer bereicherten ihr religiöses Leben durch den Bau von Tempeln mit anschließenden Festhallen – wie in Chuquitanta.

In Mexiko und Guatemala breitete sich die Töpferei um etwa 2000 v. Chr. aus. Ihre Anfänge gehen vermutlich auf eine viel frühere Zeit zurück und liegen im Tal von Tehuacán und an der pazifischen Küste von Panama in kleinen Fischergemeinden. Zusammen mit Töpferwaren wurde eine Vielzahl von Figurinen gefertigt, wahrscheinlich für einheimische Kulte. Obwohl sich die Dörfer vergrößerten (nunmehr auch im Oaxaca-Tal), gibt es aus der Zeit vor 1000 v. Chr. keinen Hinweis auf das Vorhandensein von Zeremonialzentren. Vielleicht entwickelte sich um diese Zeit aber an der Golfküste, im Gebiet von Tabasco-Vera Cruz, schon eine zeremonielle Organisation, denn bald nach dem Jahre 1000 entstand die Kultur der Olmeken mit ihren berühmten »Pyramiden« und öffentlichen Plätzen.

In *Nordamerika* sind keine bedeutsamen Veränderungen zu verzeichnen. Der Maisanbau breitete sich nach Südwesten aus, und die Nahrungsmittelversorgung besserte sich durch den Anbau von Bohnen. In Florida und Georgia begannen Gemeinden, die noch keine Landwirtschaft hatten, mit der Fertigung einfacher Töpferwaren. Der Lachsreichtum an der Nordwestküste ermöglichte es den Fischern, ab 1500 v. Chr. dort feste Dörfer zu bauen.

Rituellen Zwecken dienender Weinkessel (tsun) der Schang-Zeit aus der Provinz Anhwei. Dieser Typ kunstvoll gearbeiteter Kessel diente entweder als Behälter für Wein und Fleisch oder als Gefäß für rituelle Waschungen.

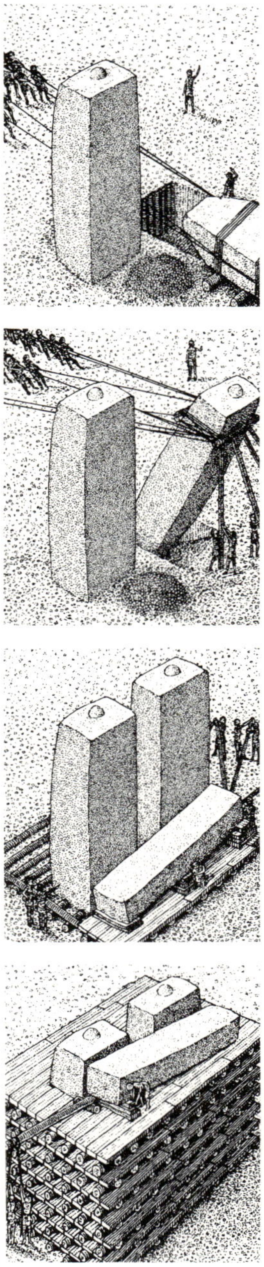

Das Aufstellen der großen Sandsteinblöcke (Sarsen) und Quersteine von Stonehenge muß sich als nahezu genau so schwierig erwiesen haben wie ihr Transport. Es scheint, daß man zunächst eine Fundamentgrube mit einer schrägen Rampe an einer Seite und mit einer senkrechten Wand an der anderen aus dem Kreidefels aushob. Man sicherte die senkrechte Wandung mit Pfählen, damit der Kreidestein beim Aufrichten der Sarsen nicht beschädigt würde. Die Sarsen wurden sodann auf Rollen soweit an die Grube herangeschoben, bis sie darüberragten und, am Ende angehoben, hineinkippten. Die Blöcke richtete man mit Hilfe von Holzunterlagen, Stützen und Hebeln weiter auf und zog sie schließlich mit Hilfe von Arbeitsgruppen an Seilen in die Vertikale. Die Quersteine wurden möglicherweise mit Hebeln und durch untergelegte Packungen von abwechselnd quer- und längsgelegten Baumstämmen oder Balken in ihre endgültige Lage gebracht. Den Querstein hob man jeweils nur 30 bis 60 cm an und unterlegte ihn, dann baute man unter ihm die Plattform weiter, bis so, Stück für Stück, die Höhe der Sarsen erreicht war.

Der »Sonnenwagen« von Trundholm, Dänemark, eine der wertvollen, als Opfer ins Moor versenkten Bronzen.

Technologie 2000–1000 v. Chr.

Diese Periode wies eine weitere Entwicklung der Bronzebearbeitung auf. Neue Techniken wie das Nieten, Löten und zum Teil die Feinblecharbeit machten die Produktion großangelegter Gegenstände möglich; außerdem verlangten fortgeschrittene Gußtechniken, die Tonkerne benutzten, sehr viel kleinere Metallmengen. Diese Fertigkeiten verbreiteten sich in neuen Gebieten und wurden weit und breit nachgeahmt, so daß gegen Ende dieses Zeitabschnitts das handwerkliche Können in Zentraleuropa das gleiche Niveau aufwies wie im Nahen Osten. China entdeckte offensichtlich die Legierung der Bronze selbst und entwickelte sie in beispielloser Art. Den Bronzeguß von Kultgefäßen beherrschten Chinesen weit besser als Bronzeschmiede anderer Regionen.

Schmiede in Anatolien entwickelten nun die speziellen Techniken, aus bisher nutzlosem Eisenerz brauchbares Eisen zu gewinnen. Doch erst im nächsten Jahrtausend verbreitete sich die Kenntnis dieses Materials in anderen Gebieten und wirkte auf deren Kulturen ein.

Mit der vollen Beherrschung der Bronzebearbeitung erhielten andere Handwerke einen enormen Aufschwung, u. a. das Zimmerhandwerk. Die Erscheinung des leichten, von einem Pferd gezogenen Wagen hängt fast ebenso mit der Entwicklung guter Werkzeuge für die Holzbearbeitung zusammen wie mit der Einführung des Pferdes. Der Bootsbau machte gleichermaßen Fortschritte, und die ägyptischen Grabdekorationen des Neuen Reichs zeigen viele Neuerungen – sowohl bei den eigenen Schiffen als auch bei denen ihrer Gegner.

Schriften und Schreibsysteme wurden in dieser Zeit an mehreren Stellen gleichzeitig erfunden, und es zeigen sich gewisse Veränderungen: Zwar fehlte auch allen frühen Schriftsystemen ein phonetisches Element keineswegs, doch gingen Kreter und Mykener mit ihren Silbenschriftsystemen, »Linear A« und »Linear B«, in denen phonetische Zeichen vorherrschten, einen Schritt weiter. Sie waren in abstrakter Form, nicht in Bildmanier geschrieben. Die Hethiter benutzten eine Form von Hieroglyphen, die in abwechselnden Richtungen geschrieben wurden, die meisten Symbole waren bildhafter Natur. Aber sie benutzten auch keilschriftliche Elemente, die sie von Mesopotamien übernommen hatten. Die Chinesen begannen Ideogramme zu gebrauchen, die jeweils einen Begriff darstellten und direkte Vorläufer ihrer heutigen Schrift sind.

Wissensfortschritte um ihrer selbst willen waren ebenfalls charakteristisch für dieses Jahrtausend, so besonders die babylonischen Erkenntnisse in der Mathematik und der Astronomie. Man nimmt jedoch an, daß die gleichen Interessen auch an solch entlegenen Stellen wie den Steinkreisen in England offenbar wurden:

Gebiete von besonderem Interesse

● Zentren

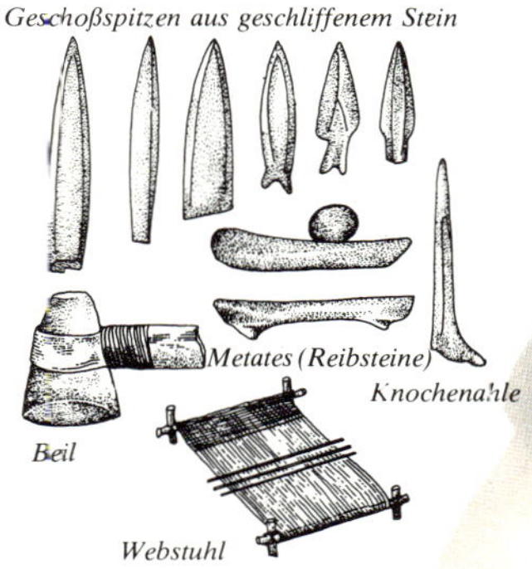

Nord-, Mittel- und Südamerika (Altamerika)
Weiterhin verwendete man in der Neuen Welt, die sich auf die Nahrungsmittel produzierende Wirtschaftsform zubewegte, geschliffenen Stein und Knochen als Werkstoffe für Geräte und Waffen. Recht kompliziert strukturierte Gewebe aus Baumwolle und Wolle wurden auf Webstühlen gewoben oder von Hand geknüpft.

▲ Kotosh

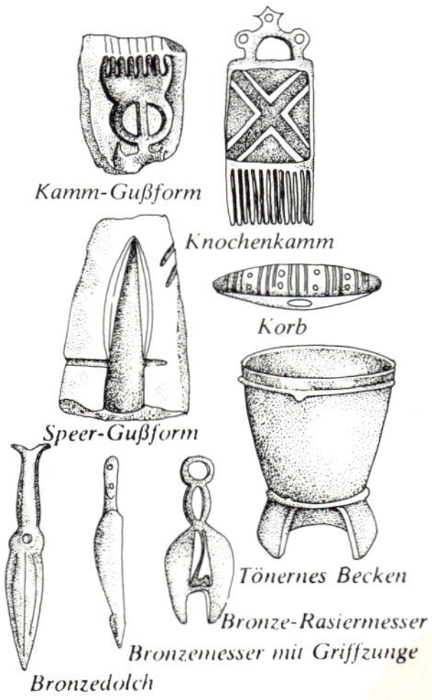

Westlicher Mittelmeerraum
Besonders in der norditalienischen Po-Ebene entstanden Bronzearbeiten von hoher Qualität. Zierat und Gußformen fertigte man aus Keramik und anderen natürlichen Rohstoffen.

WERKSTOFFE (VERGLEICHENDER ÜBERBLICK)

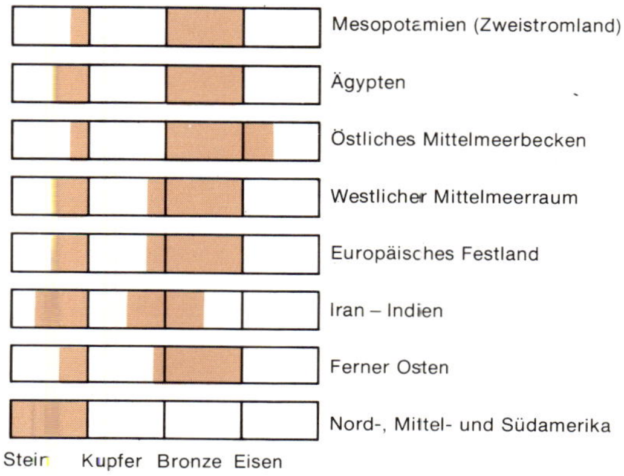

Europäisches Festland (Alteuropa)
Im gesamten Gebiet stand die Metallindustrie – dies gilt vor allem für Bronze – in Blüte. Insbesondere schuf man Waffen und Schmuck. Das in ein Rasiermesser aus Schweden gravierte Boot sowie das Tonmodell eines Wagens aus Siebenbürgen geben über die Transportmittel Auskunft, die man damals benutzte.

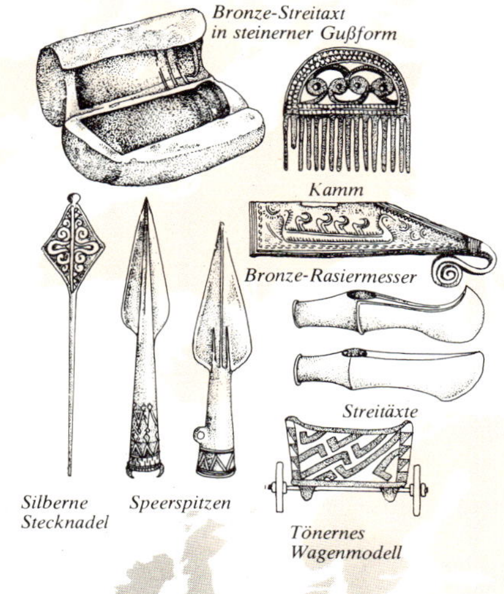

Ferner Osten
Die Schang-Dynastie brachte China ebenso die Entwicklung einer vollendeten Bronzetechnologie als auch die Einführung der Schrift. Der zweirädrige Wagen, der am Ende der Periode auftauchte, war wohl von den Völkern aus den Steppen des Westens entlehnt.

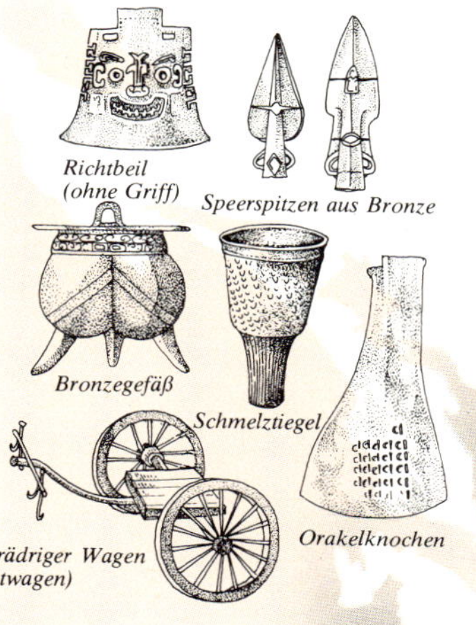

Östliches Mittelmeerbecken
Eine auf Ackerbau und Handel beruhende blühende Wirtschaft brachte Fortschritte sowohl im Bereich der Bildung als auch auf dem Gebiet des Kriegswesens. Handelsschiffe durchpflügten die Meere und beförderten landwirtschaftliche Erzeugnisse in großen Vorratsgefäßen.

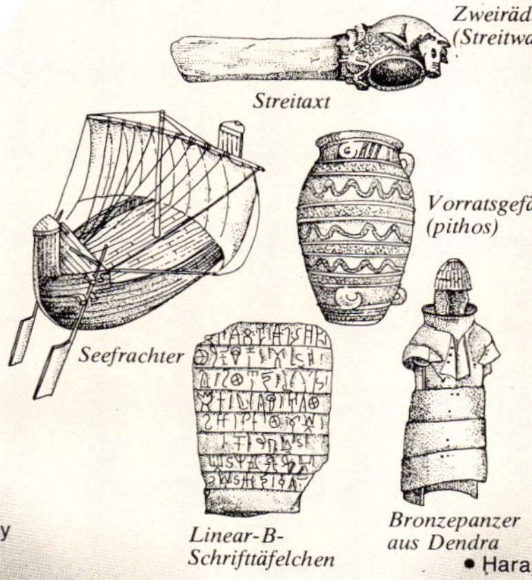

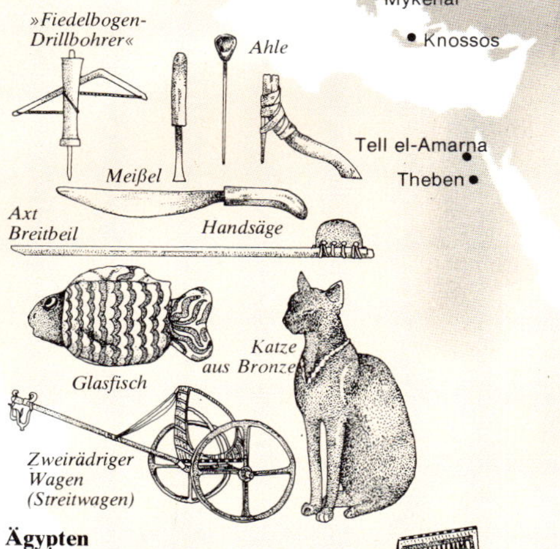

Ägypten
Verbesserte Metallver- und -bearbeitungstechniken, so z. B. weiterentwickelte Gußverfahren, ermöglichten die Herstellung besserer Tischlerwerkzeuge. Zweirädrige Wagen und Möbel beweisen eine handwerkliche Meisterschaft, die deutlich zeigt, was man mit diesen verbesserten Werkzeugen zu leisten vermochte. Zu den bisher schon verfügbaren Materialien kamen einfache Glasflüsse hinzu.

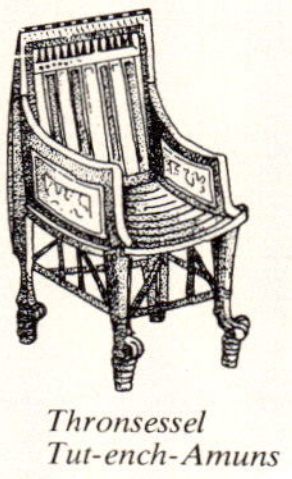

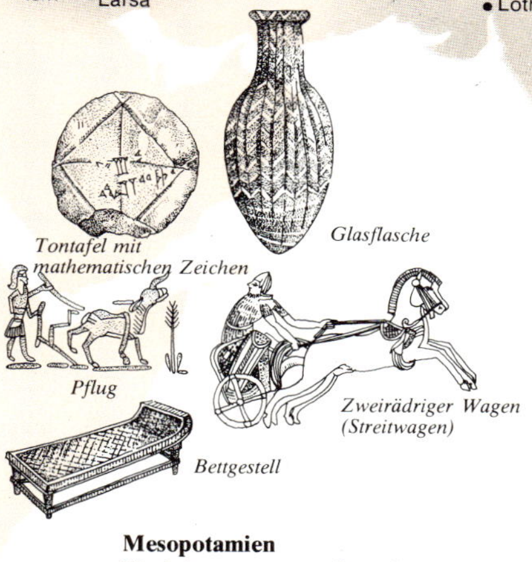

Mesopotamien
Noch interessanter als verbesserte Bronzetechnik und Tischlerei, wichtiger noch als der neue Werkstoff Glas ist das Erwachen naturwissenschaftlichen Wissensdurstes. Aus babylonischer Zeit sind Tontafeln mit mathematischen Gleichungen und astronomischen Berechnungen erhalten.

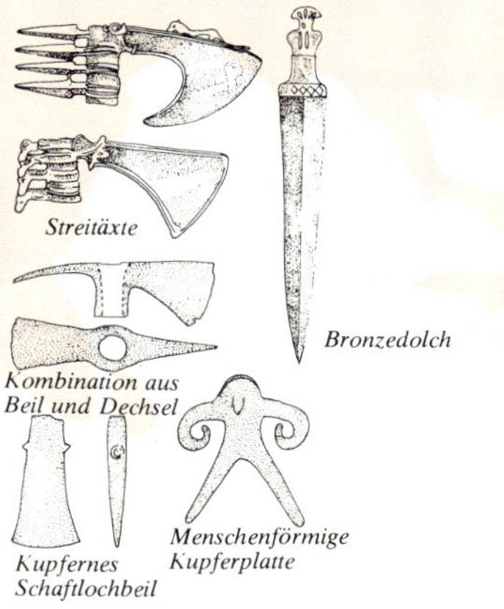

Iran – Indien
Wie die seltsamen Geräte in den Ganges-Hortfunden beweisen, lag Indien zurück, was die Metallindustrie anging. Allerdings verbreiteten sich von Westen her, wo eine besonders aktive Schule von Kupferschmieden arbeitete, weiter entwickelte Dolche und Schaftlochbeile.

Mesopotamien
Die Entwicklung des Streitwagens (auf der Grundlage des sumerischen Kampfwagens) revolutionierte die Kriegsführung. Voraussetzungen dieser Erfindung waren die Domestikation des Pferdes und die Vervollkommnung der Bronzewerkzeuge. Auf Tontafeln fand man astronomische Berechnungen und mathematische Formeln, die für die Landwirtschaft nützlich waren.

Tontafel mit mathematischer Gleichung

Assyrischer Streitwagen

Ägypten
Schnitzer, Zimmerleute und Bildhauer benutzten die dargestellten Werkzeuge zur Herstellung von Gebäuden, Booten und Möbeln wie Tut-ench-Amuns Thron. Dieser kunstvoll verzierte Stuhl aus vergoldetem Holz wurde mit Silber, Fayence und Email eingelegt. Verbesserungen des Bronzegusses nach der Methode der »verlorenen Form« (mit einem Tonkern) ermöglichten einen sparsameren Gebrauch des Metalls. Man konnte nun größere Objekte aus kleineren Teilen zusammenfügen.

TON-KERNE *für den Guß mit »verlorener Form«.*

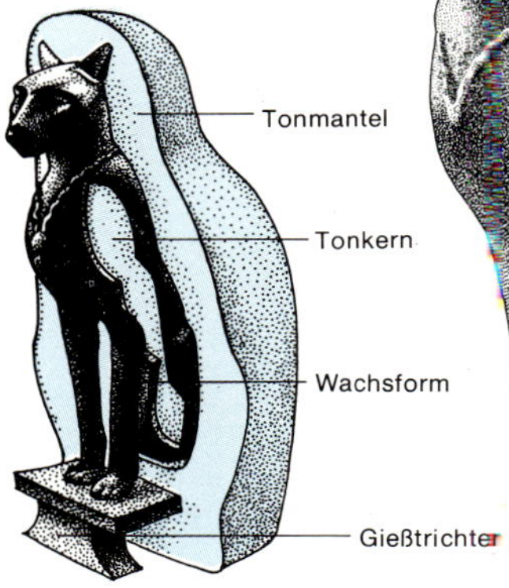

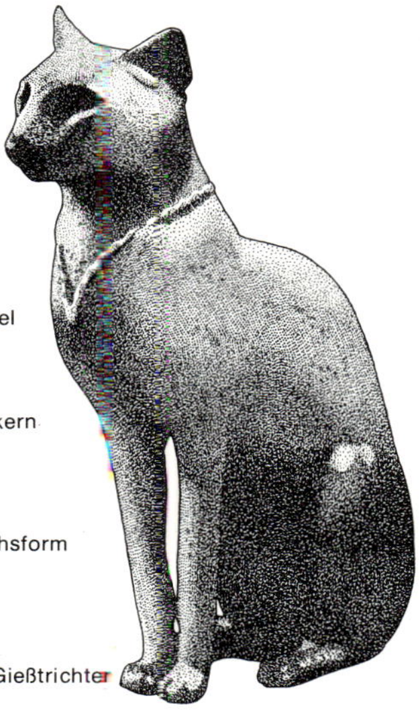

Bronzefigur einer Katze

Tut-ench-Amuns Thronsessel

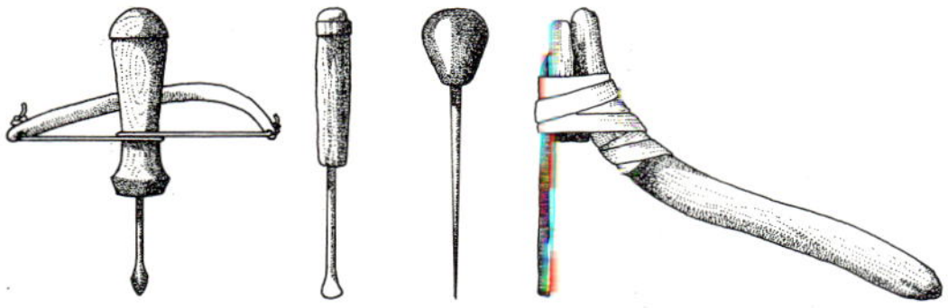

Drillbohrer *Meißel* *Ahle* *Dechsbeil aus Kupfer*

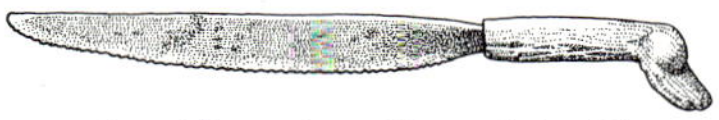

Handsäge mit gezähnter Schneide

Axt mit Kupfer-Schneide

Östliches Mittelmeerbecken
Die Bronzerüstung eines mykenischen Kriegers aus einem Grab in Dendra besteht aus einem Harnisch und Metallhalbringen sowie einem »Eberzahn«-Helm. So schützten sich die Mykener im Krieg. Der Kupferhandel benutzte häufig den Seeweg, in Schiffswracks fand man Kupferbarren. Im minoischen Kreta bildete eine blühende Landwirtschaft die Grundlage für Handel und Handwerk. Wein, Korn und Olivenöl wurden in großen Vorratsgefäßen (pithoi) aufbewahrt, bis sie für die Bezahlung von Importwaren oder als Lohn für Diener und Handwerker gebraucht wurden.

Rüstung, Dendra, Griechenland

Phönikisches Frachtschiff

Ton-pithos, Knossos, Kreta

Westlicher Mittelmeerraum
In Italien breitete sich die Kenntnis der Bronzebearbeitung bei den entstehenden Handwerker-Siedlungen u. a. bei Peschiera am Garda-See und südlich des Po (bei der Terramare-Gruppe) aus. Zu den Haushaltsgeräten gehörten tönerne Kohlenpfannen oder Öfen, die mit Holzkohle geheizt wurden.

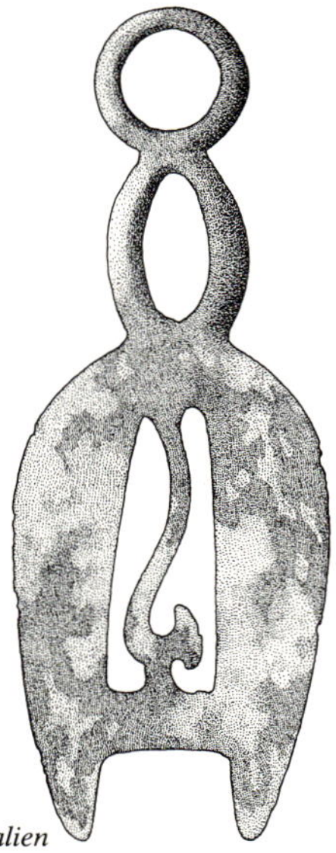

Rasiermesser mit zwei Schneiden, Italien

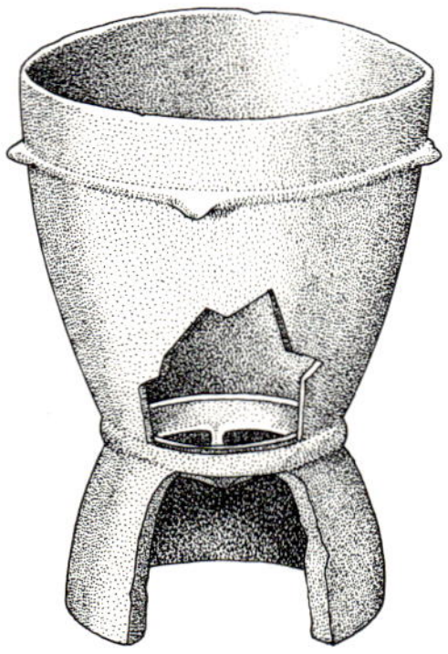

Tönerne Kohlenpfanne, Italien.

Europäisches Festland (Alteuropa)
Im östlichen Alpenraum wurden Erzlagerstätten in immer tieferen Schichten erschlossen; die Bergbautechniken machten Fortschritte: Wo natürliche Vorkommen fehlten wie in Dänemark, dort mußten Altmetalle wiederverwertet werden. Bronzeäxte wurden in Europa weithin gehandelt und für kriegerische Auseinandersetzungen gebraucht. Geräte und Werkzeuge waren kunstvoll verziert.

Jadeit-Streitaxt, Rußland

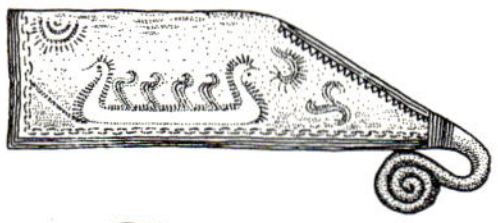

Bronzenes Rasiermesser, Skandinavien

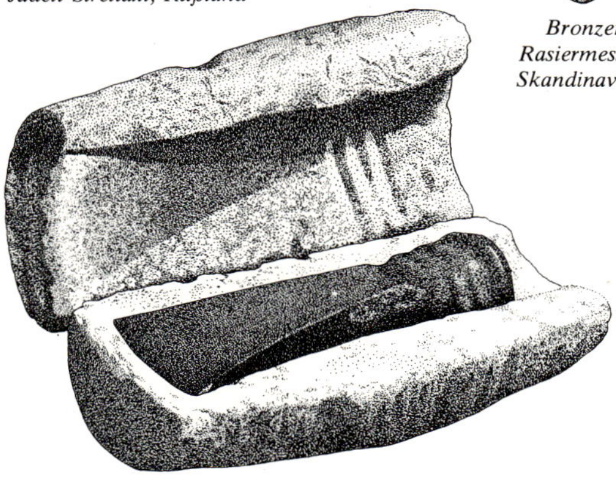

Steinerne Gußform für eine Bronze-Streitaxt, Dänemark

Iran / Indien
Die beiden Bereiche dieser Region unterscheiden sich in ihrem technischen Niveau. Die Kupferfigur aus einem Hortfund im Gangestal wurde in einer offenen Mulde gegossen. In Luristan (im zentralen Zagrosgebirge) wurden kunstvolle Objekte – wie die abgebildete Streitaxt, welche vermutlich zeremoniellen Zwecken diente – nach der Methode der »verlorenen Form« aus Bronze hergestellt.

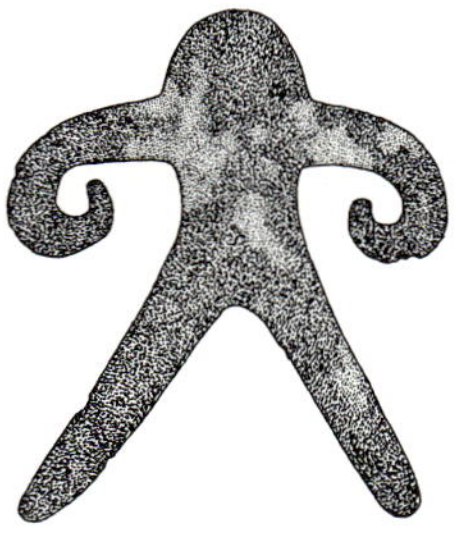

Menschenähnliche Figur vom Ganges

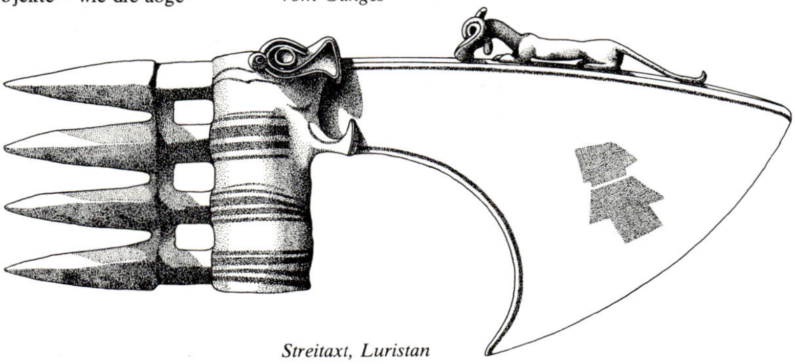

Streitaxt, Luristan

Ferner Osten
Die Bronzeschmiede der chinesischen Schang-Dynastie stellten mit großer Geschicklichkeit bronzene Ritualgefäße in zusammengesetzten Gußformen her (einige waren in 30 Abschnitte unterteilt), welche durch Dübel zusammengehalten wurden. Gußkanäle ließen die Bronze einströmen und die Luft entweichen.

Bronzenes Ritualgefäß der Schang-Zeit

ORAKELKNOCHEN: *Für Zwecke der Wahrsagerei benutzte man eine Wortschrift und erwartete, mit Hilfe dieser Knochen Anweisungen der Ahnen zu erhalten.*

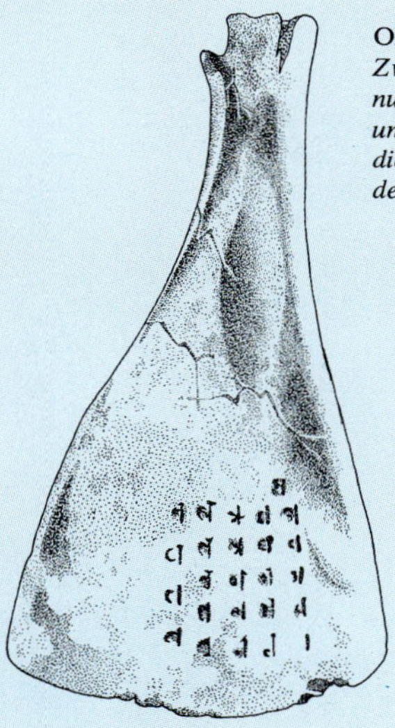

Nord-, Mittel- und Südamerika (Altamerika)
Steinerne Reibschalen (metates) bezeugen die weite Ausbreitung des Maisanbaus. Nur sehr harte Steine konnten die Maiskörner zu Mehl verarbeiten.

Steinerne metate, Mexiko

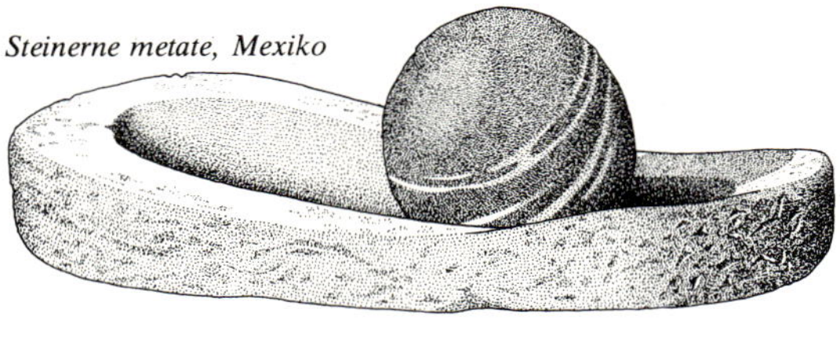

Bauweise 2000–1000 v. Chr.

Die Architektur dieser Zeit beruht meist stärker auf lokalen Entwicklungen als auf einem überregionalen Trend. Im ersten Teil des Jahrtausends entstanden auf Kreta Paläste von bemerkenswert modernem Aussehen. Sie dienten nicht nur als Verwaltungszentren für machtvolle Herrscher, sondern auch als Wohnbauten, in denen es sich gut leben ließ. Die großen zentral gelegenen Hofräume, Bäder, die Wohnräume miteinander verbanden, Oberlichter und mit prächtigen Fresken geschmückte Wände zeigen das Interesse am Schönen ebenso wie am Nützlichen.

In Ägypten kam es zu einer Periode bedeutender Tempelbau-Architektur während des Neuen Reichs von 1580 bis 1070 v. Chr. Zwar wurden keine neuen Techniken angewendet, dafür aber die alten immer routinierter und eindrucksvoller eingesetzt. Man betonte die großzügig und imponierend gestaltete Fassade. Die meisten Tempelkomplexe gruppierten sich um einen von einer Steinmauer umgebenen Hof und bestanden aus einer überdachten Säulenhalle und einem Heiligtum. Dessen zentraler Raum beherbergte die Statue der Gottheit, und anschließende Räume enthielten rituelle Objekte.

Der größte Teil der Grabbauten erfuhr immer stärker funktionale Ausgestaltung, da die imposanten Monumente zur Plünderung eingeladen hatten. Aber die Gräber im Tal der Könige waren von extremer Monumentalität und nur eins, das von Tut-ench Amun, bewahrte seine Schätze.

Die anderen Zentren früher Hochkultur machten in architektonischer Hinsicht wenig Fortschritte.

Die Indus-Architektur war, wie wir gesehen haben, nicht sehr aufregend, obwohl sie fortgeschrittene Prinzipien der Bauplanung und Kanalisation enthielt. Außerdem ging sie mit dem Zusammenbruch der Indus-Kultur um 1750 v. Chr. in diesem Gebiet unter. Chinesische Architektur der Schang-Dynastie ist wegen ihrer spärlichen Zeugnisse schwer zu beurteilen. Sie war wahrscheinlich weiter entwickelt als die Überreste der Stampferde-Fundamente vermuten lassen. Holzschnitzereien oder textile Wandbehänge von Wert sind unwiederbringlich verschwunden. Die königlichen Gräber schließlich waren sehr reich ausgestattet.

Aber, wie schon angemerkt, bemerkenswerte Bauten brauchen sich nicht auf fortgeschrittene Hochkulturen zu beschränken. In England folgten auf die Megalith-Gräber beachtenswerte Steinkreuze, gelegentlich auch ringförmige Holzkonstruktionen. Im westlichen Mittelmeer sind kunstvoll gearbeitete Gräber und ausgedehnte, ohne Mörtel gearbeitete Festungen weit verbreitet. Und in Peru entstanden in dieser Zeit, wenn auch nur wenige Zeugnisse auf uns kamen, die ersten Tempel und Monumentalbauten.

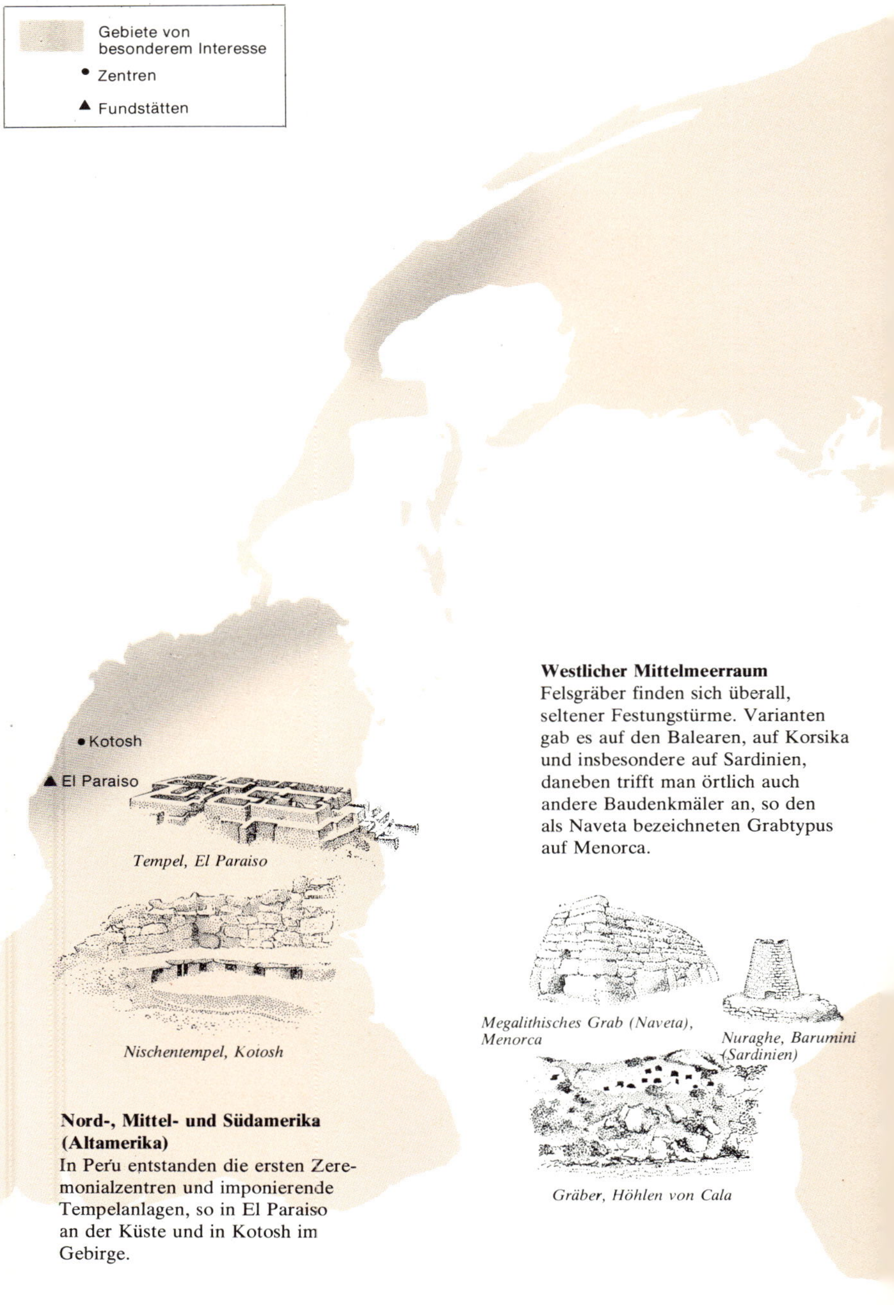

Tempel, El Paraiso

Nischentempel, Kotosh

Nord-, Mittel- und Südamerika (Altamerika)
In Peru entstanden die ersten Zeremonialzentren und imponierende Tempelanlagen, so in El Paraiso an der Küste und in Kotosh im Gebirge.

Westlicher Mittelmeerraum
Felsgräber finden sich überall, seltener Festungstürme. Varianten gab es auf den Balearen, auf Korsika und insbesondere auf Sardinien, daneben trifft man örtlich auch andere Baudenkmäler an, so den als Naveta bezeichneten Grabtypus auf Menorca.

Megalithisches Grab (Naveta), Menorca

Nuraghe, Barumini (Sardinien)

Gräber, Höhlen von Cala

BAUMATERIALIEN (VERGLEICHENDE ÜBERSICHT)

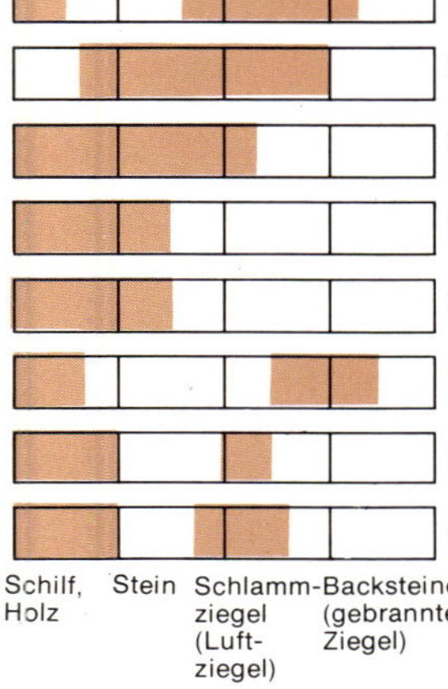

Europäisches Festland (Alteuropa)
Je nach der Gegend und ihren Besonderheiten wies die damalige Architektur Unterschiede auf. Der Bauernhof von Wasserburg stand auf einer geschützten Seeinsel. Eine reiche Bestattung enthielt das rekonstruierte Totenhaus von Leubingen, das unter einem Hügelgrab gefunden wurde. Stonehenge, das Zentrum eines blühenden Gemeinwesens in Südengland, war das außergewöhnlichste aller Henge-Monumente.

Ferner Osten
Zwar waren die Stadt-Häuser der Schang-Hauptstadt Anyang größer und imposanter als alles andere zuvor, doch ihre Überreste aus gestampfter Erde und Holzbalken ermöglichen uns kaum noch eine Vorstellung von ihrem ursprünglichen Aussehen. Besser erhalten sind die allerdings einfachen Grubengräber der Königsnekropole.

Östliches Mittelmeerbecken
Die Mauern, mit denen die Hethiter ihre Stadt Boghazköy und die Mykener ihre Stadt und die Königsgräber darin umgaben, waren eindeutig Verteidigungsanlagen. Den Höhepunkt der minoischen Architektur repräsentieren die Paläste in Knossos und Phaistos.

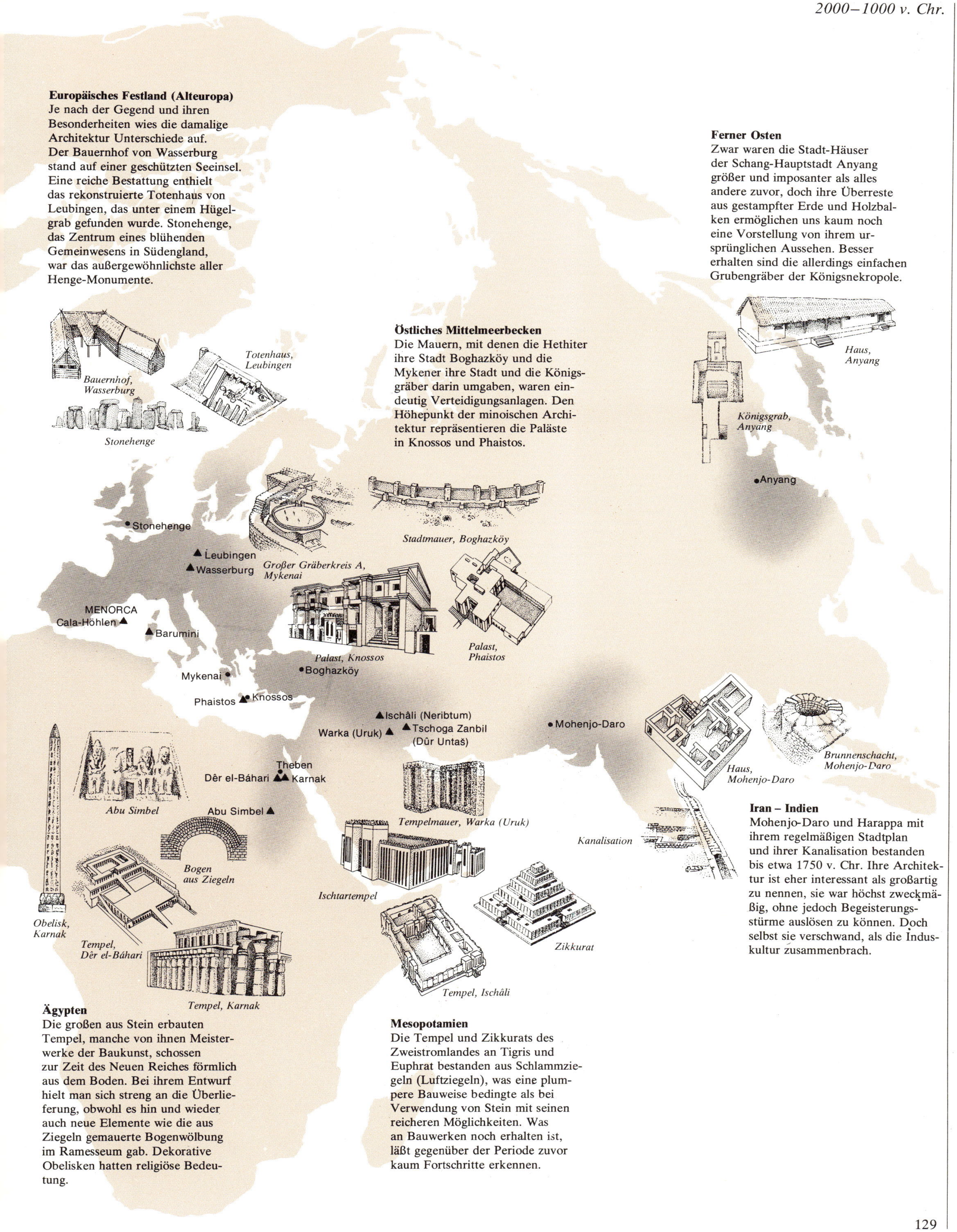

Iran – Indien
Mohenjo-Daro und Harappa mit ihrem regelmäßigen Stadtplan und ihrer Kanalisation bestanden bis etwa 1750 v. Chr. Ihre Architektur ist eher interessant als großartig zu nennen, sie war höchst zweckmäßig, ohne jedoch Begeisterungsstürme auslösen zu können. Doch selbst sie verschwand, als die Induskultur zusammenbrach.

Ägypten
Die großen aus Stein erbauten Tempel, manche von ihnen Meisterwerke der Baukunst, schossen zur Zeit des Neuen Reiches förmlich aus dem Boden. Bei ihrem Entwurf hielt man sich streng an die Überlieferung, obwohl es hin und wieder auch neue Elemente wie die aus Ziegeln gemauerte Bogenwölbung im Ramesseum gab. Dekorative Obelisken hatten religiöse Bedeutung.

Mesopotamien
Die Tempel und Zikkurats des Zweistromlandes an Tigris und Euphrat bestanden aus Schlammziegeln (Luftziegeln), was eine plumpere Bauweise bedingte als bei Verwendung von Stein mit seinen reicheren Möglichkeiten. Was an Bauwerken noch erhalten ist, läßt gegenüber der Periode zuvor kaum Fortschritte erkennen.

Mesopotamien
Die Könige von Eschnunna (Tell Asmar) erbauten in spätsumerischer Zeit den Ischtar-Tempel in Ishchâli. Aus ungebrannten Ziegeln (Schlammziegeln) wurde eine komplexe Anlage mit einer Reihe von Höfen errichtet, welche von einem monumentalen Tor zum Zentralheiligtum der Göttin führten. Noch in späterer Zeit baute man Stufentürme z. B. in Tschoga Zanbil (54 m hoch).

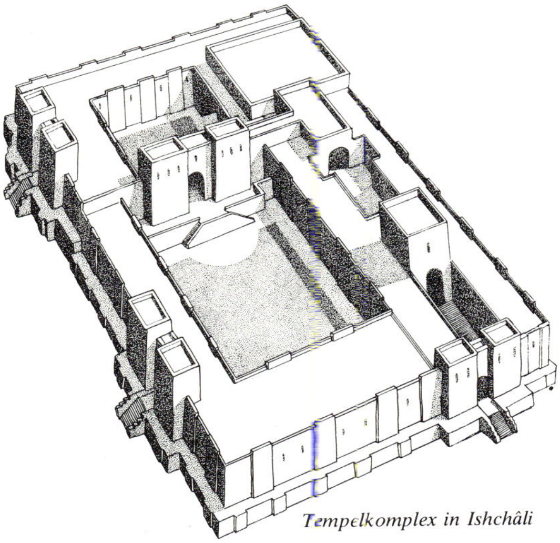

Tempelkomplex in Ishchâli

Zikkurat in Tschoga Zanbil, Elam

Großer Gräberkreis A, Mykenai, Griechenland

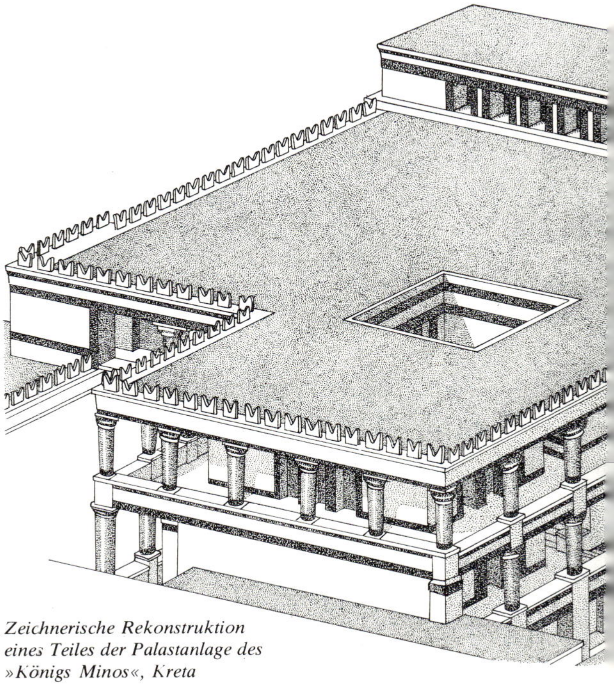

Zeichnerische Rekonstruktion eines Teiles der Palastanlage des »Königs Minos«, Kreta

Ägypten
Einer der vielen Tempel Ramses II. ist eine künstliche Höhle mit kunstvoll gemeißelten monumentalen Figuren. Der Grabtempel der Königin Hatschepsut in Deir-el Bahari ist ein umfangreicher Komplex mit einer eindrucksvollen Anordnung von Säulengängen, Rampen, Treppen und Hallen. Bis zu 30 m hohe Obelisken dienten dem Kult und wurden von geschickten Steinmetzen mit großer Mühe hergestellt, transportiert und aufgerichtet.

Der große Tempel in Abu Simbel

Tempel der Hatschepsut, Deir-el Bahari, Theben

Obelisk im Tempel des Ammun, Luxor.

Östliches Mittelmeerbecken
In Mykenai schützten Mauern die königlichen Schachtgräber und die Burg der Herrscher. Die kunstvolleren minoischen Bauten – wie der Palast von Knossos – boten mehr Bequemlichkeit. Königliche Wohnräume, Vorratskammern und Schreine umgaben einen zentralen Hof. Im ersten Stockwerk fand man Verwaltungsräume. In dieser Zone gefährlicher Erdbeben erhielten die Bauten durch eine Verbindung von Steinmauern mit einer Fachwerkkonstruktion die nötige Festigkeit.

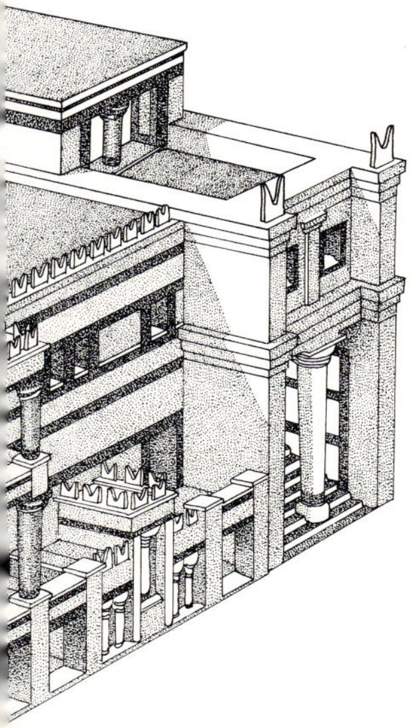

Westlicher Mittelmeerraum
In Cala Coves auf Menorca wurden die Toten in Kammern bestattet, welche in die Felsen gehauen waren, dabei bettete man ältere Skelette in Seitenkammern um. Spätere Grabanlagen wie die »navetas« (megalithische ohne Mörtel erbaute Kammern in der Form kieloben liegender Boote) bewahrten die Tradition der Gemeinschaftsbestattungen.

Naveta es Tudons, Menorca

Felsengräber, Menorca
15 m lang, ca. 5 m hoch

Europäisches Festland (Alteuropa)
Stonehenge übertrifft die anderen kreisförmigen Steinsetzungen und hölzernen Ringanlagen Britanniens durch seine Größe. Steinblöcke (Sarsen) von ca. 54 Tonnen Gewicht wurden 40 km weit transportiert, in einem Kreis aufgerichtet und mit Decksteinen gekrönt. Um eine ästhetische Vollkommenheit zu erreichen, glichen die Steinmetze die perspektivische Verkürzung aus. Innerhalb des Hauptkreises standen weitere Menhire (oder Sarsen) von ca. vier Tonnen Gewicht, die aus dem 220 km entfernten Prescelley (Wales) herbeigeschafft worden waren. Die monumentale Kultanlage wurde durch die gemeinsame Anstrengung einer wohlhabenden Gemeinschaft im Laufe vieler Jahrhunderte errichtet und wiederholt umgebaut (wobei sich vermutlich auch die Funktion änderte).
Es gibt Hinweise auf astronomische und Totenkulte. In der Nähe der Steinkreise fand man Gräber. Die Feinheiten der späten Anlage werden auf die Mitwirkung mykenischer Steinmetze zurückgeführt. – Das unten abgebildete Totenhaus eines Häuptlings stand in Leubingen, Deutschland.

Rekonstruktion der Hauptanlage von Stonehenge, England

Stonehenge heute

Rekonstruiertes Totenhaus, Leubingen Deutschland.

Iran / Indien
Die Kanalisation ihrer Straßen, in welche die Abwasserleitungen der Häuser mündeten, war eine bemerkenswerte Errungenschaft der Industädte. Einsteigöffnungen ermöglichten Reinigungs- und Reparaturarbeiten.

Kanalisation in Mohenjo-Daro, Pakistan

Ferner Osten
Die Schachtgräber der Schang-Herrscher Chinas wurden in einer großen Grube, zu der Rampen hinabführten, angelegt. In der Mitte bestattete man den Leichnam in einem Holzsarg mit reichen Beigaben, dann wurden Menschen und Tiere geopfert. Die Schang-Bauten, von denen nur Fundamente und Pfostenlöcher erhalten blieben, standen jeweils auf einer Plattform aus Stampferde. Bronzefunde lassen auf den Reichtum der Schang-Städte schließen.

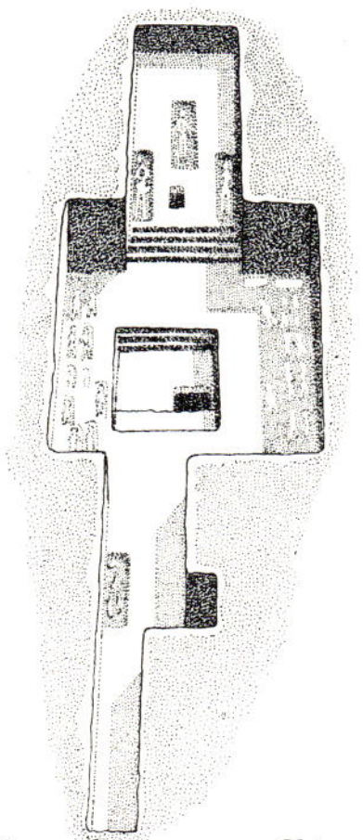

Königsgrab, Anyang, China

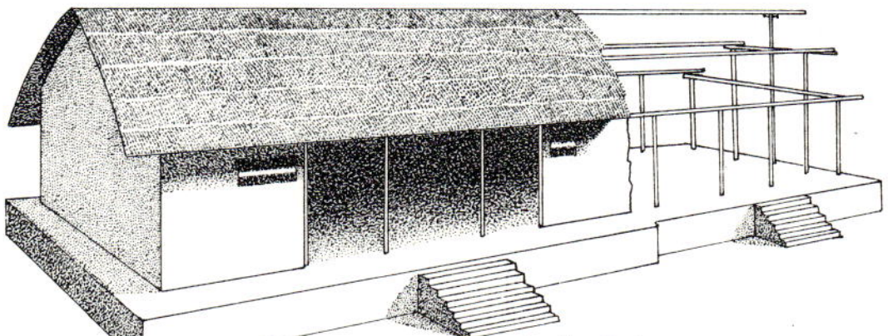

Haus der Schang-Zeit, China

Nord-, Mittel- und Südamerika (Altamerika)
El Paraiso in Peru war eines der ersten Zeremonialzentren. Die terrassenförmige Anlage wurde aus Steinblöcken erbaut. Einige aneinandergrenzende Räume wurden nach einiger Zeit mit Erde und Steinen gefüllt und mit einem weiteren Stockwerk überbaut.

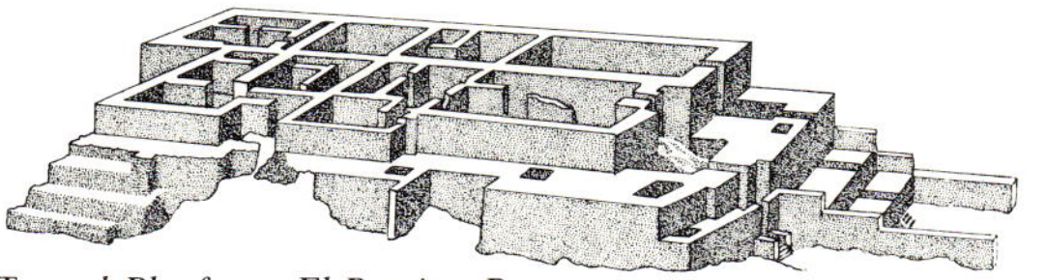

Tempel-Plattform. El Paraiso, Peru

Kunst 2000–1000 v. Chr.

In Mesopotamien waren es die Semiten im Nordteil des Landes, die die interessantesten Kunstwerke schufen; insbesondere gilt dies für den riesigen Palast, der im Anfang dieser Periode in Mari entstand. Er hat Wandmalereien und eine Sammlung von Bildwerken. Der Palast wurde von Hammurapi zerstört, dessen eigene Gesetzesstele ein gutes Beispiel für die Beibehaltung sumerischer Tradition ist. Die Kassiten führten wahrscheinlich Bildwerke auf geschnittenen Ziegeln ein, die dann von den Assyrern weiterentwickelt werden sollten.

Der königliche Einfluß der Pharaonen des Neuen Reichs ist besonders offensichtlich in Theben, wo vieles ›überreif‹ ist, obwohl einige der ganz individuellen Pharaonenstatuen von hoher Qualität sind. Das gilt ebenso für die Reliefs in den Gräbern der Adligen. Das bei weitem bemerkenswerteste Ereignis war jedoch die Revolution in den bildenden Künsten, inspiriert von dem »häretischen« Pharao Echnaton. Die alten formalen Konventionen wurden niedergerissen und frisches Leben, Bewegung und Ungezwungenheit traten an deren Stelle. In der neugegründeten Stadt des Aton (Tell el-Amarna) zeigten Echnaton, Nofretete und deren Töchter, wie sie essen, sich küssen und miteinander ausfahren. Der königliche Palast besaß bezaubernde Wandgemälde, die das Leben der Vögel, Tiere und Pflanzen des Nils darstellen.

In Anatolien führte der Aufstieg der Hethiter während des 15. Jahrhunderts zur Entfaltung monumentaler Bildkunst. Massive Flachreliefs wurden in die Mauern von Palästen und Tempeln und in Felsflächen eingeschnitten. Diese Könige und Gottheiten waren zwar in gewisser Hinsicht steif und unförmig, dennoch fehlt es ihnen nicht an Würde.

Die Kunst der minoischen »Alten Paläste« ist in hohem Maße repräsentiert durch wunderbar bemaltes Töpferhandwerk und einige, noch sehr provinzielle Figurinen. Erst die Künstler aus der »Jüngeren Palastzeit« nach 1700 v. Chr. schufen einen gänzlich neuen ›europäischen‹ Stil. Er war nicht monumental wie im orientalischen Bereich, aber geschmackvoller, lebhafter, weiblicher und mit mehr Feingefühl für die Natur.

Die Griechen Mykenais imitierten seit dem 16. Jahrhundert die Minoer in all ihren Künsten. Ihre mehr maskulinen Wertvorstellungen und ihr geringes Talent gaben ihren Arbeiten jedoch etwas Mechanisches; Jagd und Kriegshandlungen waren bevorzugte Themen. Das Löwentor von Mykenai symbolisiert diese gewandelte Geisteshaltung.

Obwohl die Schang-Herrscher und ihre Adligen für ihre eleganten Besitztümer bekannt sind, muß ihre Kunst nach ihren rituellen Bronzen beurteilt werden. Es handelt sich um hervorragende Arbeiten, dies gilt besonders für die Oberflächendekorationen der mehr zurückhaltend gestalteten Stücke.

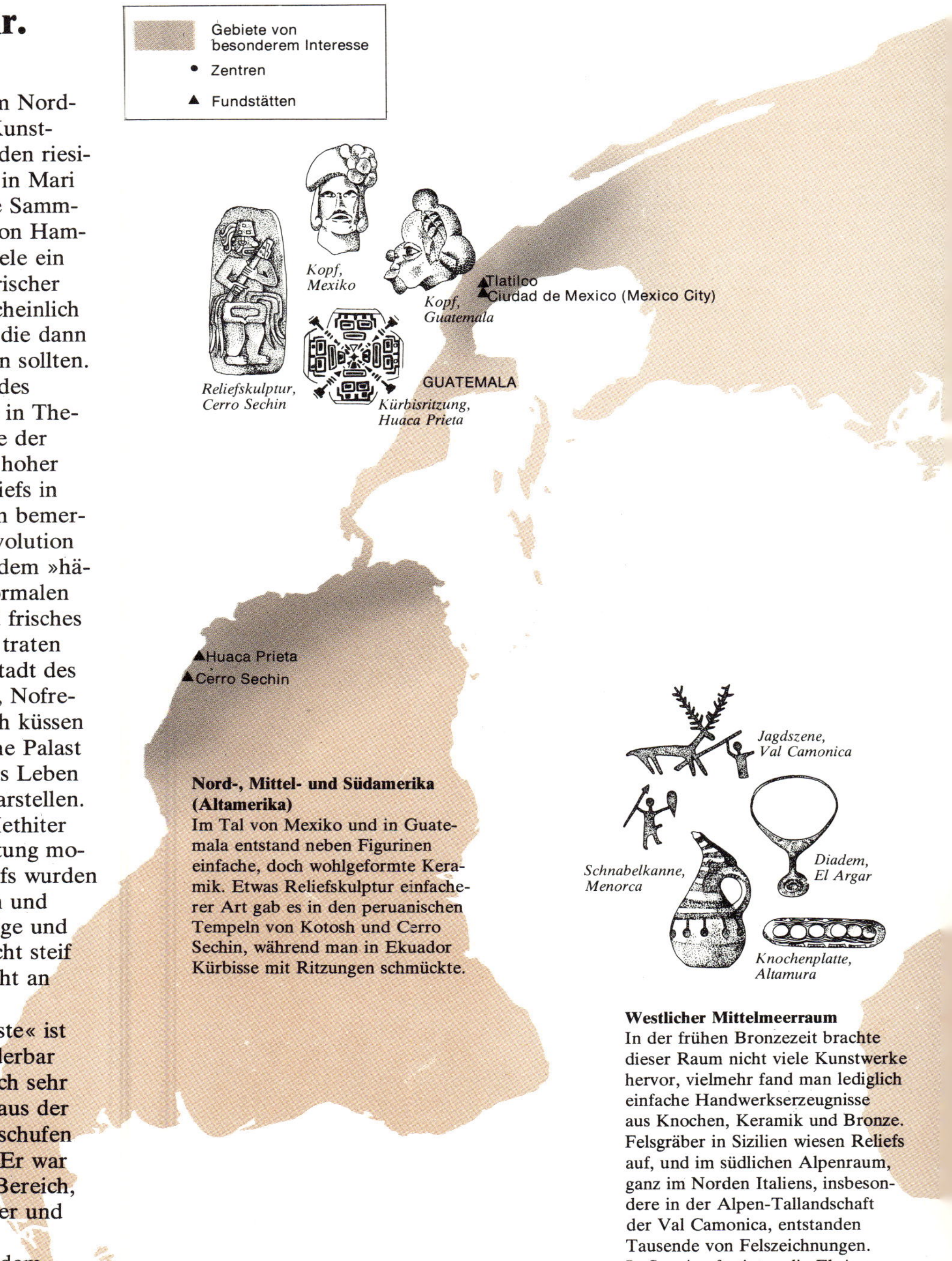

Nord-, Mittel- und Südamerika (Altamerika)
Im Tal von Mexiko und in Guatemala entstand neben Figurinen einfache, doch wohlgeformte Keramik. Etwas Reliefskulptur einfacherer Art gab es in den peruanischen Tempeln von Kotosh und Cerro Sechin, während man in Ekuador Kürbisse mit Ritzungen schmückte.

Westlicher Mittelmeerraum
In der frühen Bronzezeit brachte dieser Raum nicht viele Kunstwerke hervor, vielmehr fand man lediglich einfache Handwerkserzeugnisse aus Knochen, Keramik und Bronze. Felsgräber in Sizilien wiesen Reliefs auf, und im südlichen Alpenraum, ganz im Norden Italiens, insbesondere in der Alpen-Tallandschaft der Val Camonica, entstanden Tausende von Felszeichnungen. In Spanien fertigten die El-Argar-Leute Bronzeschmuck an.

Europäisches Festland (Alteuropa)
Auf dem Höhepunkt ihrer bronzezeitlichen Entwicklung schufen die Bewohner der Balkanhalbinsel ansprechend geformte Töpfe, Figürchen und reizvolle Goldarbeiten. In Irland und England entstanden feiner Goldschmuck und entsprechende Gefäße, und ab 1500 v. Chr. gibt es auch in Skandinavien kunstvolle, ornamentale Bronzearbeiten. Felszeichnungen in Norwegen und Schweden stellen nun Schiffe, Sonnenboote und Menschen dar.

Ferner Osten
Der Herrschaftsbereich der Schang-Dynastie erstreckte sich längs der Hauptlinie des Gelben Flusses in Shansi, Honan und Shantung. Im dortigen Gebiet wurden hervorragende Kultgefäße aus Bronze gegossen, die bereits zum großen Teil die bekannten klassischen Formen vorwegnahmen, außerdem gab es Jade-Schnitzarbeiten in Japan. Jōmon-Keramik und Jōmon-Figürchen wurden noch überladener und reicher an Zierat.

Östliches Mittelmeerbecken
Seit Beginn der Periode schufen minoische Maler und Bildhauer ihre Meisterwerke, die Paläste und Villen schmückten. Auf dem Festland übernahmen griechische Mykener den minoischen Stil, um ihn später weit übers Meer zu verbreiten. An Bauwerken, die für Könige bestimmt waren, und an Felswänden brachten hethitische Künstler monumentale Flachreliefs an. Etwas schlichtere Kunstformen blieben für die Levante charakteristisch.

Iran – Indien
Zu Beginn der Periode kamen zu den bescheidenen künstlerischen Produkten der Induskultur Kupfertafeln (vielleicht Amulette) mit eingravierten Darstellungen der verschiedensten Tiere sowie mit Bildschriftzeichen hinzu. Vor 1700 v. Chr. zeichnete sich der Untergang dieser Kultur ab.

Ägypten
Das große Kunstzentrum war nun Theben mit seinen Pharaonen- und Aristokratengräbern, Tutench-Amuns Grabschätze künden vom Reichtum der »Kleinkunst«, die jetzt entstand, und von dem handwerklichen Können, das man auf sie verwandte. In Tell el-Amarna zwischen Theben und Memphis führten Echnaton und Nofretete ihre künstlerische Revolution durch.

Mesopotamien
Obwohl in altbabylonischer Zeit Semiten die Führung übernahmen, hielt man doch an sumerischen Formen fest. Dies zeigen die Stele mit Hammurapis berühmtem Gesetzeskodex sowie der gleichfalls in Susa gefundene Porträtkopf dieses Königs. Die einzigen erwähnenswerten Malereien sowie die besten Bildhauerarbeiten stammen aus dem Palast von Mari. Die Kassitenherrscher führten Plastiken aus Ziegelmasse ein.

Mesopotamien
In der prächtigen Palastanlage von Mari blieben Wandmalereien erhalten. Sie zeigen Opferszenen mit reich gekleideten Würdenträgern und symbolische Darstellungen von heiligen Bäumen und mythologischen Tieren. Man weiß nicht, wieviele der 300 Räume ursprünglich mit ihnen geschmückt waren. Im Palast waren auch viele Skulptüren aufgestellt, darunter die »Dame mit der Vase«, aus der sich zwei Wasserströme ergießen.

Wandgemälde aus dem Palast von Mari

RECHTS: *Das Relief des mit einem Zeremonial-Gewand bekleideten Königs Tudhaliyas IV. auf einem Felsrelief in Yazilikaya, Türkei*

RECHTS MITTE: *Goldmaske des »Agamemnon«, Mykenai, Griechenland*

UNTEN: *»Stierspringer«-Fresko, Knossos, Kreta*

Ägypten
Der Kopf der Königin Nofretete ist wohl das berühmteste Kunstwerk der Bronzezeit. Er wurde 1912 in der Werkstatt des Bildhauers Tuthmosis gefunden. Die Büste aus bemaltem Kalkstein ist nicht unbedingt typisch für den expressiven Amarna-Stil, doch ist sie sehr eindrucksvoll und gibt die Persönlichkeit der Königin gut wider. Der goldene Brustschmuck aus dem Grabschatz Tut-ench-Amuns ist mit Lapislazuli, Türkisen, Kalzedon, Karneol und farbigem Glas eingelegt. Der geflügelte Skarabäus als Sonnensymbol trägt u. a. Mondsymbole. Dieses mit vielen Schmuckelementen überladene Stück entstand nur wenige Jahre nach dem Kopf der Nofretete.

Büste der Nofretete aus bemaltem Kalkstein

Kostbarer Brustschmuck Tut-ench-Amuns aus dem Tal der Könige

Westlicher Mittelmeerraum
Während eines langen Zeitraums wurden in Italien (insbesondere in der Val Camonica) Felswände mit Ritzzeichnungen bedeckt. Einige stellen Jagdszenen dar, andere Häuser, Felder, Haustiere und pflügende Bauern.

Jagdszene. Felsritzung, Val Camonica, Italien

Östliches Mittelmeerbecken
Im hethitischen Reich erlebte die monumentale Skulptur nach 1450 eine Blütezeit. Die Felswände des Heiligtums Yazilikaya unweit der Hauptstadt Hattusa sind mit riesigen Reliefs bedeckt, welche Götter und Menschen darstellen.
In Knossos findet man sowohl großformatige als auch winzige Fresken. Die berühmte Stierspringerszene ist einschließlich Umrahmung nur 80 cm hoch: Zwei junge Mädchen und ein junger Mann beteiligen sich an dem Spiel. Wie die Ägypter malten die Minoer Frauen mit weißer Hautfarbe und Männer mit roter. Die Goldmaske aus einem der Schachtgräber von Mykenai zeigt das Gesicht eines bärtigen Fürsten.

Europäisches Festland (Alteuropa)
Der aus Goldblech getriebene Becher aus einem Grab in Cornwall entstand um 1500 v. Chr. Ähnliche Becher fand man in mykenischen Schachtgräbern. Derartige Übereinstimmungen weisen auf Kulturkontakte hin. Im bronzezeitlichen Skandinavien lösen neue Themen der Felsbildkunst: (»Sonnen«?)-Schiffe die bisherigen Tierbilder ab.

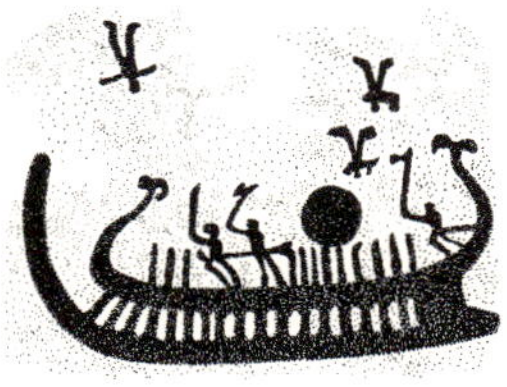

Felsgravierung, Bohuslän, Schweden

Der goldene Rillaton-Becher, Wessex-Kultur, Cornwall, England

Iran / Indien
Trotz des nach 2000 v. Chr. beginnenden Verfalls der Induskultur stellten die Handwerker weiterhin formschöne Figuren wie jene des abgebildeten Stieres her.

Terrakotta-Figur eines Stieres, Mohanjo-Daro, Pakistan

Ferner Osten
Ein kunstvolles bronzenes Ritualgefäß für Opferwein der Schang-Zeit stellt einen Tiger (-Geist) und einen Menschen dar. Andere rituelle Bronzekessel waren noch eleganter gestaltet. Gußformen mit vielen aneinander gefügten Teilen ermöglichten einen reichen Ornamentschmuck der Ritualgefäße dieser Zeit.

Bronzenes Ritual-Gefäß, Schang-Dynastie, China

Nord-, Mittel- und Südamerika (Altamerika)
Ohne die Zuhilfenahme der Töpferscheibe stellten die frühen Bauern im Tal von Mexiko kunstvolle Tonwaren her, die häufig mit Ritzungen, seltener durch Bemalung verziert wurden. Man fand viele weibliche Figürchen, welche vielleicht die Fruchtbarkeit der Felder fördern sollten.

Tönerner Kopf, Tal von Mexiko. (Siehe auch Colima-Kultur 100 v. Chr. – 500 n Chr.)

Region	Wirtschaft	Zentren	Ereignisse / Entwicklungen	Persönlichkeiten
Mesopotamien 	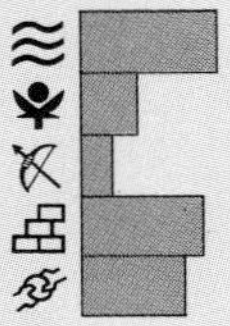	Isin Larsa Babylon Eschnunna Mari	Isin-Larsa-Periode 2025–1763 v. Chr. Reich des Hammurapi von Babylon ca. 1728–1686 v. Chr. Um 1531 v. Chr. Kassiten. Frühzeit Assurs. Mitanni in Nordsyrien.	Hammurapi Tiglatpileser
Ägypten 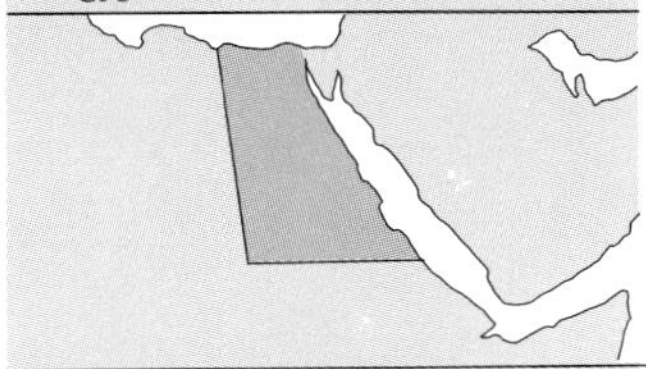	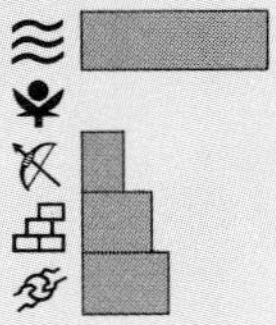	Theben Tell el-Amarna	Die Hyksosherrschaft führt um 1640 v. Chr. zum Sturz des Mittleren Reiches. Das Neue Reich (etwa 1570 bzw. nach 1560 v. Chr. bis 1080 oder 1075 v. Chr. macht Eroberungen in Asien. Echnatons »Häresie«. Seevölker-angriffe 1232 v. Chr. (1219) und 1186 v. Chr.	Amenophis I. Hatschepsut Tuthmosis III. Echnaton und Nofretete Ramses II. Moses
Östliches Mittelmeerbecken 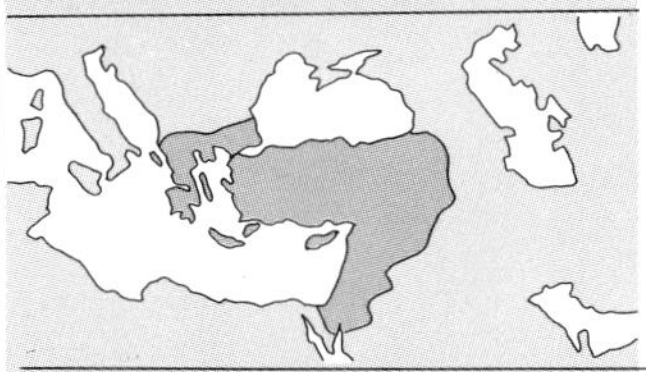	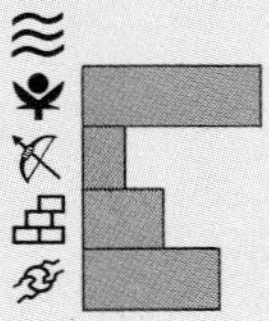	Knossos Mykenai Troja Boghazköy (Hattusa)	Hethiter wandern in Anatolien ein und gründen hier um 1750 (oder um 1700) ihr Reich. Ausbruch des Thera-Vulkans und Zusammenbruch des Minoischen »Reiches« um etwa 1450 oder 1500. Trojanischer Krieg um 1250 oder 1183? Um etwa 1200 Durchzug der Seevölker, phönikische Stadtgründungen.	Minos
Westlicher Mittelmeerraum 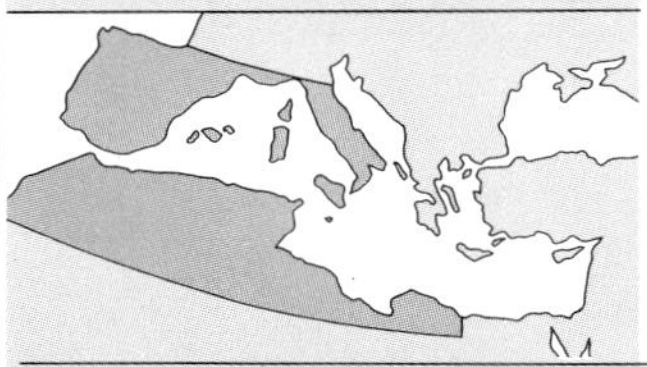	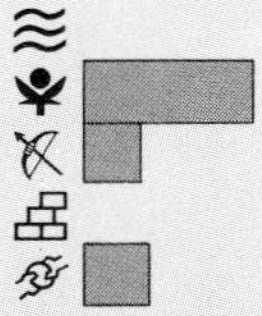	Scoglio del Tonno (Tarent)	Örtliche Entwicklungen (z. B. Nuraghen auf Sardinien). Mykenischer Handel mit Süditalien, Sizilien, Sardinien.	
Europäisches Festland (Alteuropa) 	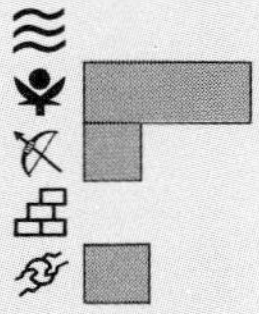	Stonehenge Carnac	Bronzetechnologie überall verbreitet, gestützt auf den Handel. Auch Bernsteinhandel. Kriegergruppen. Verbreitung der Bestattung auf Urnenfeldern.	
Iran – Indien 	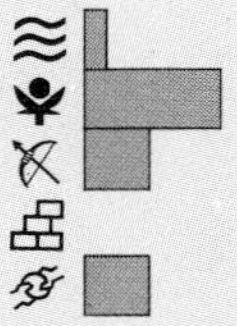	Harappa Mohenjo-Daro Lothal	Um 1750 (oder 1700) v. Chr. Zusammenbruch der Induskultur. Eine Art Nachleben (auf geringerem Kulturniveau) in den Gebieten am Ganges und um Bombay. Nach 1500 Arier-Invasion in NW-Indien. Im Iran erscheinen schon früher Indo-Europäer.	
Ferner Osten 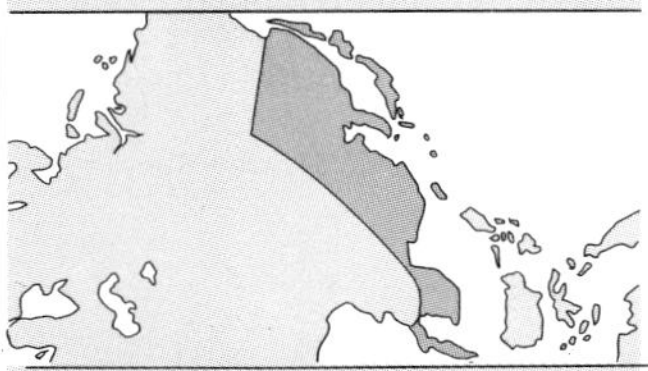	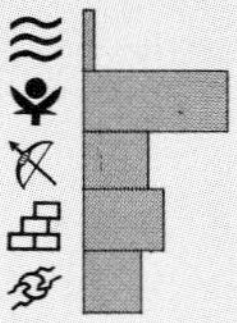	Loyang Ch'eng Chou Anyang	Um 1500 v. Chr. Aufstieg der Schang-Dynastie in Honan, 1050 v. Chr. oder 1027 v. Chr. von den »Westlichen Chou« abgelöst. Landwirtschaft breitet sich jetzt überall aus.	
Nord-, Mittel- und Südamerika (Altamerika) 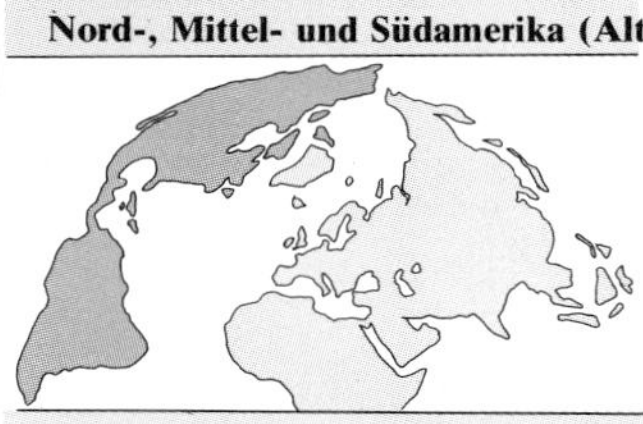	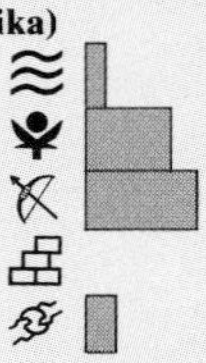	Kotosh	Langsam breitet sich Landwirtschaft in ganz Mittelamerika aus. Gegen Ende der Periode wird Mais in Südamerika eingeführt. Anbau von Wurzeln in der Amazonasniederung, Maisanbau dringt in den Südwesten Nordamerikas vor.	

Die Symbole und Balken in den Feldern der Wirtschafts-Spalte geben an, in welchem Verhältnis folgende Faktoren zueinander stehen:

Bewässerungsfeldbau ≋ Landwirtschaft · Jagd · Städtische Lebensform · Handel

Religion	Technologie und Erfindungen	Bauweise	Kunst und Literatur
Semiten übernehmen das sumerische Pantheon. Stadtgötter.	Bronze im Überfluß; Glas. Von Pferden gezogene Wagen, Einführung eines schwereren Pfluges. Bei den Babyloniern Astronomie und Mathematik.	Phase relativen Stillstands.	Niedergang der sumerischen Kunst. Sumerisch hört auf, eine lebende Sprache zu sein. *Gilgameschepos.*
Der thebanische Gott Amun dominiert. Herausforderung durch Atonreligion scheitert. Osiris/Isis/Horus gewinnen an Boden.	Bronze setzt sich allgemein durch, desgleichen Glas und Fayence. Feine Tischlerarbeiten. Einführung von Pferd und Wagen.	Tempel-»Bauboom« unter dem Neuen Reich, insbesondere unter Ramses II. und in Theben. Gräber im »Tal der Könige«.	Lebhafte Kunstentwicklung im Neuen Reich, besonders unter Echnaton. Dies gilt vor allem für Wand-»Fresken«, Steinreliefs, Schmuck, Möbel und Bildhauerei. *Erzählung vom redegewandten Bauern. Sinuheroman.*
Muttergöttin, verbunden mit Tauben und Schlangen Baumkulte, Stier-Rituale, hethitisches Pantheon.	Fortschritte zur See. Wagen. Gekonnte Töpferware, Metallarbeiten. Silbenschriften auf Kreta und in Griechenland, Alphabetschrift in der Levante. Hethiter meistern die Eisentechnologie.	Kretische Paläste, mykenische, trojanische und hethitische Zitadellen. Mykenische Schacht- und Kuppelgräber.	Minoische und mykenische Fresken, Schmuck, Töpferware, Steinsiegel, Kleinplastiken und Metallarbeiten.
Unbekannt. Möglicherweise Sonnenkult im Norden. Votivgaben in Torfmooren und Flüssen.	Bronze setzt sich allgemein durch.	Nuraghen und »Gigantengräber« in Sardinien, Talayots auf den Balearen, Torri auf Korsika. Felsgräber, namentlich in Sizilien.	Handwerkliches Können im Bereich der Bronzeverarbeitung und der Töpferei, später im Norden Rückgang. Felskunst in der Val Camonica und am Monte Bego.
Kult der Sonne und anderer Himmelskörper? Opfergaben in Torfmooren und Flüssen.	Zunehmende Beherrschung der Bronzetechnik, dies gilt besonders für Waffen. Hinweise auf astronomische Kenntnisse.	Stein- und Holzringe und -setzungen; Stonehenge (einzig in seiner Art). Rundhügelgräber, Dörfer mit Holzhäusern.	Handwerkliches Können im Bereich der Bronzeverarbeitung, doch eher »Kunsthandwerk« als »Kunst«. Skandinavische Felsbilder.
Vorläufer späterer Hindu-Gottheiten – vielleicht Bezüge zur Induskultur (?) –, später Einführung der vedischen Religion und Entstehung ihrer heiligen Schriften.	Reisanbau; Bronzemetallurgie ersetzt Kupfer (Ganges-Hortfunde).	Weiterhin öffentliche und private Backsteinbauten. Stadtmauern, Kanalisationssysteme. Schließlich Rückkehr zu luftgetrockneten Schlammziegeln.	Weiterhin Siegelschneiderei, Kleinplastiken, bemalte Keramik. Nur die Töpferware überdauert den Zusammenbruch der Induskultur. *Rigveda.*
Eine Vielfalt von Göttern und Ahnengeistern verlangt Opfer und Spenden. Wahrsagerei mit Hilfe von Orakelknochen. Kunstvolle Kultgefäße.	Hervorragende Bronzegüsse (genau genommen Ensembles aus einzeln gegossenen und anschließend zusammengesetzten Elementen). Schrift auf Orakelknochen, Piktogramme (Bilderschrift). Streitwagen, Seide, Textilien.	Fundamente aus gestampfter Erde, darauf Holzbauwerke. Mit großer Sorgfalt angelegte Schachtgräber für Könige.	Schang-Bronzen, insbesondere Kultgefäße, Jadeschnitzereien.
Unbekannt	Weiterhin Kulturen mit Steingeräten. In Mexiko, Peru und Guatemala weiträumige Ausbreitung der Keramik.	Erste Zeremonialzentren in Peru. Kotosh vor 1800 v. Chr.	Keramik mit Dekor und Kleinfiguren.

1000 bis 500 v. Chr.

In unserer letzten Periode deckten sich die Anfänge der abendländischen Kultur und der modernen Welt mit dem Höhepunkt und frühen Niedergang der alten Kulturen Mesopotamiens und Ägyptens. In den fünfhundert außerordentlich ereignisreichen Jahren, die nun zu betrachten sind, verschob sich der Schwerpunkt eindeutig nach Westen. Obwohl sich im Euphrat-Tigris-Tal die größte Macht des Zeitalters befand, die *Assyrer,* obwohl *Babylon* eine kurze Wiederkehr seiner Bedeutung erlangte, obwohl sich gegen Ende des Zeitraums die indo-europäische Macht der *Perser* ausbreitete, und obwohl im Bereich der religiösen und Morallehren des Orients Indien und China eine besondere Rolle spielten, befanden sich die machtvollsten Zentren eines neuen Wachstums, neuer menschlicher Lebensanschauungen nunmehr im Mittelmeergebiet, wo sie bis 500 n. Chr. konzentriert bleiben sollten.

In Palästina und Syrien erlebten die *Hebräer* unter Salomon eine kurze Zeit der Einheit und des Glanzes. Ihre religiöse Bedeutung zeigte sich in den großen Propheten der nachfolgenden Jahrhunderte. Die *Phöniker* machten sich die Gelegenheit des Zusammenbruchs der Mykener und der hebräischen Unterwerfung der Philister zunutze und dehnten ihren umfangreichen Seehandel sowie ihre Kolonisation nach dem fernen Westen aus.

Im westlichen Kleinasien schufen die *Phryger* und dann die *Lyder* den Wohlstand und Luxus, der sich noch immer mit den Namen Midas und Kroisos (Krösus) verknüpft.

In den ersten Jahrhunderten erlebten die *Griechen* ihr dunkles Zeitalter mit niedrigem Bildungsstand, und viele wanderten aus, um die Inseln und Küsten der östlichen Ägäis zu besiedeln. Erst im 8. Jahrhundert entstanden aufstrebende kleine Städte, die Olympischen Spiele (776 v. Chr.), lebte Homer, und durch planmäßige Auswanderungen bildeten sich griechische Kolonien im westlichen Mittelmeergebiet, später auch in der Kyrenaika und an der Schwarzmeerküste. Die Griechen gelangten hier in Kontakt mit den skythischen Nomaden der pontischen Steppen, deren Kunst sie beeinflußten.

Ebenso bedeutsam war es, daß die an die ionische Küste ausgewanderten Griechen nun eine »Naturphilosophie« entwickelten, welche die den Menschen erkennbare Welt rationell betrachtete. Manchmal hat man die kühne Behauptung aufgestellt, daß die moderne Welt im ionischen Milet ihren Anfang genommen habe, der Heimat des Thales und seiner Schüler. Thales bildete das intellektuelle Gegenstück zur religiösen Moralität der hebräischen Propheten. Um 500 v. Chr. waren die Voraussetzungen für das »griechische Wunder« gegeben, und das Klassische Zeitalter stand bevor.

Auch das westliche Mittelmeer stand nicht mehr außerhalb des historischen Gesamtbildes, und die Weichen waren so gestellt, daß dieses Gebiet die Vorherrschaft erringen konnte: mit dem Aufstieg Roms in unserer nächsten Periode. Die Phöniker hatten bereits Kolonien an den Küsten gegründet; nachdem die Assyrer die heimatlichen Hauptorte Tyros und Sidon geschwächt hatten, übernahm das der Überlieferung nach 814 v. Chr. gegründete Karthago die Vorherrschaft und die Kolonisation. Von der Mitte des 8. Jahrhunderts an wurden die Griechen zu Rivalen der Karthager und gründeten viele Kolonien in Süditalien, Sizilien, Südfrankreich und Ostspanien. Diese Kolonien beeinflußten die »barbarischen« Völker im Hinterland. Besonders die Griechen befruchteten in starkem Maße die Kultur der Etrusker in Mittelitalien, später die der Römer und anderer italischer Stämme, sowie die Kultur der Kelten. Elemente griechischer Kultur gab es schon lange im Westen, bevor sie aus zweiter Hand durch die Römer vermittelt wurden.

Wie jedermann weiß, wurde *Rom* der Überlieferung nach 753 gegründet, doch schon vor dieser Zeit waren die Sieben Hügel von latinischen Schäfern und Bauern besiedelt. Im 6. Jahrhundert wurde es eine von tarquinischen Königen beherrschte etruskische Stadt; doch obwohl es dann den Rang einer unabhängigen Republik erwarb, war es am Ende unserer besprochenen Periode verarmt und unbedeutend.

In *Frankreich* trieben Massalia und andere griechische Kolonien Handel mit den Kelten und Ligurern. Sie führten vielerlei Luxusartikel ein, besonders Wein. Beispiele für den Handel, der das Rhônetal durchzog, sind das Prunkgrab einer keltischen Prinzessin in Vix und die Mengen an aufgefundenen Amphoren und feinen Töpferwaren aus Griechenland. Wahrscheinlich auf dem Weg über das Rhônetal gelangte auch Zinn aus Cornwall und von der Loire in die Mittelmeerwelt.

Die Frau auf dem etruskischen Sarkophag des 6. Jahrhunderts v. Chr. ist zwar griechisch gekleidet, die Vertraulichkeit des Paares aber verrät die größere »Gleichberechtigung« der Frau in der etruskischen Gesellschaft. Terrakotta; Cerveteri, Italien.

In *Spanien* übte das Vorhandensein griechischer Siedlungen an der Ostküste und phönikischer Kolonien beiderseits der Säulen des Herkules (Gibraltar) einen bedeutsamen Einfluß auf die Einheimischen aus. Im Osten entstand eine ausgesprochene iberische Kultur, doch die bemerkenswertesten Ereignisse spielten sich im Südwesten (Andalusien) ab. Die Phöniker hatten Gades (Cadiz) schon um etwa 800 v. Chr. gegründet. Sie kamen in Kontakt mit dem sagenhaften Königreich *Tartessos* und schufen einen Hafen, wahrscheinlich am Gualdalquivir – einer Stelle, die den Griechen als das Ende der zugänglichen Welt erschien. Die Tartesser hatten eine Flotte und trieben Handel mit Irland und Britannien; möglicherweise beförderten sie sogar Zinn aus Cornwall. Als Handelspartner der Phöniker und Karthager wurden die Tartesser wohlhabend und entwickelten eine Kultur mit vielen orientalischen Einflüssen, die dennoch eigenständig blieb.

Die Behauptung, die Phöniker seien selbst nach Cornwall gelangt, läßt sich nicht beweisen. Doch sie erkundeten in ihren seetüchtigen Schiffen die atlantischen Küsten, und wir können vermuten, daß die Bürger von Tartessos und Gades mit Begeisterung die phönikische Flotte empfingen, als diese um 600 v. Chr. Afrika umschifft hatte.

Das Europa der späten Bronzezeit, das durch Griechen und Phöniker in Italien, Frankreich und Spanien beeinflußt wurde, wandelte sich noch immer durch die Ausbreitung der *Urnenfelderkulturen*, die in unserer letzten Periode (Seite 122) ihren Anfang genommen hatten. Von Mitteleuropa und Teilen Osteuropas ausgehend, durchdrangen sie Norditalien und Spanien, Ostfrankreich, die Niederlande und gelangten sogar nach Britannien. Überall vermehrten sie die Quantität und Qualität der Bronze und die Fertigkeiten der Bronzeschmiede. Dann entstand etwa um 700 v. Chr. aus der Urnenfelder-Tradition heraus Europas erste Eisenkultur, die Kultur der *Hallstatt-Zeit*. Wiederum lagen die ältesten Zentren in Mitteleuropa. Die vielen Zweige der Hallstatt-Zeit stellen die erste feststellbare Kultur der keltischen Völker dar.

Indien trat um diese Zeit allmählich aus seinem dunklen Zeitalter heraus nach dem Zusammenbruch der Induskultur und dem Vordringen der Indo-Europäer zwischen 2000 und 1000 v. Chr. Ein Teil der Induskultur blieb im Südwesten erhalten, doch neue Impulse bildeten sich besonders im Ganges-Dschamna-Becken, dem Land der heiligen Gewässer, das später zum Mittelpunkt der Hindu-Kultur werden sollte.

Die Technologie war rückständig. Aus dem Beginn der Periode stammen Metallwerkzeuge, doch sie bestanden fast ausschließlich aus Kupfer und waren unentwickelt. Doch um 700 v. Chr. kehrte das Stadtleben allmählich zurück, und manche Städte, wie Kaushambi am Fluß Jumna (Dschamna), hatten Befestigungen mit Verkleidungen aus gebrannten Ziegelsteinen, wie in den Zeiten der Induskultur. Vor diesem düsteren archäologischen Hintergrund scheinen sich jedoch der menschliche Geist und die Phantasie entwickelt zu haben. Der »Rigveda« geht vielleicht auf das vorhergehende Zeitalter zurück, die »Upanischaden« (»Geheimlehren«) und »Brahmanas« auf die Mitte der besprochenen Periode, obwohl sie erst nach Jahrtausenden niedergeschrieben werden sollten. Dann begann in den letzten Jahrzehnten des 6. Jahrhunderts Buddha, ein Zeitgenosse des chinesischen Konfuzius, seine Lehrtätigkeit.

In *China* fand die Schang-Dynastie 1027 ihr Ende, als die Hauptstadt Anyang durch die Chou zerstört wurde, eine kriegerische Hierarchie, die offenbar aus dem Bergland des Westens gekommen war. Die Chou setzten noch mehr als die Schang Streitwagen ein; ihre Fahrzeuge waren leicht und wurden häufig von vier statt von zwei Pferden gezogen. Sie kämpften mit Bronze-Hellebarden, Kompositbogen und Pfeil sowie später mit dem Schwert. Unter dem »Sohn des Himmels«, dem Kaiser, bildete sich bald ein Feudalsystem heraus, mit Hunderten von kleinen Stadtstaaten, die von »selbstbewußten« Edelleuten regiert wurden, welche ihrerseits an den Monarchen durch gesellschaftliche, militärische und religiöse Verpflichtungen gebunden waren. Diese Fürsten fühlten sich als Elite, kleideten sich in Seide und Pelze, förderten Musiker und Gelehrte und schickten ihre Söhne auf Adelsschulen.

Wie viele andere Feudalherren vor und nach ihnen führten diese Männer Kriege; sie gründeten größere Staaten und schwächten die Macht des Kaisers. Der Monarch war kaum mehr als eine Marionette, als der Hof im Jahre 722 v. Chr. durch einen Einfall fremder Heere gezwungen wurde, die alte Hauptstadt in Shensi zu verlassen und sich weiter im Osten, in Loyang, niederzulassen. Jedoch wurde um diese Zeit Süd- und Nordchina in den Bereich der Hochkultur einbezogen. Auch die Feudalstaaten waren Förderer von Kultur und Zivilisation, und einer der kleinsten, Lu in Shantung, förderte Konfuzius, den Lehrer der »Güte«. Er hatte wie Plato eine Akademie gegründet und versuchte vergeblich, die Herrschenden auf den Weg der »gerechten Regierung« zu führen. Am Ende unserer Periode reiste er noch immer hoffnungsvoll von Staat zu Staat.

Bemerkenswert ist die bedeutende Anzahl großer Denker, die im 6. Jahrhundert v. Chr. lebte. Wenn wir mit der Sonne nach Westen reisen, finden wir Konfuzius und Laotse, den Gründer des Taoismus, Buddha in Indien und Zarathustra in Persien, Thales, Anaximander und die anderen Naturphilosophen in Ionien, sowie Pythagoras, den griechischen Mathematiker und Philosophen, in Unteritalien. Alle diese Männer lebten um die gleiche Zeit und bemühten sich auf verschiedene Weise, die Menschen mit dem Universum in Beziehung zu bringen, nicht durch die alten Mittel von Mythos und Ritus, sondern durch neue Methoden von Intuition, Morallehre und Vernunft. Wie läßt sich dies deuten? Diese Weisen lebten viele tausend Kilometer voneinander entfernt, und die meisten wußten nichts voneinander.

In *Amerika* fällt die erste Hälfte des Jahrtausends archäologisch mit der mittleren vorklassischen Periode zusammen. Die Olmeken waren zweifellos die führende Gruppe. Während der Zeit, als Salomon den Tempel von Jerusalem baute, errichteten die Olmeken monumentale Zeremonialzentren wie San Lorenzo, La Venta und Tres Zapotes, wo sie die berühmten Menschenköpfe aus Stein meißelten. Auf künstlichem Fundament legten sie Höfe, Hügel und Pyramiden an. In La Venta, einer kleinen Insel inmitten von Sümpfen, gab es einen Ballhof, den Vorläufer der berühmten Höfe aus den Zeiten der Maya und Azteken. Eine erstaunliche Arbeitsleistung steckte in den »Großen Köpfen«: sie waren aus großen Basaltblöcken herausgemeißelt, der größte in einer Höhe von drei Metern. Basalt wurde auch für Stelen mit Reliefdarstellungen verwendet, wohl auch für Grabstätten, wahrscheinlich der Oberpriester. Die Olmeken fertigten Jadearbeiten und Keramik-Figurinen an. Diese Figuren haben oftmals ein babyartiges Aussehen (Baby-faces), und wenn katzenhafte Züge hinzukommen, wirken sie mitunter unheimlich.

Der Einfluß der Olmeken strahlte in viele Teile des Landes aus, besonders in das Tal von Mexiko und nach Oaxaca. Das Zeremonialzentrum von Monte Albán außerhalb der Ortschaft Oaxaca wurde um 700 v. Chr. begründet, und zwei Jahrhunderte später entstand die erste datierbare hieroglyphenartige Schrift Amerikas.

In *Südamerika* bestand die alte Fischereiwirtschaft weiter, es entstand aber auch eine zunehmende Abhängigkeit von der Landwirtschaft, besonders vom Maisanbau. Die Landwirtschaft dehnte sich bis in das Tal des Amazonas aus. Seit dem Beginn der Periode, und daher gleichzeitig mit den Olmeken, breitete sich die Chavín-Kultur über die Bergländer und Küsten Perus aus. Im nördlichen Bergland, nicht weit von Kotosh entfernt, befand sich das Zeremonialzentrum Chavín de Huantar. Es umfaßte öffentliche Plätze und plattformartige Bauwerke mit guten Mauerwerk-Fassaden, durchzogen von Gängen und Kammern und verschönt mit Skulpturen. Diese zeigen eine seltsame Zusammenstellung von tierischen Zügen, wie von Jaguaren, Kondoren und Schlangen. Zu den Figuren gehören zwei Gottheiten, ein »lächelnder«, katzenartiger Gott, und ein »Stab«-Gott mit einem Stock in jeder Hand. Die Leute von Chavín führten Neuerungen in die Weberei ein, und in manchen Küstenregionen begann die reichhaltige Kunst der Anfertigung von plastischen Keramiken in der Form von Menschenköpfen und Tieren. Da die Chavín-Kultur so spezifisch ist und auch mit Befestigungsbauten zusammenzuhängen scheint, ist es denkbar, daß sie durch ein eingedrungenes Volk eingeführt wurde.

Auch in *Nordamerika* zeichneten sich mit dem Beginn des ersten Jahrtausends neue Entwicklungen ab. In den waldreichen Regionen des Südostens und in den Tälern des Ohio und Mississippi begannen die früheren Jäger und Nahrungssammler Pflanzen anzubauen wie Sonnenblumen, Kürbisse und vielleicht auch Mais. Sie fertigten auch einfache Töpferwaren an. Sehr bemerkenswert war ein Bestattungskult: Die Toten wurden, mitunter mit rotem Ocker angetan, in hausartigen hölzernen Behältnissen unter großen Hügeln beerdigt. Diese Menschen unternahmen auch einen weiteren Schritt im Bereich noch heute gebräuchlicher Genußmittel: Sie rauchten Tabak. Die Pfeifen waren zumeist einfache Steinröhren; im Grab eines Häuptlings fand man jedoch eine verzierte Pfeife in Form eines Menschen, der große Ohrpflöcke trug, den Schmuck der Oberschicht.

Unter den technologischen Fortschritten dieser Periode ist die weitere Entwicklung und Verbreitung der *Eisenverarbeitung* von besonderer Bedeutung. Die Verwendung von Eisen in der Ausrüstung der Heere der Assyrer trug in hohem Maße zu ihrer Unbesiegbarkeit bei. Die Ausbreitung des Eisens nach Westen fand hauptsächlich in dieser Periode statt, gefördert durch die griechischen und phönikischen Kolonien im Mittelmeergebiet. In Mitteleuropa stand es in Verbindung mit der Hallstatt-Kultur. Es erreichte Britannien und Skandinavien um 500 v. Chr., allerdings zumeist über Importe. Die chinesische Reaktion

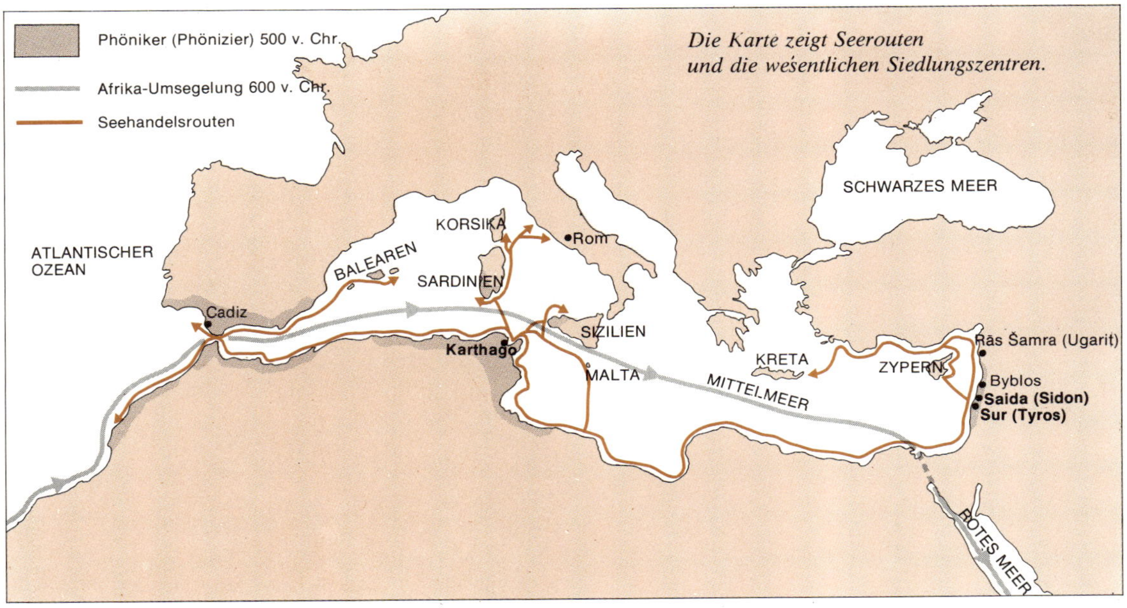

Die Karte zeigt Seerouten und die wesentlichen Siedlungszentren.

In Schiffen wie dieser frühen, in einem assyrischen Relief abgebildeten Bireme durchfuhren die phönikischen Seeleute die Welt des Mittelmeeres.

Außer wohlgeformten Bronzegerätschaften fertigten die Kunsthandwerker der Hallstatt-Zeit auch dekorative Töpferwaren wie diese irdene Platte aus Deutschland.

Bronzener Tigerkopf mit Silbereinlagen. Chou-Dynastie, China.

auf das Metall war charakteristisch. Die Eisenverarbeitung begann unter den Chou, vermutlich gegen Ende der besprochenen Periode, doch von Anfang an lernten die Chinesen, es bei hoher Temperatur zu gießen – eine Methode, die man in Europa erst im Mittelalter beherrschte. Der chinesische Name für Eisen bedeutet »häßliches Metall«, und vielleicht waren es ästhetische Gründe, die die chinesische Aristokratie lange Zeit hindurch davon abhielten, Eisen bei ihren Waffen zu verwenden.

Den Assyrern sind andere, neue Kriegstechniken zuzuschreiben. Sie entwickelten den Einsatz von *Kavallerie,* bestehend aus berittenen Bogenschützen und Lanzenträgern, zu einem wirkungsvollen Element, wie es zuvor die Streitwagenkämpfer waren. Es ist möglich, daß die Perser den Steigbügel erfunden haben (sie spielten schon um 525 v. Chr. Polo). Sehr einfallsreiche Erfindungen der Assyrer waren *Belagerungsmaschinen* verschiedener Art, besonders die Sturmböcke, die so häufig auf ihren Flachreliefs dargestellt werden. Es handelte sich um gepanzerte Wagen, entweder mit einem großen Metallschnabel oder einem schwingenden Rammbock, und sie wurden von Soldaten gegen die Tore oder Wälle befestigter Städte eingesetzt (Seite 154).

Die Phöniker waren vermutlich die ersten, die *Langschiffe* mit zwei Ruderreihen unter Deck bauten, die mit niedrigem, spitzem Bug ausgestattet waren, um den Feind zu rammen oder seine Ruder abzuschlagen.

Auch die friedliche Kunst des Handels und der Nachrichtenübermittlung hatte ihre Triumphe. Die großartige Idee der Alphabetenschrift entstand in der Levante (S. 114). Um das zehnte Jahrhundert hatten die Phöniker ihr vokalloses Alphabet aus 22 Buchstaben standardisiert, und die Hebräer und Aramäer waren auf dem gleichen Wege. Vor 800 v. Chr. hatten die Griechen das phönikische Alphabet übernommen und angepaßt – zur richtigen Zeit, sollte man meinen, denn Homer war hierdurch etwa ein halbes Jahrhundert später in der Lage, seine Epen niederzuschreiben. Die Weitergabe des Alphabets an die Etrusker und Römer ist schon erwähnt worden.

Die andere bedeutsame Weiterentwicklung war die Erfindung des *Münzwesens* für Handelszwecke, das den Tauschhandel ablöste. Es geht auf die Lyder des 7. Jahrhunderts zurück. Die geprägten Münzen bestanden zunächst aus Elektron, doch Kroisos (Krösus) ließ schöne Goldstatre und Silberschekel herstellen. Die Griechen führten Münzen ein, auf denen das garantierte Gewicht und der Reinheitsgrad aufgeprägt waren. Die Städte Griechenlands machten sich die Neuerung bald zu eigen, und hundert Jahre später hatten fast alle Städte eigene Bronze- und Silbermünzen. Das Münzwesen breitete sich schnell in der zivilisierten Welt aus.

In der *Literatur* und den schönen Künsten entstanden in dieser Periode so viele neue Werke, daß ich nur die bedeutendsten erwähnen kann. Natürlich steht *Homer* an erster Stelle, sowohl wegen seiner Epen selbst als auch wegen ihres unsterblichem Einflusses auf die griechische und

Die Szene der Attischen Vase zeigt Theseus, wie er den Minotaurus erschlägt.

Homer. Seine Epen hatten unvergänglichen Einfluß auf die westliche Kultur.

die gesamte abendländische Kultur. Neben Homer, der um die Mitte des 8. Jahrhunderts lebte und viele Überlieferungen aus dem mykenischen Zeitalter verarbeitete, ist *Hesiod* als großer Schriftsteller zu nennen. Im 7. und 6. Jahrhundert wirkten die ionischen Naturphilosophen; weiter nördlich an der Küste Kleinasiens die äolischen Dichter, vor allem *Sappho,* die unvergängliche lyrische Werke schuf. Die Fabeln *Äsops* aus dem sechsten Jahrhundert blieben bis in unsere Zeit volkstümlich.

Die einzige weitere Literatur dieser Periode, die in der Zukunft eine vergleichbare Bedeutung erlangte, waren die Schriften der Hebräer, von denen viele in die *Bibel* aufgenommen wurden. Fast alle Geschichtsbücher des Alten Testaments, fast alle Prophetenbücher und die Psalmen entstanden in dieser Zeit.

In Ägypten, Babylon und Assyrien lebte die Literatur hauptsächlich von der Vergangenheit und war mehr Sache der Gelehrsamkeit als eine kreative Institution. In diesem Zusammenhang ist eine besondere Zusammenstellung zu erwähnen. Um die Mitte des 7. Jahrhunderts schickte der mächtige assyrische König Assurbanipal seine Gelehrten und Schreiber im ganzen Land aus, um Texte ganz Mesopotamiens zu sammeln und dann zu kopieren. Das Ergebnis waren Tontafeln, die in der königlichen Bibliothek von Ninive gesammelt wurden und die heute eine Hauptquelle unserer Kenntnisse der sumerischen und babylonischen Literatur darstellen – einschließlich der berühmten Entdeckung der Tafeln mit der babylonischen Fassung der »Sintflut«-Erzählung aus dem Gilgameschepos.

Solche geflügelten Stiere mit Menschenköpfen bewachten die Tore assyrischer Paläste. Sie hatten fünf Beine, damit sie gleichermaßen von der Seite wie von vorn betrachtet naturgetreu wirkten.

Ich habe bereits die klassischen Werke der religiösen altindischen Sanskrit-Literatur erwähnt – die »Upanischaden« und »Brahmanas«. Aus der gleichen Periode stammen auch die älteren Teile des persischen »Avesta«, einschließlich des »Gathas« Zarathustras, der, wie Jeremia, ein Zeitgenosse Sapphos war. In China entstanden die Gedichtsammlung »Das Buch der Lieder« und zwischen dem 6. und 5. Jahrhundert die »Urkunden« und die »Erzählungen aus den Staaten« des Tso-ch'iu Ming sowie die Werke des Konfuzius.

In dieser Periode wurden unendlich viele künstlerische und architektonische Werke geschaffen. Das Zeitalter vereinigt auch viele Stilelemente. Durch vielfältige Kontakte im Zuge von Handel, Reisen, Krieg, Kolonisierung und Wanderungsbewegungen wirkten die Völker aufeinander ein. Zu diesem Netz der gegenseitigen Beeinflussung gehörten die Neubabylonier, Assyrer, Urartäer, Phöniker, Griechen, Perser, Skythen und Etrusker. Die Ägypter zählen nicht hierzu, da sie viel gaben (besonders an die Phöniker), aber wenig Fremdes aufnahmen. In dieser späten und wechselvollen Phase der ägyptischen Geschichte taten die Künstler ihr bestes, um die Stile früherer Zeiten wiederaufleben zu lassen.

Die Zeit von 1000 bis 500 v. Chr. ist die letzte Periode, in der *Mesopotamien* im Zentrum des Interesses steht. Die drei Hauptstädte der assyrischen Erobererkönige – Ninive, Nimrud (Kalach im Alten Testament) und Dur-Scharrukin (Chorsabad) mit ihren von Zikkurats, Palästen und Tempeln gekrönten Burgen waren Städte von großem Glanz, reich an monumentalen Bauwerken. Die assyrischen Künstler und Architekten wandelten in ihren Werken die altbabylonische und sumerische Überlieferung ab. Die bekanntesten und typischsten Skulpturen waren die gewaltigen monolithischen Stiere und Löwen mit Schwingen und Menschenköpfen an Torwegen. Eine Neuerung war die Ausschmückung der Paläste und Gänge mit dünnen Steinplatten, die Flachreliefs trugen, die ursprünglich bemalt waren. Auf manchen erscheinen Menschenumzüge, auf anderen Schlachtendarstellungen, Belagerungen und Löwenjagden. Sie sind steif, unpersönlich, jedoch, besonders bei den Tierdarstellungen, kraftvoll und vornehm. Diese Skulpturschule entstand im frühen 9. Jahrhundert in der Herrschaftszeit des Assurnasirpal und bestand während der Zeit des assyrischen Imperiums weiter. Wenn man die Zeitspanne mit griechischen Daten vergleicht, erkennt man, daß sie schon in einer Periode begann, als es noch keine monumentale Skulptur oder Architektur in Griechenland gab, daß sie dann die Lebenszeit Homers überspannte und daß sie etwa um die Zeit endete, als die Löwen von Delos gemeißelt wurden.

Nach dem Fall Assyriens und seiner Städte im sechsten Jahrhundert, als sich die Stile der klassischen Architektur in Griechenland entwickelten, erlebte Babylon einen letzten und glänzenden Aufstieg. Nebukadnezar gestaltete das alte Babylon um; er ließ die große Feststraße bauen und das Ischtar-Tor mit Friesen von Löwen, Stieren und Drachen aus glasierten Ziegeln (S. 158); außerdem ließ er den Tempel des Marduk neugestalten, einschließlich einer großen, ganz mit Gold ausgelegten Halle. Er ließ auch die Zikkurat auf acht oder neun Stockwerke bis zu einer Höhe von 100 Metern aufstocken. Der in der Genesis erwähnte Turm zu Babel war zweifellos dieses Bauwerk.

Zum Ende dieser Periode gehört auch die Blütezeit der persischen Kunst. Vom 7. Jahrhundert an sind prachtvolle goldene und silberne Trinkhörner erhalten, die in Tierdarstellungen enden, sowie Gefäße mit Tierkörper-Griffen. Diese und andere frühe persische Werke der Kunst und Architektur zeigen Einflüsse von Urartu, doch später, als die Perser den Großteil der zivilisierten Welt erobert hatten, zogen sie immer mehr Kunststile und Handwerker aus den unterworfenen Völkern zu sich heran. Kyros der Große, der um die Mitte des 6. Jahrhunderts das Reich der Achämeniden gründete, baute eine Hauptstadt in Pasargadai; er ließ am großen Tor Stierskulpturen mit Schwingen im assyrischen Stil aufstellen. Eine Reliefdarstellung zeigt ihn in einem syrischen Gewand mit ägyptischer Kopfbedeckung – eine Kombination, die vermuten läßt, daß hier phönikische Künstler am Werk waren. So groß war die Stilbeeinflussung in der damaligen Zeit! Das Kyrosgrab in Pasargadai ist uns als berühmtes Monument erhalten geblieben.

Nachdem Dareios sich im Jahre 521 v. Chr. den Thron gesichert hatte, ließ er bald darauf zwei noch berühmtere Werke der monumentalen Kunst schaffen: die Felsreliefs von Behistun mit der Siegesinschrift in Altpersisch, Elamitisch und Babylonisch, und im Jahre 517 die neue Hauptstadt Persepolis, die auf ausgedehnter Grundfläche erbaut wurde und eine meisterhafte Kombination vieler Kunstrichtungen in sich vereinigte. Die Reliefdarstellungen von Abordnungen aus allen Teilen des Reiches sind hervorragend und voller menschlicher Einzelheiten; sie spiegeln aber auch ein echtes historisch-anthropologisches Bild der Völker, Trachten und Gerätschaften der Zeit wider. Persepolis, eines der Wunderwerke des 6. Jahrhunderts, wurde jedoch erst um 460 v. Chr. vollendet und wird daher im nächsten Kapitel ausführlich besprochen.

Die Kunst der *Skythen,* deren lebhafte Geschichte so viel mit den Medern und Persern zu tun hatte, verdient Beachtung wegen ihrer Kraft und Schönheit, aber auch wegen ihres Einflusses auf die Europäer unserer letzten beiden Perioden.

Die Skythen waren in ihrer Vorliebe für persönliche Ausschmückung echte Barbaren, und als Nomaden zeigten sie ihren Reichtum offen, da ihre Besitztümer beweglich sein mußten. Obwohl sie von außen her durch ihre Zeitgenossen beeinflußt wurden, besonders von den Griechen des 7. Jahrhunderts und später von den achämenidischen Persern, besaßen sie eine Kunst eigener Prägung. Sie findet in der kostbaren, mit Tierdarstellungen versehenen Gestaltung von Schmuckstücken und Gefäßen ihren unverkennbaren Ausdruck.

Von allen Kunstrichtungen zwischen 1000 und 500 v. Chr. war die *Bildende Kunst der Griechen*

Assurnasirpal, einer der großen Eroberer unter den Königen Assyriens.

Grab des Königs Kyros, Pasargadai, Persien

König Dareios empfängt einen hohen medischen Beamten. Palast von Persepolis.

natürlich die bedeutsamste. Die Periode begann zunächst mit einer gewissen Strenge. Als die Phöniker in Tyros und Sidon und die Hebräer zur Zeit Salomons in Jerusalem ihren orientalischen Prunk entfalteten und die Olmeken ihre »Großen Köpfe« schufen, fertigten die Griechen die nüchternen geometrischen Töpferwaren von Athen, und auch ihre Architektur war noch schlicht. Dann, um 800 v. Chr., erneuerten die Griechen ihre Kontakte mit der Levante, die ihre mykenischen Vorfahren so gut gekannt hatten, und während der folgenden zwei Jahrhunderte paßten sie orientalische Motive und Phantasieformen ihren eigenen Zwecken an. Um die Mitte des 7. Jahrhunderts, als Assurbanipal seine Bibliothek in Ninive auffüllen ließ, begann in Korinth das Wunder der griechischen Vasenmalerei. Um diese Zeit begann sich auch, von Ägypten inspiriert, die Architektur der Steinkolonnaden zu entwickeln, und gegen Ende des Jahrhunderts wurden die dorischen und ionischen Stilrichtungen geschaffen. Die Entwicklung beschleunigte sich, und bevor Babylon fiel, konnten die Griechen edle dorische Tempel bauen, wie wir sie von Korinth und Paestum kennen, und ionische Meisterwerke, wie den Tempel von Ephesos.

So wie die Griechen die Idee der monumentalen Steinarchitektur von den Ägyptern übernahmen und umformten, war es auch in der Skulptur der Fall. Zuvor hatten sie nur kleine Plastiken geschaffen, doch um 600 v. Chr. verwendeten sie ihren Inselmarmor, um die nackten Jünglinge (*kouroi*) zu gestalten, die von Anfang an lebensnäher waren als ihre ägyptischen Vorbilder. Bekannt in der

Olmekische Jade-Schnitzerei. Typisch sind die an ein Baby erinnernden Gesichtszüge.

Einer der monumentalen Riesenköpfe, die u. a. das Aussehen der olmekischen Zeremonialzentren prägten. Vera Cruz, Mexiko.

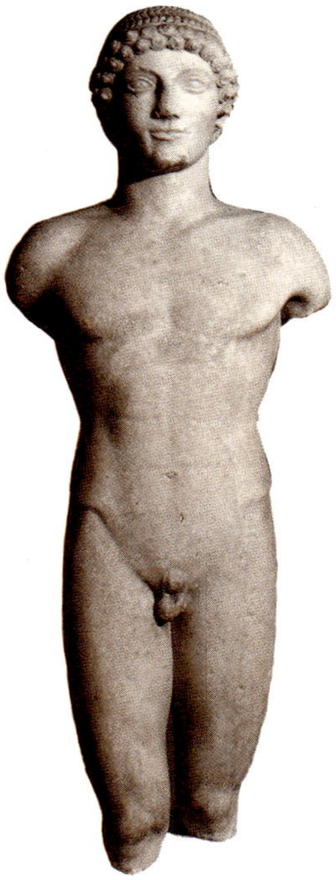

Kouros-Statue, bekannt als »Strangford Apollo«; parischer Marmor; Anaphe, Griechenland.

»Apoll von Veji«, eine der Figuren, die den First des etruskischen Tempels von Portonaccio in Veji schmückten.

Kunstgeschichte ist die Entwicklung zum »archaischen« Lächeln dieser Jünglingsskulpturen im 6. Jahrhundert. Hinzu kamen dann die völlig bekleideten Jungfrauen (*Koren*), Gestalten, die sich durch Lebenskraft und natürliche Darstellungsweise auszeichneten. Um diese Zeit belebten Skulpturen auch die Giebel und Metopen der Tempelarchitektur.

Zu Beginn des 1. Jahrtausends war *Italien* noch ein Teil der prähistorischen Welt der Urnenfelder-Bauern. Obwohl die Menschen begabte Bronzeverarbeiter waren, umfaßte ihre Kunst kaum mehr als gehämmerte Gefäße und Helme. Doch dann blühte mit dem Eintreffen griechischer Siedler und der Anknüpfung von Handelskontakten mit dem östlichen Mittelmeerraum bald die etruskische Kultur auf, und im 7. Jahrhundert war Italien ein Teil der voll zivilisierten Welt.

Die *Etrusker* erbauten ihre Städte im allgemeinen auf Hügeln. Von ihrer frühen Architektur ist fast nichts erhalten geblieben. Die Städte waren jedoch sicherlich von Mauern umgeben und mit Toren versehen. Die Etrusker waren keine begabten Steinbildhauer. Ihre Talente lagen auf dem Gebiet der Bronze- und Terrakotta-Bearbeitung und der Malerei. Sie waren auch hervorragende Goldschmiede und Schmuckhersteller. Man könnte sagen, die etruskische Kunst sei kaum mehr als ein Zweig der griechischen gewesen; ihre Darstellung von Menschengestalten hatte jedoch eine besondere Sinnenfreude und Kraft. Diese Kraft zeigt sich auch in den ausgezeichnet wiedergegebenen Tiergestalten. Diese Kunst erreichte ihren Höhepunkt im 6. Jahrhundert – in solchen Werken wie dem berühmten Sarkophag eines Ehepaares von Cerveteri und im Apollo von Veji. Die erhaltenen Grabgemälde aus dem 6. Jahrhundert, voller lebhafter Szenen aus dem Alltagsleben, haben viel zu unseren Kenntnissen über die Kunst des Mittelmeergebiets beigetragen.

Über die Entwicklungen im westlichen Teil des Mittelmeergebiets ist wenig Neues hinzuzufügen, mit der Ausnahme, daß in Sardinien die *Nuraghen* (Seite 159) weiter ausgebaut wurden. Hier entstanden auch Bronzefigürchen von naiver Lebhaftigkeit. In Frankreich und Belgien hatte der Aufbau von *oppida* oder Ringwällen begonnen. Dies soll zusammen mit dem Erblühen der keltischen Eisenzeit in unseren nächsten Kapiteln behandelt werden. In Dänemark stellten die Luren (Seite 156) in ihrer perfekten Form wahre Kunstwerke dar. Goldene Schüsseln, Bronzehelme, Schilde und Schmuckstücke zeugen von kraftvoller, guter Handwerkskunst.

In *China* behielten die Bronzegefäße der Chou-Dynastie ihre hohe Qualität bei, auch die meisten der regulären Ritualformen der Schang. Im 7. Jahrhundert waren die Formen vielleicht übermäßig kunstvoll ausgearbeitet, wie der berühmte Satz Gefäße aus einem Grab von Feng Hsiang.

Was *Amerika* betrifft, so brauchen wir nur an die Zeremonialzentren und die großartige Skulptur der Olmeken zu erinnern sowie an die Architektur und Skulptur-Töpferkunst der Chavin-Kultur.

Ich muß diesen Abriß der besprochenen Periode mit einer Zusammenfassung der mehr politischen Geschichte Westasiens und des östlichen Mittelmeergebiets beenden. Aus diesem Zeitalter, als die Schrift bereits allgemein verbreitet war, gibt es unerschöpfliche Informationsquellen von den betroffenen Völkern – die hebräische Geschichte des Alten Testaments ist im Abendland die bekannteste, und die assyrischen Annalen sind vielleicht die zuverlässigste. Eine erwähnenswerte Veränderung war der Erfolg der aramäischen Sprache. Um 1000 v. Chr. hatten die Einfälle der semitischen Aramäer aus der Wüste größtenteils aufgehört; sie hatten am Euphrat und in Syrien kleine Königreiche gegründet und hatten beträchtlichen Einfluß in Babylonien. Im allgemeinen übernahmen sie die Kultur der umliegenden zivilisierten Völker, doch ihre in alphabetischer Schrift geschriebene Sprache wurde in vielen Teilen Mesopotamiens übernommen. Sie wurde seit der Zeit der »Babylonischen Gefangenschaft« von den Juden gesprochen und sollte auch die Sprache Jesu werden. Auch die Perser des achämenidischen Reiches übernahmen sie, so daß sie schließlich die führende Diplomatensprache wurde – wie es das Akkadische im vorangegangenen Jahrtausend gewesen war.

Im Mittelpunkt der politischen Geschichte dieser Periode standen die eroberungssüchtigen *Assyrer*. Das Ziel ihrer Bestrebungen war es, den Handel Westasiens zu beherrschen und deshalb Syrien und die Levante zu unterwerfen. Als Reaktion darauf schlossen ihre Nachbarn Bündnisse gegen sie – Bündnisse, die oft nicht von Dauer waren. Die Kräfteverhältnisse bei den umliegenden Völkern und Mächten hatten sich sehr gewandelt. Die unmittelbarsten Gegner der Assyrer waren Neugruppierungen der *Hethiter* und *Hurriter*. Hethitische Stadtstaaten entstanden vom Taurus-Gebirge bis zum Euphrat sowie etwas über ihre Hauptstadt Karkemisch hinaus, desgleichen nach Süden hin bis zur nordsyrischen Küste. An die hethitischen Fürstentümer schloß sich Assyriens nordöstliches Nachbarland an, das aufstrebende und starke Bergkönigreich *Urartu*, das seinen Mittelpunkt im Gebiet des Van-Sees im heutigen türkischen Armenien hatte. Die Urartäer waren alt-hurritischer Abstammung. Ihr Aufstieg erfolgte möglicherweise nach dem Niedergang von Mitanni.

Die Urartäer waren zeitweilig gegen die Assyrer mit einem Volk verbündet, das westlich von ihnen in Anatolien lebte: den *Phrygern*. Sie sollen thrakischer Herkunft gewesen sein und über den Bosporus eingewandert sein. Sie nahmen mehrere frühere hethitische Städte in Besitz, auch Hattusa, und im achten Jahrhundert hatte der legendäre König Midas seine Hauptstadt in Gordion. Südlich davon entstand das *lydische* Königreich mit seiner Hauptstadt Sardeis am Paktolos, das seinen Ruf »reich wie Krösus« hauptsächlich dem Gold verdankte, das man in diesem Fluß fand. Phrygier und Lyder standen in enger Beziehung zur Geschichte griechischer Auswanderer, die sich seit dem Ende des zweiten Jahrtausends an den Küsten und auf den Inseln Kleinasiens niedergelassen hatten: Dorer im Süden, Ioner, besonders aus Athen, in der Mitte und Äoler im Norden. Es sei daran erinnert, daß Homer ein Äoler des achten Jahrhunderts war und wahrscheinlich von Chíos stammte.

Weiter im Norden entwickelten sich neue, sehr beständige Lebensformen in den weiten Steppenländern, die sich von der ungarischen Ebene bis zur Wüste Gobi erstrecken. Kriegerische Reiterstämme entwickelten ein Nomadentum, das eine gewisse Uniformität der Kultur im gesamten Steppengebiet herausbildete, so daß sich eine Kettenbeziehung zwischen den Nomaden, die die Chou in China angriffen, sowie den Kimmeriern und Skythen herstellen läßt, die mit der Kultur des Orients Kontakt hatten. Fast alle kriegerischen Nomaden dieser Zeit scheinen *indo-europäischer* Abstammung gewesen zu sein; sie trugen enganliegende Kleidung, Hosen und Filzstiefel. Sogar die Reiter, die in China einfielen, sollen rotes Haar und grüne Augen gehabt haben! Weitere indo-europäische Völker, mehr Gebirgsbewohner als Nomaden, waren die *Meder* und *Perser,* die südlich des Urmia-Sees lebten. Vor ihrer Reichsgründung wurden sie zu einer Bedrohung für Assyrien.

Der Ausdehnung des Assyrischen Reiches stellten sich nicht nur die Hethiter entgegen, sondern – nach der Teilung des Reiches Salomos – auch die Stammeskönigreiche *Israel* und *Juda,* die *Ammoniter* und *Moabiter* und die reichen phönikischen Städte. Auch das im Niedergang begriffene Ägypten schaltete sich ein, wurde aber schließlich von den Assyrern erobert.

Nur gegenüber ihren babylonischen Nachbarn verhielten sich die assyrischen Könige weniger aggressiv. In Anerkennung ihrer großen kulturellen Schuld gegenüber dem alten Süden und der vielen historischen Bindungen ließen sie die Babylonier gewähren, behielten jedoch stets die Oberherrschaft. Seit dem 8. Jahrhundert wurde Babylonien manchmal *Chaldäa* genannt – am besten bekannt von dem biblischen »Ur der Chaldäer«. Die Chaldäer waren ein Zweig der aramäischen Semiten, die ursprünglich vielleicht den äußersten Süden des alten Sumer besiedelt hatten; im 7. Jahrhundert beherrschten jedoch ihre Könige Babylon. Im Osten hielt sich noch das unbezwingliche Königreich *Elam* und wurde in die assyrischen Kriege verwickelt.

Dies ist in großen Umrissen die Lage, in der die Assyrer während der drei mittleren Jahrhunderte unserer besprochenen Periode die politische und militärische Geschichte des Orients beherrschten. Zufällig befanden sie sich im 1. Jahrhundert in einer ihrer periodischen Niedergangsphasen, und auch die Ägypter waren schwach und zeigten wenig Interesse an asiatischen Angelegenheiten. Es gab also keine Großmacht, die David daran hindern konnte, sein Königreich zu schaffen und *Jerusalem* auf einem Hügel zu gründen, von dem er den kleinen kanaanäischen Stamm der Jebusiter vertrieben hatte, und niemand hinderte Salomo, seine Herrschaft bis zum Roten Meer und zum Euphrat auszudehnen und Jerusalem zu einer der glanzvollsten Hauptstädte seiner Zeit auszugestalten. Doch diese große Macht sollte bald wieder zusammenbrechen. Stammeseifersucht und Gegnerschaft zu den nichtorthodoxen Kulten des Hofes führten bald nach dem Tode Salomos im Jahre 933 v. Chr. zur Teilung des Reiches in Israel und Juda. Kurze Zeit danach überfielen die Ägypter unter Führung eines tatkräftigen libyschen Pharao Schoschenq (des biblischen Schischak) die Stadt Jerusalem und raubten den kostbaren Tempelschatz, einschließlich der goldenen Schilde Salomos.

Danach waren die hebräischen Reiche in die endlosen Kämpfe und Rivalitäten verwickelt, die im biblischen Buch der Könige verzeichnet sind. Es läßt sich sagen, daß Ägypten, Assyrien und Babylon die schlimmsten Warnungen der Propheten erfüllten.

Im 9. Jahrhundert gewannen die Assyrer ihre Stärke zurück. Sie bauten ihr Heer zu der gut ausgerüsteten, rücksichtslos geführten Kriegsmaschine aus, die allen Nachbarn zum Verhängnis wurde. Assurnasirpal (883–859 v. Chr.) war der erste König, der größere Eroberungen machte als Tiglat-Pilesar in unserer letzten Periode. Ein gelehrter Bewunderer der Assyrer drückte dies so aus: »Sein Weg war gekennzeichnet durch Pfählungen, durch Pyramiden von Menschenköpfen und durch andere Barbareien, die zu schrecklich sind, um beschrieben zu werden«. Er holte sich Beute und Tribute von den Kurden und Urartäern in den Bergen, von den hethitischen und aramäischen Königreichen in Syrien, und von Phönikien aus zwang er die Babylonier, um Frieden nachzusuchen. Mit einem Teil der Schätze baute er eine große Burg und einen Palast in Nimrud (Kalach), und zum Einzugsfest soll er zehn Tage lang 50 000 Menschen bewirtet haben, unter ihnen viele fremde Potentaten, wobei 18 000 Rinder und Schafe, 35 000 Vögel und große Mengen Wein und Bier verzehrt wurden. Dies war die assyrische Lebensart. Wie Salomo für seinen Tempel beschäftigten auch Assurnasirpal und sein Sohn Salmanassar III. phönikische Kunsthandwerker. Hervorragende, von solchen Künstlern in ägyptischem Stil geschnitzte Elfenbeinarbeiten kamen in den Trümmern des zerstörten Nimrud zum Vorschein.

Salmanassar, der fünfunddreißig Jahre lang regierte, führte ebenso unermüdlich Krieg wie sein Vater, besonders gegen die Urartäer, die im Norden Widerstand leisteten. Er nahm die Königsstadt ein, türmte die Köpfe der Verteidiger auf, ließ viele Dörfer in Brand setzen und drang dann zum Van-See vor, wo er sagte: »Ich wusch meine Waffen im See und opferte meinen Göttern«. Salmanassar kämpfte auch im Westen gegen die verbündeten Könige von Syrien und Palästina. Ahab, den König von Israel, schlug er in der Schlacht von Qarqar. Ahab hatte eine Prinzessin von Sidon geheiratet, Isebel. Diese Verbindung brachte ihm Reichtum ein, aber auch eine Verurteilung durch den Propheten Elia. Obwohl Ahab dem Jahwe-Glauben weiter anhing, ließ er für seine Frau einen Tempel für den phönikischen Gott Baal bauen. Später soll Jehu von Israel Salmanassar einen großen Tribut von goldenen und silbernen Gefäßen dargebracht haben.

Assurnasirpal und sein Sohn hatten dem Ersten Assyrischen Reich zu seinem Aufstieg verholfen, doch sie kämpften um Reichtum und Herrschaft und machten keine Anstrengungen, um eine dauernde Beherrschung ihrer Untertanen zu begründen. Dies änderte sich, als im Jahre 745 v. Chr. ein militärischer Abenteurer nach einer Heeresrevolte den Thron bestieg. Sein Name war Pul (wie er im Alten Testament heißt), doch dieser ungefähre Zeitgenosse Homers nahm den Namen Tiglat-Pileser an und schuf ein Herrschaftsgebiet, das an Größe dem Reich seines Namensvetters nicht nachstand. Die Neuerung in diesem Zweiten Assyrischen Reich war die Vereinheitlichung der Verwaltung unter einer Zentralregierung. Die eroberten Gebiete wurden Statthaltern unterstellt und mußten festgelegte Tribute zahlen. Rebellionen wurden mit rücksichtslosen Mitteln unterdrückt, so durch Deportation ganzer Völker in Grenzgebiete des Reiches.

Tiglat-Pileser brach den Widerstand an den Grenzen im Norden, Süden und Westen. Von seinen Unternehmungen im Westen sind vielleicht am besten seine Beziehungen zu Ahab bekannt, dem König von Juda, der ihm Schätze und seine Unterwerfung für die Hilfe gegen seinen Feind Israel anbot. Der größte der Propheten, Jesaja, brandmarkte diesen Mangel an Vertrauen zu Gott. Einige Jahre danach, während der Herrschaftszeit Sargons (722–705 v. Chr.), wurde Israel endgültig vernichtet, und Juda blieb das einzige Gebiet, das am Jahwe-Glauben festhielt

Stabilität wurde nie erreicht; neue Revolten und neue Bündnisse gegen die Assyrer bedeuteten, daß sich die Kriege dauernd fortsetzten. Sargon (er hatte sich selbst diesen altakkadischen Namen gegeben) mußte sich nicht nur mit den alten Feinden auseinandersetzen, sondern auch mit Elam, mit einem ehrgeizigen chaldäischen Usurpator in Babylon, und mit Ägyptens schwacher Hilfe gegen Rebellen in Palästina kämpfen. Zu seiner Zeit begannen auch nomadische Völker nach Westasien vorzustoßen. Die *Kimmerier* scheinen aus dem Gebiet nördlich des Kaukasus abgedrängt worden zu sein; nachdem sie das nördliche Urartu besetzt hatten, vereinigten sie sich mit den Urartäern gegen Sargon. Die *Skythen* zogen in ihr altes Siedlungsgebiet und vertrieben die Kimmerier einige Jahrzehnte später nach Kleinasien. Sargon hatte auch Beziehungen, mitunter freundschaftlicher, meist jedoch feindseliger Art, mit den Medern und Persern (Madai und Parsua), die jetzt zwischen dem Kaspischen Meer und dem Zagros-Gebirge siedelten.

Das Zweite Assyrische Reich erreichte seinen Höhepunkt unter Assarhaddon, der 681 v. Chr. den Thron bestieg. Er war ein glänzender Soldat, aber auch ein Staatsmann, der die eroberten Gebiete befrieden wollte. Eine seiner ersten Handlungen war es, Babylon wiederaufzubauen, das von seinem Vater Sanherib zerstört worden war. Er schloß einen Vertrag mit den Medern ab, denen er das Versprechen abnahm, sich ihm und seinem Sohn Assurbanipal gegenüber loyal zu verhalten. Er versuchte auch, mit den Skythen friedlich auszukommen, indem er eine seiner Töchter mit deren König vermählte.

Assarhaddons größte Leistung war seine Eroberung *Ägyptens.* Um diese Zeit wurde das Land

König Sargon II. auf einem Relief am königlichen Palast von Chorsabad, Mesopotamien.

von einer kuschitischen (nubischen) Dynastie regiert, die nach dem Niedergang der Pharaonen die Macht übernommen hatte. Der assyrische Feldzug gegen Ägypten erreichte 671 seinen Höhepunkt, als Memphis fiel, der nubische Pharao flüchtete und die neue Provinz in Satrapien aufgeteilt wurde. Die Assyrer hielten sich in Ägypten nur fünfzehn Jahre, doch vor der Befreiung des Landes durch Psammetich, einen Fürsten von Saïs, hatte Assurbanipal Theben angegriffen und viel Beute weggeschleppt. Hierzu gehörten auch zwei Obelisken – es war das erste Mal, daß diese schweren Monumente als Kriegstrophäen dienten.

Unter der 26. Dynastie, den Saïten, erlebte Ägypten eine kurze Zeitspanne der Unabhängigkeit und des Wohlstandes, in der griechische und lydische Söldner die Libyer in Schach hielten und in der Griechen und Phöniker den Mittelmeerhandel entwickelten. Der zweite Pharao, Necho, begann mit dem Bau eines Kanals vom Nil zum Roten Meer, und er beauftragte die Phöniker, Afrika zu umsegeln.

Assurbanipal von Assyrien fühlte sich nach der Eroberung Elams sicher genug, das Schlachtfeld seinen Heerführern zu überlassen und sich zum Schutzpatron der Gelehrsamkeit zu machen. Doch schon vor seinem Tode, und noch schneller unter seinen beiden unfähigen Nachfolgern, begann das Reich zu zerfallen. Nach dem Abfall Ägyptens befreite sich auch Babylon, wo sich Nabopolassar mit Hilfe der Chaldäer zum König machte.

Die stärkste Bedrohung kam von den *Medern,* die jetzt ein machtvolles, von ehrgeizigen Königen geführtes Volk waren. Auch die *Perser* vergrößerten ihre Macht unter der Familie der Achämeniden; vorläufig waren sie jedoch noch den Medern unterworfen. Die *Skythen,* jetzt mit den Assyrern verbündet, wurden im westlichen Iran in Kämpfe mit den Medern verwickelt, die sonst früher gegen Assyrien losgeschlagen hätten. Als sich dann die Meder mit Nabopolassar von Babylon verbündeten, wurde Assyriens Lage hoffnungslos. Im Jahre 614 v. Chr. zerstörten die Verbündeten Assur und Nimrud. Zwei Jahre danach vernichteten sie Ninive, die machtvollste Stadt der Welt, und töteten den assyrischen König. Ich kann nicht umhin, aus der biblischen Vision des Nahum (der Prophet lebte vielleicht in der Nähe von Ninive) zu zitieren Sein Bericht spricht für viele andere Eroberungen dieses blutigen Zeitalters (Nahum 3, 1–3):

»Weh der Blutstadt,
voll Lügen und Räuberei . . .
Horch: Peitschenknall! Horch Rädergerassel!
Jagende Rosse und ratternde Kriegswagen!
Reiter, herbeifegend mit flammenden Schwertern
und mit blitzenden Lanzen.
Leichenhaufen, kein Ende der Toten,
so daß man über sie stolpert . . .«

Wenn wir diese Betrachtung abbrechen und weiter nach Westen blicken, so stellen wir fest: während der Herrschaft Assarhaddons und Assurbanipals fielen die *kimmerischen* Nomaden nach Anatolien ein. Ursprünglich von den Skythen vertrieben, drangen sie von Urartu nach Westen vor und um 680 v. Chr. in das blühende Königreich *Phrygien* ein. Nachdem sie die Hauptstadt Gordion eingenommen hatten, soll sich der Überlieferung nach König Midas durch das Trinken von Stierblut das Leben genommen haben. Die phrygische Macht brach zusammen und erholte sich nie wieder.

Elfenbeinschnitzerei aus Nimrud: Ein Nubier, gekleidet in ein Leopardenfell, mit einem Äffchen und einem Spießbock.

Die Kimmerier vereinigten sich mit einem eingedrungenen thrakischen Volk, um Lydien im Westen anzugreifen, das um diese Zeit von Gyges regiert wurde und die ionischen Griechen an der Küste beherrschte. Als Gyges sich an Assurbanipal um Hilfe wandte, konnte er von dort kaum Unterstützung erwarten, da er Psammetich ermutigt hatte, die Assyrer aus Ägypten zu vertreiben. Die Kimmerier besiegten und töteten Gyges in einer Schlacht, und etwas später nahmen sie Sardes ein. Die Kimmerier griffen auch die Ionier an und zerstörten sogar das Heiligtum der Artemis in Ephesos. Die ionische Kultur schwebte in großer Gefahr, doch glücklicherweise zogen sich die kimmerischen Horden bald zurück, und um 640 v. Chr. war die nomadische Bedrohung vorüber.

Die ionischen Städte kamen jedoch nicht zur Ruhe, denn die *Lyder* gewannen ihre Macht zurück, und die Nachfolger Gyges' waren, wie Gyges selbst, den Griechen gegenüber feindselig eingestellt. Der angriffslustige Alyattes bedrohte mehrmals Milet, bis er nach Osten abzog, um die Meder zurückzuschlagen. Im Jahre 585 v. Chr. fiel nach langjährigen Kämpfen eine Sonnenfinsternis zeitlich mit einer größeren Schlacht zusammen. Lyder und Meder meinten, Frieden schließen zu müssen, und zogen eine Grenze zwischen ihren Herrschaftsgebieten am Fluß Halys, dort, wo ihre Heere standen. Die Sonnenfinsternis soll von Thales von Milet vorausgesagt worden sein. Alyattes' Sohn war der berühmte Kroisos (Krösus).

Eine gänzlich andere Persönlichkeit als der Lyder Alyattes war sein Zeitgenosse im festländischen Griechenland, Solon von Athen. Dieser weise Gesetzgeber tat viel für die einfachen Bürger durch Landreformen, durch Zulassung grundbesitzloser Männer zur Volksversammlung und durch die Abschaffung der Schuldknechtschaft. Obwohl er die Macht fest in den Händen der Oberklasse beließ, war sein Wirken doch ein entscheidender Schritt zur Entwicklung der athenischen Demokratie unserer nächsten Periode. Nach der Abfassung seiner Gesetze, vor 590, bereiste Solon zehn Jahre lang die Länder des Orients. Er soll auch Kroisos in Sardeis besucht und ihn gewarnt haben, daß niemand vor seinem Tode glücklich zu preisen sei – doch diese berühmte Geschichte kann nicht auf Tatsachen beruhen, da Kroisos erst 560 v. Chr. König von Lydien wurde. Es läßt sich jedoch vermuten, daß Solon auf seiner Reise auch Babylon besuchte und Zeuge des Wiederaufbaus der großen Stadt durch Nebukadnezar wurde, der im Jahre 605 v. Chr. seinem Vater Nabopolassar auf dem Thron nachgefolgt war.

Nach dem Fall Ninives hatten die *Babylonier* den Großteil Assyriens besetzt und ließen den Norden in den Händen der Meder. Der Reichtum Babylons beruhte hauptsächlich auf dem Handel, und die unmittelbare Nähe der Meder war hinderlich. Nebukadnezar wußte, daß er Syrien und Palä-

Diese als »Kalbträger« bekannte frühe Kouros-Marmorstatue stammt von der Akropolis, Athen.

stina gegen den ägyptischen König Necho halten mußte, der dort Feldzüge führte. Bald besiegte er die Ägypter in der Schlacht von Karkemisch, doch diese stachelten die Könige von Juda weiterhin zum Widerstand an, und die Babylonier nahmen schließlich, in Erfüllung der Prophezeiungen Jeremias, Jerusalem ein. Sie zerstörten die Stadt und deportierten viele Juden nach Mesopotamien. Daher stammt die Vorstellung von der »Babylonischen Gefangenschaft«, die sich in der biblischen Überlieferung erhalten hat.

Nach Nebukadnezars Tod folgten Bürgerkriege und Morde, doch Babylonien sollte unter Nabonid noch eine letzte Blütezeit erleben. Aber die Zeichen des Untergangs standen an der Wand geschrieben. Die *Perser,* bisher Untertanen der Meder, erhoben sich unter Kyros II. gegen ihre Herren und überwältigten sie bei Pasargadai. Nabonid stand natürlich auf Seiten der Perser.

Kroisos, der jetzt auf der Höhe seiner Macht stand und fast ganz Anatolien beherrschte, befragte das Orakel in Delphi und erfuhr, daß er »ein großes Reich vernichten würde«, wenn er gegen Kyros marschierte. Das Reich sollte natürlich sein eigenes sein – ein typisch delphisches Wortspiel. Sardeis wurde um 547 von den Persern eingenommen, und der Überlieferung nach sollte der gefangene Kroisos gerade lebendig verbrannt werden, als Kyros ihn begnadigte.

Kyros hatte nun freie Hand, sich gegen seinen Verbündeten Nabonid zu wenden. Babylon hatte nicht nur die Reichtümer, sondern auch die Unbeliebtheit Assyriens geerbt, und Jesajas Auffassung, daß Kyros der »Erwählte des Herrn« sei, war nicht auf die Juden beschränkt, sondern wurde auch von vielen anderen geteilt. Die Streitkräfte Nabonids verloren die Schlacht von Opis, und Kyros standen die Tore Babylons offen. Dies geschah im Jahre 539 v. Chr.

Fast unmittelbar nach diesem Zeitpunkt wurden die Juden und andere gefangengehaltene Völker befreit und konnten in ihre Heimat zurückkehren.

Babylonien, und bald darauf auch Ägypten, wurden Satrapien des achämenidischen Reiches. So endete mit dem Schluß unserer besprochenen Periode auch die lange und oftmals glanzvolle Geschichte der beiden einstigen Großmächte, bei denen Hochkultur ihren Ursprung hatte. Das Vorgehen des Dareios gegen die ionischen Griechen, das zu Verwicklungen mit Athen führte, wird in unserem nächsten Kapitel behandelt.

Technologie 1000–500 v. Chr.

Die Umwälzungen und Wanderungen der Völker im 2. Jahrtausend bedeuteten, daß die Techniken der Eisenverarbeitung nicht länger auf Anatolien beschränkt blieben, sondern an ein weit größeres Gebiet weitergegeben wurden. Um 1000 v. Chr. produzierte man nach einem langsamen Start mit Hilfe dieser Verarbeitungstechniken ein Eisen, das schließlich so gut war wie Bronze, und im Zeitraum von 500 Jahren hatte das Eisen zum größten Teil die Bronze vom Atlantik bis zum Chinesischen Meer ersetzt.

Die besondere Härte des Eisens war jetzt von geringerer Bedeutung als sein häufiges Vorkommen. Während Kupfer und Zinn selten waren, gab es Eisenerz in ausreichendem Maß auf der ganzen Welt. Bronze war den Reichen und Mächtigen, vor allem für Waffen und zur Prachtentfaltung, vorbehalten gewesen, Eisen war schließlich für jeden erschwinglich und billig genug, um die einfachsten Werkzeuge und landwirtschaftlichen Geräte herzustellen. Darüber hinaus waren in einer Zeit der Konflikte wie dieser Waffen aus Eisen nicht nur denen aus Bronze, sondern auch denen aus Stein überlegen. Die militärische Macht Assyriens beruhte ebenso sehr auf Streitwagen, Enterhaken, mit Rädern versehenen Belagerungstürmen und schweren zweirädrigen Kampffahrzeugen wie auf einer fortgeschrittenen militärischen Taktik.

Während sich das Wissen um das neue Metall ausbreitete, stagnierte die Handwerkskunst, die noch das alte Metall verarbeitete, nicht. Die Kupferminen Österreichs wurden immer intensiver ausgebeutet, und die Spätbronzezeit brachte Europa ein massives Anwachsen (sowohl in Quantität als auch Qualität) der Bronzegüter.

In diesem Zeitraum breitete sich auch die Schrift aus. Das alphabetische System erlaubte es jedem, das Schreiben zu lernen. Verbunden mit dieser Ausbreitung der Schrift und vom selben Faktor, dem Handel, ausgelöst, waren die Erfindung und rasche Verbreitung des Geldes. Als die Lyder im 7. Jahrhundert erstmals ein echtes Münzsystem eingeführt hatten, wurde es sogleich weithin übernommen, da man seine Vorteile für den übernationalen Handel erkannte.

Auf die Beherrschung des Schiffsbaus ist in hohem Maße der rasche Anstieg des Handels und die Ausbreitung kultureller Einflüsse zurückzuführen. Während die Phöniker wahrscheinlich als erste Langboote bzw. Galeeren bauten, fertigten die Griechen zuerst Fünfruderer mit einer Besatzung von fünfzig Mann. Im übrigen wurde die Seefahrt in großem Umfang durch das Werk zweier Griechen ermöglicht: durch Thales, der die Navigation mit Hilfe der Sterne erarbeitete, und durch Anaximander, der angeblich die erste Weltkarte schuf.

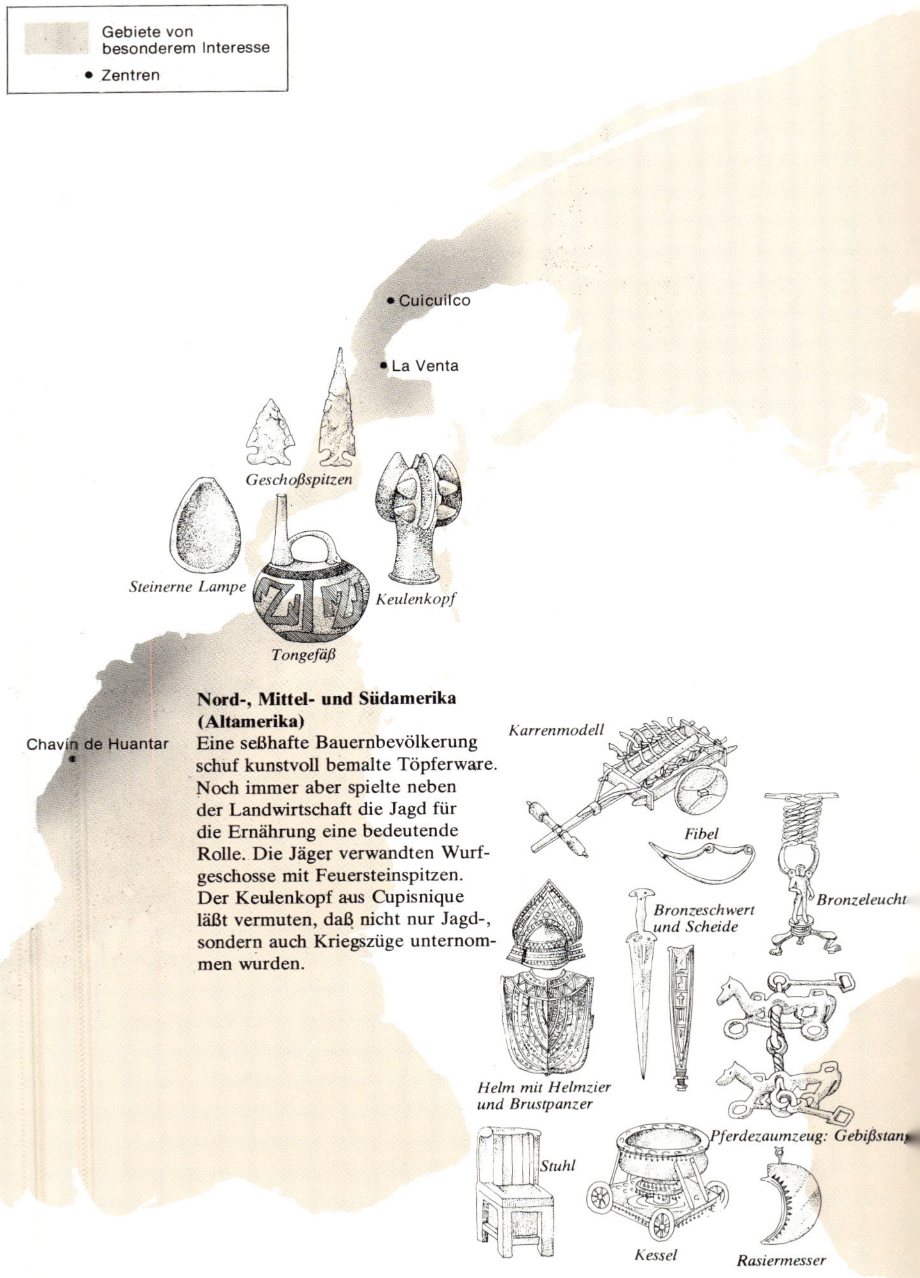

Nord-, Mittel- und Südamerika (Altamerika)
Eine seßhafte Bauernbevölkerung schuf kunstvoll bemalte Töpferware. Noch immer aber spielte neben der Landwirtschaft die Jagd für die Ernährung eine bedeutende Rolle. Die Jäger verwandten Wurfgeschosse mit Feuersteinspitzen. Der Keulenkopf aus Cupisnique läßt vermuten, daß nicht nur Jagd-, sondern auch Kriegszüge unternommen wurden.

Westlicher Mittelmeerraum
Unter den Trägern der *Villanova-Kultur* und ihren Nachfolgern, den Etruskern, wurde Italien ein bedeutendes Metallverarbeitungsgebiet. Hausrat wie Kessel, Stühle, Rasiermesser und Leuchter entstanden neben Gegenständen zum kriegerischen Gebrauch wie Panzer und Schwerter. Überreste von Pferdegeschirren und der kleine Modellkarren zeigen, wie die Bedeutung von Zugtieren im Transportwesen zugenommen hatte.

WERKSTOFFE (VERGLEICHENDE ÜBERSICHT)

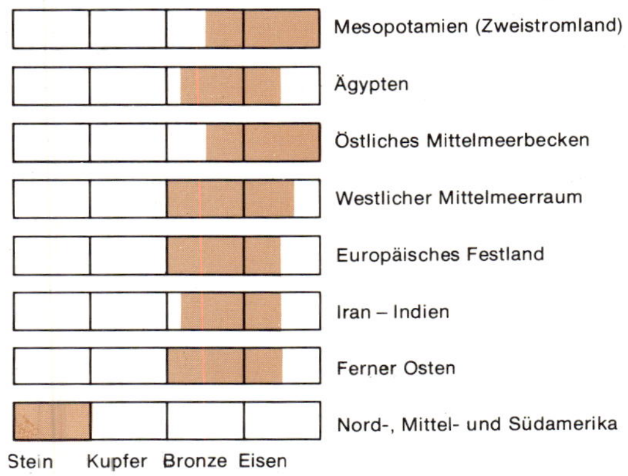

Europäisches Festland (Alteuropa)
Trotz der Einführung des Eisens erreichte die Bronzetechnik einen neuen Höhepunkt. Komplizierte Güsse – wie das abgebildete Bronzebeil –, aber auch Arbeiten aus getriebenem Bronzeblech – wie der Helm und die Lure (ein Blasinstrument) – lagen durchaus im Bereich dessen, was Bronzegießer und Bronzeschmiede zu leisten vermochten. Gelegentlich in Mooren zum Vorschein kommende Boote oder Schlitten verraten vollendetes Können auf dem Gebiet der Tischlerei und Zimmerei.

Östliches Mittelmeerbecken
Der Handel wurde zum Motor der meisten technischen Errungenschaften dieses Bereichs – so z. B. des Einsatzes von Ruderschiffen und der Einführung der Münzprägung. Der aus einer Stachelschnecke (*Murex trunculus*) gewonnene Purpurfarbstoff zum Färben von Textilien, Olivenöl aus verbesserten Pressen und feine Metallarbeiten wurden nicht nur in den Erzeugerländern selbst gehandelt, sondern auch exportiert.

Ferner Osten
Dolch und Maske bezeugen das unverminderte Können auf dem Gebiet der Bronzegießerei. Der aus den Rohmaterialien Holz und Knochen bestehende, zusammengesetzte Bogen war den früheren einfachen Holzbogen überlegen.

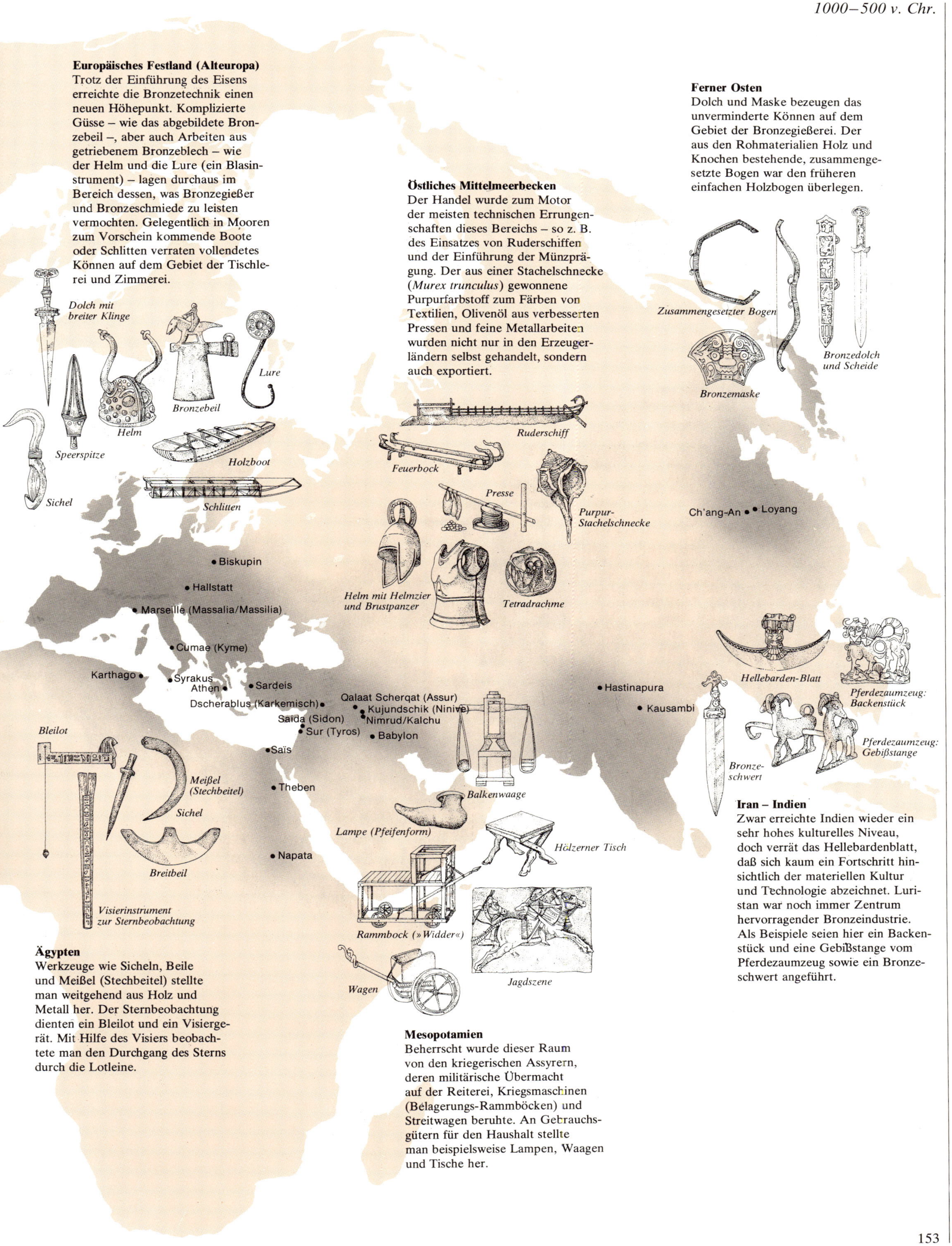

Iran – Indien
Zwar erreichte Indien wieder ein sehr hohes kulturelles Niveau, doch verrät das Hellebardenblatt, daß sich kaum ein Fortschritt hinsichtlich der materiellen Kultur und Technologie abzeichnet. Luristan war noch immer Zentrum hervorragender Bronzeindustrie. Als Beispiele seien hier ein Backenstück und eine Gebißstange vom Pferdezaumzeug sowie ein Bronzeschwert angeführt.

Ägypten
Werkzeuge wie Sicheln, Beile und Meißel (Stechbeitel) stellte man weitgehend aus Holz und Metall her. Der Sternbeobachtung dienten ein Bleilot und ein Visiergerät. Mit Hilfe des Visiers beobachtete man den Durchgang des Sterns durch die Lotleine.

Mesopotamien
Beherrscht wurde dieser Raum von den kriegerischen Assyrern, deren militärische Übermacht auf der Reiterei, Kriegsmaschinen (Belagerungs-Rammböcken) und Streitwagen beruhte. An Gebrauchsgütern für den Haushalt stellte man beispielsweise Lampen, Waagen und Tische her.

Mesopotamien
Mit ihren gut geschmiedeten eisernen Waffen und ihrer überlegenen Kriegskunst wurden die Assyrer fast unbesiegbar. Sie setzten gegen feindliche Städte Belagerungsmaschinen ein, auf denen Bogenschützen und Speerwerfer standen, während unten Mineure (Pioniere) den Rammsporn gegen das Stadttor oder gegen die Mauern richteten. Gewappnete Reiter mit Bogen und Speeren waren auf ihren kräftigen Pferden einer neuen Rasse beweglicher als die Streitwagen.

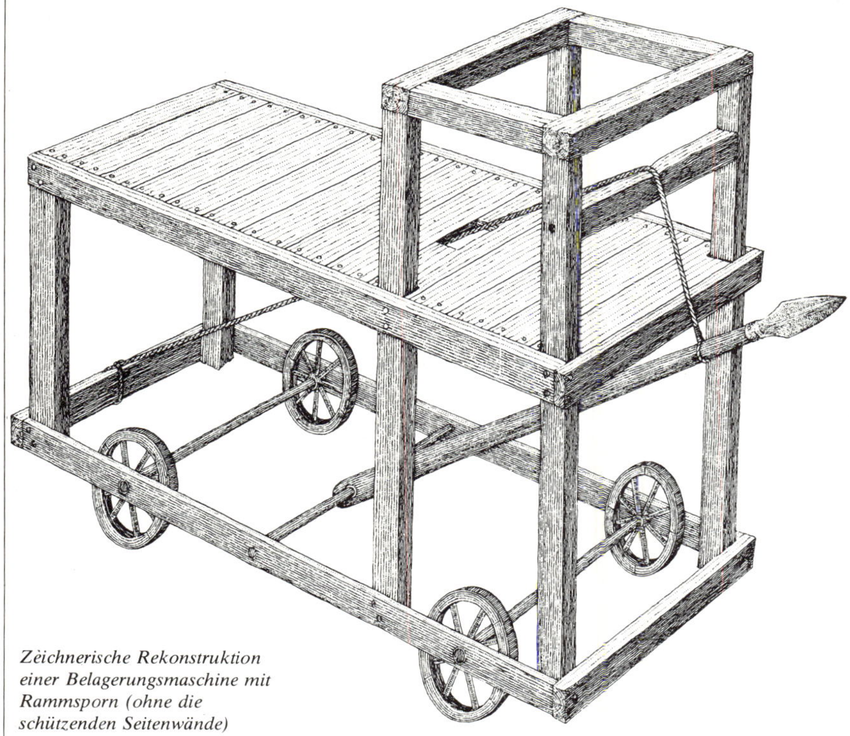

Zeichnerische Rekonstruktion einer Belagerungsmaschine mit Rammsporn (ohne die schützenden Seitenwände)

Assurbanipal auf der Jagd, Alabasterrelief, Ninive

Ägypten
Unter fremden Herrschern machte die ägyptische Technik kaum Fortschritte. Bereits zuvor verließ man sich bei Großobjekten vor allem auf die während der Nilüberschwemmungen reichlich vorhandenen Arbeitskräfte. Der Pharao Necho begann mit dem Bau eines Kanals vom Nil zum Roten Meer (des ersten »Suezkanals«), an dessen Fertigstellung persische Fachleute beteiligt waren.

Östliches Mittelmeerbecken
Das nach Vasenbildern rekonstruierte griechische Ruderschiff war 10–12 m lang und besaß einen Ramm-Wulst am Bug und ein Steuerruder an »Steuerbord«. Zur Besatzung gehörten 26 Ruderer. Man kannte auch Segel, vertraute aber mehr auf die gleichmäßige Antriebskraft der Ruderer. An Land trugen die Krieger mit Leder gefütterte Helme mit Helmbusch und Wangenschutz, einen Brustpanzer und Beinschienen. Die Prägung von Münzen erleichterte seit dem 7. Jh. v. Chr. den Handelsaustausch. Jede Stadt prägte eigene Gold-, Silber- oder später Bronzemünzen.

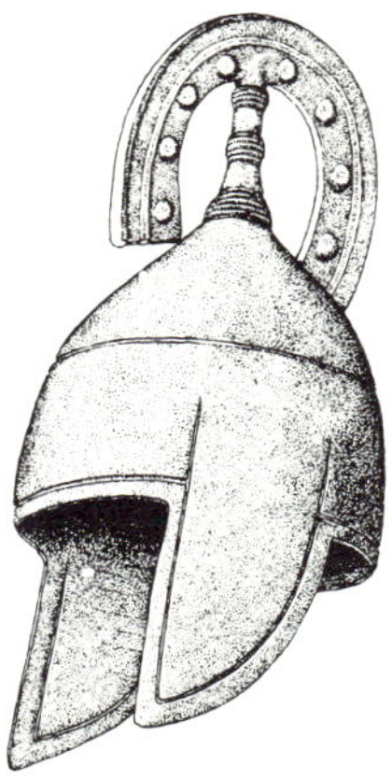

Bronzehelm mit Helmbusch

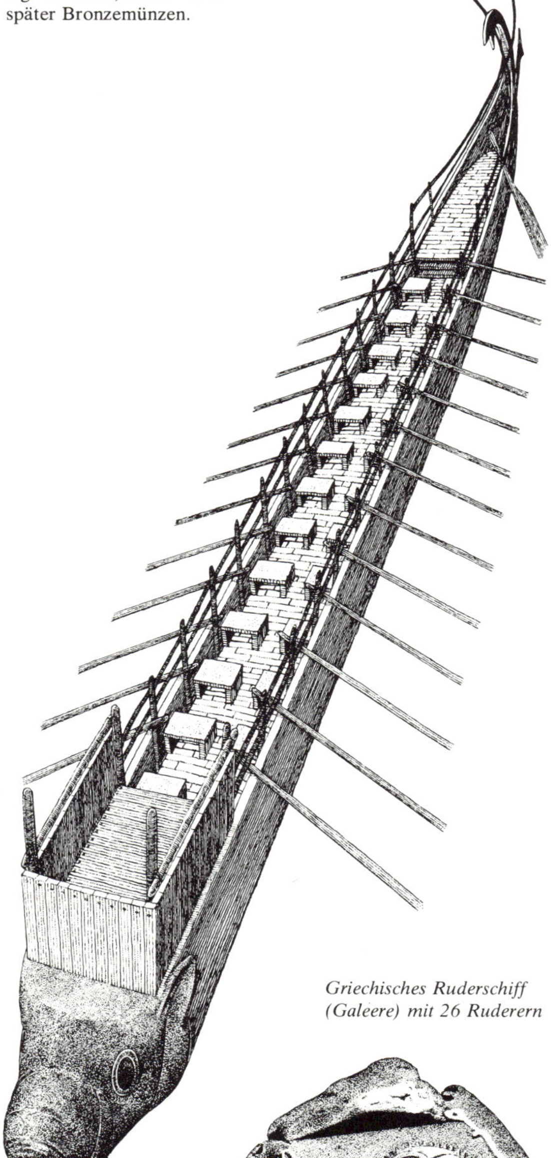

Griechisches Ruderschiff (Galeere) mit 26 Ruderern

TETRADRACHME AUS ATHEN. *Münzen mit garantiertem Gewicht und Metallgehalt wurden mit dem Symbol der Münzstätte gekennzeichnet.*

Westlicher Mittelmeerraum
In der Villanova-Kultur und der klassischen etruskischen Kultur gab es kunstreiche Schmiede. Der etruskische Bronzekessel auf vier Rädern, bezeugt durch phönikische Händler, vermittelte orientalische Einflüsse. Ein ähnlicher Kessel gehörte zur Ausstattung von Salomos Tempel. Der Bronzeleuchter weist auf griechische Anregungen hin. Als Beispiel für die Schmiedekunst der Villanova-Leute sehen wir einen Brustpanzer und einen Helm. Derartige Helme wurden auch als Deckel auf Graburnen gesetzt.

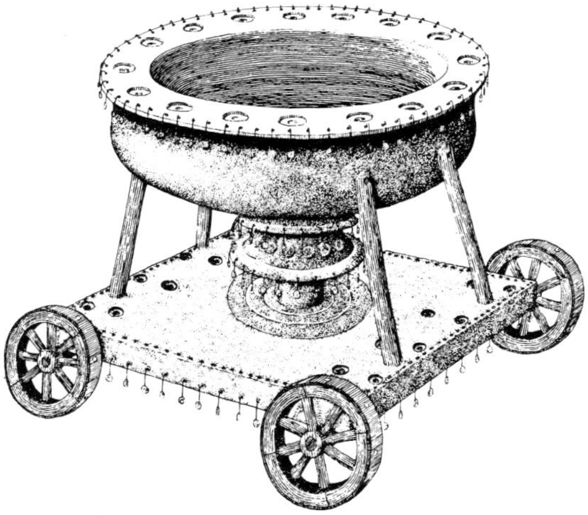

Etruskischer Kesselwagen, Sesto Calende, Italien

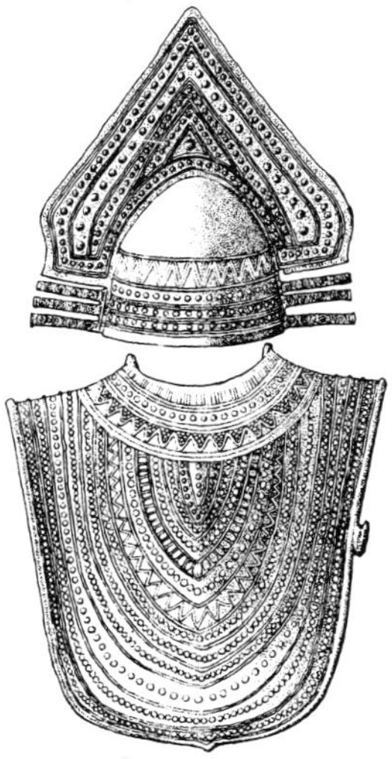

Brustpanzer und Helm vom Villanova-Typ

Bronze-Leuchter

Europäisches Festland (Alteuropa)
Das bronzene Prunkbeil mit einem Reiter aus Hallstatt war ein Würdezeichen. Grundlagen des Reichtums der Hallstattkultur waren Bergbau und Salzhandel. Aus Dänemark stammt der bronzene Prunkhelm (Zeremonialhelm ?) mit Hörneraufsätzen.

Bronzebeil, Hallstatt, Österreich

Helm mit Hörnern Viksö, Dänemark

Iran – Indien
Die Kunsthandwerker in Luristan stellten auch nach der Einführung des Eisens schöne Gerätschaften aus Bronze (Guß in »verlorener Form«) her, vor allem Pferdetrensen, mit denen wohlhabende Reiter prunkten.

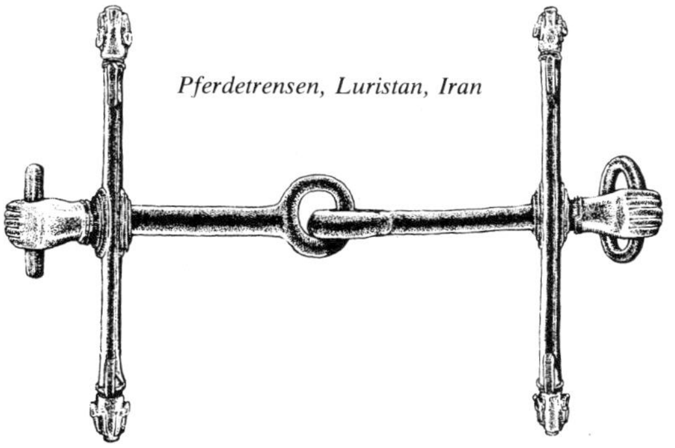

Pferdetrensen, Luristan, Iran

Ferner Osten
Der Kompositbogen wurde aus sorgfältig miteinander verbundenen Holz- und Knochenteilen hergestellt, mit einem bronzenen Griff versehen und schließlich mit Lack überzogen. Die große Spannkraft des Bogens machte ihn zu einer gefürchteten Waffe. (Der ungespannte Bogen bog sich in sich zurück.)

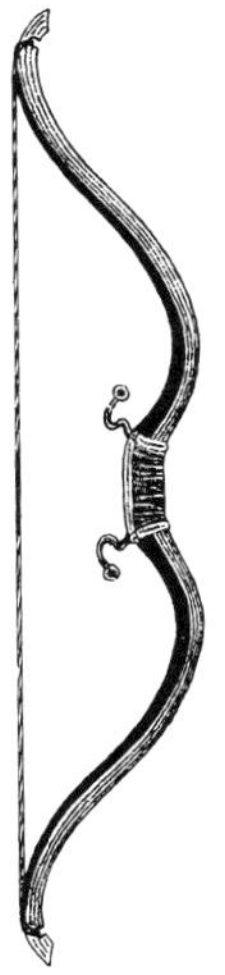

Gespannter Kompositbogen, China

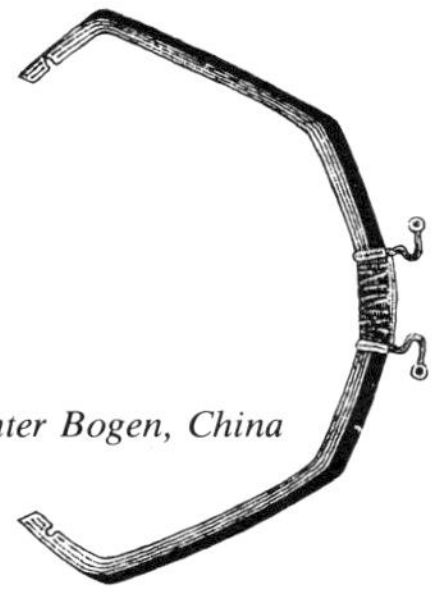

Entspannter Bogen, China

Nord-, Mittel- und Südamerika (Altamerika)
Der steinerne Keulenkopf aus Cúpisnique (»Küsten-Chavín«-Tadition) zeigt, wieviel Mühe man sich mit der Herstellung von solchen wirkungsvollen Waffen gab.

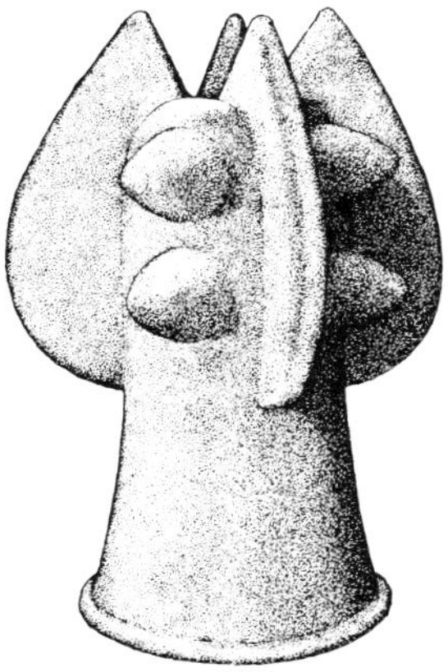

Keulenkopf aus Cúpisnique, Peru

Bauweise 1000–500 v. Chr.

Die Assyrer des 1. Jahrtausends bauten, gestützt auf den Reichtum, das Prestige und den Elan ihrer militärischen Eroberungen, am Mittellauf des Tigris ummauerte Städte von großer Pracht. Die Hauptgebäude bildeten Paläste, Tempel und Zikkurats, deren wesentliche Dekoration in ornamentalen Flachreliefs bestand. Südlich davon, in Babylon, baute Nebukadnezar die Stadt Hammurapis aus und setzte farbig glasierte Ziegel mit figürlichen Entwürfen von großer Wirkung ein. Zusammen ließen die prächtig geschmückten Tore, hoch aufragenden Mauern und hängenden Gärten Babylon zu einem der Wunder des Altertums werden.

Auch die Perser schufen zuerst in Pasargadai und später in Persepolis Steinreliefs sowie mehrfarbige Ziegel und Relieftafeln wie in Mesopotamien als wichtigste Architekturzierat.

In Ägypten, der Türkei und Syrien blieben die früheren Baustile bestehen. Der phönikische Stil dürfte in hohem Maße Salomos Tempel in Jerusalem beeinflußt haben.

Westlich der Ägäis wandelte sich in diesem Zeitraum das Megaron des Königs in den Tempel des Gottes, wobei die bemerkenswerteste Verbesserung in der Hinzufügung von Säulengängen bestand. In Griechenland führte die im 6. Jahrhundert vollzogene Einführung von Stein in eine Architektur, die bisher fast ausschließlich Holz verwendet hatte, zu einer Entwicklung von eigenen Stilen – dem dorischen folgte sogleich der ionische und im nächsten Jahrhundert dann der dekorative korinthische. Wandmalereien, Formgießerei und Bildhauerei wurden wirksam eingesetzt, um eine der bekanntesten architektonischen Erscheinungen der Welt zu schmücken – den griechischen Tempel.

Noch weiter im Westen bauten die Etrusker ihre mit Erde bedeckten Tumulus-Gräber, und die Nuraghen z. B. auf Sardinien wurden weiterentwickelt. Rom war in dieser Zeit nur ein Provinzort.

In Europa nutzten die kriegerischen Stämme und die Kleinkönigreiche Ringwälle – Schutzwälle aus Erde und Holz –, um ihren Herrschaftsbereich zu sichern.

Während im Fernen Osten und in Indien nur noch wenige Belege architektonischer Entwicklung vorhanden sind, wurden in Mittelamerika riesige Zeremonialzentren mit Tempelplattformen, Stufenpyramiden und Tempeln von den Olmeken gebaut, und in Peru entstanden die Tempel der Chavin-Kultur. Neben einem Ballhof in La Venta (Mexiko), fand man in vielen dieser Zentren reliefverzierte Stelen und geschmückte Gräber. In Nordamerika wurden Grabhügel gebaut, die hausähnliche Gebilde aus Holz enthielten.

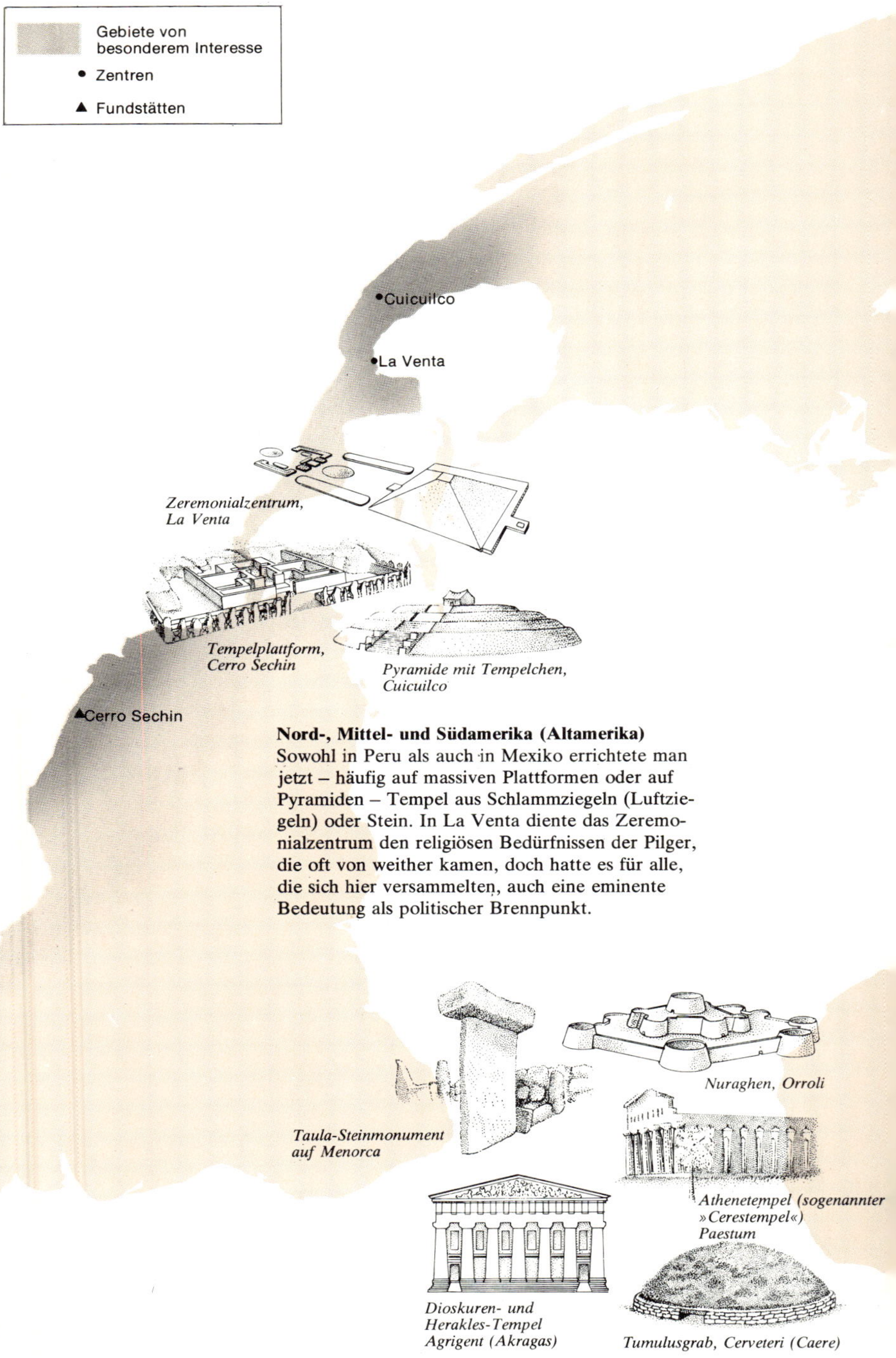

Nord-, Mittel- und Südamerika (Altamerika)
Sowohl in Peru als auch in Mexiko errichtete man jetzt – häufig auf massiven Plattformen oder auf Pyramiden – Tempel aus Schlammziegeln (Luftziegeln) oder Stein. In La Venta diente das Zeremonialzentrum den religiösen Bedürfnissen der Pilger, die oft von weither kamen, doch hatte es für alle, die sich hier versammelten, auch eine eminente Bedeutung als politischer Brennpunkt.

BAUMATERIALIEN (VERGLEICHENDE ÜBERSICHT)

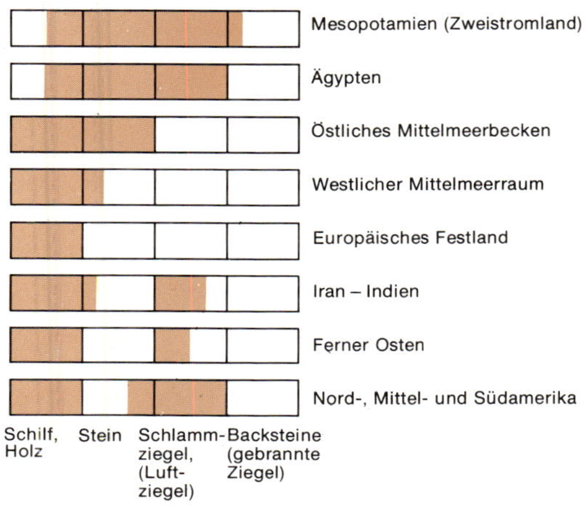

Westlicher Mittelmeerraum
Die griechischen Kolonialstädte in »Großgriechenland« (Süditalien und Sizilien) wurden reichlich mit griechischen Tempeln bedacht, die Etrusker dagegen pflegten lokale Varianten einer wahrscheinlich dem Orient entlehnten Grabarchitektur. Primitivere Bauwerke wie die Nuraghen Sardiniens und die Taula-Monumente auf Menorca hielten ältere Traditionen lebendig.

Europäisches Festland (Alteuropa)
Die anwachsende Bevölkerung schützte sich in Dörfern wie Biskupin, einer von Wasser umgebenen, leicht zu verteidigenden Ortslage. Freilich waren nicht alle Siedlungen so hervorragend geschützt – so etwa der aus Holz errichtete Bauernhof von Little Woodbury.

Ferner Osten
Erstmals errichtete man jetzt in Japan steinerne Sonnenuhr-Monumente. Sie blieben erhalten, doch kaum etwas von den aus Erde und Holz erbauten Palästen und Tempeln, die damals ebenfalls entstanden sein müssen, hat die Jahrhunderte bis heute überdauert.

Östliches Mittelmeerbecken
Das Megaron, für das hier das Modell aus Eleusis steht, entwickelte sich zu reicheren, komplizierteren Bauformen weiter. Der erste der archaischen Tempel Griechenlands erstand um 500 v. Chr. Stark an phönikischer Architektur orientierte sich Salomos Tempel in Jerusalem.

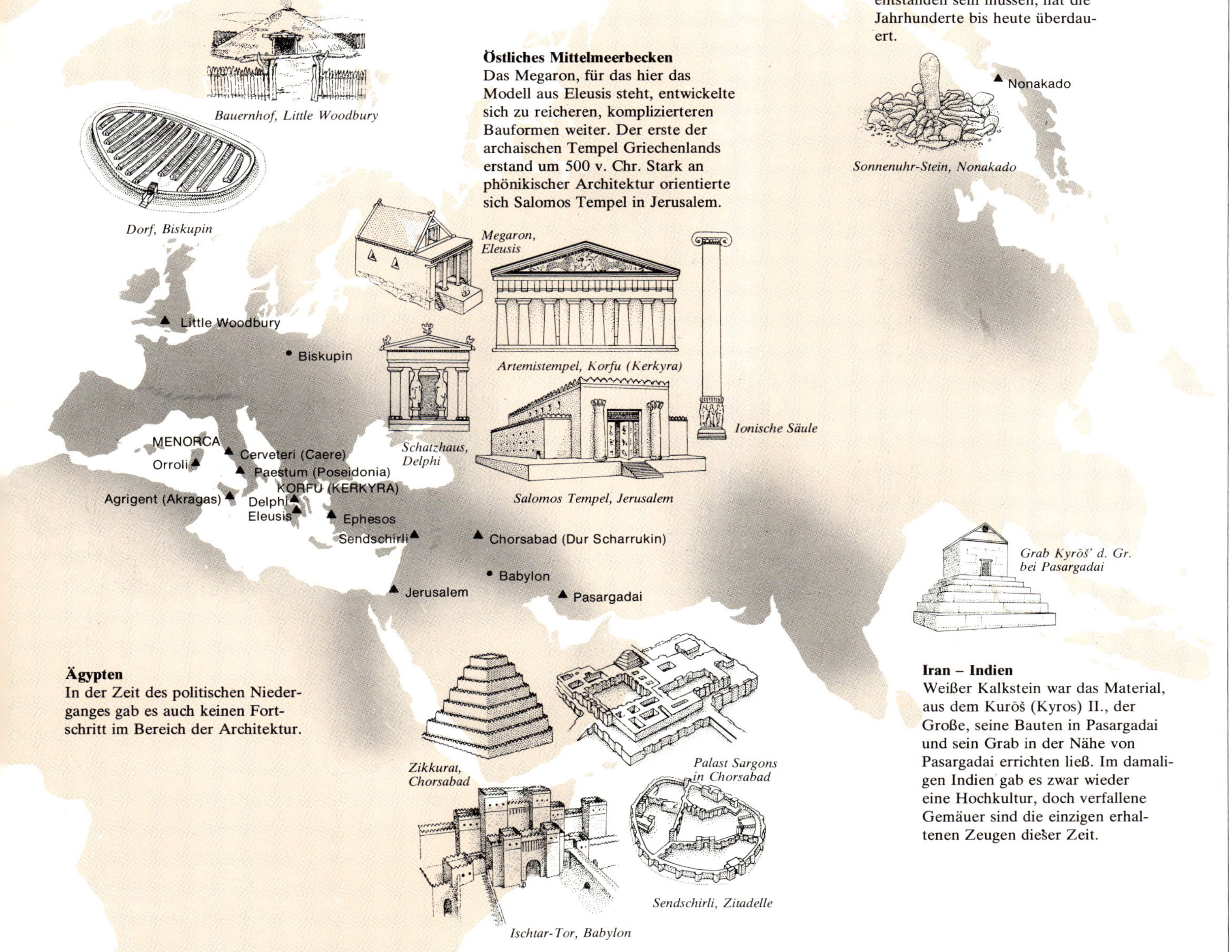

Bauernhof, Little Woodbury

Dorf, Biskupin

Megaron, Eleusis

Artemistempel, Korfu (Kerkyra)

Schatzhaus, Delphi

Ionische Säule

Salomos Tempel, Jerusalem

Sonnenuhr-Stein, Nonakado

Grab Kyrōš' d. Gr. bei Pasargadai

Zikkurat, Chorsabad

Palast Sargons in Chorsabad

Sendschirli, Zitadelle

Ischtar-Tor, Babylon

Ägypten
In der Zeit des politischen Niederganges gab es auch keinen Fortschritt im Bereich der Architektur.

Iran – Indien
Weißer Kalkstein war das Material, aus dem Kurōš (Kyros) II., der Große, seine Bauten in Pasargadai und sein Grab in der Nähe von Pasargadai errichten ließ. Im damaligen Indien gab es zwar wieder eine Hochkultur, doch verfallene Gemäuer sind die einzigen erhaltenen Zeugen dieser Zeit.

Mesopotamien
Typisch für die assyrische Zeit waren riesige Paläste, die als Zentren der Staatsverwaltung dienten, und auch Zikkurats wurden noch immer gebaut. Sowohl Babylon als auch das späthethitische Sendschirli waren befestigte Städte mit massiven Wehrmauern.

Mesopotamien
Chorsabad, die (um 710 v. Chr. erbaute) Hauptstadt Sargons II., war stark befestigt (Größe: 1 Quadratmeile, Befestigung: starke Doppelmauer). Zum Palast gehörten Wohntrakte, Verwaltungsgebäude, Magazine, Audienzhallen und Tempel und ein Zikkurat. Monumentale Steinreliefs und Skulpturen (geflügelte Stiere) ließen vergessen, daß die meisten Wände aus ungebrannten Ziegeln gemauert waren. Beim Bau Babylons verwandte man an Stelle der Steine kunstvolle glasierte Ziegel zur Ausschmückung des Ischtartores und zur Verkleidung der Palastwände.

Zikkurat in Chorsabad

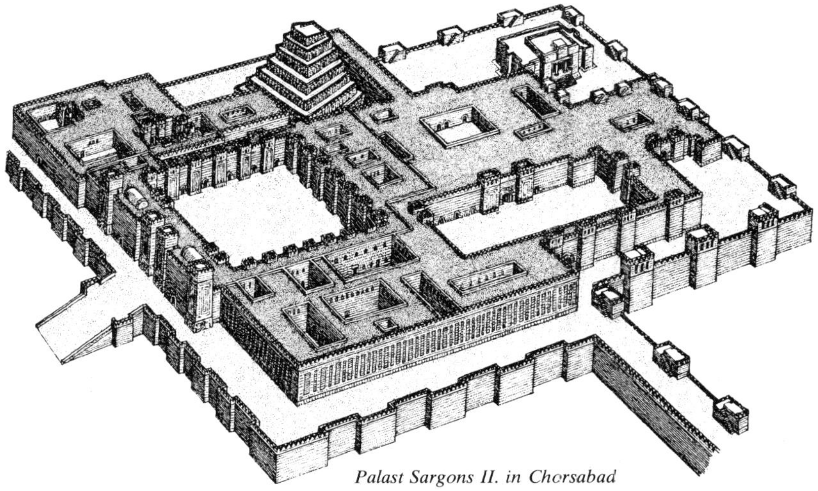

Palast Sargons II. in Chorsabad

Ischtartor in Babylon

Ägypten
Die 26. Dynastie (von Saïs; 664–525 v. Chr.) unternahm große Anstrengungen für einen wirtschaftlichen Aufschwung und für eine künstlerische Erneuerung.

Östliches Mittelmeerbecken
Der Tempel Salomons in Jerusalem wurde in phönikischer Bauweise unter der Leitung phönikischer Baumeister aus großen Steinen und Zedernholz errichtet. Im mit Zedernholz getäfelten »Allerheiligsten« bewachten zwei aus Olivenholz geschnitzte vergoldete Sphingen die Heilige Lade mit den Gesetzestafeln. Zehn Stufen führten zum Tempel hinauf, dessen Eingang von zwei Bronzesäulen flankiert war. – Urbild der griechischen Tempel ist das »megaron«, ein rechteckiges Haus mit einer Säulenvorhalle. In derartigen Bauten wohnten die mykenischen Fürsten (z. B. auf der Akropolis von Athen). An der Stelle mykenischer Residenzen erhoben sich frühe Tempel.
Im 7. Jahrhundert v. Chr. wurden die hölzernen Tempel schrittweise durch Steinbauten ersetzt. Mit dem Um- und Neubau und mit der Erweiterung der griechischen Tempel durch einen Säulenumgang ging die Ausbildung charakteristischer Stilformen einher: der dorischen und der ionischen Ordnung, welche sich am deutlichsten im Aufbau der Säulen voneinander unterscheiden. Die dorische Säule ohne Basis trägt ein einfaches Wulstkapitell, die ionische steht auf einem zweiteiligen Sockel und endet oben in zwei eingerollten Voluten. Als dritte Ordnung wurde um 400 v. Chr. die korinthische mit einer reicheren Kapitellform (Akanthusblättern) ausgebildet.
Der Tempel der Artemis in Korfu mit dem Relief der schlangenhaarigen Gorgo ist ein Beispiel für die dorische Bauform. Als Muster für die ionische Ordnung sehen wir eine Säule aus dem Tempel der Artemis von Ephesos. Einige Tempel (z. B. auf der Akropolis von Athen) verbanden Elemente beider Ordnungen miteinander.

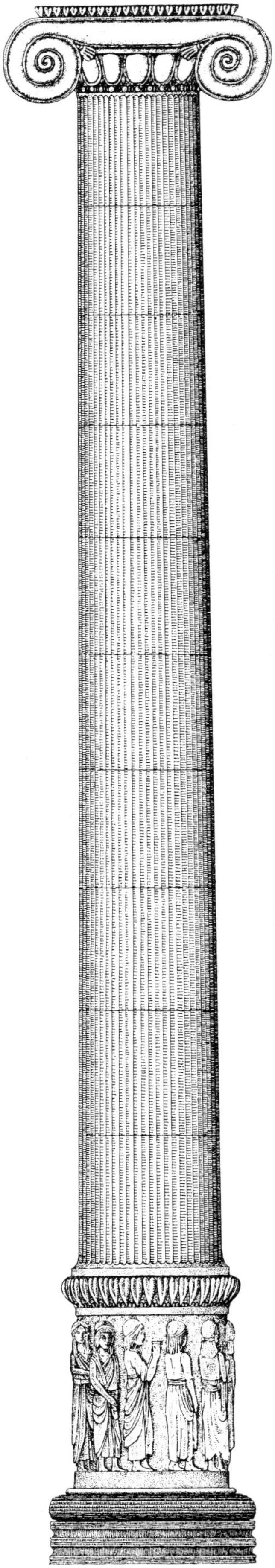

Ionische Säule aus dem Tempel der Artemis, Ephesos

Zeichnerische Rekonstruktion des Tempels der Artemis, Korfu

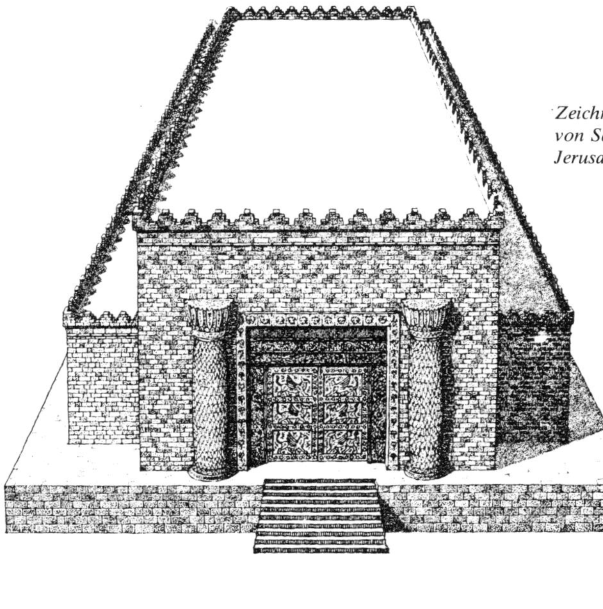

Zeichnerische Rekonstruktion von Salomos Tempel in Jerusalem

Westlicher Mittelmeerraum
Einige frühe sardische Nuraghen (mehrstöckige, aus großen Steinen ohne Mörtel erbaute Türme) wurden (z. B. in Orrubiu) allmählich zu größeren Komplexen erweitert und mit Festungswällen geschützt (in Orrubiu umzog den Zentralturm mit einer Kammer in Kyklopenmauerwerk eine zweifache Mauer mit 5 integrierten Türmen), so daß regelrechte Festungswerke entstanden.

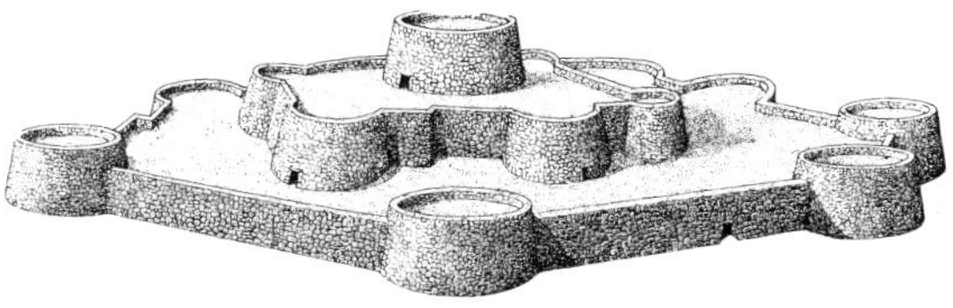

Sardische Nuraghe in Orrubiu

Europäisches Festland (Alteuropa)
Die Holzhäuser aus Eichen- und Kiefernstämmen des Inseldorfes Biskupin standen in langen Reihen und waren von einem Erdwall umgeben, der mit einer Palisadenreihe verstärkt war. Ein Steg auf Eichenpfählen verband das Festland mit der hölzernen Toranlage.

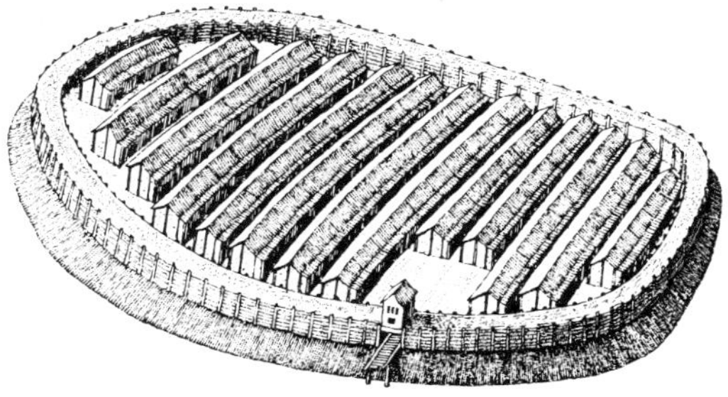

Dorf Biskupin, Polen (Rekonstruktion)

Iran – Indien
Das Grab Kyros II. (des Großen) in Pasargadai (Seite 145) wurde aus großen unverzierten Steinblöcken in der Form eines rechteckigen Giebelhauses auf einer sechsstufigen Plattform errichtet. An einem Zugang ist noch ein geflügelter Wächter, in den Stein eingeschnitten, zu sehen.

Ferner Osten
Der Städtebau breitete sich allmählich aus dem Bereich der Schang- und Chou-Kultur nach Süden und Osten aus.
Die Jōmon-Leute Japans hausten weiterhin in halbunterirdischen Holzhütten. In der Spät-Jōmon-Zeit wurden (z. B. in Nonakado bei Oyu, Akitu) Steinkreise in der Anordnung einer Sonnenuhr errichtet. Der aufrechtstehende mittlere Stein ist 4,5 m hoch.

Nord-, Mittel- und Südamerika (Altamerika)
Ein Vulkanausbruch verschüttete (und konservierte) mit seiner Lava den stufenförmigen Rundbau der »Pyramide« von Cuicuilco, die ursprünglich einen Durchmesser von 135 m hatte (heute 113 m). Auf der Ostseite führte eine Treppe, auf der Westseite eine schräge Rampe zur (heute noch ca. 23 m hohen) Plattform hinauf, auf der sich ein mehrfach erhöhter rechteckiger Erdaltar erhob.

»Pyramide« von Cuicuilco, Tal von Mexiko

Kunst 1000–500 v. Chr.

Die ältesten Kunstzentren im Nahen Osten verloren nun ihre Ausstrahlungskraft. Babylonische Könige stellten jetzt Stelen auf, die bewußt diejenigen von 3000–2000 v. Chr. imitierten, während in Ägypten Bildhauer noch hervorragende Arbeiten in der Art des Alten und Mittleren Reichs produzierten.

Von ungebrochener Kraft waren die Assyrer. Seit Beginn des 9. Jahrhunderts stellten sie zur Verherrlichung ihrer Hauptstädte riesige Fabeltiere an ihre Tore und errichteten Mauern mit bemalten Reliefs.

In der Levante hatten die Phöniker talentierte Kunsthandwerker, die einen eklektizistischen Stil bevorzugten. Einige ihrer schönsten Eisengußarbeiten wurden in Ninive gefunden. Die Phöniker stellten auch die Handwerker für den Tempel Salomons in Jerusalem – aber kaum eine Spur ihres Werkes überdauerte.

Das bei weitem bedeutendste Zentrum neuer Kunst lag in Griechenland, und dort vor allem in Athen. Mit dem 7. Jahrhundert begann das »Wunder«: Erneuerter Kontakt mit dem Osten führte zur Aufnahme orientalischer Motive, und Korinth trat mit schönen, wenn auch noch unvollkommenen Figuren und dekorativer Keramikmalerei in den Vordergrund. Nach 600 v. Chr. entwickelten dann die Bildhauer die berühmten Statuen junger Männer und Mädchen mit ihrem aufbrechenden »archaischen Lächeln«, und die Keramikkunst Athens schuf die hervorragende schwarzfigurige Vasenmalerei. Ein großer Abstand war nun zum bemalten Töpferwerk der einfachen Völker entstanden, und es hatte noch nie vorher etwas derartiges gegeben: Die Perfektion der formalen Motive, die Grazie und Humanität der mythologischen Szenen, die uns vorkommen wie Buchillustrationen. Gegen Ende der Periode wurde die Bildhauerei ebenso wie das ornamentale Detail mit der Architektur verbunden.

Der Einfluß der Griechen war weitverbreitet und regte Etrusker, Skythen sowie schließlich Perser und Kelten zu eigenen Schöpfungen an. Die Gräber der Etrusker bewahrten uns die eindrucksvollen Wandmalereien dieses Volkes. Die Skythen unterlagen weit weniger dem griechischen Einfluß. Der Tierstil ihrer Gold- und Silberarbeiten war zu einem großen Teil auf ihr südrussisches Erbteil zurückzuführen.

Im China der Chou-Dynastie wurde die Produktion ritueller Bronzegeräte und Jadeschnitzereien – beibehalten: Neues kam nicht hinzu. In Amerika entstand bei den Olmeken, den Schöpfern der »Großen Köpfe« und anderer Skulpturen, eine Hochkultur. In Peru war das Versprechen zukünftiger Leistungen schon in den figürlichen Chavin-Keramiken offenbar.

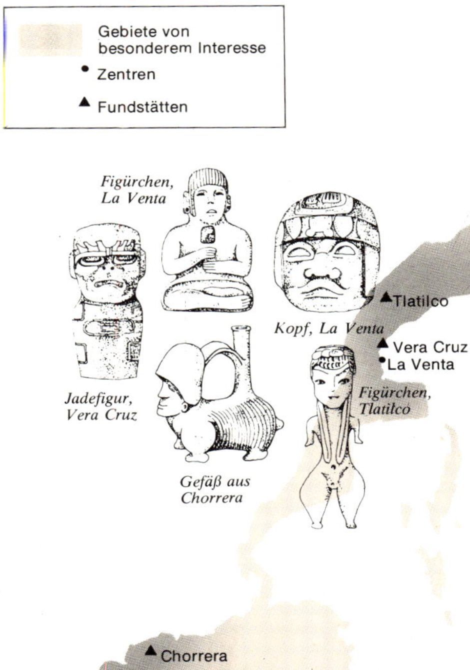

Nord-, Mittel- und Südamerika (Altamerika)
Olmeken-Künstler schufen in dieser Zeit nicht nur monumentale Köpfe, sondern auch eindrucksvolle kleine Bildwerke, wobei teilweise Jade der Werkstoff war. In Peru fertigten Töpfer der Kultur von Chavín de Huantar schöne Gefäße an, denen man bisweilen Menschen- oder Tiergestalt gab. Reliefbildwerke im Zeremonialzentrum Chavín de Huantar selbst stellten Gottheiten dar.

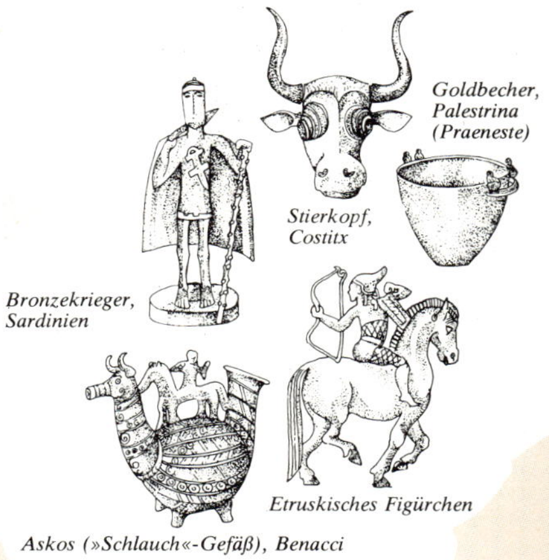

Westlicher Mittelmeerraum
In Italien entfaltete sich – nach Berührungen mit dem Griechentum und dem Orient – die hohe Kunst der Etrusker. Die eisenzeitlichen italischen Völker hinterließen uns nur schlichtere Töpferarbeiten und Bronzefiguren. Die Phöniker, die von ihnen abstammenden Karthager sowie die Griechen verbreiteten in ihren zahlreichen Kolonien einen gewissen Abglanz griechischer Kultur. Unbeholfene Bronzefiguren waren typisch für Sardinien.

Europäisches Festland (Alteuropa)
Die »Barbaren«, die in der Spätbronze- und Eisenzeit Britannien und Festlandseuropa bewohnten, entwickelten ihre Bronzetechnik weiter und schufen eine bei aller Primitivität doch reiche religiöse Plastik. Reicher Bronze- und Goldzierat, wozu auch hervorragend gearbeitete Luren (Blasinstrumente) gehören, war für Dänemark charakteristisch, während die nomadischen Skythen Südrußlands herrliche stilisierte Tierdarstellungen – oft aus Gold – anfertigten.

Ferner Osten
Auch unter der Chou-Dynastie stellten die Chinesen in den Provinzen am Gelben Fluß weiterhin ihre Kultgefäße aus Bronze her, wobei nun der klassische Formenkanon festgelegt wurde. Die ausklingende Jōmon-Kultur in Japan sowie die Angyo-Kultur brachten phantastische Kleinplastiken hervor.

Östliches Mittelmeerbecken
Phönikische wie syrische Kunsthandwerker, insbesondere Elfenbeinschnitzer, arbeiteten oft in ägyptischem Stil. Die Griechen hatten ihr »Dunkles Zeitalter« hinter sich und schufen die hervorragenden archaischen Statuen, und auf ihre korinthischen Vasen folgte der schwarzfigurige Stil der Vasenmalerei, die während des 6. Jahrhunderts v. Chr. in Athen und Sparta gepflegt wurde. Skulpturen wurden nun Bestandteil der Architektur.

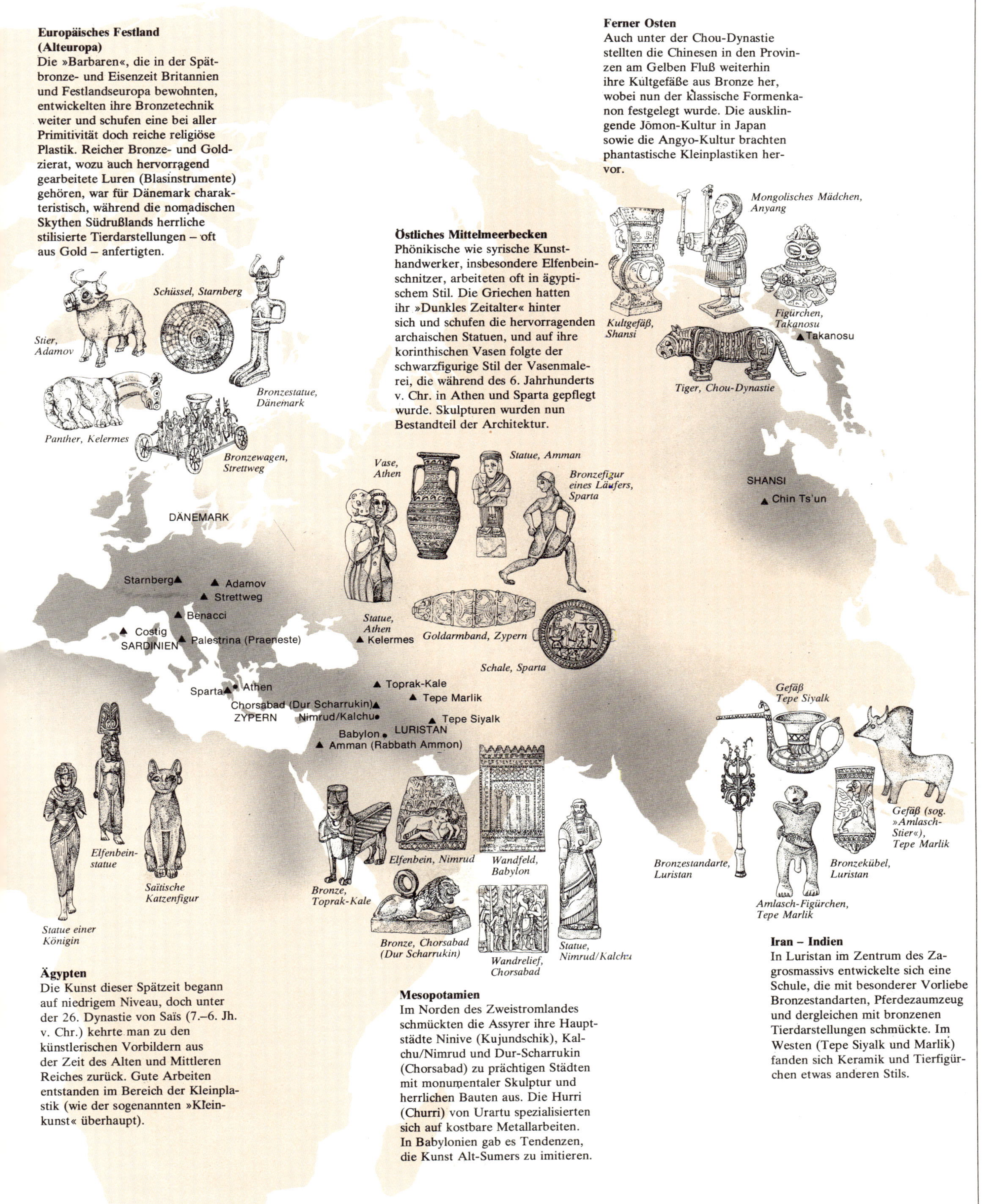

Ägypten
Die Kunst dieser Spätzeit begann auf niedrigem Niveau, doch unter der 26. Dynastie von Saïs (7.–6. Jh. v. Chr.) kehrte man zu den künstlerischen Vorbildern aus der Zeit des Alten und Mittleren Reiches zurück. Gute Arbeiten entstanden im Bereich der Kleinplastik (wie der sogenannten »Kleinkunst« überhaupt).

Mesopotamien
Im Norden des Zweistromlandes schmückten die Assyrer ihre Hauptstädte Ninive (Kujundschik), Kalchu/Nimrud und Dur-Scharrukin (Chorsabad) zu prächtigen Städten mit monumentaler Skulptur und herrlichen Bauten aus. Die Hurri (Churri) von Urartu spezialisierten sich auf kostbare Metallarbeiten. In Babylonien gab es Tendenzen, die Kunst Alt-Sumers zu imitieren.

Iran – Indien
In Luristan im Zentrum des Zagrosmassivs entwickelte sich eine Schule, die mit besonderer Vorliebe Bronzestandarten, Pferdezaumzeug und dergleichen mit bronzenen Tierdarstellungen schmückte. Im Westen (Tepe Siyalk und Marlik) fanden sich Keramik und Tierfigürchen etwas anderen Stils.

Mesopotamien
Steinreliefs mit Jagd- und Kriegsszenen waren (vom 9.–7. Jh.) charakteristisch für die assyrische Kunst. Sie schmückten die Zugänge zu den Palästen und deren Hallen. Die schönsten Proben assyrischer Kunst fand man in Nimrud (Kalach), Ninive und Chorsabad. Unter Nebukadnezar II. wurde Babylon als eine prächtige Metropole ausgebaut, deren Mauern aus Lehmziegeln wahrscheinlich – wie die Palastfassade – mit glasierten und bemalten Ziegeln verkleidet wurden.

Jagdszene aus Sargons II. Palast in Chorsabad

Wandfeld des Thronsaales Nebukadnezars II. mit glasierten Ziegeln

Ägypten
Heilige Tiere spielten in der ägyptischen Religion eine große Rolle und wurden häufig in der Kunst dargestellt. Sie waren weniger Attribute der Götter als selbst geheiligte Wesen. Die abgebildete Katze mit goldenen Ohrringen diente dem Kult der Götting Bastet. Auf Friedhöfen der Spätzeit lagen tausende von mumifizierten Katzen. Viele außerordentlich ansprechende Skulpturen solcher heiligen Tiere in einem vollkommenen naturalistischen Stil brachte die ägyptische Kunst hervor.

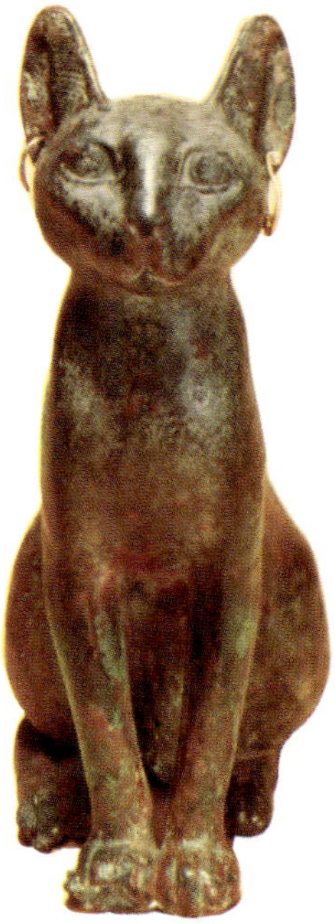

Bronzekatze, Spätzeit (26. Dyn.), 19,7 cm hoch

Östliches Mittelmeerbecken
Die protogeometrische und geometrische Töpferei mit ihrer dunkelbraunen Glasurfarbe unterscheidet sich deutlich von der vorangegangenen minoisch-mykenischen Tradition. Ein abstrakter und geometrischer Dekor, zunächst aus einfachen, sparsam eingesetzten Formen, dann, in der Blüte dieser Kunst, aus Bändern mit unterschiedlichen Mustern, überzieht die Gefäße und läßt nur wenig Raum für figürliche Darstellungen.

Geometrische Amphore, Athen, Griechenland

Westlicher Mittelmeerraum
Die sardischen Schmiede stellten (unter phönikischem Einfluß, möglicherweise also erst seit etwa 400 v. Chr. ?) Bronzefigürchen von Kriegern und Häuptlingen her. Während die Etrusker die Vollkommenheit griechischer Statuen aus Stein erreichten, sind viele ihrer Bronzefiguren, Statuetten oder Schmuck von Gefäßen wahre Meisterwerke.

Bronzefigur eines Häuptlings, Sardinien

Reiter mit Bogen von einer etruskischen Schale

Iran – Indien
Während man in der ersten eisenzeitlichen Periode der Siedlung Tepe Siyalk (A) im westlichen Iran nur einfache, selten bemalte Keramik fand, sind für die Periode B komplizierte bemalte Gefäße charakteristisch. Die Siedlung war zeitweise zerstört und wurde von Indo-Europäern aus dem Nordosten zurückerobert.

Bemaltes Gefäß aus Tepe Siyalk (Sijalk), Iran

Ferner Osten
In der späten Chou-Zeit wurde die Ornamentik der Bronzen vereinfacht und abstrahiert, während die Techniken der Jadeschnitzerei und der Lackarbeiten vervollkommnet wurden. In Gräbern dieser Zeit fand man Statuetten aus Bronze und lackiertem Holz, welche frühere Menschenopfer ersetzten.

Bronzestatuette einer Frau mit Jade-Vögeln

Europäisches Festland (Alteuropa)
In den reichen Fürstengräbern der skythischen Kuban-Gruppe fand man kunstvolle Tierfiguren (frühe Beispiele des »Tierstils«). Der goldene Panther (3,5 cm groß) mag einst einen Schild geschmückt haben. Das Auge in Cloisonné-Technik verrät persischen Einfluß. Mit der Hallstatt-Kultur beginnt in Mitteleuropa die Eisenzeit. Schmuck und Kultgeräte (wie der Kultwagen aus einem Grabhügel von Strettweg aus dem 7. Jahrhundert v. Chr.) wurden aus Bronze hergestellt. In der Mitte des Wagens steht eine weibliche Gestalt, die eine Schale emporhebt, umgeben von einer Gruppe nackter Krieger, einem phallisch betonten Mann und Hirschen (Prozession oder mythische Szene).

Skythischer Goldpanther, Kelermes, Rußland

Der bronzene Kultwagen von Strettweg, Österreich

Nord-, Mittel- und Südamerika (Altamerika)
Charakteristisch für »olmekische« Skulpturen, sowohl bei den Riesenköpfen wie bei kleinen Jadearbeiten, ist die Mundform mit aufgeworfener Oberlippe (»Baby face«) und heruntergezogenen Mundwinkeln. Vermutlich handelt es sich um den stilisierten Rachen einer Jaguargottheit, welche die Priester der La Venta-Kultur verehrten.

Jadefigur der La-Venta-Kultur, Vera Cruz, Mexiko

Region	Wirtschaft	Zentren	Ereignisse / Entwicklungen	Persönlichkeiten
Mesopotamien 	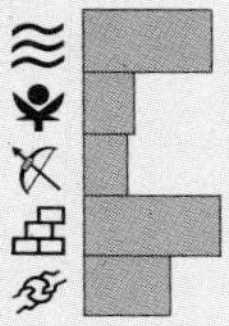	Assur Ninive Nimrud Babylon	Aufstieg Assurs bis zu Assyriens Zerschlagung durch expandierende Meder (612 v. Chr.). Babylonische Gefangenschaft der Juden (586–539 v. Chr.). Perser treten an die Stelle der Meder und unterwerfen Babylon (539 v. Chr.).	Assurnasirpal Semiramis Tiglatpileser III. Sargon II. Assurbanipal Nebukadnezar
Ägypten 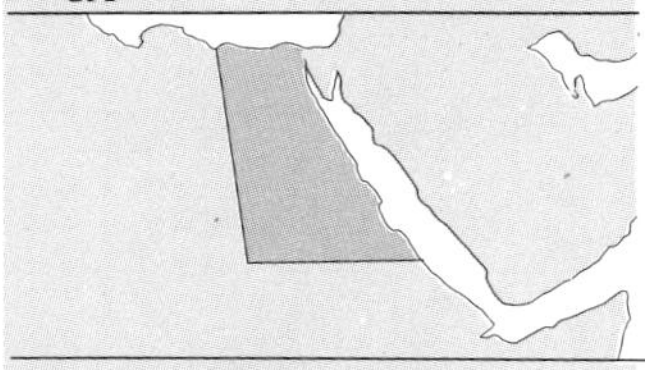	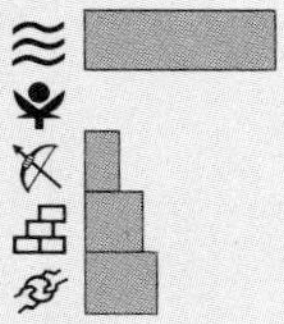	Theben Napata Sais	Politischer Niedergang, zeitweise Fremdherrschaft (Libyer, Kuschiten [Nubier], Assyrer [671–670 v. Chr.], Perser [ab 525 v. Chr.]). Unter Pharao Uhemibrê Nekow (Necho [610–595 v. Chr.]) erste Umsegelung ganz Afrikas durch phönikische Seefahrer (*Herodot 4, 42 f.*) und Bau eines ersten »Suezkanals«.	Uhemibrê Nekow (Necho)
Östliches Mittelmeerbecken 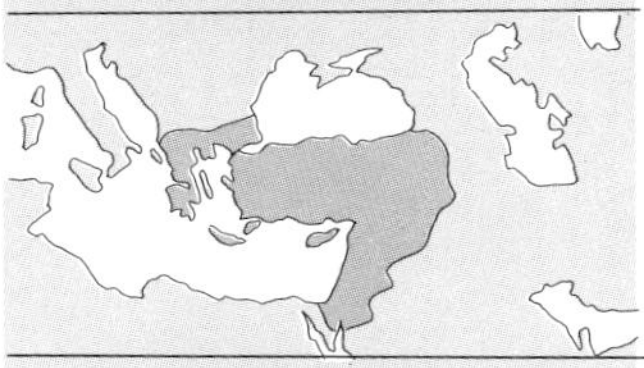	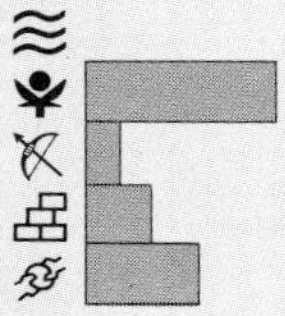	Athen Sardeis Karkemisch Sidon Tyros	Erstarken Griechenlands im Zeitalter der Archaik. Aufstieg von Stadtstaaten. Syro-hethitische Staaten, Aufstieg der Phöniker in der Levante und phönikische Expansion (trotz Unterwerfung Phönikiens durch die Assyrer). David begründet um 1000 v. Chr. das Reich Israel mit der Hauptstadt Jerusalem. Später Zerfall in die beiden Reiche Israel (im Norden) und Juda (im Süden).	David und Salomo Homer, Sappho Solon Jesaia, Jeremia, Ezechiel Thales Anaximander Kroisos(»Krösus«)
Westlicher Mittelmeerraum 	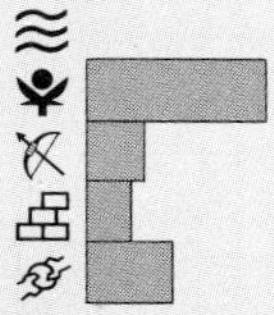	Kyme (Cumae) Syrakus Massalia (Massilia) Karthago	Phönikischer Handel, phönikische Kolonien (814 v. Chr.: Karthago gegr.). Träger der Villanova-Kultur, Etrusker. Griechische Kolonien (ab 770 v. Chr.). Konflikte zwischen den einzelnen Bevölkerungsgruppen. 753 v. Chr.: Überliefertes Gründungsdatum Roms (lt. Varro). Tarquinier-Könige in Rom (6. Jahrhundert).	Romulus (?) Pythagoras
Europäisches Festland (Alteuropa) 	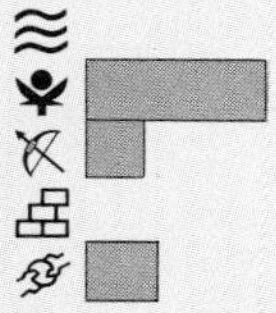	Hallstatt Biskupin	Urnenfelderkulturen auf dem Kontinent vorherrschend. Hallstatt-Kultur in Zentraleuropa weist auf die Kelten voraus.	
Iran – Indien 	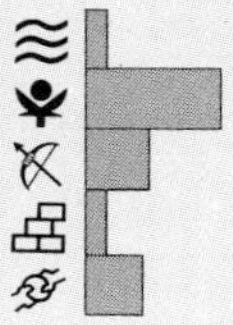	Hastinapura Kausambi	Arier dringen weiter ostwärts ins Gangestal vor.	Gautama Buddha Mahawira Zarathustra Kyros II., der Große Dareios I.
Ferner Osten 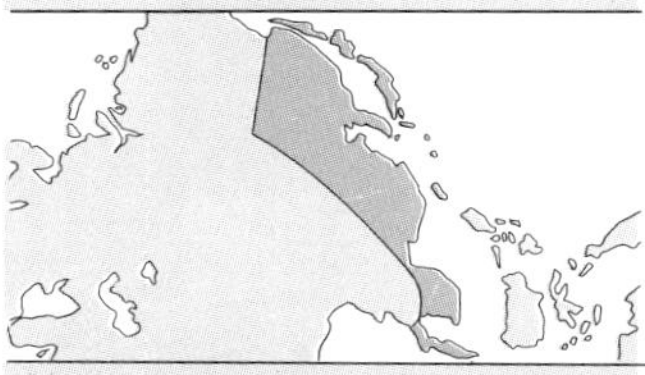	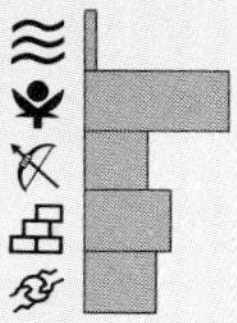	Sian Loyang	Westliche Chou (um 1027 v. Chr.) Östliche Chou (771 v. Chr.) Feudalsystem mit Stadtstaaten in China	K'ung-fu-tse (»Konfuzius«) Lao-Tse
Nord-, Mittel- und Südamerika (Altamerika) 	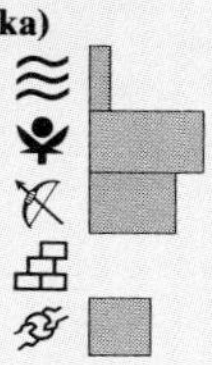	Cuicuilco La Venta Chavin de Huantar Monte Albán	Weitreichender Einfluß der Olmeken, doch wohl eher künstlerisch und religiös als politisch. Pflanzenkultivation (Kürbisse, Sonnenblumen und möglicherweise Mais) in Nordamerika.	

Die Symbole und Balken in den Feldern der Wirtschafts-Spalte geben an, in welchem Verhältnis folgende Faktoren zueinander stehen: Bewässerung ≈ Landwirtschaft Jagd Städtische Lebensform Handel

Religion	Technologie und Erfindungen	Bauweise	Kunst und Literatur
Stadtgötter, insbesondere Assur (Aschschur) und Marduk.	Assyrische Kriegstechnik: Reiterei, Belagerungsmaschinen usw. In großem Stil Übernahme des Eisens.	Assyrische Tempel, Paläste, Festungen. Ischtar-Tor in Babylon.	Assyrische Wandreliefs. Glasierte Ziegel in Babylonien. Syrische Elfenbeinarbeiten.
Osiriskult. Weiterhin Verehrung Amuns und aller anderen altägyptischen Götter.	Keine neuen Entwicklungen, doch noch immer beachtliche Leistungen mit den überlieferten Hilfsmitteln und Methoden. Kanalbau zwischen Nil und Rotem Meer (vgl. »Ereignisse / Entwicklungen«).	Keine neuen Entwicklungen.	Nach vorübergehendem Niedergang unter der Kuschitendynastie Rückgriff auf die Traditionen des Alten und Mittleren Reiches, an denen man auch in der Folgezeit festhält. Hervorragende Porträtkunst (so z. B. der »Grüne Kopf« [um 500 v. Chr.; heute im Ägyptischen Museum in Westberlin]).
Olympische Götter. Tempel u. Tieropfer. Orakel (z. B. Delphi), Allgriechische Spiele. Phönikische Götterwelt. Tempel, Höhenheiligtümer, Obelisken, Tier- u. Kinderopfer.	Eisen setzt sich allgemein durch. Verbesserung der Töpferscheibe. Brennöfen. Alphabetenschrift. In Lydien erstes Münzgeld. Verbesserungen im Schiffbau. Doppelte Ruderdecks.	Entwicklung zur Architektur der Klassik hin, Ausprägung typischer Bauformen auch im Nahen und Mittleren Osten. Großer Tempel in Jerusalem nach phönikischem Vorbild.	Keramik mit geometrischem Dekor, später Skulptur. Rasche Fortschritte bei beiden. Phönikischer Schmuck, Metallarbeiten (oft Nachahmungen). Neolithische Bildhauerkunst. *Ilias, Odyssee* Hesiods *Theogonie, Werke und Tage* Wesentliche Teile des *Alten Testaments* (Geschichtsbücher, Prophetenbücher, Psalme)
Griechen, Etrusker, Phöniker hatten ihre eigenen Götter. Wie sehr man Unterschiede oder Gemeinsamkeiten zwischen ihnen betont, hängt vom Standpunkt ab, den man einnimmt.	Verbreitung der Töpferscheibe. Griechen und Phöniker tragen Schrift, Münzprägung und andere Errungenschaften in sämtliche Mittelmeerküstengebiete. Eisentechnologie.	Griechische Architektur im Westen. Etrusker errichten Mauern, Tempel und sehr vielfältige Gräber.	Villanova-Kunst auf Metallarbeiten. Griechische Kunst in gewissem Umfang von ortsansässigen Bevölkerungsgruppen übernommen, viel kopiert und dem lokalen Geschmack angepaßt, insbesondere durch die Etrusker. Sardische Bronzefigürchen.
Votivgaben.	Große Mengen von Bronzearbeit im Umlauf, Hortfunde. Verbesserte Bergbautechniken in Zentraleuropa. Von Süden her verbreitet sich Eisen.	Dürftige Behausungen aus Holz und Grassoden. Erste Ringwälle. Bergwerke.	Bronzearbeiten, sie zeigen allerdings eher großes handwerkliches Können als echtes Künstlertum.
Vedische Religion verbindet sich mit lokalen Kulten. Brahmanismus. Upanischaden. Ganz am Ende der Periode: Anfänge des Buddhismus.	Kaum Fortschritte bis zum Ende der Periode. Bronze.	Wieder Stadtmauern aus Steinen und Ziegeln.	Nicht sehr eindrucksvoll bemalte Keramik. *Upanischaden* *Brahmana-Texte*
Noch Göttersystem und Ahnenkult. Um 500 v. Chr. K'ung-fu-tse und Lao-Tse. Beginn kritisch-kontemplativer Menschheit (»Achsenzeit«).	Gegen Ende der Periode: Gußeisen.	Holzarchitektur (nicht erhalten). Ziegeldächer.	Chou-Kunst, weiterhin Bronzen, dazu aber auch Jade und Lack. Jadeschnitzereien. Werke sogenannten *konfuzianischen Kanons,* darunter insbesondere *Schi-king* (»Buch der Lieder« [älteste chinesische Lyriksammlung]).
Jaguarverehrung bei den Olmeken. Entwicklung von Zeremonialzentren. Totenkult (Bestattungsriten) in Nordamerika.	Kulturen mit Steingeräten und Keramik. Feldbewässerung in den Tälern von Peru.	Im Tal von Mexiko Kultstätten auf erhabenen Plattformen. Zeremonialzentren an der mexikanischen Ostküste. In Peru meist Adobe-Bauweise (luftgetrocknete Schlammziegel, »Luftziegel«), vor allem bei sämtlichen kleineren Bauwerken. Erste Grabhügel im Mississippi-Gebiet.	Olmekische Groß- und Kleinskulpturen. Chavin-Stil (Dekoration von Keramik und Textilien).

500 v. Chr. bis Christi Geburt

In dieser Epoche verlagerten sich die Zentren der Entwicklung menschlichen Fortschritts und menschlicher Macht vom Nahen Osten zum Westen. In den beiden ersten Jahrhunderten führte das *Persische Reich,* das schließlich die ursprünglichen Herzlande Mesopotamiens, Ägyptens, der Levante, Anatoliens und sogar des Indus umfaßte, in Bedeutung und Ansehen die Traditionen des alten Orients fort. Tatsächlich war es auch größer, erheblich besser verwaltet und in der Bewahrung des Friedens für einige Zeit erfolgreicher als alle seine Vorgänger. Als es jedoch in den ersten Jahrzehnten dieser Zeit selbst den Persern unter Dareios und Xerxes nicht gelang, die brillanten und flexiblen Griechen unter der Führung der Athener zu besiegen, war die Zukunft des Westens sicher – ähnlich wie später einmal die Zukunft Englands mit dem Sieg über die spanische Armada gesichert wurde. Den Beweis lieferte die erstaunliche Eroberung des Persischen Reichs durch Alexander den Großen zwischen 334 und seinem Todesjahr 323 v. Chr. Obwohl das Reich unmittelbar danach in Provinzen zerspalten wurde, war es Alexander gelungen, griechische (hellenistische) Kultur in das riesige Gebiet hineinzutragen.

Die Verlagerung der kulturellen und zivilisatorischen Entwicklungen nach Westen näherte sich in der antiken Zeit ihrem Höhepunkt mit dem unaufhaltsamen Aufstieg des republikanischen *Rom*. Während in den ersten beiden Jahrhunderten dieser Epoche die Griechen die Früchte ihrer klassischen Zeit genießen konnten, waren die Etrusker das zivilisierteste Volk Italiens und scheinbar auch das stärkste. Nach weiteren zwei Jahrhunderten jedoch waren die Etrusker und Karthager unterworfen, und selbst die Griechen Untertanen Roms. Am Ende dieser Zeit waren sowohl die Ägypter als auch die »barbarischen« Kelten besiegt, und die römische Herrschaft reichte bis zum Ärmelkanal. Mit der Herrschaft Octavians – dem man den Ehrennamen Augustus gab – war die römische Republik in Wirklichkeit ein Kaiserreich geworden.

Obwohl niemand die überragende Wichtigkeit dieser gewaltigen Vorgänge im Westen für die Zukunft der Menschheit in Frage stellen würde, lassen sich auch im Orient bedeutende Veränderungen feststellen. Die in *Indien* liegende persische Provinz Pandschab, die Alexander erobert hatte, wurde bald von den Maurya-Fürsten befreit. Von Aschoka, dem zweiten und bedeutendsten dieser Fürsten, wird gesagt, daß durch »seine Herrschaft erstmals eine übereinstimmende indische Geisteshaltung sichtbar geworden sei«.

In *China* folgte auf Konfuzius ein Zeitalter der Philosophen und der sozialen Denker, und es war die Ts'in (Ch'in-)Dynastie (daher der Name China), die das Reich einte und durch Vorläufer der heutigen Großen Mauer schützte. Mit der Han-Herrschaft einher gingen kulturelle Veränderungen und kultureller Fortschritt.

In *Mittelamerika* entfaltete sich die Maya-Kultur, und eine Glyphen-Schrift sowie ein Kalender-Kult wurden gepflegt. Die südamerikanischen Völker förderten ihren Wohlstand, indem sie die Nahrungsmittelproduktion durch Bewässerungsanlagen und Terrassieren der bergigen Anbauflächen steigerten. Ihr Kunstgewerbe schuf hervorragende Textilien und Keramik sowie eigenartige Goldkunstwerke.

Die Vollendung des griechischen Wunders in der Hohen Klassik des 5. und 4. Jahrhunderts war einer der großartigsten Durchbrüche menschlicher Kreativität und Geistesgröße in der Geschichte der Menschheit. Obwohl Athen und sein attisches Staatsgebiet, wo die Entwicklung ihren Höhepunkt erreichte, im 5. Jahrhundert eine politische Macht darstellten und obwohl die gegen Persien gebildete Liga sich in eine Art Athenisches Reich umwandelte, das die Erzrivalen, nämlich die Spartaner, dominierte, ist es von Bedeutung, daß man die große Zeit der Griechen zunächst mit Begriffen des Geistes verbindet. In den Schönen Künsten – Dichtung, Drama, Bildhauerei, Malerei –, auf wissenschaftlichem Gebiet – Mathematik, Philosophie und Naturwissenschaft – und vor allem durch eine neue Vision des Menschen und der Gesellschaft, die schließlich auch die Demokratie ins Leben rief, schuf ein kleines, weitgehend unwirtliches Land einen glänzenden Reichtum genialer Schöpfungen, von dem wir noch heute zehren. Hinter allem lag eine noch nie dagewesene Vorstellung vom Menschen. Diese Entwicklung hing mit der Fähigkeit der Ionier zusammen, zwar die erschütternde Beschränkung des Menschen zu erkennen, aber dennoch seinen inneren Wert zu sehen. Dieser Wert war keineswegs von transzendentalen Ideen getrennt:

Kopf des bronzenen »Wagenlenkers« von Delphi. Die Figur des Wagenlenkers ist der Rest eines Vierergespanns, das Polyzalos von Gela für seinen Sieg im Wagenrennen dem Apollo-Heiligtum in Delphi weihte.

Perikles: bedeutendster athenischer Staatsmann, der nach Verfassungsreformen und gestützt auf die Demokraten Athen zur Blüte führte. Um 450 v. Chr.

Dareios III. von Persien in der Schlacht von Issos (333 v. Chr.). Er wurde von Alexander d. Gr. geschlagen. Alexander-Mosaik, Pompeji.

dem Menschen wohnte ein Funke inne, der ihm zum Teil einer göttlichen Wirklichkeit und Schönheit machte. Dieser Gedanke führte zum ganz bewußten philosophischen Glauben an die Richtigkeit der Demokratie und stand im deutlichen Gegensatz zum Absolutismus der orientalischen Gott-Könige.

Im Jahre 490 v. Chr. (als Buddha und Konfuzius noch lebten) besiegten die Griechen die Perser unter Dareios bei Marathon, und Herodot und Perikles wurden geboren. Diese Ereignisse waren Vorboten des kommenden Zeitalters, denn Herodot, der erste wirkliche Historiker, trug später einmal viel zum neuen Bild der Menschheit bei, während Perikles die demokratische Wahl (wenn auch nur für die freien Männer) in Athen in der Mitte des Jahrhunderts verwirklichte. Es waren Perikles und Genies wie der Bildhauer Pheidias, die Athen wahrhaft zu einer »Schule Griechenlands« machten.

Außerordentlich reich waren die Schöpfungen griechischen Geistes. Hier nur einige wenige Beispiele: Das erste noch existierende Schauspiel von Aischylos stammt aus dem Jahre 472, die erste große Tragödie von Sophokles aus dem Jahre 468 und die erste von Euripides aus dem Jahre 445 (dem Geburtsjahr des Thukydides). Das Weltwunder der Zeit, der Tempel des Zeus in Olympia, in dem die große aus Gold und Elfenbein geschaffene Zeus-Statue von Pheidias stand, wurde etwa 460 begonnen. Mit dem Bau des Parthenon fing man 447 v. Chr. an, und die Propyläen wurden als würdiger Eingang zur Akropolis errichtet. Auch der Odeon-Konzertsaal sowie zahlreiche für die Bürger bestimmten Gymnasien und Bäder wurden zu dieser Zeit erbaut.

Trotz ihrer Leistungen und der Verehrung der vier Tugenden Tapferkeit, Besonnenheit, Gerechtigkeit und Weisheit konnten die Griechen der unheilvollen Neigung des Menschen, Kriege zu führen, nicht widerstehen. Für Sparta und seine Alliierten, die wie Athen selbst fast alle konservative Oligarchen waren, war es alarmierend, daß Athen nach Perikles' Wunsch ein Zentrum nicht nur der Kultur, sondern auch der Macht darstellen sollte. Die Folge war der tragische Peloponnesische Krieg, der Athen im Jahre 404 die endgültige Niederlage brachte. Das Athen des 4. Jahrhunderts behielt seine geistige Größe, aber es dominierte eine theoretisierende Philosophie, die den Quellen der Poesie mißtraute. Platon wurde im Todesjahr des Perikles (429) geboren, zwei Jahre danach begann Aristophanes, den Griechen Geschmack an seinem ätzenden Humor und Lachen sogar über die Demokratie beizubringen. Thukydides, der Nachfolger Herodots, konnte aus persönlicher Anschauung einen großen Teil der Geschichte des Peloponnesischen Krieges schreiben, und Aristoteles wurde 384 v. Chr., nur zwanzig Jahre nach Beendigung des Krieges, geboren.

Ein Ereignis muß seiner Bekanntheit wegen, aber auch, weil es das unaufhaltsame Fortschreiten der Zeit so gut vor Augen führt, noch einmal in Erinnerung gerufen werden. Als die Revolte Kyros' des Jüngeren gegen den persischen König fehlschlug, war Xenophon, der spätere Historiker, unter den Führern des tausend Meilen von der Heimat abgeschnittenen Kontingents. Der berühmte Rückzug der Zehntausend führte sie den Tigris hinauf. Da der Fluß seinen Lauf geändert hatte, konnten sie bei Nimrud vom trockenen Flußbett aus hinauf auf die mächtigen Kais und Zikkurats schauen. Die einst gewaltige und reiche Stadt war inzwischen fast total verlassen und sollte bald ganz in Vergessenheit geraten. Das war im Jahr 401 v. Chr.

Das 4. Jahrhundert wurde Zeuge des Wettstreits zwischen den Griechen und Karthagern im Mittelmeer, besonders auf Sizilien, und – während Platon seine Meisterwerke in Athen verfaßte – der nicht endenwollenden inneren Kämpfe zwischen Theben, Sparta, Athen und ihren wechselnden Verbündeten. Keiner ahnte, daß *Philipp,* der 359 v. Chr. König des Berglandes Makedonien im Norden wurde, ihre Rivalitäten bald bedeutungslos erscheinen lassen würde. Er organisierte sein Königreich um, nahm die thrakischen Gold- und Silberbergwerke ein und errang die Kontrolle über den Paß zum Süden (die Thermopylen, wo die persische Invasion unter Xerxes 480 v. Chr. zurückgeworfen worden war). Die Zersplitterung und die Selbstsucht der südlichen Stadtstaaten schwächten ihren Widerstand endgültig, und im Jahre 338 v. Chr. siegte Philipp bei Chaironeia und einte Griechenland unter seiner Führung. Der Makedonier fühlte sich jetzt stark genug, um sich den langgehegten griechischen Traum von einem Krieg gegen das schwächer werdende Achämenidenreich der Perser zu erfüllen. Als Philipp ermordet wurde, nachdem er nurmehr einen kleinen Brückenkopf in Anatolien gesichert hatte, eroberte sein berühmter Sohn *Alexander d. Gr.* zwischen 334 v. Chr. und seinem Tode 323 v. Chr. das ganze gewaltige Gebiet bis zum nordwestlichen Teil Indiens. (Der Hieb durch den Gordischen Knoten, den Alexander der Überlieferung nach in der alten phrygischen Hauptstadt getan haben soll, geschah wohl kurz nachdem er den Hellespont im Jahre 334 v. Chr. zum ersten Mal überquerte. Vier Jahre später ließ er Persepolis niederbrennen.)

Alexander wurde – ähnlich wie Napoleon in Ägypten – auf seinen Feldzügen von Wissenschaftlern und Historikern begleitet, und er gründete viele Städte in Asien. Man hat griechische Bauformen und delphische Inschriften in einer dieser Gründungen am fernen Oxus (Amu-Darja) gefunden. Etwas, wie eine Erinnerung an das griechische Ideal schimmert noch aus den Gesichtern späterer Werke indischer Bildhauerei.

Die *Seleukiden* waren die bei weitem mächtigsten Nachkommen jener Generale, die Alexanders kurzlebiges Reich unter sich aufteilten; eine Zeitlang beherrschten sie fast alle asiatischen Gebiete von Anatolien und Mesopotamien bis zur indischen Grenze. Mitte des 3. Jahrhunderts mußten sie jedoch einen Teil des östlichen Gebiets den nomadischen Parthern überlassen. Die Seleukiden blieben bedeutende Missionare der griechischen Zivilisation, und sie gründeten makedonische Städte wie Seleukeia und Antiocheia.

Das andere Königshaus, das von einem der Generale Alexanders abstammte, war das der Ptole-

Alexander d. Gr., Sohn Philipps II. von Makedonien. Im Verlauf von 11 Jahren brachte er das gesamte Persische Reich einschließlich Nordwest-Indien unter griechische Kontrolle und begründete so die Hellenistische Epoche.

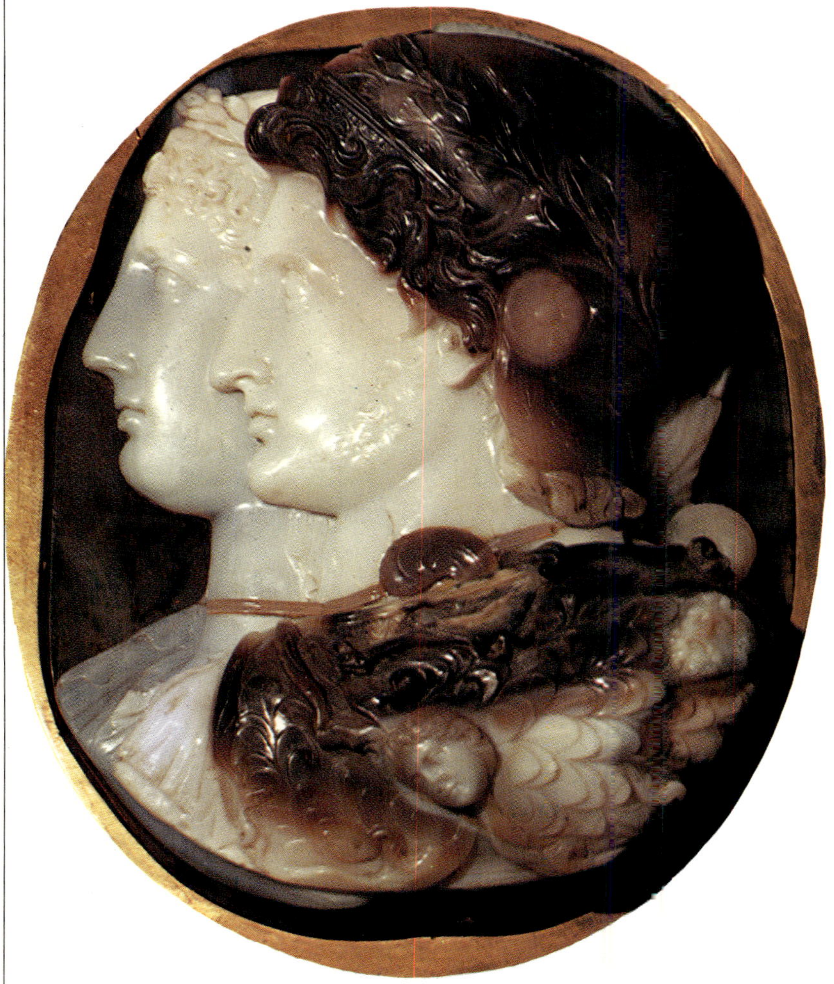

Ptolemaios II. und seine Gemahlin auf einer Sardonyx-Kamee. Obwohl sie von Geburt Makedonier und in ihrem Habitus Griechen waren, regierten die Ptolemäer Ägypten wie Pharaonen.

mäer in Ägypten. Dort im Niltal blieb die Macht der alten pharaonischen Kultur weitgehend erhalten. Alexandreia jedoch wurde eine brillante kosmopolitische Stadt, ein Zentrum internationaler Bildung und Wissenschaft und erfüllte somit die höchsten Ziele seines Gründers. Archimedes (aus dem griechischen Syrakus) und Euklid wirkten hier; auch das Museion mit seiner herrlichen Bibliothek entstand hier, und der berühmte Leuchtturm wurde auf der Insel Pharos errichtet. Unglücklicherweise lebte der alte Kampf zwischen Ägypten und Mesopotamien um die Levante unter den Ptolemäern und den Seleukiden erneut auf. Eine der bizarrsten Episoden im wechselseitigen Auf und Ab des Glücks war der Entschluß des Seleukiden Antiochos IV., kurz nach der Wiedereroberung Syriens und Palästinas von Ägypten, das Judentum zugunsten der griechischen Götter auszurotten. Der Tempel zu Jerusalem wurde dem olympischen Zeus geweiht, und Zeus' Altar, der den Jahwes verdrängte, wurde ein »Greuel der Verwüstung«. Die Empörung, die dies bei den Juden auslöste, führte zum *Makkabäer-Aufstand.*

In den Jahrhunderten des Hellenismus, als griechisches Gedankengut und griechische Kultur die halbe Welt beeinflußten, schienen die Geschehnisse in dem kleinen Land ihrer Herkunft relativ bedeutungslos. Griechenland behielt sein Prestige als Ursprungsland europäischer Kultur und Zivilisation, und es fanden sich immer noch Leben und Ehrgeiz in Athen, Sparta und Makedonien. In der Ägäis blühten die Städte Pergamon, Ephesos und Milet, und sie wurden immer schöner. Die Könige von Pergamon waren stark genug, um die einfallenden Kelten (Galater) zu besiegen und sie in Zentralanatolien einzudämmen, wo sie dem Landstrich ihren Namen verliehen: Galatien.

Während die Seleukiden und Ptolemäer große Politik machten und die griechischen Städte ihren kleinen Affären nachgingen, wuchs ein neuer Staat in Italien, der sie alle bald überragte. Hier vollzog sich der nächste Schritt zur Verlagerung der Macht gen Westen innerhalb dieser Epoche.

Am Ende der vorausgehenden Periode war Rom eine arme, aber unabhängige Republik. Während der folgenden zwei Jahrhunderte war Rom damit beschäftigt, die Kontrolle über Italien südlich des Po dadurch zu gewinnen, daß es die Macht der Etrusker brach und die anderen Völker der Halbinsel beherrschte. Zunächst machten sich die Römer zu Herren einer bescheidenen Föderation ihrer latinischen Nachbarn. Diesem Bund gelang es, die Sabiner zu unterwerfen. Die Etrusker konnten ihren Widerstand das ganze 5. Jahrhundert hindurch aufrechterhalten; danach, als innere Streitigkeiten und der Einfall der Kelten über die Alpen sie geschwächt hatten, fiel Veji im Jahre 396 an die Römer.

Einige Jahre später plünderten die Kelten Rom, aber dieser kleine Rückschlag bewirkte nur eine Stärkung der Römer: sie annektierten Latium und nahmen den Samniten Kampanien ab. Durch Erfahrung belehrt, verbesserten sie ihre Waffen und Taktiken und begannen mit ihrer Politik, durch den Bau militärischer Straßen Kontrolle auszuüben. Im mittleren Drittel des 3. Jahrhunderts beherrschte Rom, jetzt selbst eine große Stadt, einen beträchtlichen Teil des mittleren und südlichen Italiens. Rom war so offensichtlich eine wachsende Macht, daß Konflikte mit den immer noch an der afrikanischen Küste, im südlichen Korsika, in Sardinien und im westlichen Sizilien verschanzten Karthagern sowie Verwicklungen mit den griechischen Städten Süditaliens und Siziliens unvermeidlich waren. Hier taucht auch ein sehr bekannter Name auf. Um 270 v. Chr. versuchte Pyrrhos, vom griechischen Epeiros aus mit einem großen Heer und mit Elefanten die Römer vom südlichen Italien fernzuhalten und die Karthager aus Sizilien zu vertreiben. Seine fruchtlosen Siege haben seinen Namen unsterblich gemacht.

Der Erste Punische Krieg 264–241 v. Chr. (gegen Karthago) brachte Rom die früheste »Überseeprovinz« Sizilien ein, der Korsika und Sardinien bald folgten. Die Römer bewiesen tödliche Entschlossenheit und ihre unbeugsame Energie, indem sie entgegen jeglicher Tradition eine große Flotte bauten und sie hervorragend einzusetzen lernten.

Die Karthager entschlossen sich unter ihrem Feldherrn Hamilkar zu einer Politik der Konterschläge und verstärkten ihre Kräfte in Spanien. Als Hamilkars Sohn Hannibal das Oberkommando

Hellenistische Kamee Alexanders d. Gr. und seiner Gemahlin Roxane. Alexander d. Gr. hatte erheblich mehr Erfolg bei der Eroberung seines riesigen, ehemals persischen Reiches als beim Regieren dieses Territoriums. Die Übernahme persischer Sitten und Tracht und die Heirat mit der baktrischen Prinzessin Roxane entfremdeten ihn seinen makedonischen Gefolgsleuten. Die Situation verschärfte sich, als er sich als Gottkönig verehren ließ. Ob er sein Reich hätte zusammenhalten können, ist zweifelhaft. Nach seinem frühen Tod im Alter von 32 Jahren wurde sein Reich unter den Generälen aufgeteilt, die zuvor Roxane und ihren Sohn ermordet hatten.

erhielt, nahmen die Römer verschiedenen Provokationen zum Anlaß einer Kriegserklärung. Hannibals kühner Entschluß, in Italien einzufallen, durchkreuzte ihre Pläne. Vor allem dank der Schriften des griechischen Historikers Polybios blieb der westlichen Welt die Schilderung des großen historischen Abenteuers erhalten, wie Hannibal im Jahre 220 mit seinen Elefanten die Alpen überquerte. Das fällt zeitlich fast genau zusammen mit der Eroberung Chinas durch die Ts'in (Ch'in) und seiner Einigung hinter der Großen Mauer des Kaisers Ts'in (Ch'in) Schi-huan-ti.

Im Norden stellten sich die Kelten hinter Hannibal, und der noch junge, begabte Feldherr errang große Siege: es schien, als müsse Rom selbst fallen. Trotzdem griffen die Karthager die Stadt Rom nicht an, so daß nach langen Jahren und vielen Feldzügen der Zweite Punische Krieg 201 damit endete, daß Hannibal sich Scipio Africanus ergeben mußte und Karthago ein römischer Tributstaat mit einem Gebiet von der Größe des heutigen Tunesien wurde. So beendete der westliche Emporkömmling die antike phönikische Seemacht des Orients. Rom besetzte Spanien mit seinen Silber- und Goldbergwerken. Längst vorher hatte Rom schon illyrisches Land auf der anderen Seite des südlichen Adriatischen Meers in Besitz genommen, was es mit den Griechen in Makedonien in nähere Berührung brachte.

Erstaunlicherweise schienen die Griechen nicht zu erkennen, was sich in ihrer Welt der Zeit vor 217 v. Chr. abspielte, selbst dann nicht, als immer deutlicher wurde, daß sich im Westen etwas zusammenbraute. War doch selbst damals ein Bund griechischer Stadtstaaten töricht genug, Rom um Hilfe gegen den ehrgeizigen König Makedoniens zu bitten. Die Römer hatten – ähnlich wie die Assyrer vor Babylon – noch immer eine gewisse Ehrfurcht vor Griechenland, dem sie so vieles ihrer Kultur verdankten. Als das erste römische Heer in Griechenland landete, kam es als Befreiungsheer. Nach einigen Jahrzehnten griechischer Schwäche und Querelen war jedoch Roms »Geduld am Ende«: erst wurden Makedonien und dann der Großteil Griechenlands Rom unterworfen – im Jahre 146 v. Chr., genau 200 Jahre nach dem Tode Platons. Im selben Jahr zerstörten die Römer nach wiederholten Forderungen im römischen Senat Karthago und bestreuten seine Ruinen mit Salz. Jetzt besaßen sie eine afrikanische Provinz mit üppigen Kornvorräten. Eine weitere Provinz fiel ihnen zu, als der letzte König von Pergamon ihnen Westanatolien vermachte. Um 100 v. Chr. kontrollierte Rom fast alle Länder nördlich des Mittelmeers, das jetzt schon de facto ein »römischer See« geworden war.

Die Ereignisse des letzten Jahrhunderts dieser Epoche, die Erweiterung der römischen Eroberungen nach Osten und nach Westen, sind aus Geschichte und Literatur bekannt. Die Namen Pompejus und Caesar, Antonius und Kleopatra gehören scheinbar einer anderen, poetischeren Welt an. Dennoch waren ihre Intrigen, Putsche und Eroberungen voll und ganz Bestandteil dieser Welt.

Pompejus bereitete dem hellenistischen Seleukiden-Königreich ein Ende. Seit dem Ende des 2. Jahrhunderts hatte es seine östlichen Gebiete an die ehemals nomadischen *Parther* abgeben müssen. Diese schlossen sich jetzt zu einem wenig bekannten Reich zusammen, das sich von Baktrien bis nach Babylonien erstreckte. Um 64 v. Chr. nahm Pompejus das Kernland der Seleukiden, Syrien, ein. Er eroberte auch Jerusalem und erregte die Empörung der Juden, indem er das Sanctum Sanctorum – das Allerheiligste des Tempels betrat –, aber römische Provinz wurde Judäa erst Anfang unserer nächsten Epoche.

Kurz nach den Siegeszügen des Pompejus im Osten errang Caesar seine Triumphe im Westen. Ab 58 v. Chr. führte er – oft brutale – Feldzüge gegen den verbissenen, wenn auch zersplitterten Widerstand der gallischen (keltischen) Stämme im heutigen Frankreich, Belgien und am Nieder-

»Sterbender Krieger«; Marmor, 490 v. Chr., Griechenland.

rhein. Die Kämpfe fanden ein Ende, als Vercingetorix nach einer erfolgreichen Rebellion 52 v. Chr. bei Alesia gefangengenommen wurde. (Er blieb sechs Jahre in Gefangenschaft, bevor er in Caesars Triumphzug öffentlich vorgezeigt und anschließend erwürgt wurde.) Inzwischen lag die römische Grenze am Rhein. Zwischen 55 und 54 v. Chr. unternahm Caesar zwei Angriffe auf Britannien, die mit der späteren Eroberung durch Claudius nicht verwechselt werden dürfen.

Gerade zu dieser Zeit erlitten die Römer an der Ostgrenze ihre schlimmste Niederlage. Der alternde Crassus (der die Sklavenrevolte des Spartakus niedergeworfen hatte) führte in der Hoffnung, so großen Siegesruhm wie Caesar oder gar Alexander zu gewinnen, ein Heer gegen die Parther in Mesopotamien. Bei Carrhae (Harran) wurde es vernichtend geschlagen, und Tausende von Soldaten fanden den Tod; am verheerendsten wirkten die Pfeile der leichten Kavallerie, die in dem Moment abgeschossen wurden, wenn die parthischen Reiter wieder abdrehten und in schnellem Tempo zurückritten. Eine vielleicht wahre, vielleicht unwahre Geschichte ist es wert, noch kurz erzählt zu werden, da sie den teils griechischen, teils barbarischen Charakter der orientalischen Höfe dieser Region verrät. Der Partherkönig soll seinem Lehnherrn, dem König von Armenien, den Kopf des Crassus gesandt haben. Das Geschenk traf während der Feierlichkeiten einer königlichen Eheschließung ein, bei der ein Schauspieler aus den Bakchen des Euripides rezitierte. Der Schauspieler soll die Trophäe ergriffen und jene Worte der vom Wahnsinn ergriffenen Agaue vorgetragen haben, die sich in der Tragödie auf das abgerissene Haupt Pentheus' beziehen.

So mißlang der römische Versuch, über den Euphrat weiter vorzudringen. Vor dem Ende dieser Epoche vertrieben die Parther zudem ein großes Heer unter Antonius.

49 v. Chr. überquerte Caesar den Rubikon und nahm Italien in Besitz, das sich im Bürgerkrieg befand. Kurz darauf, nachdem er Pompejus geschlagen und außer Landes getrieben hatte (wo er ermordet wurde), führte Caesar einen Winterfeldzug in Ägypten, wo er die Gesellschaft der damals gerade zwanzig Jahre alt gewordenen Kleopatra genoß, die ebenso brillant und dynastisch ehrgeizig wie verführerisch war. Er festigte den Thronanspruch und die Herrschaft Kleopatras, die die siebte Kleopatra des Ptolemäischen Königshauses war, und ließ sie schwanger mit seinem Sohn zurück in Ägypten.

Während der verschiedenen Krisen im Verlauf des Bürgerkriegs und der vergeblichen Bemühungen des Senats zu regieren, erhielt Julius Caesar mehrmals das Amt eines Diktators auf Zeit. Als er jetzt, nachdem er die Partei des Pompejus endgültig ausgerottet hatte, nach Rom wiederkehrte, nahm er die »Diktatur auf Lebenszeit« für sich in Anspruch: er war de facto Kaiser. Dies mag auch der Hauptgrund seiner Ermordung während einer Sitzung des Senats an den Iden des März 44 v. Chr. gewesen sein.

Octavian, Adoptivsohn und Erbe Caesars, war noch nicht zwanzig. Die weitere Geschichte ist

Den Parthern gelang es, die römische Armee des Crassus 53 v. Chr. bei Carrhae zu schlagen – nicht zuletzt durch eine Taktik wie den Parthischen Pfeilschuß, der abgegeben wurde, während der Reiter mit höchster Geschwindigkeit davonraste.

Frauenkopf, lange Zeit für eine Darstellung Kleopatras gehalten. Die Vermählung der ägyptischen Königin Kleopatra mit Antonius war für Octavian-Augustus, der die Hochzeit mißbilligte, Anlaß, Ägypten den Krieg zu erklären. Nach Octavians Sieg bei Aktion 31 v. Chr. wurde Ägypten römische Provinz.

Die Römer hatten Julius Caesar (oben auf einer Münze) verschiedentlich das Amt des Diktators auf Zeit angeboten. Nach Pompeius' Vernichtung strebte Caesar, wie man vermutete, auch die Herrschaft auf Lebenszeit an. Er adoptierte als Sohn und Erben Octavian (rechts), der später den Titel Augustus trug und Begründer des Römischen Kaiserreichs wurde.

Das römische Mosaik unten zeigt Vergil zwischen zwei Musen, während er die Äneis schreibt. Als Vergil vor Vollendung des Epos starb, sorgte Augustus mit dafür, daß das Werk veröffentlicht wurde.

bekannt: Der Bürgerkrieg brach erneut aus, ein Triumvirat bestehend aus Antonius, Octavian und dem kranken Lepidus wurde ernannt, die Anhänger der Mörder Caesars wurden bestraft (unter den Hingerichteten befand sich Cicero) und ihre Partei bei Philippi besiegt. Zunächst versuchte Octavian, Italien neu zu gestalten, während Antonius sich um die östlichen Provinzen kümmerte.

41 v. Chr. begegnete Antonius zum ersten Mal Kleopatra, als sie mit königlichem Gepränge den Kydnos hinaufsegelte, um sich mit ihm bei Tarsos zu treffen. Er verbrachte den Winter mit ihr in Ägypten und übertraf Caesar: er verhalf ihr zu Zwillingen. In den Jahren nach dem kostspieligen, fehlgeschlagenen Feldzug gegen die Parther wurde Antonius' Abhängigkeit von Kleopatra immer größer. Er heiratete Kleopatra und trennte sich von seiner früheren Frau, der Schwester Octavians. In Rom mißfiel zudem vor allem, daß er Kleopatra und ihre Nachkommen mit Titeln und Ehren überhäufte. Das alles erleichterte dem kühl kalkulierenden, rücksichtslosen und eminent fähigen Octavian den Bruch mit Antonius und den Krieg.

Die Schlacht von Aktion, aus der Kleopatra ihre Schiffe zurückzog, fand 31 v. Chr. statt. Es ist historisch belegt, daß Antonius sich selbst erdolchte, da er Kleopatra tot glaubte, und in ihren Armen starb. Es ist ebenso wahr, daß sie sich durch einen Schlangenbiß das Leben nahm – aber scheinbar erst nach einem Zwischenspiel, in dem sie noch hoffte, den kalten Octavian zu bezaubern und dadurch ihren Thron zu retten. Um 30 v. Chr. wurde Ägypten zur römischen Provinz, und zwar zu einer, die Rom Getreide für volle vier Monate des Jahres liefern konnte. Etwas später legte man Octavian den Titel Augustus bei und er führte unter Wahrung republikanischer Formen de facto die Monarchie ein. Nach seinem Tode wurde er als Gott verehrt und dieser Kult wurde Bestandteil des Staatskultes.

Augustus war insofern typisch für seine Zeit, als er seine sentimentale Bewunderung für die griechische Kultur mit einer Hingabe zu Rom und zu römischen Werten verband. Seine Zeit war das goldene Zeitalter der lateinischen Literatur. Vergil (70–19 v. Chr.) veröffentlichte 29 v. Chr. seine »Georgika« (›Lehrgedicht über die Landwirtschaft‹). Als er starb, ohne die »Äneis« vollendet zu haben, beteiligte sich Augustus an der Veröffentlichung des Epos. Catull, der in seinen Versen die Liebe verherrlichte, war siebzehn Jahre älter als Vergil und Horaz fünf Jahre jünger. Auch Ovid schrieb zu dieser Zeit.

Bis zum Ende des Jahrhunderts arbeitete Augustus unermüdlich an der Reorganisation der Verwaltung und des Heeres; er erweiterte die europäische Grenze des Reichs bis zur Donau, steigerte das Ansehen Roms und suchte eine wahre *Pax Romana* zu festigen. Als Jesus von Nazareth geboren wurde – in Wirklichkeit im Jahr 6/7 unserer Zeitrechnung – näherte sich das römische Reich, innerhalb dessen Grenzen sich das Christentum ausbreitete, einem seiner Höhepunkte in Wohlstand und Macht.

Die äußerste Grenze der Verlagerung historischer und kultureller Weiterentwicklung nach Westen hin erkennt man in dem überschwenglichen Aufstieg der keltischen Völker und deren Ausbreitung. Bereits im vorigen Kapitel erwähnten wir ihre ersten Fortschritte, die durch den Kontakt mit den Griechen von Massalia angeregt wurden. Auch in diesem Kapitel sind sie mehr als einmal als barbarische Eindringlinge in die zivilisierte Welt erschienen. Bis zu den letzten ein oder zwei Jahrhunderten vor Christus blieben sie auch Barbaren, die kaum aus dem Dämmer der Vorgeschichte hervortraten. Nachdem dieses begabte und kräftige Volk unter römische Herrschaft gebracht worden war, schenkte es dem Reich nicht nur neue, reiche Kräfte, Talente und Wohlstand, sondern es bereitete ihm auch viele Schwierigkeiten.

Das Ursprungsland der Kelten, ihrer Sprache und ihrer Kultur erstreckte sich von Zentraleuropa nördlich der Alpen bis ins westliche Frankreich, wo die Kelten als Nachkommen der ersten eisenverarbeitenden Kultur Europas, der Hallstatt-Kultur, erscheinen. Allmählich gewannen sie die Vorherrschaft in Frankreich, in Belgien bis zum Rhein, in Norditalien, einem Großteil Spaniens und auf den britischen Inseln; Galatien war ein Vorposten, der aus der Zeit ihres Vordringens nach Osten übriggeblieben war. (Einige Formen ihrer indo-europäischen Sprache haben in den westlichen Randgebieten von Schottland, in Wales, Irland und der Bretagne überlebt.)

Ihre Kultur, die wunderbare dekorative La-Tène-Kunst inbegriffen, entwickelte sich während der beiden großen Jahrhunderte der griechischen Klassik. Ihre Kunst erwuchs tatsächlich aus der Hallstatt-Tradition, die insbesondere durch die Gestaltung importierter griechischer und römischer Weingefäße beeinflußt wurde. Diese Kunst übernahm auch Elemente des Tierstils der Skythen.

Vom 5. Jahrhundert v. Chr. an erwähnten die griechischen Historiker die Kelten als ein eigenständiges Volk, das nicht nur der Sprache nach zusammengehörte. Sie wurden folgendermaßen charakterisiert: groß, von hellem Teint und Haar, regsam, sich gern selbst produzierend; sie galten als Freunde des Weins und des Kampfes. Es gab in der Tat die Neigung zu ständigen Kleinkriegen zwischen den verschiedenen Stämmen. Sie bauten Befestigungen auf Hügeln, die sich oft zu regulären Siedlungen entwickelten. In Frankreich und Deutschland bezeichnet man sie normalerweise als *oppida*, oder *Ringwälle* in Großbritannien als *hillforts*.

In den meisten Regionen wurden die Kelten von einer Reiter-Aristokratie regiert. Sie waren wahrscheinlich auch die letzten (im 5. Jahrhundert), die den aus dem 2. Jahrtausend stammenden zweirädrigen Streitwagen übernahmen und einsetzten. Ein Großteil ihrer besten Kunst verschwendeten sie auf Schilde, Helme, Waffen, Pferdegeschirr und Streitwagenteile.

Die Religion der Kelten hatte viele gemeinsame Züge mit der zahlreicher anderer indo-europäischer Völker auf ihren frühen Entwicklungsstufen. Sie verehrten eine große Zahl von Göttern, die entweder lokale Gottheiten waren oder in einem weiten Gebiet Verehrung genossen. Sie besänftig-

Der Turoe-Stein in Irland ist in keltischem La Tène-Stil verziert.

Silberkessel von Gundestrup. Die Platten der Außenwand zeigen keltische Götter und Göttinnen.

ten sie, indem sie Tiere, aber auch Menschen opferten. Ihre berühmten, fast ausschließlich adligen Druiden verfügten über beträchtliche Macht. Sie waren teils Priester, teils Seher, teils Schamanen – und es scheint glaubwürdiger, daß sie sich mit Menschenopfern befaßten als mit Philosophie. Vielleicht verstanden einige wie Divitiacus, der Druide und Freund Ciceros und Caesars, ein wenig vom klassischen Denken. In der außerordentlichen, von Griechenland beeinflußten religiösen Bildhauerei der Provence (z. B. in einem Schrein im oppidum *Entremont* nahe Aix und Roquepertuse) aus dem 3. und 2. Jahrhundert sieht man die charakteristische Mischung von keltischer Zivilisation und Barbarentum. Neben seltsam würdigen Heiligenfiguren ist diese Plastik ein eindeutiges Beispiel für den keltischen Kult der Trophäenköpfe.

Im frühen vierten Jahrhundert kurz vor der Geburt des Aristoteles fielen etliche keltische Stämme über die Alpenpässe in Norditalien ein und siedelten sich in der Lombardei, in der Emilia und an der adriatischen Küste an. Den Römern waren sie unter dem Namen Galli bekannt. Von diesem Gebiet aus unternahmen wendige Kriegerbanden Raubzüge nach Süden bis nach Sizilien hin. Rom selbst wurde 390 v. Chr. geplündert, und die Stadt blieb in ständiger Bedrohung, bis es den Römern gelang, 225 v. Chr. ein gewaltiges gallisches Heer in der Schlacht bei Telamon zu stellen und aufzureiben.

Man nimmt an, daß es auch im Osten eine frühe keltische Einwanderung in den Balkan gegeben hatte, da keltische Söldner ca. 369 v. Chr. auf der Peloponnes Dienst leisteten. Die Ursache für den Einfall einer Kelten-Horde nach Makedonien in einem Winter des frühen 3. Jahrhunderts ist wohl auf eine Katastrophe zurückzuführen. Ganze Familien kamen mit ihren Wagen – eine Wanderung, die an die der »Seevölker« fast tausend Jahre zuvor im östlichen Mittelmeerraum erinnert. Bevor es den Griechen gelang, sie zu zermürben, hatten sie viel geplündert und sogar Delphi angegriffen. Später hingen eine lange Reihe keltischer Schilde als Trophäen im Tempel des Apoll – neben den älteren, im Schrein schon lange vorhandenen persischen Schilden.

Es waren Stämme aus dieser Wanderung, die ostwärts über die Dardanellen zogen und sich – nach einer Zeit als erfolgreiche Banditen in Anatolien – schließlich in Galatien niederließen.

Im keltischen Kultschrein von Roquepertuse, Frankreich, wurde diese in Anlehnung an den doppelgesichtigen römischen Gott »Janus-Kopf« genannte Kalksteinskulptur gefunden.

Die Geschichte des keltischen Vorstoßes nach Spanien bleibt undurchsichtig. Frühe keltisch sprechende Gruppen waren vermutlich spät in der vorausgehenden Epoche angekommen, andere kamen sicher im 5. Jahrhundert und vielleicht auch später auf dem Land- oder Seeweg. Die Kelten waren auf den Norden und Westen konzentriert und breiteten sich auch ins wilde, unkultivierte Innere aus, während die Kultur der Tartesser und Iberer sich im Süden und Osten weiterentwickelte und florierte (einschließlich der Steinbildhauerei). Die Kelten mischten sich mit ansässigen Völkern und entwickelten sich daher anders als ihre Verwandten nördlich der Pyrenäen. Ihre vielen *castros* lassen sich jedoch durchaus mit den gallischen und britischen oppida und *hillforts* bzw. *Ringwällen* vergleichen.

Trotz des langen Bestands und der Brillanz ihrer Sprache, Literatur und Kunst, besonders in Irland, ist die Geschichte der keltischen Einwanderung in Britannien noch längst nicht geklärt. Vermutlich begann der Prozeß wie im Falle Spaniens während der späten Bronzezeit der letzten Zeitspanne (1000–500 v. Chr.) und setzte sich während der gesamten hier behandelten Epoche fort. Eine leicht erkennbare Gruppe waren die Parisii, die sich in Yorkshire ansiedelten und ihre Häuptlinge nach der Sitte ihres Heimatgebiets an der Marne zusammen mit ihren Streitwagen bestatteten. Nur die Invasionen der aus dem Niederrheingebiet stammenden Belgae sind historisch belegt, da Julius Caesar angibt, daß sie nur kurz vor seinen eigenen Streifzügen stattgefunden hatten. Die in Südost- und Südengland herrschenden Belgae nahmen sowohl politische wie auch Handelskontakte mit den Galliern und den Römern auf; sie importierten Wein, feine Töpferei und andere Kulturgüter und führten eine Münzwährung ein. In diesem Jahrhundert und bis zur Eroberung durch Claudius erlebte die La-Tène-Kunst in Britannien eine späte Blüte. In dieser Zeit schuf sie einige ihrer hervorragendsten Meisterwerke.

In Skandinavien entspricht diese Zeit der archäologischen Epoche der vorrömischen Eisenzeit. Wahrscheinlich hielten die Kelten ihre Verbindungen zum Mittelmeerraum aufrecht, und ebenso wahrscheinlich blieben dadurch die germanischen Stämme abgeschnitten. Vielleicht kam es deshalb im Norden zu keinem deutlichen wirtschaftlichen Fortschritt. Nur sehr langsam wurde Eisen eingeführt. Aus dieser Zeit stammen die bekannten »Moorleichen« – Männer und Frauen (einschließlich des Tollund-Manns), deren Körper erstaunlich gut erhalten blieben. Sie waren den Göttern geopfert oder wegen Verbrechen hingerichtet und anschließend dem Moor überlassen worden.

Indien war durch das gemeinsame indo-europäische Spracherbe und die Religion enger mit den Kelten und Germanen verwandt, als die Entfernung vermuten ließe. Dort hatte der Achämenid Dareios im Jahre 516 v. Chr. den nördlichen Pandschab erobert und somit zur zwanzigsten Satrapie des persischen Reichs gemacht. An den Karawanenrouten, die ihren Wohlstand sicherten, entstanden achämenidische Städte wie Charsada und Taxila. Unter persischem Einfluß wurde die Einführung einer Münzwährung sowie der Gebrauch von Eisen gefördert; auch das aramäische Alphabet wurde den indischen Sprachen bald angepaßt. Sanskrit blieb weiterhin die Sprache von Bildung und Literatur.

Schon früher sahen wir, daß die Indo-Europäer sich östlich in das Ganges-Dschamn-Becken hin ausbreiteten und daß dies zum Zentrum eines sich stetig weiter entfaltenden Hinduismus wurde. Die Hindus und die fanatische Dschaina-Sekte übernahmen die Lehre von der Seelenwanderung: Buddha und der Gründer des Dschainismus, Mahawira, hatten sie gelehrt, daß nur richtiger Glauben, richtiges Verhalten und richtige Handlung eines jeden Individuums zur Entlassung aus dem traurigen Kreis der ewigen Wiedergeburt führen könnten.

Das Kasten-System, das zum Teil auf der Hautfarbe basierte, festigte sich gerade zu dieser Zeit. Hellhäutige Westinder beherrschten die Eingeborenen, die sie *Dasyus* (oder *Dasa* = Sklaven) nannten. Die höheren Kasten bestanden aus drei Gruppen: den *Brahmanen* oder Priestern (gelegentlich mit den Druiden verglichen), den Kriegern und den Kaufleuten. Die Eingeborenen unter ih-

Der erstaunlich gut erhaltene Kopf des Tollund-Mannes von Dänemark gehörte zu einer der zahlreichen Moorleichen. Es handelte sich um Menschen, die entweder den eisenzeitlichen nordgermanischen Göttern geopfert oder für verübte Verbrechen hingerichtet wurden.

Die skytische Goldplakette aus Südrußland zeigt zwei Männer, die aus einem Trinkhorn trinken – vielleicht eine Gebärde der Freundschaft.

nen wurden zu Unberührbaren *sudras* oder Verstoßenen. Man vergleicht unwillkürlich die beiden großen Epen dieser Zeit, »Mahabharata« und »Rahmajana«, stets mit der »Ilias« und der »Odyssee«. Obwohl das eine Werk eine Familienfehde und das andere die Abenteuer des Prinzen Rama von Oudh behandelt, vermitteln sie zusammengenommen das Bild einer reifenden Hochkultur mit mächtigen Königreichen, befestigten Städten und geräumigen, wenn auch einfachen, Palästen. Im Osten Indiens bildeten sich aus Kleinstaaten, und zwar sowohl Stammesrepubliken als auch Fürstentümern, größere Einheiten, von denen die größte Maghada mit der Hauptstadt Pataliputra (Patna) war. Hier fand man eigenständige Dörfer in Waldlichtungen und Handwerkszünfte, die unter der Führung von Meistern ein wichtiger Bestandteil des sozialen Lebens waren.

Ein Strahl des klaren vollen Lichts der Geschichte fällt 326 v. Chr. auf dieses ziemlich blasse Bild. *Alexander der Große* überquerte den Indus und betrat bald darauf Taxila: Die Griechen staunten beim Anblick der nackten Dschaina-Asketen, der Sitte der Witwenverbrennung und der Heiratsbörsen. Die persische Satrapie fiel ihnen leicht in die Hände; in der entscheidenden Schlacht erwiesen sich die Elefanten des indischen Heeres als für die eigenen Reihen viel gefährlicher als für die Gegner, und die indischen Streitwagen waren nutzlos.

Alexander hätte die Länder des Ganges gern erobert, aber schließlich rebellierten seine Truppen, und er mußte sich zum Indus zurückziehen. Nach Alexanders Tod verdrängte ein nationaler Aufstand unter Führung des jungen Kriegers *Tschandragupta Maurya* die griechischen Herrscher aus dem Pandschab. Tschandragupta machte sich zum König von Maghada und regierte letztlich fast ganz Nordindien im typischen Stil des »wohlwollenden« östlichen Despoten, wobei er sich auf ein großes Heer und viele Spitzel stützte, und residierte in einem farbenprächtigen Palast in Pataliputra. Er ließ eine königliche Straße zur Nordwestgrenze hin bauen, und der Außenhandel reichte bis nach Ägypten und China.

Der größte Herrscher des Maurya-Reiches war der Enkel Tschandraguptas, *Ascaoka,* der den Thron 273 v. Chr. bestieg. Er führte einen erfolgreichen Krieg gegen Kalinga (Orissa), aber das Gemetzel und das Leiden entsetzten ihn so sehr, daß er voll und ganz zum Buddhismus bekehrt wurde: Er schwor dem Krieg ab und begann, sein Königreich unter dem Gesetz der Frömmigkeit zu regieren.

Seine Bekehrung war für den Buddhismus fast so wichtig wie die Constantins für das Christentum. Der Buddhismus wurde vom Status einer noch unbedeutenden Sekte zur offiziellen Religion eines ausgedehnten Reiches erhoben. Aschoka und seine Familie besuchten die heiligen Orte des Buddhismus und errichteten dort – wie auch an vielen anderen Orten – die berühmten Sandsteinsäulen in persischem Stil – hochpoliert und mit einem Kapitell aus Löwen und anderen symbolischen Ornamenten. In einige dieser Säulen ließ er Mahnungen an seine Untertanen eingravieren.

Die Asche Buddhas wurde aufgeteilt und in zahlreichen dafür gebauten Schreinen, *Stupen* oder *Dagoben*, aufbewahrt. Aus dem Felsen gehauene Tempel und Zellen, deren Innenräume hochpoliert waren, kopierten persisches Bauhandwerk. Es ist nicht unwahrscheinlich, daß viele Handwerker, die durch die Zerstörung Persepolis' und andere Folgeerscheinungen der Besetzung des Achämenidenreichs durch Alexander arbeitslos geworden waren, nun in den Dienst der Maurya traten. Sie begannen, die Städte zu verschönern, die bisher ohne Steinarchitektur oder stilistische Differenzierung gewesen waren.

Aschoka schickte buddhistische Missionare selbst in weit entfernte Gegenden, sogar zu Antiochos von Syrien und Ptolemaios von Ägypten. Für die Zukunft wichtiger war seine Mission nach Lanka (Sri Lanka/Ceylon), die den König und seinen Hof bekehrte. Dort hat sich der Buddhismus bis heute gehalten.

Nach dem Tode Aschokas 232 v. Chr. begann der Zerfall des Maurya-Reiches. Als es im 2. Jahrhundert zugrunde ging, wurde Indien von den Zügen nomadischer Horden aus den Steppen im Norden heimgesucht. Der griechische Teil der Bevölkerung des Pandschabs bekam Verstärkung, als Saka-Nomaden aus Gebieten jenseits des Oxus die in Baktrien ansässigen Griechen über den Hindukusch trieben. Die Saken fielen in Indien ein und errichteten dort kleine Königreiche. Etwa 140 v. Chr. nahmen die Parther, ebenfalls im Rahmen der großen Wanderbewegungen, Taxila ein.

Die damalige Geschichte der Steppenvölker im weiten Raum der eurasischen Steppen ist zu verwickelt und bewegt, um hier wiedergegeben werden zu können. In den Anfängen begingen die noch mächtigen Skythen der pontischen Region die feierlichen königlichen Totenrituale, die Herodot so genau beschrieb. Den Reichtum dieser königlichen Gräber sieht man noch besser in Pazyrik in Altai: Hier hinterließen die östlichen Verwandten der Skythen im 5. bis 3. Jahrhundert Grabhügel, die infolge ihrer Lage in einer »Dauerfrostlinse« wie eine Kühltruhe wirkten und wunderbare Textilien, bebilderten Filzwandschmuck und phantastischen Pferdekopfschmuck bewahrten Einige der Grabausstattungen zeigen starken chinesischen Einfluß. Die in Pazyryk begrabenen Leichname beweisen eine Mischung mongolischer und indo-europäischer Elemente: bei den Männern finden sich einwandfrei Beispiele nomadischer Tierstiltätowierungen.

Gegen Ende dieser Epoche wurden die Skythen durch den stetigen Vorstoß der Sarmaten nach Westen weitgehend vernichtet. Die Züge nach Indien wiederum erhielten ihren Antrieb durch die wachsende Macht der Hiung Nu-Nomaden im Nordwesten Chinas, die ihre östlichen Nachbarn, die Yüe-Tschi verdrängt hatten. Gegen diese Völker wurde u. a. die erste Große Chinesische Mauer errichtet.

In *China* selbst wurde die Chou-Dynastie vor und während der Zeit der »Kämpfenden Staaten« (oder »Streitenden Reiche«, 402–221 v. Chr.) immer schwächer. Diese Zeit kennzeichnen nicht

Aus der Steppe stammen verschiedene Völker, die in ihrer Kunst auf die Darstellung tierischer Motive spezialisiert waren. Der goldene Hirsch von Kostromskaja, Rußland, wurde in einem skythischen Grab gefunden, der goldene Krieger mit Pferden ist eine sarmatische Arbeit aus dem sibirischen Raum, und die mit Filzapplikationen dekorierte Satteldecke von Pazyryk (Pasyryk), Rußland, wird den Hunnen zugeschrieben.

nur interne Kämpfe, sondern auch Nomaden-Angriffe von außen. Dennoch war es ein Zeitalter wachsenden Handels, florierender Landstädte und solcher Philosophen wie Mehti, der allumfassende Menschenliebe lehrte, und wie Meng-tse, der die Lehre des Konfuzius weiterentwickelte. Eisen wurde in zunehmendem Maße für Waffen und Werkzeuge genutzt.

Der kommende Staat war in der Tat der Staat der Ch'in (Ts'in) – der Chinesen, die bisher während der Blüte der Chou-Dynastie ziemlich unbedeutend gewesen waren. Sie kämpften sich jetzt aus ihrer nördlichen Heimat nach Süden vor. Einen Teil ihres Erfolgs verdanken sie vielleicht dem Einsatz guter Eisenschwerter. Im Jahre 256 v. Chr., als die Römer in den Ersten Punischen Krieg verwickelt waren, töteten die Ch'in (Ts'in) den letzten, nur noch dem Namen nach herrschenden Chou-Kaiser und unterwarfen bald alle anderen rivalisierenden Staaten ihrer Kontrolle. Ein gebildeter Beobachter bemerkte: »Das Ch'in-[Volk] hat dieselben Sitten wie die Barbaren. Es hat das Herz eines Tigers oder eines Wolfes. . . Es weiß nichts von Etikette und tugendhaftem Benehmen, und sollte sich eine Gelegenheit für materiellen Gewinn bieten, wird es seine Verwandten mißachten als wären sie Tiere.«

Nichtsdestoweniger etablierte sich der Ch'in-Herrscher 221 v. Chr. als Ch'in-Schih-huang-ti, »Erster Kaiser« eines geeinten chinesischen Reichs. Verschiedene nördliche Staaten hatten damit begonnen, Erdwälle gegen die Angriffe der Nomaden zu bauen. Der Kaiser ließ diese jetzt mit Gestein ummauern und zu einer einzigen fortlaufenden Befestigung zusammenfügen. Die Wirksamkeit der Mauer ließ sich zudem durch die Erfindung der Armbrust erheblich steigern, da die Verteidiger so die nomadischen Reiter aus einer Entfernung erschießen konnten, die die Reichweite ihrer Bogenschützen bei weitem übertraf. Die Regierung des Ch'in-Schih-huang-ti führte eine effiziente Verwaltung ein und vereinheitlichte die Schrift und die Währung. Aber Ch'in-Schih-huang-ti unterdrückte auch tyrannisch jede freie intellektuelle Diskussion und verordnete Bücherverbrennungen, was ihm die Ächtung der Nachwelt einbrachte.

Die Herrschaft seines Hauses dauerte nicht lange. Die Han-Dynastie verdrängte sie schon 206 v. Chr. Das Han-Herrscherhaus kam wie die Chou und Ch'in aus derselben Gegend im Norden. (Der Westen nennt das Land nach den Ch'in, aber die Chinesen bezeichnen sich lieber als »Söhne des Han«.) Die beiden ersten Jahrhunderte des Han-Reichs, als der »Sohn des Himmels« von der »Stadt des Ewigen Friedens« aus regierte, fielen mit der Erweiterung der römischen Republik zusammen. China war gleichermaßen reich und mächtig, aber trotz des Namens der Hauptstadt nicht – zumindest an irdischen Begriffen gemessen – friedliebend.

Der mit Recht berühmteste Kaiser der frühen Han, Wu-ti (140–86 v. Chr.) galt als Kriegskaiser und führte aufwendige Feldzüge. In einem verlor er Zehntausende von Männern und Pferden, um Zuchtpferde der Ferghana-Rasse zu erbeuten, die viel größer und schöner waren als die kräftigen Steppenpferde, die bisher Chinesen, aber auch ihre nomadischen Feinde oder die Skythen und Sarmater, eingesetzt hatten.

Wu-ti war aber auch ein bedeutender Herrscher. Er veranlaßte den Bau der großen Kanalsysteme, ordnete die Eisen- und Salzbetriebe und baute die berühmte Seidenstraße nach Westen aus, von der der kaiserliche Reichtum so sehr abhing. Inzwischen schätzten die Römer die Seide, diesen schönsten und bequemsten aller Stoffe besonders hoch. Sie kannten China als das Land der Seide. Mit Seide beladene Kamelkarawanen machten sich auf den Weg über Kansu und Sarmarkand nach Anitocheia und zur Mittelmeerküste. Wachposten entlang der Route boten Schutz, und Wu-ti führte Krieg gegen die Hiung-nu, weil sie eine stete Bedrohung der nördlichen Provinzen und der Steidenstraße waren.

Zuverlässige schriftliche Quellen über die Geschichte der Han existieren. Es lebte sogar ein Historiker am Hof, Ssu-ma, den Wu-ti wegen kritischer Bemerkungen kastrieren ließ, der aber im Amt bleiben durfte. Den Bestattungsbräuchen der Reichen verdankt es die Archäologie, daß sie uns in höchstem Maße vielseitige, verblüffende und detailgenaue Bilder des Lebens aller Schichten dieser Zeit liefern kann.

Vieles deutet darauf hin, daß es angemessener ist, das Han-Reich mit den bronzezeitlichen Reichen des Nahen Ostens zu vergleichen als mit dem zeitgenössischen Rom. Trotz seiner religiösen Philosophie hatte das Reich keine geistige Revolution wie die der griechischen Aufklärung erlebt.

Die chinesische Seide, die man brauchte, um diese in einem Häuptlingsgrab von Pazyryk, Rußland, gefundene Decke herzustellen, ist ohne Zweifel über die Seidenstraße von der Han-Hauptstadt über Samarkand zum Mittelmeerraum dorthin gelangt.

Die Bestattungen der Elite, bei denen man Sorge trug, daß es den Toter im Jenseits an nichts fehle, legen den Vergleich Han-Chinas mit dem Alten und dem Neuen Reich Ägyptens nahe. Konfuzius war erleichtert gewesen, als Grabfigurinen die Massenopfer der Schang-Zeit ersetzten.

Schon in der Ch'in-Zeit wurden einige besonders gelungene Figuren in die Gräber gestellt, aber jetzt enthielten die Gräber Gruppenmodelle mit allen Arten von Menschen, Tieren, Häusern und Bauernhöfen. Eine dieser Gruppen von Tonstatuetten umfaßte z. B. zwei Dutzend Figuren, darunter Tänzer und Akrobaten, die ihre Künste zu der Musik von Zithern, Pfeifen, Gong und Trommeln vortrugen.

Den Toten wurden auch üppige perönliche Gaben beigegeben. Die Fürstin von Tai, die ca. 160 v. Chr. starb, begrub man beispielsweise in mehreren Seidenroben und Mäntelchen, und sie erhielt mit ins Grab: fünfzig Seidenballen, feinste Lackierarbeiten, Holzabbildungen von 162 Dienern ihres Hauses sowie zahllose »weibliche Accessoires«, Kosmetika und künstliches Haar. Die bemalte Seidenfahne, die ihren Sarg bedeckte, bildete die Fürstin selbst ab inmitten einer Umrahmung aus Drachen derselben Art, wie sie noch unter der Regierung des Vorsitzenden Mao ausgeführt wurde.

Die Bestattungen des von Lui Sheng, Bruder des Wu-ti, sowie die seiner Frau und seiner Cousine Tau Wan, die ein halbes Jahrhundert nach dieser Fürstin starben, sind weltberühmt geworden. Man fand die Toten in einer enganliegenden »Gewandung« aus Tausenden mit Golddraht aneinan-

Pferdekopf aus grüner Jade. Zeit der Han-Dynastie, China.

Bronzekessel. Zeit der Han-Dynastie, China.

Eine der Grabfiguren aus der Han-Zeit, die das Brandopfer der Schang-Ära ersetzten.

dergeketteten Jadestücken; Pferde, Wagen und zahlreiche Schätze umgaben sie. Schönste dieser Grabgaben war die vergoldete Bronzelampe, die von einer knienden Dame gehalten wurde. Tau Wans Großmutter, eine einflußreiche königliche Matrone, die die Lampe für ihren eigenen »Palast des Ewigen Vertrauens« hatte entwerfen lassen, hatte sie ihr geschenkt.

In *Japan* hatten die Menschen der langlebigen Jōmon-Kultur, die in vielen Gegenden weitgehend von der Fischerei lebten, während eines großen Teils der Epoche der »Kämpfenden Reiche« in China einen einfachen Lebensstil. Am Anfang des 3. Jahrhunderts machten sich starke (koreanische und chinesische) kontinentale Einflüsse in Kyushu breit, die sich allmählich östlich in die Jōmon-Siedlungen ausdehnten. Wichtigste Änderung war die Übernahme des Reisanbaus in regelrechten, überfluteten Feldern, aber auch die Töpferdrehscheibe wurde – wahrscheinlich aus Korea – eingeführt. Waffen und Glocken aus Bronze wurden zunächst importiert, später an Ort und Stelle hergestellt.

Die sich in der Folge entwickelnde Bronze-Eisenkultur bezeichnet man als Yayoi-Kultur. Mit ihr ging wohl von Anfang an eine beträchtliche Einwanderung einher. Sicher ist auf jeden Fall, daß sie mit der Mongolisierung Japans in Zusammenhang zu bringen ist; das mongolische Element in der Jōmon-Bevölkerung war gering gewesen. Die Einwanderer bildeten anscheinend eine herrschende Schicht – ärmlich zwar im Vergleich zu den zeitgenössischen Kelten in Britannien, stellten sie dennoch den eindeutigen Beginn einer sozialen Schichtung dar.

Eindrucksvolle Textilien (Totentücher) aus Baumwollgewebe, die mit grotesken tiermenschlichen Figuren und mythologischen Wesen, mit Vögeln und anderen Tieren bestickt sind, wurden an der südlichen Küste von Peru gefunden. Paracas-Necropolis-Kultur.

Der bescheidene Yayoi-Adel bestattete seine Toten manchmal nach Art der Koreaner in Steinkisten-Gräbern (»Zisternengräber«), häufiger jedoch war die Verwendung großer, mit Deckeln versehener Tonkrüge oder von Paaren einander gegenüberstehender Krüge. Vor dem Ende dieser Epoche waren sie manchmal mit importierten chinesischen Bronzespiegeln, Glaskugeln, Münzen und Waffen ausgestattet. Die Bauern bewohnten Dörfer in der Nähe ihrer Reisfelder, die aus festen runden oder ovalen Häusern mit einem schweren, von Balken getragenem Grasdach bestanden. Manche hatten ein zweites Dach. Für die Aufbewahrung von Reis errichteten sie ansehnliche Speicher auf Pfählen. Nach einem durch die Isolation verursachten Rückstand in der Entwicklung traten die Japaner am Ende dieser Zeit ganz offensichtlich den Weg zu einer Schriftkultur an, die in der nächsten Epoche ihren Anfang fand.

Die *mittel- und südamerikanischen* Kulturen in der Zeit von 500 v. Chr. bis Christi Geburt bezeichnet die Archäologie hauptsächlich als die Späte Formative oder Vorklassische Periode. Die Olmekenkultur hielt noch an und dehnte ihren Einfluß auf Mesoamerika aus, aber mit der Verödung oder Zerstörung der Kulturzentren ging auch der Verfall dieser Kultur einher. Während die eigenständige Olmeken-Tradition zu Ende ging, bildete sich die Maya-Kultur stärker aus. Im guatemaltekischen Tiefland wurde zu Beginn dieser Epoche die Basis für das spätere Maya-Kulturzentrum in Tikal gelegt. Dort wurden schon um 300 v. Chr. Tempel aus verputztem Mauerwerk errichtet.

In Monte Albán im Oaxaca-Tal von Südmexiko entstanden, wie wir gesehen haben, um 500 v. Chr. die ersten Stelen, die »hieroglyphenähnliche« Gravierungen tragen. Die »Pyramiden«-Plattform, »Hügel der Tänzer genannt«, war einer der Kultbauten dieser frühen Hauptstadt des Zapotekenvolkes. Der Plattformbau verdankt seinen Namen einer Reihe von nackten Menschen in verzerrter Körperhaltung, die in den Steinplatten eingeschnitten sind. Es ist nicht auszuschließen, daß es sich hier nicht um Tänzer, sondern um verunstaltete Kultopfer handelt. Sie werden mit den »hieroglyphischen« Inschriften in Verbindung gebracht, die damals schon die balken- und punktförmigen Zahlen aufwiesen, die später von den Maya für kalendarische Rechnungen verwendet wurden (Seite 187).

Inzwischen gab es im Tal von Mexiko bedeutende Fortschritte. Nachdem die Menschen dort lange Zeit ihren südlichen Nachbarn hinterherhinkten, schienen sie jetzt die ersten Schritte auf ihre spätere Herrschaft hin zu machen. Sie bauten beispielsweise in Cuicuilco südwestlich des großen Sees zahlreiche Tempel. In einem Seitental hatten sich einige Gruppen in Teotihuacán, dem späteren prächtigen Zeremonial-Zentrum des mächtigen Staates, angesiedelt.

In Südamerika verfiel die Chavín-Kultur, die Peru eine gewisse Einheit verliehen hatte; dennoch florierte sie noch eine Weile im Kernland um Chavín de Huantar und auch an der Südküste entlang. Hier wurde, den Mumien nach zu urteilen, die man in den Gräbern der Nekropole von Paracas fand, hervorragendes Tuch gewebt, das zu Umhängen, Hemden und anderen Bekleidungsstücken verarbeitet wurde. Darauf sind in leuchtenden Farben groteske Menschen-, Vogel-, Tier- und Dämonfiguren abgebildet. Auch die Kupfer- und Goldschmiedekunst entfaltete sich weiter – und auch in Kolumbien waren Goldschmiede tätig.

Gegen Ende dieser Epoche ließen sich Zeichen einer neuen schöpferischen Aktivität erkennen, die allerdings erst in unserer letzten Periode zu einer Blüte kommen sollte. In Kolumbien war wahrscheinlich die Kultstätte von San Agustín gegründet worden, in Peru bildeten sich die Mochica- und Nazca-Kultur an der Küste heraus, und in den bolivianischen Anden nahe dem Titicaca-See war das berühmte Tiahuanaco schon besiedelt, obwohl seine größten Tage noch weit entfernt lagen.

Im Südwesten *Nordamerikas* kam es zu beträchtlichen Fortschritten, allerdings erst gegen Ende dieser Epoche. Dann allerdings erwuchsen florierende bäuerliche Gesellschaften aus der alten Cochise-Tradition, die wegen des verbesserten Anbaus von Mais und anderen Pflanzen eine größere Bevölkerung mit ansehnlichen Dörfern zuließen. In den bergigen Gegenden waren das die Mogollon-Völker und in den heißen Wüsten von Arizona die Hohokam. Das Wüstentiefland erforderte von Anfang an eine künstliche Bewässerung; einen sehr nachhaltigen Einfluß, wenn auch keine Einwanderung, gab es zu dieser Zeit aus Mexiko. Eine bekannte frühe Siedlung der Hohokam, Snaketown, liegt am Rio Gila bei Tucson. Mexikanische Entlehnungen bezeugen Baumwolltextilien, Figurinen, Schmuck wie Nasen- und Ohrenstöpsel und – später – der Bau eines Ballplatzes sowie die Anlage von Kulthügeln. Sowohl die Mogollon wie auch die Hohokam schufen eine Töpferei mit vorzüglicher Bemalung.

Im Osten verlief das Leben der Woodland-Hügelbauern ohne wirklich nennenswerte Veränderungen. Allerdings hatte sich ein Zweig der Hügelbauern, nämlich die Hopewell-Kultur, bis ca. 200 v. Chr. weiter herausgebildet und muß wohl eine Blütezeit erlebt haben, da man Materialien wie z. B. Obsidian, Glimmer und Muschelschalen über größere Entfernungen einzuführen in der Lage war.

Die Woodland-Völker der gesamten Ohio-Missisippi-Gegend widmeten sich weiterhin dem Bau hoch aufgetürmter Grabhügel und anderer Erdwerke, die vermutlich zeremoniellen Zwecken dienten.

Figürchen eines Babys in typisch olmekischem Stil (Babyface-Stil). Der Einfluß dieses besonderen Stils ist in ganz Mesoamerika sichtbar.

Technologie 500 v. Chr. – Chr. Geb.

Der technologische Fortschritt, wie er in den letzten zwei Kapiteln beschrieben wurde, war fast völlig von der »Ingenieurkunst« abhängig, da während dieser Zeit kein neues Rohmaterial ausgewertet wurde. Jedoch führten die Fortschritte in der Eisenverarbeitung zu einer der wenigen neuen Produktionsmethoden zur Glasbläserei. Frühere Materialien hatten sich für die notwendigen »Glasmacherpfeifen« (Blasrohre) als unbrauchbar erwiesen.

Zum großen Teil waren soziale Faktoren für den Mangel an technologischen Erneuerungen unter den Griechen verantwortlich. Zwar wurden außer mechanischen Geräten z. B. Wasserorgeln, die Wärmekraftmaschinen und Dampfturbinen in großer Anzahl produziert, aber man verstand sie mehr als Spielzeug. Praktischere Erfindungen waren die Archimedische Schraube, Zahnräder, Flaschenzüge, Pumpen, Hebebäume, Drehbänke und Ventilgebläse.

In Athen, Alexandreia und anderen Zentren studierten und lehrten Wissenschaftler und Gelehrte wie Heron von Alexandreia, Ktesibios und Philon von Larissa. Auch schrieben sie technologische Handbücher und interessierten sich für Logik, Astronomie und Navigationsprobleme.

Das China unter der Han-Dynastie erlebte eine andere technologische Explosion. Ihr wichtigster und einzigartiger Beitrag war die Erfindung des Pferdekummets, das zusammen mit Deichsel und Zugriemen eine erste wirksame Beherrschung der Pferdekraft erlaubte. Eisenarbeiter, die verbesserte Gebläse benutzten, erreichten Temperaturen, die hoch genug waren für den Guß von Eisen – viele Jahrhunderte, bevor dies in Europa möglich war. Die Armbrust mit ihrer Spann- und Auslösevorrichtung bezeugt ebenso wie die Schubkarren den chinesischen Erfindungsgeist dieser Zeit.

Ein großer Schritt wurde auch in der Neuen Welt getan. In Mexiko schufen die Olmeken einen bemerkenswerten und äußerst eindrucksvollen Kalender sowie die Glyphenschrift. Ihr »Calendar Round« zeigte eine numerische Art das Jahr aufzuteilen: zwei ineinandergreifende Kreise von 20 Nummern und 18 Monaten ergaben mit der Hinzufügung von 5 Tagen ein Jahr von 365 Tagen. In Kolumbien wurde die Metallurgie des Goldes, Silbers, Kupfers und der Legierungen perfektioniert. In Peru entstanden vor allem große Bewässerungs- und Terrassenanlagen.

Eine andere fortschrittliche Entwicklung kann, obwohl sie die Wirksamkeit von Leistungen erhöht, nur marginal als technologisches Moment betrachtet werden: die Reichsverwaltung. Während hier die Assyrer gescheitert waren, konnten die Perser Erfolge aufweisen, und die Makedonier sowie die Römer, nicht zu vergessen die Han, kamen in diesem Bereich noch weiter.

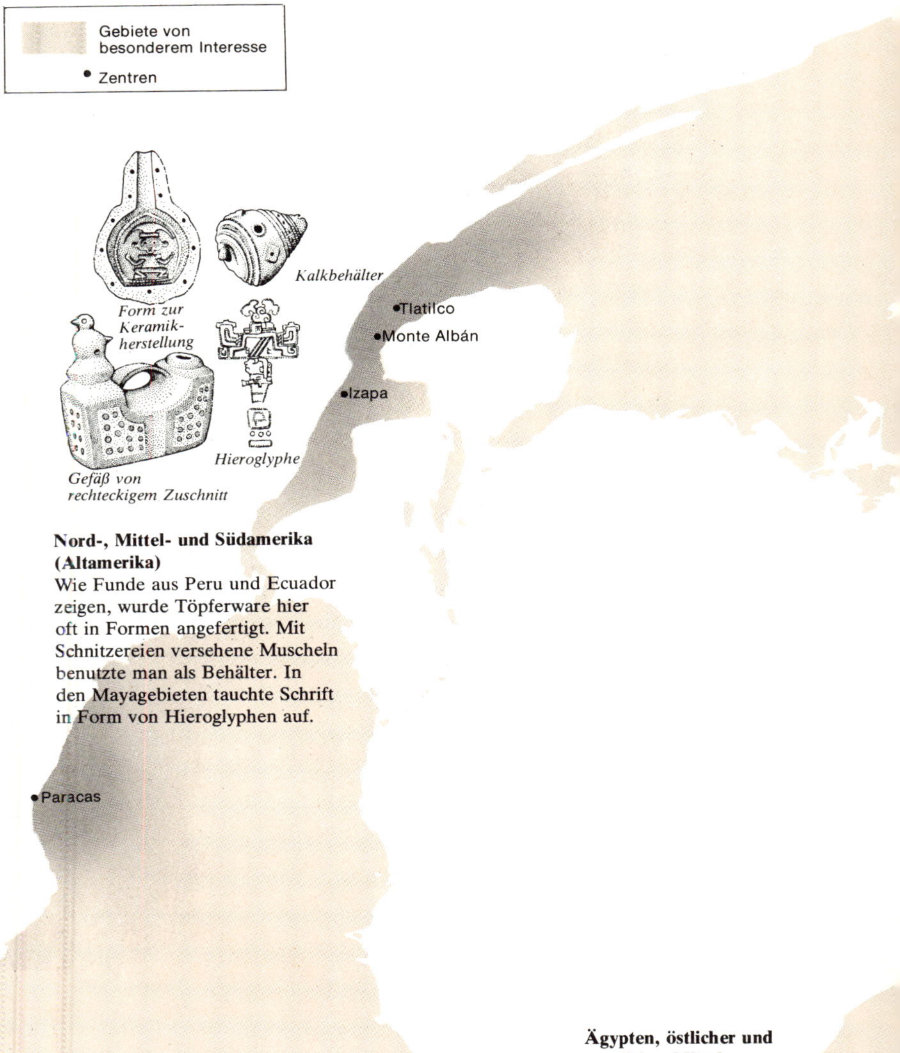

Nord-, Mittel- und Südamerika (Altamerika)
Wie Funde aus Peru und Ecuador zeigen, wurde Töpferware hier oft in Formen angefertigt. Mit Schnitzereien versehene Muscheln benutzte man als Behälter. In den Mayagebieten tauchte Schrift in Form von Hieroglyphen auf.

Ägypten, östlicher und westlicher Mittelmeerraum
Die Ausbreitung des Hellenismus und danach die Eroberungskriege der Legionen Roms ließen in allen drei Bereichen des Mittelmeerraumes eine nahezu einheitliche Technologie entstehen. Dampfturbine und hydraulische Orgel zeigen den griechischen Erfindergeist auf seinem Höhepunkt; Wasseruhr und Archimedische Schraube erwiesen sich von praktischem Nutzen für die Zeitmessung und die Feldbewässerung. Handwerkliche Meisterschaft verraten schließlich auch Schilde und Körperpanzer, die Hauseinrichtung (wobei Stein und Bronze neben Holz eine wichtige Rolle spielten) und die Trireme (»Dreiruderer«), die durch Hinzufügung eines dritten Ruderdecks aus dem »Zweiruderer« weiterentwickelt worden war. Weitere Anwendung fanden die verbesserte Weinpresse, die Drehbank und im Kriegswesen das Katapult – alles auf der Nutzung neuentdeckter oder auf neuartiger Anwendung altbekannter Prinzipien beruhend.

WERKSTOFFE (VERGLEICHENDE ÜBERSICHT)

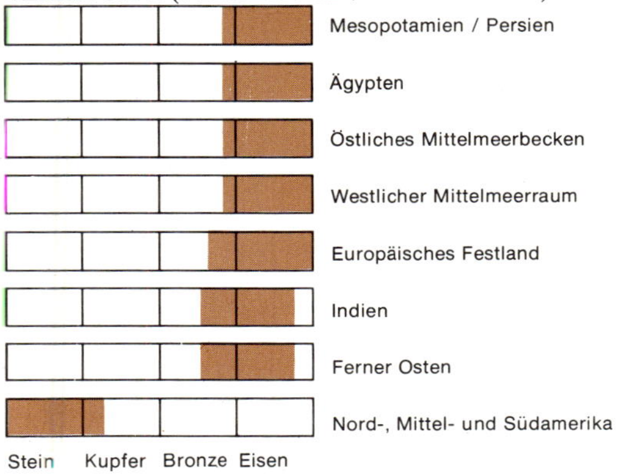

Europäisches Festland (Alteuropa)
Die Wagen von Dejbjerg zeigen, welch hohes Niveau technischer Erfahrung die Bewohner des »barbarischen« Teils Europas erreicht hatten. Für Schwerter und Speerspitzen verwendete man jetzt allgemein Eisen, ja sogar Pflugscharen und Präzisionsinstrumente für den ärztlichen Gebrauch wurden nun aus diesem Material hergestellt, doch benutzte man daneben nach wie vor Bronze.

Ferner Osten
Gußeiserne Werkzeuge und eine technisch ausgefeilte Armbrust sind nur ein paar Beispiele aus der breiten Palette der Funde aus der Han-Zeit, die zahlreiche Neuerungen und Erfindungen brachte. Den zweirädrigen Wagen behielt man noch immer bei. Das Modell eines Kochherdes ist eine zeitgenössische Nachbildung.

Mesopotamien / Persien
Wichtigstes Transportmittel war das Kamel, gleich, ob mit einem (Dromedar) oder mit zwei Höckern (Trampeltier). Auch Münzen unterstreichen die Bedeutung der Handelsrouten in diesem Gebiet. Die charakteristische Schwertscheide jedoch zeigt, daß man bei Metallarbeiten an älteren Überlieferungen (insbesondere Dekor-Traditionen) festhielt.

Indien
Zwar fehlen Beweise für Metallurgie und anderes technisches Können, doch blieb eine außergewöhnlich formenreiche Palette von Töpferwaren erhalten. Hierzu gehören ebenso die außerordentlich gut gearbeitete *Northern Black Polished Ware* als auch grobkörnige, poröse Krüge, die man zur Auskleidung von Sikkergruben benutzte.

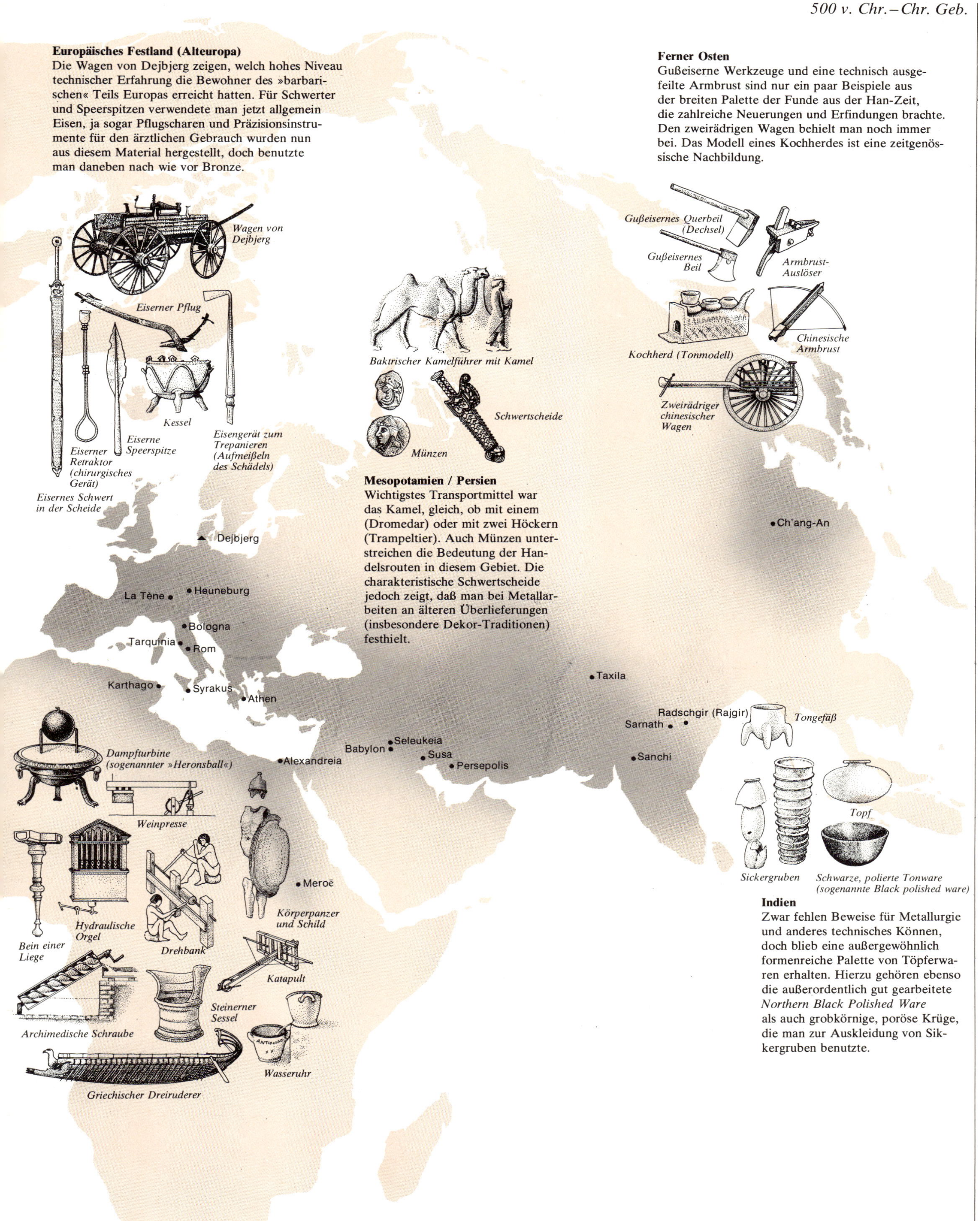

Mesopotamien / Persien
Das Perserreich richtete in seinen Provinzen eine gut funktionierende Verwaltung ein. Persische Münzen, wie die des achämenidischen Königshauses, wurden in Griechenland wie in Indien in Zahlung genommen und kennzeichnen die weite Ausdehnung des Fernhandels. Auch mit dem Ende des Perserreiches verschwand das Münzgeld nicht. Alexander ließ den persischen Reichsschatz für die Prägung eigener Münzen einschmelzen und schuf eine »Weltwährung«. Unter den Parthern kam es auch wieder zu lokalen Prägungen. Der Fernhandel wurde nicht nur durch das Kamel als Lasttier, sondern vor allem durch den Ausbau und den Schutz der Karawanenstraßen erleichtert.

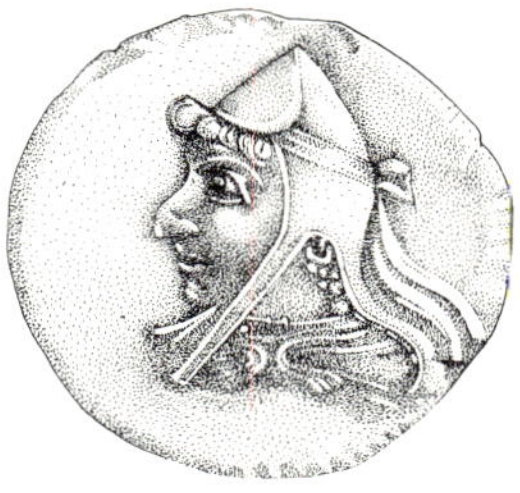

OBEN: *Achämenidische Goldmünze*
DARUNTER: *Parthische Drachme*
RECHTS: *Baktrischer Kamelführer mit Kamel*

Ägypten und Mittelmeerraum
Angeregt durch den regen Austausch von Kenntnissen und technischen Fertigkeiten zwischen dem Orient und Europa (im hellenistischen Kulturraum) wurden wichtige Erfindungen gemacht: Die Trireme (»Dreiruderer«) mit 120–200 Ruderern war ein verbesserter »Zweiruderer«, dem ein drittes Ruderdeck hinzugefügt worden war. Von praktischem Nutzen auf der Basis von Hebel, Rolle und Winde waren die Wein- und Olivenpresse sowie die Wasseruhr. Archimedes, der größte Ingenieur des Altertums, erfand die »archimedische Schraube«, mit deren Hilfe man u. a. Wasser aus Bergwerken pumpte. Dem Kriegswesen diente das Katapult. Herons Dampfturbine (der »Heronsball«) öffnete im 1. Jh. n. Chr. Tempeltüren (ein »wissenschaftliches Spielzeug«).

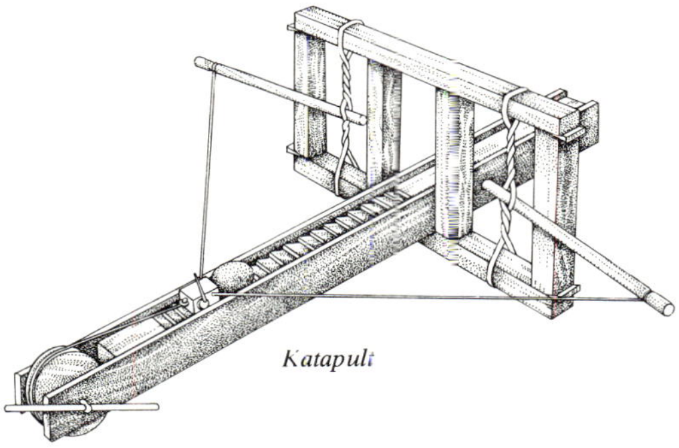

Katapult

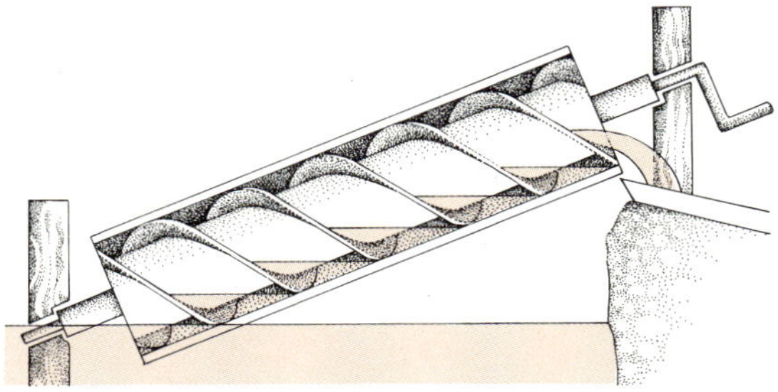

Archimedische Schraube

Dampfturbine (»Heronsball«), 1. Jh. n. Chr.

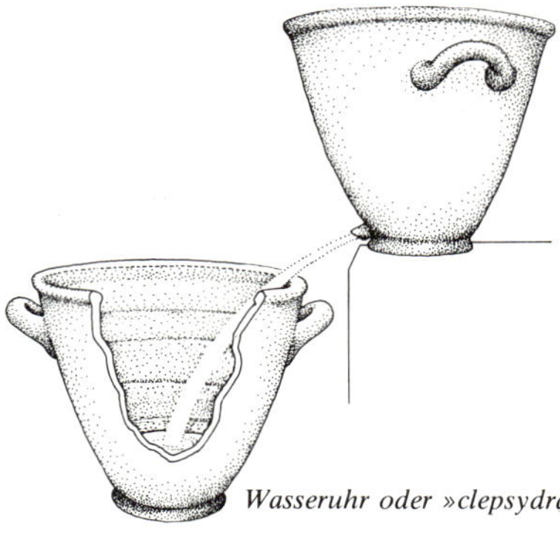

Wasseruhr oder »clepsydras«

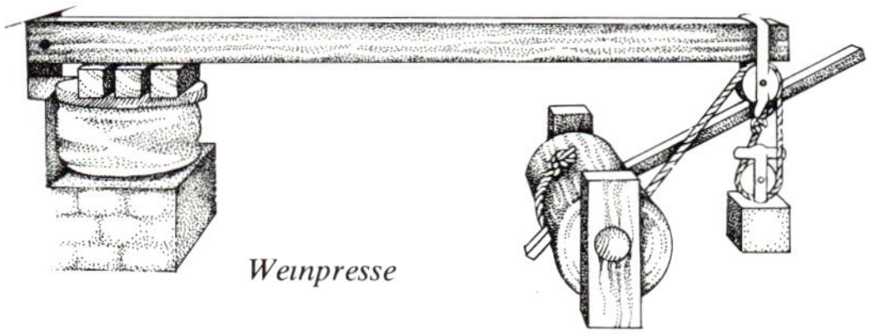

Weinpresse

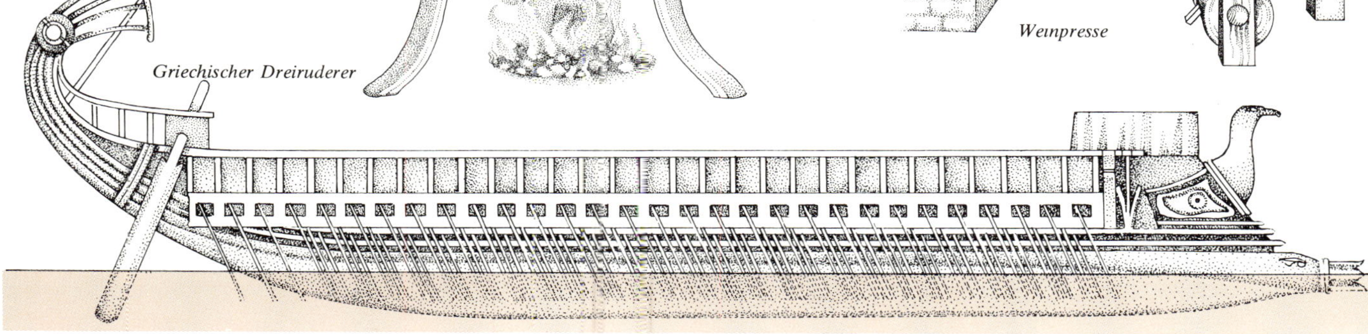

Griechischer Dreiruderer

Europäisches Festland (Alteuropa)
Der Wagen von Dejbjerg mit einem thronartigen Sitz war vermutlich ein Kultgerät. Seine Räder mit 14 Speichen, die Bronzebeschläge und die Radaufhängung in einem »Rollenlager« sind von keltischen Wagenbauern erfundene Neuerungen. Von großem praktischen Nutzen war die Herstellung eiserner Geräte wie bei der einfachen aber augenfälligen Weiterentwicklung des Pflugs. Der hölzerne Pflug wurde mit Eisen verstärkt zunächst mehr, um das Holz vor starker Abnutzung zu schützen, später nach Hinzufügen einer Pflugschar (zuerst einer breiten Klinge), um den Boden leichter umbrechen zu können.

Wagen von Dejbjerg

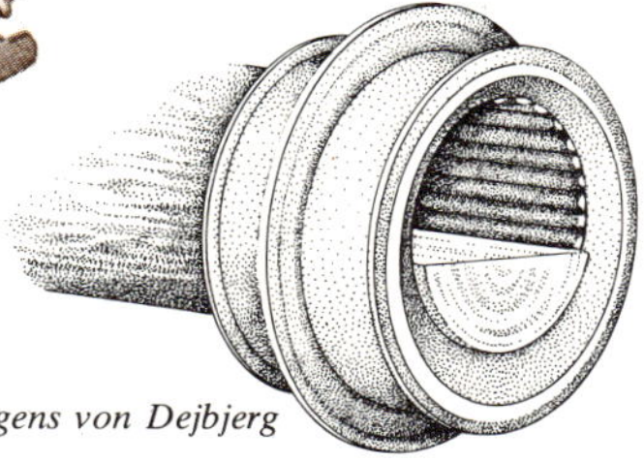

»Rollenlager« des Wagens von Dejbjerg

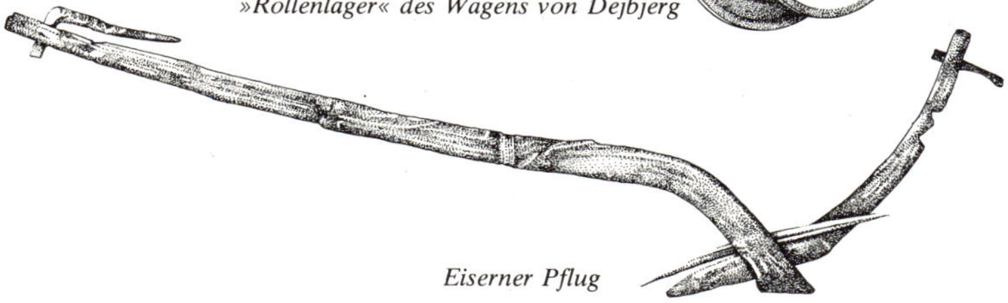

Eiserner Pflug

Indien
Zwischen dem 5. und 2. Jahrhundert v. Chr. war die »nördliche schwarzpolierte Tonware« in den Siedlungen am Ganges in Gebrauch. Sie und die Sickerschächte aus Tongefäßen zeigen eine nur geringe Weiterentwicklung der Materialkenntnisse. Zwar schmiedete man Eisen, aber der eigentliche Fortschritt von enormer Bedeutung erfolgte in theoretischen Erkenntnissen, vor allem in der Mathematik. So war eine wichtige Errungenschaft dieser Zeit die Idee der Null als Stellenwert. Auch eine Verwaltung entwickelte sich und Münzen wurden gestanzt.

»Nördliche schwarzpolierte Tonware«

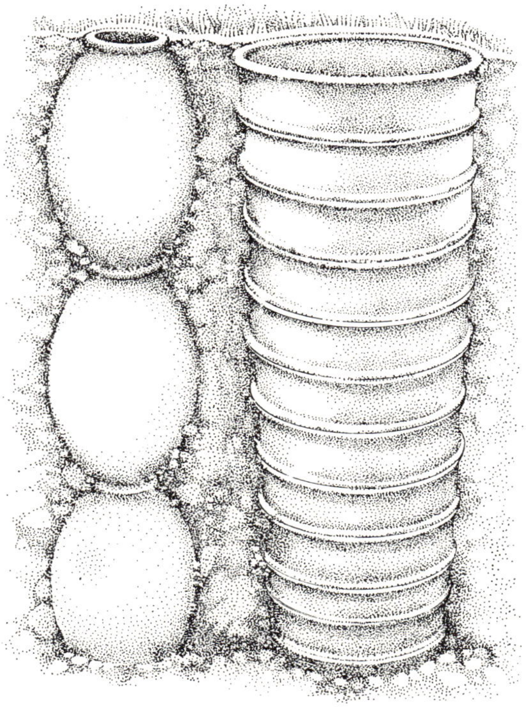

Tonröhren und -gefäße als Sickergruben, Hastinapura, Indien

Ferner Osten
Die Erfindung des Gußeisens führte in China nicht nur zu gestielten Axtformen (Holz plus Eisen), die sich erheblich von den geschmiedeten des Westens unterschieden, sondern sie verbilligte auch (in China noch eher als in Europa) die Herstellung von Werkzeugen. Allerdings war das Gußeisen nicht so fest wie Schmiedeeisen. Die Konstruktion einer Armbrust, welche noch wirkungsvoller war als der Kompositbogen, verschaffte den Verteidigern der Großen Mauer eine militärische Überlegenheit über die angreifenden Nomaden. Ein technisch ausgefeilter, dreiteiliger Auslösemechanismus aus Bronze gab dem Pfeil Halt und ermöglichte ein genaues Zielen.

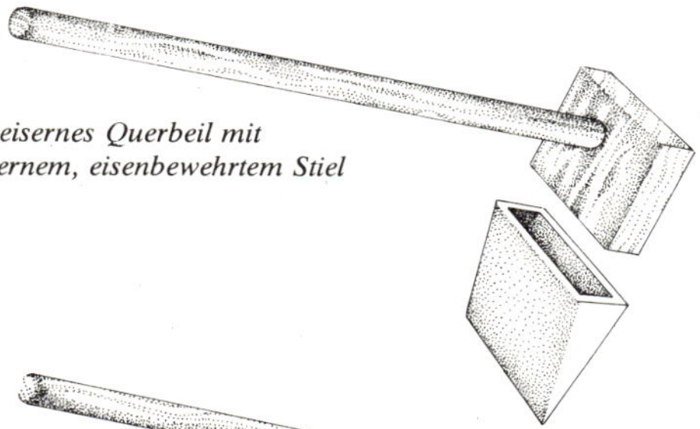

Gußeisernes Querbeil mit hölzernem, eisenbewehrtem Stiel

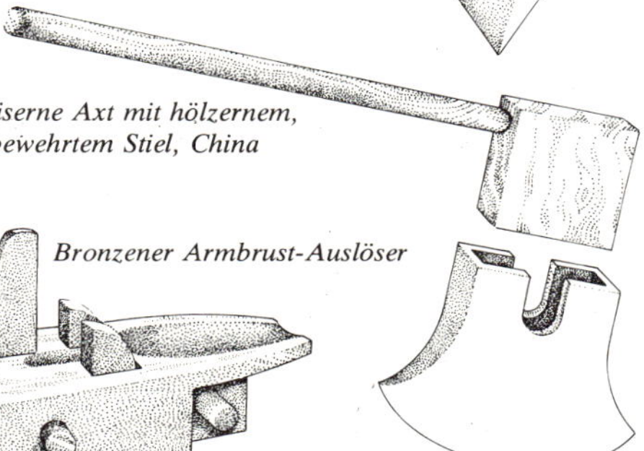

Gußeiserne Axt mit hölzernem, eisenbewehrtem Stiel, China

Bronzener Armbrust-Auslöser

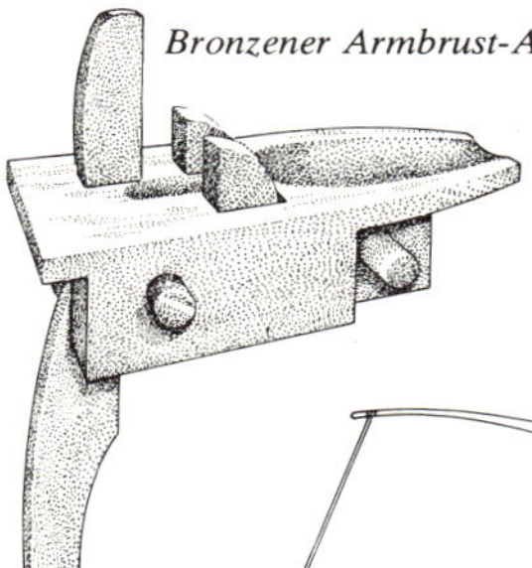

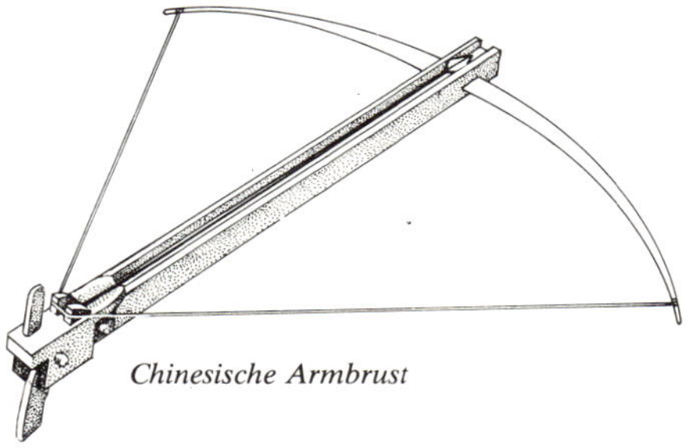

Chinesische Armbrust

Nord-, Mittel- und Südamerika (Altamerika)
Die Entwicklung der Schrift machte Fortschritte. Erste, noch nicht entzifferte Symbolzeichen der Monte Albán- und der La Venta-Kultur verbreiteten sich mit dem Kalenderwesen zu den »klassischen Kulturen« (z. B. der Maya). Lesbar sind nur die Zahlen. Auch dieses System kannte (bei den Maya) eine Null in der Form einer Muschel. Punkte waren Einer, Striche hatten den Wert fünf. Unter einer Glyphe sehen wir eine Zahl 8 (5 + 3). Ein weit verbreitetes System rechnete mit Zyklen von 20 Tagen und 18 Monaten (plus 5 zusätzlichen Tagen). Daneben gab es ein astrologisches 260 Tage-Jahr.

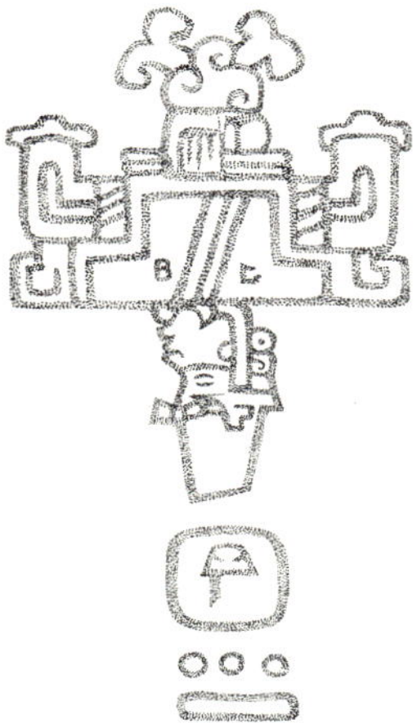

Zahlzeichen unter einer Glyphe (eingeschnittenes Bild)

Bauweise 500 v. Chr. – Chr. Geb.

Als erst einmal die größten baulichen und ästhetischen Probleme der griechischen Tempel gelöst waren, konnte das Schema in jedem Ort und in jedem Maßstab unbegrenzt wiederholt werden – mit Variationen, die auf die Dekoration beschränkt blieben. Besonders schnell wurde das korinthische Blattkapitell populär. Mit der Verbreitung des Hellenismus gelangte auch dieses typische griechische Bauwerk rund um das Mittelmeer – im Osten bis zum Pandschab und im Westen bis zum Atlantik. Für die spätere Bedeutung weit interessanter aber war die Entwicklung des griechischen Theaters, das neue Probleme aufwarf, die nach neuen Antworten verlangten. Keine Probleme gab es, wo eine passende Bergflanke zum Zuschauerraum umgeformt werden konnte. Wo aber nur ebene Fläche vorhanden war, mußte eine entsprechende Baukonstruktion entwickelt werden, für die die Möglichkeiten des Bogens erprobt wurden. In Italien fand sich nicht überall guter Kalkstein, so daß Ziegel und Steinmörtel als Ersatzmaterialien eingesetzt werden mußten.

In Europa hatte die Weiterentwicklung der alten Techniken einen Höhepunkt erreicht. Wallanlagen wurden stabiler und erhielten eindrucksvolle Dimensionen, indem man neue Methoden der Verbindung und Verkleidung mit Holz einsetzte. Zur gleichen Zeit entwickelten diese Anlagen sich von Fluchtburgen zu richtigen Städten oder Oppida, in denen die Holzarchitektur weiter ausgebaut wurde.

Im mittleren Osten markierte Persepolis den Gipfel lokaler architektonischer Entwicklung – mit seinen großen Treppen und Säulenhallen. Persepolis ist berühmt für seine Architekturskulpturen, die die Treppen säumen und Prozessionen von Adligen, Hofleuten und Hoheitsträgern zeigen.

In Indien gab die buddhistische Religion Anlaß zum Bau von neuen Tempeln und Monumenten für die sakralen Reliquien. Ein Resultat waren die aus dem Fels geschnittenen Tschaitja-Hallen sowie die Stupen. Hellenistische Einflüsse kamen über Baktrien und Gandhara in einem günstigen Moment und beeinflußten die Entwicklung indischer Religion, Architektur und Kunst.

In China wurden weiterhin Gebäude aus Holz errichtet, zweifellos in größeren und verschwenderischeren Maßstäben, seit die Han-Dynastie den Reichtum des Landes zentralisierte. Außer interessanten Grabformen gab es wenig mehr bis an die Landesgrenzen. Dort wurde die Große Mauer der Han-Zeit fertiggestellt, um nomadische Reiter abzuhalten.

In Mesoamerika entstand das Zeremonialzentrum von Tikal, und man errichtete Tempel mit verputztem Mauerwerk. Die Zapotaken schufen Pyramidenplattformen, und im Tal von Mexiko entstanden beachtliche Tempelbauten.

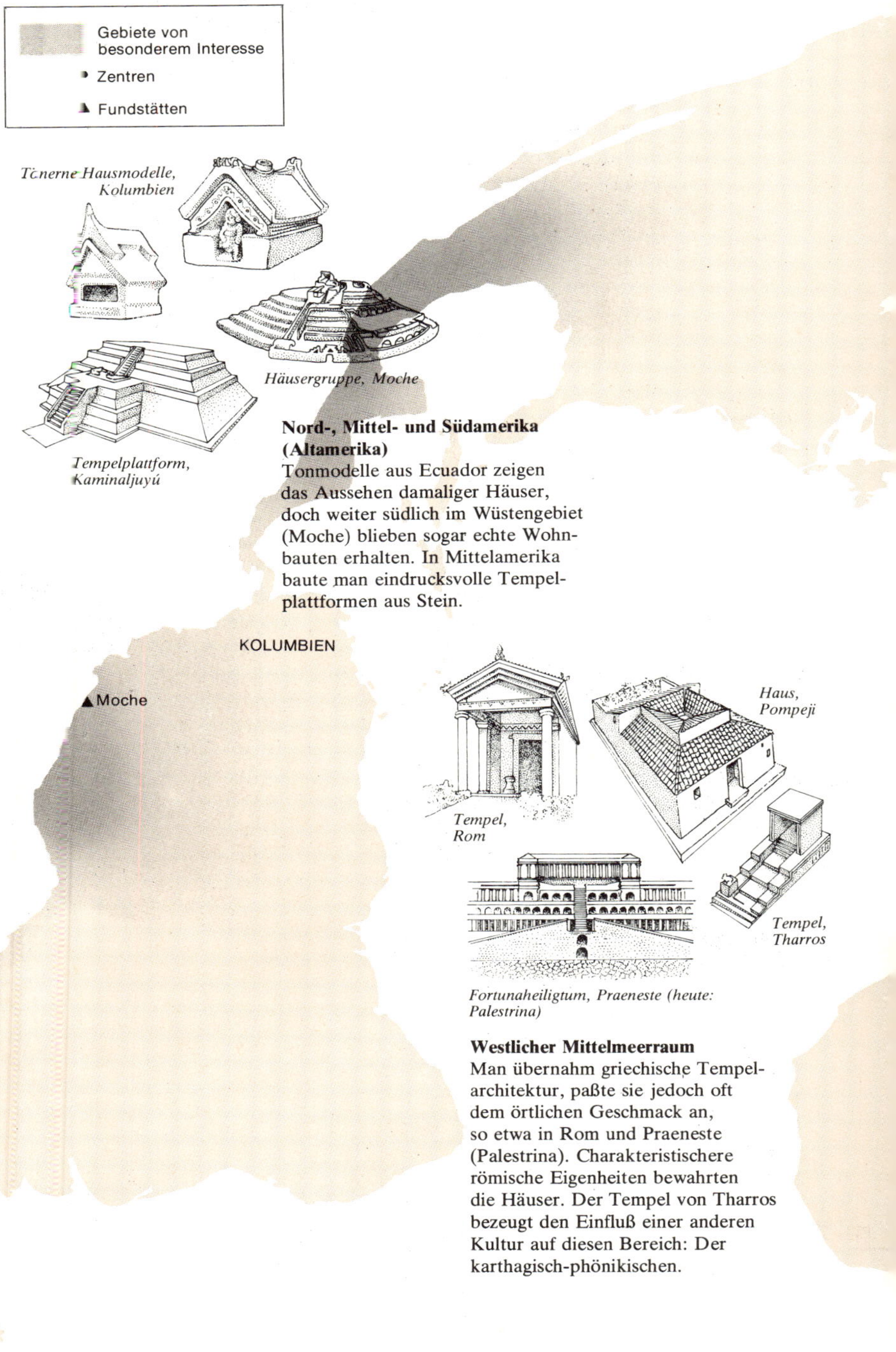

Tönerne Hausmodelle, Kolumbien

Häusergruppe, Moche

Tempelplattform, Kaminaljuyú

Nord-, Mittel- und Südamerika (Altamerika)
Tonmodelle aus Ecuador zeigen das Aussehen damaliger Häuser, doch weiter südlich im Wüstengebiet (Moche) blieben sogar echte Wohnbauten erhalten. In Mittelamerika baute man eindrucksvolle Tempelplattformen aus Stein.

Tempel, Rom

Haus, Pompeji

Tempel, Tharros

Fortunaheiligtum, Praeneste (heute: Palestrina)

Westlicher Mittelmeerraum
Man übernahm griechische Tempelarchitektur, paßte sie jedoch oft dem örtlichen Geschmack an, so etwa in Rom und Praeneste (Palestrina). Charakteristischere römische Eigenheiten bewahrten die Häuser. Der Tempel von Tharros bezeugt den Einfluß einer anderen Kultur auf diesen Bereich: Der karthagisch-phönikischen.

BAUMATERIALIEN (VERGLEICHENDE ÜBERSICHT)

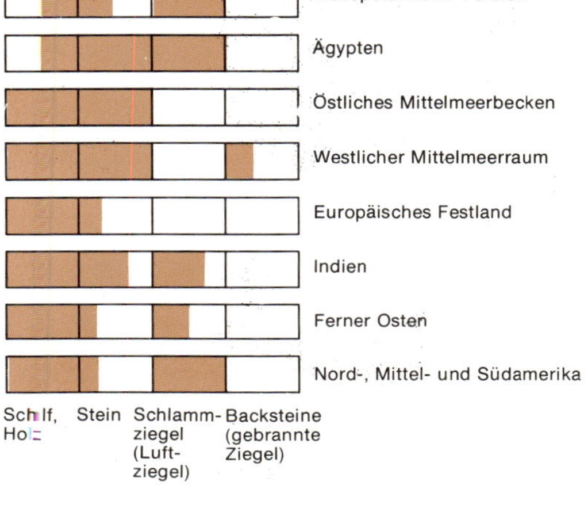

Europäisches Festland (Alteuropa)
Hier waren wehrhafte Siedlungen weit verbreitet. Beim *Crannog* von Milton Loch handelte es sich um eine künstliche Insel mit hölzernem Unterbau, beim *Broch* (Wehrturm) von Mousa um einen Rundturm aus Trockenmauerwerk, und die *Heuneburg* unweit von Beuron war die eindrucksvolle Wallanlage (mit Mauerwerk) eines wohl bedeutenden keltischen Fürsten, in der sogar schwarzfigurige attische Keramik und Weinamphoren aus dem Mittelmeerraum gefunden wurden.

Ferner Osten
Dank ihrer massiven Bauweise bzw. ihrer unterirdischen Lage blieben Chinas Große Mauer und einige Gräber aus damaliger Zeit erhalten. Tonmodelle und Ziegel beweisen, daß es auch weniger widerstandsfähige Bauten gab.

Östliches Mittelmeerbecken
Der Parthenon auf der Akropolis in Athen läßt fast alle Prinzipien griechischer Tempelarchitektur erkennen. In der gleichen Tradition stehen die Propyläen, der monumentale Torbau der Akropolis. Der Grabbau von Xanthos zeigt eine abgewandelte Version dieser Bauweise, während das Theater von Epidauros eine andere Linie griechischer Bauentwicklung verkörpert.

Seerandsiedlung, Milton Crannog
Broch, Mousa
Ringwall, Heuneburg
Grab, Shantung
Hausmodell
Dachziegel aus der Han-Zeit, Setschuan
Große Mauer, China
Parthenon, Athen
Propyläen, Athen
Theater, Epidauros
Grabbau, Xanthos
Kapitell, Pataliputra
Kushinagara, Magadha
Stupa, Swat-Tal
Großer Stupa, Sanchi
Pharos-Leuchtturm, Alexandria
Isistempel, Philai
Tempel, Edfu
Tempel, Kom Ombo
Lykisches Grab, vgl. Xanthos-Monument
Achaimenidengrab, Naqsch-i Rustäm
Säule, Persepolis
Persepolis, Apadāna (Audienzhalle)

Indien
Das in Magadha entstandene Maurya-Reich mit seiner Hauptstadt Pataliputra verhalf der Monumentalarchitektur in Indien zu einer Wiedergeburt. Sein größtes Baudenkmal ist wahrscheinlich der Stupa in Sanchi, zugleich einer der schönsten seiner Art. Ein bescheideneres Exemplar derartiger religiöser Denkmäler aus dem Swat-Tal ist gleichfalls abgebildet.

Ägypten
Der (nicht erhaltene) Leuchtturm auf der Insel Pharos vor Alexandreia dürfte nach hellenistischer Gepflogenheit griechische und einheimische Elemente vereinigt haben. Nilaufwärts dagegen hielt man an der einheimischen Tempelarchitektur fest, wie die Tempel von Philai, Kom Ombo und Edfu beweisen.

Mesopotamien / Persien
Die berühmtesten damaligen Stätten in diesem Gebiet waren Persepolis und der Palast des Dareios. Eine Neuerung bestand in der Tierform der skulptierten Säulenkapitelle. Nicht weit davon, in Naqsch-i Rustäm, war Dareios' Grab aus dem Felsen gehauen. Einen ganz anderen Stil zeigen die turmartigen Pfeilergräber Lykiens (insbesondere in Xanthos).

Mesopotamien / Persien

Dareios erbaute auf einem Felsplateau Persepolis als eine Residenz für sein riesiges Reich. Von der Palastanlage blieben nur große Säulen und eine mit Reliefs geschmückte Freitreppe (Apadana) erhalten. In Naqsch-i-Rustäm ließ Dareios I. sein Grab in die Felsen schlagen und die Fassade mit Reliefs schmücken.

Achämenidengrab, Naqsch-i-Rustäm

Prunkvolle Treppe und Säulen, Persepolis

Ägypten

Der Pharos von Alexandria war eines der sieben antiken Weltwunder und diente als Leuchtturm. Seine Architektur dürfte griechische und ägyptische Elemente vereinigt haben. – Der Horus-Tempel in Edfu mit seinem großen Torweg und den reliefgeschmückten Pylonen setzte in der Ptolemäerzeit die einheimische Bautradition fort.

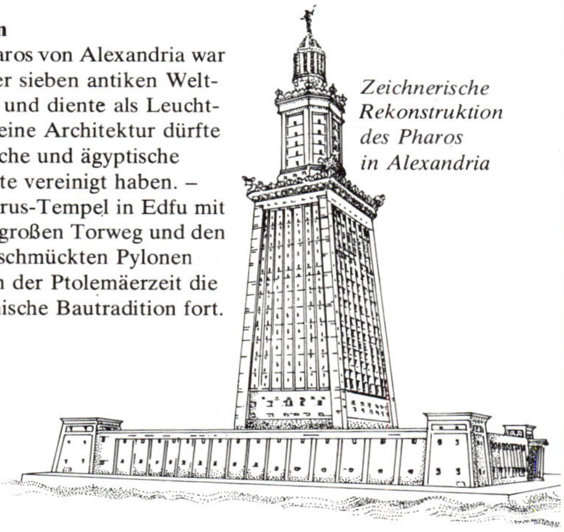

Zeichnerische Rekonstruktion des Pharos in Alexandria

Tor, erster Pylon, des Horus-Tempels in Edfu

Östliches Mittelmeerbecken

Der Parthenon auf der Akropolis von Athen, 447–432 v. Chr. unter Perikles erbaut, war der Tempel der Pallas Athene, der Schutzgöttin der Stadt, deren Gold- und Elfenbein-Statue sich dort befand. Die cella – verwandt dem alten »megaron« – war umgeben von einer Ringhalle mit Marmorsäulen. Die äußere Reihe bestand aus 46 Säulen. Der Bau vereinte dorische und ionische Komponenten. – Auch die griechischen Theater waren ursprünglich Kultbauten. Sie wurden kreisförmig in einen Hügelabhang hineingebaut. Auf der Bühne stand ein Altar, und den Abschluß bildete die Kulisse eines Bühnenhauses mit Säulen und Nischen.

Plan eines griechischen Theaters

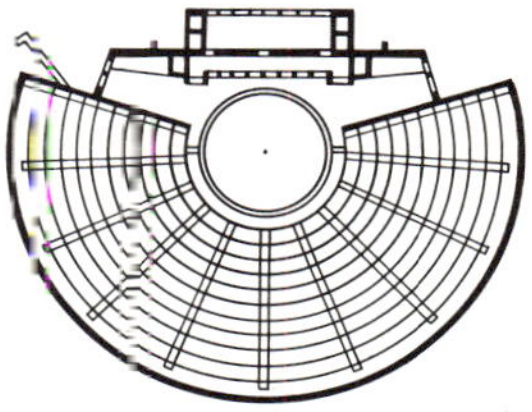

Parthenon, Athen

Theater in Epidauros, Griechenland

Westlicher Mittelmeerraum

Die einstöckigen Häuser von Pompeji waren nach einem einheitlichen Plan erbaut. Mauern begrenzten die Straßen. Vom Tor gelangte man zu einem zentralen Hof (atrium), um den sich die Räume gruppierten. Die Küche war im rückwärtigen Trackt untergebracht. Ein verbesserter Mörtel (Beton) war den Römern beim Straßen- und Hafenbau von Nutzen und ermöglichte bei der Errichtung des Fortunaheiligtums in Praeneste (heute Palestrina) eine neue Statik.

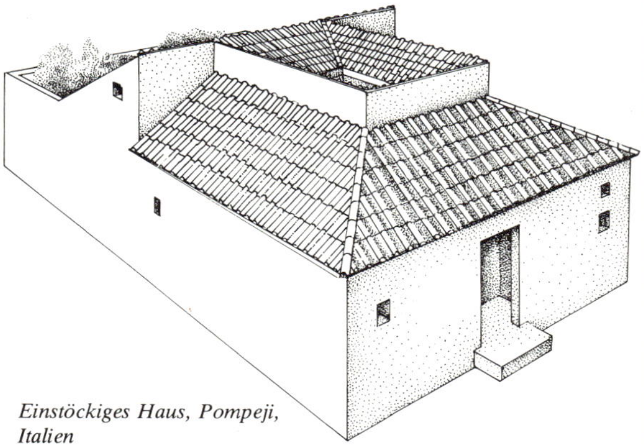

Einstöckiges Haus, Pompeji, Italien

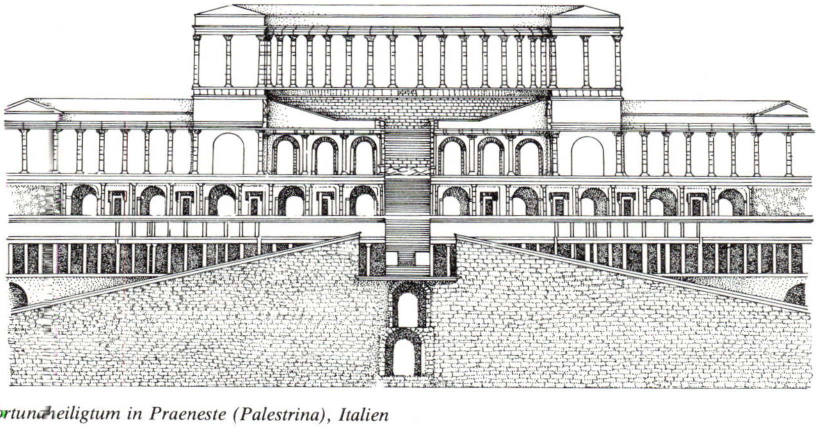

Fortunaheiligtum in Praeneste (Palestrina), Italien

Europäisches Festland (Alteuropa)

Der »Broch« in Mousa (Shetland Inseln, Schottland) war wie ähnliche Rundtürme (z. B. die Nuraghen in Sardinien) eine Fluchtburg. Zwischen zwei Trockenmauern wand sich eine Treppe spiralförmig in die Höhe, in Mousa bis auf 12 m Höhe. Im Inneren befand sich eine Holzkonstruktion, die die Mauern stützte. Die Heuneburg war eine komplizierte Verteidigungsanlage mit einem Grabensystem, Erdwällen, Holz- und Lehmbauten. Für den westlichen Wall wurde ein hölzernes Fachwerk errichtet und mit Steinen gefüllt, andere Mauern waren aus luftgetrockneten Ziegeln auf einer Steinbasis erbaut.

Broch in Mousa, Schottland

Heuneburg, Deutschland

Indien

Der große Stupa von Sanchi wurde von Aschoka als Schrein für Reliquien Buddhas errichtet und von den Sunga-Königen bedeutend erweitert und mit reich dekorierten Zäunen und Toren umgeben, dabei ersetzte man die Holzarchitektur schrittweise durch Steinbauten. Auch die Andhra-Dynastie 72–25 v. Chr. erwarb sich Verdienste um den Ausbau des Heiligtums. Der Stupa war wie die ägyptischen Pyramiden, die mesopotamischen Zikkurats und die mexikanischen Tempelhügel nach einem symbolischen Plan erbaut und nach den Himmelsrichtungen ausgerichtet, welche durch Tore markiert wurden. So vollkommen auch die Anlage war, so einfach blieb im Grund die Konstruktion. Die Tore z. B. entsprachen in Stein übertragenen alten Holzformen.

Großer Stupa und Tor von Sanchi, Bhopal, Indien

Ferner Osten

Tönerne Hausmodelle aus Gräbern geben uns einen Eindruck von der vergangenen, leichten Holzbauweise der Han-Zeit. Das abgebildete, aus mehreren Teilen zusammengesetzte Turmhaus aus dem Jahr 202 v. Chr. ist mit Glasurfarben bemalt. – Die erste »Große Mauer« des Kaisers Cch'in-Shi-huang-ti, in neuerer Zeit ausgebaut, verband die schon vorhandenen Grenzmauern mehrerer früherer chinesischer Staaten. Sie wurde mehrfach erneuert und erreichte eine Länge von 3200 km.

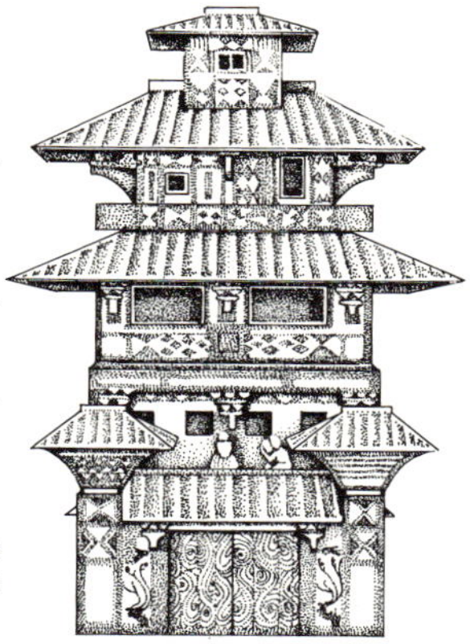

Modell eines Hauses der Han-Zeit

Große Mauer

Nord-, Mittel- und Südamerika (Altamerika)

Die 8 m hohe Tempelplattform von Uaxactún ist ein Beispiel für die frühe Maya-Architektur um 300 v. Chr., bei der bereits charakteristische Eigenheiten der Sakralbauten dieser Kultur ausgebildet waren: die Wände sind mit Stuck bedeckt, und symbolische Masken schmücken den Rand der Treppen. Auf der obersten Plattform erhob sich ein einfacher, in dieser Zeit noch hölzerner Kultbau.

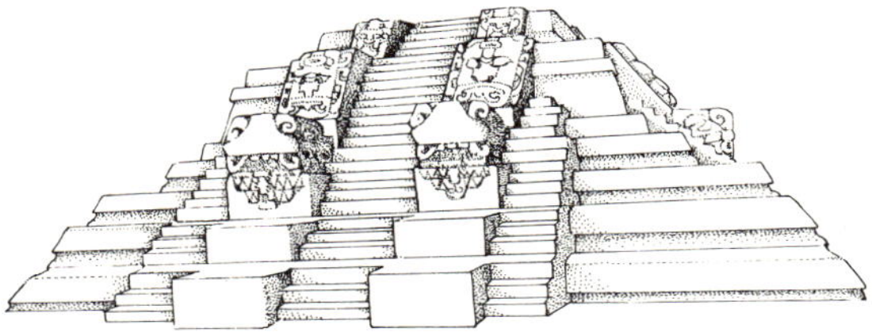

Tempelplattform von Uaxactún, Guatemala

Kunst
500 v. Chr. – Chr. Geb.

So wie die griechische Kunst sich in ihrem klassischen Zeitalter zeigt, gebührt ihr wegen ihrer einzigartigen Vollkommenheit und wegen ihres weitverbreiteten und langandauernden Einflusses der erste Platz. Das gilt besonders für die Skulpturen. Erst kurz zuvor war die rotfigurige Vasenmalerei von den Athenern entwickelt worden, und nun wendeten die Künstler ihre ganze Schaffensfreude auf, um Keramiken herzustellen, wie sie in Formgebung und Dekor die Welt noch nicht gesehen hatte. Im hellenistischen Zeitalter wurde die Bildhauerei routinierter, die Skulpturen wurden dramatischer und individueller.

Die griechische Kunst beeinflußte weiterhin viele benachbarte Völker, einschließlich der Etrusker, deren Kunst vielleicht um 500 v. Chr. mit den schönen Terrakotten des Bildhauers Vulca in Veji ihren Höhepunkt erreichte.

Die Römer, deren von den Griechen beeinflußte Kunst sich in den späten Jahren der Republik entfaltete, haben wahrscheinlich auch von den Etruskern gelernt. Am Ende des Zeitraumes zeigte sich ihr Sinn für Individualität in schönen Porträtskulpturen; zugleich entstanden die ersten eindrucksvollen Landschaftsmalereien. Die römische Mosaikkunst beginnt im 5. Jahrhundert v. Chr. Griechischer und in geringem Maß etruskischer Einfluß waren auch bedeutsam für die Entwicklung der La-Tène-Kunst der Kelten.

In Ägypten war – sogar unter den Ptolemäern – der griechische Einfluß auf die Kunst nur gering. Außerhalb Alexandriens zeigen Reliefs und andere Bildwerke in den großen Tempeln dieser Zeit noch die alten Stile. Auch im Perserreich der Achämeniden blieb griechischer Einfluß schwach: Die Bildhauer von Susa und Persepolis sind mehr der assyrischen Tradition verpflichtet. In der ganzen Region von Zentralasien bis Osteuropa, die von den Skythen und anderen Nomaden bewohnt wurde, herrschte eine verwirrende Mischung chinesischer, persischer und griechischer Elemente, vermengt mit dem alten Tierstil der Steppen.

Die Bildhauerkunst Indiens erwachte – vor allem in den Regionen starken persischen Einflusses – in den Baureliefs und den berühmten Aschoka-Säulen zu neuem Leben. Im Nordwesten übten die hellenistischen Griechen großen Einfluß auf die Bildhauerkunst aus. – Schon zur Ts'in-Zeit entstanden in China vereinzelt schöne Grabfiguren aus Bronze und Ton, aber erst unter der Han-Dynastie gewannen sie an Zahl und Schönheit wirklich Bedeutung. Lackarbeiten und Seidenmalerei hatten hohes Niveau.

In Amerika klang der Spätstil der Olmeken aus, während sich die Bildhauerkunst von Monte Albán und die der frühen Maya entwickelten. In Peru entfalteten sich die Kleinkunst der Töpferei und das Textilhandwerk zu höchstem Rang.

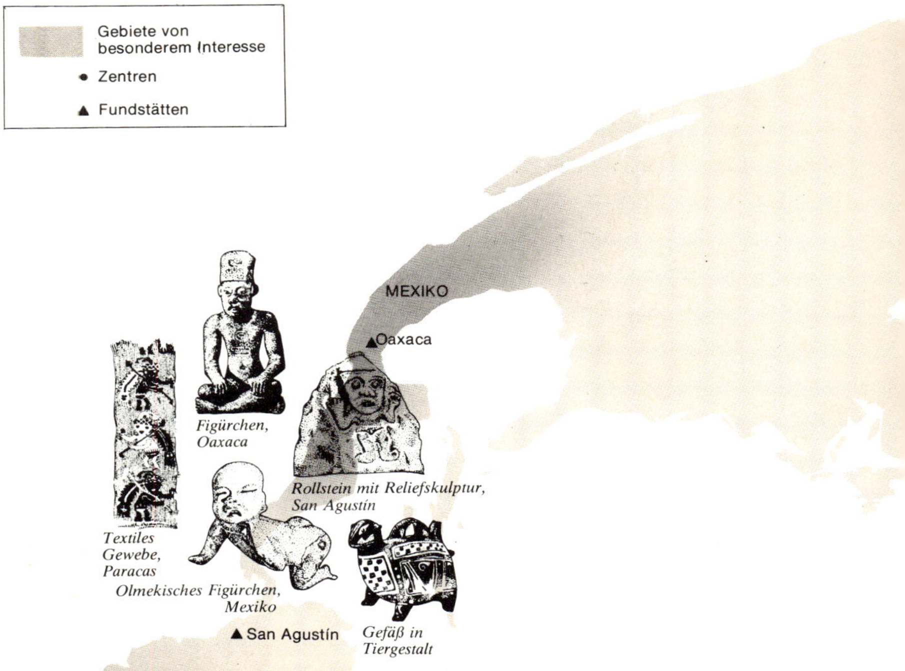

Nord-, Mittel- und Südamerika (Altamerika)
Noch immer wirkte der Einfluß des olmekischen »Kindergesichts«-Stils (man spricht geradezu von einem »Babyface-Stil«) nach, doch die aufstrebenden Zentren lagen nun im Hochland von Mexiko, es waren Monte Albán und andere Plätze in Oaxaca sowie im Petén, wo sich die Maya-Kunst zu regen begann. Im 5. Jahrhundert produzierte Peru hervorragende Textilien. In einigen Gegenden hielt sich noch die Keramiktradition von Chavín de Huantar, und an der Küste begannen in der letzten Phase dieser Periode die Mochica- und Nazca-Kultur.

Westlicher Mittelmeerraum
In den ersten Jahrhunderten dieser Periode schufen die Etrusker ihre Skulpturen und Wandmalereien, in denen Traditionen des archaischen Griechenlands stärker spürbar waren als der sogenannte »Realismus« der Klassik. Eine etruskische Arbeit ist auch die Kapitolinische Wölfin (bei den an den Zitzen der Wölfin saugenden Zwillingen handelt es sich um eine Zutat der Renaissance). Auf der Iberischen Halbinsel und in Südfrankreich ließ die Berührung mit griechischen Kolonisten eine eigenständige Steinbildhauerei entstehen.

Europäisches Festland (Alteuropa)
Im 5. Jahrhundert begannen die Kelten, die dekorative La-Tène-Kunst zu entwickeln. Viele der schönsten Beispiele dieses Kunststils fanden sich auf Waffen und Schmuckstücken der letzten beiden Jahrhunderte vor der Zeitenwende. Die Kelten übernahmen nicht nur einige Motive der Klassischen Antike, sondern auch Elemente jenes Tierstils, den noch immer Skythen und andere Steppennomaden am eindrucksvollsten pflegten.

Östliches Mittelmeerbecken
Griechische Bildhauer – Pheidias, Praxiteles, Lysippos – schufen nun ihre Meisterwerke, und zwar sowohl als freistehende Rundplastiken als auch als Reliefs an Tempel-Giebelfeldern und Metopen. Die besten, bekanntesten Beispiele ihrer Kunst stammen vom Parthenon auf der Akropolis von Athen und aus Olympia. Maler rotfiguriger Vasen gestalteten herrliche, lebensvolle Darstellungen mythologischer Szenen oder alltäglicher Begebenheiten. Überall im gesamten östlichen Mittelmeerbereich war griechischer Einfluß vorherrschend.

Ferner Osten
Im China der Ts'in- und der frühen Han-Dynastie entstanden Keramikfiguren voller Scharm, ja oft voller Schönheit. Außerdem gab es hervorragende kleine Bronze- und Jadearbeiten. Vom Einfluß chinesischen Stils auf die Formenwelt der Ostasien näheren Nomaden zeugen die herrlichen Funde von Pazyryk.

Ägypten
Tempel dieser Periode waren über und über mit Skulpturen bedeckt, die teils einfach auf alte Vorbilder zurückgriffen, teils von außerordentlichem Feingefühl zeugen. Eine Intensivierung der Tierkulte regte zur Schaffung kleiner Tierplastiken an. Die realistischen Porträtköpfe sind Ausdruck des besonderen Lebensgefühls in dieser sehr alten Hochkultur.

Mesopotamien / Persien
Ganz offenkundig knüpfen die Skulpturenfriese des frühachämenidischen Susa sowie desgleichen in Persepolis an assyrische Traditionen an, vielleicht auch an Überlieferungen aus Urartu. Besonderes Geschick bewiesen persische Kunsthandwerker beim Entwurf und bei der Anfertigung kostbaren Schmucks sowie wertvoller Gefäße für die königliche Tafel. Bisweilen wird dabei etwas vom Einfluß des Tierstils der Steppennomaden spürbar.

Indien
Zur Zeit des Maurya-Reiches erschienen Skulpturen als Teil der Architektur buddhistischer Bauwerke sowie auf den berühmten Säulen des kaiserlichen Missionars Aschoka, von denen einige Elefanten, Löwen und Stiere tragen. Hier zeigt sich starker iranischer Einfluß. Reliefs und freistehende, vollplastische Rundskulpturen stellen *Yakshis* (Naturgeister) dar.

Mesopotamien / Persien
Die persisch-achämenidischen Fürsten tranken aus prächtigen Gefäßen. Heilige Tiere (Steinböcke, Rinder und Löwen) schmückten die Opfergefäße oder bildeten die Henkel einiger Becher. – Die Reliefs von Persepolis sind von assyrischen Vorbildern beeinflußt.

Goldener Rhyton (Opfergefäß), Ekbatana

Meder und Perser auf einem Wandrelief von Persepolis

Ägypten
Auch in der Spätzeit stellten die ägyptischen Bildhauer Skulpturen und Reliefs nach alten Vorbildern her. Tierdarstellungen aus Fayence, Stein und Bronze, die intensive Naturstudien voraussetzten, bezeugen die wachsende Bedeutung der Tierkulte. Die Nilpferd-Göttin Tauweret (Thoueris) wurde angerufen, um die Fruchtbarkeit zu fördern, und als Helferin bei der Geburt.

Fayencefigur der Göttin Tauweret (Thoueris)

Östliches Mittelmeerbecken
Künstler wie die Bildhauer Pheidias und Praxiteles, aber auch viele Vasenmaler waren in Griechenland hochangesehen. Die klassische Kunst mit ihrer lebensvollen Darstellungsweise legte großen Wert auf die anatomische Genauigkeit der Statuen, von denen die meisten in Tempeln aufgestellt wurden. Der berühmte Hermes des Praxiteles (340 v. Chr.) stammt aus dem Hera-Tempel von Olympia. Das 5. Jahrhundert v. Chr. war eine Blütezeit der rotfigurigen Vasenmalerei.

Hermes des Praxiteles (Olympia)

Griechische Vase mit einer Darstellung des Theseus und des Minotauros

Westlicher Mittelmeerraum
Nach 500 v. Chr. schufen die Etrusker einige der schönsten Wandmalereien, welche uns ihr Leben und ihre Sitten höchst anschaulich vor Augen führen. Festmahle stellen Totenfeiern dar oder sind Ausdruck der Hoffnung auf ein schönes Leben im Jenseits. Griechische Anregungen waren nicht nur bei der Grabmalerei vorbildlich für etruskische Werke, sondern auch auf den Gebieten der Töpferei, der Bronzearbeit und bei der Herstellung von Gemmen, daneben knüpften die Etrusker auch an eigene künstlerische Traditionen an und stellten für ihre Heiligtümer Terrakotta-Statuen in der Art des Apolles von Veji her (Seite 147).

Etruskischer Kopf

Wandmalerei aus dem »Grab der Leoparden«, Tarquinia, Italien

Europäisches Festland (Alteuropa)
Der keltische La-Tène-Stil entwickelte sich seit dem 5. Jahrhundert in Zentral- und Westeuropa; dabei übernahmen die Kelten griechische Anregungen und verwandelten figürliche Motive in Kompositionen symmetrischer Kurven (besonders ausgeprägt auf dem Battersea-Schild). Die mit Korallen und Email eingelegte Kanne aus Basse-Yutz deutet auf Berührungen der keltischen Kunst mit dem skythischen »Tierstil« hin. Die Darstellung der kleinen Ente auf der Weinkanne, die von einem Ungeheuer (Henkel der Kanne) bedroht wird, ist zugleich eine Probe keltischen Humors.

Kanne aus Basse-Yutz, Frankreich

Battersea-Schild, England

Indien
Zur Zeit des Maurya-Reiches wurden zur Ausschmückung von Bauwerken meist große Skulpturen von Yakshis (weiblichen Naturgeistern) geschaffen, mit denen man an Traditionen der dörflichen Kunst anknüpfte. Dagegen orientierten sich einige Aschoka-Säulen an fremden (griechischen ?) Vorbildern. Die buddhistischen Künstler setzten den Formenkanon der Holzschnitzerei in neue Werke aus einem dauerhafteren Material um – Vorläufer für spätere Buddhadarstellungen.

Terrakottaplatte mit einer Yakshi, Kausambi, Indien

Ferner Osten
Die Kunst der Skythen (und anderer Steppennomaden) ist gekennzeichnet durch den Tierstil, den wir von den herrlichen Goldarbeiten kennen. In den gefrorenen Fürstengräbern von Pazyryk blieb auch vergängliches Material wie der Filzteppich mit dem Reiter erhalten. Der vergoldete, mit Silber eingelegte Leopard gehört zu den prunkvollen Grabbeigaben der Prinzessin Tou Wan aus der Han-Dynastie.

Liegender Leopard aus Man-ch'eng, China

Filzteppich aus Pazyryk

Nord-, Mittel- und Südamerika (Altamerika)
Besonders schöne Beispiele der Kunstfertigkeit der präklassischen altamerikanischen Kulturen (der formativen Phase) sind die Totentücher der Nekropole von Paracas (Südperu) mit Tier- und Menschenfiguren in leuchtenden Farben, mit denen Mumien bedeckt waren.

Totentuch aus Paracas, Peru

Region	Wirtschaft	Zentren	Ereignisse / Entwicklungen	Persönlichkeiten
Mesopotamien / Persien 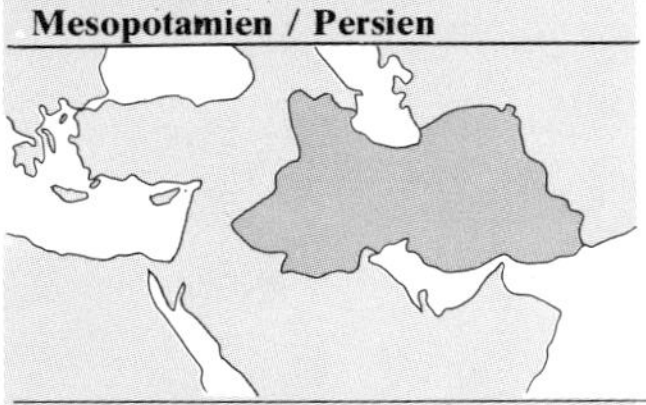	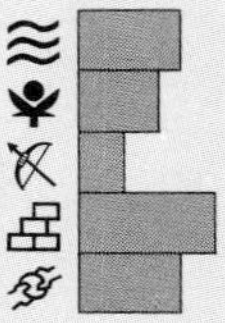	Susa Persepolis Babylon Seleukeia	Persisches Achämenidenreich (seit etwa 640 v. Chr.); Eroberungszüge Alexanders des Großen (334–323 v. Chr.); Seleukidenreich (bis 64 v. Chr.). Aufstieg der Parther.	Xerxes
Ägypten 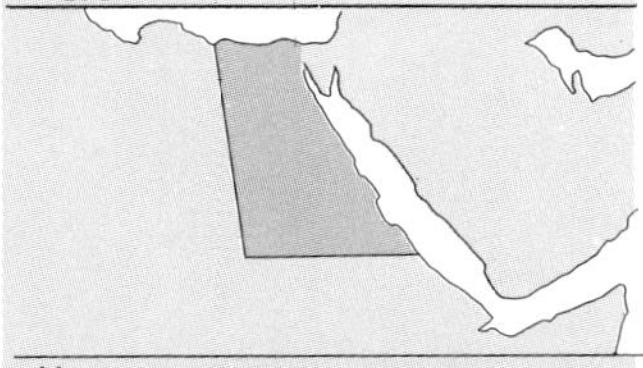	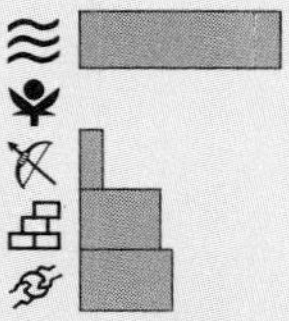	Alexandreia Meroë	Erste persische Fremdherrschaft (27. Dynastie [525–404 c. Chr.]), letzte Unabhängigkeitsphase (sogenannte 28. und 29. Dynastie [404–342 v. Chr.]), zweite persische Herrschaft (sogenannte 31. Dynastie [342–332 v. Chr.]), Eroberung durch Alexander d. Gr. (332 v. Chr.). Griechische (makedonische) Ptolemäerdynastie (305–30 v. Chr.). Eroberung durch Rom (30 v. Chr.).	Euklid Ktesibios Kleopatra
Östliches Mittelmeerbecken 	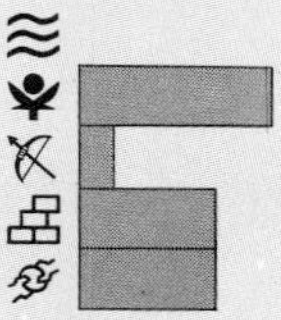	Athen	Die Griechen schlagen 480 und 479 v. Chr. die Perser zurück, zerfleischen sich jedoch nach dem glanzvollen Zwischenspiel der Perikles-Zeit (443–429 v. Chr.) im Peloponnesischen Krieg. Aufstieg Alexanders (336–323 v. Chr.). Der Kampf der Nachfolgestaaten des Alexanderreichs endet mit der Unterwerfung durch Rom (31/30 v. Chr.): endgült.	Perikles Pheidias Aischylos (usw.) Sokrates Platon Aristoteles Philipp von Makedonien Alexander
Westlicher Mittelmeerraum 	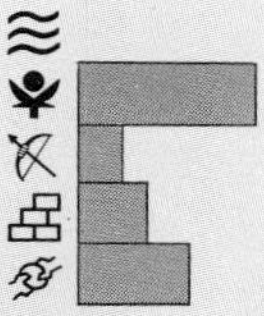	Bologna Tarquinii (Tarquinia) Rom Syrakus Karthago	Keltenangriffe und Roms Expansion setzen der Unabhängigkeit der Etrusker ein Ende. Das republikanische Rom vereinnahmt die griechischen Kolonien in Italien, wirft Karthago nieder und dringt nach Osten, Westen, Süden und Norden (hier bis zum Ärmelkanal) vor.	Archimedes Julius Caesar Cicero Vergil Augustus
Europäisches Festland (Alteuropa) 	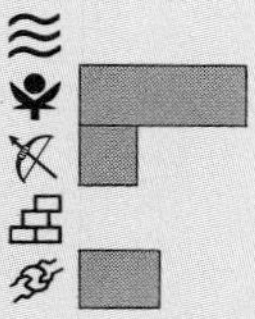	La Tène Heuneburg	Handel mit Griechen und Etruskern in West- u. Mitteleuropa, später Eroberung durch die Römer (Rhein- und Donauraum).	Vercingetorix Cassivelaunus
Indien 	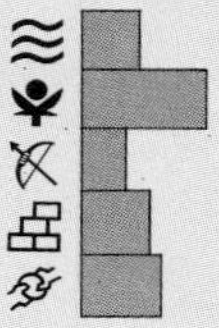	Taxila Sanchi Sarnath	Perser und später Alexander dringen bis ins Pandschab vor. Griechisch-makedonisches Reich in Baktrien (etwa Afghanistan). Maurya-Reich in Indien. Kuschan-(Saken)-Invasion. Errichtung des Kastenwesens.	Tschandragupta (Chandragupta) Aschoka (Ashoka)
Ferner Osten 	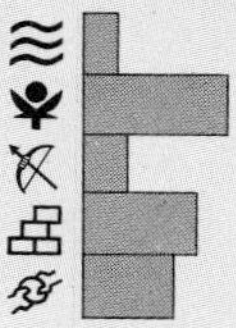	Ch'ang-An (Ts'ang-an)	Zeit der kämpfenden Reiche (480–221 v. Chr.), Ch'in-(Ts'in-)Dynastie (221–206 v. Chr.), Einigung Chinas unter der älteren (westlichen) Han-Dynastie (206 v. Chr.). Yayoi-Kultur in Japan.	Wu-ti Sse-ma T'sien
Nord-, Mittel- und Südamerika (Altamerika) 	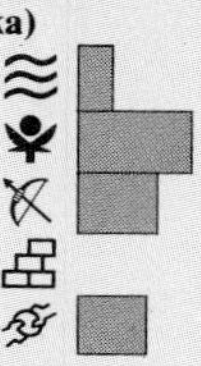	Tlatilco Monte Albán Izapa Paracas	Monte Albán I u. II. Eroberung feindlicher Städe durch Monte Albán. Erstes Auftauchen der Maya. Örtliche Eigenentwicklungen in Peru.	

Die Symbole und Balken in den Feldern der Wirtschafts-Spalte geben an, in welchem Verhältnis folgende Faktoren zueinander stehen: Bewässerung ≋ Landwirtschaft, Jagd, Städtische Lebensform, Handel

Religion	Technologie und Erfindungen	Bauweise	Kunst und Literatur
Zarathustrismus Mithraskult	Wirksame Reichsverwaltung, gutes Straßensystem. Stärkere Verwendung von Kamelen.	Straßenbau im Achämenidenreich. Säulenhallen. Monumentale Treppe in Persepolis.	Achämenidenkunst (Wandreliefs, Gold- und Silbergefäße, Goldschmuck). Aus den Steppen Asiens dringt skythischer Einfluß ein. *Awesta*
Weiterhin insbesondere Isis-, Horus- und Osiris-Verehrung. Neu: Serapiskult. Tierkulte in vorher ungekanntem Ausmaß. Griech. Umdeutung altägypt. Vorstellungen.	Das einigende Band im gesamten Mittelmeerraum ist die Kultur des Hellenismus. Die Technologie beruht auf ausgiebigem Gebrauch von Schmiedeeisen, Seilzügen, Rollen, Hebeln, einfachen Gewinden und Erfindungen wie Drehbänken, Blasebälgen mit Ventilen, ersten Wasserrädern usw. Man kannte Glasbläserei, die Archimedische Schraube und Landkarten.	Ältere Traditionen werden durchaus bewahrt, obwohl man z. B. in Alexandreia griechische Bauweise einführt.	Neben weiter gepflegten einheimischen Traditionen Vordringen griechisch beeinflußter hellenistischer Stilformen. Dennoch hielt man bis über das Ende der Periode hinaus an charakteristischen Elementen der altägyptischen Formensprache fest.
Olympisches Pantheon; Orakel; Allgriechische Spiele. Sog. Gnosis u. Mysterienkulte (Eleusis, Orphiker) gewinnen Einfluß. Philosoph. Kritik an überlieferter Religion.		Griechische Tempelarchitektur erreicht ihren Höhepunkt, wobei sich aus ein und derselben Wurzel verschiedene Ordnungen (dorische, ionische Ordnung) entwickeln. Nach der Form der Säulenkapitelle unterscheidet man außerdem einen äolischen und einen korinthischen Typus. Griechische Theater.	Höhepunkt griechischer Bildhauerkunst und Vasenmalerei. Griechische Tragödien (Aischylos, Sophokles, Euripides) und Komödien (Aristophanes), Lyrik (z. B. Pindar), Werke von: Herodot, Thukydides, Platon, Aristoteles. Die Etrusker passen griech. Formen (Gräber, Vasenbilder, Statuen) ihrem Geschmack an. Die Römer halten daran fest, kopieren aber griech. Werke auch direkt. Die griech. Kunst selbst bringt nach Archaik, »strengem Stil« (Wagenlenker von Delphi) u. Klassik noch im Hellenismus Werke wie die kauernde Aphrodite des Doidalsas, die Gallierfiguren und den großen Zeusaltar von Pergamon, die Nike von Samothrake, die Venus von Milo und die Laakoongruppe hervor. Werke von Cicero, Catull, Vergil, Horaz, Ovid, Livius.
Griechische, phönikische und etruskische Götter. Römische Staatsgötter. Kapitolinische Trias amtlicher Staatskult. Keltische Druiden, heilige Haine, Menschenopfer, Votivgaben.		Echte griechische Tempel (in griechischen Kolonialstädten), später deren weitgehende Nachahmung durch die Römer, allerdings unter Wahrung römischer Besonderheiten. Entwicklung der Ziegel- und Zementbauweise. Andernorts blieben nach wie vor Erde und Holz bevorzugtes Baumaterial.	
Örtliche Götter, Votivgaben, Moorleichen (vor allem in Dänemark und Norddeutschland).	Verbreitung der Eisentechnologie, Salzsiederei, Emaille.	Ringwallsiedlungen in Britannien und auf dem europäischen Festland werden Städte (Oppida). Ein solches Oppidum war z. B. Manching (Kreis Ingolstadt).	Entwicklung und weite Verbreitung der La-Tène-Kunst. In und um Bulgarien thrakische Kunst. Skythische Kunst in den Steppen.
Weitere Entwicklung zum Hinduismus. Dschainismus. Buddhismus breitet sich im gesamten Bereich aus. Aufspaltung in Mahayana- u. Hinayana-B.	Eisentechnologie, sogenannte *Northern polished black pottery* (eine schwarzglänzende Keramik im Norden Indiens). Neueinführung der Schrift. Kenntnis und Ausnutzung der Monsunwinde für die Seefahrt.	Felsentempel, Stupen (Tschaitjas), Aschoka-Inschriften. Städte wieder mit Mauern.	Großartige Arbeiten in Stein, besonders in buddhistischen Tempeln und Stupen. Entstehung des *Ramayana* und des *Mahabharata* (endgültige Form bei beiden jedoch erst in der folgenden Periode).
Konfuzianismus, Taoismus	Gußeisen weit verbreitet. Erfindung der Armbrust.	Vorläufer der Großen Chinesischen Mauer, Straßenbau. Bauten aus Holz und Dachziegeln, von denen allerdings nur wenig archäologisch erfaßbare Spuren übrigblieben.	Ende des Kunststils der Chou-Dynastie. Der Han-Stil ist realistischer. Lackarbeiten, Keramik (insbes. Grabfiguren), Kalligraphie (Schönschrift).
Vorstufen späterer Entwicklungen bei den Maya. Im übrigen wohl lokale Götter.	Bereits Kenntnis der komplizierten, später von den Maya übernommenen Kalendersysteme Mittelamerikas bei den Olmeken. Bildzeichen (Glyphen) als Schrift-Vorläufer. Goldarbeiten in Kolumbien. Bewässerungs- und Terrassenfeldbau breiten sich in Südamerika aus.	Steinerne Tempel in Mexiko, frühe Maya-Tempelplattformen. Für die Dächer nur Kraggewölbe (»Falsches Gewölbe«). Grabhügel und andere Erdwerke im Mississippi-Becken.	Fortleben olmekischer Traditionen. Kunstvolle Textilien in Peru.

Christi Geburt bis 500

In den ersten fünf Jahrhunderten unserer Zeitrechnung erreichte die »Verlagerung der kulturellen Entwicklung nach Westen«, die in den letzten beiden Epochen durch so hohe Dynamik gekennzeichnet war, im frühen Römischen Reich einen Höhepunkt. In den letzten hundert Jahren der neuen Epoche kam es aber zu einem kräftigen, wenn auch vorübergehenden Rückschlag. Innerhalb des Reichs zeigt sich dieser Rückschlag in der Gründung Konstantinopels durch Constantin d. Gr. am Ort der antik-griechischen Kolonie Byzanz. Constantin hatte die Hoffnung, den Osten möglicherweise von dort aus regieren zu können, ohne seine Herrschaft über den Westen zu verlieren – aber vergebens. Die Römer hatten zwar einst die Kelten aufhalten, dann besiegen und Gallien erobern können, aber den wilden *germanischen* Völkern jenseits der Nordgrenzen waren sie nicht gewachsen. Schließlich war es nur die Standhaftigkeit von Byzanz, die ein Wiederaufleben des christlichen Westens ermöglichte.

Der Sieg des Christentums, das für die Zukunft wichtigste Ereignis dieser Periode, war für sich allein Zeichen einer Verlagerung zurück nach Osten. Denn das Christentum war eine Religion, die aus der semitischen Levante stammte und von einem Sendboten aus dem anatolischen Tarsus verbreitet wurde.

Jenseits der östlichen Grenze des Reichs brachen die persischen *Sassaniden* (226 n. Chr.) die Macht der Parther, jener althergebrachten Feinde Roms, und behaupteten, die wahren Nachkommen der Achämeniden zu sein.

In *Indien* fielen die Kuschan ein – ein Zweig der Yüe-Tschi-Nomaden. Sie wurden jedoch bald seßhaft und ihre Könige nahmen den Buddhismus an und förderten die Sanskrit-Gelehrten. Inzwischen war der Buddhismus zu einer Religion mit einer zentralen Erlösergestalt und Buddha ein Gott geworden. Die Kuschan-Dynastie wurde an Bedeutung von dem Gupta-Reich eines zweiten Herrschers namens Tschandragupta überragt, und zwar ziemlich genau zu der Zeit, als sich Constantin zum Christentum bekannte. Es war eine ideale Herrschaft, unter der der Hinduismus seinen Höhepunkt erlebte und die darstellenden Künste, Literatur und Wissenschaft im Zustand frommen Wohlstands florierten.

Noch zu Lebzeiten Jesu erreichte der Buddhismus vermutlich von Indien her *China.* Das Han-Reich zerfiel zwar erst 220 n. Chr., und seine Künstler besaßen auch noch die Fähigkeit zu großen Meisterwerken wie den berühmten »Fliegenden Pferden« eines Feldherrengrabes bei Wu-wei, aber es wurde immer schwächer und mit ihm auch (zeitweilig) die konfuzianische Lehre. Die buddhistische Religion fiel auf fruchtbaren Boden. Denn nach dem Zusammenbruch der Han-Dynastie, inneren Kämpfen und der Eroberung des Nordens durch die Nomaden begrüßte man die vom Buddhismus begünstigte Abkehr von der Welt zugunsten eines Lebens der Meditation, einer Pflege der Dichtkunst, der Malerei und Kalligraphie. Besonders unter der südlichen Dynastie der Ost-Ch'in (Ts'in), Zeitgenossen der Gupta in Indien, blühten diese Künste auf.

Teils über ihre koreanische Kolonie, teils durch direkte Kontakte bauten die Han einen Luxus-Handel mit Japan auf. Zunächst bestand Japan aus einer Anzahl rivalisierender Königreiche, aber im Laufe der Zeit erlangten die Yamato die Oberherrschaft. Ca. 400 übernahmen ihre Herrscher die chinesische Schrift und Sprache für offizielle Zwecke: Japan beschritt den Weg zur Schriftkultur.

Diese Epoche ist auch die erste, in der *Amerika* einen führenden Platz einnehmen kann. Seine erste Hochkultur erlebte es in Mittelamerika, und auch in Südamerika dämmerte die Hochkultur herauf. Es scheint besonders frappierend, daß die ersten Hochkulturen Mittelamerikas ihren Höhepunkt in den letzten Jahrhunderten dieser Epoche erreichten – zu einem Zeitpunkt also, als das Römische Reich gerade zerfiel.

Der Zufall ist um so pikanter, als die Neue Welt diese Kulturblüte trotz technischen Rückstands erreichte. Das Rad, in welcher Form auch immer, war dort praktisch unbekannt; alle beeindruckenden materiellen Leistungen waren das Ergebnis körperlicher Anstrengung. Die Maya kannten in ihrer klassischen Zeit kein Metall, da die Metallurgie erst später vom Süden her vordrang. Schon in der vorausgehenden Epoche wurden Gold, Silber, Kupfer und Blech in Peru und Kolumbien verarbeitet. Aber auch da blieben Erzgewinnung, Öfen und alles andere Zubehör rudimentär.

In einem anderen Teil Mexikos vergrößerten die Zapoteken Monte Albán,

Die Kuppelausschmückung des Baptisteriums der Orthodoxen (San Giovanni in Fonte) in Ravenna gibt einen Eindruck von der großartigen Mosaik-, Stuck- und Marmorinkrustationskunst des 5. Jahrhunderts.

Die Künstler des Han-Reiches brachten Meisterwerke wie das berühmte »Fliegende Pferd« von Wu-wei auch noch in einer Zeit hervor, als sich die Dynastie bereits am Rand des Abgrunds bewegte.

Das Römische Reich hatte seine größte Ausdehnung unter Trajan (98–117). Zu dieser Zeit war England bis zur schottischen Grenze besetzt, und Roms östliche Grenze verlief, nachdem die Daker besiegt worden waren, vom Kaspischen zum Roten Meer. Die römische Vorherrschaft im Westen begann mit der Einverleibung Siziliens und Korsikas (201 v. Chr.) und – nach zwei Kriegen mit Karthago – mit der Angliederung von Sardinien und Südspanien. Um 44 v. Chr., also zur Zeit von Caesars Tod, waren Gallien, der größte Teil der iberischen Halbinsel, Griechenland, ein guter Teil Vorderasiens und einige Länder der Schwarzmeerküste annektiert. Während Augustus' Herrschaft wurden auch Judaea und Ägypten Provinzen, und Europa war bis zur Donau und zur Rheinlinie unterworfen.

während die Leute von Teotihuacán am Anfang dieser Zeit gewaltige »Mond- und Sonnenpyramiden« errichteten. Beide Orte waren nicht nur Kultzentren, sondern auch richtige Städte: Teotihuacán erreichte eine Bevölkerung von vermutlich gut 100 000, von denen viele auf ein Handwerk spezialisiert waren. Die Menschen von Cholula (Pueblo), vielleicht eine Teotihuacán-Kolonie, erbauten die größte »Pyramide« überhaupt: 55,4 m hoch mit einer Grundfläche von 10 ha. Unterdessen wuchs auch bei El Tajin an der Golfküste im Norden des früheren Olmeken-Gebietes ein großes Verwaltungs- und Kultzentrum mit Tempeln, »Pyramiden« und Palästen aus dem Boden.

Es waren die Maya, deren Denker, Bauherren und Künstler alle anderen überflügelten. Ihre klassische Zeit beginnt um 300, als die Ost-Ch'in in China und die Gupta in Indien herrschten und Constantin d. Gr. zum Christentum übertrat.

Die meisten der auf uns gekommenen großen Werke der Maya-Architektur stammen aus der Zeit ab 500; aber entsprechend ihrer seltsamen Gewohnheit, immer neue Steinschichten um ihre Bauwerke zu legen, enthalten viele auch ältere Versionen früheren Datums. Die Wiege der fortgeschrittenen Maya-Zivilisationen lag im Petén-Tiefland von Guatemala und einem Teil von Chiapas in Mexiko. Dort wurden die Glyphenschrift und der Kalenderkult zuerst entwickelt, und dort war auch die intellektuelle Leistung der priesterlichen Astronom-Mathematiker am ausgefeiltesten und fortgeschrittensten. Der früheste bekannte Maya-Kalenderstein befindet sich in Tikal im Petén und

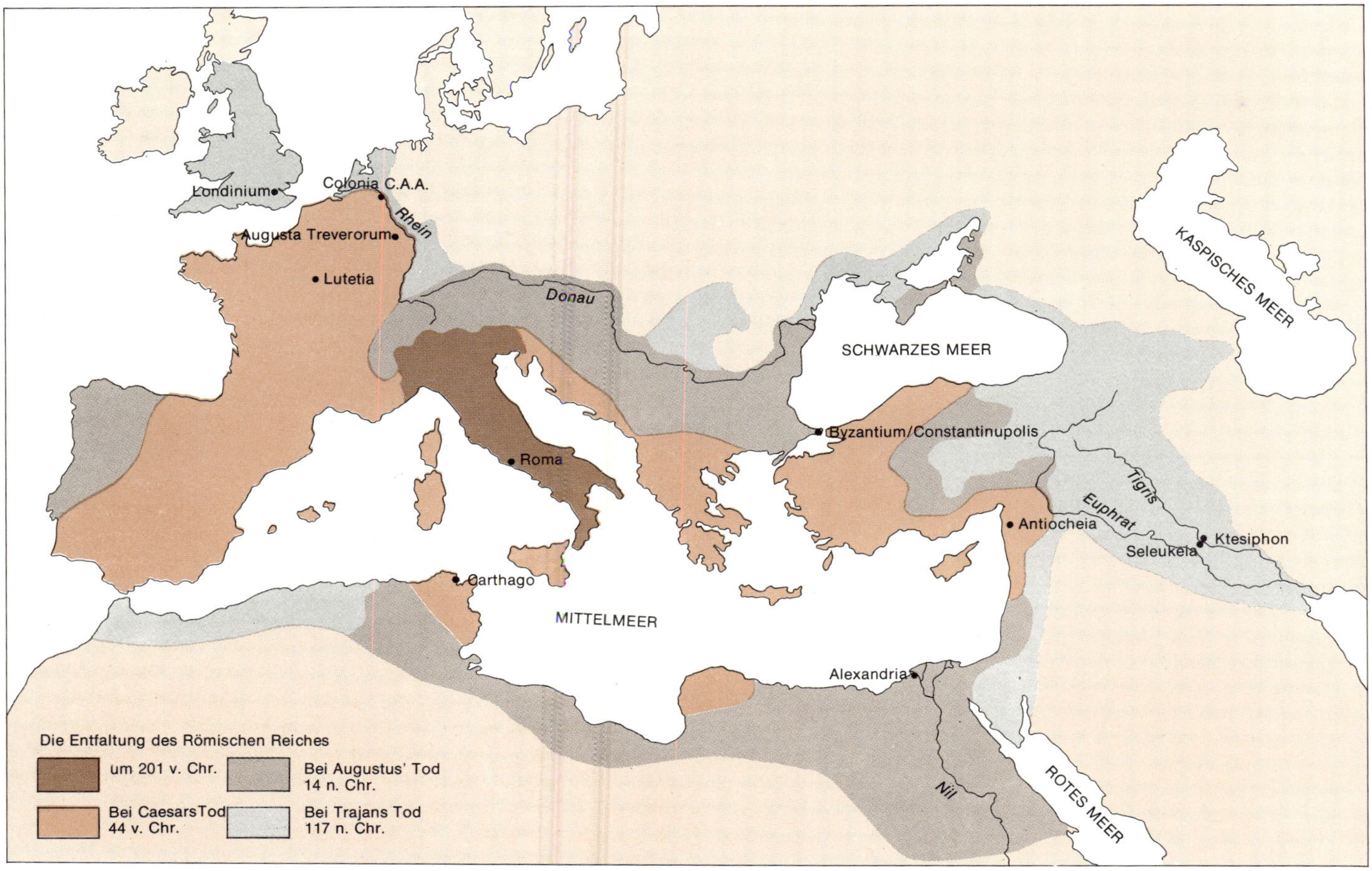

stammt aus dem Jahre 292, der älteste im nahegelegenen Uaxactún aus dem Jahre 328 und ein anderer – weit im Osten, in Copán, aus dem Jahre 460. Etwa zur Zeit des letztgenannten Datums hatten die Maya-Bildhauer ihren ausgezeichneten eigenständigen Stil voll entwickelt.

Die örtlichen Kulturen vom Ende der letzten Epoche in Südamerika entfalteten sich jetzt als organisierte Staaten. Wie auch in Mittelamerika gab es hier Kultzentren für die verstreute bäuerliche Bevölkerung, wenn auch kleiner und architektonisch weniger ausgeprägt. Ein Beispiel aus dem Norden bei San Agustín in Kolumbien mit Tempel-Hügeln und Skulpturen zeigt noch die furchterregenden Jaguarzüge der Chavín-Zeit. Die Mochica der Küstentäler Nordperus bauten große »Pyramidenhügel« aus luftgetrockneten Ziegeln. Obwohl sie wie alle Südamerikaner keine Schrift besaßen, erschließen sie sich uns durch ihre ausgezeichnet gestaltete Töpferei, die das Alltagsleben – mit all seinen angenehmen und unangenehmen Seiten – darstellt. Die Nazca Südperus zogen es vor, ihre Gefäße mit Tieren, Monstren und Göttern zu bemalen. Gold, Silber und Kupfer wurden reichlich für Schmuck verwendet, und die Mochica benutzten für einige ihrer Werkzeuge Bronze.

Das Zentrum, das fast alle anderen Süd- und Mittelamerikas überragte, ist Tiahuanaco, das 4000 m hoch in den bolivianischen Anden am Titicaca See gelegen ist. Hier führte ein riesiges, monolithisches Sonnentor in einen großen Tempelkomplex. Die Entwicklung einer eigenen Architektur begann wahrscheinlich in der hier besprochenen Epoche, und vielleicht entstand auch das »Sonnentor« noch zu dieser Zeit.

Als Rom und das westliche Reich um 500 zusammengebrochen waren und »barbarische« Völker die Kontrolle über fast ganz Europa und Nordafrika ergriffen hatten, waren die Maya und andere Völker Mittelamerikas, Perus und der Nachbarländer noch immer auf dem Weg zum Höhepunkt ihrer Kultur. Wenn diese uns fremd und fern im Vergleich zu denen der Alten Welt erscheinen, so rührt das weitgehend daher, daß wir die Maya-Schrift nur teilweise lesen können und daß außer ihr sonst nirgendwo eine andere Schrift existiert.

Gab es dort besonders Brutales und Unheimliches? Früher war ich dieser Meinung vor allem in bezug auf Mittelamerika und seine furchtbaren Götterabbildungen, die mit Menschenschädeln sowie abgezogenen Häuten ausstaffiert sind und Appetit auf Menschenherzen hatten. In der Tat wohnt der Kunst etwas Bedrohliches und »Perverses« inne, das sogar bei den besten Maya-Werken zu finden ist, von denen einige sehr schön sind. Und es stimmt, daß der religiöse »Sadismus« zunahm und schließlich seinen Höhepunkt nach den Aztekeneroberungen des 14. und 15. Jahrhunderts erreichte. Als die Spanier das erste Mal den großen Platz von Tenochtitlán, der Hauptstadt Montezumas, betraten, war er mit langen Reihen aufgestellter Opferschädel verziert.

Es läßt sich feststellen, daß die Sumerer und die Ägypter um 3000 bis 2000 v. Chr. sowie die Chinesen um 500 v. Chr. bis Christi Geburt

Mochica-Krieger (Modell), für den Kampf ausgerüstet mit einer Tunika (Waffenrock), einem Helm, einer schweren Keule (möglicherweise aus Bronze) und einem Schild.

Die »Sonnenpyramide« war eines der vielen Bauwerke des ausgedehnten Zeremonialzentrums von Teotihuacán, dessen Bevölkerungszahl schließlich bei 100 000 lag.

Römische Glaskaraffe mit Schlangenfadenverzierung.

»menschlicher« wurden und Menschenopfer aufgaben. Jeden jedoch, der diese acht Epochen verfolgt hat, wird die Grausamkeit und das unaufhörliche Kriegsgemetzel der Alten Welt entsetzen. Und taten die Azteken irgend etwas, das schlimmer gewesen wäre als die Brutalitäten, die in den römischen Arenen dieser Epoche geschahen? Vielleicht liegt die Antwort darin, daß die Amerikaner ihrem religiösen Sadismus in der Kunst uneingeschränkt Ausdruck verliehen haben und daß diese Kunst allein uns Auskunft über sie gibt; so konnten sie uns wenig über ihre ausgleichenden menschlichen Tugenden zeigen. Die Intimität, Unbeschwertheit und Naturliebe wie wir sie bei den Ägyptern kennenlernten, werden hier ebensowenig sichtbar, wie die Freude am Leben bei den Minoern, der hohe Idealismus der Griechen oder die Würde der Römer.

Der Akzent des geschichtlichen Interesses für die Zeit von Christi Geburt bis 500 muß bei den beiden gegensätzlichen Schwerpunkten: Römisches Reich und Christentum liegen. Da ist das sich noch vergrößernde Reich, das im Todesjahr des Augustus 14 n. Chr. während der Jugend Jesu so gewaltig und sicher schien; dort das Christentum, das wie eine junge Pflanze wuchs und sich entfaltete – zuerst nur ein kleines Ärgernis, als die Kaiser des 1. und 2. Jahrhunderts ihre Verfolgung in Gang setzten; dann die intellektuelle Festigung der christlichen Theologie durch griechische Philosophie und zunehmende Bekehrungen von Angehörigen sozial höherer Schichten nach 200; schließlich das Zusammenfließen beider Kräfte, als das Christentum zur offiziellen Religion des Reiches wurde; und zuletzt der Sturz Roms durch die Goten, den Augustinus in Nordafrika als eine Fügung Gottes ansah. Nicht zu vergessen die Rolle der kirchlichen Institutionen als Bewahrer klassischen Kulturguts.

Im Rückblick auf diese fünf Jahrhunderte scheint das dramatische Kräftespiel augenscheinlich, aber nur ein begnadeter Seher hätte es vor der Mitte dieser Zeit überhaupt erkannt.

Das 1. nachchristliche Jahrhundert des Reichs ist voller bekannter Namen und Begebenheiten, auch wenn einige Gestalten nur durch die Untaten berühmt wurden, die man ihnen nachsagte. In den letzten Jahren seiner Herrschaft versucht Augustus, die nördliche Grenze vom Rhein zur Elbe hin zu verlagern, um sie so zu verkürzen. 9 n. Chr. vernichteten *germanische* Stämme Varus und drei römische Legionen, und trotz eines Gegenangriffs unter Germanicus, der im Todesjahr des Augustus stattfand, blieb der Rhein die Grenze. Im Osten

Das Dekor des gravierten Bronzespiegels von Desborough setzt frühere La Tène- und andere keltische Stilentwicklungen fort. Vielleicht hat er einer »Dame« der »Oberschicht« gehört, deren es in der keltischen Gesellschaft viele gab. Ähnliche Spiegel und Ornamente wurden in Gräbern gefunden.

hatte Augustus noch immer Schwierigkeiten mit den *Parthern* und, wenn auch ganz anders geartete, mit den *Juden*. Die Römer waren bereit alles zu tun, was ihnen vernünftig erschien, um den fremdartigen Ausschließlichkeitsanspruch und den Fanatismus der jüdischen Religion im Rahmen des Möglichen tolerieren zu können und diesem Volk ein gewisses Maß an Autonomie zu gewähren. Die Beschwerden über die Herrschaft eines der Söhne Herodes des Großen waren jedoch so ärgerlich geworden, daß Augustus ihn im Jahr 6 vom Thron entfernte und Judäa mit Syrien unter einem römischen Gouverneur vereinte. Herodes Antipas wurde Tetrarch von Galiläa.

Tiberius, Augustus' Nachfolger und zweiter Kaiser, war schon 56 Jahre alt, verschlossen, politisch instinktlos, ziellos und ohne Prestige. Bald geriet er in Schwierigkeiten mit dem Senat und noch viel mehr mit der kaiserlichen Familie. Die ersten großen Ereignisse der Geschichte des Christentums fallen unter seine Herrschaft. Als er Rom 27 verließ, um Capri aufzusuchen (Tacitus spielte seine dortigen angeblichen Ausschweifungen hoch), begann Johannes der Täufer am Jordan zu predigen.

Die Kreuzigung Jesu erfolgte vermutlich im Jahre 29, 30 oder 33 – zu einer Zeit also, als Herodes Antipas das Passah-Fest in Jerusalem feierte. Die Bekehrung des Paulus fällt etwa in das Jahr 35. Das nächste Dutzend Jahre predigte und lehrte er hauptsächlich in Damaskus, Antiocheia und Tarsos.

Inzwischen war Tiberius im Jahre 37 auf Capri gestorben, und Caligula, der Sohn des Germanicus, wurde sein Nachfolger. Schon im nächsten Jahr erregte er die Empörung der Juden im ganzen Reich mit der Verordnung, alle sollten ihn als Gott verehren. Mit Erfolg versuchte er, den römischen Pöbel mit brutalen Darbietungen in der Arena zu zerstreuen. Wenn nur wenige Berichte über seine perversen Greueltaten wahr sind, war er ein Sadist ohnegleichen; überdies schien sein Größenwahn so ausgeprägt, daß die Geschichte, er habe sein Pferd zum Senator ernannt, nicht unwahrscheinlich klingt. Nachdem er im Jahre 40 eine Revolte der Gallier niedergeschlagen hatte, traf er Vorbereitungen für einen Angriff auf Britannien, aber seine Truppen meuterten, und er selbst wurde im folgenden Jahr umgebracht. Infolgedessen kam sein Onkel Claudius, ein durchtriebener, fähiger, aber etwas schrulliger Mensch, unerwartet auf den Thron, holte den Angriffsplan wieder hervor und setzte ihn durch. Einen großen Teil Südostenglands hatte der Belgen-König Cunobelinus, der 10 n. Chr. Herrscher geworden war, geeint und seitdem von seinem Sitz in Colchester (Camulodunum) aus regiert. Es war wahrscheinlich der Enkel des mächtigen Stammesfürsten Cassivellaunus, der ein Jahrhundert zuvor gegen Julius Caesar gekämpft hatte. Viele politische Kontakte waren schon zwischen den britischen Königen und Rom geknüpft worden, und römische Kaufleute hatten durch Tausch von Wein, Keramik, Glas und Tand gegen britische Güter wie Korn, Vieh, Gold, Silber, Eisen, Häute, Sklaven, Hunde und Perlen guten Gewinn erzielt.

Cunobelinus starb um 41, und sein Sohn Caratacus sowie sein Bruder begannen, ihr Königreich auf Kosten der Nachbarstämme zu erweitern und sogar in Gallien Schwierigkeiten zu stiften. Einer der unbedeutenden Könige (Verica) floh nach Rom und lieferte Claudius damit den Grund für den Angriff, der Claudius selbst Ruhm einbringen, die römische Rheinarmee beschäftigen und somit aus der Politik heraushalten und den Zugang zu den Bodenschätzen Britanniens eröffnen sollte. Vielleicht gab es einen weiteren Grund: die Römer, die fremde Religionen gewöhnlich tolerierten, hatten schon lange versucht, die barbarischen Druidenriten in Gallien auszurotten. Britannien aber und insbesondere Mona (Anglesey) waren die anerkannte Heimat des Druidentums.

Im Jahr 43 setzte das römische Heer etwa von Boulogne nach Richborough über, wo ihm kein ernsthafter Widerstand geleistet wurde, bis sich die Britonen an einer Flußfront, wahrscheinlich dem Medway bei Rochester, stellten. Die Römer trugen den Sieg in der zweitägigen Schlacht davon, in der die Britonen Streitwagen einsetzten – direkte Abkömmlinge ihrer Urbilder aus den Jahren 2000 bis 1000 v. Chr. Bald darauf erhielt Claudius Nachricht, daß er als Eroberer in Camoludunum einreiten könne. Er kam mit einem Teil der Praetorianer-Garde und einigen Elefanten – übrigens den ersten Tieren der Gattung *elephas,* die seit der Eiszeit ihre Riesenfüße wieder auf britischen Boden setzten. Camulodunum blieb provisorische Hauptstadt, und ein Tempel des göttlichen Claudius wurde dort errichtet.

Caratacus zog sich nach Wales zurück und bemühte sich, die Stammesangehörigen dort zum Widerstand zu bewegen; sie wiederum gewannen die Hilfe der Briganten von Yorkshire, was dazu führte, daß es mehrere Jahrzehnte dauerte, bis das britische Hochland erobert war – und daß Irland und das schottische Hochland frei blieben. Schließlich verriet die Brigantenkönigin Cartamandua den Caratacus, und er wurde im Triumphzug durch Rom geführt. Dort stellte er seine berühmte Frage: »Wenn ihr all das besitzt, warum begehrt ihr noch unsere armen Hütten?«

Inzwischen wurde das südliche Flachland schnell gebändigt, da die Ringwälle dem römischen Militär keinen Widerstand leisten konnten. Der Legat der II. Legion war der künftige Kaiser Vespasian, der ungefähr zwanzig solcher Befestigungen einnahm, das mächtige Maiden Castle in Dorset inbegriffen. Dort und auch an vielen anderen Orten wurden die örtlichen Hauptstädte in Niederungen verlegt, wo Städte im römischen Stil gebaut werden konnten. Bald hatte der alte keltische Kriegsadel seine »armen Hütten« gegen Villen ausgetauscht.

In den Jahren nach 43, als die Römer mit der nicht gerade leichten Eroberung Britanniens beschäftigt waren, unternahm Paulus seine großen Missionsreisen nach Syrien, Anatolien und Griechenland. Während der dritten Reise, die etwa um 51 begann, blieb er in Ephesos und verwickelte sich in ernste Schwierigkeiten mit den Götterbildherstellern der Artemis, jener Göttin, die seit den Tagen von Çatal Hüyük, die wir in unserem zweiten Abschnitt dargestellt haben, so

Nero trat seine Herrschaft mit guten Vorsätzen an, aber sein schwankender Charakter und die üble Umgebung ließen auch ihn der Korruption der Macht erliegen.

Die politischen, militärischen und administrativen Fähigkeiten des Augustus schufen die langnachwirkenden Grundlagen für die kontinuierliche Ausdehnung des Römischen Reiches. Als er 14 n. Chr. starb, gab es keinen ersichtlichen Grund, warum das Reich nicht ewig weiterbestehen sollte – so mächtig und sicher erschien es.

mächtig in Anatolien gewesen war. Trotz offizieller Mißbilligung, des Hasses der orthodoxen Juden und eigener Zwistigkeiten vermehrten sich die christlichen Gemeinden rings um das östliche Mittelmeer und sogar in Rom selbst.

Claudius hatte Pech mit seinen Frauen. Seine dritte, die schöne junge, nymphomanische Messallina, gebar ihm einen Sohn (zur Ehre der neuen Eroberung Britannicus genannt), bevor sie wegen Intrigen und Verworfenheit hingerichtet wurde. Die vierte, seine Nichte, überredete ihn dazu, Britannicus zugunsten ihres eigenen Sohnes aus einer früheren Ehe als Nachfolger abzusetzen. Um die Sache abzurunden, ließ Claudius sie vergiften. Durch diese »günstigen Umstände« wurde Nero Kaiser.

Unter dem Einfluß seines Mentors Seneca trat Nero seine Herrschaft mit der Absicht an, den guten Regierungsstil des Augustus wiederherzustellen. Aber ähnlich wie seinen Onkel Caligula ließen ihn sowohl seine persönliche Labilität als auch die üble Atmosphäre, in der er immer gelebt hatte, allen Versuchungen der Macht erliegen. Der Mord an seiner Mutter und die Hinrichtung Senecas und seiner Frau (nachdem er sich in Poppaea verliebt hatte) waren lediglich die persönlichsten seiner Greueltaten. Beim Pöbel war er beliebt, da er dem Wunsch nach mehr »Brot und Spielen« nachkam und weil er sich öffentlich als Musiker, Dichter und Rennfahrer zur Schau stellte. Zumindest einen Erfolg als Herrscher hatte er: er erzielte einen Kompromiß mit den Parthern in dem Streit über Armenien.

Der Feldzug gegen die Parther traf mit einem Unglück im extremen Westen zusammen. Unterdrückung durch die Beamten in einigen Gebieten Britanniens stachelte Boudicca (Boadicea), Königin des ostenglischen Stammes der *Icena,* zur Rebellion an. Das geschah im Jahre 60 oder 61, gerade zu dem Zeitpunkt, als der römische Statthalter nach Anglesey übergesetzt hatte, um dort mit brutaler Rücksichtslosigkeit die Druiden und ihre heiligen Haine zu vernichten. Bevor die Rebellion erbarmungslos niedergeschlagen werden konnte, hatten die Aufständischen etwa 70 000 Menschen in Camulodunum, Londinium und Verulamium (St. Albans) hingemetzelt. Die besiegte Boudicca vergiftete sich. (Tatsächlich fuhr die Königin auf einem Streitwagen in die Schlacht, aber das Gefährt war nicht so massiv wie in der Abbildung auf der Westminster-Brücke, die an sie erinnert, und es hatte keine Sichelmesser an den Rädern.)

Gleichzeitig führten ganz andere Vorgänge zu einem weiteren tragischen Tod. Als Paulus von seiner dritten Reise nach Jerusalem zurückkehrte, veranlaßten seine jüdischen Feinde dort die römischen Machthaber, ihn festzunehmen und in »Vorbeugehaft« zu halten. Es folgten sein Appell an den Cäsar (Nero), die lange Schiffahrt und der Schiffbruch bei Malta und schließlich zwei Jahre nicht allzu strenger Haft in Rom, dann der Prozeß und seine Hinrichtung.

Neros Christenverfolgung in den Jahren 64–65 war der fürchterliche Brand Roms vorausgegangen. Die Behauptung, Nero habe während des Brandes zur Leier gesungen, stammt wohl daher, daß er

Die unter Diokletian eingeführte Tetrarchie (Viermänner-Herrschaft) stellte einen einschneidenden Versuch dar, das in seine Macht- und Wirtschaftszentren auseinandertriftende Reich vor dem Verfall zu bewahren und es einer besseren Organisation durch ein unter der Kontrolle des Kaisers stehendes »Führungsteam« zu unterwerfen. Die Statuengruppe stellt die Augusti und Caesaren Diocletian, Maximian, Galerius und Constantius I. Chlorus dar.

als Musiker öffentlich auftrat; sie dürfte jedoch auf jeden Fall falsch sein. Seine zahlreichen Feinde verbreiteten aber das Gerücht, er habe den Brand veranlaßt, und danach erfand Nero, so Tacitus: ». . . Sündenböcke – und bestrafte in ausgeklügeltster Weise die berüchtigten und, wie sie allgemein genannt wurden, entarteten Christen. Durch die Art, wie man sie tötete, wurden sie lächerlich gemacht. Sie wurden in Häute von wilden Tieren gekleidet und von Hunden zerrissen, oder man ließ sie kreuzigen oder zu Fackeln machen . . .«. Der Überlieferung nach kamen Petrus und Paulus um die gleiche Zeit um. Wahrscheinlich ist, daß Paulus etwas eher hingerichtet wurde. In diesem korrupten und die Christen verfolgenden Römerreich schrieb Markus sein Evangelium.

Bald nach dem Ende dieser ersten Christenverfolgung und fünf Jahre nach dem Aufstand der Boudicca, erschütterte das Reich eine weitere Revolte. Im Jahre 66 führten jüdische Zeloten nach vielen Jahren des Guerilla-Krieges und der Unruhen den Ersten Jüdischen Aufstand an, in dem sie ähnlich wie die Iceni kurzfristig Erfolg hatten, dann aber endgültig vernichtet wurden. Während dieses bitteren Kampfes wurde auch die monastische Ordensgemeinschaft Qumran (wahrscheinlich Johannes dem Täufer und Jesus bekannt) vernichtet; einige ihrer religiösen Schriften wurden in Höhlen deponiert, wo man sie – die berühmten Schriftrollen vom Toten Meer – wiederentdeckte. Im Jahre 70 belagerte, eroberte und zerstörte der künftige Kaiser Titus Jerusalem, unter anderem auch den neuen, von Herodes dem Großen begonnenen Tempel. Viele Juden wurden als Flüchtlinge weithin verstreut. Die anderen verblieben unter römischer Herrschaft und unter der Führung rabbinischer Gelehrter.

Schon vor dem elenden Ende des jüdischen Aufstands hatte Rom einen Wechsel nicht nur der Kaiser, sondern auch der Dynastie erlebt. Eine Verschwörung des Adels, weitere Aufstände in den Provinzen und schließlich der Verlust seiner Herrschaft über Heer und Senat führten zum Selbstmord Neros im Jahre 68. Das Chaos des Jahres 69, des »Dreikaiserjahres«, führte zu der unerfreulichen Erkenntnis, daß der kaiserliche Thron auch von Männern besetzt werden konnte, die nicht julischen oder claudischen Blutes waren, daß er auch außerhalb Roms übertragen werden und vor allem, daß entweder vom Heer bestimmt oder von Generalen ergriffen werden konnte.

Zum Glück für Rom kam endlich ein General auf den Thron, der über eine gut bürgerliche Vernunft und lange Erfahrung verfügte: Vespasian, der erste der drei flavischen Kaiser. In seiner Herrschaft, die ein Jahrzehnt währte, sicherte er den Frieden und reformierte Heer, Verwaltung und Finanzwesen, er baute neue Straßen und verstärkte die Grenzen. Es scheint einleuchtend, daß Plinius der Ältere die berühmte Naturgeschichte unter seiner Herrschaft schrieb. Vespasian bewahrte sich seinen oft zitierten Humor bis zum letzten Atemzug, als er sagte: »Ach, ich glaube, ich bin dabei, ein Gott zu werden«.

Vespasian war auch einer der großen Baumeister Roms: Er ließ es nach der Brandkatastrophe wieder aufbauen und das Kolosseum als Geschenk an das römische Volk auf dem Gelände des »Goldenen Hauses« Neros errichten.

Obwohl das gigantische Amphitheater als eine der letzten Amtshandlungen Vespasians eingeweiht wurde, wurde es erst während der kurzen Herrschaft seines Sohnes Titus (79–81) in Gebrauch genommen. Zwei berühmte Ereignisse markieren diese Jahre: die gewaltige Eruption des Vesuv, die Pompeji und Herkulaneum verschüttete und bei der Plinius der Ältere umkam; im folgenden Jahr (80) die Eröffnung des Kolosseums, die mit einhundert Tage dauernden unübertroffenen Schaustellungen und Blutvergießen gefeiert wurde. Die Zahl der getöteten wilden Tiere und Menschen war enorm: Sueton schreibt, daß 5000 Tiere einschließlich Elefanten an einem Tag geschlachtet wurden. Man darf nicht vergessen, daß die Kaiser das Kolosseum nicht nur der Pracht wegen erdacht hatten oder um dem Volk zu gefallen; es war auch ein Mittel der politischen und psychologischen Kontrolle über den Pöbel.

Titus war so geschickt im Umgang mit seinen Untertanen, daß er »der Liebling der Welt« genannt wurde, als das Fieber ihn wegraffte. Sein Bruder Domitian, der dritte und letzte Flavier, war erheblich weniger liebenswert. Seine Selbstvergötterung und sein orientalischer Herrschaftsstil verärgerten schließlich auch den Senat. Nichtsdestoweniger setzte er die Manipulation der Bürger durch Spiele und Geschenke fort; er schuf sogar eine neue Gruppe von »Supergladiatoren«, die bei der Menge so beliebt waren wie die heutigen Fußballstars. Er hatte Schwierigkeiten mit den Dakern, Germanen (– im heutigen Süddeutschland hatte er das Dekumaten- oder Zehntland zwischen Rhein, Main-Neckar und Donauraum eingerichtet –) und Sarmaten an der nördlichen Grenze, und vor allem deswegen konnte sein bekanntester General Agricola nach seinem Sieg über die Stämme von Wales und über die Nordbretonen die Eroberung Schottlands nicht ganz vollenden. Die Feldzüge Agricolas sind aus einer schmeichelhaften Biographie seines Schwiegersohnes, des großen Historikers Tacitus, bekannt. Sie wurde wahrscheinlich zur selben Zeit wie die Evangelien des Matthäus und Lukas verfaßt.

Domitian wurde (zur Freude des Senats) 96 n. Chr. gegen Ende des so bewegten 1. Jahrhunderts des Römischen Kaiserreichs ermordet. Über das nachfolgende Jahrhundert schrieb Gibbon: »Müßte irgend ein Mensch die Zeit in der Geschichte der Welt benennen, in der die Menschen am glücklichsten und der Wohlstand am höchsten waren, würde er, ohne zu zögern, die zwischen dem Tode Domitians und der Thronbesteigung des Commodus angeben«. Wenn man vom Jahre 100 aus zurück und nach vorn schaut, sieht man, wie das Reich trotz Unruhen in Rom selbst und gelegentlicher örtlicher Rebellionen in der Lage war, dem Volk ein relativ glückliches Leben zu bieten. Der Segen der *Pax Romana* herrschte auf Land und Meer fast während der ganzen Zeit und für die meisten Völker. Reisen und Handel waren erheblich erleichtert, begehrte Güter wurden innerhalb der Grenzen frei gehandelt, und Seide, Gewürze, Juwelen sowie andere teure Luxusgüter kamen aus Indien und China (große Horte römischer Münzen sind in Südindien gefunden worden). Seit der Zeit Vergils hatten die gebildeten Schichten Geschmack an ländlicher Schönheit und ländlichem Leben entwickelt. Große und kleine Gärten waren Erholungsstätten, die man überall in den Provinzen anlegte. Selbst die große Provinz-Villa in Fishbourne/Britannien, die vielleicht schon um 75 für einen romanisierten Prinzen gebaut wurde, stand in einer, man könnte sagen »französischen« Gartenanlage. Solche Annehmlichkeiten schlugen sich nicht nur in der Dichtung, sondern auch in der Malerei nieder, wie die Wandmalereien in Pompeji belegen. Die medizinische Fürsorge mußte sich wohl unter der Führung Galens, des im Jahre 130 in Pergamon geborenen »Fürsten der Medizin«, verbessert haben. Die *dolce vita* war für die meisten freien Menschen und sogar manche Sklaven erreichbar.

Handel und Wohlstand begünstigten große architektonische Pracht in den alten und neuen Provinzstädten. Zwei der bekanntesten Städte der Levante waren einerseits Petra mit seinen aus dem Fels gehauenen Tempeln, Hauptstadt des Reichs der Nabatäer und seit dem 2. Jahrhundert Hauptstadt der römischen Provinz Arabia, sowie andererseits Baalbek (Heliopolis), die Stadt des Sonnengottes, mit den kostspieligen Bauten des Großen Heiligtums. In den westlichen Provinzen und der Provinz Africa wurden die Städte nach römischem Vorbild, das heißt mit Tempeln, Foren, öffentlichen Bädern und Theatern oder Amphitheatern geplant.

Immer weitere Kaiser setzten große Bauprogramme für Rom selbst an. Von besonderer Brillanz sind das »neue Forum Trajans« und das architektonisch gelungene Pantheon, dessen Gewölbe seit fast zweitausend Jahren steht. Verstädterung und die Gewohnheit der Adligen zu extravagantem Konsum importierter Luxusgüter führten zu einer Geldentwertung, die das Reich drückte, aber es litt zumindest niemand unter dem Rat professioneller Ökonomen.

In den Anfängen der »Zeit des Glückes und des Wohlstands» (nach Gibbon) regierten zwei ausgezeichnete, in Spanien geborene Kaiser, Nachkommen dortiger römischer Siedler. Trajan (98–117), ein großer Soldat, eroberte das reiche Dakien jenseits der Donau und besiegte den alten parthischen Feind. Er nahm dessen Hauptstadt Ktesiphon am Tigris ein (allen Touristen bekannt wegen des einen erhalten gebliebenen gewaltigen Gewölbes) und segelte anschließend den Fluß zum Golf hinunter. In der kurzen Phase dieser Eroberungen jenseits des Euphrat hatte das Römerreich seine größte Ausdehnung.

Die Trajanssäule, die in der Nähe des Trajanforums steht, ist das berühmteste Denkmal dieses Kaisers. Diese Säule, gut dreißig Meter hoch und aus parischem Marmor gearbeitet, ist mit Szenen aus den dakischen Feldzügen verziert, die sich in einer Länge von 200 Metern spiralenförmig um die Säule winden. Sie berichten über das römische Heer und seine Flotte, über die Bekleidung und die Angewohnheiten der Barbaren und über die entsetzliche Grausamkeit des damaligen Krieges.

RECHTE SEITE: *Das pompejanische Fresko zeigt den weitgereisten Odysseus, wie er, festgebunden an den Mast, an den Klippen der Sirenen vorbeifährt, ohne ihrem Gesang erliegen zu können.*

Trajan war als guter Kaiser beliebt und wurde sogar von den Christen als »Bester der Fürsten« anerkannt. Die Zahl der Christen wuchs ständig, was besonders Paulus in Anatolien und Syrien zu verdanken ist. Plinius der Jüngere, den Trajan nach Nordanatolien geschickt hatte, war über die Größe der Gemeinden besorgt, denn die Christen weigerten sich, den Kaiserkult mitzumachen. Der Kaiser instruierte ihn, die Reumütigen zu begnadigen und anonyme Denunzierungen zu ignorieren, denn anders zu handeln wäre, wie er schrieb, »das Schlimmste aller Präzedenzfälle und dem Geist der Zeit unangemessen«.

Man darf nicht vergessen, daß die Christen im 2. Jahrhundert nur eine unter vielen Sekten waren Der Mysterienkult des Mithras war in dieser Zeit ein anscheinend starker Konkurrent; er breitete sich im ganzen Reich, vom Heer getragen, aus.

Hadrian (117–138) war ein außergewöhnlicher Mensch – stark, fähig und künstlerisch begabt. Kern seiner Politik war es, eine größere Einheit der Provinzen hinter festen sicheren Grenzen zu fördern. Zu diesem Zweck führte er viele Reformen in Verwaltung und Finanzen ein und besuchte auch fast jeden Teil des Reiches. Auf seiner ersten Fahrt, die nach Gallien bis zum Rhein und (im Jahr 122) hinüber nach Britannien führte, initiierte er den Bau der Steinmauer von Tyne nach Solway, die auch seinen Namen trägt. Diese, die nördlichste römische Grenze ist – ähnlich wie der von Domitian begonnene, von Hadrian verstärkte Limes in Deutschland – mit ihren großen und kleinen Kastellen und Wachttürmen sein populäres Denkmal – ähnlich wie die Säule für Trajan. An Hadrians spätere Nilfahrt erinnert man sich hauptsächlich deswegen, weil sein Günstling, der schöne Jüngling Antonioos, dabei ertrank und weil berichtet wird, die Memnonskolosse bei Theben (Seite 119) hätten damals melodische Töne von sich gegeben.

Hadrian, ein bedeutender Bauherr, beschloß, das zerstörte Jerusalem als eine römische Stadt wiederaufzubauen, was unabsichtlich zum schlimmsten Ereignis seiner Herrschaft führte. Der Zweite Jüdische Aufstand (132–135) unter dem Oberbefehl des heldenhaften Bar-Kochba führte zur Eroberung Jerusalems durch die Juden und – nach der Bildung eines jüdischen Staates von kurzer Dauer – zur unvermeidlichen Niederlage. Diese wiederum brachte die Zersplitterung und Vertreibung des jüdischen Volkes. Jerusalem wurde zur Römerstadt. Eine berühmte Entdeckung waren die Bar-Kochba-Briefe und die kläglichen Reste einiger seiner Anhänger in einer Höhle am Westufer des Toten Meers nicht weit von Qumran.

Die größten der Bauten Hadrians waren (abgesehen von seiner Mauer) das Pantheon in Rom und seine gewaltige und bewundernswerte Villa in Tivoli vor der Hauptstadt. Er hatte allerdings nicht viel Zeit, um sie zu genießen. Sein Charakter wird aus dem exquisiten kleinen Gedicht erkennbar, das er während seiner letzten Krankheit an seine eigene Seele richtete: *»Animula, vagula, blandula . . .«*.

Kurz vor seinem Tode adoptierte Hadrian Antoninus Pius als seinen Erben. Er wurde der Gründer

Kaiser Tiberius, Augustus' Nachfolger, unter dessen Herrschaft das Christentum seine ersten einschneidenden Ereignisse erlebte.

Julia, Tiberius' Gattin.

Marc Aurel war der bedeutendste Herrscher unter den »Adoptiv-Kaisern« und berühmt als stoischer Philosoph und Verfasser der »Selbstbetrachtungen«.

Als Rom bedroht war, leistete er auch Hervorragendes als Soldat und Feldherr in den Feldzügen gegen Parther und Germanen (Markomannen)

Caligula bemühte sich mit Erfolg, die Römer durch brutale Schauspiele in der Arena zu vergnügen.

Arcadius, oströmischer Kaiser von 395 bis 408. Der Kopf wurde nahe dem Forum gefunden.

der antoninischen Linie und hatte weder die Brillanz noch die Rastlosigkeit Hadrians, sondern war ein friedfertiger Herrscher, der lieber zu Hause blieb. Im Westen jedoch verbindet man seinen Namen mit der vorübergehenden Vorverlegung der britischen Grenzen in das schottische Tiefland, wodurch ein kürzerer Grenzverlauf zwischen Forth und Clyde erzielt wurde. Man könnte noch sagen, daß gebildete Menschen sich zu dieser Zeit eine klarere Vorstellung über die Beschaffenheit der Erde machten. Claudius Ptolemäus von Alexandria, der große Geograph, erkannte, daß die Erde eine Kugel ist, die aus Land- und Wassermassen besteht. Er setzte Breiten- und Längengrade, benutzte eine Kegelprojektion, um die bekannte bevölkerte Welt – von Britannien bis zum gestaltlosen China – kartographisch darzustellen (Seite 230).

Marc Aurel (161–180) war menschlich der größte der drei Antonine; er war ein berühmter stoischer Philosoph und Autor der »Selbstbetrachtungen«, aber ihm blieb der Frieden, den er so gut hätte ausnutzen können, verwehrt. Die *Pax Romana* wurde urplötzlich bedroht, und er setzte alles daran, sie zu retten. Germanische Stämme stießen über die Donau und nach Italien, Parther wurden in Mesopotamien und Armenien wieder aktiv, und im Inneren flammte ein Aufstand auf. Im großen und ganzen waren Marc Aurels Feldzüge erfolgreich: das parthische Ktesiphon und Seleukeia fielen ihm zu. Dennoch war es mit der alten Stabilität vorbei, als der Stoiker starb, denn sein Sohn Commodus, der von Marc Aurel zu behütet erzogen worden war, war ein zu wenig gefestigter Mensch. Als dieser unglückselige junge Mann, der sich mit Herkules verglich, in seinem Bad erwürgt wurde, begann für Rom und den Hof eine Zeit der Unruhe und des Mordens, die so schlimm war wie in den schlimmsten Tagen Neros.

Septimius Severus (193–211) war ein tapferer und unermüdlicher Soldat, der versuchte, das Reich zusammenzuhalten. (Er stammte aus Leptis Magna in der Provinz Africa und war der erste Kaiser, der Latein als zweite Sprache lernen mußte.) Immer mehr mußten er und seine Nachfolger das Heer mit höherem Sold und mehr Privilegien besänftigen. Das Heer selbst wurde mehr und mehr zum Berufsheer und immer weniger römisch. Nicht nur die Soldaten, sondern auch die Offiziere waren oft Barbaren von innerhalb und außerhalb der Reichsgrenzen. Die Kosten für die Erhaltung des Heeres und auch die dafür notwendigen Steuern stiegen enorm; folglich sank der Wohlstand, während die Bürokratie wuchs. Das Bild ist uns bekannt.

Die wachsende Macht der Kirche war eine der »zersetzenden« Kräfte, die Severus und viele seiner Nchfolger im 3. Jahrhundert fürchteten. Zu Severus' Zeit schrieb Tertullian: »Wir sind erst von gestern, und wir haben alle eure Orte besetzt. Städte, Inseln, Festungen, Dörfer, Versammlungen . . . den Palast, den Senat, die Gerichte; nur eins haben wir euch gelassen: eure Tempel.« Gerade diese Angst gab jetzt Anlaß zu erneuten Verfolgungen der Christen. Einer von denen, die unter

Der aus Leptis Magna in Nordafrika stammende Septimius Severus war der erste Kaiser (193–211) Roms, der Latein als Fremdsprache lernen mußte. Er war ein tapferer, ausdauernder Soldat, dem es gelang, das Reich zusammenzuhalten. Aus diesem Familienporträt wurde später der verstorbene Sohn wegretuschiert.

Constantin d. Gr. gewährte durch das »Toleranzedikt« von Mailand (313) den christlichen Priestern Anerkennung und gab den Christen ihren Besitz zurück. Als Constantin sich selbst als Freund des Christentums bekannte, wurde dieses zur Religion des ganzen Imperiums.

Diokletian reorganisierte die gesamte Struktur des Römischen Reiches und teilte es in zwei Hälften, so den offensichtlichen Unterschieden zwischen dem »Alten Orient« und dem »jüngeren Okzident« Rechnung tragend.

Severus litten, war der weise und tolerante Klemens von Alexandria, der zum Christentum übergetreten war und der das griechische Denken als Wegbereiter zum Christentum verstand. Origen war sein Schüler.

Severus starb in York auf einem Feldzug gegen die Schotten. Sein Sohn Caracalla führte die Politik der Einigung des Reichs fort, indem er allen frei geborenen Männern das römische Bürgerrecht verlieh; das Geschenk war allerdings nicht mehr so wertvoll wie einst. Jetzt zeigten sich erste Zeichen eines künftigen Terrors: die Goten, ein germanisches Volk, das vom skandinavischen Gotland südostwärts gezogen war, griffen die nördlich der Donau liegenden Grenzgebiete an. Dieser Angriff scheint aber nicht sehr ernst gewesen zu sein: Caracalla konnte es sich leisten, die gigantischen Bäder (Thermen) in Rom zu bauen. Unmittelbarer war die Bedrohung, die durch die persischen Sassaniden entstand, die für sich in Anspruch nahmen, die Erben der Achämeniden zu sein, und das Partherreich 226 vernichtetet hatte. Wenige Jahre zuvor war das Han-Reich in China zusammengebrochen.

Der germanische Ansturm wurde seit 249 bedrohlich, als die Goten auf den Balkan zogen und bald darauf Kaiser Decius in einer Schlacht töteten. Zusammen mit den Herulern beunruhigten und verwüsteten sie weiterhin den Raum zwischen dem Schwarzen Meer sowie Ägäis und Griechenland. Ab 253 griffen inzwischen auch andere Stämme das westliche Reich an: die Alemannen und Markomannen fielen in Norditalien und in Gallien ein; die Franken und Burgunder stießen in der Rheinregion vor. Der römische Widerstand wurde geschwächt durch die häufigen Auseinandersetzungen zwischen den Kandidaten der verschiedenen Armeen um den kaiserlichen Thron. In den siebziger Jahren des 3. Jahrhunderts errangen die Römer beträchtliche Erfolge über die Barbaren – bis schließlich Diokletian, der 284 den Thron bestieg, das Reich wiederherstellen konnte.

Er war der Sohn eines befreiten illyrischen Sklaven und handelte mit einer außerordentlichen Klarheit und Zielstrebigkeit. Er strukturierte das Reich um, indem er es zweiteilte und so den schon immer existierenden Unterschied zwischen dem griechischen und orientalischen Osten einerseits und Italien und den jungen westlichen Provinzen andererseits anerkannte. Dieses zweigeteilte Reich unterstellte er der Herrschaft von Tetrarchen – einer Führungsgruppe aus zwei *Augusti* (er selbst und ein Mitkaiser) und zwei untergeordneten *Cäsares*. Auch im regionalen Bereich führte er eine totale Gebietsreform durch. Er unternahm den Versuch, den Thron der militärischen Kontrolle zu entziehen, und verfügte eine Reform der Währung. Das erwies sich vorübergehend als wirkungsvoll, aber bedeutete die Auferlegung eines totalen Staates mit Kaisern, die in orientalischer Selbstherrlichkeit weitab vom Volk Hof hielten. Diokletian zeigte seine außerordentlich starke Entschlußkraft, als er schließlich entschied, nicht in königlichen Ehren sterben zu wollen oder ermordet zu werden, sondern zurückzutreten, sich in seinen

RECHTE SEITE: *Blick über das Forum zum Rundtempel des Romulus und zur Basilika des Constantin und Maxentius (im Hintergrund).*

Constantin d. Gr. gründete an der Stelle des alten griechischen Byzantion seine neue Hauptstadt Konstantinopolis, deren Lage sich hervorragend für den Handel, für die Verteidigung und für die Kontrolle von Ost und West eignete.

stattlichen Palast in Split zurückzuziehen und dort seinen Garten zu kultivieren.

Sein Bemühen, das Reich zu erhalten, stieß unvermeidlich auf den Widerstand der Kirche, die seiner Meinung nach ein Staat im Staate war. 303 (fünf Jahre nach Errichtung der ersten Kalender-Stele bei Tikal) erließ er eine strenge Verordnung, die den Christen die Bürgerrechte und also auch das Recht, öffentliche Ämter zu bekleiden, entzog. Die Verordnung sah auch die Zerstörung von Kirchen und heiligen Schriften vor; später konnten einer weiteren Anweisung zufolge die Priester eingesperrt und gefoltert werden, bis sie bereit waren, den Göttern Opfer zu bringen.

In Wahrheit kamen solche Maßnahmen viel zu spät, um noch erfolgreich sein zu können; sie bestärkten eher den Widerstand. Trotz der Reformen Diokletians folgten seinem Rückzug in den Ruhestand Auseinandersetzungen über seine Nachfolge. Einige Jahre später wurde die bisherige Politik aufgegeben, so daß der Erlaß von Mailand (313) unter Constantin d. Gr. den Christen endlich die Tolerierung ihrer Religion brachte und ihnen ihr Eigentum zurückgab. Da Constantin seine Anerkennung des neuen Glaubens bekannt gab, wurde das Christentum *de facto* die Reichsreligion. Nichts konnte jedoch Julian Apostata (361–363), einen Neffen Constantins, daran hindern, sich vom Christentum abzuwenden und die Wiedereinführung der alten Götter zu versuchen. Erst 378 beendete Theodosius d. Gr. die staatliche Neutralität und erklärte das Heidentum für gesetzeswidrig. Viele Tempel wurden verstaatlicht und zu Museen gemacht.

Zweites Zeichen für die Größe Constantins d. Gr. war (abgesehen von seiner militärischen Brillanz) die Gründung von Konstantinupolis/Constaninopolis/Konstantinopel (324–330) an der Stelle, wo sich die alte griechische Stadt Byzanz befand. Die Lage war im Hinblick auf Handel, Verteidigung und die Kontrolle der Grenzen zum Osten und zum Westen hin ausgezeichnet. Die Verlegung der Hauptstadt des Reichs war auch gleichzeitig die Anerkennung der relativ hohen Bedeutung des östlichen Reichsteils. Wie sich herausstellte, erholte sich der Westen nie von den Ereignissen des 3. Jahrhunderts. Rom wurde schwächer, während Konstantinopel und sein byzantinisches Reich florierten und ein Bollwerk der christlichen Zivilisation blieben, bis sie mehr als eintausend Jahre später vor den Türken kapitulierten.

Es besteht hier eine Parallele zwischen der Alten und der Neuen Welt. Das Byzantinische Reich existierte zwischen 324 und 1453 n. Chr. und die (allerdings weniger einheitliche) mittelamerikanische Hochkultur bestand zwischen ca. 300 und der spanischen Eroberung im Jahre 1520.

Nachdem der Bau von Konstantinopel begonnen war, rief Constantin 325 das erste Ökumenische Konzil der Kirche in Nicaea zusammen. Es verurteilte die arianische Häresie, die die volle göttliche Natur von Christus in Frage gestellt hatte, und erkannte Rom, Antiochia und Alexandria als die Patriarchensitze an. Etwa zu dieser Zeit veranlaßte die Heilige Helena, die Mutter Constantins, Ausgrabungen in Jerusalem und ließ das »Kreuz Jesu« und andere Reliquien bergen.

Es ist völlig unmöglich, alle Geschehnisse des allmählich zerfallenden westlichen Reichs im späten 4. und 5. Jahrhundert an dieser Stelle aufzuführen. Zu groß ist das Durcheinander an rivalisierenden Kaisern, Morden, Aufständen und christlichen Schismen, an Barbarenüberfällen und Feldzügen gegen sie. Ich kann nur einige wenige der bekannteren Namen und Ereignisse herausgreifen.

Wichtige Erfolge sind von der christlichen Kirche zu berichten, die jetzt in der Lage war, Missionsarbeit zu betreiben. Zum Beispiel wurden die Ost- und die Westgoten, die nördlich und westlich vom Schwarzen Meer lebten, ca. 340 zum (arianischen) Christentum bekehrt. Ihr Bischof Wulfila übersetzte die Bibel ins Gotische. Im selben Jahr wurde der Heilige Hieronymus geboren, dessen großes Werk die Überarbeitung der lateinischen Bibelübersetzungen und die Schöpfung der Vulgata war. Einige wenige Worte über sein Leben können auch Aufschlüsse über seine Zeit vermitteln: Als er in Rom studierte, betrieb er Nachforschungen über die frühchristlichen Reliquien in den Katakomben. Etwa 366 reiste er in Gallien und ließ sich in der Treyerer-Stadt Trier nieder. In einem Traum erhielt er die göttliche Mahnung, er lebe »nicht als Christ, sondern als Ciceronianer«. So ging er in die Wüste von Chalkis und lebte dort vier Jahre lang als Einsiedler, was uns durch unzählige mittelalterliche Gemälde, die seine Versuchungen zum Gegenstand haben, bekannt ist. Er ging dann nach Konstantinopel und anschließend nach Rom, wo er fast zum Papst gewählt worden wäre. 385 verließen er und Paula sowie andere römische Frauen Rom mit der Absicht, im Heiligen Land ein keusches Leben zu führen. Sie besuchten die heiligen Stätten Palästinas, Klöster in der ägyptischen Wüste und blieben schließlich in Bethlehem, wo Hieronymus und Paula zwei Eremitengemeinschaften leiteten. Hieronymus starb erst im Jahre 410, zehn Jahre nach der Plünderung Roms durch die Goten.

Obwohl jede denkbare Art von internen Schwierigkeiten die Widerstandskraft des Reichs schwächten, waren es die Angriffe, Invasionen und Besiedlungen der germanischen und einiger nomadischer Steppenvölker, die den endgültigen Zusammenbruch des Westens herbeiführten. Die gewaltigen Völkerwanderungen waren zum großen Teil auf die Hunnen zurückzuführen – ein turko-mongolisches Volk, verwandt mit den Hiung-Nu, die in der letzten von uns beschriebenen Epoche die Chinesen so sehr bedrängt und im vierten Jahrhundert nach Christus vorübergehend einen Staat in Nordchina errichtet hatten. Ein römischer Historiker beschreibt sie als klein, untersetzt und ohne Bart, mit schrecklichen Gesichtern, auf ihren Pferden wie festgenagelt, auf denen sie auch aßen, tranken und schliefen; sie konnten weder pflügen noch kochen. Der plötzliche Zug der Hunnen nach Westen, der 363 begann, verursachte eine Kettenreaktion und beschleunigte die Invasionen in das Römische Reich. Zunächst wurden die indo-europäischen Alanen bedrängt, dann überquerten die hunnischen Horden den Don und verdrängten die Ostgoten, die wiederum die Westgoten verdrängten. Diese baten den römischen Kaiser Valens um Schutz, und 376 überquerten 70 000 Westgoten die Donau. Die ungenügende Fürsorge für die Flüchtlinge führte zu einer Revolte gegen die römischen Beschützer: Valens erlitt eine schwere Niederlage und wurde selbst in der Schlacht von Adrianopel auf dem Balkan getötet. Theodosius schloß einen Vertrag mit den Westgoten und setzte viele von ihnen als Soldaten ein, aber die Westgoten befanden sich nunmehr innerhalb des Reichs, und zwar als eigenständige Nation mit eigenen Königen. Inzwischen besetzten die Hunnen ganz Osteuropa und errichteten ein gewaltiges Nomadenreich. Ihr beständiger Druck verursachte 406 den Einbruch der nordgermanischen Wandalen und der Alanen nach Gallien. Später bewegten sie sich südwärts durch Spanien nach Nordafrika (429).

Nach dem Tod Theodosius d. Gr. 395 erwachten die Westgoten unter ihrem König Alarich aus ihre kurzen Ruhe und bedrohten selbst Konstantinopel, plünderten Athen, Korinth und Sparta und zogen durch Illyrien nach Norditalien. Jetzt rief der Wandalengeneral Stilicho die Legionen aus dem Westen einschließlich Britannien. Er beherrschte de facto den Westen, obwohl dem Namen nach noch der schwache Honorius Kaiser war. Zunächst vertrieb Stilicho die Goten aus Italien. Als er aber im Jahre 408 ermordet wurde, war Alarich innerhalb von zwei Jahren in Rom. 410 wurden auch die Briten, die jetzt ohne den Schutz römischer Legionen waren, von den Sachsen überfallen.

König Alarich legte Mäßigung an den Tag: er setzte eine Marionettenregierung ein und zog sich aus Rom zurück. Dennoch war der Schock in der römischen Welt enorm. Viele führten die Katastrophe auf den Verrat an den Göttern zurück. Dies war abermals ein entscheidender Augenblick für das Verhältnis zwischen Rom und Christentum. Der Kirchenvater Augustinus nämlich, den die Katastrophe und die Hetze gegen das Christentum aufbrachten, begann sein großes Werk »Über den Gottesstaat«, in dem er den Fall Roms damit erklärte, daß es »von Menschenhand« geschaffen wurde, während Gottes Staat dagegen »ewig im Himmel« bestehe.

Jetzt begann die Zeit, in der sich »barbarische« Völker im Reich niederließen: die Westgoten, Burgunder und Alanen in Süd- und Ostfrankreich und um Orleáns; die Franken nördlich davon; die Sachsen entlang der Nordseeküste. In diese Periode gehören auch die sagenhaften Sachsenführer Hengist und Horsa. Der britische König Vortigern bat sie und ihre sächsischen Söldner um Hilfe, um das Land gegen noch wildere Stämme wie denen der Pikten und Skoten zu verteidigen. Entgegen der bekannten Angabe des Beda Venerabilis (449) geschah dies wahrscheinlich schon um 430. Ungefähr ein Dutzend Jahre später fingen sie selber an, das Land zu plündern und für sich in Besitz zu nehmen.

Jetzt machten sich die Hunnen wieder auf. Unter ihrem König Attila überquerten sie 451 den Rhein. Sie verwüsteten Nordgallien, bis sie von einer Allianz aus Römern, Westgoten und Franken in der Schlacht bei Troyes geschlagen wurden. Attila schwenkte nach Italien, wo er 453 starb – zum Glück für die römische Regierung, die jetzt in Ravenna ihren Sitz hatte. Seine Gefolgschaft spaltete sich auf und wurde nach Osten zurückgedrängt, wo Hunnen-Nachfolgestaaten noch lange eine Bedrohung der byzantinischen Flanke darstellten.

Noch bevor die Römer den Tod Attilas richtig begriffen hatten, wurde Rom von den Wandalen besetzt. Dennoch quälte sich das gebrochene westliche Reich weiter – ein Scheinreich mit Kaisern, die Marionetten in den Händen von »Barbarenherrschern« waren. Dieses Spiel endete 476, als der letzte kleine Kaiser, ironischerweise Romulus Agustulus genannt, vom gepidischen General Odoaker abgesetzt wurde. Odoaker erklärte sich im Namen des byzantinischen Kaisers zum Herrscher. Die Epoche endete glücklich für den Westen. Theoderich d. Gr., ein Ostgote, war in Konstantinopel erzogen worden. Als sein eigenes Volk Griechenland plünderte, setzte der Kaiser des Ostens, Leo, ihn ein, um durch Aktionen gegen Odoaker den Osten zu entlasten. Nach 488 zog Theoderich mit 100 000 Ostgoten nach Italien. Er machte sich zum König von Italien, und auch der Senat akzeptierte ihn, obwohl er dem Namen nach römischer »General« des Ostkaisers war. Die Ostgoten siedelten sich im Lande, vorwiegend im Norden, an. Theoderich bemühte sich um ein einigermaßen gutes Verhältnis zu Chlodwig, dem ehrgeizigen König der Franken in Gallien, und so konnte er Frieden und Wohlstand für Italien sichern. Gelehrte wie Cassiodorus und Boethius waren die Zierde seines Hofes; das Volk bekam weiterhin Brot und Spiele geboten. Rom wurde zum Teil wiederaufgebaut und Ravenna verschönert. Die Herrschaft Theoderichs und die Aufnahme der Ostgoten in Italien weist schon auf die Zukunft hin, in der die kräftigen germanischen Völker die römische und byzantinische kulturelle Tradition mit ihrer eigenen verbanden und die christliche Kultur des Mittelalters schufen.

Ich möchte diesen Gang durch die Geschichte mit einem Zeitgenossen Chlodwigs und Theoderichs beenden, dessen Name in keiner Verbindung zu beiden zu stehen scheint: König Artus von Britannien. Einst nahm man an, er sei eine mythisch-legendäre Figur, aber heute erkennt man ihn als einen wirklichen Helden des Widerstands der romanisierten Briten gegen die Sachsen, Angeln und Jüten an, die zu dieser Zeit die Nordsee überquerten, um Britannien zu besiedeln. Artus war weniger ein König als ein militärischer Führer der spätrömischen Tradition, der vor allem die Briten von Norden und Westen zusammenzog. Man kann ihn sich an der Spitze einer Kavallerieformation vorstellen, die in Kettenpanzer gekleidet war und den »Barbaren« gewaltig erschien. Nach verschiedenen kleineren Schlachten folgte der große Artus-Sieg beim Mons Badonicus, durch den die angreifenden Germanen ein weiteres halbes Jahrhundert aufgehalten wurden. Weder das Datum noch der genaue Ort dieses Sieges ist bekannt; wahrscheinlich fand die Schlacht im Jahre 499 n. Chr. statt.

OBEN: *Apsis-Mosaik von S. Pudenziana, Rom, »Das Himmlische Jerusalem«, Christus lehrt die Apostel.*

UNTERES BILD: *Goldgrundiges Mosaik »Taufe Christi«, Arianer-Baptisterium, Ravenna.*

RECHTS: *Spätrömisch/frühchristliches, blaugrundiges Mosaik »Der gute Hirt und seine Herde« aus dem Mausoleum der Galla Placidia in Ravenna.*

Technologie Chr. Geb. – 500

Obgleich die römischen Techniker sich noch ganz auf Sklavenarbeit stützten und in der Eisenbearbeitung noch nicht erfahren genug waren, um die neuen Ideen von Schneckengetriebe und -gewinde voll ausnutzen zu können, vermochten sie doch einige neue Prinzipien anzuwenden. Dies zu verdeutlichen genügen drei Beispiele. Die Wassermühle war die erste neue (und zugleich höchst effektive) Nutzbarmachung einer natürlichen Energiequelle seit der Erfindung des Segels. Viel Gebrauch wurde von der Energiespeicherung im gedrillten Seil gemacht, besonders in der Artillerie, und die chemische Forschung brachte das »Griechische Feuer« als Angriffswaffe hervor. Die Römer erfanden das äußerst komplizierte Fußbodenheizungssystem, und aus ihren chirurgischen Instrumenten läßt sich erschließen, daß sie durchaus in der Lage waren, eine Anzahl komplizierter Operationen durchzuführen, auch wenn ihre Vorstellungen von Anatomie und Physiologie höchst unwissenschaftlich waren.

Die nahezu explosionsartige Häufung von Erfindungen in China, die schon in der vorhergehenden Periode registriert werden konnte, hielt unvermindert an – und dies so sehr, daß es häufig schwierig ist, genau zu unterscheiden, ob einzelne Entdeckungen vor oder nach Christus gemacht wurden. Auch hier wurden das Zahnrad und die Wassermühle, unabhängig vom Westen, erfunden. Von weit größerer Bedeutung für die Zukunft war die Entwicklung einer Technik zur Herstellung von Papier, ein bedeutender Fortschritt gegenüber Papyros oder Kalbsfell (Pergament): Ein Brei aus Pflanzenfasern wurde auf den Maschen eines Siebs geschüttelt, bis eine ebene, feste Schicht entstand, die später an einer Wand zum Trocknen aufgehängt werden konnte. Ebenfalls in diesem Zeitraum kam es zu einigen weniger bedeutsamen Erfindungen wie dem Seismometer, dem Klappschirm und der Wiederaufarbeitung von Steingut.

In Indien erzielte man bedeutende Fortschritte in der Medizin und, wichtiger noch, in der Mathematik. Schließlich wurden zur gleichen Zeit ein System von ganzen Zahlen und das Zeichen für 0 entwickelt, so daß man mit den Symbolen selbst Berechnungen anstellen konnte. Die vorhergehenden konnten nur dazu verwendet werden, das Ergebnis eines Rechenproblems aufzuzeichnen, das mit Hilfe irgendeiner anderen Methode gefunden worden war.

Zu den Entwicklungen in der Neuen Welt zählen die Vervollkommnung der Maya-Glyphenschrift und der weitere Ausbau des Kalenders. Verbesserte Techniken für den Guß und die Legierung verschiedener Metalle brachten höchst dekorative Ornamente hervor. In Ecuador legierte man Gold- und Platinpartikel. Andere Techniken schlossen den Gebrauch des Hartlots, des Hammerschweißens und des Gusses in »verlorener Form« ein.

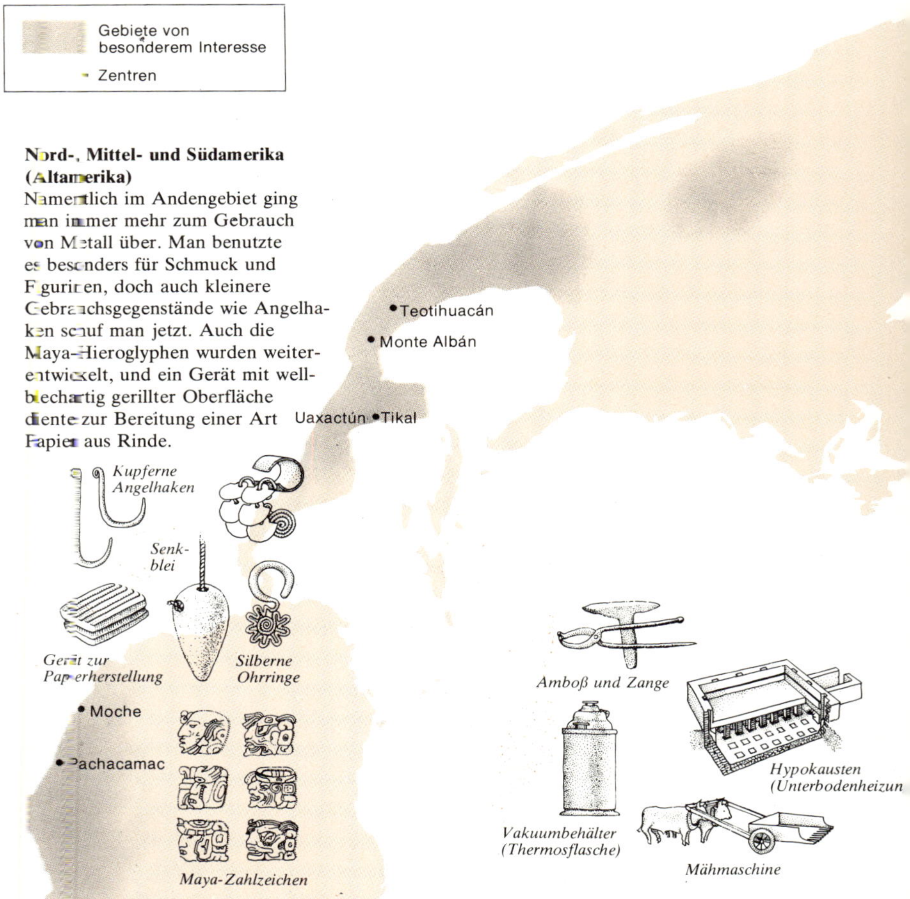

Nord-, Mittel- und Südamerika (Altamerika)
Namentlich im Andengebiet ging man immer mehr zum Gebrauch von Metall über. Man benutzte es besonders für Schmuck und Figuren, doch auch kleinere Gebrauchsgegenstände wie Angelhaken schuf man jetzt. Auch die Maya-Hieroglyphen wurden weiterentwickelt, und ein Gerät mit wellblechartig gerillter Oberfläche diente zur Bereitung einer Art Papier aus Rinde.

Östliches, westliches Mittelmeergebiet, europäisches Festland (Alteuropa)
Römischer Erfindergeist und römische Ingenieurpraxis im weitesten Sinne bestanden in dieser Periode fort. Wasserräder bzw. Wassermühlen (hauptsächlich zum Zermahlen von Getreide bzw. zur Ölgewinnung aus Oliven) gab es im gesamten Römerreich. Außerdem benutzte man andere Maschinen wie z. B. einen einfachen Mäher und den Hebebaum (Kran). Zu den Erfindungen für den Hausgebrauch zählten Fußbodenheizung (Hypokausten) und Thermosflaschen (Vakuumbehälter zum Warmhalten von Speisen). Manche Geräte, darunter chirurgische Instrumente, wurden fabrikmäßig hergestellt, Straßen dienten ebenso der zivilen Reichsverwaltung wie militärischen Zwekken. Entwicklungen der Waffen- und Kriegsmaschinentechnik trugen erheblich zur Durchschlagskraft und damit zum Erfolg der römischen Heere bei.

WERKSTOFFE (VERGLEICHENDE ÜBERSICHT)

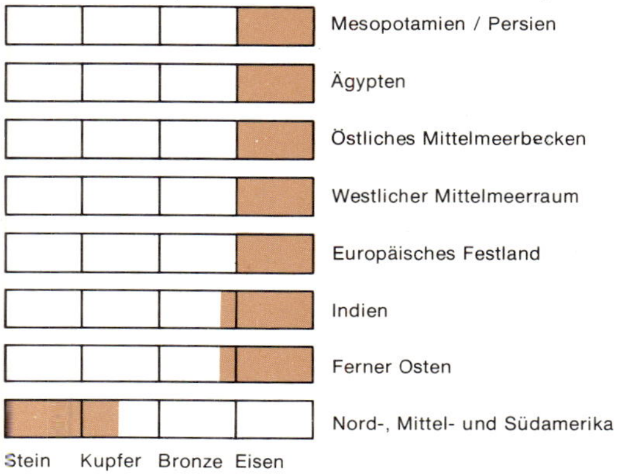

Ferner Osten
In Japan entwickelte sich das Schmiedehandwerk, das die Herstellung von Helmen erleichterte.
In China führte man Meßinstrumente – so ein Erdbebenmeßgerät und eine Art Schublehre – sowie die Münzwährung ein. Die Münzen wurden aus Metall hergestellt, während man für Zierat und Modelle noch immer Keramik bevorzugte.

Ägypten
Die Stadt Alexandria, die Regierung Ägyptens und die militärische Macht befanden sich voll in römischer Hand und hatten Teil an der Entwicklung des Römerreichs. Dabei war der Erfindungsreichtum der im Lande lebenden Griechen zurückgegangen, und von einem nennenswerten technologischen Fortschritt kann eigentlich keine Rede sein.

Mesopotamien / Persien
Dieses Gebiet leistete nun kaum noch einen Beitrag zum weltweiten technologischen Fortschritt. Bei der Herstellung von Arbeiten aus Ton, Metall und Stein knüpfte man an ältere Traditionen an.

Indien
Die Leistungen des damaligen Indien lagen eher auf dem Gebiet abstrakten Denkens als im Bereich materiellen Fortschritts. Beispielsweise trug die Entdeckung der Monsunwind-Rhythmen enorm zur Verbesserung der Seeverbindungen Indiens mit dem Westen bei.

Mesopotamien / Persien
Diese Region trug zum Fortschritt der Technik nur noch wenig bei. Große tönerne Amphoren zeigen, daß die handwerklichen Fähigkeiten nicht verloren gingen, doch wurden wesentliche Neuerungen erst in islamischer Zeit eingeführt (seit dem 7. Jahrhundert).

Tönerne Amphoren, Babylon

Ägypten
Ägypten wurde ein Teil des römischen Kulturkreises; was an einheimischen Traditionen bewahrt wurde, das wurde bei der islamischen Eroberung (634) von einer neuen Lebensform überlagert und verdrängt.

Mittelmeer und Europa (Römerreich)
Die Römerstraßen bezeugen noch heute die Leistungsfähigkeit römischer Technik. Auf ihnen gelangten Handwerker und Händler, Krieger und Verwaltungsfachleute in alle Teile des Reiches und verbreiteten die Errungenschaften der römischen Zivilisation. – Die Rüstung des Legionärs bestand gewöhnlich aus einem bronzenen Helm und einem Brustharnisch. Zu seiner Ausrüstung gehörten ein mit Eisen überzogener Holzschild, eine Lanze und ein Schwert. Belagerungsmaschinen erleichterten die Eroberung von Festungen. – Viele Bäder besaßen eine Bodenheizung (Hypokausten). Die Wassermühle des Vitruvius war früheren Mühlrädern überlegen; mit Hilfe einer Zahnradübersetzung drehte sich der Mühlstein fünfmal so schnell wie das Wasserrad. Der Kran, für große Bauten arbeitete nach dem Prinzip eines Flaschenzuges, seine Antriebskraft war ein großes Tretrad.

Römerstraße in Blackstone Edge, Lancashire, England

Römischer Legionär, ca. 200 n. Chr.

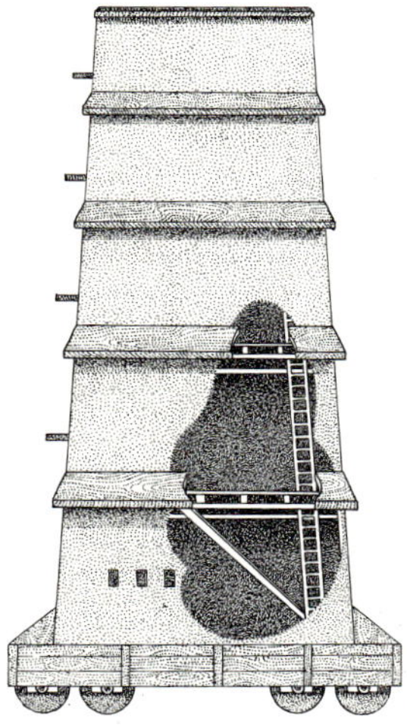

Beweglicher Belagerungsturm

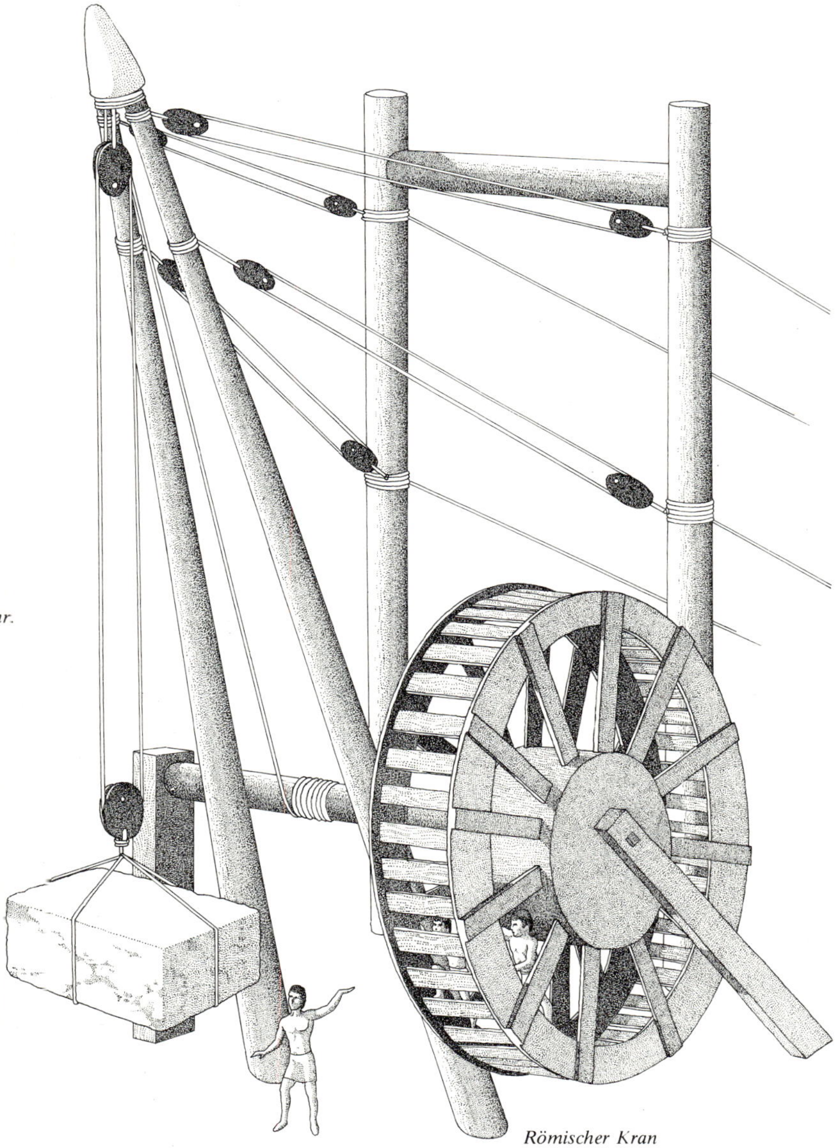

Römischer Kran

Bodenheizung (Hypokausten) einer römischen Villa, Chedworth, England

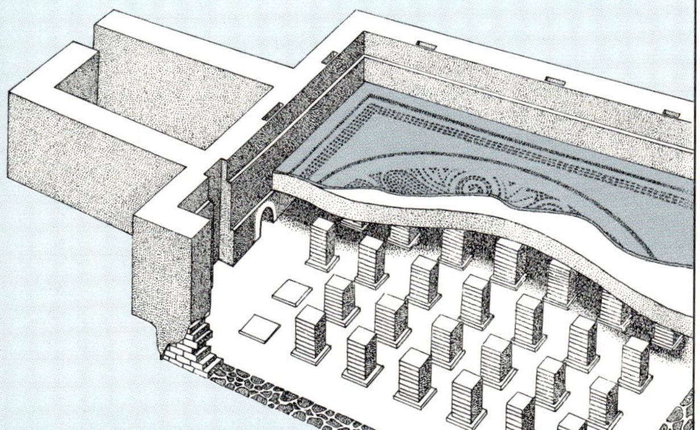

PRINZIP DER BODENHEIZUNG: *Heiße Luft strömte in Hohlräumen unter dem Fußboden dahin. Die Feuerstelle befand sich außerhalb des Gebäudes.*

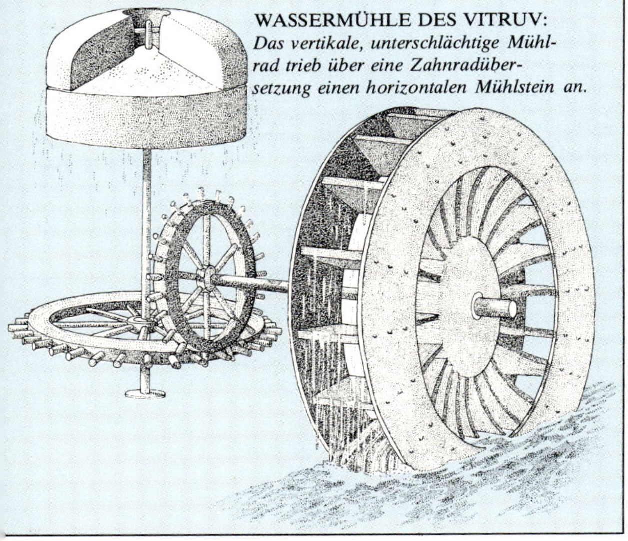

WASSERMÜHLE DES VITRUV: *Das vertikale, unterschlächtige Mühlrad trieb über eine Zahnradübersetzung einen horizontalen Mühlstein an.*

Indien
Weitere Fortschritte gab es auf den Gebieten der Medizin und der Astronomie; vervollkommnet wurde die Mathematik durch die Verwendung der Null als Stellenwert. Mit den Handelskontakten zu Arabien und dem römischen Reich ging ein Austausch von Kenntnissen und Fertigkeiten einher. Alte religiöse Überlieferungen wie die »puranas« wurden als heilige Bücher kodifiziert.

Ferner Osten
Mit Hilfe des Erdbebenanzeigegeräts (Seismometer) der Han-Zeit konnte man nicht nur Erdbeben registrieren, sondern auch die Richtung der Erdstöße feststellen: Ein nach allen Richtungen frei beweglich aufgehängtes Pendel stieß Stäbe an, welche die Erschütterung auf die Verschlußklappe eines der acht bronzenen Drachenköpfe übertrugen. Dann fiel ein Ball in das Maul eines darunter sitzenden Bronzefrosches. Während dieser Apparat kunstvoll verspielt gestaltet war, hatten andere Meßinstrumente eine moderne, funktionale Form. Die chinesischen Münzen wurden nicht geprägt, sondern gegossen. Die Gußform für die Münzenrückseite zeigt Kontrollmarken.

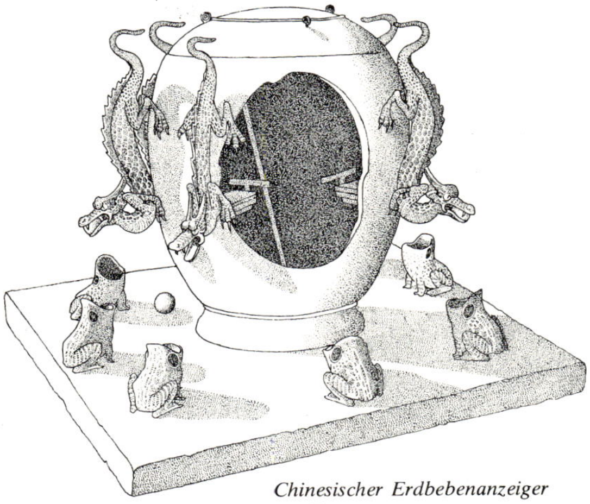

Chinesischer Erdbebenanzeiger aus Bronze

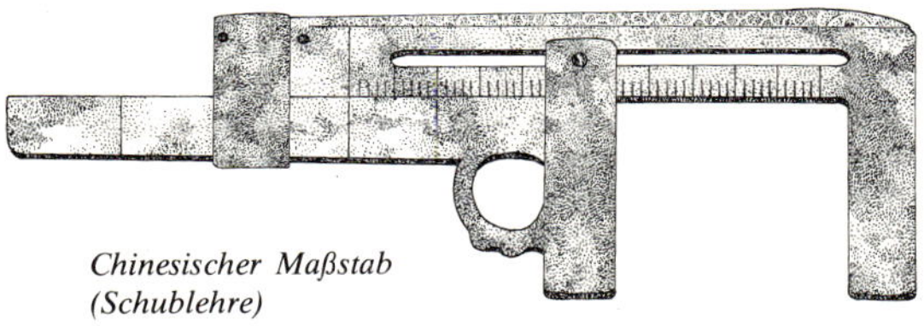

Chinesischer Maßstab (Schublehre)

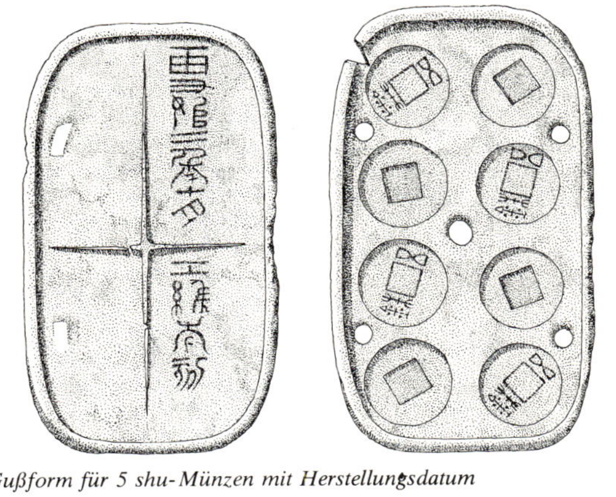

Gußform für 5 shu-Münzen mit Herstellungsdatum

Nord-, Mittel- und Südamerika (Altamerika)
Für Datenangaben auf einigen ihrer Stelen verwandelten die Maya-Astronomen ihre Glyphen in groteske Gesichter. Ihr Kalender baute auf einer Kombination von Ziffern und Namen auf; erst nach 52 Jahren kam ein Tag mit der gleichen Nummer und dem gleichen Namen wieder. Derartige Zyklen dienten auch der Geschichtsschreibung.

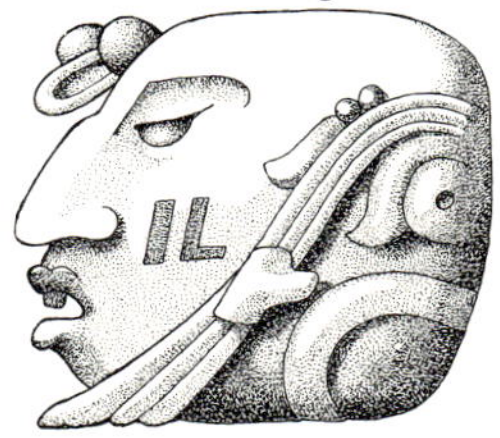

1

2

3

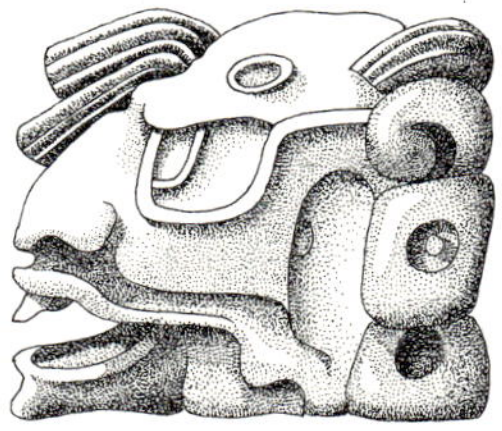

4

5

6

Bauweise Chr. Geb. – 500

Die komplexe Struktur römischer Zivilisation forderte sowohl Zweckbauten wie repräsentative Monumentalbauten. Obwohl von Colchester bis Baalbek die »griechischen« Tempel weitergebaut wurden, lag die Zukunft sicher nicht im wiederholbaren Muster sondern auf neuen Gebieten: nicht beim Tempel-, sondern beim Theaterbau, bei der Errichtung öffentlicher Bäder und anderer öffentlicher Bauten – desgleichen beim Brückenbau sowie der Errichtung von Aquaedukten. All dies führte zum Experimentieren und zum Fortschritt in der Bodennutzung und im Einsatz ziegelverblendeter Betonkerne mit dem Ziel, immer größere Räume und Distanzen sicher, haltbar und wirksam zu überwölben. Das Pantheon in Rom hat die Eingangsfassade eines klassischen Tempels, aber die sich dahinter erhebende Kuppel war von gänzlich neuer Bauart und wurde in ihrem Ausmaß erst einige Jahrtausende später übertroffen. Später in dieser Epoche – und augenfälliger im byzantinischen Osten als im römischen Westen – verwandte man besonders viel Energie auf die Kirchenarchitektur. Die Kirchen mußten nicht nur immense Dimensionen haben, weil sie während des Gottesdienstes größere Zahlen von Gläubigen fassen mußten, sondern auch, weil sie der Verherrlichung Gottes dienten. Seit Beginn des 4. Jahrhunderts war Architektur vor allem Kirchenarchitektur.

Gleiches ist in der ganzen Welt zu beobachten. In Indien war die Architektur der Gupta-Dynastie hauptsächlich auf die in den Fels geschnittenen Tempel konzentriert sowie auf die ihnen verwandten Stupen. Im Fernen Osten dagegen war man der Ansicht, daß Holzbauten für Götter ebenso geeignet seien wie für Menschen. Die beeindruckendsten Monumente, die in China und Japan überdauert haben, sind Gräber, weniger deshalb, weil sie die bedeutendsten Bauten waren, sondern weil sie unter der Erde versteckt lagen und so erhalten blieben. Die Pläne dieser Zeremonialbauten wiesen einen bedeutenden, kosmischen Symbolismus auf.

Auch in Amerika war diese Zeit dem Tempelbau günstig. Die Kraft, die jene großen Pyramiden und Tempel von Teotihuacán hervorbrachte, war ebenso religiös motiviert wie der Geist der die Mayatempel entstehen ließ. Ihre Kragsteingewölbe mögen im Vergleich zu zeitgenössischen Werken der Alten Welt primitiv gewesen sein, aber sie waren weit fortschrittlicher als alle früheren Konstruktionen des amerikanischen Kontinents. Eine ähnliche Entwicklung kann in Südamerika beobachtet werden, wo das bedeutende archäologische Zentrum von Tiahuanaco in dieser Zeit entstand.

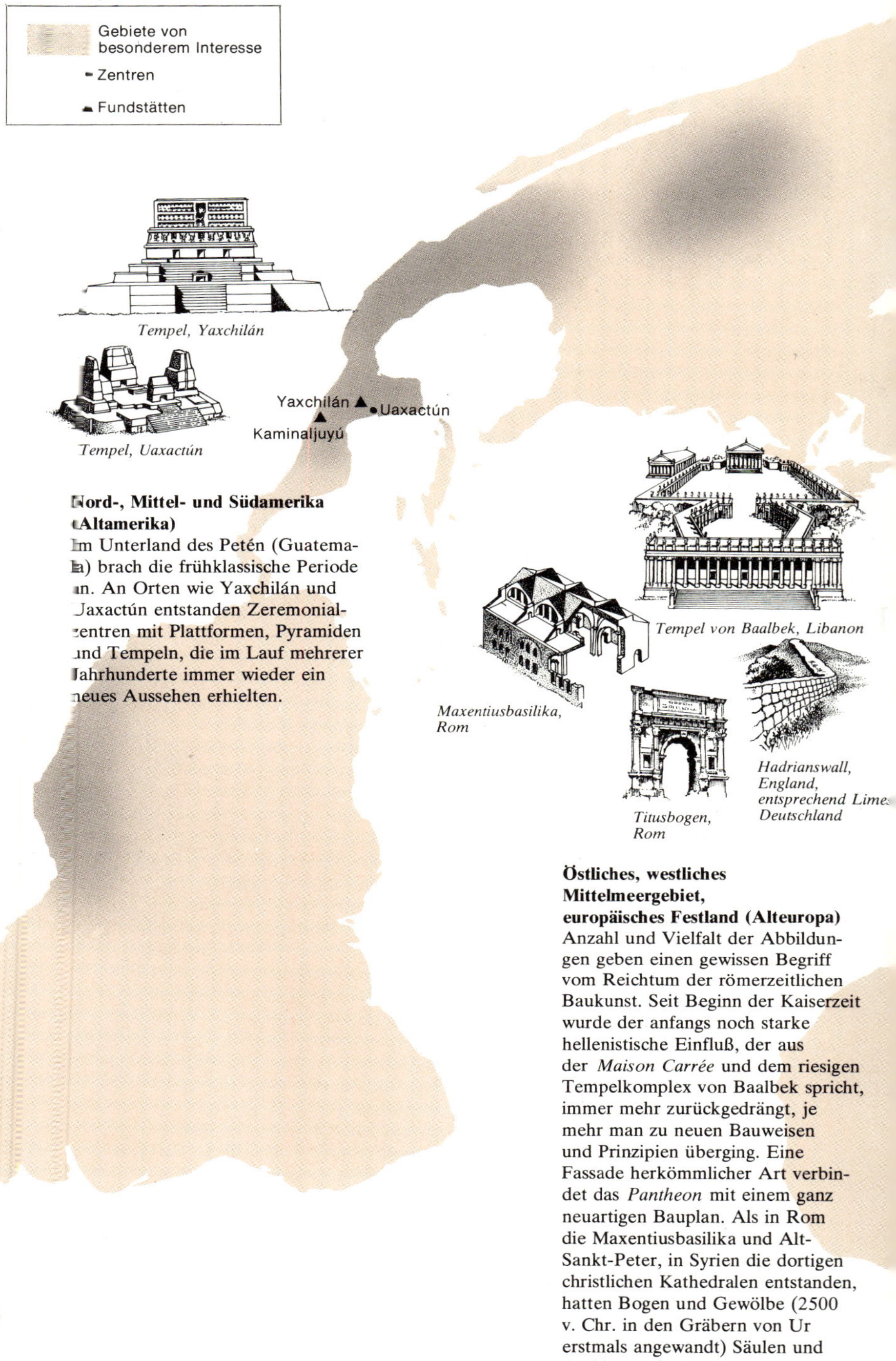

Tempel, Yaxchilán

Tempel, Uaxactún

Tempel von Baalbek, Libanon

Maxentiusbasilika, Rom

Titusbogen, Rom

Hadrianswall, England, entsprechend Limes Deutschland

Nord-, Mittel- und Südamerika (Altamerika)
Im Unterland des Petén (Guatemala) brach die frühklassische Periode an. An Orten wie Yaxchilán und Uaxactún entstanden Zeremonialzentren mit Plattformen, Pyramiden und Tempeln, die im Lauf mehrerer Jahrhunderte immer wieder ein neues Aussehen erhielten.

Östliches, westliches Mittelmeergebiet, europäisches Festland (Alteuropa)
Anzahl und Vielfalt der Abbildungen geben einen gewissen Begriff vom Reichtum der römerzeitlichen Baukunst. Seit Beginn der Kaiserzeit wurde der anfangs noch starke hellenistische Einfluß, der aus der *Maison Carrée* und dem riesigen Tempelkomplex von Baalbek spricht, immer mehr zurückgedrängt, je mehr man zu neuen Bauweisen und Prinzipien überging. Eine Fassade herkömmlicher Art verbindet das *Pantheon* mit einem ganz neuartigen Bauplan. Als in Rom die Maxentiusbasilika und Alt-Sankt-Peter, in Syrien die dortigen christlichen Kathedralen entstanden, hatten Bogen und Gewölbe (2500 v. Chr. in den Gräbern von Ur erstmals angewandt) Säulen und Architrave (steinernes Säulengebälk) endgültig verdrängt. Eine ähnliche Entwicklung zeichnet sich in Theatern wie in Aspendos und Ed Djem ab, desgleichen in Gräbern wie denen von Petra sowie in Santa Costanza, Rom. Römische Ingenieurtechnik fand neue Formen wie etwa im Limes und Hadrianswall oder bei der heute als Pont du Gard bezeichneten Wasserleitung, für die es keine griechischen Vorbilder gab.

BAUMATERIALIEN (VERGLEICHENDE ÜBERSICHT)

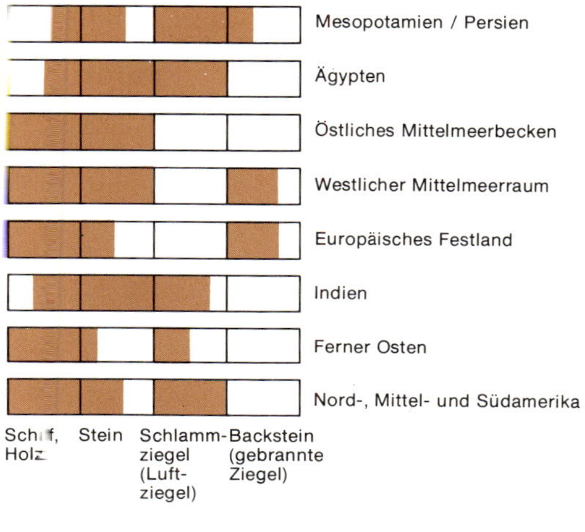

Ferner Osten
Noch immer sind, so z. B. in Loyang, Gräber die einzigen erhaltenen Bauwerke, doch erlauben immer reichere und klarere archäologische Befunde, zeitgenössische Darstellungen und literarische Schilderungen Loyangs und Chang-ans, die entziffert werden konnten, zunehmend genauere Rekonstruktionen der dortigen Häuser.

Ägypten
Der Chnumtempel von Esna und der Mandulistempel von Kalabscha gehören zu den letzten Bauten im traditionellen Stil Altägyptens, die während der Zeit der Römerherrschaft entstanden.

Mesopotamien / Persien
Der parthische Gareus-Tempel in Warka (Uruk) sowie der Sassanidenpalast in Ktesiphon verraten, daß man endlich die Überlegenheit des Bogenbaus begriffen hatte (dies, nachdem mehr als 2000 Jahre zuvor in diesem Gebiet das erste Bauwerk mit einer Bogenkonstruktion errichtet worden war). Die genannten Bauwerke stehen zeitgenössischen römischen Bauten näher als altmesopotamischen Vorläufern. Insgesamt sehr viel einfacher ist das Grab aus Hatra.

Indien
Der Tempel der Kali (Durga) in Aihole (1. Hälfte 6. Jh.) ist typisch für die Architektur der Zeit. Die Tempelbauten sind klein, flachdachig und aus mörtellosem Trockenmauerwerk errichtet. Verschwenderisch mit Malereien und Skulpturen ausgestattet sind die 27 Felshöhlen von Adschanta. Vor der Höhlenmündung wurde ein Tempel aus dem anstehenden Naturgestein herausgearbeitet.

Mesopotamien / Persien
Im Jahre 225 n. Chr. lösten die Sassaniden die Parther in der Herrschaft ab und erbauten ihren Palast in Ktesiphon, dessen Audienzhalle mit einer aus leichtgebrannten Ziegeln gemauerten, 31 m hohen Bogenkonstruktion und mit ihrer reich gegliederten Fassade zum Vorbild für die Bauform des islamischen »iwan« wurde. Die auf vier Ecktrompen sitzende Kuppel überwölbte 24 Meter. Mit der Gliederung der Fassade durch Bogennischen lehnte sich die sassanidische Architektur (trotz der dauernden Feindschaft zwischen Römern und Parthern, später Byzantinern und Sassaniden) an hellenistische Formen an. Der von König Chosrau in der Mitte des 6. Jahrhunderts erbaute Palast, von dessen linker Fassade heute noch ein beachtlicher Teil erhalten ist, wird in einer Rekonstruktion vorgestellt.

Rekonstruktion des Palastes von Ktesiphon, in der Nähe von Bagdad

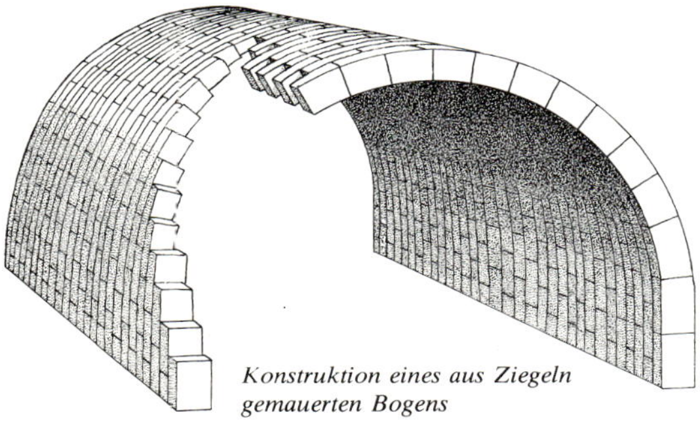

Konstruktion eines aus Ziegeln gemauerten Bogens

Ägypten
Der in nachchristlicher Zeit erbaute Chnum-Tempel von Esna gehört zu den letzten Bauten, die über 3000 Jahre lang im traditionellen ägyptischen Stil errichtet wurden. Die Bauweise war tief in der altägyptischen Religion verwurzelt, deren Kulte auch unter der Römerherrschaft in hellenistischer Gestalt weiterlebten. Nur allmählich setzten sich mediterrane Architekturmuster auch im Niltal gegen die wuchtige, ägyptische Bauweise mit ihren schweren Bauelementen durch.

Tempel des Chnum, Esna

Mittelmeer und Europa (Römerreich)
Die Römer übernahmen für ihre Bauten hellenistische Architekturformen, so tragen z. B. bei der Maison Carrée in Nîmes korinthische Säulen (der römischen Form) ein reich verziertes Gebälk. Ohne hellenistisches Vorbild errichteten die Römer eindrucksvolle Zweckbauten wie die 271 m lange und mit ihren drei Bogenreihen 47 m hohe Wasserleitung (Aquädukt) über den Fluß Gard. Die Fassade des Ed-Deir-Grabes in Petra ist 46 m hoch. Die Fassaden der Grabtempel in Petra waren in Felswände hineingemeißelt. Das unter Hadrian erbaute Pantheon in Rom war zwar nicht der älteste Rundtempel, aber die eindrucksvollste Leistung römischer Baukunst. In den Nischen des Untergeschosses waren Götterstatuen aufgestellt. Die Kuppelwölbung stieg zu einer großen runden Öffnung im Zenith an, außen war sie mit vergoldeter Bronze geschmückt. Beim Theaterbau standen neue römische Konzeptionen (wie in El Djem) neben alten (wie in Aspendos), welche griechischen Vorbildern folgten. Der Hadrianswall wurde quer über den Norden Englands als eine dauerhafte militärische Anlage errichtet, ähnlich dem Limes in Deutschland und anderen Grenzbefestigungen.

»Pont du Gard«-Aquädukt, Nîmes, Frankreich

Grabtempel des Ed Deir, Petra, Jordanien

Hadrianswall, England

Amphitheater in El Djem, Tunesien

»Maison Carrée«, Nîmes, Frankreich

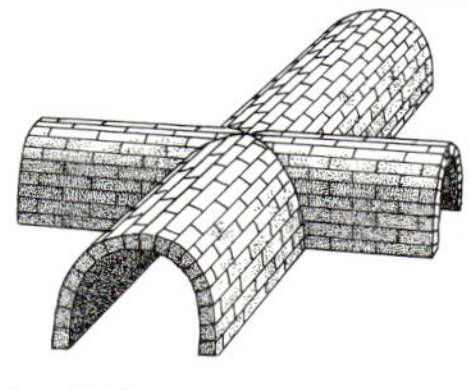

Durchkreuztes Tonnengewölbe

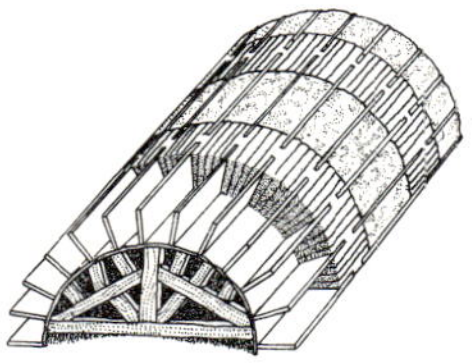

Tonnengewölbe

Theater in Aspendos, Türkei

Das Innere des Pantheons, Rom

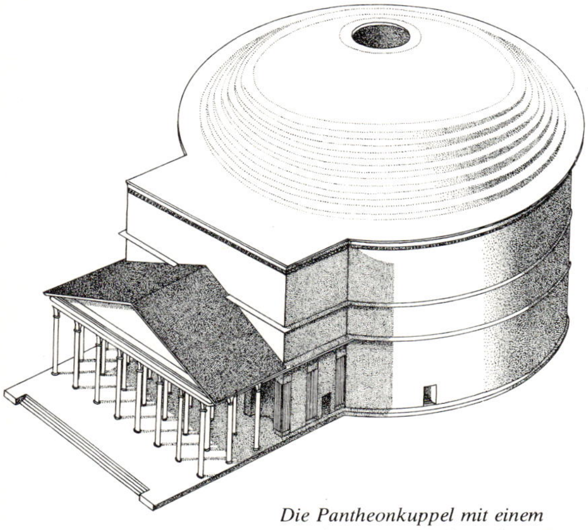

Die Pantheonkuppel mit einem Durchmesser von 43 m, deren Bauweise durch einen verbesserten Mörtel möglich wurde, überdauerte achtzehn Jahrhunderte.

Indien
Der Durga-Tempel in Aihole, einer der mehr als siebzig Tempel dieses im 5. Jahrhundert n. Chr. aufblühenden Kulturzentrums, hat die Form einer Tschaitja-Halle. Das rechteckige Schiff erstreckt sich vom Portal zu einer Apsis mit dem Hauptschrein und ist von einer Wandelhalle umgeben. Die dicken Mauern wurden ohne Mörtel errichtet. Wie die aus den Felsen herausgemeißelten Höhlentempel von Adschanta setzt der Durga-Tempel eine frühere Holzarchitektur in Stein um.

Durga-Tempel in Aihole, Indien

Ferner Osten
Bildwerken und literarischen Beschreibungen verdanken wir eine ungefähre Vorstellung vom Aussehen der reich gegliederten (z. T. mehrstöckigen, »himmelsorientierten, weit wie die Erde angelegten«) chinesischen Zeremonialbauten, deren ziegelgedeckte Dächer auf einer kräftigen Gebälkkonstruktion ruhten.
Einen realistischeren Eindruck der Holzkonstruktionen mit Ziegeldächern vermitteln die im 8. Jahrhundert von Chinesen im traditionellen Stil erbauten Hallen in Nara, Japan.

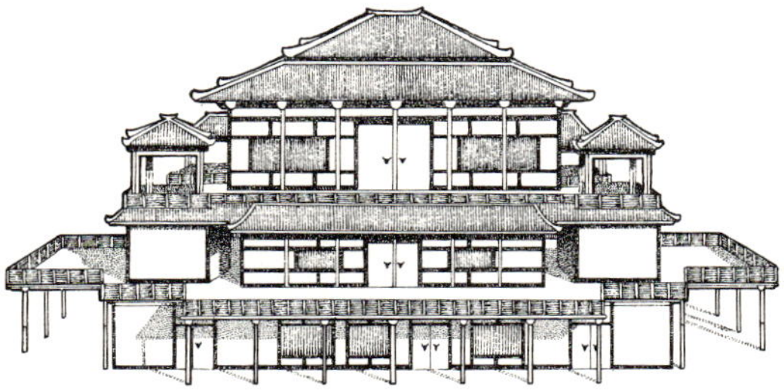

Zeremonialbau in Ch'ang-an, Shensi, China

Nord-, Mittel- und Südamerika (Altamerika)
Die Ausgrabungen in Uaxactún haben gezeigt, daß der Tempel immer wieder vergrößert und verschönert wurde, wobei man frühere Bauwerke bei der Erhöhung der Tempelplattform zuschüttete und überbaute. Eine breite Treppe führte zur Opferstätte auf der Terrasse, auf der sich auch drei Gebäude mit falschen Gewölben erhoben. Der echte Bogen war den Maya unbekannt.

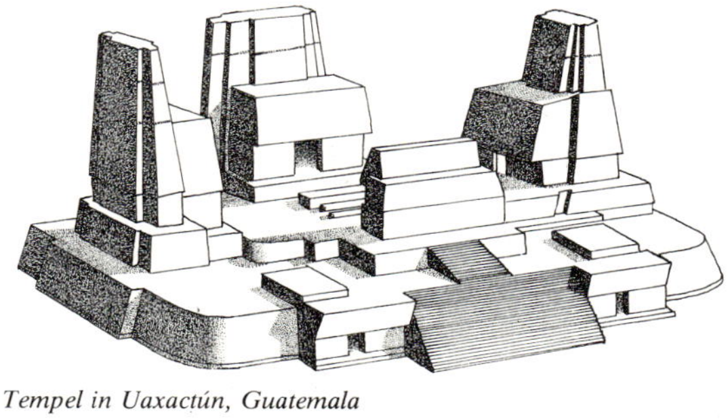

Tempel in Uaxactún, Guatemala

Kunst Chr. Geb. – 500

Um die Bedeutung der um 300 beginnenden Hochkultur in Mittelamerika zu unterstreichen, ist es gerechtfertigt, die Errungenschaften der Alten Welt in den Hintergrund treten zu lassen und mit der Neuen Welt zu beginnen.

Im Tal von Mexiko blühte der einflußreiche »Stadtstaat« Teotihuacán: neben der Bauskulptur entwickelte sich die Wandmalerei. In Oaxaca, wo schon früh in Monte Albán kulturelle Fortschritte zu verzeichnen gewesen waren, entfaltete die Kultur der Zapoteken ihre volle Kraft. Vor allem aber war es die Hochkultur der Maya in den Ebenen Guatemalas rund um Tikal und Uaxactún, die sich nun entwickelte, weiter ausbreitete und in der Kunst eine höchste Entfaltung erreichen sollte. Die Maya hatten schon das Prinzip entdeckt, ihre massigen Bauten mit dekorativen Bildwerken zu beleben; eine der frühen Stelen aus Tikal zeigt einen durch einen riesigen Kopfschmuck klein erscheinenden Priesterkönig, eine Gestalt, die wenig später so allgemein vertraut werden sollte.

In der Alten Welt beherrschte das Römische Imperium dieses Zeitalter. Seine Kunst erwuchs direkt aus der hellenistischen Tradition. Viele Kunstwerke waren Kopien der von Römern in Griechenland geraubten Originale. Aus kommerziellen Gründen wurden schließlich immer mehr solcher Kopien angefertigt. Der römische Charakter und die grandiosen Maßstäbe römischer Herrschaftsmonumente hatten einen offensichtlichen Wechsel der Selbsteinschätzung zur Folge. Außerhalb Roms in den westlichen Provinzen wie Gallien, den Rheinlanden und England blühte die Provinzialkunst auf.

In der Kunst des Nahen Ostens, das Partherreich eingeschlossen, wo man an einer Mischung von hellenistischen, persischen und anderen lokalen Elementen festhielt, gab es eine merkwürdige Entwicklung: Man drehte während des 1. Jahrhunderts die Bildnisse aus der Profilansicht, die so lange dominiert hatte, und ließ sie sich nun frontal dem Betrachter zuwenden. Dies neue Prinzip der Frontalität verbreitete sich im östlichen Imperium und beeinflußte die byzantinische Kunst. In Indien entwickelte die religiöse Kunst des Buddhismus und Hinduismus ihre Ikonographie. – Das Guptazeitalter markierte einen der Höhepunkte indischer Kultur.

In China wurde die höfische Kunst der Han-Dynastie mit ihrer Grazie und Gekünsteltheit beibehalten – am besten zu erkennen an Grabfiguren. Der Einfluß des Buddhismus förderte die Kontemplation und die Vervollkommnung der gegenständlichen Malerei und Kalligraphie. Aus dem Fels geschnittene Schreine mit buddhistischen Malereien und Skulpturen verbreiteten sich sogar im Norden unter den nomadischen Eindringlingen. Der Export chinesischer Grabfiguren nach Japan brachte den Aufschwung des lokalen Haniwa-Stils.

Nord-, Mittel- und Südamerika (Altamerika)
Etwa um 300 n. Chr. hatte sich in der Architektur-Skulptur und in den Reliefs auf Kalenderstelen der echte Maya-Stil herausgebildet. Außerdem formten die Maya schöne Gefäße und schufen bemalte Töpferware von plastischer Form. Weniger frei modellierten die Bewohner von Tenochtitlán, doch stand bei ihnen die Wandmalerei in hoher Blüte. Zapotekische Kunst entwickelte sich in Oaxaka (Monte Albán), figürliche Skulptur war in San Agustín (Kolumbien) reich vertreten, während schöne, bemalte und modellierte Keramik für die Mochica- und Nazca-Kultur in den Küstentälern Perus charakteristisch war.

Götterfigürchen, Monte Albán

Jademaske, Mexiko

Weihrauchbrenner, Maya-Arbeit

Kriegervase, Peru

Mochica-Topf

Östliches, westliches Mittelmeergebiet
Griechisch-römische Kunst bewahrt ihre Vorrangstellung rings um das römische Binnenmeer, obwohl sich gewisse örtliche Schulen abzeichnen. Am stärksten war die Kunst der römischen Kaiserzeit im Porträt und in der historischen Darstellung. Nach Constantin zeigt die Porträtkunst einen Hang zu stärkerer Stilisierung, und christliche Themen werden jetzt behandelt; dies gilt besonders für die Grabskulptur. Außerdem kannten und praktizierten die Römer auch Landschafts- und Architekturmalerei sowie Mosaikkunst.

Europäisches Festland (Alteuropa)
Während der kurzen Frist bis zur Invasion der Römer unter den Claudiern im Jahre 43 n. Chr. sah Britannien noch eine Nachblüte der La-Tène-Kunst. Meisterwerke wie der bronzene Spiegel von Desborough entstanden. Nach der Eroberung durch Rom schlug keltische Eigenart dennoch bisweilen durch – in unklassischen Skulpturen. Im allgemeinen wurde Britannien nun jedoch römische Kunstprovinz bzw. Schauplatz römischer Provinzkunst. Vor 500 n. Chr. begannen die germanischen Völkerstämme schönen Schmuck herzustellen.

Ferner Osten
Künstler der sogenannten »östlichen« Han-Dynastie schufen weiterhin ausgezeichnete Kleinskulpturen wie die berühmten »Fliegenden Pferde« von Wu-Wei. Nach dem Sturz der Han-Dynastie fanden Schönschrift und Malerei ihre Vollendung unter den »östlichen« Ts'in. Die Ausbreitung des Buddhismus führte auch zu einer Verbreitung buddhistischer Kunst, von der zahllose Höhlenheiligtümer zeugen.

Mesopotamien / Persien
Einige der besten frühparthischen Kunstwerke stammen aus dem Randbereich des parthischen Einflußgebietes, nämlich aus dem selbst gar nicht parthischen, sondern als »Pufferstaat« zwischen Parther- und Römerreich gelegenen Palmyra. Freskomalereien, insbesondere Darstellungen in einer Synagoge, fanden sich in Dura Europos. Als nach 227 n. Chr. die Sassaniden an der Macht waren, brach ein neues Zeitalter des Wohlstands an, und man versuchte, etwas vom Glanz längstvergangener Achämenidenzeit zu erneuern.

Brosche, Dänemark
Becher, Hoby
Kopf, Gloucester
Spiegel von Desborough
Sassanidischer Pferdekopf
Silberplatte
Kopf, Nara
Schreiber, Ch'ang-Sha (Ts'ang-Scha)
Haniwa-Pferd, Gumma
Bronzewagen, Wu-Wei
Chinesische Querrolle, Detail
Römische Büste
Augustus von Primaporta
Tetrarchengruppe, Venedig, Südwestecke der Markuskirche (wohl syrische Arbeit)
Griechisch-römische Mädchenfigur
Grabstein
Kaiser-Kameo
Sarkophag-Detail
Römische Porträtmalerei
Fibel aus Spanien
Feldflasche aus Glas, Syrien
Mumiensarg, Hawara
Lampe
Glasschale, Alexandria
Wandmalerei (Anubis mit Seele)
Wandmalerei, Adschanta
Mönchsgruppe, Hadda
Figürchen, Begram
Torso, Sanchi
Buddha, Sarnath

Ägypten
Selbst im Bereich ihrer ureigensten Traditionen, d. h. bei der Dekoration von Mumien, erlagen die Ägypter römischem Einfluß. Überall waren Glas und Bronze im Gebrauch.

Indien
Im Bereich der indischen Kunst unterschied man nun zwischen einer griechisch-römisch beeinflußten Kunstprovinz im Nordwesten unter den Kuschan-Herrschern, wo sich die Bildhauerschulen der sogenannten Gandhara-Kunst herausbildeten, und einer Weiterentwicklung der einheimischen Kunsttraditionen der Maurya-Zeit. Diese Kunst der Gupta-Zeit (320–540 n. Chr.) ist ganz und gar indisch und ausschließlich religiös – sowohl hinduistische als auch buddhistische Vorstellungen fanden in ihr Ausdruck. Die schönsten Wandmalereien der damaligen Epoche finden sich in den Höhlen von Adschanta.

Mesopotamien / Persien
Die Parther stammten wahrscheinlich aus dem Steppenraum. Ihre Kunst verband hellenistische und altpersische Traditionen. Von hohem künstlerischen Wert sind die mit Relieffiguren geschmückten Silberschalen. Unser Beispiel zeigt den Gott Silen mit seinem Gefolge, um 200 n. Chr., entstanden.

Parthische Silberschale

Ägypten
Die Mumienporträts der Spätzeit bezeugen die Verbindung unterschiedlicher Anschauungen und Traditionen und (indirekt) auch hellenistischen Einfluß und die Anwesenheit der Römer in Ägypten. Porträts auf Holztafeln wurden meist bei Lebzeiten der Dargestellten angefertigt und später auf ihren Särgen befestigt. Auf einem Wandgemälde sehen wir einen vornehmen Mann in klassischer Gewandung neben seiner Mumie, der vom Gott Anubis ins Jenseits geleitet wird.

Wandgemälde, Anubis geleitet eine Seele ins Jenseits

Mittelmeerraum (Römerreich)
Seit langem stellten die Römer realistische Porträtskulpturen her und entwickelten eine Vorliebe für historische Szenen wie auf der Trajanssäule. Landschaftsbilder und gemalte Architekturelemente bedeckten ihre Wände, die Fußböden waren überall im römischen Reich mit Mosaiken geschmückt. Viele der erhalten gebliebenen römischen Reliefs stammen von Grabsteinen und Sarkophagen. Zu den Werken der römischen Kleinkunst gehören Kameen (Gemmen) und Miniaturportraits auf Glas. Proben der frühchristlichen Kunst kann man vor allem auch in Ravenna besichtigen (Seite 215).

Relieffigur eines Grabsteins

Sardonyx-Kamee des Kaisers Augustus

Figur eines jungen Mädchens

Portrait eines Mädchens, Pompeji

Detail eines Sarkophags, Rom

Europäisches Festland (Alteuropa)
Neben der vorherrschenden provinzialrömischen Kunst wurden auch alte lokale Kunsttraditionen bewahrt. Die keltischen Stilformen lebten z. B. in Britannien nach der Römerzeit wieder auf. Bei dem Kalksteinkopf aus Gloucester ist nur die Frisur römisch.

Kalksteinkopf aus Gloucester mit roter Bemalung

Indien
Indische Malereien dieser Epoche blieben vor allem in den Höhlentempeln (z. B. in Adschanta) erhalten. Sie zeigen das Leben am Hofe der Gupta-Könige. Die Zeit des Gupta-Reiches war zugleich die Blütezeit der buddhistischen Kunst. In Mathura und in Sarnath wurden wohlgeformte, etwa lebensgroße Buddhafiguren in den Kulthallen aufgestellt. Später entstanden monumentale Buddhadarstellungen.

Höhlenmalerei, Adschanta

Buddha aus Sarnath, seine Hände bilden die Predigtgeste

Ferner Osten
Zu den schönsten Grabbeigaben der späten Han-Zeit (unter der östlichen Han-Dynastie) gehören die mehr als 200 Bronzefiguren aus dem Grabe des Generals Chang in Wu-Wei, darunter das »Fliegende Pferd«, 6 Wagenmodelle und 17 Reiter. Von den Schriftwerken jener Zeit blieb ein Handbuch für Prinzenerzieher erhalten.

Bemalte Schriftrolle des Ku K'ai Chih, China

Einer der Bronzewagen mit Wagenlenker, Wu-Wei, China

Nord-, Mittel- und Südamerika (Altamerika)
Die Töpfer der Mochica-Kultur in den Küstentälern Perus stellten kunstvolle Gefäße mit z. T. szenischen Darstellungen von Menschen und Tieren her. Der Jaguar wurde im Alten Amerika weiterhin verehrt. Die Maya stellten polychrome Tonschalen her und verzierten Opferbehälter mit stilisierten Gesichtern ihrer Götter.

Tönerner Weihrauchbrenner, Maya-Kultur

Figurengefäß mit einem Mann und einem Jaguar, Mochica-Kultur, Peru

Region	Wirtschaft	Zentren	Ereignisse / Entwicklungen	Persönlichkeiten
Mesopotamien / Persien 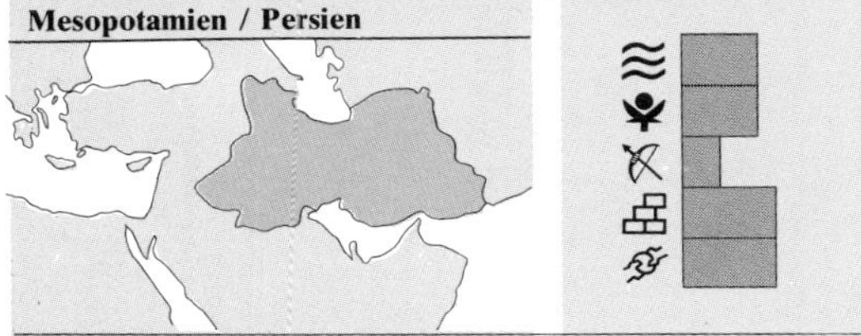		Seleukeia Ktesiphon	Parther. Ab 226 Sassaniden. Bedeutende Zunahme des Mittelmeerhandels über Petra und Palmyra.	
Ägypten 		Alexandreia	Römische Provinz. Übergewicht Alexandriens, mit dem das syrische Antiocheia rivalisiert. Später byzantinische Provinz. Von Meroë aus breitet sich die Eisenmetallurgie in das Gebiet südlich der Sahara aus.	Heron und der Astronom Claudius Ptolemaios
Östliches Mittelmeerbecken 		Antiocheia Konstantinopel (Byzanz)	Nach und nach Spaltung zwischen der Ost- und Westhälfte des Römerreiches. Neue Hauptstadt: Konstantinopel (Byzanz).	Jesus von Nazareth Paulus Constantin d. Gr.
Westlicher Mittelmeerraum 		Rom	Das kaiserliche Rom beherrscht die Welt, doch mehr und mehr im Innern von Bürgerkrieg und von außen durch angreifende Barbaren bedroht. Spaltung zwischen Ost und West. 476 Zusammenbruch des Westreichs.	Nero Plinius d. Ä. Trajan Hadrian Marc Aurel Galen Diokletian Augustinus
Europäisches Festland (Alteuropa) 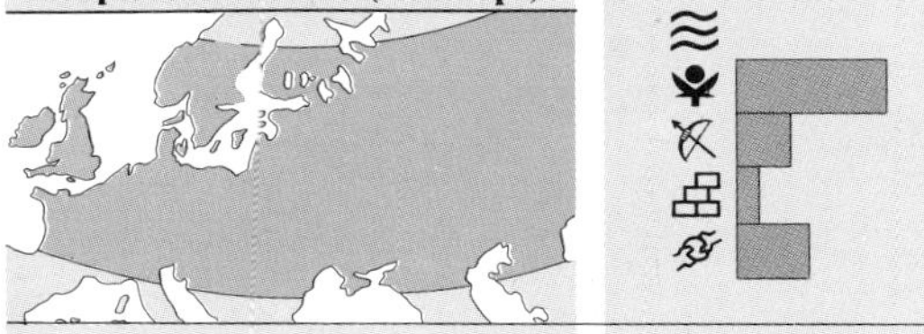		Köln Trier Londinium (London) Colonia Ulpia Trajana (Xanten)	Das Römerreich reicht bis an die Grenze Schottlands (bis zum 5. Jahrhundert) und bis zur Rhein-Donaulinie. Befestigte Grenzen (Limes, Hadrianswall, Antoninuswall) in Germanien und Britannien. Trajan gewinnt Dakien hinzu. Handel über die Grenzen hinaus. Die beginnende Völkerwanderung läßt schließlich die Reichsgrenzen brechen.	Arminius der Cherusker Caratacus Budicca »König Artus« Alarich Attila Odoaker
Indien 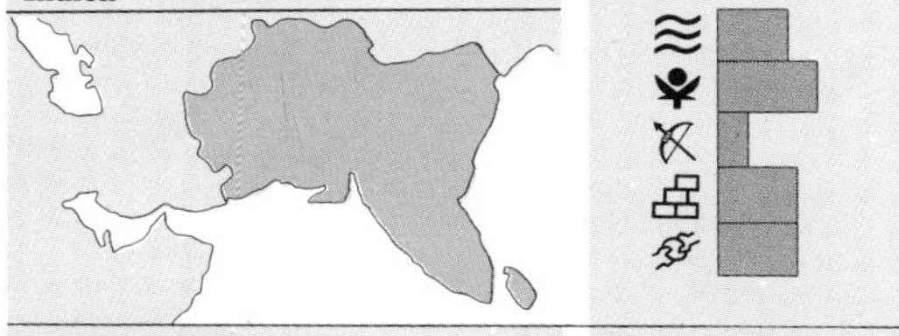		Gandhara Mathura Sarnath Adschanta	Andhra-Reich ab 32 v. Chr., Kuschan-Reich im Nordwesten ab 50 n. Chr. Um 320 Gupta-Reich, im 5. Jahrhundert: Angriffe der Hephthaliten (»Weißen Hunnen«).	Tschandragupta (Gupta) I. u. II. Samudragupta Kalidasa
Ferner Osten 		Loyang	Östliche Han-Dynastis bis 220. Zerfall des antiken Reichs. Sogenannte »Chinesische Völkerwanderung«. Vordringen der Hochkultur bis zum Yangtze-Tal. Im 4. Jahrhundert Einigung Japans.	
Nord-, Mittel- und Südamerika (Altamerika) 		Teotihuacán Monte Albán Tikal Uaxactún Moche/Mochica Pachacamac Tiahuanaco	Aufstieg von Teotihuacán und Tiahuanaco, Mochica-Kultur, Zapoteken, Nazca-Kultur und Maya. Dörfer der *Basketmaker*-Kultur (»Korbmacher-Kultur«) im südwestlichen Nordamerika.	

Die Symbole und Balken in den Feldern der Wirtschafts-Spalte geben an, in welchem Verhältnis folgende Faktoren zueinander stehen: Bewässerung ≈ Landwirtschaft Jagd Städtische Lebensform Handel

Religion	**Technologie und Erfindungen**	**Bauweise**	**Kunst und Literatur**
Zarathustrismus. Manichäismus. Judengemeinden. Nestorianisches Christentum.	Keine neuen Entwicklungen.	Starke Vorliebe für Ziegelgewölbe.	Parthischer und sassanidischer Kunststil (reich Metallarbeiten und Textilien)
Isiskult, jüdische Gemeinden, Christentum (Alexandreia zeitweise geistiges Zentrum der christlichen Welt), Koptische Kirche, Anfänge des Mönchstums.	Anwendung griechischer Erfindungen, z. B. des Wasserrades, das weit verbreitet war, doch ausgesprochen langsame Weiterentwicklung. Schleuder-»Geschütze« zur Belagerung von Städten. Unterboden-Zentralheizung (Hypokausten). Nach den Schriften Herons von Alexandrien (wohl 1. Jahrhundert n. Chr.) kam man der Entdeckung der Dampfkraft schon sehr nahe. Doch verstand man diese Erfindung noch nicht für Arbeitsmaschinen zu nutzen. Offensichtlich bestand kein Bedarf danach, weil Sklaven alle schweren Arbeiten verrichteten.	Hellenistisch-römisch	Hellenistisch-römischer, koptischer und byzantinischer Stil (besonders bei Textilien). Entwicklung koptischer Malerei aus ägyptischen Mumienporträts der Römerzeit.
Christenverfolgung, dennoch Ausbreitung des Christentums. Toleranzedikt des Galerius (311), Sieg Constantins (312), kirchliche Lehrstreitigkeiten, Verbot nichtchristlicher Kulte (Theodosius 379–394).		Die byzantinische Architektur beginnt sich von der römischen zu lösen.	Kaiserzeitliche Kunst. Im Osten bereitet sich der Übergang zur byzantinischen Kunst vor. *Neues Testament*. Werke von Flavius Josephus, Plutarch, Eusebius
Staatsreligion mit altrömischem Pantheon u. Herrscherkult. Daneben Mithraskult u. Isismysterien. Unter Aurelian: Sonnenkult (»Sol Invictus«). Sieg des Christentums.		Vollentwickelte Ziegel- u. Zementbauweise. Aquädukte, Straßen, Tempel, Theater, Amphitheater, Villen, öffentliche Bäder, befestigte Militärstützpunkte, Stadtbefestigungen (Stadtmauern).	Kaiserzeitliche Römerkunst: Fresken, Mosaiken, realistische Porträtskulptur, Statuen, Bronze-Kleinplastiken. Werke von Seneca, Plinius, Tacitus, Juvenal.
Innerhalb der Reichsgrenzen: Römische Götter, darunter neu: der Sonnengott (»*Sol Invictus*«), Isismysterien, Mithraskult, Christentum. Moorleichen in Dänemark.	Reiterheere.		Römische Provinzkunst. In Irland weiterhin La-Tène-Stil. Im Norden entwickelt sich eine germanische Kunst.
Brahmanismus wird zum Hinduismus. Wischnu- und Schiwaverehrung. Ausbreitung des Hinduismus und des Buddhismus in Südost- und Zentralasien.	Medizinische Fortschritte. Dezimalsystem voll ausgebildet.	Gupta-Architektur. Felstempel und Tempel. Stupen.	Gandharakunst, Mathura-Stil. Unter den Gupta-Herrschern Höhepunkt der Hindukunst, Hindu-Architektur und Hindudichtung. Fresken von Adschanta. Endgültige Fassungen des *Ramayana* und *Mahabharata*. *Puranas*. Werke Kalidasas.
Buddhismus durchdringt ganz China und Japan.	Sehr fruchtbare Periode: Papier, Pferdekummet, Wassermühle, Schubkarre, Erdbebenmesser, Klappschirm, Zahnrad.	Großartige Holzarchitektur, doch nur aus schriftlichen bzw. bildlichen Quellen bekannt. Gräber in Japan.	Haniwa-Grabfiguren. Spätere Han-Kunst. Mehr buddhistische Kunstwerke. Grabfiguren, Bronzepferde.
Mexikanische Sonnen-, Mond-, Regen-, Maisgottheiten, »Gefiederte Schlange« (Quetzalcóatl) u. andere Götter. Ähnlich in Peru.	Gold, Silber u. Kupfer in Peru. In Mexiko weiterhin Gebrauch von Obsidian. Die Maya vervollkommnen Kalender und Schrift.	Pyramiden von Teotihuacán. Kraggewölbe in Maya-Tempeln und Palästen. Kunstvolle Treppen. Tempelplattformen. Monolithisches Tor in Tiahuanaco.	Entwicklung der Mayakunst. Kalenderstelen mit Reliefs. Mochica-Stil (insbesondere figürliche Keramik).

Atlas der archäologischen Fundorte

Ptolemaios von Alexandreia, der bedeutende Geograph der Antike, erkannte die Kugelgestalt der Erde und den Wechsel von großen Ozeanen und Landmassen. Er führte ein System von Längen- und Breitengraden ein und verwendete eine Kegelprojektion für die Kartierung der damals bekannten bewohnten Welt von Britannien bis China.

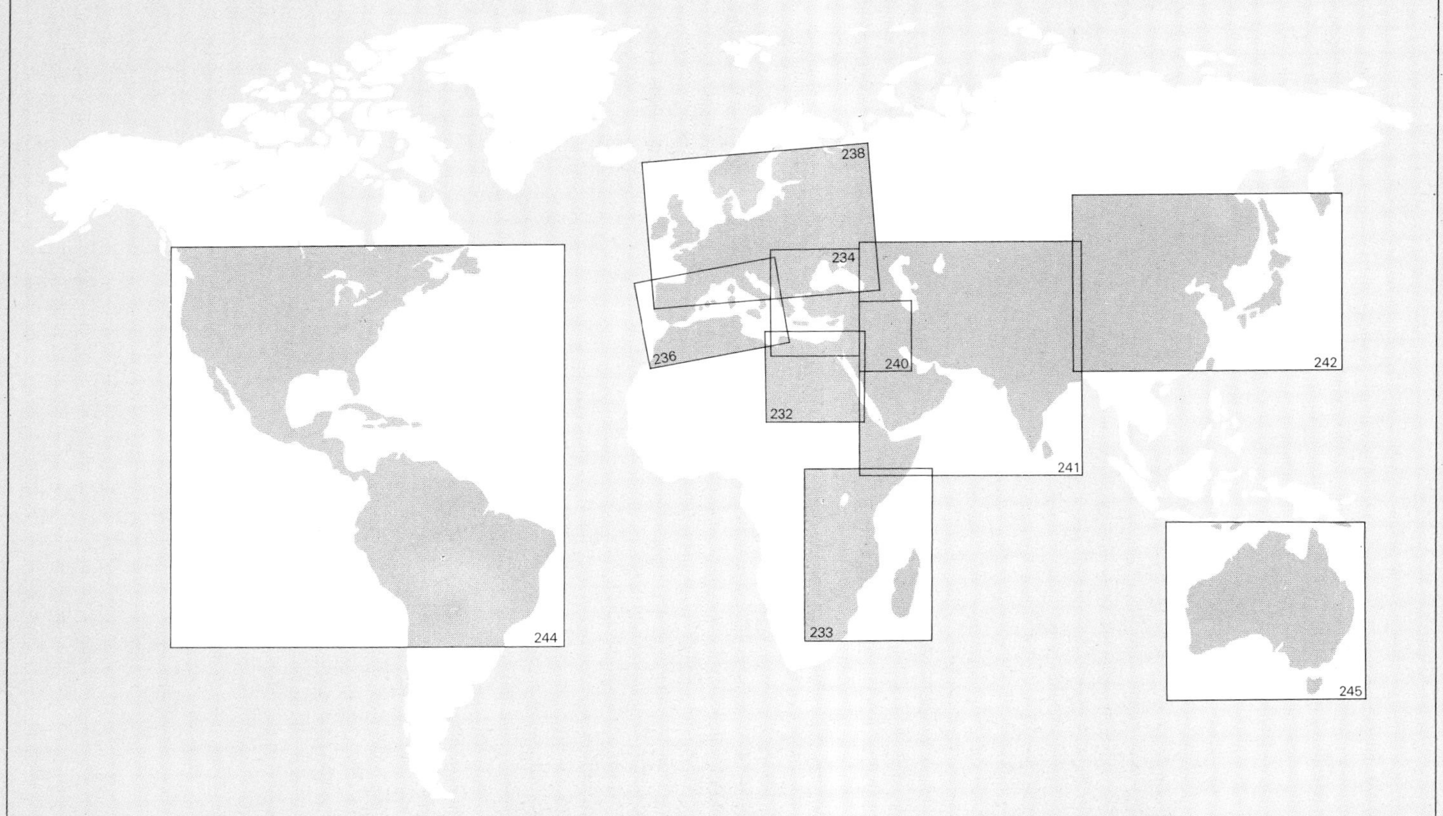

Erläuterung zu den Fundort-Karten

- ● Wichtige Fundorte
- o Andere Fundorte
- □ Heutige Städte

Die Karten in diesem Abschnitt des Buches enthalten die Fundorte, über die in diesem Buch berichtet wurde – mit Ausnahme von einigen wenigen Orten, die sich in dem gewählten Maßstab nicht darstellen lassen.

Die Welt wurde in dieselben acht Regionen unterteilt wie im ganzen Buch. Hinzu kam Australien.
Die zusätzlich aufgenommenen heutigen Orte dienen als Bezugspunkte.

ÄGYPTEN
MITTELMEER
MARMARICA
Jericho
Jerusalem
Jordan
Gaza
Rosette
Alexandreia
Saïs
Tanis
Naukratis
Hôsh
Avaris
Asmailia
Beidha
Merimde
Bubastis
Heliopolis
Petra
Gizeh
Kairo
Memphis
Timna
Saqqâra
Dahschur
Al-Gerza
Faiûm
Mêdûm
Hawára
Herakleiopolis
Golf von Suez
Golf von Aqaba
Beni Hasan
Tell el-Amarna
LIBYSCHE
Asjut
Al Badari
Hammamije
Nil
ARABISCHE
ROTES
Ptolemais
WÜSTE
Abydos
Dendera
Koptos
Gebel el-Arak
Naqada
MEER
Deir el-Bahari
Karnak
Medinet Habu
Theben
Luxor
Esna
Hierakonpolis
WÜSTE
Edfu
Kom Ombo
Assuan
Insel Elephantin
Philai
Kalâbsha
Abu Simbel
Buhen
Wadi Halfa
NUBISCHE
WÜSTE
Nil
Napata
0 km 50 100 150 200
0 mls 50 100 150
Meroë

AFRIKA
Kampala
VICTORIA SEE
Nairobi
SERENGETI
Olorgesailie
Olduwai Schlucht
Mombasa
INDISCHER
OZEAN
Dar es-Salam
Tanganjika See
Kalambo Falls
Malawi (Njassa) See
Lubumbashi
LUPEMBA
Lusaka
Sambesi
Salisbury
Bambata
Pretoria
Johannesburg
Maputo (Lorenço Marques)
0 km 200 400 600
0 mls 200 400

ÖSTLICHES MITTELMEERBECKEN

A
B
C
D
E
F
SCHWARZES MEER
Bosporus
Konstantinopel
Fikirtepe
Alaça Hüyük
Yazilikaya
Boghazköy
Sangarios
Ankara
Gordion
Euphrat
Kültepe
Halys
KONYA
EBENE
Beyçesultan
Haçilar
Catal Hüyük
T A U R U S G E B I R G E
Aspendos
Can Hasan
Tarsos
Mersin
Belbasi
Xanthos
hodos
S
Saktschegözi
Tell Halaf
Sendschirli
Karkemisch
Karrhaei
Issos
Tell Atschana
Aleppo
Mureybat
Antiocheia
Minet el-Beidha
Ugarit (Râs Schamra)
Hama
ZYPERN
Chirokitia
Byblos
Baalbek
Beirut
Sidon
Damaskos
Tyros
Eynan
Hazor (Chazor)
Nahal Oren
Karmel Geb
Tiberias
Nazareth
Megiddo
Caesarea (Kaisareia)
El Wad
Kebara
Wadi en-Natuf
Jericho
Amman
Teleilat el-Ghassul
Bethlehem
Jerusalem
Lachisch
M I T T E L M E E R
Alexandreia
Beidha
Petra
a
b
c
d
e
f
g
h

WESTLICHER MITTELMEERRAUM

A
B
C
D
E
F
a
b
c
d
e
f
g
h
ALPEN
VAL CAMONICA
Rhône
Sesto Calende
Peschiera
Etsch
Save
Po
Benacci
Bologna
Savignano
ADRIATISCHES MEER
Arretium (Arezzo)
Grimaldi
Massalia/Massilia
Talamone
Tiber
Tarquinia
Veji
Cerveteri
Rom
Coppa Nevigata
Tavoliere
Molfetta
KORSIKA
Palestrina
LATIUM
Altamura
CAMPANIA
Matera
Scoglio del Tonno
Filitosa
Cumae (Kyme)
Pompeji
Romanelli
Paestum
TYRRHENISCHES MEER
Praia-a-Mare
Anghelu Ruju
SARDINIEN
Tharros
Orrubiu
Barumini
Senorbi
Lipari
Addaura
SIZILIEN
MITTELMEER
Stentinello
Agrigent
Pantalica
Syrakus
Catelluccio
Karthago
Tunis
Gigantija
Tarxien
Hal Saflieni
Borg in Nadur
Hagar Qim
Hagrat
GEBIRGE
El Djem
0 km
100
200
300
0 mls
50
100
150
200
Leptis (Lepcis) Magna

EUROPÄISCHES FESTLAND (ALTEUROPA)

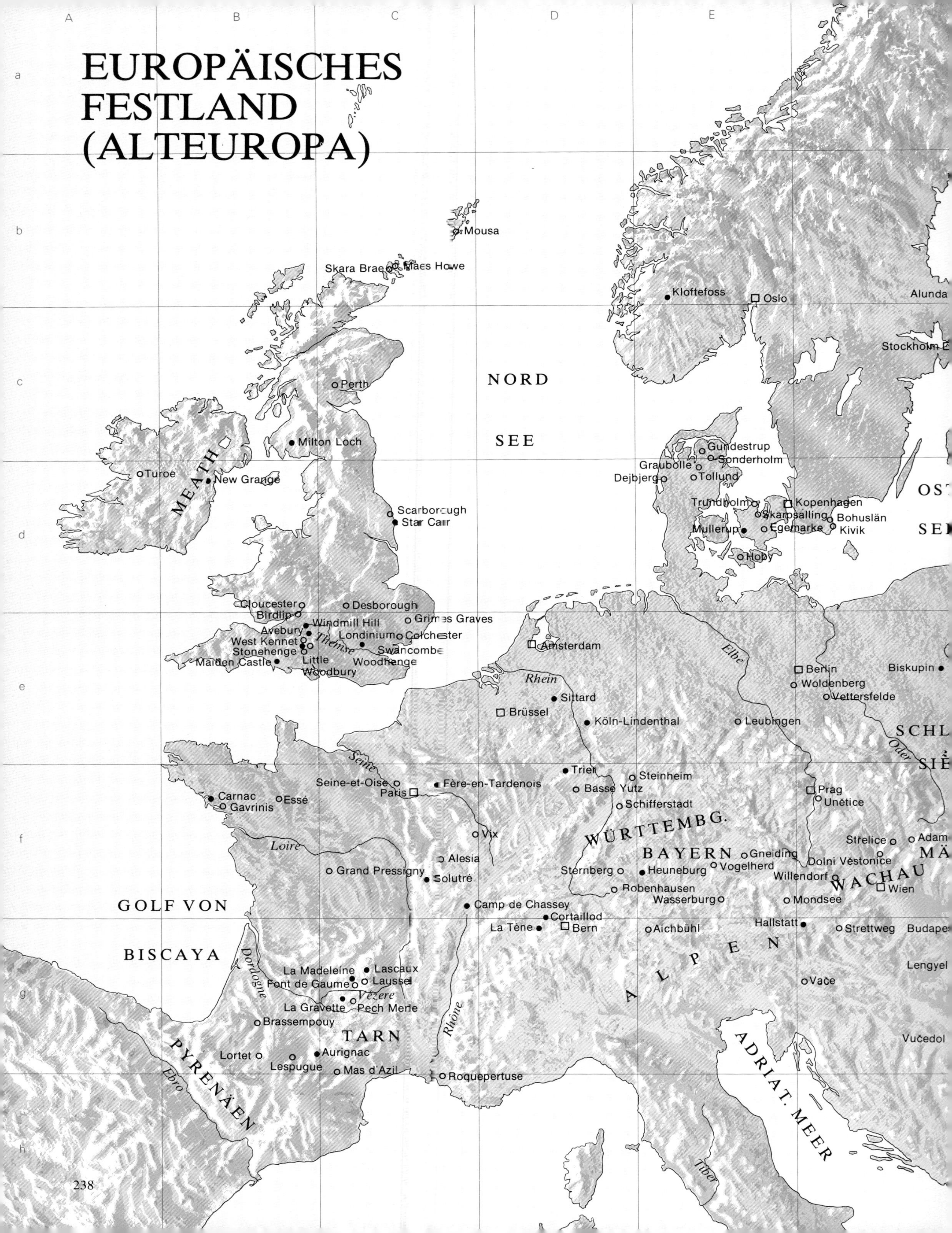

B
C
D
E
F
a
b
c
d
e
f
g
h
0 km
100
200
300
0 mls
100
200
Moskau
Kapova Höhle
Puškari
Kostjenki
Warschau
Weichsel
Don
Mesirič
Dnjepr
REN
Dnjestr
Moldova
Kostromskaja
Trusesti
Kelermes
Cucuteni
Borodino
Maikop
Tartaria
KAUKASUS
Starčevo
Vinča
Kličevac
Vadastra
Bukarest
Belgrad
Lepenski Vir
Cernavoda
SCHWARZES MEER
Gumelnitza
Glasinac
Donau
Sofia
Karanovo

MESOPOTAMIEN
Urmia See
ELBURS GEB.
Chagar Bazar
Tell Brak
Khorsabad
Tepe Gaura
Ninive
Tell Billa
Mosul
Tell Arpachije
ASSYRIEN
Nimrud
Tell Hassuna
Sab al-Kabir (Oberer Zab)
Sab e Kutschek
Sab as-Saghir (Unterer Zab)
Hatra
Umm Dabagija
Assur
Kirkuk
Nuzi
Jarmo
Tigris
ZAGROS GEB.
Dyala
Kermanschah
Mari
Samarra
Tell es-Sawwan
Tschoga Mami
AKKAD
Euphrat
Eschnunna
Tschafadsche
Bagdad
Ischali
Opis
Tell Harmel
Ktesiphon
Seleukeia
Djemdet Nasr (Dschemdet Nasr)
Babylon
Kisch
Barsippa
SUMER
Nippur
Isin
Schuruppak
Umma
Lagaš (Lagasch)
Uruk (Warka)
Larsa
Al-Ubaid
Ur
Eridu
Tell Judaida
0 km 50 100 150
0 mls 50 100

IRAN – INDIEN

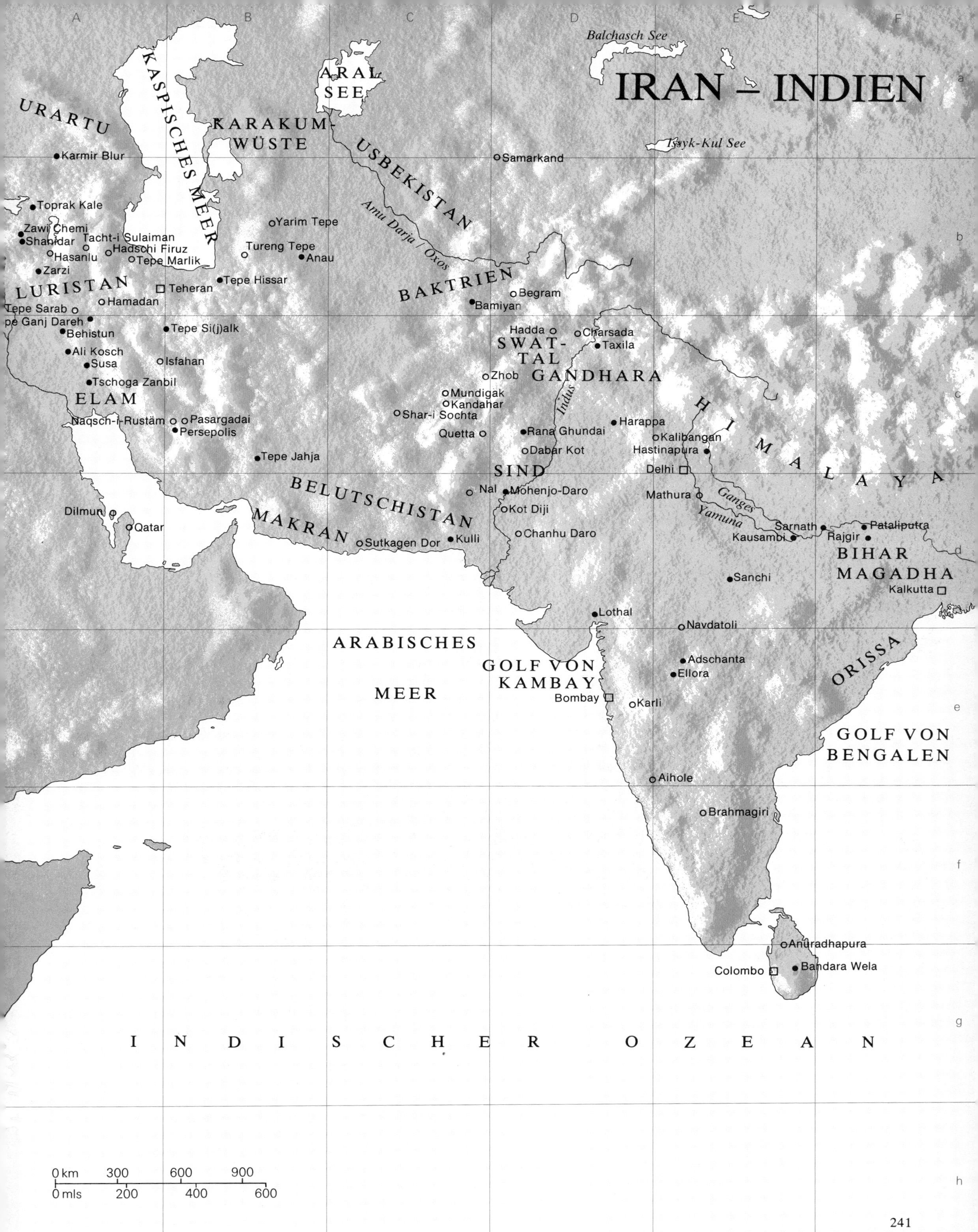
A B C D E F
a b c d e f g h
Balchasch See
Issyk-Kul See
ARAL SEE
KASPISCHES MEER
URARTU
KARAKUM-WÜSTE
USBEKISTAN
Amu Darja / Oxos
Karmir Blur
Samarkand
Toprak Kale
Zawi Chemi
Shanidar
Tacht-i Sulaiman
Hadschi Firuz
Hasanlu
Tepe Marlik
Yarim Tepe
Tureng Tepe
Anau
Zarzi
LURISTAN
Teheran
Tepe Hissar
Hamadan
Tepe Sarab
Tepe Ganj Dareh
Behistun
Tepe Si(j)alk
Ali Kosch
Isfahan
Susa
Tschoga Zanbil
ELAM
Naqsch-i-Rustäm
Pasargadai
Persepolis
Tepe Jahja
BAKTRIEN
Begram
Bamiyan
Hadda
Charsada
Taxila
SWAT-TAL
GANDHARA
Zhob
Mundigak
Kandahar
Shar-i Sochta
Quetta
Indus
Rana Ghundai
Dabar Kot
Harappa
Kalibangan
Hastinapura
Delhi
HIMALAYA
SIND
BELUTSCHISTAN
Nal
Mohenjo-Daro
Kot Diji
Chanhu Daro
Mathura
Ganges
Yamuna
Sarnath
Kausambi
Rajgir
Pataliputra
BIHAR
MAGADHA
Kalkutta
Dilmun
Qatar
MAKRAN
Sutkagen Dor
Kulli
Sanchi
Lothal
Navdatoli
ARABISCHES MEER
GOLF VON KAMBAY
Adschanta
Ellora
ORISSA
Bombay
Karli
GOLF VON BENGALEN
Aihole
Brahmagiri
Anuradhapura
Colombo
Bandara Wela
INDISCHER OZEAN
0 km 300 600 900
0 mls 200 400 600

FERNER OSTEN
A
B
C
D
E
F
a
b
c
d
e
f
g
Afontova Gora
Minusinsk
Pazyryk
Buret
Mal'ta
Baikal See
Ulan Bator
WÜSTE GOBI
SHANSI
Peking
Chou-Kou-Tien
Man-Ch'eng
Shui-Tung-Kou
Wu-Wei
Huan-Ho
KANSU
Lan-Chou
SHENSI
Wu-Kuan-Ts'un
Chin Ts'un
Anyang
Lung Shan
Wei-Fang
SHANTUN
GELBE
Pan Shan
Hsin Tien
Feng Hsiang
Pan P'o Ts'un
Ma Ch'ang
SIAN
Wei-Ho
Miao-Ti-Kou
Loyang
Yang Shao
Cheng-Chou
Huan-Ho
SETSCHUAN
Ch'ang-An (Ts'ang-An)
HONAN
Yangtze Kiang
Ch'ang-Sha (Ts'angscha)
Fu-Nan

A
B
C
D
E
F
a
b
c
d
e
f
g
h
OCHOTSKISCHES
MEER
Amur
Shirataki
HOKKAIDO
Wladiwostok
PAZIFISCHER
Takanosu
Nonakado
JAPANISCHES
MEER
Miyagi
OZEAN
Seoul
GUMMA
Agatsuma
KANTO EBENE
Togaruishi
Tokio
KOREA
EER
Numazu
Nara
Hitaka
Shimojima
KYUSHU
STCHINESISCHES
MEER
0 km
250
500
750
0 mls
250
500

NORD-, MITTEL- UND SÜDAMERIKA (ALTAMERIKA)

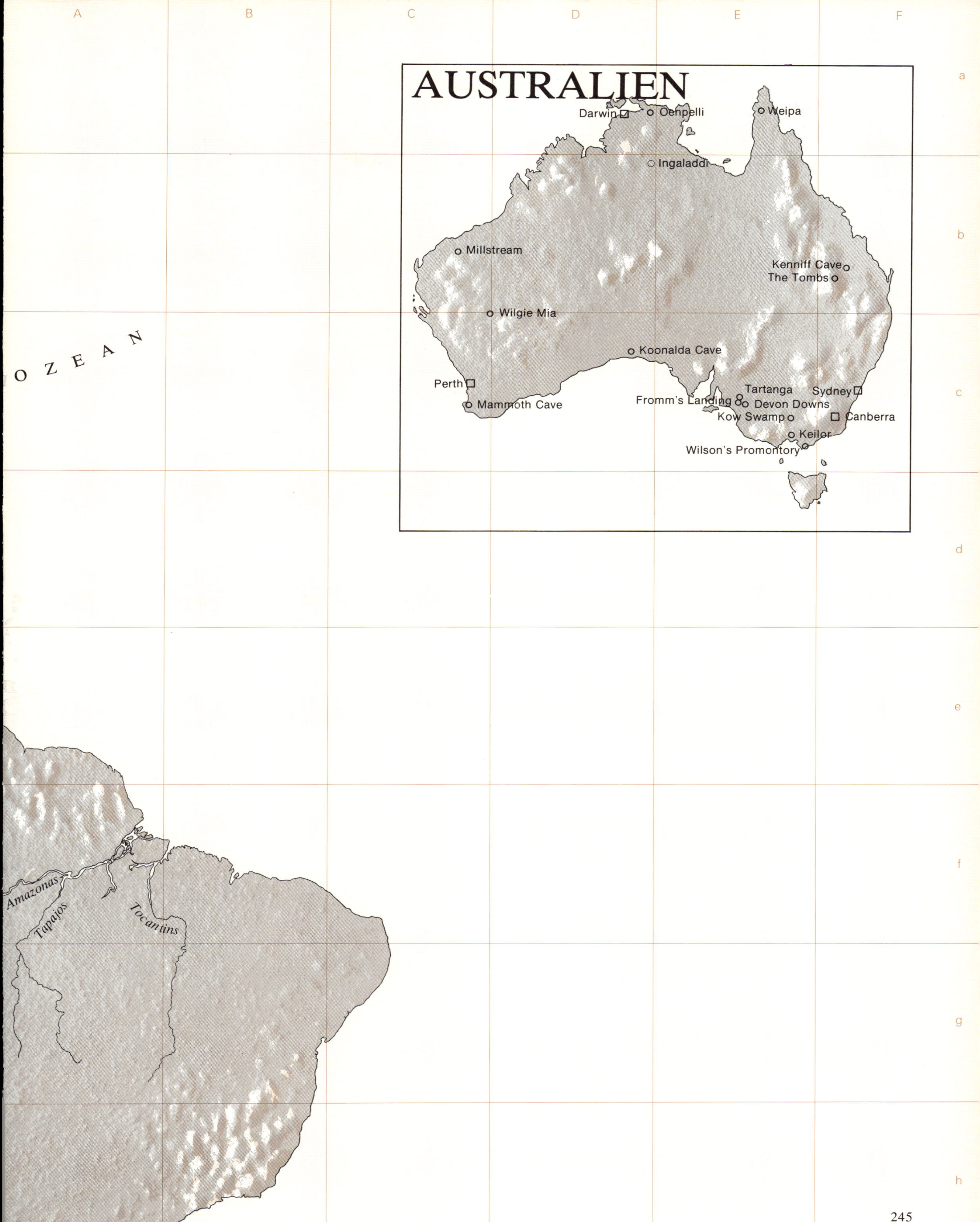
A
B
C
D
E
F
a
b
c
d
e
f
g
h
AUSTRALIEN
Darwin
Oenpelli
Weipa
Ingaladdi
Millstream
Kenniff Cave
The Tombs
Wilgie Mia
Koonalda Cave
Perth
Mammoth Cave
Tartanga
Sydney
Fromm's Landing
Devon Downs
Kow Swamp
Canberra
Keilor
Wilson's Promontory
O Z E A N
Amazonas
Tapajos
Tocantins

Ortsnamensverzeichnis zu den Fundort-Karten (Seite 232–245)

Die Buchstaben hinter den Seitenzahlen kennzeichnen das jeweilige Planquadrat.

Register

Kursive Ziffern verweisen auf Abbildungen

A

B

C

D

E

F

G

H

I

J

K

L

M

Q

R

S

T

U

V

W

X

Y

Z

Abbildungsnachweis

(Die fettgedruckten Ziffern geben die Seitenzahl an, kursive Texte die Museen oder Sammlungen. Der Fotograf und andere Herkunftsangaben stehen in Klammern.)

1 Krieger, Elfenbeinrelief aus dem Palast Salmanassars III.; *Iraq Museum, Bagdad* (Picturepoint Ltd.). – **2** Bronzener Aphroditekopf; *Britisches Museum* (Michael Holford). – **6** Rückseite vom Thron Tut-ench-Amuns; *Museum Kairo* (Roger Wood). – **8** Sphinx bei Gizeh (Michael Holford). – **10** Lakonische kylix; *Bibliothèque Nationale, Paris* (Fotoarchiv Hirmer). – **12** Die Olduvai-Schlucht, Tansania (Bruce Coleman Ltd.). – **14** Die »Rotunde der Stiere«, Lascaux (Colorphoto Hinz). – **31** Danger Cave, Utah (Archiv Werner Forman). – **34** Hirschkuh, Altamira, Spanien (Picturepoint Ltd.). Bison, Altamira (Michael Holford). Platte mit Hirschen und Fischen, Lortet, Frankreich; *Staatl. Museum St. Germain-en-Laye*. – **35** Venus von Laussel; *Musée d'Aquitaine, Bordeaux* (Aufn. Giraudon). »Chinesisches Pferd«, Lascaux (Colorphoto Hinz). Venus von Willendorf; *Naturhist. Museum, Wien.* Zwei Pferde, Pech-Merle (Jean Vertut). – **38** Hirschkopf, Çatal Hüyük; *Archäol. Mus. Ankara* (Mrs. M. A. Mellaart). – **52** Turm, Jericho (George Gerster/Rapho). – **56** Teller, Tell-Halaf-Stil, Tell Arpachije (Fotoarchiv Hirmer). Jägerfresko, Çatal Hüyük; *Arch. Mus. Ankara* (Mrs. Mellaart). Vulkanausbruch, Çatal Hüyük; *Arch. Mus. Ankara* (Mrs. Mellaart). Bernstein-Tierfigürchen; *Nat. Mus. Kopenhagen* (Bildarch. d. Mus.). – **60** Kopf aus Uruk; *Iraq Mus. Bagdad* (Hirmer). – **64** Terrakottaidol, Eridu; *Iraq Mus. Bagdad* (Hirmer). – **65** Bemalter Becher aus Susa; *Iraq Mus. Bagdad* (Josephine Powell). Bronzen a. d. »Schatzhöhle« im Nahal Mishmar (Ronald Sheridan). – **67** »Jägerpalette« aus Hierakonpolis; *Ashmolean Mus.* (Aufn.: Ashmolean Mus.). Elfenbeintäfelchen des Horus Den; *Brit. Mus.* (Michael Holford). – **68–69** Tonfiguren aus Cernavoda; *Nat. Mus. Bukarest*. – **71** Schlußstein, New Grange. – **74** Tontäfelchen; *Brit. Mus.* – **78** Stiftmosaik, Uruk; *Iraq Mus. Bagdad* (E. Bohm, Mainz). – **82** Vase, Uruk; *Iraq Mus. Bagdad* (Holle Verlag). Narmerpalette; *Mus. Kairo* (Archiv Werner Forman). Feuersteinmesser mit Elfenbeingriff, Gebel el-Arak; *Louvre* (Ronald Sheridan). – **83** Gefäß aus Dimini; *Nat. Mus. Athen* (Josephine Powell). Si(j)alk-III-Becher; *Arch. Mus. Teheran* (Josephine Powell). Spiraldekoration aus New Grange (Archivbild). Bernsteinpferd; *Stift. Preuß. Kulturbes.: Mus. f. Vor- u. Frühgesch. (West-)Berlin.* Yang-Shao-Urne; *Ostasiat. Mus. Stockholm*. – **86** »Standarte« v. Ur, »Kriegsseite«; *Brit. Mus.* (Michael Holford). – **89** Gilgamesch, Chorsabad; *Louvre* (Michael Holford). – **90** Sargon, akkad. Bronzekopf; *Iraq. Mus. Bagdad* (Hirmer). Naram-Sin-Stele; *Louvre* (Michael Holford). – **91** Ziege in einem Dickicht, Ur; *Brit. Mus.* (Michael Holford). Goldhelm; *Iraq Mus. Bagdad* (Hirmer). – **92** Holzpflug-Modell; *Brit. Mus.* (Michael Holford). – **94** Statue Chephrens; *Mus. Kairo* (Robert Harding Assoc.). Statue Djosers; *Mus. Kairo* (Werner Forman Arch.). – **95** Gänsefries aus Mêdûm; *Mus. Kairo* (Werner Forman Arch.). Zwerg Seneb mit Familie; *Mus. Kairo* (Robert Harding Assoc.). Gruppe: Mykerinos mit Gemahlin; *Mus. of Fine Arts, Boston* (Peter Clayton). – **96** Kykladenidol; *Brit. Mus.* (Michael Holford). – **97** Muttergottheit aus Mohenjo-Daro (Archivbild). – **100** Kupferne Göttin, Ur; *Brit. Mus.* Wepemnofret-Stele; *Lowie Mus. of Anthropology, Univ. of California, Berkeley*. – **101** Goldene Kanne, Alaça Hüyük; *Mus. Ankara* (Josephine Powell). Goldenes Gehänge aus dem sogenannten »Schatz des Priamos« (Archivbild). Feuersteindolch; *Nat. Mus. Kopenhagen.* Siegel aus Mohenjo-Daro; *Nat. Mus. of Pakistan, Karachi* (Robert Harding Assoc.). – **104** Pyramiden bei Gizeh (Hirmer). – **105** Langhügelgrab v. West Kennet (Michael Holford). Großes Bad, Mohenjo-Daro (Josephine Powell). Tempel in Tarxien, Malta (Robert Estall). – **108** Votivstatuette, Tell Asmar; *Iraq Mus. Bagdad* (Picturepoint Ltd.). Knabe mit Rindern a. d. Grab des Ti (Roger Wood). Sitzender Schreiber; *Mus. Kairo* (Roger Wood). Großer Sänger Uranshe; *Mus. Damaskus* (Hirmer). Pepi II. u. seine Mutter; *Brooklyn Mus.* Stierharfe, Ur (Picturepoint Ltd.). Harfenspieler; *Nat. Mus. Athen* (Archivbild). – **109** Schlafende a. d. Hypogeum; *Nat. Mus., Valetta, Malta* (Archivbild). »Priesterkönig«; *Nat. Mus. of Pakistan, Karachi* (Josephine Powell). Bechergefäß; *Brit. Mus.* Göttin aus Grimes Graves; *Brit. Mus.* Dreifußkanne, Wei-Fang (Archivbild). – **112** Paar, Ramose-Grab, Theben (Hirmer). – **114** Diskus von Phaistos; *Mus. Iraklion, Kreta* (Picturepoint Ltd.). »Schlangengöttin« oder »-priesterin«; *Mus. Iraklion* (Archivbild). Phönikisches Elfenbeinrelief, Ugarit; *Louvre* (Aufn.: Giraudon). Spätminoische Opferkanne; *Mus. Iraklion*. – **115** Wandmalerei; *Mus. Iraklion.* Sarkophag aus Hagia Triada; *Mus. Iraklion* (Hirmer). – **116** Hammurapi v. Babylon; *Louvre* (Ronald Sheridan). Sog. Kodex Hammurapi; *Louvre* (Sammlung Mansell). – **117** Tuthmosis III.; *Mus. Kairo* (Bildarchiv Foto Marburg). – **118** »Totenbuch«-Szene; *Brit. Mus.* (Michael Holford). Musikantinnen u. Tänzerinnen, Theben (Michael Holford). Memnonskolosse (Picturepoint Ltd.). – **119** Wasserspende für eine Mumie; *Brit. Mus.* (Michael Holford). Nofretete's Töchter; *Ashmolean Mus.* (Michael Holford). Kästchen Tut-ench-Amuns; *Mus. Kairo* (Hirmer). – **120** Hatschepsut, Karnak (Peter Clayton). Echnaton u. Nofretete (Peter Clayton). – **121** Ramses II. (Michael Holford). Löwentor, Mykenai (Mykene) (Ronald Sheridan). – **122** Speerspitze, Schang-Dynastie; *Brit. Mus.* (Michael Holford). Schang-Gefäß (Robert Harding). – **123** Stonehenge (Michael Holford). Sonnenwagen v. Trundholm; *Nat. Mus. Kopenhagen*. – **126** Thron Tut-ench-Amuns; *Mus. Kairo* (F. L. Kennet / George Rainbird Ltd.). – **127** Bronzenes Ritualgefäß (Robert Harding Assoc.). – **130** Deir el-Bahari (Hirmer). Obelisk (Archivbild). Felsgräber, Menorca (David Trump). – **131** Neveta es Tudons, Menorca (Archivbild). Stonehenge (Archivbild). Kanalisation, Mohenjo-Daro (Robert Harding Assoc.). – **134** Opferszene, Mari; *Louvre* (Bulloz). Nofretete; *Stift. Preuß. Kulturbes.: Ägypt. Mus. (West-)Berlin.* Brustschmuck Tut-ench-Amuns; *Mus. Kairo* (F. L. Kennet / George